# A ÓPERA INGLESA

*Supervisão Editorial:* J. Guinsburg
*Revisão:* Lilian Miyoko Kumai
*Capa e Diagramação:* Adriana Garcia
*Produção:* Ricardo W. Neves
Adriana Garcia
Raquel Fernandes Abranches

# A ÓPERA INGLESA

Dados Internacionais de Catalogação na Publicação (CIP)
(Câmara Brasileira do Livro, SP, Brasil)

Coelho, Lauro Machado
   A ópera inglesa / Lauro Machado Coelho. —
São Paulo : Perspectiva, 2005. — (História da ópera)

   Bibliografia.
   ISBN 85-273-0729-4

   1. Música - Século 19  2. Música - Século 20
3. Ópera - Inglaterra - História I. Título. II. Série.

05-6321                           CDD-782.1094209

        Índices para catálogo sistemático:
   1. Inglaterra : Ópera : Música dramática :
         História     782.1094209
   2. Ópera : Inglaterra : Música dramática :
         História     782.1094209

Direitos reservados em língua portuguesa à
EDITORA PERSPECTIVA S.A.
Av. Brigadeiro Luís Antônio, 3025
01401-000 – São Paulo – SP – Brasil
Telefax.: (011) 3885-8388
www.editoraperspectiva.com.br
2005

*Para Liz Nogueira,
anjo da guarda,
e para Affonso Risi Jr., Clóvis Bojikian,
Georg Milos, Klára Kaiser, Jean Smith,
Nelson Kunze, Renato Rocha Mesquita,
Sarah Huggard-Caine, Simone Belda,
Tales Umberto Biescczad,
amigos que, na hora da dificuldade,
souberam estar desinteressadamente a meu lado.
Toda a minha gratidão.*

*O divine music, o stream of sound,*
*flow, surfacing and drowning,*
*while we sit watching from the bank*
*the mirrored world within,*
*for "Mirror upon mirror mirrored is all the show".*
*O divine music,*
*melt our hearts, renew our love .*

*Sir Michael Tippett, na cena final de* King Priam.

[Ó divina música, ó rio de som, no qual os estados de alma flutuam, emergindo e se afundando, enquanto, sentados à margem, assistimos refletir-se no espelho o mundo interior, pois "espelho refletindo-se em outro espelho, isso é tudo que há para se ver". Ó divina música, derrete nossos corações, renova nosso amor.]

# Sumário

Prefácio . . . . . . . . . . . . . . . . . . . . . . . 13

## BARROCO E CLASSICISMO

A Música na Corte (1600-1660) . . . . . . . 17
    Campion 25, Ferrabosco 26, Coprario 26, Lanier 26, Henry Lawes 27, Ives 27, William Lawes 27, Davenant 27, Locke 27

A Idade de Purcell (O Apogeu do Barroco) . . . . . . . . . . . . . . . . . . . . . . . 31
    Blow 35, Grabu 37, Henry Purcell 37, Daniel Purcell 47, Clarke 48, Weldon 48, Eccles 49, Greene 50

Após a Morte de Purcell (Barroco Tardio e Classicismo) . . . . . . . . . . . . . . . 51
    Pepusch 55, Gay 56, Lampe 59, Arne 61, Boyce 66, Smith 67, Michael Arne 67, Samuel Arnold 67, Dibdin 67, Hook 71, Shield 71, Linley 72, Storace 74

## ROMANTISMO E PÓS-ROMANTISMO

O Romantismo e a Era Victoriana (1800-1880) . . . . . . . . . . . . . . . . . . . . . 79
    Attwood 85, Bishop 86, Barnett 87, Benedict 88, Balfe 88, Wallace 94, Loder 95, Parry 97, Sullivan 97

A Renascença Musical Britânica (1880-1914) . . . . . . . . . . . . . . . . . . . . 127
    Mackenzie 131, Stanford 131, Elgar 132, Smyth 134, Delius 137, German 150, Bantock 151, McCunn 152, Holbrooke 152

## A ÓPERA NO SÉCULO XX

As Guerras e o Entre-Guerras (1914-1945) . . . . . . . . . . . . . . . . . . . . 157
    Vaughan Williams 161, Holst 176, Rubens 182, Dunhill 182, Brian 183, Boughton 185, Bridge 193, Scott 193, Willan 194, Coates 194, Berners 195, Bliss 196, Benjamin 196, Goosens 197, Gerhard 198

O Pós-Guerra (1945-1960) . . . . . . . . . . 199
    A. Bush 202, Walton 204, Lennox Berkeley 209, Alwyn 211, Tippett 214, Frankel 236, G. Williams 237, Lutyens 237, Maconchy 239, Tate 240, Glanville-Hicks 240, Britten 243, Lloyd 287, Searle 288, Gardner 290, G. Bush 290, Malcolm Arnold 290, Hamilton 291, Josephs 294, Buller 295, Leighton 296, Hoddinot 296, Williamson 297

Da Década de 1960 até Hoje . . . . . . . . 301

A Fase Contemporânea (Da Década de 1960 até os Nossos Dias) . . . . . . . . . . 305
    Sculthorpe 307, Goehr 308, Maxwell Davies 314, Birtwistle 333, Maw 347, Bennett 353, Blake 356, Bedford 358, Crosse 359, McCabe 361, Harvey 362, Harper 362, Bryars 364, Cowie 369, Holloway 369, Tavener 370, Nyman 373, Finnissy 375, Osborne 377, Michael Berkeley 379, Volans 382, Casken 382,

Oliver 383, Param Vir 392, Barry 394, Knussen 395, Saxton 397, Weir 399, Woolrich 403, Mason 403, Barker 404, Lunn 408, Holt 409, MacMillan 410, Dove 413, Grant 417, Schultz 418, Turnage 419, Sawer 424, Toovey 425, Horne 426, Paredes 427, Adès 428, Últimas Notícias 432

Bibliografia .................... 435

# Prefácio

Estranha é essa ilha de gente excêntrica, fleugmática, dotada de um senso de humor peculiaríssimo, habituada a viver numa terra de clima pavoroso – a ponto de o rei Carlos II, que viveu na França antes de ser restaurado no trono dos Stuart, ter dito ironicamente: "A Inglaterra é o lugar ideal para se fazer esportes ao ar livre, pelo menos cinco dias por ano".

Estranha é essa ilha de conflitos intermináveis, na qual floresceu uma das mais belas literaturas do mundo inteiro: a de Shakespeare e Milton, de Byron e Keats, de Dickens e Thomas Hardy, mas também a do escocês Scott; a dos irlandeses Wilde, Yeats, Shaw; a do galês Dylan Thomas; até mesmo a dos americanos expatriados Henry James ou T. S. Eliot, a que a Inglaterra abriu os braços.

Singular é essa *fairest Isle* cantada por Purcell, que os alemães, cheios de desprezo, um dia chamaram de *Land ohne Musick*... mas que se revela uma caixinha de surpresas, quando o pesquisador se debruça sobre os seus tesouros musicais.

Da mesma forma que *A Ópera nos Estados Unidos*, lançado em setembro de 2004, esta não era uma unidade originalmente prevista no meu projeto de *História da Ópera*. Mas, ao iniciar o levantamento dos autores britânicos a serem tratados no volume das *Escolas Nacionais Européias*, e no da *Ópera Contemporânea*, logo cheguei à conclusão de que seria necessário dedicar um livro separado ao drama lírico produzido nessa insólita Albion, tão vasto é o número de criadores que ali surgiram – em especial a partir do período chamado de Renascença Musical Britânica, na segunda metade do século XIX. Não resisti, nas introduções a cada uma das unidades deste livro – que nos levam da música cortesã do século XVII, logo após o final da Era Elizabetana, até os dias de hoje –, a ir além do âmbito meramente operístico. Quis esboçar um panorama mais amplo da música inglesa, pois ela é conhecida de forma apenas fragmentária em nosso país. Tenho, com isso, a esperança de que este livro constitua um guia básico, forneça uma série de dicas a quem desejar aventurar-se pela música criada na "mais bela das ilhas".

Este livro não poderia, é claro, chamar-se *A Ópera na Grã-Bretanha*. O seu título é *A Ópera Inglesa*, porque ele se refere à ópera composta sobre libreto em inglês, a língua que serve de elemento unificador a ingleses, escoceses, irlandeses, galeses, nem sempre em paz uns com os outros. É também a língua usada por australianos – como Malcolm Williamson, que foi Master of the Queen's Music de 1975 até sua morte, em 2003 –; ou até mesmo por um indiano como Param Vir; ou um sul-africano como Kevin Volans. O que todos eles possuem em comum é terem estreado as suas peças na Grã-Bretanha: em Londres, ou num dos numerosos festivais espalhados por todo o país.

*A Ópera Inglesa* obedece aos mesmos princípios metodológicos que nortearam os volumes anteriores desta coleção: procura estabelecer laços entre a História da Ópera e a história política, econômica, social e cultural do país; fornece ao leitor informações disco-videográficas que, mesmo quando incompletas, lhe permitem o acesso direto às principais obras aqui descritas; e não se limita a abordar os grandes nomes.

Naturalmente, o leitor encontrará, aqui, analisada em detalhe, a obra de Purcell, Vaughan Williams, Delius, e de mestres modernos como Tippett, Britten, Maxwell Davies ou Harrison Birtwistle. Mas a atenção dada aos picos da cordilheira não significa deixar de escalar montanhas menores, ou descobrir elevações menos conhecidas, que constituem surpresas inesperadas. A exemplo dos volumes anteriores, o que este livro se propõe a fazer é oferecer ao leitor a visão mais abrangente possível do que foi a ópera composta na Grã-Bretanha – desde os *masques* que Ben Jonson escreveu para a corte, entre 1601-1631, até a *Tempestade*, de Thomas Adès, que subiu à cena do Covent Garden em fevereiro de 2004 –, sem esquecer de mencionar obras prometidas para temporadas futuras, como uma *1984* baseada no romance futurista de George Orwell, que o maestro Lorin Maazel escreveu para a temporada de 2005 do Royal Opera House.

Devo agradecimentos a todos aqueles que me auxiliaram no trabalho de escrever este livro:

a Emerson Rinaldi, pelo incansável apoio, como meu "co-piloto" da Internet, na fase da pesquisa, durante a qual ele localizou para mim informações preciosas;

a Simone Belda, pela obtenção de material discográfico trazido do exterior;

a André Heller, pelas informações sobre *A Tempestade*, de Adès, montagem na qual ele participou como assistente de direção, no Covent Garden;

a Carla Albuquerque, bibliotecária da Cultura Inglesa de São Paulo, pelo apoio bibliográfico;

ao crítico cinematográfico Rubens Ewald Filho, pela presteza com que respondeu, na época em que eu estava pesquisando o *God's Liar* (O Mentiroso de Deus) de John Casken, a meu pedido de informação sobre filmes baseados em obras de Liev Tolstói;

*last but not least*, à minha amiga Solange Ribeiro de Oliveira, professora de inglês dos tempos do Colégio Estadual, em Belo Horizonte, pelo carinho com que leu e comentou os originais deste livro.

Agradeço também à equipe de amigos que, em 27 de setembro de 2004, montou, no Teatro Municipal de São Paulo, o recital de lançamento de *A Ópera nos Estados Unidos*, com a apresentação integral do *Telefone*, de Gian-Carlo Menotti, e de trechos selecionados do *Porgy and Bess*, de George Gershwin, e do *Candide*, de Leonard Bernstein: Vânia Pajares (direção musical e acompanhamento ao piano), João Luiz Sampaio (apresentação), os cantores Martha Herr, Sandro Bodillon, Edna e Ednéia de Oliveira, José Gallisa, Gilmar Ayres, David Marcondes, Solange Siqueirolli; além de Roberto Fabel (direção), Rubens Oliveira (maquiagem), Lúcia Camargo, diretora do Teatro Municipal de São Paulo, Sarah Nasrallah, sua assistente, Miriam Bemelmans (divulgação), e toda a equipe da editora Perspectiva, responsável pelo lançamento desta série de livros.

# Barroco e Classicismo

# A Música na Corte (1600-1660)

A rainha Elizabeth I morreu em 24 de março de 1603. Com ela extinguia-se a dinastia Tudor (1485-1603), marcada pela figura de seu pai, Henrique VIII, que rompeu com Roma e impôs à Inglaterra a Reforma Anglicana, e dela mesma, Gloriana, a Rainha Virgem, que deu seu nome a uma das mais extraordinárias fases de desenvolvimento cultural do país, a Era Elizabetana. Como Elizabeth não deixou descendentes, o próximo na linha de sucessão era o filho de Maria Stuart, a prima que ela mandara executar em 8 de fevereiro de 1587.

Quando Jaime VI, da Escócia, veio a Londres, na primavera de 1603, para ser coroado Jaime I, da Inglaterra, tomou posse de um dos países mais centralizados da Europa, com uma população de 4,5 milhões de habitantes, distribuídos principalmente no sul e no leste do território. Londres, a capital, com suas 250 mil almas, era dez vezes maior do que as rivais mais próximas, Norwich (15 mil habitantes), Bristol ou York. Parte imensa da vida comercial, intelectual e artística do país era vivida nas ruas sujas, barulhentas e superpovoadas daquela cidade, enorme para os padrões do nascente século XVII.

Em Whitehall ficava a sede de um governo centralizado, organizado em torno da corte e da figura do soberano. Conseqüentemente, a corte era o mais importante pólo de produção musical do país. Praticamente todos os grandes compositores ingleses estavam associados a ela, de uma forma ou de outra. Vinte e dois anos depois, quando Carlos I subiu ao trono, havia cerca de 140 músicos a seu serviço. Divididos em grupos nitidamente separados, eles tinham pessoal e repertório próprios e uma função específica dentro da vida aristocrática.

O mais antigo e maior era o da Capela Real, cuja fundação remonta ao século XII. A Royal Chapel não era grande – tinha um coro infantil de doze meninos, apoiado por número semelhante de homens – mas, para ela, trabalhavam os mais talentosos compositores ingleses de música sacra. E as melhores vozes do país eram recrutadas para cantar ali – o que constituía uma desvantagem para as igrejas de província, cujos cantores mais experimentados eram constantemente carreados para Londres. Mas o outro lado da moeda é que, estando em Londres, os cantores provenientes dos centros provincianos mantinham seus conterrâneos em contato com o que havia de mais moderno na música do país, o que explica o repertório das cidades do interior ser sempre tão atualizado.

A liturgia anglicana exigia, além das orações da manhã e da noite, os *anthems* (hinos apropriados para cada dia do ano). Aos *full anthems*, originários da tradição contrapontística européia, e cantados exclusivamente pelo coro, contrapunham-se os hinos em *verse setting*, invenção elizabetana, na qual os refrões do coro respondiam às seções escritas para solistas. Nos *anthems* mais antigos da Capela Real, o acompanhamento era feito pe-

James I recebe, em 1621, o embaixador espanhol, na Capela Real, para a assinatura do contrato de casamento do príncipe Charles com a infanta da Espanha. Na galeria estão os músicos que acompanham a cerimônia.

Desenhos de figurinos feitos por Inigo Jones para *The Masque of Blackness*, de 1601 (à direita) e *The Lord's Masque* (1613), de Thomas Campion (à esquerda).

Alegoria da Música – cantor, flauta, viola baixa – a serviço do Amor e da Beleza, pintada por Peter Lely (fim da década de 1640).

los *consorts of viols*, pequenos conjuntos de cordas substituídos pelo grande órgão, quando a cerimônia se transferia para a catedral.

Os grandes criadores do *verse anthem*, no período jacobino, foram Orlando Gibbons, Thomas Tomkins e Thomas Weelkes. Um dos mais esplêndidos exemplos da arte de Gibbons é o hino "See, see, the world incarnate", em que a narrativa da vida de Cristo, desde a Natividade até a Ascensão, em texto escrito por Godfrey Goodmann, o decano de Rochester, passa rapidamente de um solista para outro, criando conjuntos complexos e apresentando o coro ora como os anjos, ora como os judeus que dão as boas-vindas a Jesus em Jerusalém e, depois, pedem sua condenação a Pilatos. A intensidade dramática desse hino já prefigura o que será a música de teatro inglesa.

A equipe da Capela Real fornecia ao rei, portanto, o serviço religioso diário. Mas seus membros contribuíam também para a música secular, os *masques* e a música incidental executada durante as peças de teatro representadas para a corte. O *masque*, surgido no século XVI a partir do *ballet de cour* francês[1], tal como ele foi criado por Balthazar de Beauljoyeux, era um entretenimento de forma livre, que combinava, sem a preocupação estrita com a continuidade dramática, poesia, música, canto, dança e representação, usando em geral temas mitológicos, montados de forma suntuosa. Não se restringia à corte apenas, pois eram também apresentados nas Inns of Court, teatros que admitiam o público popular. A mais remota referência que se têm à representação de um espetáculo dessa natureza está no diário de Edward Hall, cortesão da época de Henrique VIII. Ele conta que, em 1512,

on the daie of the Epyphany at night, the kyng with IX other wer disguised, after the manner of Italie, called a maske, a thing not seen afore in Englande.

no dia da Epifania, à noite, o rei, juntamente com nove outros, apareceu disfarçado, à maneira da Itália, chamada *maske*, uma coisa nunca vista antes na Inglaterra.

Não se tratava da forma de entretenimento refinado que se praticava em Florença, na corte dos Médici – o intermédio, que é um dos predecessores da ópera – mas de modalidades mais simples de encenação, possivelmente provenientes de Módena ou Ferrara. Hall conta também que, ao serem convidadas pelos *maskers* a dançar, as damas da corte, que não tinham reconhecido o rei e seus companheiros sob o disfarce, recusaram indignadas, acreditando tratar-se de "penetras", que tinham-se intrometido na festa real.

Essa objeção logo se dissipou e os Tudor, que sempre apreciaram espetáculos opulentos, tudo fizeram para desenvolvê-los. As viagens constantes de Elizabeth I pelas províncias eram a ocasião para espetáculos que faziam o gênero se desenvolver. Em sua ópera *Gloriana*, composta para comemorar a coroação de Elizabeth II, Benjamin Britten evoca um desses *masques*, particularmente luxuoso, montado por um certo Goldingham nos aposentos privados da rainha, durante uma dessas viagens que ela fez a Norwich. Esse *masque* incluía uma procissão de divindades romanas, ladeadas por portadores de tochas. Além de fazer discursos em homenagem à rainha, escritos pelo poeta Thomas Churchyard, os deuses lhe ofereceram presentes.

Um dos primeiros autores importantes de textos para *masque* foi o dramaturgo Ben Jonson que, a partir do *Masque of Blackness*, de 1601, escreveu para a corte, até 1631, uma série notável de poemas dramáticos. Embora não houvesse padrões rígidos para o *masque*, a ação procedia de acordo com linhas mais ou menos comuns: era invariável a canção introdutória, a presença de três grandes seções de dança – a "entry", a "main dance", no centro exato do espetáculo, e a "going off" –, além dos "revels" conclusivos, danças de estrutura mais livre, das quais o público também podia participar. Os *masquers* apareciam numa máquina para efeitos especiais e, no final, retiravam-se nela. Segundo a estudiosa Enid Welsford, os elementos codificados por Jonson já estavam presentes em *Protheus and the Adamantine Rock*, encenado para Elizabeth I, na Semana Santa de 1594, por atores da Gray's Inn.

Em 1608, com *The Hue and the Cry after Cupido* (1608), seguido de *The Masque of Queens Celebrated from the House of Fame* (1609), Ben Jonson introduziu o *antimasque*,

---

1. Ver *A Ópera na França*, desta coleção.

um interlúdio de caráter grotesco, executado no intervalo entre os dois atos do *masque* principal – semelhante, portanto, ao *intermezzo* cômico que, na Itália, era apresentado entre os atos de uma *opera seria*[2]. O *Masque das Rainhas*, por exemplo, mostrava Perseu descendo do céu para descrever as belezas e as virtudes de doze grandes rainhas da Antiguidade – que refletiam as qualidades da soberana. No *antimasque*, Hécate fazia sair do Inferno doze feiticeiras, que caricaturavam as cenas anteriores.

Ao incorporar as canções com acompanhamento de alaúde, que tinham-se popularizado com John Dowland, o *masque* inglês adotou também as características do *stile rappresentativo* monteverdiano, que esse grande compositor de música vocal trouxera da Itália para a Inglaterra. No prefácio, a *Lovers Made Men*, de 1617, musicada por Nicholas Lanier, Jonson dizia que essa era a primeira peça inteiramente escrita em consonância com essa técnica mediterrânea; o que lhe confere, se for verdade – pois a partitura se perdeu – o *status* importante de ancestral mais remoto da ópera inglesa. Jonson perdeu a posição privilegiada que ocupava, depois de 1617, devido à rivalidade com poetas como Samuel Daniel e Thomas Campion, e com o arquiteto Inigo Jones. Tendo estagiado na Itália, Jones absorvera toda a magnificência dos grandiosos efeitos visuais do intermédio florentino, que agradavam muito a Ana da Dinamarca, a esposa de James I – e contaria também com o apoio da francesa Henrietta Maria, a mulher de Carlos I, que sucedeu ao pai em 1625. O aumento do lado espetaculoso do *masque*, e a inserção cada vez maior de *antimasques* opulentos, mas que tinham pouco a ver com a linha narrativa central, tiveram por efeito comprometer a unidade dramática dos poemas de Jonson.

Ao contrário do pai, Carlos I era um homem tímido, nervoso, embora bonito e digno, como mostra o retrato famoso pintado por van Dyck, que ele trouxe à Inglaterra. Os atritos freqüentes que Jaime I tivera com o Parlamento agravaram-se, durante seu reinado, a ponto de,

em 1629, ele dissolver essa casa e, durante onze anos, governar de forma absolutista. Fase de contra-reforma, de apoio ao catolicismo e perseguição aos puritanos, que se mantinham fiéis à reforma anglicana e tinham com o trono divergências relacionadas com o pagamento de impostos e taxas; fase de crescentes atritos entre os grupos que apoiavam a Coroa ou o Parlamento, esses são anos atribulados, que levarão à Guerra Civil, iniciada em 22 de agosto de 1642. Derrotado, Charles Stuart foi julgado e executado em Whitehall, em 30 de janeiro de 1649. Com a abolição da monarquia e da Câmara dos Lordes, foi proclamado o Commonwealth and Free State, regime republicano liderado pelo puritano Oliver Cromwell. E em 1653, o *Instrument of Government*, primeira constituição escrita da Inglaterra, redigida pelo major-general John Lambert, criou o Protetorado, regido por um conselho e um Parlamento trienal. Essa constituição planejava, no devido tempo, coroar rei o Lorde Protetor, Oliver Cromwell; mas a oposição republicana dentro do Exército impediu que isso se concretizasse.

Durante o reino de Carlos I, os *masques* tornaram-se meros pretextos para mudanças engenhosas de cenário e uma grande quantidade de canções, corais e danças despreocupados de unidade formal. Curiosamente, quanto mais o país se encaminhava para o caos da Revolução Puritana, mais os espetáculos cortesãos tornavam-se artisticamente desorganizados. O último espetáculo desse gênero montado na corte, em 1640, às vésperas da revolução, foi *Salmacida Spolia*, no qual, profeticamente, havia a descrição de uma tempestade desencadeada pelas Fúrias, "para pedir aos espíritos do mal que semeassem a discórdia por toda a Inglaterra".

Na corte, havia o pequeno grupo dos profissionais escolhidos para fornecer música de câmara à família real e para ministrar aulas de música a seus membros; e o grupo maior de instrumentistas que tocavam nas áreas públicas do palácio. A voga dos *consorts* – o mais comum dele era o de violas, reunindo três ou quatro tipos diferentes desse instrumento – iniciou-se durante o reinado de Henrique VIII.

---

2. Ver *A Ópera Barroca Italiana*, desta coleção.

Havia também, até o reino de Carlos I, grupos maiores, constituídos por executantes de violino, flauta doce, charamela e sacabuxa. A partir de 1570, desenvolveram-se os grupos mistos de seis instrumentistas – violino ou viola soprano, flauta, viola baixa, alaúde, cítara e bandurra –, que se espalharam pelas casas aristocráticas. Thomas Morley, em 1599, e Philip Rosseter, em 1609, publicaram antologias do repertório que esses *consorts* interpretavam, geralmente arranjos de canções e danças populares. William Lawes, Charles Coleman e Simon Ives foram os primeiros a compor peças originais para tais grupos.

Barato e portátil, com uma tablatura de notação fácil de aprender, o alaúde era o instrumento preferido para o ensino de música aos filhos das famílias nobres – o que fez expandir-se extraordinariamente a literatura para esse instrumento. Quase todos os membros da família Tudor tocavam alaúde; mas os príncipes Henry e Charles, filhos de Jaime I, aprenderam a viola, e sua preferência por esse instrumento o fez suplantar o alaúde, por volta de 1620. Cravos e virginais eram mais caros e de técnica complexa, sendo usados apenas por solistas de formação profissional. Até à época de Purcell, o regal (órgão portátil, antecessor do harmônio) era o instrumento de teclado mais usado nas formações de câmara.

Números de dança ou peças de estrutura contrapontística, derivadas da polifonia vocal, dominavam a música instrumental. Em torno de 1600, as danças principais eram a pavana, a galharda, ambas de tom grave e solene; a *allemande* e a *courante*, mais vivas, com ritmos binários ou ternários. Em 1625, foi introduzida a sarabanda, de andamento rápido, em ritmo ternário. Todas elas continham reprises reservadas à ornamentação (as *divisions*). Essas *fioriture* eram geralmente improvisadas, no caso dos *consorts*, integrados por músicos profissionais com mais traquejo; mas nas peças solistas, a ornamentação era escrita, para orientar os instrumentistas amadores. Em seu tratado *The Division-violist*, de 1659, Christopher Simpson discutiu a arte de improvisar ornamentos, classificando os tipos de seqüências de acordes entrados na música inglesa pela via italiana, trazidos pelos músicos estrangeiros que trabalhavam na corte. Esses ornamentos são importantes porque, com freqüência, num momento posterior, serão transpostos para o domínio vocal solista.

Música para dançar e arranjos de canções populares em estilo dançante formam a parte principal do repertório para alaúde, viola ou virginal, nessa fase. Mas isso não significa que essa música seja trivial. São extremamente complexas e altamente expressivas as pavanas e galhardas escritas por John Dowland, Daniel Bacheler, Francis Cutting, John Bull, William Byrd, Orlando Gibbons, Thomas Tomkins. Essas danças fornecerão material inesgotável aos espetáculos de teatro. A principal coletânea desse tipo de peça é *The Fitzwilliam Virginal Book*, que se atribui ao católico Francis Tregian: ele o teria compilado entre 1609-1619, quando estava aprisionado na Torre de Londres. Mas há outras antologias impressas: *Varietie of Lute-lessons* (1610) e *Parthenia* (1613), esta última contendo música para teclado de Byrd, Bull e Gibbons. O complexo estilo ornamentado dos alaudistas e tecladistas ingleses, com predominância de um fraseado *legato* de origem italiana, declinou, ao longo da década de 1620, sendo gradualmente substituído pelo *style brisé*, arpejado, trazido pelos alaudistas franceses que vinham trabalhar na corte.

O repertório dos *consorts* consistia, basicamente, de fantasias em três, quatro, cinco ou seis partes. Mas uma coleção de danças como a belíssima *Lachrimae* (1605), de Dowland, para cinco violas ou violinos com alaúde, se inicia sempre com uma seqüência de variações sobre o tema de sua pavana que leva o título de *Lágrimas*. A fantasia era, na essência, um moteto ou madrigal sem palavras, construído sobre uma sucessão de idéias contrapontísticas contrastadas e não-relacionadas. Às vezes, porém, essas obras baseavam-se em um tema extraído de uma peça sacra ou profana conhecida. O cantochão "In nomine", retirado da *Missa Gloria tibi Trinitas*, de John Taverner (c. de 1620), surge em mais de 150 fantasias escritas no século XVII. Já havia algumas fantasias no período elizabetano. Mas o apogeu desse gênero, de incomparável riqueza, veio durante o reinado de Jaime I, com Alfonso Ferrabosco, John Ward, Thomas Lupo, John Coprario, Orlando Gibbons, Richard Dering, Thomas Tomkins.

Um tocador de viola da gamba: ilustração em *The Division-violist* (1659), de Christopher Sompson.

Trabalhando na casa do príncipe Charles durante a década de 1620, Gibbons, Lupo e Coprario também desenvolveram novos tipos de música contrapontística, utilizando combinações variadas de violinos, violas, virginal ou órgão portátil. Como o violino tinha sempre sido, na Inglaterra, um instrumento de música para os bailes da corte, as peças escritas para ele eram impregnadas de fortes elementos dançantes. As ágeis séries de *fantasia-suites* de Coprario – agrupamentos fixos de fantasia-alemanda-galharda – são instrumentadas para um ou dois violinos, viola baixa e órgão. E forneceram modelos para William Lawes, John Jenkins e outros.

Havia, basicamente, três tipos de música vocal secular, no início do século XVII. A mais antiga, a *consort-song*, estrófica, cantada por vozes agudas ou de menino, com acompanhamento de quatro violas, originava-se nos lamentos corais da Era Elizabetana. Na década de 1590, a *consort-song* perdeu a sua popularidade para os madrigais, de origem italiana, escritos para conjuntos de vozes *a cappella*, de que logo começaram a surgir antologias impressas (enquanto as *consort-songs* circulavam de mão em mão, em manuscritos avulsos). A mais importante dessas coleções é *The Triumphes of Orianna* (c. 1600). Mas, nas primeiras décadas do século XVII, houve uma retomada do interesse pela *consort-song*, devido às peças em que Thomas Ravenscroft fazia a evocação bem-humorada da vida no campo, ou a série dos *Cries of London*, de Weelkes, Gibbons ou Dering, em que os sons da vida urbana eram imitados de forma onomatopaica. Há, nessas peças, elementos de caráter dramático, muito importantes para esse percurso, que estamos traçando, da pré-história da ópera inglesa.

Inventada por John Dowland em seu *First Booke* (1597), a canção para alaúde caracterizava-se por sua flexibilidade: a mesma música poderia ser executada por uma voz solista, como uma *part-song* com acompanhamento de alaúde; ou por um pequeno conjunto vocal, com acompanhamento de violas. A melodia tinha de ser simples o bastante para funcionar com essa instrumentação alternativa. E a canção deveria ser curta, para caber em uma só página do livro. Este era impresso em formato grande, para que os intérpretes, pousando-o sobre uma mesa baixa, pudessem sentar-se à sua volta e ler a música, todos ao mesmo tempo. *Lute songs* são, portanto, canções estróficas curtas, de tema leve, com ritmo dançante. Genial em seu tom direto e espontâneo, Dowland alcança, com freqüência, alto nível de correlação texto-música, de correspondência entre estrutura do verso e esquema rítmico. Ele será um grande modelo a ser seguido, mais tarde, pelos compositores que intercalarão canções em peças de teatro.

O apogeu da *lute-song* situa-se entre 1597 e 1612, data da publicação de *A Pilgrimes Solace*, o quarto livro de canções de Dowland. A essa altura, a teorba tinha sido trazida da Itália, com a sua técnica de leitura do baixo figurado, que tornava desnecessária a notação de tablatura do alaúde. Com a adesão dos compositores ingleses ao *stile concitato* italiano que, de Monteverdi em diante, fora adotado por Cavalli, Cesti e outros, Robert Johnson, Alfonso Ferrabosco ou Nicolas Lanier passaram a escrever canções declamatórias, que serão de grande importância como modelo para o arioso operístico. Esses autores são influenciados pela monodia italiana: as suas linhas vocais espelham as inflexões da frase falada, incorporando a ornamentação, mas do tipo sóbrio e bem equilibrado que encontramos em Monteverdi, por exemplo.

Os melhores exemplos do gênero, com originalidade e força dramática, são as canções de Robert Johnson, escritas para serem inseridas em peças de Shakespeare, *A Tempestade* ou *O Conto de Inverno*. A maioria delas sobreviveu em fonte manuscrita de qualidade precária, pois o monopólio da impressão por um pequeno grupo, que dispunha de privilégio real, fazia com que fossem poucas as publicações. Somente durante o Commonwealth começou a surgir um número maior de partituras, impressas por John Playford. Ele tinha de tirar o atraso e seus livros, retrospectivas do que fora feito nas três décadas anteriores, abriam amplo espaço a Henry Lawes – o irmão mais velho de William Lawes – o mais prolífico autor de canções daquela época.

Reunindo todos os recursos da música cortesã, o *masque* era o gênero mais ambicioso da época. Os executantes de sopro tocavam a música incidental, para acompanhar a ação da peça, e interlúdios que visavam a ocultar o barulho da maquinaria de palco, durante as mudanças de cenário. As cordas se incumbiam dos números de dança inseridos na peça. E a música vocal, a maior parte do tempo acompanhada por grupos de alaúdes, era interpretada por cantores que faziam papéis secundários dentro da peça (os papéis principais ficavam reservados a atores de teatro). Infelizmente, não foi preservada nenhuma partitura completa de *masque* das primeiras décadas do século XVII. Mas ficaram canções e danças isoladas do período jacobita, escritas por Thomas Campion, Alfonso Ferrabosco e John Coprario, embora seja difícil determinar a qual produção elas pertenciam.

Ficaram também fragmentos – passagens instrumentais solenes, seções solistas e seqüências intrincadas de coro em forma de *anthem* – escritos por Simon Ives para *The Triumph of Peace* (1634) de James Shirley; e por William Lawes para *The Triumphes of the Prince d'Amour* (1636) e *Britannia Triumphans* (1638).

Ao eclodir a Guerra Civil de 1624, a corte se dispersou, muitos aristocratas rumaram para o exílio, e os músicos da corte tiveram de sobreviver como puderam, uns indo para o exterior com seus patrões, outros aderindo ao exército realista, muitos sendo obrigados a mudar de profissão. O Interregno assestou um duro golpe no *masque*, mas não o matou. Ele continuou a ser praticado em casas de campo da aristocracia e nos auditórios de algumas escolas mais liberais. Livres da exigência de fazer do *masque* um instrumento de propaganda da realeza, seus autores o expandiram como peça de teatro, criando o gênero híbrido que, mais tarde, será chamado de semi-ópera. Um dos primeiros exemplos desse tipo de espetáculo é o *Comus* (1634), de John Milton, montado em Ludlow, na casa do conde de Bridgewater. A música era de Henry Lawes, que também representou o papel do Espírito Mensageiro.

Mais adiante, peças ligadas à tradição do *masque* privado foram apresentadas em Londres, como uma tentativa de convencer o Parlamento de que não havia sentido a proibição do teatro falado. Em 1656, *The Siege of Rhodes*, de William Davenant, foi musicada por um grupo de compositores. E em 1659, Matthew Locke expandiu muito o papel da música no *Cupid and Death*, escrito seis anos antes por James Shirley, como um veículo para mostrar ao público o texto do drama.

Vigorou durante muito tempo a idéia de que os puritanos opunham-se à música. Mas, em um ensaio publicado em 1930, o musicólogo Percy Scholes mostrou que eles não a condenavam como tal. Apenas achavam que não devia ser utilizada, de modo profano, no teatro onde, a seu ver, tornava-se um elemento a mais de excitação dos sentidos. E não aceitavam que fosse empregada na igreja, em cerimônias muito elaboradas, em que os fastos musicais correriam o risco de distrair os fiéis da concentração devocional. Oliver Cromwell tinha um grupo de músicos que tocava para ele em Whitehall. E ordenou a execução, em seus ofícios religiosos, dos austeros motetos latinos de Dering, originalmente escritos para a capela da católica Henrietta Maria, a mulher de Carlos I.

Durante a fase de perturbações trazida pela Guerra Civil, a música teatral entrou em pane relativa. Mas a música puramente instrumental continuou a se desenvolver, sobretudo em Oxford, onde a corte esteve entre 1642-1646. Essa cidade foi um centro musical importante, durante o Commonwealth, graças aos concertos semanais organizados por William Ellis em sua casa. E de 1657 em diante, quando o professor John Wilson reabriu a Escola de Música da universidade. Nesses encontros musicais oxfordianos, ouvia-se principalmente música instrumental, para *consorts* de diversos tipos. Eles foram os precursores dos concertos públicos que se realizaram em Londres após a Restauração. Depois que a aristocracia retornou ao país, a música cortesã foi retomada, mas não mais com o brilho dos anos de glória do rei Jaime I. As coisas já não eram mais as mesmas, e não demorou para que o centro da vida musical londrina se deslocasse do palácio para os teatros públicos.

## Campion

Médico, poeta e dramaturgo, Thomas

Campion (1567-1620) era também compositor. Terminados os estudos em Cambridge, fez o doutorado na Universidade de Caen, na França, diplomando-se em abril de 1586. Os *Four Books of Offices*, catálogo das profissões publicado por Barnabé Barnes em 1606, referem-se a ele como "Doctor of Physick", ou seja, o que o inglês chama de *physician* (médico). E em 1601, discutindo a sua poesia, Philip Rosseter já a tinha chamado de "a flor supérflua dos conhecimentos científicos mais profundos desse notável intelectual".

Preocupado, antes de mais nada, com a beleza e a musicalidade dos versos, Campion dava-lhes, em suas canções, não o tipo de acompanhamento elaborado que Dowland escrevia para as suas *lute-songs*, mas melodias simples e diretas, e harmonias básicas. Além de seu *Bookes of Ayres*, ele contribuiu com diversas canções para serem inseridas nos *masques* montados em ocasiões cerimoniais solenes: no casamento de Sir James Hay (1607); no da princesa Elizabeth, filha de Jaime I; e no de Robert, conde de Somerset, ambos celebrados em 1613. Era partidário de que, na tragédia, se mantivesse a tradição, mais sóbria, do verso branco e, nas *Observations on English Poesie*, publicadas em 1602, condenou "o costume vulgar e artificial de fazer os versos rimarem".

## Ferrabosco

Filho natural do músico bolonhês de mesmo nome, que emigrara para a Inglaterra em 1562 e se transformara no vaso comunicante que levou aos músicos da corte de Elizabeth I a tradição do madrigal italiano, Alfonso Ferrabosco (c. de 1575-1628) iniciou os estudos em Greenwich, onde nasceu. Mas prosseguiu-os na Itália, quando o pai voltou a seu país em 1578. De volta a Londres em 1602, Alfonso tornou-se um dos King's Musicians for the Violins, cargo que manteve até a morte. Professor de música, a partir de 1604, do príncipe de Gales, que tinha por ele grande estima, foi nomeado por ele Composer of the King's Musick, em 1626; e mais tarde, Composer of Musick in Ordinary to the King.

Amigo pessoal de Ben Jonson, Ferrabosco escreveu, para os *masques* redigidos por ele, música incidental que o tornou muito respeitado na corte. *The Masque of Blackness* (1605), *The Masque of Hymen* (1606), *The Masque of Beauty* (1608), *The Masque of Lord Haddingston's Marriage* (1608) e *The Masque of Queens* (1609) foram as peças para as quais colaborou com canções e danças. Delas não sobreviveram partituras completas, apenas fragmentos esparsos, guardados em manuscrito no Museu Britânico, na Escola de Música de Oxford, e no Royal College of Music.

As peças de Ferrabosco para a viola demonstram extraordinária habilidade contrapontística, mas não deixam de lado a qualidade rítmica dos movimentos em forma de dança, nem o estilo de ornamentação livre que predominava na fantasia.

## Coprario

Depois de estudos feitos na Itália, o inglês John Cooper (1575-1626) italianizou seu sobrenome para Coprario (ou Coperario). Professor de música dos filhos de James I e dos irmãos Henry e William Lawes, era respeitado como um dos mais competentes autores de música instrumental e vocal de padrões italianados. Suas improvisações ao órgão atraíam sempre grande público. Além de canções, peças para *consorts* de cordas, e hinos, colaborou com música incidental e árias para alguns *masques*, entre eles *The Masque of the Inner Temple and Gray's Inn* e *The Masque of Flowers*, com textos de Francis Beaumont. Ficaram famosas as suas peças de caráter elegíaco, em que alcançava um grau particular de expressividade: as *Funereal Teares*, para a morte do conde de Devonshire; e as *Songs of Mourning*, para a morte do príncipe Henry, ambas com letra e música. Em 1951, o editor Manfred Bukofzer, de Los Angeles, publicou em facsímile o seu tratado *Rules How to Compose*, de 1610.

## Lanier

Atribui-se a Nicholas Lanier (1588-1666)

a introdução do recitativo de estilo italiano, característico da Escola Florentina, no *masque* inglês. *Lovers Made Men*, cantado em Londres em 22 de fevereiro de 1617, teria sido o primeiro, segundo Ben Jonson, autor de seu texto, a abrigar essa prática. Lanier foi Master of the King's Musick durante os reinados de Carlos I e Carlos II. Usando essa mesma técnica, escreveu *A Pastoral on the Birth of Prince Charles* e a cantata *Hero and Leander*. Suas canções foram recolhidas na *Select Musicall Ayres and Dialogues*, de 1659; em *The Musical Companion*, de 1667; e em *The Treasure of Musick* (1669).

## Henry Lawes

O cuidado com que Henry Lawes (1506-1662) trata a correlação texto-música, buscando os acentos rítmicos mais espontâneos, coloca-o em posição importante na cadeia da evolução musical que vai culminar em Purcell. Aluno de Coprario, Lawes foi membro do grupo de músicos da Capela Real e, depois, da banda pessoal do rei. Music Master do conde de Bridgewater, perdeu as suas funções durante o Protetorado; mas foi restaurado nelas em 1660 e, hoje, está enterrado na Abadia de Westminster.

Na fase em que a produção de *masques* estava relegada às propriedades aristocráticas, no campo, Lawes escreveu a música para *Coelum Britanicum* e *The Triumph of Peace*. Sua obra mais importante é *Comus*, com texto de John Milton, cantada em 29 de setembro de 1634.

## Ives

Organista em Newgate e regente de coro na catedral de São Paulo, Simon Ives (1600-1662) colaborou, com canções e números de dança, para os *masques* representados na corte. Seu trabalho mais conhecido é *The Triumph of Peace* (1663), em parceria com William Lawes. O editor Playford reuniu a sua obra vocal nas *Select Ayres and Dialogues*, que publicou em 1669.

## William Lawes

Irmão mais novo de Henry, William Lawes (1602-1645) também foi aluno de Coprario. Músico da banda pessoal de Carlos I, era muito fiel ao soberano: aderiu ao exército realista e morreu em combate, durante a Guerra Civil. Autor de canções e danças recolhidas em *Courtly Masquing Ayres*, publicado em 1662, W. Lawes escreveu música, a quatro mãos, com Simon Ives, para *The Triumph of Peace* (1633), de James Shirley; e para *The Triumph of Prince d'Amour*, de 1635).

## Davenant

Ao anunciar como "música e instrução" a sua peça *The Siege of Rhodes* (O Assédio de Rhodes), encenada na Rutland House, em 1656, com música de vários compositores, inclusive Locke, o dramaturgo e empresário William Davenant (1606-1668) queria encontrar uma forma de contornar a proibição de apresentação de peças de teatro. *O Assédio de Rhodes* notabilizou-se também por ter sido a primeira ópera em que uma mulher pisou em um palco londrino.

Colaborando com John Dryden, Davenant adaptou diversas peças de Shakespeare ao gosto do público da Restauração. Algumas delas tinham grande quantidade de música incidental e canções intercaladas. Hoje, sabe-se que a música para a semi-ópera *The Tempest* (A Tempestade), de 1695, que se atribuía a Purcell, é de Weldon.

## Locke

A primeira documentação que se possui a respeito de Matthew Locke (1622-1677) – provavelmente nascido em Exeter, no Devon, onde foi coralista e aluno de Edward Gibbons, o irmão mais velho de Orlando – é a de ele estar na Holanda, em 1648, possivelmente acompanhando os realistas de sua região, que ali tinham se exilado durante a Revolução Puritana. Em 1651, o temos de volta à Inglaterra, compondo música instrumental para *consorts of viols*. Em 1653, colaborou com Christopher Gibbons, o filho de Orlando, escrevendo a quatro mãos a música para o poema *Cupid and Death*, de James Shirley, um *masque* encenado privadamente, na corte, durante uma recepção ao embaixador português (embora os puritanos condenassem o teatro, não se opunham à prática do *masque*, desde que fosse didático e de fundo moral).

O ex-cortesão Sir William Davenant, como vimos, viu nisso a forma de contornar a proibição puritana da prática do teatro. Não se preservou a partitura de *The Siege of Rhodes*, que era de vários autores, entre eles Locke. Perdeu-se também a música para dois *masques* inseridos na peça *The Step-mother* (1663), de Robert Stapleton; e os números vocais preparados para uma montagem do *Macbeth*, que Davenant dirigiu. Downes, o ponto da companhia de Davenant e Thomas Betterton, escreveu a história do grupo. Nela, descreve esse *Macbeth* como "de natureza quase de uma Ópera". Com isso, queria referir-se à forma híbrida de peça de teatro e canto, que a musicologia moderna chama de "semi-ópera"; e à qual, no século XIX, os ingleses chamavam de "dramatic opera". Ficou o *Masque of Orpheus*, que Locke preparou, em 1673, para inserção em *The Empress of Morocco*, de Settle.

Data marcante para o estabelecimento da semi-ópera é a encenação de *The Tempest*, em 1674, no recém-inaugurado Dorset Garden Theatre, na fase da Restauração. Em 1667, John Dryden e William Davenant tinham adaptado a última peça de Shakespeare, adequando-a ao estilo das comédias da época da Restauração. Eliminaram os diálogos entre os cortesãos; deram a Miranda uma irmã chamada Dorinda e, para equilibrar o par dessas duas moças "que nunca tinham visto homem", inventaram Hippolito, que nunca tinha conhecido uma mulher, e se apaixona por Dorinda. Já na versão de 1667, havia a inserção de canções e "musical dialogues" escritos por John Bannister; e os marinheiros cantavam coros de caráter cômico.

Em 1674, Thomas Shadwell preparou um libreto a partir dessa versão da peça, expandindo as possibilidades para o uso da música e explorando os recursos cênicos do Dorset Garden. Locke escreveu a música incidental e as partes vocais; Giovanni Battista Draghi providenciou os balés; e Pelham Humphrey escreveu dois *masques* encartados na ação. Além disso, as canções de Bannister, de 1667, foram reaproveitadas. Cerca de trinta cantores participavam do espetáculo. A orquestra tinha sido dobrada de tamanho e, por esse motivo, retirada da plataforma em que normalmente ficava, acima do palco, e trazida para o nível da platéia. A preocupação de Locke com as nuances de dinâmica é o que há de mais inovador na partitura. A todo o momento ele utiliza indicações do tipo "soft" (suave), "lowder by degrees" (gradualmente mais baixo), "violent" (violento), "lowd" (alto), "soft and low by degrees" (gradualmente mais baixo e suave).

No livro de Downes está registrado que "nenhuma outra Ópera subseqüente rendeu tanto dinheiro". Entusiasmada com o sucesso da *Tempestade*, a companhia do Dorset Garden triplicou os preços da apresentação seguinte, e essa talvez seja a razão para *Psyché* não ter atraído a mesma quantidade de público. Livremente adaptada por Thomas Shadwell da *comédie-ballet* de Lully, com textos de Corneille, Quinault e Molière (1671), ela tinha danças de Draghi, coreografadas por Saint Andrée e Josias Priest; e suntuosos cenários de John Webb, aluno de Inigo Jones, com quem trabalhara nos *masques* anteriores à Guerra Civil. A ópera não segue à risca a história contada por Apuleio em *O Asno de Ouro*. Nesta versão, Psiquê pode ver Cupido todo o tempo. O que ela está proibida de fazer é perguntar o seu nome. Mas a "curiosidade fatal" a leva a pressioná-lo até que, não resistindo, ele lhe confessa quem é e, depois, tem de afastar-se dela. Só depois de visitar o mundo das sombras, Psiquê consegue cair de novo nas boas graças de Vênus, que autoriza seu casamento com o filho.

A instrumentação da *Tempestade* usava apenas cordas. De acordo com as indicações cênicas deixadas por Shadwell – Locke publicou apenas a partitura vocal –, a orquestração da *Psyché* era muito mais elaborada: incluía trompetes, tambores, flautas doces, oboés, cordas e contínuo. Foram muito comentados os efeitos especiais obtidos com a maquinaria de

Betterton e Stephenson. Embora *Psyché* não tenha se igualado ao sucesso de *The Tempest*, ela é historicamente importante por contribuir para a fixação do modelo da semi-ópera. O selo L'Oiseau-Lyre tem a gravação Pickett de 1994 (Bott, Agnew, George).

O teatro não rendia muito lucro a Matthew Locke. Ele ganhava a vida compondo para os *24 Violins* da King's Musick – que seguia o modelo de *Les Violons du Roy*, criados em Versalhes por Lully –, e como organista na capela de Catarina de Bragança, a mulher de Carlos II, cargo que ocupava desde 1654. A dificuldade que Locke tinha em suportar a tolice alheia nunca tornou fácil a relação com seus semelhantes e, em especial, com seus colegas de profissão. Ele não compôs uma ópera completa, mas ajudou a resolver o problema do episódio operístico, que podia ser encaixado dentro de uma peça falada, fundindo a declamação inglesa com árias, coros e danças. Colocou, assim, os alicerces do gênero que seria desenvolvido por Henry Purcell, seu aluno e devotado admirador. A formulação teórica do que pretendia realizar foi feita no entusiástico prefácio de *The English Opera*, na qual, em 1675, enfeixou as partituras da *Tempestade* e da *Psiquê*.

Locke é um compositor econômico e não alonga suas idéias musicais mais do que é necessário para extrair delas o efeito dramático desejado. Suas linhas melódicas costumam ser inesperadamente angulosas e, do ponto de vista harmônico, ele é freqüentemente pouco ortodoxo. A emotividade do que escreve demonstra que foi grande a influência que exerceu, na área expressiva, sobre Purcell.

# A Idade de Purcell (O Apogeu do Barroco)

A morte do Lorde Protetor Oliver Cromwell, em 3 de setembro de 1658, pôs fim às esperanças de permanência do regime republicano. A incapacidade de seu sucessor, o filho Richard Cromwell, de pôr fim aos distúrbios que se seguiram levou à dissolução do Parlamento criado pelo Commonwealth e à convocação de uma assembléia nos moldes da que tinha sido dissolvida pela Guerra Civil. Esse Convention Parliament optou pelo retorno da monarquia e aceitou incondicionalmente a Declaração de Breda (4.4.1660), na qual Carlos II, filho do monarca destronado, negociava as condições para seu retorno – o que aconteceu em 25 de maio de 1660.

A restauração de Carlos II no trono significou o fim de quase vinte anos de crise na vida cultural inglesa. O desmantelamento da tradição coral durante o Commonwealth; a queima de várias bibliotecas musicais; a abolição dos corpos estáveis de música cortesã e a dispersão de seus membros; o banimento do teatro falado, como uma forma de evitar que ele se tornasse uma tribuna para a sátira política – todas essas ações destrutivas tinham agora de ser revertidas, o que oferecia ao monarca restaurado uma tarefa de vastíssimas proporções. Alguns aspectos da cultura da Restauração significavam retornar a práticas anteriores à Guerra Civil. Outras, porém, ironicamente, enraizavam-se em inovações surgidas durante a fase puritana.

Carlos II deu toda a atenção ao restabelecimento dos corpos estáveis, readmitindo os músicos que tinham trabalhado para seu pai. Mas muitos deles já tinham morrido ou estavam aposentados, e era necessário contratar gente nova. Uma mudança, em particular foi radical: a modesta Royal VIOLIN Band, que datava dos tempos de Elizabeth I e limitava-se a tocar nos bailes do palácio, foi transformada, como já dissemos no capítulo anterior, numa orquestra de 24 instrumentos, decalcada em Les Violons du Roy, que Jean-Baptiste Lully transformara na melhor orquestra da Europa. Carlos II a ouvira várias vezes, durante o exílio em Versalhes, e ao voltar à Inglaterra pediu que se organizasse para ele uma formação comparável.

O reinício do serviço coral na igreja anglicana apresentava dificuldades maiores, pois fora interrompida a continuidade do treinamento dos coralistas. Henry Cooke, regente do coro da Capela Real, recorreu ao expediente, há muito tempo em desuso, de convocar os cantores mais competentes das catedrais e igrejas de província. Reuniu, assim, o melhor grupo de músicos da época, entre os quais estavam Pelham Humphrey, John Blow, William Turner e Thomas Tudway. Na falta de repertório novo, voltou-se a fazer o da fase pré-Guerra Civil, extremamente conservador, pois tinha sido escrito obedecendo aos critérios de linguagem e estilo do Renascimento e da primeira fase do Barroco.

Mas Cooke logo introduziu grandes inovações. A música que compôs para a cerimônia de coroação de Carlos II, na Abadia de Westminster, trabalhava com a separação espacial dos grupos corais, dos solistas e dos 24 Violinos, à maneira da Escola Veneziana de Gabrielli. Em um ano, esses mesmos princípios estavam sendo aplicados aos hinos cantados, na Capela Real, nos domingos e feriados. Dentro da Capela, cujo espaço era mais intimista, os 24 Violinos viam-se reduzidos a um grupo muito menor. Colocado na galeria, acima do coro, ele tocava à maneira francesa, muito viva, de que o rei gostava. Mas que desagradava a um conservador como John Evelyn, para quem aquilo era "música de cervejaria, não de igreja". Os prelúdios e ritornellos do conjunto de violinos complementavam as seções vocais, que incluíam, além das passagens corais, solos em estilo declamatório – uma prática com a qual os italianos e franceses estavam havia muito tempo familiarizados; mas que, para os ingleses, ainda era relativamente nova pois, mesmo ela se tendo infiltrado na canção profana do século XVII, ainda não tinha atingido a música litúrgica.

Embora importante como pioneiro, Cooker não chega a ser um grande compositor. Mas o *symphony anthem* que ele estabeleceu foi logo desenvolvido por outros autores, aos quais devemos o glamoroso estilo de música litúrgica da Restauração. Seu valor era tão político quanto artístico, na medida em que, usando textos cuidadosamente selecionados nas Escrituras e, às vezes, até compilando versículos que nada tinham a ver uns com os outros, eles visavam a lançar uma duvidosa luz de aprovação divina sobre os atos do governante (essa técnica de manipulação da opinião pública aparentemente funcionava, pois persistiu, na Capela Real, até meados do século XIX).

O veterano Matthew Locke, a que já nos referimos no capítulo anterior, foi um dos nomes importantes que voltaram à Capela. Embora católico, compôs música para o culto anglicano. É dele o audacioso "Be thou exalted, Lord", para três coros, orquestra de violinos, e *consort* misto de violinos, violas e teorbas. Locke arranjou vários *anthems* seus para o *consort* de cornetas e sacabuxas, com o qual acolheu o rei triunfalmente, em seu retorno a Londres.

Cooke mandou Pelham Humphrey, o mais precoce dos seus coralistas, estudar na França. O mal-humorado Samuel Pepys disse que ele voltou de Paris, em 1667, "tão afrancesado, tão arrogante e cheio de sestros, que dava vontade a um homem de mijar pelas pernas abaixo de tanto rir". Nos sete anos seguintes, Humphrey dobrou o repertório dos *symphony anthems*. Sua linguagem, mais cosmopolita e expressiva do que a de Locke, lhe valeu suceder ao capitão Cooke quando ele morreu. Ficou pouco no cargo, pois morreu também, dois anos depois. Mas sua maior contribuição para a História da Música foi ter exercido frutífera influência sobre um jovem coralista chamado Henry Purcell.

Blow, que o sucedeu, muito mais vigoroso e criativo do que Humphrey, ficou 35 anos no cargo. São notáveis os seus *anthems* acompanhados, primeiro com as cordas, depois, juntando a elas os oboés e flautas barrocas, trazidas da França pelos instrumentistas convidados por Carlos II na década de 1670. Finalmente, na década de 1790, acrescentou-lhes gloriosos trompetes. Cerca de dois anos depois de ter assumido a direção da Capela, Blow já entrara em parceria com o mais brilhante de seus alunos, em favor do qual renunciaria ao cargo de organista na Abadia de Westminster. Há, na música de Purcell, sinais dos ensinamentos de Locke, Humphrey e Blow. Mas seu estilo é, desde cedo, tão original, que só pode ser descrito pelo adjetivo usado para designar a era dominada por sua personalidade: *Purcellian*.

A promessa do duque de York de "preservar a Igreja e o Estado como a lei estabelece", ao suceder em 1685 o seu irmão, com o título de Jaime II, não escondeu seus planos de restabelecer o catolicismo como religião oficial. As disputas políticas dividiram o Parlamento em dois partidos: o dos *Whigs*, burgueses, liberais, adversários dos Stuart; e o dos *Tories*, cortesãos conservadores, adeptos do absolutismo. O nascimento de um príncipe herdeiro, que asseguraria a ascensão ao trono de novo monarca católico, levou o bispo Compton e Lord Danby, da liderança *Whig*, a convidar o protestante Guilherme de Orange a assumir o trono da Inglaterra, dando assim início à Revolução Gloriosa que, pela segunda vez, des-

O comerciante de carvão William Britton criou, em Clerkenwell, em 1678, o primeiro sistema semanal de concertos por assinatura.

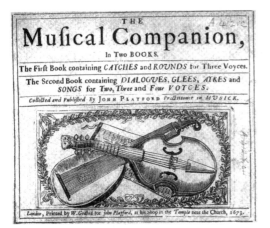

Purcell, Locke e William Lawes estavam entre os autores representados na antologia *The Musical Companion*, publicada por John Layford em 1673.

tronaria um rei inglês. Jaime II viu-se a braços com deserções em massa no seu exército. Até mesmo seu antigo companheiro de armas, John Churchill – mais tarde o primeiro duque de Marlborough e ancestral de Sir Winston Churchill – o abandonou. E Guilherme de Orange desembarcou no país em 5 de novembro de 1688. Jaime II chegou a ser preso, mas Guilherme deixou-o fugir para a França, pois não desejava fazer dele um mártir, como seu pai. Guilherme III subiu ao trono em 1689, ao lado de sua esposa, Maria II, que morreu em 1694. Em 1689, Guilherme e Maria assinaram a Declaração de Direitos, que restringiu os poderes reais.

Depois da Revolução Gloriosa, os dias de glória da Capela Real terminaram abruptamente. Guilherme III, que desaprovava as cerimônias religiosas demasiado elaboradas, proibiu o uso no culto de outro instrumento além do órgão. E o corte de verbas restringiu muito as atividades da música na corte (beneficiando indiretamente os concertos públicos, que começavam a engatinhar em Londres). É o momento em que Purcell, deixando para Blow o encargo de cuidar da música de igreja, vai se dedicar mais seguidamente ao teatro.

Quando os teatros reabriram, com a Restauração, as duas principais companhias, a King's Men e a Duke's Men, estavam basicamente empenhadas em revitalizar o teatro falado. Mas a popularidade crescente da música incidental dentro da peça de teatro fez William Davenant, empresário da Duke's Men, encomendar ao arquiteto Christopher Wren o projeto de um novo teatro, o Dorset Garden, à beira do Tamisa, plenamente equipado para encenar as montagens mais suntuosas. Davenant não viveu o suficiente para ver a inauguração do prédio que imaginara. Mas seus sonhos eram compartilhados pelo enérgico Thomas Betterton, que o sucedeu. No verão de 1671, às vésperas da inauguração do Dorset Garden, ele vira, em Paris, *Psyché*, o grande sucesso da temporada, uma *comédie-ballet* com música de Lully e textos de Corneille, Quinault e Molière. Para o universo teatral inglês, dominado pelos atores de prosa, uma peça assim, que justapunha elencos separados de atores, cantores e dançarinos, era um modelo mais adequado do que o da ópera toda cantada, de estilo italiano.

Uma *Psyché* foi, portanto, encomendada a Thomas Shadwell, que adaptou o texto francês (falamos desse espetáculo, no capítulo anterior, no tópico reservado a Locke, o autor da música). Como a preparação levaria tempo, e a companhia rival estava anunciando uma temporada de óperas trazidas da França, Betterton levou à cena a versão da *Tempestade* a que também nos referimos no capítulo anterior. Além de ter espantado parte do público cobrando ingressos três vezes mais caros do que de hábito, Betterton gastara, com a *Tempestade*, os cartuchos que deveriam ter ficado reservados à *Psyché*. Ironicamente, ao ser estreada, essa ópera muito inovadora não pareceu mais novidade. Mas será um modelo inspirador para Purcell, anos mais tarde.

Na década de 1680, o interesse do rei pelas óperas inteiramente cantadas faz surgir *Venus and Adonis*, de Blow, que Purcell tomará como modelo na sua pequena obra-prima, *Dido and Aeneas*. Ambas foram concebidas como uma tentativa de criação de uma ópera nacional inglesa, que se opusesse ao projeto de importar as *tragédies-lyriques* francesas. Apesar disso, Betterton, agora empresário de uma companhia que fundira os King's com os Duke's Men, foi mandado à França, negociar a vinda de toda a companhia de Versalhes. Esse projeto fracassou; mas Betterton trouxe Louis Grabu de volta à Inglaterra, com a missão de compor uma ópera. *Albion and Albanius*, de que falaremos mais adiante, no tópico reservado a esse compositor, foi um fracasso devido a rivalidades e a circunstâncias exteriores. Mas fez a companhia de Betterton, em busca de um título que a fizesse recuperar-se do prejuízo, encomendar *Dioclesian* a Purcell. E o triunfo dessa semi-ópera lhe assegurou a parte do leão nas futuras produções músico-dramáticas do teatro inglês.

Nos cinco anos que se seguiram, Purcell compôs partituras para cerca de trinta peças. Mas as dívidas com os custos de produções extremamente onerosas se acumularam e, em 1695, quando a direção tentou enfrentar a crise reduzindo o salários dos artistas, a companhia se dividiu, nas semanas em que se estava preparando *The Indian Queen*, a última semi-ópera de Purcell. Já planejada em escala modesta, metade da partitura de *A Rainha Índia* reaproveitava peças escritas para peças anteriores. E teve de ser terminada por Daniel Purcell, o irmão do compositor, devido à morte prematura de Henry. Foi uma perda para a qual a Inglaterra não estava preparada. Não havia ninguém em condições de ocupar seu lugar. Blow, mesmo sem ter o gênio de Purcell, era um homem de grande talento; mas estava idoso e seu poder criativo diminuía. Jeremiah Clarke morreu jovem e em circunstâncias infelizes. Daniel Purcell nunca passou de um músico menor.

A morte de Guilherme III, em 1702, levara ao trono a sua filha Ana, beata e sem brilho. Para ela, as atividades culturais da corte não teriam muita importância. O que impediu o declínio total foi a sua amizade com Sarah Churchill, mulher de Marlborough, bonita, inteligente e de idéias progressistas. Sua ascendência sobre a rainha foi responsável pelo que houve de significativo, na atividade musical cortesã inglesa, durante os doze anos que Ana ocupou o trono. Os anos finais do reinado de Ana foram agitados por disputas sobre a sucessão, tendo por trás as costumeiras divergências em torno dos privilégios políticos de partidários do catolicismo e do anglicanismo. Uma vez mais, a Inglaterra esteve perto de um conflito armado em 1º de agosto de 1714, quando Ana morreu. Venceu o partido favorável a George Louis, eleitor de Hanôver, cujo direito à sucessão fora legitimado pela Revolução Gloriosa. Ele chegou à Inglaterra em setembro de 1714, e foi coroado como George I da Grã-Bretanha.

Nesse meio tempo, o sucesso retumbante, em 1706, de *Il Trionfo di Camilla, Regina de' Volsci*, de Giovanni Battista Bononcini, abriu as portas para a invasão italiana. Em 1711, Haendel encenou o *Rinaldo*, e fez de Londres um dos grandes centros da *opera seria* de estilo metastasiano. O prestígio desse compositor na Inglaterra era reforçado por ele ter sido, antes de instalar-se na Inglaterra, o músico da corte de George I, quando este exercia o cargo de eleitor de Hanôver. Mas é injusta a pecha de "Land ohne Musick" (Terra sem Música) colada à Inglaterra. Mesmo numa fase de declínio da grande tradição sacra da Capela Real, e em que a ópera local estava temporariamente em pane, registra-se uma rica produção de música instrumental e de câmara. E, sobretudo, de música vocal – registrada em coletâneas de canções como *Comes Amoris or The Companion of Love, The Banquet of Musick, Apollo's Banquet* ou *Deliciae Musicae* –, prova de que permanecia viva a típica arte inglesa da *ayre* e da *ballad*. Ela será, em seu devido tempo, carreada para as obras dramáticas que os compositores locais continuarão produzindo.

## Blow

Não se sabe ao certo quando John Blow (1649?-1708) veio de Newark, no Nottinghamshire, onde nascera, para Londres. Mas em 1660, ele estava entre os primeiros coralistas da recém-restaurada Capela Real, recrutado pelo capitão Henry Cooke, regente do coro. Com a mudança de voz, afastou-se do coro em 1665 e, dois anos depois, candidatou-se a trabalhar como músico para Samuel Pepys. Em seu diário, Pepys anotou que era dotado de "extraordinária habilidade como músico", mas, como cantor, tinha "uma dificuldade para manter a afinação, que deixava um homem doido".

Venceu a habilidade pois, em 1668, Blow foi nomeado organista na Abadia de Westminster, e logo estava tocando cravo na King's Private Musick. Em 1674, substituiu Pelham Humphrey como regente do coro infantil da Capela Real e, em 1669, Carlos II o nomeou Musician for the Virginal (cravista). Blow foi professor de Henry Purcell e o preparou para assumir seu cargo em 1680. Depois da morte de Purcell, em 1695, retomou as funções que confiara ao aluno. Tendo-o guiado no início da carreira, imitou-o na maturidade, pois seu livro de canções *Amphion Anglicus* (1700) decalca-se no *Orpheus Britannicus* de Purcell.

Ouvindo hoje a música de Blow, é difícil entender por que musicólogos como Charles Burney, em sua *A General History of Music: 1776-1789*, deplora a "maneira como ele insulta os nossos ouvidos com suas harmonias litigiosas", indicando exemplos do que considera "Espécimens das Cruezas do Dr. Blow".

O que cabe admirar, ao ouvirmos *Venus and Adonis*, o "*Masque* for the Entertainment of the King" (*Masque* para Entretenimento do Rei) cantado na corte na década de 1680, é a desenvoltura com que Blow, sem nenhuma experiência cênica prévia, criou uma ópera bem-sucedida na concepção, original no conteúdo musical e comovente na caracterização das personagens. *Venus and Adonis* é a sua única obra teatral, mas de extrema importância na História da Ópera, por ter sido o modelo no qual se baseou *Dido e Enéias*, de Purcell. Blow é mais conhecido por sua copiosa música sacra; e é também o autor de odes para ocasiões cerimoniais, suítes para cravo e sonatas para cordas.

Uma referência importante para a composição de *Vênus e Adônis*, é a *tragédie-lyrique* francesa. Durante os anos de exílio na corte de Luís XIV, Carlos II aprendera a gostar do modelo de ópera versalhesa estabelecido pelo Surintendant de la Musique du Roy, Jean-Baptiste Lully. Desse tipo de ópera, de solene estilo cortesão, *Vênus* herda a abertura francesa, o prólogo alegórico e as danças obrigatórias. Mas há também, nos números vocais, visível influência da cantata de câmara italiana, tal como ela tinha sido definida por Carissimi. Os amantes, nessa ópera, não são apenas arquétipos da Antiguidade: são seres humanos complexos, comoventes na forma como são descritas as suas emoções.

Não se conhece o autor do libreto de *Vênus e Adônis*, nem a data exata de sua estréia. Pesquisas recentes formularam a hipótese de que ela foi ouvida pela corte, em Oxford, no verão de 1681. Sabe-se que a deusa foi interpretada pela atriz Mary Davies, ex-amante do rei, e seu filho pela Lady Mary Tudor, filha natural de ambos. Os pequenos Cupidos foram cantados por meninos do coro da Capela Real. Documentação mais precisa existe a respeito da segunda execução, em 17 de abril de 1684, no pensionato de Josias Priest, em Chelsea – o mesmo local onde, em 1689, *Dido e Enéias* seria estreada. Já se atribuiu o libreto a Aphra Ben e a James Allestree, um dissoluto membro da Christ Church de Oxford, autor do texto da *Ode ao Ano Novo* musicada por Blow em 1682. Mas nada há de comprovado. A ação segue o poema de Shakespeare, que se baseia na narrativa de Ovídio, na *Arte de Amar*. Mas como a forma concentrada de *tragédie lyrique* à maneira de Lully exigia um prólogo com figuras alegóricas, este assume um tom satírico, ao refletir, de forma ambivalente, sobre a discutível moralidade da corte de Carlos II, na qual, segundo se dizia, "só era fiel quem era feio".

Vênus e Adônis estão se beijando, e o pastor faz tudo para seduzi-la ("When shall I taste soft delights and on thy bosom lie?"), quando a deusa ouve o ruído distante de uma caçada. Afirmando que "a ausência atiça novos desejos", convence o relutante Adônis a participar, e ele parte com os caçadores. Cupido vem perguntar à mãe como fazer para "destruir todos aqueles que zombam de teu lascivo menino", e Vênus lhe responde que ele deve acasalar os tolos com os tolos ("Fit well your arrows when you strike"). Cupido passa essa lição aos pequenos Amores ("Choose for the formal fool who scorns Love's mighty school"), e estes repetem com ele uma lista dos inimigos do amor. Depois, começam a brincar de esconde-esconde até Cupido se cansar e espantá-los dali.

Vênus pede a seu filho que convoque as Graças, para que elas cantem em seu louvor, e em antecipação à "alegre noite" que vai passar com Adônis, quando ele voltar. O ato II termina com uma seqüência de danças: gavota, sarabanda, e uma *ground* solene e de tom tristonho, que já anuncia a mudança de estado de espírito no ato III, que se inicia mostrando-nos Vênus em "postura melancólica". Ela se arrepende de ter pedido a Adônis que fosse à caçada ("Adonis, uncall'd for sighs from my sad bosom") e pede a ele que volte. Os caçadores o trazem, mortalmente ferido por um javali, e Vênus implora aos deuses que o salvem ("Ah... blood and warm life his rosy cheeks forsake"). É extremamente comovente o dueto de amor e morte ("Oh, I could well endure the pointed dart, did it not make the best of lovers part"), que culmina no apaixonado lamento de Vênus, "Ah ah... Adonis my love, ah, Adonis". No coro final "Mourn for thy servant, mighty God of Love", os cupidos lamentam a morte do "poderoso caçador" e a "dor da Rainha do Amor".

A sutileza com que Blow trata o seu tema está na maneira como opera a transição do mundo público e oficial da corte (no prólogo) para o ambiente intimista, trágico e elegíaco, em que Vênus nos é mostrada, vencida pela desolação. A cena ganha em intensidade mediante a passagem das melodias diatônicas iniciais a um uso cada vez mais acentuado do cromatismo, especialmente no apaixonado arioso de Vênus, na abertura do ato III; e no dueto e lamento que se seguem à chegada do corpo de Adônis, trazido pelos caçadores. Na verdade, em alguns dos manuscritos, os "Ah!" exclamados por Vênus não vêem com anotação musical, demonstrando que Blow, deixando de lado as convenções da forma, prefere confiar à intérprete a espontaneidade da expressão. Há três gravações de *Vênus e Adonis*:

Harmonia Mundi, 1998 (Argenta, Dawson, Varcoe/Medlam).
L'Oiseau-Lyre, 1992 (Bott, Crabtree, George/Pickett).
Harmonia Mundi, 1998 (Joshua, Blaze, Finley/Jacobs).

## Grabu

Injustamente julgado por seus contemporâneos e vários historiadores modernos, o catalão Luís Grabut, ou Grebus (?-1694), naturalizado francês com o nome de Louis Grabu, foi o autor da primeira ópera inteiramente cantada e de proporções amplas, escrita na Inglaterra, cuja partitura sobreviveu integralmente. Em 1665, logo após a Restauração, Carlos II o contratou e, no ano seguinte, nomeou-o Master of the King's Musick, sucedendo a Nicholas Lanier. Vítima de violenta campanha dos músicos da corte, que se indignavam em ver um estrangeiro ocupando a mais alta função dentro da hierarquia musical do palácio, Grabu foi hostilizado e ridicularizado ao escrever, em 1674, nova música para a *Ariane ou Le Mariage de Bacchus*[1], de Robert Cambert. Por ser católico, Grabu voltou à França, em 1679, após a Conspiração Papista.

Mas, por sugestão do rei, Thomas Betterton convidou-o a voltar à Inglaterra, em 1684, para compor uma nova ópera. Com libreto de John Dryden, *Albion and Albanius*, "an Opera for Representation in Musick", destinava-se a ser uma alegoria da Restauração. Foi concebida como um prólogo ao *King Arthur* (Rei Artur), texto que Dryden retirou, confiando-o mais tarde a Purcell. Mas Carlos II morreu antes da estréia, no Dorset Garden, em 3 de junho de 1685; e a conclusão teve de ser alterada às pressas e de forma um tanto artificial, para referir-se à ascensão de Jaime II ao trono.

*Albion and Albanius* decalca-se no modelo da *tragédie-lyrique* de Lully e foi criticada pela maneira às vezes desajeitada como Grabu maltrata a prosódia dos belos versos de Dryden. Mas possui momentos genuinamente dramáticos, os melhores deles situando-se no ato II, que descrevem as tribulações de Albion, destronado e, depois, reconduzido ao trono. E a escrita instrumental de Grabu é rica e eficiente de uma ponta à outra da partitura. Infelizmente, a estréia da ópera coincidiu com a rebelião de Monmouth, o que tornou o tema da ópera polêmico e esvaziou o teatro, causando à companhia pesados prejuízos – atribuídos, pelos inimigos de Grabu, à má qualidade da música (julgamento mecanicamente repetido, como acontece várias vezes, por historiadores preguiçosos, que não se deram o trabalho de reexaminar a partitura).

Grabu também escreveu música incidental para peças de teatro, entre elas, em 1678, a versão que Thomas Shadwell adaptou do *Timon of Athens*, de Shakespeare; o *Oedipus* (1678), de Dryden (no qual está a primeira música escrita para "Music for a while"); e *Valentinian* (1684), de Lord Rochester, na qual há uma extraordinária seqüência de balé descrevendo um sonho, de longe a sua partitura mais sugestiva.

## Henry Purcell

Dotado de uma facilidade inata para capturar em música os ritmos e inflexões da língua inglesa; naturalmente inclinado para a expressão dramática, até mesmo em suas obras sacras, Henry Purcell (1658?-1695) foi o maior operista inglês antes do século XX. E, no entanto, escreveu apenas uma verdadeira ópera,

---

1. Essa ópera, inacabada, era de Cambert e Pierre Perrin, os fundadores da Academie Royale de Musique – ver *A Ópera na França*, desta coleção.

*Dido and Aeneas* (1689), decalcada no modelo da *Venus and Adonis* de seu mestre John Blow. Os estudos de Purcell com Locke e Blow fizeram-no familiarizar-se com o que havia de mais atual na música francesa e italiana. Mas os elementos estrangeiros que fertilizam sua escrita muito rica inserem-se na moldura conservadora de uma sensibilidade tipicamente inglesa, enraizada na complexidade contrapontística da tradição polifônica.

A primeira fase da carreira de Purcell foi naturalmente centrada na Corte. Nomeado *composer-in-ordinary* (isto é, assalariado) dos Violinos do Rei (1677), ele sucedeu Blow, no ano seguinte, como organista da abadia de Westminster. Logo depois, passou a organista auxiliar na Capela Real. Durante os anos turbulentos da Crise da Exclusão e da Revolução Gloriosa, esteve a serviço de Carlos II (até 1685), de Jaime II (1685-1688), e de Guilherme e Maria (1689-1695). Anos formativos, em que produziu copiosa música instrumental, incluindo as fantasias para *consort of viols*, que são verdadeiras proezas contrapontísticas, e uma coleção de trios-sonata que, sob a aparência de acomodarem-se ao modelo novo das sonatas italianas, estão na realidade explorando de modo diferente a veia profundamente inglesa das fantasias-sonata.

A primeira contribuição de Purcell para o teatro profissional, tomando como modelo os trabalhos de Locke, foi a música incidental para o *Theodosius*, de Nathaniel Lee, encenado no Dorset Garden Theater em 1680. Comparados às peças altamente sofisticadas de música instrumental que escrevia na época, os números para acompanhar *Theodosius* são rígidos e relativamente desajeitados, pois ainda lhe faltava a experiência que haveria de adquirir, anos mais tarde (uma lista de suas composições nesse gênero é dada no final deste texto). A crise dos teatros londrinos, na década de 1680, devido às tormentas políticas atravessadas pelo país, fizeram com que, por bastante tempo, sua atividade ficasse restrita aos *anthems* e odes festivas, em especial as associadas com a celebração do dia de Santa Cecília, padroeira da música.

Só nos últimos cinco anos de sua vida, Purcell voltou-se decididamente para o teatro. As medidas de redução das atividades musicais da Corte, tomadas por Guilherme e Maria, fizeram com que ele e vários de seus colegas fossem procurar trabalho junto aos empresários. Atraído pelo sucesso que, em 1689, a encenação amadora de *Dido e Enéias* obtivera, cantada pelas alunas de uma escola londrina, Thomas Betterton contratou-o para escrever a música de *The Prophetess or The History of Dioclesian*, que ele próprio adaptara de uma tragi-comédia escrita em 1622, na era jacobita, por Philip Massinger e John Fletcher. O sucesso desse espetáculo, montado no Dorset Garden Theatre na primavera de 1690, lançou o nome de Purcell como compositor de teatro. Mas antes de *Dioclesian*, é necessário falar da obra à qual Purcell deve a sua fama.

O libreto de *Dido and Aeneas* foi escrito por Nahum Tate a partir do livro IV da *Eneida*, de Virgílio (29-19 a.C.) e de situações extraídas de sua própria tragédia *Brutus of Alba*. Pouco se sabe sobre a estréia, na Boarding School for Girls, que Josias Priest mantinha em Chelsea. O mais provável é que ela tenha ocorrido na primavera de 1689 pois, no prólogo – cuja música se perdeu –, a homenagem a Guilherme e Maria vem associada às boas-vindas à chegada da primavera; e no epílogo falado, é inserida uma citação de Thomas Durfey:

*Like nimble fawns, and birds that bless the spring, unscarr'd by turning times we dance and sing.*

(Como ágeis gamos e pássaros que abençoam a primavera, sem que os tempos mutáveis nos tenham deixado suas cicatrizes, dançamos e cantamos.)

É possível que a execução da ópera fizesse parte das festividades da coroação dos monarcas, em 11 de abril de 1689.

Purcell nunca viu *Dido e Enéias* no palco: já tinha morrido quando ela foi representada no Lincoln Inn's Field Theatre, em 1700 – e assim mesmo como uma *afterpiece*, após a representação de *Medida por Medida*, de Shakespeare. Não sabemos, tampouco, como foi a representação original: o único exemplar sobrevivente do libreto diz apenas que ela foi cantada "by young gentlewomen", provavelmente as alunas do colégio interno de Priest. O manuscrito que está na biblioteca do St. Michael's College, em Tennbury – da montagem de 1700 – já inclui partes para vozes masculinas – Enéias feito por um tenor, por exemplo – que não teriam existido na escola de Priest. Um papel como o da Feiticeira, hoje normalmente confiado a um meio-soprano, foi cantado por um barítono, um certo "Mr. Wilshire", reflexo da concepção grotesca que Purcell tinha desse papel, dentro da tradição barroca.

Depois de uma reprise em 1704, a ópera caiu no esquecimento até a remontagem do Lyceum Theatre, de Londres, em 20 de novembro de 1895, para comemorar o bicentenário da morte de Purcell. Além da música do prólogo, tinham-se perdido as danças para guitarra (ou alaúde), indicadas em alguns pontos. Várias tentativas de edição foram feitas por Thurston Dart, Edward Dent, Neville Boyling e Benjamin Britten, de que temos a documentação nos registros enumerados na discografia ao final deste capítulo. Às vezes, os editores preferem manter sem música os pontos em que as danças entrariam; outros, como Britten, preenchem os claros com música do próprio Purcell, tirada de outras obras. Mas as soluções variam: em sua gravação, feita em 1993 para o selo Philips, John Eliot Gardiner utiliza peças para guitarra dos contemporâneos Francesco Corbetta e Gaspar Sanz, executadas usualmente nas festas de Corte.

Após escapar do saque de Tróia, o príncipe Enéias – filho do pastor Anquises e da deusa Vênus – veleja para a Itália, onde está destinado a fundar Roma. Mas pára em Cartago, onde se apaixona pela rainha Dido que, viúva recente e sobrecarregada pelos deveres de Estado, reluta em admitir que o ama ("Ah, Belinda, I am pres't with torment not to be confes't"). Encorajada por sua confidente, Belinda ("Fear no danger"), ela se dispõe a ceder a seus sentimentos. No coro "To the hills and the valleys", a corte se regozija ao ver a tristeza da rainha se dissipar. Mas um sombrio prelúdio faz a cena mudar para uma caverna, onde as feiticeiras, que desejam o mal à rainha, conspiram para separar Dido de Enéias ("Wayward sisters"). Elas planejam lembrar Enéias de sua missão na Itália, e declaram isso no coro em eco "In our deep vaulted cell").

No bosque em que consumou seu amor na noite anterior, o casal de amantes ouve os cânticos de Belinda e das damas de companhia ("Thanks to those lonesome valleys"). Mas as feiticeiras provocam uma tempestade, que força a rainha a voltar para o palácio com o seu séqüito ("Haste, haste to town"), deixando Enéias para trás. Ele vê surgir a Feiticeira, disfarçada de Mercúrio, dizendo-lhe que traz, de Júpiter, a ordem de que siga viagem para a Itália. Enéias fica agoniado, em conflito e, enquanto, na praia, seus marinheiros preparam-se para lançar âncora ("Come away, fellow sailors"), as bruxas se alegram com o sucesso de suas manobras ("Destruction's our delight").

Na Corte, Dido já sabe da decisão de Enéias de partir, e consulta Belinda ("Your counsel is all urg'd in vain"). Enéias vem procurá-la, oferecendo-se para ficar; mas ela o rejeita: pelo simples fato de ter considerado a possibilidade de ir embora, ele já se separou dela definitivamente. Depois que o troiano parte, consciente de que não poderá continuar vivendo sem ele, Dido canta a sua despedida ("When I am laid in earth"). Sua morte é lamentada por um coro de Cupidos ("With drooping wings").

Como mostramos antes, Priest, muito ligado ao ambiente teatral, já tinha encenado antes, com suas alunas, a *Vênus e Adônis*, de Blow. Mas se a ópera do mestre fazia alternar arioso e passagens corais, a de Purcell é de extrema variedade formal. Usa um arioso livre, que nada tem a ver com o recitativo de origem italiana, pois admite passagens expressivas ornamentadas, e mantém sempre clara organização rítmico-harmônica, sem com isso sacrificar a nitidez da declamação. Ao lado desse arioso, escreve árias nos mais variados estilos: desde a virtuosística "Pursue thy conquest, Love", que Belinda canta no ato I, encorajando a paixão de Dido por Enéias, até o lancinante lamento "When I am laid in earth", com que a rainha cartaginesa se despede da vida, e que tem clara ressonância monteverdiana, pois pertence à linhagem do *Lamento d'Arianna*.

Os movimentos cromáticos, o uso expressivo de dissonâncias, os coloridos obtidos a partir das gradações polifônicas, o uso do tema de canções populares no coro, as intervenções corais "em eco", na cena das feiticeiras, são prova do alto grau de inventividade do compositor. *Dido* é cuidadosamente estruturada:

Retrato anônimo de Henry Purcell ainda jovem.

Retrato de Georg Friedrich Haendel pintado em 1736 por Philip Mercier.

Johann Christian Bach, retrato pintado em 1776 por William Gainsborough.

cada cena se organiza em unidades de recitativo/arioso (ou ária)/coro/dança, de acordo com o modelo da *tragédie-lyrique* de Lully. Mas a essa fórmula, Purcell acrescenta uma inovação, observada nas óperas da Escola Veneziana: é nas árias que concentra o interesse musical (nas óperas de Lully a declamação era sempre muito sóbria e as passagens musicalmente mais elaboradas eram os interlúdios ou sinfonias descritivas). As árias de Dido, colocadas no início e no fim da ópera, estão construídas sobre ostinatos que apontam para o caráter obsessivo da personagem. "Ah, Belinda!", no ato I, tem estrutura *da capo*, enquanto o lamento final baseia-se na repetição de um baixo de cinco compassos, cromaticamente descendente, procedimento que é de origem veneziana.

Como Blow, Purcell contraria o clichê barroco do "final feliz obrigatório". Aqui não há *deus ex machina*: fiéis à *Eneida*, Purcell e Tate infringem essa convenção fundamental da ópera de seu tempo, e Dido morre no final (não imolando-se numa pira, o que teria sido demasiado cru, mas sucumbindo à dor, pura e simplesmente). É original, também, e fiel à atração do Barroco pelo sobrenatural, a troca que os autores fazem no motor da tragédia. No texto de Tate, quem interfere na vida humana são poderes maléficos e obscuros, representados pelas feiticeiras. Não é o próprio deus Mercúrio quem vem ordenar a Enéias que siga caminho para o Lácio, e sim o Espírito da Feiticeira, travestido no mensageiro dos deuses. Nesse sentido, Purcell torna sua ópera acessível para o público popular, mais atraído pelo elemento fantástico do que pelas referências mitológicas, familiares apenas para as platéias mais cultas. Alguns estudiosos quiseram ver, também, nesse uso das bruxas, uma referência simbólica à ingerência do "fanatismo papista" nos assuntos internos ingleses, naqueles anos de profunda instabilidade política, em que o país estava exposto a intensa pressão externa dos países católicos.

Na década de 1990, Bruce Wood e Andrew Pinnock formularam a hipótese de que *Dido e Enéias* tenha sido composta entre 1684-1685, bem antes da apresentação no colégio de Priest. Alegavam, para isso, a sua semelhança com obras compostas naquela época. Mas, fora o fato de não haver explicação para Purcell ter deixado obra tão bem escrita engavetada por tanto tempo, pode-se contrapor a esse argumento o refinamento técnico, característico da década de 1690, que a ópera possui. Um exemplo disso é o fato de as reprises nunca serem meras repetições e, sim, rearmonizações da melodia, como é o caso do coro "To the hills and valleys", no ato I.

São muito numerosas as invenções geniais como a interpolação de ritmos irregulares imprevisíveis, no meio do ¾ do coro "Come away, fellow sailors (ato III, cena 1), para sugerir a embriaguez dos marinheiros. O solista tem de contar atentamente os compassos para entrar; e o mesmo devem fazer os sopranos do coro, pois sua entrada é atrasada em dois compassos. Talvez devido à participação de Priest, que era coreógrafo profissional, as danças têm papel muito importante no espetáculo. São momentos marcantes a dança de triunfo do final do ato I; a "echo dance" das feiticeiras, na cena 2 do ato II, imitando uma "danse des furies" de ópera francesa; e a dança dos marinheiros, no ato III – cada uma delas de caráter bem diferente da outra. Em suas breves e ásperas seções contrastantes, a última dança das bruxas tem ligação clara com o tom zombeteiro do *antimasque* jacobino. Não sobreviveu a dança dos cupidos, que parecia haver no final.

O interessado em conhecer a obra-prima de Purcell tem apenas o embaraço da escolha:

EMI/Angel, 1952 – Flagstad, Schwarzkopf, Mandikian, Hemsley/Geraint Jones.

Period, 1952 – Houston, Leigh, Cuthill, Cummings/Jackson Gregory.

Vanguard, 1960 – Thomas, Bevan, Sheppard, Watts/Alfred Deller.

L'Oiseau-Lyre, 1961 – Baker, Clark, Sinclair, Herincx/Anthony Lewis.

Harmonia Mundi, 1964 – Thomas, Sheppard, Watts, Bevans/Alfred Deller.

EMI/ANGEL, 1965 – de los Ángeles, Harper, Johnson, Glossop/Sir John BarbirolliDG/ Archiv, 1967 – Troyanos, Armstrong, Johnson, McDaniel/Sir Charles Mackerras.

Philips, 1970 – Veasey, Donath, Bainbridge, Shirley-Quirk/Colin Davis.

Decca/London, 1975 – Baker, Burrowes, Reynolds, Pears/Steuart Bedford.

Erato, 1977 – Troyanos, Palmer, Kern, Stilwell/ Raymond Leppard.
Harmonia Mundi, 1978 – Fortunato, Armstrong, Fithian, Baker/Joel Cohen.
Chandos, 1981 – Kirkby, Nelson, Noorman, Thomas/Andrew ParrottTeldec, 1982 – Murray, Yakar, Schmidt, Scharinger, Schönberg/Nikolaus Harnoncourt.
Philips, 1985 – Norman, McLaughlin, Kern, Allen/Leppard.
Harmonia Mundi, 1985 – Laurens, Feldman, Visse, Cantor/William Christie.
DG/Archiv, 1989 – von Otter, Dawson, Rogers, Varcoe/Pinnock.
Globe, 1989 – Morgan, van Lunnen, Kroese, Barick/Roderick Shaw.
Teldec, 1989 – Jones, Harvey, Deam, Bickley/ Andrew Parrott.
Chandos, 1991 – Kirkby, Thomas, Nelson, Noorman/Andrew Parrott.
L'Oiseau-Lyre, 1992 – Bott, Ainsley, Kirkby, Thomas/Christopher Hogwood.
Philips, 1993 – Watkinson, Holton, Shaw, Mosley/John Eliot Gardiner.
Harmonia Mundi, 1995 – Hunt, Dean, Saffer, Rabiner/Roger Norrington.
Harmonia Mundi, 2001 – Dawson, Joshua, Bickley, Finley/René Jacobs.
EMI, 2004 – Graham, Bostridge, Tilling, Palmer/Emanuelle Haim.

Kirsten Flagstad, Janet Baker, Victoria de los Ángeles, Tatiana Troyanos, Jessie Norman, Anne Sophie von Otter, Susan Graham, rainhas ora de uma aristocrática opulência vocal, ora de uma feminilidade extremamente humana em sua dor, foram algumas grandes intérpretes de Dido. A idéia de substituir o mezzo por uma voz masculina, no papel da Feiticeira, pode ser um desastre no caso do amaneirado Bruce Fithian da versão Cohen (1978); mas nas mãos do contratenor Dominique Visse, que deixa veneno escorrer pelo canto da boca na versão Christie (1985), pode ser um achado. Entre os regentes, Anthony Lewis, Colin Davis, Raymond Leppard, William Christie, J. E. Gardiner, a oferta é generosa, e a ela veio juntar-se a de René Jacobs, contratenor convertido em regente, que tem prestado, ultimamente, grandes serviços à documentação da ópera barroca.

*Dioclesian* (Dioclesiano) é uma semi-ópera, isto é, uma peça de teatro com um número substancioso de episódios musicais ou *masques* que, inseridos na ação, são cantados e dançados por personagens secundárias: espíritos, soldados, sacerdotes, fadas (as personagens centrais, feitas por atores de teatro, não cantam). Priest foi chamado para repetir, aqui, a boa parceria que tivera, em *Dido*, com o compositor. Concebida em grande escala e publicada às expensas do próprio Purcell, a partitura corre paralela à ação, muito viva e cínica.

Délfia, a profetisa do título, prevê que o soldado Diocles vai tornar-se imperador, depois de matar um "poderoso javali". Ele, de fato, mata o regicida Volutius Aper, o javali, é proclamado imperador, adota o nome de Diocleciano e, tendo-lhe o sucesso subido à cabeça, rejeita Drusilla, a sua noiva – uma sobrinha muito feia de Délfia –, para fazer a corte à princesa Aurélia. Mas é pressionado por Délfia e, para não se expor à sua vingança, abdica em favor do sobrinho Maximiano, aceitando cumprir a promessa de casamento feita a Drusilla.

Purcell escreveu música para a cena da coroação do novo imperador, no ato II; para a comemoração da derrota do exército persa, no ato IV; e para o longo *masque* com que a corte se despede de Diocleciano e Drusilla, no ato V, quando eles se retiram para a casa em que vão morar. Esse *masque*, muito elaborado, foi freqüentemente representado como obra independente, até meados do século XVIII. Gravações disponíveis:

Vanguard, 1950 – Deller Consort/W. Bergmann.
Harmonia Mundi, 1969 – Deller Consort/ Alfred Deller.
Erato, 1987 – Dawson, Fisher, Covey-Crump, Elliott, Varcoe, George/John Eliot Gardiner.
Hypérion, 1989 – Esswood, Sonnleitner/C. Medlam.
Virgin Classics, 1992 – Argenta, North, Boothby/ P. Nicholson.
Deutsche Harmonia Mundi, 1993 – Conjunto Freiburg Baroque/Günthervon der Goltz.
DG/Archiv, 1994 – Argenta, Monoyios, Agnew, Edgar-Wilson, Gadd, Birchall, Wallington, Bannatyne-Scott/Trevor Pinnock.
Chandos, 1995 – Pierard, Bowman, Ainsley, Padmore, George/RichardHickox.

*Dioclesian* chamou a atenção do poeta John Dryden que, reconhecendo em Purcell "um compositor inglês em tudo igual aos melhores que há lá fora", ofereceu-lhe o texto de sua "dramatick opera" *King Arthur or The British Worthy* – uma tragicomédia com longos episódios musicais intercalados, que repetiu, em maio ou junho de 1691, o sucesso da peça anterior. Por ter sido concebida para ser uma semi-ópera, em vez de adaptada de uma peça de teatro pré-existente, *Rei Arthur* é musicalmente mais coesa do que *Dioclesian*, com os números cantados integrando-se com mais naturalidade à ação. E Purcell chega perto, aqui, da qualidade de *Dido e Enéias*: dois de seus números, a chamada Cena da Geada e a nostálgica canção "Fairest Isle", estão entre as melhores coisas que escreveu.

Numa série de batalhas contra os saxões, o rei Arthur e os bretões retomaram todo o reino, exceto a província de Kent. Depois de um sacrifício pagão, o líder saxão Oswald decide lançar um ataque final contra os homens de Arthur e, instigado por Grimbald, o espírito do mal, primeiro tenta atrair o exército bretão para uma região de areias movediças; depois, tendo falhado, manda raptar a noiva de Arthur, Emmeline, a filha cega do rei da Cornualha. Ajudado pelo mago Merlin e por Philadel, o espírito do bem, Arthur decide resgatar a noiva dos perigos e enganos da floresta encantada. Enquanto isso, a heroína escapa por pouco de ser violentada por seu carcereiro, o mago saxão Osmond. Depois de romper o feitiço lançado sobre a floresta, Arthur derrota Oswald em combate singular, une-se a Emmeline – a quem, nesse meio tempo, os espíritos bons devolveram a visão – e, magnanimamente, perdoa os inimigos saxões. A ópera termina com um *masque* em louvor à Grã-Bretanha, seu povo, seus recursos naturais, suas instituições.

À exceção do *masque* final, cantado depois que a ação termina, a música tem vínculos estreitos com o desenvolvimento da trama. O caráter litúrgico do sacrifício pagão ("Woden first to thee") é enfatizada pelo formato sacro de *verse anthem* que Purcell lhe dá. A cena do ato II, em que os bretões perseguem os saxões ("Hither this way"), é extremamente original, pois sua estrutura de alternância entre grupos opostos de cantores não visa apenas ao efeito grandioso e decorativo, mas faz a ação avançar. A Cena da Geada é imitada da *Isis* (1667), de Lully; mas é memorável em seus recursos descritivos: os desenhos trêmulos nas cordas, as harmonias cromáticas, os sons agudos dos instrumentos sugerindo a idéia de frio.

A passagem mais impressionante do *Rei Arthur* é a longa passacalha do ato IV, "How happy the lover", rica tapeçaria de solos, coros e danças, desenvolvida a partir de uma célula básica de quatro compassos, submetida a contínuas variações. O *masque* do ato V não tem essa mesma estrutura amarrada: é mais solto, rapsódico e, em certos trechos, deliberadamente caótico. Mas é nele que se encontra a jóia da partitura, "Fairest Isle", um hino de amor à Inglaterra, já descrito por muitos autores como a mais bela canção de Purcell. Para conhecer *King Arthur*:

Harmonia Mundi, década de 1960 – Sheppard, Knibbs, Hardy, A. e M. Deller, Elliott, Nixon, Bevan/Alfred Deller.
Decca, 1992 – Morison, Harper, Thomas, Whithworth, Galliver, Brown/Anthony Lewis.
Erato, 1983 – Smith, Fisher, Priday, Ross, Stafford, Elliott, Varcoe/John Eliot Gardiner.
DG/Archiv, 1992 – Argenta, Perillo, McDougall, Finley/Trevor Pinnock.
Erato, 1995 – Gens, Piau, Padmore, Salomaa/William Christie.

Encorajado pelo sucesso de *Diocleciano* e *Rei Arthur*, Thomas Betterton embarcou em seu mais ambicioso projeto. Talvez tenha sido ele próprio, em *Fairy Queen*, o adaptador não-creditado do *Sonho de uma Noite de Verão* (1596), de Shakespeare. Priest coreografou a luxuosa produção de *A Rainha das Fadas*, que subiu à cena do Dorset Garden em maio de 1692. Incluía quatro *masques*, e um quinto foi acrescentado à versão revista, de maio do ano seguinte. Pela primeira vez, Purcell pôde trabalhar exclusivamente com cantores profissionais, em vez de atores-cantores, o que faz a música ser mais elaborada e tecnicamente difícil do que qualquer outra coisa que tivesse escrito antes. De modo geral, a versão operística segue a ação da comédia shakespeareana, eliminando apenas duas personagens secundárias. A maior parte dos versos é modernizada e condensada. O *masque* de *Píramo e Tisbe* que, em Shakespeare, é ensaiado no ato III e representado no V, aqui é habilmente comprimido em uma única cena. Os quatro *masques* de 1692, e o quinto, acrescentado à versão revista, são auto-contidos e sem relação textual com *A Midsummer Night's Dream*; mas cada um deles possui a atmosfera das cenas feéricas do original.

De acordo com a lei ateniense, o duque Teseu pede a Demétrio que se case com Hérmia, atendendo ao desejo do pai da moça. Mas Hérmia está apaixonado por Lisandro, e Demétrio está noivo de Helena. Para evitar ter de se separar, os dois casais fogem da cidade. Num bosque das vizinhanças, alguns mercadores – Shakespeare chama-os de "rústicos" – estão preparando uma peça para comemorar as bodas anunciadas. Titânia, a rainha das fadas, está nesse bosque, escondendo-se da fúria de Óberon, seu ciumento marido, zangado por ela ter se recusado a lhe ceder, para o séquito, um belo menino que o rei da Índia lhe mandou de presente. Na versão de 1693, o séquito de fadas da rainha atormenta um poeta bêbado – provavelmente a caricatura de Thomas d'Urfey ou Thomas Shadwell –, que se perdeu no bosque.

Ajudado por Puck, Óberon prepara uma poção que faz Titânia adormecer. Durante o sono, é-lhe administrado, desastradamente, o filtro que a faz apaixonar-se por um asno. Bottom, o tecelão, usando a cabeça de burro, entretém a rainha com seus cânticos rústicos e altamente eróticos. Óberon tenta reunir os pares de namorados e livra Titânia do feitiço. A reconciliação do casal de soberanos do reino das fadas e dos espíritos é comemorado com o *masque* das quatro estações. Fielmente, para celebrar o casamento dos jovens com as mulheres que eles amam, Óberon oferece ao duque Teseu e aos demais mortais um *masque* chinês, no qual está simbolizada a idéia da elevação espiritual.

A música da *Fairy Queen* é da mais alta qualidade. A cena acrescentada ao ato I em 1693 ("Fi-fi-fill up the bowl") é uma série deliberadamente desencontrada de arietas e coros, nos quais Purcell faz a pitoresca descrição de como a bebedeira leva as pessoas a agirem como tolas. Em contraste com ela, o *masque* do sono de Titânia, no ato II, é uma elegante seqüência de peças de tom misterioso, que vão se tornando gradualmente complexa. O *masque* de Bottom, no ato III, justapõe a ária e coro "If love's a sweet passion", cheia de arrojadas dissonâncias, ao malicioso diálogo de Coridon e Mopsa, "Now the maids and the men"; ambos estão entre as melhores páginas escritas por Purcell para o teatro. O *masque* do ato IV, emoldurado por um grande coro em honra a Apolo ("Hail, great parent"), mostra Purcell de posse de todos os procedimentos descritivos comuns, no teatro francês, para estabelecer a diferença entre as estações. É no *masque* final, de organização mais livre, que se encontra a ária para contratenor "Thus the gloomy world", com trompete *obbligato,* uma das mais brilhantes criações vocais do compositor. Não há limites para a inventividade de Purcell nessa obra e, ao longo de cerca de cinqüenta movimentos, ele raramente repete as mesmas combinações de colorido vocal e instrumental. Mas *The Fairy Queen* é notável, sobretudo, pela forma como a música, por mais diversificada que seja, complementa e integra as partes do texto falado. Para conhecer esta belíssima semi-ópera:

Harmonia Mundi, década de 1960 – a gravação ao vivo de Alfred Deller no Festival de Stour.

L' Oiseau-Lyre, década de 1960 – Hemsley, Vyvyan, Morison, Pears, Whitworth, Anthony, Boggis/Anthony Lewis.

Decca, 1970 – Vyvyan, Wells, Burrowes, Hodgson, Bowman, Brett, Pears, Partridge, Brannigan, Shirley-Quirk/Benjamin Britten.

DG/Archiv, 1987 – Harhy, Smith, Nelson, Penrose, Stafford, Evans, Hill, Varcoe/John Eliot Gardiner.

Harmonia Mundi, 1989 – Argenta, Dawson, Fouchécourt/ William Christie Collins Classics, 1992 – Fisher, Anderson, Murray, Chance, Ainsley, Partridge/H. Christophers.

EMI, 1993 – Hunt, Bickley, Padmore, Wilson Johnson/Roger Norrington.

Teldec, 1994 – Bonney, von Magnus, McNair,

Na tela *The Music Party*, Philip Mercier retratou Frederick, o príncipe de Gales, e suas irmãs, tocando e cantando no jardim do palácio.

Chance, Dale, Halls, Michaels-Moore/ Nikolaus Haroncourt.
Naxos, 1994 – Scholars Baroque Ensemble.

A montagem da *Rainha das Fadas* foi tão opulenta que, embora a reação do público tivesse sido positiva, os gastos quase levaram o Dorset Garden à falência. Tentando recuperar-se do prejuízo, Betterton não programou outra semi-ópera para 1694. Durante esse ano, Purcell dedicou-se a música incidental e a canções a serem inseridas em peças de teatro. Essas peças foram reunidas nas *Ayres for the Theatre*, publicadas postumamente em 1697. Mas Purcell foi superado nesse gênero, junto ao gosto do público, por seu competidor John Eccles, cujas canções, muito dramáticas, mas de texturas simples, adaptavam-se naturalmente aos recursos mais limitados de atores-cantores como a famosa Anne Bracegirdle. As canções de Eccles eram preferidas às de Purcell, de qualidade musical evidentemente superior, pois estas eram mais difíceis, às vezes de ornamentação extremamente elaborada.

No início de 1695, Betterton conseguiu a permissão de transformar um antigo espaço, onde se jogava tênis, num novo teatro, o Lincoln's Inn Fields. E levou consigo grande parte da equipe do Dorset, entre eles Eccles e vários dos melhores atores-cantores. Purcell ficou em companhia de um grupo de atores jovens e pouco experientes. Mas isso não o impediu de, em seu último ano de vida, apesar da saúde já em declínio, escrever prolificamente para o palco, produzindo algumas de suas melhores partituras: *masques* e divertimentos para *Timon of Athens*, *The Libertine*, *Bonduca* e novas canções para a *Tempestade*.

A princípio, *The Indian Queen*, adaptação anônima da tragédia de John Dryden e Robert Howard, representada em 1664, deveria ser um espetáculo tão luxuoso quanto *A Rainha das Fadas*. Mas a deserção do elenco para o novo teatro forçou a redução das expectativas no Dorset – o que não significa que a música, pelo menos a parte dela escrita pelo próprio Purcell, tenha deixado de ser excelente. Desprezando história e geografia, a improvável trama de Dryden e Howard descreve o conflito imaginário entre o México e o Peru – na ópera, países fronteiriços! –, uma luta em que os dois lados são ajudados pelo mercenário Montezuma, de "raça desconhecida" (mas, na realidade, o filho que a rainha destronada do México perdeu quando ele era criança). Montezuma e seu prisioneiro, o mexicano Acacis, são rivais no amor de Orazia, a princesa inca. Essa fantasiosa intriga desfia todos os clichês seiscentistas que encontramos nos libretos das óperas de Cavalli ou de Cesti.

A maior parte da música centra-se na figura de Zempoalla, a rainha usurpadora, que enfrenta uma série de dilemas heróicos. No episódio musical mais importante, ela vai consultar o mago Ismeron, papel escrito para o famoso baixo Richard Leveridge que, em 1695, estava em início de carreira, mas já evidenciava qualidades que Purcell, tendo-as percebido, soube explorar virtuosisticamente. Ismeron recusa-se a contar o futuro a Zempoalla; mas concorda em conjurar o Deus dos Sonhos ("You twice ten hundred deities") e, fazendo a rainha dormir, permite que enxergue revelações assombrosas. Infelizmente, a força da tragédia é atenuada pelo frouxo *masque* do ato V – musicado por Daniel, o irmão de Henry – em que se celebram o casamento de Montezuma com Orazia e a reconciliação dos dois povos. No prefácio à edição da partitura, em Music in London Entertainment, Curtis Price diz, em defesa de Daniel Purcell, que ele seguiu escrupulosamente o esquema tonal montado por Henry; e no palco, mesmo não tendo qualidade superior de inspiração, esse masque funciona a contento (o que se pode verificar nas gravações de Gardiner e Hogwood, que o conservam). Em todo caso, por ser colocado no final, esse trecho pode, a rigor, ser eliminado, como o fez Alfred Deller em seu álbum de 1987. Estas são as gravações para conhecer *The Indian Queen*:

Harmonia Mundi, 1987 – Bevans, Sheppard, A. Deller, M. Deller, Elliott/ Alfred Deller.
Erato, 1980 – Smith, Fisher, Elwes, Thomas/ John Eliot Gardiner.
L'Oiseau-Lyre, 1994 – Kirkby, Bott, Ainsley, Finley/Christopher Hogwood.
Linn Recorda, 1995 – Bonney, Bott, Cover, Crump, Harvey/The PurcellVoices & Symfoni.

Eis a lista das peças de teatro para as quais Henry Purcell escreveu música incidental:

- *Theodosius* (1680), de Nathaniel Lee; a adaptação do *Richard II* de Shakespeare feita por Nathan Tate, e *Sir Barnaby Whigg* de Thomas d'Urfey, as duas em 1681; *The Double Marriage* (1682) de Francis Beaumont e John Fletcher; *Circe* de William Davenant e *Sophonisba* de Lee, ambas em 1685;
- *A Fool's Preferment* (1688), de D'Urfey; *Distressed Innocence* de Elkanah Settle, *Sir Anthony Love* de Thomas Southerne, *Amphitryon* de John Dryden, *The Massacre of Paris* de Lee, as quatro encenadas em 1689;
- *The Gordian Knot Untyed*, de autor desconhecido, *The Indian Emperor* de Dryden, e *The Wives Excuse* de Southerne, as três de 1691;
- *Cleomenes* de Dryden, *The Marriage-hater Match'd* de D'Urfey, *Regulus* de John Crowne, *The Libertine* de Thomas Shadwell, *Henry II* de John Bancroft, *Aureng-Zebe* de Dryden e *Oedipus* de Lee, todas elas estreadas durante o ano de 1692;
- *The Old Bachelor* de William Congreve, *The Richmond Heiress* de D'Urfey, *The Maid's Last Prayer* de Southerne; *The Female Virtuosos*, adaptada por Richard Wright das *Précieuses Ridicules* de Molière; *The Double Dealer* de Congreve, *Epsom Wells* de Shadwell e *Rule a Wife and Have a Wife* de Fletcher, todas elas musicadas em 1693;
- *Don Quixotte* (partes I e II), de D'Urfey, *Love Triumphant* de Dryden; *The Married Beau* de Crowne, *The Fatal Marriage* de Southerne, *The Canterbury Guests* de Edward Ravenscroft, a adaptação do *Timon of Athens* de Shakespeare feita por Shadwell; *The Spanish Friar* e *Tyrannic Lover*, ambas de Dryden; e *The Virtuous Wife* (1694) de D'Urfey são as peças para as quais Purcell escreveu música de fundo em 1694;
- e em 1695, ano de sua morte, *Abdelazer* de Mrs. Aphra Behn, *Bonduca* de Beaumont e Fletcher, *The Mock Marriage* de Scott, *Pausanias* de Norton, *The Rival Sisters* de Gould, *Oroonoko* de Southerne; a adaptação da *Tempestade* de Shakespeare preparada por Davenant e Dryden; e *Don Quixotte* (parte III) de D'Urfey.

## Daniel Purcell

Embora já fosse organista do Magdalen College desde 1689, só depois da morte de Henry, seu irmão mais velho, Daniel Purcell (1663?-1717) conseguiu fazer com que seu nome se impusesse como compositor. Daniel teve a primeira experiência de palco em 1695, ao colaborar com Henry, como já dissemos, em sua última semi-ópera, *The Indian Queen*. Em 1695, logo após o desaparecimento do grande Purcell, foi para Londres e, no ano seguinte, já tinha produzido a música incidental para *Brutus of Alba* e *Cynthia and Endymion*. Até 1707, fornecera o acompanhamento para cerca de quarenta peças de teatro, compusera semi-óperas – *The World in the Moon* (1697), *The Island Princess* (1699), *The Grove* (1700), *The Secular Masque* (1700), *The Rival Queens* (1701), e o "all-sung masque" *The Judgement of Paris* (1701)[2] –, além de várias coleções de música instrumental e odes cortesãs.

No capítulo sobre Jeremiah Clarke, o leitor encontrará referências à colaboração de Daniel Purcell com esse compositor e Richard Leveridge, na redação de *The Island Princess*, a semi-ópera mais bem-sucedida a surgir após a morte de Henry Purcell. Adaptada por Nahum Tate e Peter Motteux da peça de John Fletcher, A Princesa da Ilha foi cantada no Drury Lane em 7 de fevereiro de 1699 e – o que não é muito comum para obras desse período – sobreviveu integralmente, tendo sido editada por C. Price e R. Hume no segundo volume de *Music in London Entertainment* (1985). Cerca de metade da música pertence a D. Purcell; a melhor parte é o *masque* com que se encerra o ato II.

Quanto à partitura apresentada para o Musick Prize, que consistia em musicar *The Judgement of Paris* (O Julgamento de Páris), de Congreve, a de D. Purcell – que ficou em terceiro lugar – ela é menos moderna, do pon-

---

2. A respeito desse *masque*, ver, neste volume, os capítulos sobre Eccles e Weldon.

to de vista estilístico, do que a de Weldon; e não tem o mesmo grau de elaboração e refinamento da de Eccles. Mas é importante na medida em que é a única obra teatral desse autor menor composta de uma ponta à outra. Como as demais competidoras do concurso, foi ouvida no Dorset Garden Theatre em 1º de abril de 1701.

A chegada de Bononcini e Haendel, e o extraordinário sucesso da *opera seria* de modelo italiano em Londres, fizeram Daniel Purcell afastar-se do palco e dedicar-se apenas a obras religiosas. É um compositor desigual e nunca conseguiu libertar-se da avassaladora influência do irmão, cujas idéias, não raro, decalca de forma nítida.

## Clarke

Há poucas informações sobre as origens de Jeremiah Clarke (?-1707). Parece que pertencia a uma família de músicos de Windsor, foi coralista na Capela Real, e tocou órgão no Winchester College, antes de ir para Londres em 1695. Sua primeira obra importante foi uma ode em memória de Henry Purcell. Em conseqüência dela, recebeu a encomenda de outras odes e, para o dia de Santa Cecília de 1697, escreveu a partitura original para o *Alexander's Feast* de Pope, que outros compositores, entre eles Haendel, musicariam de novo depois dele. Entrou como coralista na catedral de São Paulo (1699) e na Capela Real (1700), passando, com o tempo, a ser regente do coro e organista de ambas.

Clarke foi um dos mais talentosos seguidores de Purcell; e a música inglesa perdeu muito com a sua morte prematura: aparentemente, ele se suicidou devido a um relacionamento amoroso mal-sucedido. Sua obra mais conhecida é *The Prince of Denmark's March*, durante algum tempo atribuída a Purcell, com o nome de *Trumpet Voluntary*. De *Cynthia and Endymion*, que ele escreveu, em 1697, a quatro mãos com Daniel Purcell, sobreviveu apenas uma canção. A mesma colaboração produziu, também em 1697, *The World in the Moon*. A semi-ópera *The Island Princess*, apresentada no Drury Lane em 7 de fevereiro de 1699, era uma obra coletiva, em que Clarke trabalhou a seis mãos com D. Purcell e Richard Leveridge.

Nahum Tate e Peter Motteux adaptaram o texto da *Princesa da Ilha*, de John Fletcher, e tornaram-se responsáveis pela semi-ópera mais popular da fase pós-1695. A sua partitura, como dissemos, foi integralmente preservada. Ambientada nas Índias Ocidentais, conta a história do navegador português Armúsia, que se apaixona pela princesa nativa Quisara e, por isso, é aprisionado e ameaçado de execução. O melhor trecho da partitura é o escrito por Clarke: um *Masque of the Four Seasons* (Masque das Quatro Estações), inteiramente cantado e de teor cômico, apresentado no final da peça. Trata-se de um interlúdio que tinha sido escrito, em 1696, para uma outra produção do Drury Lane.

## Weldon

Coralista em Eton, aluno de Henry Purcell, organista no New College de Oxford, John Weldon (1676-1736) tornou-se subitamente famoso, em 1701, ao obter o primeiro prêmio no concurso para musicar *The Judgement of Paris*, o *masque* de John Congreve. Derrotou John Eccles, Daniel Purcell, Gottfried Finger e Johann Franck, todos eles compositores mais velhos e de reputação já estabelecida. A estréia do *Julgamento de Páris* de Weldon foi em 6 de maio de 1701, no Dorset Garden Theatre.

O prêmio tornou Weldon conhecido e muito solicitado pela sociedade londrina. Logo depois de começar a freqüentar os altos círculos, ele foi contratado pela Capela Real, tornou-se organista da igreja de St. Bride, na Fleet Street, e passou a ser patrocinado pelo duque de Bedford. Antes de os teatros ingleses serem tomados de assalto pela ópera italiana, Weldon escreveu a música incidental para várias peças de teatro – entre elas *The Tempest*, em 1712. Compôs também música sacra destinada às suas funções no âmbito da igreja.

Embora seja cantada de uma ponta à outra, Congreve deu ao *Julgamento de Páris* a designação de *masque*, devido à sua origem na mitologia clássica e aos elementos alegóricos que nela compareçam. Ao pastor Páris, o filho do rei Príamo de Tróia, cabe a incumbência de decidir a quem será dado o pomo de ouro (símbolo do "Musick Prize"): a Juno, Vênus ou Palas Athenas. É Vênus quem vence, porque oferece a Páris a mais bela mulher do mundo. A partitura de Weldon saiu vencedora, provavelmente porque é mais simples e de melodismo mais espontâneo do que a música muito elaborada de Eccles ou a partitura de estilo conservador de D. Purcell, por exemplo. As canções são singelas e de corte melódico agradável; e a orquestração tem bastante variedade de colorido. Esta é a única obra dramática de Weldon inteiramente cantada a ter sobrevivido. Sabe-se que colaborou com Charles Dieupart, em 1704, no "all-sung masque" *Brittain's Happiness*, descrito na partitura como "entretenimento à maneira de uma ópera". Mas essa partitura não foi preservada.

## Eccles

Freqüente colaborador de Henry Purcell, o londrino John Eccles (1668?-1735) começou a carreira teatral escrevendo música incidental para peças faladas. Ficou muito popular, na época, "I burn, I burn!", a cena de loucura que compôs para a segunda parte do *Don Quixote* de D'Urfey. Em 1695, quando o ator Thomas Betterton instalou sua companhia de teatro no Lincoln's Inn Field, nomeou Eccles seu Master of the Musick.

Nessa função, ele compôs *masques* para serem inseridos em peças de teatro: *The Rape of Europa* (1695), *The Loves of Mars and Venus* (1696), *Europe's Revels for the Peace* (1697) e, mais tarde, *Acis and Galatea* (1700), *The British Enchanters* (1706) e *Semele* (1707). Numa tentativa bem intencionada, mas sem maior futuro, de dar prosseguimento aos esforços de Purcell de criar a ópera nacional inglesa, Eccles produziu, em 1698, *Rinaldo e Armida*, sobre bem construído libreto de John Dennis baseado em Torquato Tasso. A partir de 1700, Eccles assumiu o cargo de Master of the King's Musick.

Em março de 1770, "várias Pessoas de Qualidade", lideradas por Lord Halifax, instituíram um prêmio substancial em dinheiro para a melhor partitura escrita para *The Judgement of Paris*, de William Congreve. Quando, em junho do ano seguinte, os responsáveis pelo concurso pronunciaram seu veredicto, Eccles ficou em segundo lugar em relação a John Weldon, seguido por Daniel Purcell em terceiro, e Gottfried Finger em quarto. A versão de Eccles, porém, encenada em 21 de março de 1701, no Dorset Garden Theatre, agradou bastante ao público, e foi a preferida de Congreve, que já colaborara com o compositor na *Acis and Galatea*, de 1700, e em 1707 escreveria para ele *Semele*, só encenada após a morte do músico, em 1735.

A comparação desse "dramatic entertainment" com a versão do mesmo texto musicada por Haendel, e encenada no Covent Garden em 1744, não chega a ser desvantajosa para Eccles, pois esta é uma partitura que possui sólidas qualidades musico-dramáticas: linhas vocais de grande originalidade expressiva e instrumentação muito meticulosa na sua busca de variedade de coloridos. O musicólogo Stoddard Lincoln afirmou: "Se *Semele* tivesse sido montada durante a vida do compositor, poderia ter deitado o alicerce para a ópera nacional inglesa". Depois de 1708, Eccles abandonou o teatro. Ainda produziu algumas odes cortesãs; mas dedicou-se principalmente à pesca, em sua propriedade campestre de Hampton Wick, onde morreu.

A elegante poesia de Congreve combina-se naturalmente, no *Judgement of Paris*, com o estilo elaborado de escrita instrumental de Eccles, e com a sobriedade de suas melodias vocais. Esta é a primeira partitura inglesa a utilizar uma *flûte d'Allemagne* (flauta transversal), embora use também os tradicionais *recorders* (flautas doces). Um trompete participa heroicamente da abertura, ao lado das cordas. E três trompetes, apoiados por tambores, dão um tom marcial à ária de Pallas Athenas. Mas os metais calam-se no encerramento da ópera que, por seu caráter lírico, recorre apenas às cordas, flautas e madeiras. Eccles toma muito cuidado com as indicações de dinâmica. A primeira visão que o pastor tem das deusas, "O ravishing delight", marcada "soft" (suave) no início, torna-se "lowder by degrees" (gradualmente mais alto), à medida que seu encantamento com a beleza das divindades reflete-se na riqueza harmônica do acompanhamento para cordas.

## Greene

Acredita-se que o londrino Maurice Greene (1696-1755) tenha iniciado a carreira musical como coralista da Catedral de São Paulo onde, aos 21 anos, tornou-se organista. Em 1727, foi nomeado organista e compositor da Capela Real; e em 1735, tornou-se Master of the King's Musick. A maior parte da produção de Greene é constituída de *anthems* (hinos) de teor religioso. Além disso, ele é o autor de três oratórios – *The Song of Deborah and Barak* (1732), *Jephtha* (1737) e *The Force of Truth* (1744) –, numerosas odes, e três peças dramáticas, fruto de sua colaboração com o reverendo Joan Hoadly, cônego de Winchester e capelão da capela do Príncipe de Gales.

Amador apaixonado de teatro, Hoadly escreveu o texto de *The Judgement of Hercules*, um *masque* de tom heróico, que se perdeu. Mas foram preservadas as duas pastorais que ele e Greene produziram. Em *Florimel or Love's Revenge* (1734), o jovem Myrtillo ama Florimel e declara-se a ela pregando, no tronco de uma árvore, a canção "The Charms of Florimel", para que a jovem a encontre. Cupido tenta sabotar o namoro dos dois, mas um Sátiro, usando um dardo mágico, os reconcilia para, com isso, devolver a tranqüilidade à Arcádia. A segunda pastoral, *Phoebe* (1747), é também uma história de amor e intriga. É de se lamentar que Greene tenha produzido pouco para o palco, pois essas duas partituras demonstram que era naturalmente dotado para a ação cênica, e tinha propensão quase haendeliana para traduzir as emoções em termos musicais.

# Após a Morte de Purcell (Barroco Tardio e Classicismo)

A primeira metade do século XVIII (1714-1760) foi, para a Grã-Bretanha, uma fase de estabilidade política, com a consolidação do governo parlamentar sob a condução de brilhantes chefes de governo: Robert Walpole, Henry Pelham, William Pitt, que ocuparam por períodos prolongados a chefia do gabinete, aperfeiçoando esse tipo de administração. Foi a estabilidade originada, nas palavras do historiador J. H. Plumb, da "aceitação pela sociedade das instituições políticas e das classes de homens ou funcionários que as controlam". William Pitt, que assumiu o governo após a morte de Pelham, em março de 1754, enfrentou, com grande habilidade diplomática, a Guerra dos Sete Anos, da qual a Grã-Bretanha participou após ser atacada pela França, em Minorca, em maio de 1756. O conflito terminou em 1762, com o Tratado de Paris: no ultramar, a Inglaterra saiu favorecida, conquistando as colônias francesas da América – Québec, a região dos Grandes Lagos e as Antilhas –, a África Ocidental e a Índia (onde a vitória de Plassey, em 1757, assegurou o controle inglês). As críticas ao *Ancien Régime*, decorrentes da perda dessas posses coloniais, seriam uma das razões para a Revolução Francesa.

Mais agitado foi o reino de George III (1760-1770), devido à dívida de £114 milhões deixada pela guerra e as medidas impopulares – o *Sugar Act* (1764) e o *Stamp Act* (1765) – tomadas para contorná-la e que tiveram efeito prejudicial até mesmo nas colônias americanas. O governo sofreu violenta oposição do jornal *North Briton*, editado por John Wilkes, que contava com apoio financeiro de Richard Grenville, conde de Temple. Wilkes teve de se exilar em Paris, depois que a Câmara dos Lordes considerou sedicioso o n. 45 de seu jornal, editado em 23 de abril de 1763, com ataques diretos ao rei. E declarou obsceno o seu *Essay on Woman*, expressando opiniões favoráveis aos direitos da mulher inspirados pelos iluministas franceses. A perda mais grave, ocorrida nesse período, foi a das colônias americanas com a Guerra da Independência dos Estados Unidos que, iniciada em 17 de junho de 1775, terminou com a capitulação de Cornwalls (19.10.1791) e a assinatura do Tratado de Versalhes, em 3 de setembro de 1783.

A Inglaterra, a princípio, não reagiu mal à Revolução Francesa: seus reformistas viam na queda da Bastilha o sinal de uma nova era de liberdade e fraternidade. As *Reflections on Revolution in France* (novembro de 1790), de Burke, condenavam o espírito reformista de 1688 e advertiam quanto aos riscos do radicalismo para a ordem cristã européia. A ele, Thomas Paine respondeu, em 1791, com *The Rights of Man*, defendendo os princípios liberais pregados pelos iluministas. A atitude mudou em 1º de fevereiro de 1793, quando a França revolucionária, que executara o rei Luís XVI, declarou guerra à Inglaterra.

O século XVIII é a época da Revolução Industrial, com meio século de antecipação sobre o resto da Europa. Na década de 1780, a migração para as cidades fizera crescer a manufatura, especialmente da indústria têxtil; e a supremacia marítima abria ao país mercados muito amplos, para escoar seus produtos. De 1714 ao fim da década de 1790, o comércio britânico dá um salto considerável, de £14 milhões para £40 milhões. Nesse mesmo período, a população aumentou de 5 para 9 milhões de habitantes. Ao contrário da nobreza ociosa e elitista do resto do continente, a aristocracia inglesa misturava-se à classe dos comerciantes, não desprezando as atividades lucrativas. O país que, em 1750, era essencialmente agrícola, industrializou-se rapidamente: a produção de têxteis, por exemplo, passou de £4 para £35 milhões, entre 1760-1800. Esse progresso foi alavancado pelo avanço tecnológico, que revoluciona a prática da manufatura. Destaquemos a invenção:

1709 – do alto-forno a hulha, por Abraham Darby;
1722 – do tear mecânico, por John Kay;
1764 – da máquina de fiar algodão, por James Hargreaves;
1768 – da máquina de fiar hidráulica, por Richard Arkwright;
1776-1782 – da máquina a vapor, por James Watt;
1784 – do processo de fabricação do aço, por Henry Cort.

A industrialização modernizará também os transportes, desde os primeiros anos do século seguinte, com a invenção do barco a vapor (1807), por Robert Fulton, e da locomotiva (1825), por George Stephenson. A prosperidade trazida pela Revolução Industrial abala a própria estrutura das doutrinas, subvertendo a afirmação dos fisiocratas franceses de que a agricultura é a única e verdadeira riqueza de um país. Na *Investigação sobre a Natureza e as Causas da Riqueza das Nações* (1776), Adam Smith demonstra que a indústria há de tornar-se o modo predominante de trabalho produtivo nas sociedades modernas. Nasce, assim, o liberalismo econômico, que mina as práticas mercantilistas de intervenção do Estado na economia, defendendo o livre comércio e a concorrência como fatores de prosperidade. O colonialismo e a escravidão, subprodutos do mercantilismo, não escaparão, tampouco, aos ataques do liberalismo. Todas essas mudanças, naturalmente, não deixarão de interferir na vida cultural inglesa.

A História da Música inglesa no século XVIII sempre foi vista com relativo desdém. A morte de Purcell, em 1695, e a chegada de Haendel a Londres foram considerados o marco de um século e meio de declínio da arte nacional e de dominação estrangeira. É verdade que a instalação da *opera seria* metastasiana em Londres, em 1705, causou a perda de popularidade da semi-ópera de corte purcelliano, e pôs fim à carreira de um grupo de compositores de talento razoável: John Weldon, Daniel Purcell, William Croft, que se dedicaram à música sacra; John Eccles, que se aposentou para dedicar-se à pescaria; e Jeremiah Clarke, que se suicidou – embora por razões pessoais, e não por frustração profissional. Mas logo uma nova geração de compositores ingleses apareceu e a produção de óperas inglesas se manteve durante todo o século.

A Inglaterra atraía, nessa fase, centenas de músicos imigrantes porque, sendo a maior nação mercantil do mundo, desenvolvera uma próspera classe burguesa que, tanto na província como na capital, tinha vida cultural desenvolvida e formava um público exigente e interessado. O mito de que a presença de Haendel em Londres causara o declínio da música inglesa espalhou-se no século XIX, quando o oratório – gênero cuja forma ele realmente definiu – dominou a vida musical do país. Na verdade, os compositores ingleses do Barroco Tardio deram contribuição importante para todos os gêneros, música de teatro, cantatas, música instrumental e de câmara; mas acabaram conhecidos por suas obras menores. As sinfonias de William Boyce, tão freqüentemente tocadas e gravadas, são encantadoras; mas duvido que Boyce desejasse ser lembrado por essas obras brilhantes, porém de circunstância.

Seja como for, o estudo da vida musical inglesa na primeira metade do século XVIII passa, necessariamente, pela fortuna londrina desse gênero exótico e, de certa maneira irracional, que é a *opera seria* de modelo italiano, veículo privilegiado para o *belcanto*, rotineiramente ridicularizado pela crítica do século XIX, mas capaz de ser poderosamente expressivo nas mãos de um gênio como Haendel – e de tornar-se perfeitamente satisfatória para o gosto moderno, em produções que resgatem as praxes vocais do Barroco Tardio e respeitem as suas convenções dramáticas. Remeto o leitor à *Ópera Barroca Italiana*, desta coleção, em que as causas que motivaram o aparecimento da *opera seria*, bem como a carreira londrina de Haendel são analisadas.

A ópera inglesa, porém, não morreu durante o apogeu do melodrama italiano. Houve tentativas de criar espetáculos alternativos. Entre 1715 e 1718, J. C. Pepusch e J. E. Galliard escreveram algumas charmosas óperas-miniatura, para serem cantadas como *afterpieces* (uma comédia leve ou farsa, em um ato, destinada a ser representada em complemento a uma obra mais séria; da mesma forma que, na Itália, o intermezzo era cantado nos intervalos de uma *opera seria*). Essas pequenas óperas serviram de modelo para o *Acis and Galatea* (1718), de Haendel, cujo libreto é da autoria de John Gay. Mais tarde, J. F. Lampe e J. C. Smith uniram-se a Henry Carey e ao jovem Thomas Arne, na efêmera tentativa de criar uma companhia de ópera inglesa, que funcionou apenas dois anos: 1732 e 1733.

Logo ficou claro que o humor era a melhor arma para enfrentar a toda poderosa ópera italiana. As pantomimas, chamadas de *harlequinade*, misturando cenas cantadas de inspiração mitológica com improvisações bufas à maneira da *Commedia dell'Arte* renascentista, tinham-se tornado imensamente populares na década de 1720, graças sobretudo ao histrionismo de John Rich, o maior de todos os Arlequins. E o público reagia muito bem ao humor singelo e tipicamente inglês das *afterpieces*. Mas o golpe mortal à *opera seria* foi assestado, em 1728, pela *Beggar's Opera*, de John Gay, com música arranjada por Pepusch. Transferindo o mundo heróico metastasiano para o ambiente sórdido do submundo londrino, trocando o recitativo seco por diálogo falado, e as árias por melodias populares, *A Ópera do Mendigo* emplacou 62 noites seguidas e tornou-se um marco na História da Ópera: o título inaugural da *ballad-opera*, que vai produzir mais de cem títulos na década seguinte; e o modelo para recriações modernas, como a *Dreigroschenoper*, de Kurt Weill, e a *Ópera do Malandro*, de Chico Buarque de Holanda.

O Barroco Tardio teve em Thomas Arne o seu nome mais importante. Desigual, freqüentemente apressado e de escrita negligente, Arne consegue, assim mesmo, em seus melhores momentos, ser muito mais memorável do que seu contemporâneo William Boyce, que é artesanalmente mais estável. A falta de material de documentação – pois teatros e bibliotecas sempre foram amaldiçoados com a praga dos incêndios – dificulta muito o estudo da vida teatral inglesa pós-Arne. Como as óperas eram usualmente impressas em partitura vocal, sem coros, danças ou recitativos, é muito limitado o registro, mediante os manuscritos, de óperas completas de Dibdin, Shield, Storace, e mais esparso ainda no caso de Hook ou Samuel Arnold. Desse grupo, eram Dibdin e Storace os mais talentosos e promissores. Mas Storace, amigo e seguidor de Mozart, morreu jovem, aos 33 anos. E Dibdin foi continuamente prejudicado por um temperamento turbulento e uma vida pessoal caótica.

Está mal explorado, modernamente, o rico repertório de odes, hinos e cantatas produzido nessa época: as *Odes a Santa Cecília* de Boyce e Greene; as odes sobre poemas de Shakespeare, escritas por Boyce, Arne e Linley; os hinos orquestrais que Boyce, Greene, Linley, Thomas Roseingrave ou William Croft compuseram para os festivais de corais, dos quais os ingleses sempre gostaram. A execução da *Esther* de Haendel, em Londres, em 1732, inaugura efetivamente um gênero novo: o oratório inglês. O bispo de Londres protestou contra a versão semi-encenada – tal como *Esther* fora estreada, em 1718, no palácio do duque de Chandos –, e esse tipo de obra passou a ser apresentado como peça de concerto, estabelecendo assim o padrão para peças futuras[1]. Alguns desses dramas bíblicos, como

---

1. Em *A Ópera Barroca Italiana*, desta coleção, veja, a respeito da *Rappresentazione d'Anima e di Corpo*, de Cavalieri, a origem do termo "oratório" para designar uma peça dramática de tema sacro, não-encenada.

*A Musical Party*, de William Hogarth, mostra a formação típica de um trio-sonata no século XVIII.

*Israel no Egito* ou o *Messias*, são de natureza mais abstrata e reflexiva. Outros, porém, como *Hercules* ou *Semele*, têm estrutura aparentada à da *opera seria* e poderiam perfeitamente ser encenados.

Numa época em que a música sacra, produzida para as catedrais, vivia uma fase de maré baixa, devido à falta de recursos das instituições para recrutar bons músicos, o oratório tornou-se uma alternativa interessante. As décadas de 1730-1770 viram surgir *The Song of Deborah and Barak* (1732), de Greene, *David's Lamentation over Saul and Jonathan* (1736), de Boyce, *Judith* (1761), de Arne e *The Song of Moses* (1777), de Linley.

Para um país tachado de não ter música, a Inglaterra produziu, no Barroco Tardio e no Classicismo, uma quantidade surpreendente de música orquestral. Era comum, nos teatros, apresentarem-se, nos intervalos, exibições de música orquestral: concertos de Haendel, William Babell, Robert Woodcock, John Baston; sonatas de John Humphries, que trabalhava para o Lincoln's Inn Fields. No verão, o público corria para os concertos ao ar livre realizados nos grandes jardins: Vauxhall a partir de 1732; depois Marylebone (1738) e Ranelagh (1742). O repertório era, em princípio, o mesmo que se ouvia nos teatros. Mas Vauxhall era famosa por seus recitais de canções. No final do século, ficaram muito populares os recitais de órgão – instrumento facilmente audível ao ar livre. James Hook deu 45 concertos seguidos, em Vauxhall, durante o verão de 1775.

A moda dos *concerti grossi*, iniciada pela publicação do op. 6 de Arcangelo Corelli em Amsterdã (1714), espalhou-se pela Inglaterra com a visita, aquele mesmo ano, de seu aluno Francesco Geminiani. Os opp. 2 e 3 de Geminiani (1732) geraram a aparição dos magistrais op. 3 (1734) e op. 6 (1740), de Haendel, modelos para as peças desse gênero de Charles Avison, em Newcastle; John Alcock, em Lichfield; ou de Capel Bond, em Coventry – testemunhos da vitalidade da cultura provinciana. Com eles, veio a profusão de concertos para solista de nomes como o reverendo William Felton, de Hereford; ou Thomas Chilcot, de Bath que, da mesma forma que Bach na Alemanha, transcreviam para órgão ou cravo peças de Vivaldi ou Domenico Scarlatti.

Embora isso fuja ao objetivo primordial deste volume, nada nos impede o prazer de registrar o florescimento, na virada do Barroco Tardio para o Classicismo, de uma literatura orquestral muito diversificada:

- as sinfonias de Boyce (1760-1770), a que já nos referimos;
- as *Eight Ouvertures* (1751), de Arne, desenvolvimento e aclimatação da suíte barroca, que Bach praticara com tanto gênio;
- as sinfonias em *style galant* (de 1761 em diante), do escocês Thomas Erskine, conde de Kelly, aluno de Stamitz em Mannheim e, portanto, responsável pela importação para a Inglaterra de muitas das pesquisas dessa orquestra-laboratório;
- as maravilhosas sinfonias de J. Ch. Bach – o "Bach de Londres" –, compostas em 1765 para os concertos de assinatura promovidos pelo empresário C. F. Abel; são peças que soam deliciosamente mozartianas, e preparam o caminho para Samuel Wesley que, no século seguinte, será o mais importante sinfonista inglês.

Se desço a detalhes nessa informação é porque não é indireta a relação da música puramente instrumental com o desenvolvimento da ópera. Ela não só forma a moldura como fornece diversos elementos que encontraremos nas obras teatrais importantes do século XVIII.

# Pepusch

Um dos estrangeiros mais importantes residentes em Londres, durante a época de Haendel, era o compositor, instrumentista e antiquário alemão Johann Christoph Pepusch (1667-1752), nascido em Berlim. Embora deixado à sombra por Haendel – que não gostava de sua música, mas respeitava seus escritos teóricos, de contribuição significativa para a musicologia setecentista –, Pepusch esteve intimamente ligado a três fases do desenvolvimento da ópera em Londres: a implantação do gosto pela *opera seria* metastasiana; a criação de uma alternativa para ela, cantada em inglês;

e a instituição da *ballad-opera*, que quase levou as outras duas à ruína.

Aluno de Klingenberg (teoria) e Grosse (órgão), Pepusch começou a carreira aos catorze anos, como músico da corte da Prússia. Em torno de 1700, emigrou, primeiro para a Holanda, depois para a Inglaterra. Pouco depois da chegada a Londres, conseguiu fazer um de seus trios-sonata ser ouvido nos concertos de Clerkenwell, organizado pelo mercador de carvão Thomas Britton. Em 1704, já encontramos, nos jornais londrinos, anúncios oferecendo suas composições e aulas de canto e instrumento.

Em 1706, Pepusch foi contratado pelo Drury Lane como cravista e, no fim da temporada desse ano, a preparação de *Thomyris, Queen of Scythia* lhe foi entregue. Tratava-se de um *pasticcio* que ele montou e dirigiu, escrevendo os recitativos para o libreto de P. A. Motteux, e selecionando trechos extraídos de óperas de Scarlatti, Dieupart, Gasparini, Albinoni e, principalmente, Bononcini. *Thomyris* marcou a estréia, em Londres, de um *castrato* muito apreciado, o contralista Valentino Urbani (ele cantava em italiano; o resto do elenco, em inglês).

Em 1708, Pepusch tornou-se o *spalla* da orquestra do Haymarket; provavelmente, tocava na orquestra, na época da estréia do *Rinaldo*, a primeira ópera de Haendel a ser cantada em Londres. Juntamente com Needler, Gates e Galliard, fundou, em 1710, a Academy of Ancient Music, muito importante por ter revivido composições de autores dos séculos XVI e XVII. Por isso, foi-lhe concedido, em 1713, o grau de Doutor em Música pela Universidade de Oxford. Pepusch deu, dois anos depois, novo rumo à sua carreira artística, ao compor uma série de *masques* inteiramente cantados, para o Drury Lane, que competia com as óperas de modelo italiano que predominavam no Haymarket: *Venus and Adonis*, com libreto de Colley Cibber[2], e *Myrtillo*, ambas de 1715; *Apollo and Daphne* e *The Death of Dido*, as duas de 1716. Esta última, embora seja ocioso tentar compará-la com a obra-prima de Purcell, é melodiosa, uma verdadeira ópera em miniatura, e merece ser considerada a melhor partitura de seu autor.

Depois de 1716, Pepusch retirou-se do teatro para trabalhar como músico de James Brydges, o duque de Chandos, em cuja mansão Haendel foi compositor residente. Mas voltou ao palco, a pedido de John Gay, para colaborar na obra que lhe garantiria a imortalidade: *The Beggar's Opera*, o marco inicial da *ballad-opera*. Sabemos que ele escreveu a abertura e os acompanhamentos para boa parte das baladas; não se tem certeza, mas é bem provável que tenha ajudado Gay a selecionar os temas de canções populares, aos quais foram adaptadas as letras das músicas.

Perdeu-se a partitura de *The Prophetess or The History of Dioclesian* (1724), um de seus *all-sung masques*, escrito para o Drury Lane, certamente também tomando como modelo o *Diocleciano* de Purcell. Mas tem-se a de *The Union of the Three Sisters-Arts* (1723). É provavelmente dele a abertura de *The Wedding* (1729), uma *ballad-opera* de autor desconhecido, bem como os acompanhamentos para *Polly* (1729), de Gay, proibida pela censura e só executada em 1777, depois da morte de ambos.

Em 1730, ao casar-se com a cantora Marguerite de l'Épine, que herdara uma pequena fortuna, Pepusch tornou-se financeiramente independente. Por puro prazer, entretanto, continuou tocando órgão na Charterhouse, de 1737 até sua morte. E publicou, em 1731, um *Tratado de Harmonia*, bastante conservador, mas respeitado em seu tempo.

## Gay

Sem nunca ter escrito uma só nota de música, John Gay (1685-1732) entrou para a História da Música por ter inventado uma das formas mais significativas de teatro musical: a *ballad-opera*. Esse gênero muito popular no século XVIII tem sua origem no *opéra-comique* – o modelo francês da *comédie mêlée d'ariettes*, nascida dos espetáculos do *théâtre forain* – e está aparentada ao equivalente ale-

---

2. Em companhia de John Hippesley, Cibber produziu *Flora or Hob in the Well*, a primeira *ballad-opera* cantada nos Estados Unidos, em 18 de fevereiro de 1735, na sala do tribunal de Charleston, na Carolina do Sul, seis anos depois da estréia em Londres. Ver *A Ópera nos Estados Unidos*, desta coleção.

mão dessa forma, o *singspiel*. É também uma das ancestrais do gênero americano por excelência, o musical. A "ópera-balada" inglesa, porém, distingue-se de suas primas continentais por um aspecto específico – uma característica que, na verdade, deriva de uma deficiência de seu criador: a incapacidade de escrever música. Gay sabia mal mal arranhar a flauta doce; mas isso lhe dava acesso aos diversos *song-books*, coletâneas de canções populares, que circulavam na época. E dessas antologias ele retirava melodias que, por serem conhecidas do público, realçavam automaticamente o significado das canções que escrevera, ajudando a platéia a memorizá-las.

John veio ainda menino, de Barnstaple, no Devonshire, onde nascera, para trabalhar em Londres como ajudante de um vendedor de seda. Uma pequena fortuna, que recebeu em 1708, permitiu-lhe ver-se livre desse trabalho, de que não gostava, e dedicar-se àquilo que realmente o apaixonava, a literatura. Um de seus maiores amigos era o poeta Alexander Pope que, em 1715, recebera uma carta de Jonathan Swift, na qual o grande satirista comentava que a prisão de Newgate e a escória do submundo nela aprisionada eram um assunto saboroso para uma comédia ou um poema cômico.

Já no libreto de *Acis e Galatea*, que redigiu para Haendel em 1718, Gay demonstrara a capacidade de escrever um texto de construção firme e econômica, que revitalizasse velhos clichês. E na letra das baladas que escreveu – por exemplo, *Sweet William's Farewell to Black Ey'd Susan* (1720), musicada por quatro compositores diferentes –, deu provas do que sabia fazer melhor: crítica social mordente, expressa numa linguagem que era simples, direta, acessível, mas nem um pouco desleixada ou desprovida de qualidade poética.

Em 1724, o famoso salteador de estradas Jack Sheppard foi finalmente capturado, julgado e condenado à forca. No tribunal, Jonathan Wild, o informante que o denunciara, foi apunhalado por um dos cúmplices de Jack, ele também levado a Newgate e, depois, executado. Gay comentou essa história na balada *Newgate Garland* que, cantada com a melodia da popular *Packington's Pound*, andou na boca do povo. Pode-se situar aí a descoberta – para um compositor que não sabia compor – do método que o levaria à construção de *The Beggar's Opera*, drama falado, com diálogos interligando 69 árias cantadas sobre melodias de cânticos tradicionais ingleses, irlandeses e escoceses; mas usando também música de Purcell, Henry Carey, Haendel e Bononcini.

Ajudado, como dissemos, por Pepusch, Gay montou *A Ópera do Mendigo*. Pope e Swift, para quem Gay leu o libreto, disseram que duvidavam da boa aceitação da platéia. Congreve declarou: "Ou vai pegar ou será vaiada impiedosamente". Os irmãos Cibber recusaram-se a propô-la à direção do Drury Lane, onde gozavam de muito prestígio. O ator John Rich foi mais corajoso: levou-a para o Lincoln's Inn Field Theatre, de que era o empresário. E ali, *A Ópera do Mendigo* subiu à cena em 29 de janeiro de 1728. O sucesso foi tão grande, que a ópera teve 32 récitas seguidas (62 alternadas, ao longo da temporada), circulou por toda a Inglaterra, obteve 40 récitas em Bath e 50 em Bristol e, em 5 de dezembro de 1750, foi cantada no teatro da Nassau Street, em Nova York. As árias mais populares eram impressas em leques e outros ornamentos. E a criadora de Polly, Lavinia Fenton, futura mulher do duque de Bolton, tornou-se o dodói do público. O espetáculo rendeu tanto lucro a seus produtores, que se costumava dizer: "*The Beggar's Opera* made Rich gay and Gay rich" (*A Ópera do Mendigo* tornou Rich alegre e Gay rico).

Já existiam, antes da *Ópera do Mendigo*, peças de teatro com canções intercaladas, ou *pasticcios* que adaptavam textos novos a música pré-existente, colhida daqui, dali, em várias fontes. A originalidade de Gay está em ir buscar essas melodias não no repertório operístico convencional, mas no acervo "pouco nobre" da canção popular, conferindo-lhe status de alta comédia. E em usar essas canções de forma a fazer, com elas, a ação avançar – o contrário da função da ária *da capo* na *opera seria*, que paralisava a ação para permitir às personagens refletir sobre os acontecimentos e expressar seus *affetti*. As árias da *Ópera do Mendigo* são sempre extremamente dinâmicas e com conteúdo narrativo.

Há referências claras a personagens e situações da época. Lockit é uma caricatura de

Walpole, o primeiro-ministro. O assaltante Macheath é a aglutinação de traços de Jack Sheppard com os de outros bandidos famosos na época. As brigas entre Polly e Lucy fazem alusão à rivalidade entre La Bordoni e La Cuzzoni, as duas estrelas da ópera italiana no Haymarket. Mas Gay não insiste muito nesse aspecto, preferindo dar um tom mais abrangente à sua sátira. Que diferença existe entre o militar corrupto e o assaltante de beira de estrada; entre a mulher que faz um casamento de interesse e uma prostituta; entre um político venal e um carcereiro que aceita suborno para deixar o preso escapar? E, sendo assim, que diferença há entre uma ária de ópera em língua estrangeira e uma boa canção na língua que todo mundo entende? Um dos aspectos mais interessantes da *Ópera do Mendigo*, nesse sentido – e que não torna nada fácil a arte de montar uma boa *ballad-opera* – é saber selecionar, no repertório popular disponível, os temas que melhor expressem o significado das palavras a serviço das quais eles serão colocadas, ajudando, ao mesmo tempo, a subverter e caricaturar os *affetti* nelas contidos.

Não há muito fundamento para a afirmação de que, originalmente, Gay pretendia dispensar o acompanhamento das canções. Tudo indica que, desde o início, ele estava em contato com Pepusch, autor da buliçosa abertura – na qual é citado o tema da ária de Lucy, "I'm like a ship on the ocean toss'd". A ele os estudos mais recentes atribuem os acompanhamentos com baixo contínuo (Charles Burney, que não era admirador de Pepusch, considerou esses acompanhamentos "tão bem feitos, que nem mesmo o mais sólido contrapontista poderá tentar modificá-los"). O que não impediu as gerações subseqüentes de preparar edições novas da obra:

- O *revival* mais famoso da ópera foi o do Lyric Theatre Hammersmith, em 1920, numa versão reorquestrada por Frederick Austin para quinteto de cordas, flauta, oboé e cravo, com a utilização ocasional de viola d'amore e viola da gamba. Esta é a edição usada por Sir Malcolm Sargent no álbum gravado em 1955 por cantores e atores da Old Vic Company (selo Seraphim). Austin costumava cantar a parte de Peachum ou reger o espetáculo, como fez para o selo Argo, em 1952.
- A edição de Benjamin Britten (1948) foi gravada por Richard Bonynge (Decca, 1991) e Steuart Bedford (Argo, 1993).
- A Turner, de 1968, está documentada no álbum Richard Bonynge (Decca, 1991) e no Pearce-Higgins (Sony, 1994).
- Em 1980, Jeremiah Barlow publicou a sua edição crítica, tentando a reconstituição histórica. Essa é a base para o álbum que ele próprio regeu, para o selo Hypérion, em 1991; e ela foi retomada por John Eliot Gardiner (Philips, 1995).

No prólogo falado, um Mendigo desculpa-se por não poder oferecer "uma ópera pouco natural, inteiramente cantada, como as que estão em moda", pois a dele "não tem recitativos". Fora isso, "é uma Ópera com todas as suas Formas usuais". Peachum, informante da polícia e receptador de bens roubados, está em busca de alguém que possa fornecer "uma Execução decente", e pensa em Robin of Bagshot, que anda arrastando a asa para a sua mulher. Mrs. Peachum vem lhe dizer que anda desconfiada do envolvimento de sua filha Polly com o capitão Macheath, atraente salteador de estradas. Interrogada por seus pais, Polly confessa ter-se apaixonado por ele, mas afirma que deseja preservar a sua honra ("Virgins are like the fair Flower in its Lustre"). Mas Mrs. Peachum descobre a verdade: Polly casou-se secretamente com o bandido. Quando os pais ameaçam entregar o genro à polícia, a menina diz que morrerá junto com ele,

> for on the rope that hangs my Dear
> depends poor Polly's life.
>
> (pois da corda em que meu Querido será dependurado há de depender a vida da pobre Polly.)

E quando Macheath vem procurá-la, ela o convence a fugir.

Numa taverna perto de Newgate, o bando de Macheath está fazendo seus planos de assalto ("Let us take the road" é cantado ao som da marcha do *Rinaldo*, de Haendel). Macheath, muito mulherengo, cerca-se das mulheres da cidade. Duas delas, enquanto o acariciam, tiram as suas pistolas e fazem sinal a Peachum, que entra em companhia dos delegados e o aprisiona. O bandido é levado para Newgate e entregue a Mr. Lockit, o carcereiro. Na prisão, Macheath se encontra com Lucy, a filha de Mr. Lockit, a quem, em outros tempos, seduzira em troca de uma promessa de casamento que nunca cumpriu. Encostado na parede, concorda em casar-se com ela, e os dois saem à procura do capelão da penitenciária.

Peachum e Lockit discutem a divisão da recompensa pela captura de Macheath, até chegarem às vias de fato. Mas acabam se entendendo, pois têm "interesses mútuos". Quando o salteador e Lucy voltam, deparam-se com Polly, que se declara decidida a lutar pelo marido até a morte. A briga entre as duas garotas – "Why how now, Madame Flirt" – torna-se tão ruidosa, que Peachum tem de intervir, para tentar acalmar a sua filha. Macheath aproveita-se disso para pedir a Lucy que o ajude a escapar.

Enquanto Lockit recrimina Lucy pela loucura de ter deixado o criminoso fugir, Macheath vai encontrar-se com seu bando numa casa de jogos, e é reconhecido pela prostituta Diana Trapes, que informa a Peachum onde ele está. "Torn by Jealousy, Rage, Love and Fear" (Dilacerada pelo ciúme, a raiva, o amor e o medo), Lucy tenta envenenar Polly mas, quando ela está a ponto de beber o vinho fatal, Macheath é trazido preso e, de susto, a moça deixa a taça cair de suas mãos. Lockit e Peachum transferem o prisioneiro para a prisão de Old Bailey e, em sua cela, ele se lamenta pelo seu destino: "O cruel, cruel Case, must I suffer this disgrace?". Aparecem outras mulheres que dizem ter sido seduzidas e engravidadas pelo bandido: "Four Women more, Captain, with a Child apiece". Macheath chega à conclusão de que "isso já é demais" e, dirigindo-se ao Mendigo do prólogo, lhe diz que "está na hora de fazer esta peça acabar bem, como deve acontecer a toda Ópera" (o que é um *inside joke* com a exigência do *lieto fine* obrigatório na *opera seria*). O Mendigo concorda e providencia o final feliz: surge um Mensageiro anunciando que o condenado foi agraciado com o perdão real e Polly e Macheath lideram os cantos e danças de encerramento.

Logo depois da *Beggar's Opera*, Gay escreveu uma continuação, intitulada *Polly*. Nela, Macheath vai para as Índias Ocidentais, onde se casa com uma moça chamada Jenny Diver e, disfarçando-se como um negro, torna-se pirata. Polly seguiu-o até o Caribe e, fazendo-se passar por homem, faz amizade com os indígenas que aprisionaram seu marido infiel. Quer assim aproximar-se dele e reconquistá-lo. É divertido, mas está longe de ter o gume crítico da peça anterior. Sente-se que Gay esgotou seu arsenal de truques e está se repetindo. O Lord Chamberlain, que tinha ficado muito descontente com o tom debochado da *Ópera do Mendigo*, proibiu a apresentação de *Polly*. Isso fez com que o libreto, impresso em 1729, fosse muito procurado. Mas quando, finalmente, o espetáculo chegou à cena, em 1777, foi uma decepção. Antes disso, *Achilles*, uma *ballad-opera* póstuma, de tema mitológico, levada à cena em 1733, tinha sido igualmente um fiasco.

## Lampe

Nada se sabe a respeito do alemão Johann Friedrich Lampe (1702?-1703), antes de ele se inscrever na Universidade de Helmstedt, em maio de 1718, colocando no documento de matrícula que era *Brunsvicensis* – de algum lugar em Brunswick, na Saxônia. Ignora-se o ano que ele imigrou para a Inglaterra, adotando o nome de John Frederick. Como seu conterrâneo Haendel, Lampe estudou Direito e graduou-se em 1720. A ida para a Inglaterra pode ter sido resultado do encontro com o diplomata Thomas Lediard, sediado em Hamburgo, que mais tarde haveria de escrever para ele um libreto. Uma das primeiras pessoas com quem fez amizade em Londres foi o poeta e compositor Henry Carey que, num poema, referiu-se a ele como

My Lamp obscure because unknown
Who shines in secret now to friends alone.

(Minha Lâmpada obscura, porque desconhecida/ Que brilha em segredo, agora, só para os seus amigos.)

A fama que o poeta previa para ele veio, por algum tempo, graças à parceria que ele formou, a partir de 1732, com Carey, Thomas Arne e J. C. Smith, para compor óperas inglesas, que seriam encenadas no Little Theatre do Haymarket. Três dessas óperas "in the Italian manner" – *Amelia, Britannia* e *Dione* – subiram ao palco nos dois anos seguintes. Sobreviveram apenas duas árias de *Amélia*; mas dez números de *Britannia* e oito de *Dionne* existem em manuscrito, com a partitura completa, copiados talvez para serem inseridos em outras peças.

Em maio de 1733, Lampe apresentou, no Haymarket, a sua primeira comédia, *The Opera of Operas or Tom Thumb the Great*, em que Carey adaptara a *Tragedy of Tragedies* de Henry Fielding. Uma certa confusão cerca essa obra. Arne remusicou o texto de Carey para o Lincoln Inn's Field, em outubro do mesmo ano; e Lampe revisou e condensou seu trabalho, para que ele fosse executado com um *afterpiece*, no Drury Lane, em 7 de novembro. Mas não há dúvidas de que as *Celebrated Aires in the Opera of Tom Thumb*, sucesso de vendagem na época, contêm a música original de 1733. Com *A Ópera das Óperas*, Lampe descobriu o que melhor sabia fazer: satirizar a *opera seria* italiana, gênero que conhecia perfeitamente, pois fora fagotista na orquestra do Haymarket. Mas o sucesso demoraria um pouco a vir; nos anos seguintes, ele passou ensinando, viajando e escrevendo um tratado sobre o uso do baixo contínuo.

Em 10 de maio de 1737, o Little Theatre encenou *The Dragon of Wantley*. Essa "burlesque opera" inteiramente cantada causou tal sensação, que o libreto de Carey foi impresso quatorze vezes, no decorrer de um ano e meio, e a ópera foi transferida para o Covent Garden, onde permaneceu no repertório até 1782. Tomando Gay como exemplo, Carey aplica as convenções artificiais e os sentimentos inflados da *opera seria* à narrativa de uma história absolutamente prosaica, passada no Yorkshire: as aventuras amorosas de um militar, o dragão de Wantley (ou Warncliffe). Era uma história conhecidíssima do público, pois fora contada por Thomas d'Urphey no poema narrativo *Pills to Purge Melancholy* (1699); e o americano James Ralph[3] extraíra dela o libreto de *The Touchstone* (1728), uma *ballad-opera*. À irreverência do texto de Carey, que assume um pomposo tom metastasiano para falar de coisas terra-a-terra, Lampe acrescentou hilariantes pastiches do estilo de Haendel. Felizmente, dessa obra muito original, sobreviveu a partitura completa, com recitativos e coros. Seria fundamental ter dela um registro discográfico.

O sucesso não se repetiu. Foi apenas morna a acolhida à continuação, *Margery or A Worse Plague than the Dragon*, produzida pelo Covent Garden em dezembro de 1738. O *masque* cômico *The Sham Conjurer*, estreado em abril de 1741, foi um fracasso, retirado de cartaz após a terceira récita. Diante disso, Lampe tentou se recuperar levando a sua companhia em turnê pelo interior. O jovem Charles Burney conta tê-los visto quando se apresentaram em Chester. Foi bem melhor a acolhida a *Pyramus and Thisbe*, em 25 de janeiro de 1745, no Covent Garden. Mas isso não o animou a continuar, por muito tempo mais, a carreira nos palcos de Londres. Em setembro de 1748, foi para Dublin, onde morou dois anos; depois, instalou-se em Edimburgo até o fim da vida.

Em 1716, Richard Leveridge tinha escrito um libreto a partir de *Píramo e Tisbe*, a peça-dentro-da-peça que Shakespeare insere no ato V do *Sonho de uma Noite de Verão* (1596). Foi esse texto que o libretista anônimo – talvez Carey, ou o próprio Lampe – adaptou numa *mock-opera* (ópera de brincadeira). A sátira que Shakespeare faz aos atores, diante da corte do duque Teseu, é transferida para os cantores de ópera, durante uma recepção oferecida por um empresário, Mr. Semibrief. Entre os convidados, encontram-se famosos cantores italianos, cuja companhia está fazendo uma excursão pela Inglaterra – e a rivalidade entre eles fica claramente expressa na forma como competem uns com os outros, ao encenar o episódio mitológico. O pastiche haendeliano ainda é a espinha dorsal da partitura; mas o estilo é mais galante, há o uso de material folclórico de origem escocesa, e é grande a influência de Thomas Arne, de quem Lampe era concunhado (em 1738, ele tinha-se casado com Isabella Young, irmã de Cecília, a mulher de Arne).

---

3. Ao ir para a Inglaterra como secretário de Benjamin Franklin, Ralph trabalhou no Little Theatre nessa fase. Em *A Ópera nos Estados Unidos*, desta coleção, é descrito o trabalho desse autor originário do Novo Mundo.

# Arne

Toda a vida de Thomas Augustine Arne (1710-1778), tanto a profissional como a pessoal, gravitava em torno do teatro. Além de compor para as companhias de ópera e fornecer música incidental às peças de teatro falado, Arne era casado com Cecília Young, considerada uma das melhores cantoras de seu tempo. E seu filho Michael, habituado desde cedo à poeira dos tablados, mesmo sem ter talento igual ao do pai, foi também compositor de ópera. Muitas das obras de Arne se perderam; e, das que sobreviveram, algumas estão incompletas. Mas ele era um trabalhador incansável e, como acontece a todo músico prolífico, freqüentemente desigual. Fanny Burney, a mulher do memorialista Charles Burney, que o conheceu pessoalmente, assim o descreve:

> Despreocupado, dissipado, descuidado, ele negligenciava tudo o que não fosse preocupação musical. Mesmo assim, sentia-se tão feliz na auto-complacência de sua fertilidade de invenção, na facilidade com que compunha, e no fascínio com o brilho de seu poder de construir melodias sempre bem-sucedidas – as quais, para dizer a verdade, eram de uma doçura e variedade sem rival no palco inglês –, que não tinha ambições ou, melhor dizendo, não pensava muito a respeito da fundamentação teórica de sua arte.

Prova disso é Arne ter sempre oscilado, como diz Richard Luckett, entre as duas soluções abertas à ópera inglesa – a nacionalista, formulada por Purcell, e a de modelo italiano – sem jamais ter sabido escolher entre uma ou outra.

Embora originário da baixa burguesia mercantil, o pai de Arne, próspero estofador de móveis, teve recursos suficientes para fazê-lo estudar em Eton. Queria que se formasse em Direito, e o forçou a trabalhar, durante três anos, como estagiário no escritório de um importante advogado londrino. Mas nunca conseguiu demovê-lo de seguir a carreira musical. Diante da resistência de Thomas, o pai consentiu que ele ensinasse canto aos dois irmãos – Susannah e Richard – e os levasse com ele a participar, em 1732, de uma montagem do *Acis e Galatéia* de Haendel, no Haymarket. Não demorou para que Thomas tentasse a sua primeira experiência de palco, remusicando *Rosamond*, um libreto de Joseph Addison que tinha sido um fracasso, em 1707, com música de Thomas Clayton. Cantada em 7 de março de 1733, a ópera recebeu, a princípio, acolhida fria do público; mas foi muito aplaudida, em 1740, quando Arne a retrabalhou, condensando-a como uma *afterpiece* em um ato – a ser apresentada em complemento a uma peça mais longa, de tema sério.

Entre 1734-1740, Arne trabalhou no Drury Lane, para o qual forneceu *masques* e peças de música incidental. Conseguiu boa receptividade, no Haymarket, a *The Opera of Operas* (29.10.1733), adaptada da irônica *Tragedy of Tragedies* de Henry Fielding. E agradou, em 12 de janeiro de 1734, com um *masque* que retomava a história de *Dido and Aeneas*. Mas seu primeiro grande sucesso foi *Comus*, no Drury Lane, em 4 de março de 1738, que lhe deu prestígio nacional. O reverendo John Dalton expandiu em três atos o texto do *masque* escrito em 1637 por John Milton, aumentando as situações que se prestavam a ser musicadas. A produção foi muito luxuosa e o elenco, de primeira linha, incluía John Beard, o grande tenor haendeliano, Cecilia Arne e Susannah Cibber – a irmã do compositor, na época casada com Theophilus Cibber.

Dois descuidados irmãos aristocratas perdem, durante um passeio na floresta, a Lady, sua irmã, que é encontrada por Comus, o libertino que ali mantém o reduto de suas voluptuosas aventuras. Um Espírito disfarçado de pastor revela aos dois irmãos onde a Lady está, leva-os ao lugar de seu cativeiro, e invoca Sabrina, a deusa do rio, para que ela liberte a moça da cadeira em que os poderes mágicos de Comus a prenderam.

É inegável, na partitura, a influência tanto do nacionalismo de Purcell quanto do italianismo de Haendel e Bononcini; mas há também algo de extremamente individual nessa música cheia de vitalidade e encanto melódico. *Comus* é de construção muito clara, orquestrada com elegância e transparência, e usa habilmente, nos números cantados, ritmos de dança, até mesmo quando tem de expressar idéias moralmente austeras, que sobrevivem do texto original de Milton, cheio de intenções edificantes. Um dos momentos mais interessantes, desse ponto de vista, é a invocação de

Sabrina, como o demonstra a gravação de Anthony Lewis, feita em 1954 para o selo L'Oiseau-Lyre (Richie, Morison, Herbert).

Logo depois de *Comus*, Arne compôs *Alfred*, outro de seus títulos importantes, encomendado para a execução, em 1º de agosto de 1740, na Cliveden House, de Berkshire, residência de campo de Frederick, príncipe de Gales. Só em março de 1745, após ter passado por extensa revisão, ela foi cantada no Drury Lane, sendo muito bem recebida pelo público, que aclamou, na cena final, a ode patriótica "Rule Britannia" – até hoje um hino oficioso da Grã-Bretanha.

O libreto de James Thomson e David Mallet, descrito ora como *masque*, ora como *drama for music*, gira em torno da luta do rei Alfred contra os invasores dinamarqueses chefiados pelo rei Hubba. Emma e Corin, um casal de pastores, encontram o rei fugitivo, caído de cansaço debaixo de um carvalho, e o abrigam em sua choupana. Alfred está desanimado, sem esperanças de recuperar seu reino, e pede a ajuda do "genius of Britain" ("Sweet valley say"). Eltruda, sua mulher, e o filho Edward vêm a seu encontro, e ela o consola ("Let not those who love complain").

Na ausência de Alfred, Emma tranqüiliza a sua esposa ("Love's the tyrant of the heart"), contando-lhe a história da pastora Edith, cujo namorado foi para a guerra, e comparando seu sofrimento ao dela. Alfred volta e, na ária "From the dawn of early morning", promete que nunca mais abandonará a sua amada. Os espíritos surgem e, referindo-se ao soberano como "father of the state", pedem-lhe que não se desespere ("Hear, Alfred, hear"). Ajudado pelo conde de Devon, o rei planeja a estratégia do combate ao inimigo ("Vengeance, o come inspire me!"), e o ato II se encerra com uma elegia ("There honour comes").

O ato III se inicia com a celebração, pelos pastores, da presença de Alfred entre eles. Eltruda pede aos anjos que a protejam ("Guardian angels, o descend"). Ouve-se uma cena coral nos bastidores ("The valiant Hubba bites the bloody field") – de proporções desusadas para o teatro inglês da época –, e logo chega a notícia da vitória de Alfred. Os soldados desfilam, em triunfo, ao som de uma "Marcha com tambor", e o povo celebra a libertação do país com a "Grand Patriotic Ode", cantada até hoje em cerimônias oficiais.

Os grandes números de *Alfred* já estavam presentes na versão original de 1740: o "Rule Britannia"; a refinada ária de Eltruda, "O Peace, thou fairest child of Heaven"; e "The Shepherd's plain life", com seu interessante *obbligato* de trompa, cantado pelo camponês que abriga o soberano. Toda a partitura é orquestrada com cuidado, o que se sente desde a elaborada abertura ternária, em que há a visível influência haendeliana, sobretudo na brilhante utilização dos metais. A marca desse grande mestre barroco surge também no virtuosismo de árias *da capo* como "From the dawn early morning", de Alfred, ou "Vengeance, o come", cantada por Edward (papel escrito para contra-tenor).

A revisão de 1745 visou a encontrar o equilíbrio entre o heróico e o pastoral mas, nesse sentido, a trinca Thomson-Mallet-Arne não foi tão bem-sucedida quanto Dryden e Purcell no *King Arthur*. O lado eloqüente sempre parece um pouco menos convincente do que o lírico. David Garrick tentou, posteriormente, retocar a ópera; mas o desnível permanece, como se poderá observar na gravação McGegan, de 1998, existente no selo Conifer (Smith, Brandes, Daniels, McDougall). Em 1997, saiu encartada em um dos números da revista *BBC Music Magazine* a gravação de Nicholas Kraemer, feita em 1995 (Padmore, Pierard, Montague, Sears, Wallace, Holton).

Em março de 1742, Susannah foi para Dublin, em parte para separar-se de Theophilus Cibber, que era alcoólatra e a espancava, em parte para fazer o papel de Tirinto no *Imeneo* de Haendel. Tudo indica que o grande compositor tenha experimentado um reconfortante surto de paixão outonal por essa mulher, que não era uma cantora excepcional – Charles Burney dizia que ela "possuía um fio de voz" –, mas era inteligente e muito boa atriz. Susannah encorajou o irmão a vir encontrar-se com ela na Irlanda, pois ali surgia todo um mercado novo, muito promissor, para o músico. Arne ficou em Dublin até 1745 e, em junho de 1742, arrebatou o público local com um programa duplo em que *Alfred* era acoplado a *The Judgement of Paris*.

Já estreada no Drury Lane em 12 de março daquele mesmo ano, antes de sua partida para a Irlanda, esse *Julgamento de Páris* era o mesmo *masque* com texto de William Congreve, objeto do concurso de 1701 a que já me referi ao falar de Weldon, Eccles e Daniel Purcell. As qualidades da ópera anterior repetem-se aqui, com a vantagem que Arne tem de musicar um texto de qualidade poética muito superior.

Voltando à Inglaterra, Arne retomou a colaboração com o Drury Lane e o Covent Garden, fornecendo-lhes música incidental para montagens teatrais, *masques* e pequenas comédias: *The Temple of Dullness* (1745), *Harlequin Incendiary* (1746), *The Triumph of Peace* (1748), *Harlequin Sorcerer* (1752). Mas só em 1754 produziu nova ópera em ampla escala, dessa vez para o Little Theatre. *Eliza* conta uma história de amor tendo como fundo a ameaça de invasão da Inglaterra pela Invencível Armada espanhola. E termina com uma seqüência em que o palco é invadido por toda uma frota de navios de guerra em maquete. Apesar da produção cenograficamente bem cuidada, o problema era o libreto muito fraco de Richard Rolt – o que demonstra que o problema da ópera inglesa, nessa época, era de ordem mais poética do que musical.

Só em 1761 Arne encontrou em Isaac Bickerstaffe o libretista com o talento natural para a comédia, de que ele necessitava. Isso faz com que a sua obra mais satisfatória, do ponto de vista do equilíbrio texto-música, seja *Thomas and Sally or The Sailor's Return*, deliciosa *afterpiece* em dois atos, cantada no Covent Garden em 28 de novembro de 1761. Ouçam, no selo Pye, a gravação de Simon Preston, feita em 1970 (Holt, Temperleu, Taylor, Langridge). Vocês encontrarão Arne, ali, muito mais à vontade do que na desigual, embora mais famosa, *Alfred*.

A jovem e bela Sally é assediada pelo proprietário das terras em que fica a sua aldeia. Ele é ajudado, nessa tentativa de sedução, por uma aristocrata decaída, de moral duvidosa. Quando tudo parece perdido, o marinheiro Thomas, namorado da menina, volta do mar. Em suas viagens pelo mundo afora, ele amealhou dinheiro suficiente para poder pedi-la em casamento e levá-la ao altar, impedindo-a de ter a reputação arruinada por um homem inescrupuloso.

Essa despretensiosa comédia de ambientação campestre tem evidente importância histórica, pois é um dos primeiros exemplos de ópera semi-séria, que será muito característica do Clãssicismo. O marco inaugural desse gênero é *La Cecchina ossia La Buona Figliuola*, de Piccini, baseada na versão dramatizada que Carlo Goldoni escrevera de *Pamela or Virtue Rewarded* (1741), o romance de Samuel Richardson[4]. *La Cecchina* foi cantada no Teatro delle Dame, de Roma, em 6 de fevereiro de 1760 – um ano, portanto, antes de *Thomas and Sally*. Não é impossível que o bem informado Bickerstaffe tivesse conhecimento dela. A música de *Thomas and Sally* nunca soa falso, em seu desejo de conduzir a ação com um toque leve e ágil, e há alguns traços muito originais: entre eles algumas combinações rítmicas ousadas e a primeira utilização da clarineta numa ópera inglesa.

O Covent Garden levou à cena, em 2 de fevereiro de 1762, a enésima ópera baseada no *Artaserse*, o libreto que, escrito por Metastasio, em 1730, para Leonardo Vinci, foi musicado por uma centena de compositores diferentes, entre eles Hasse, Graun, Jommelli e Gluck. O *Artaxerxes* de Arne foi cantado em inglês, numa tradução que ele mesmo fez.

O príncipe Artaxerxes, filho do rei Xerxes da Pérsia, está apaixonado por Semira, a filha de Artabanes, comandante do exército. Por sua vez, a irmã, a princesa Mandane, ama Arbaces, o irmão de Semira, um namoro que Xerxes não aprova – e, por isso, exila Arbaces. Furioso, o ambicioso Artabanes assassina o rei, joga as suspeitas sobre o príncipe Dario, herdeiro do trono, e o mata também. Mas é de Arbaces que todos suspeitam, no caso desse segundo crime. Artaxerxes, que subiu ao trono, alega não poder julgar Arbaces, pois é seu amigo e não conseguirá ser imparcial. Envia-o para ser julgado por Artabanes, que se vê forçado a con-

---

4. Ver *A Ópera Clássica Italiana*, desta coleção.

Thomas Arne em uma gravura de Francesco Bartolozzi.

William Boyce em uma gravura de J. K. Sherwin.

Distúrbios, durante uma apresentação do *Artaxerxes*, de Arne, em 1763, devido à decisão do Covent Garden de abolir o meio ingresso para quem entrasse no intervalo.

denar o próprio filho à morte. Como não tem certeza da culpa do amigo, Artaxerxes o ajuda a escapar da prisão. Durante a fuga, Arbaces encontra-se com um grupo de rebeldes, que pretende destronar o rei atual, e mata o seu líder. Ao saber disso por Semira, Artaxerxes se convence de que ele é inocente. Percebendo que corre o risco de descobrirem o seu duplo crime, Artabanes tenta envenenar o rei, mas a tentativa fracassa e toda a verdade é revelada. A ópera termina com o convencional *lieto fine* metastasiano, em que os casais de amantes se reúnem e o criminoso é magnanimamente perdoado pelo novo rei.

*Artaxerxes* é a ópera em que, deixando de lado a naturalidade que sempre buscara em suas obras anteriores, Arne abraça todas as características da *opera seria* de molde italiano – "with all its Italian divisions and difficulties", como comentou Charles Burney –, a começar pelo uso de dois *castrati*, Peretti e Tenducci, que cantaram na estréia as partes de Artaxerxes e Arbaces. A peça possui também uma orquestração muito elaborada, com nível de rebuscamento só comparável ao das partituras mais trabalhadas de Haendel – que, aqui, ainda mais do que no *Alfred*, é o grande modelo a ser seguido. Mas funcionou, porque o espetáculo, montado com muito requinte, agradou enormemente a platéia e continuou sendo ocasionalmente remontado até 1839 (Haydn assistiu a uma dessas reprises, quando esteve na Inglaterra, e referiu-se a ela elogiosamente).

Alguns dos números do Artaxerxes – "Water parted from the sea", "The soldier of wars alarms", "In infancy our hopes and fears", "Adieu fair youth" – tornaram-se muito populares e sobreviveram como peças de recital. Para Hubert Langley, autor da biografia *Dr. Arne* (1938)[5], às vezes o tratamento das palavras em inglês não é apropriado. Ele afirma que Arne foi mais feliz ao musicar, em italiano, um outro libreto de Metastasio, *L'Olimpiade*[6]. Mas essa ópera, encenada em 1763, foi ouvida apenas duas vezes, e a partitura se perdeu. Ainda que a gravação Goodman do *Artaxerxes*, no selo Hypérion (Bott, Robson, Spence, Partridge, 1995) dê parcialmente razão a Langley, é inegável que, aqui, os poderes de caracterização musical de Arne estão muito aguçados. A mesma exata caracterização que observamos em seus dois oratórios de corte haendeliano: *The Death of Abel* (Dublin, 18.2.1744) e *Judith* (Drury Lane, 27.2.1761), este último, quase uma ópera sacra não-encenada, marcante pela introdução das vozes femininas nas partes corais.

Nos anos finais da carreira, Arne escreveu música incidental para peças de teatro. A exceção foi *The Fairy Prince*, encenada no Covent Garden em 1771, para comemorar a investidura do duque de York na Ordem da Jarreteira. Revivendo a receita de *Comus*, Arne pediu a George Colman que fizesse a adaptação do *Masque of Oberon*, que Ben Jonson escrevera no apogeu elizabetano, enxertando nele diversos outros textos de poetas do século XVII. À noite, Oberon e suas fadas vêm prestar homenagem ao nobre em cujos domínios residem, mas interrompem os festejos e têm de desaparecer assim que o sol começa a raiar. A fórmula do *Artaxerxes*, de árias muito floridas, fiéis ao modelo de *belcanto* do Barroco Tardio, está presente nesse *masque*, e cai como uma luva em um gênero que, despreocupando-se da necessidade de contar uma história, centra-se nos aspectos mais lúdicos da música, da dança e do espetáculo. A orquestração está mais preocupada com o efeito brilhante do que com a profundidade expressiva.

Traduzindo *Le Tonnelier*, que Audinot e Quétant redigiram em 1765, o próprio Arne preparou o libreto de *The Cooper* (1772), a sua *afterpiece* mais substancial, que sobreviveu graças à edição – incompleta e só em redução para piano – feita por Schott em 1965. A herança do modelo do *opéra-comique* faz com que os elementos sentimentais sejam mais fortes do que os bufos. Existe, no selo Saga, uma antiga gravação de 1959, a partir dos manuscritos, reproduzidos por Stainer e Bell em *Musica Britannica*.

Ao longo dos 45 anos em que trabalhou para o palco, o estilo de Arne, enraizado no de

---

5. Ele assim era chamado porque, em junho de 1759, tinha-lhe sido conferido o título de doutor *honoris causa* pela Universidade de Oxford.

6. Este é outro texto de Metastasio musicado por diversos compositores: a esse respeito, ver *A Ópera Barroca Italiana*, desta coleção.

Haendel e Bononcini, modificou-se muito pouco – mas, na década de 1770, não soava superado. Era um notável melodista, mas o fato de permanecer ligado a modelos estrangeiros, italianos e franceses – mesmo quando os temperava com ingredientes de inequívoco sabor britânico – não permitiu que oferecesse maior contribuição à causa da emancipação do drama lírico inglês, como sem dúvida alguma desejava.

## Boyce

Filho de um ebenista londrino, William Boyce (1711-1779) foi escolhido como aluno de órgão de Maurice Greene, devido ao talento demonstrado como coralista da catedral de São Paulo. Estudou também com Johann Christoph Pepusch e, em 1734, foi nomeado organista da capela do conde de Oxford, na Vere Street. Junto com a designação, em 1736, como compositor da Capela Real, veio o cargo de regente do Three Choirs Festival, e a encomenda de canções para os recitais dos Vauxhall Gardens. A surdez o obrigou a aposentar-se em 1769 e a retirar-se para uma propriedade em Kensington, onde morreu. Sua *magnum opus* foi a compilação, entre 1760-1773, da *Cathedral Music*, reunindo obras sacras de autores que vão de Aldrich a Wise.

Não se sabe a data exata da primeira execução de *Peleus and Thetis*, um *masque* dramático com texto de George Granville, Lord Lansdowne. Sabe-se que foi ouvido no teatro da corte, na década de 1730 – talvez 1736 –; e a redescoberta foi no início da década de 1970, pelo grupo Opera da Camera, no St. John's Theatre, da Smith Square, em Londres. Com libreto muito vivo e denso, esse *masque* foi escrito para inserção em uma versão do *Mercador de Veneza* preparada pelo próprio Lansdowne em 1701. A ação passa-se no Cáucaso, e mostra Prometeu acorrentado a um rochedo, enquanto a águia enviada pelo pai dos deuses devora o seu fígado.

É notável a dramaticidade da abertura. E a caracterização de Júpiter é extremamente persuasiva: a sua grande ária "Shall then the Son of Saturn be undone" possui o que Richard Luckett, autor de *English Music in the Eighteenth Century*, chama de "verdadeiro sentimento trágico". Para conhecer essa peça, existe a gravação feita em 1996, para o selo Hypérion, pelo grupo Opera Restor'd (Gooding, Blaze, Cornwell, Forbes/Holmann).

Para comemorar a passagem do século XVII para o XVIII, John Dryden escreveu, em 1700, *The Secular Masque*. Essa peça, que partia da adaptação que Vanbrugh fizera de *The Pilgrim*, de John Fletcher, foi inicialmente musicada a quatro mãos por Daniel Purcell e Gottfried Finger. Boyce a retomou, provavelmente em 1749, para uma apresentação em Cambridge. E demonstrou nela a capacidade de ilustrar, de modo adequado, um texto bem escrito e econômico. É especialmente feliz em enfatizar o humor de Dryden na descrição de Chronos, mostrado como um ancião cansado de carregar o mundo nas costas. Boyce encontra recortes melódicos contrastantes para as acusações que ele faz a Diana, Marte e Vênus de terem sido, com a caça, a guerra e o amor, os responsáveis pelas principais causas de desastres no século que passou. No selo ASV, há uma gravação de 1996 desse divertido *masque*: Howarth, Kuhlmann, Daniels, Robinson/Lea-Cox.

A obra-prima de Boyce, *Solomon*, de 1742, com texto extraído do *Cântico dos Cânticos*, é mais uma serenata – peça dramática para ser apresentada em forma de concerto – do que uma ópera. Diálogo lírico em que duas personagens arquetípicas, Ele e Ela, expressam seu amor em termos extáticos, é uma peça intemporal e universal, regida pelo ritmo da passagem das estações, correspondendo às fases da vida humana; e, em diversos momentos, atingindo clímaxes de tensão interiorizada que compensam pela falta de ação externa. É uma pena que dessa belíssima partitura não haja a documentação fonográfica. E que Boyce não tenha escrito outras peças dessa natureza. No final da vida, ele dedicou-se prioritariamente às odes e *anthems*, e à música sacra. Mas produziu também, para o palco, *The Chaplet* (2.12.1749), *The Roman Father* (24.2.1750), *The Shepherd's Lottery* (19.11.1751) e *Harlequin's Invasion* (31.12.1759), esta última em parceria com M. Arne e T. Aylward.

Em 2004, o selo Hypérion lançou uma seleção de obras de Boyce realizada pela Opera

Restor'd sob a regência de Peter Holman: *Peleus and Thetis*, o *masque* integral; o interlúdio pastoral *Corydon and Miranda*; o trio e recitativo de *Florizel and Perdita* (a versão do *Conto de Inverno* shakespeariano reescrita por Garrick) e uma elegia inserida em uma montagem do Drury Lane de *Romeu e Julieta*. O disco oferece um bom panorama da obra de Boyce.

## Smith

Ao mudar-se para a Inglaterra em 1716, Haendel trouxe consigo, como guarda-livros, o alemão Johann Christoph Schmidt. O filho mais velho desse Schmidt, nascido em Ansbach, chegou à Inglaterra com a mãe em 1720, anglicizou seu nome e passou à História como John Christopher Smith (1712-1795). Aluno de Pepusch e de Thomas Roseingrave, adquiriu com este último uma técnica considerável de teclado e, entre 1732-1735, compôs duas coleções de seis sonatas para cravo em que é forte a influência de Haendel. Quando a visão de Haendel começou a se deteriorar, foi a Smith que ele pediu que o ajudasse, tocando órgão e cravo nas execuções de seus oratórios.

Não se tem certeza se era dele a música para uma *Teraminta*, com libreto de Henry Carey, encenada no Lincoln's Inn Field em 1732 (alguns musicólogos afirmam que a peça é de John Stanley). Não se tem dúvida, porém, que é dele o *Ulysses*, com libreto de Samuel Humphries, cantado no mesmo teatro no ano seguinte. *Teraminta* teve três récitas; *Ulysses*, apenas uma – o que é injusto, pois a ópera, baseada nos oito últimos livros da *Odisséia*, contando o retorno do herói a Ítaca, onde mata os pretendentes à mão de Penélope, é mais bem escrita do que a anterior, de autoria duvidosa.

Depois de ter composto duas *opere serie* de estilo metastasiano, com libreto em italiano – *Issipile* (1743) e *Il Ciro Riconosciuto* (1745) – Smith deu à sua vida um rumo inesperado: casou-se com uma aristocrata e não precisou mais do teatro como meio de subsistência, retirando-se para a propriedade que a família da mulher possuía em Bath. Ainda escreveu para Garrick duas óperas de tema shakespeareano – *The Fairies* (3.2.1755) e *The Tempest* (11.2.1756) –, que foram encenadas no Drury Lane. Dedicou-se também à composição de oratórios de corte haendeliano: *Paradise Lost* (1760), *Judith* (1762), *Redemption* (1765). Em agradecimento por uma pensão que lhe foi conferida pelo rei George III, J. Ch. Smith presenteou o monarca com uma coleção de manuscritos e objetos pessoais de Haendel, que havia sido deixada por seu pai.

## Michael Arne

Filho de Thomas Arne, Michael (1740?-1786) era ator, cantor, cravista e compositor. Começou a carreira como menino prodígio, encantando a todos com a facilidade melódica de suas canções, das quais "The Lass with the Delicate Air", escrita quando ele ainda era muito jovem, é o melhor exemplo. Logo as suas canções eram solicitadas pelos artistas que se apresentavam nos recitais do Vauxhall e do Ranelagh Gardens.

Como autor de teatro, Michael Arne nada produziu que se igualasse, em importância, à obra do pai. A maior parte do tempo, contribuiu com números alternativos para o *rifacimento* da obra alheia. E a maior parte das suas composições se perdeu. Sobraram apenas fragmentos de *Edgar and Emmeline* (1761), *Hymen* (1764) e *The Artifice* (1780). Mas dois títulos, integralmente preservados, merecem menção: *Almena* (1764) e *Cymon* (1767).

Composta a quatro mãos com Jonathan Battishill, sobre libreto de Richard Rolt, *Almena* é uma consciensiosa tentativa de compor uma ópera inteiramente cantada. Está claro que, na parte pela qual é responsável, Michael Arne tomou como modelo o *Artaxerxes* de seu pai: a música é italianada e com o mesmo grau de elaboração. Mas o sucesso de público foi modesto. A popularidade de *Cymon*, pelo contrário, foi bastante grande. David Garrick extraiu o libreto dessa *tragédie lyrique* em cinco atos, ambientada na Idade Média arturiana, do *Cymon and Iphigenia* de John Dryden. O agrado do público prendeu-se mais à montagem suntuosa que os recursos do Drury Lane permitiam, do que à música, que é de um tipo mais banal do que a de *Almena*.

Nos últimos anos de sua vida, Michael Arne andou excursionando pela Alemanha, morou uns tempos em Dublin, e trocou a música pela paixão por alquimia. Morreu em extrema pobreza, no bairro londrino de Lambeth.

## Samuel Arnold

Tendo-se formado como coralista da Capela Real, Samuel Arnold (1740-1802) empregou-se, em 1764, como cravista e repetidor do Covent Garden. No ano seguinte, o talento demonstrado lhe valeu o convite para preparar, juntamente com o libretista Isaac Bickerstaffe, uma *ballad-opera* intitulada *The Maid of the Mill*, que foi muito bem-sucedida ao estrear, em 31 de janeiro de 1765. *A Donzela do Moinho* é o exemplo acabado do *pasticcio* pois, na partitura, Arnold combinou temas extraídos da obra de vinte compositores diferentes – entre eles J. S. Bach – além de escrever algumas canções originais. Mas é a prova de que um *pasticcio* pode ter um resultado interessante, pois as melodias são muito bem escolhidas, em função das situações dramáticas em que são utilizadas e, no conjunto, a peça tem uniformidade de tom, não soando como uma colcha de retalhos.

Nunca mais Arnold obteria sucesso comparável. Mas duas outras obras – a ópera de resgate *The Castle of Andalucia* (1782) e *Inkle and Yaricko* (1787), ambas marcadas pelo estilo semi-sério, em voga na Itália – agradaram muito ao público, talvez mais por causa do texto do que devido à música, que é melodiosa, mas sem qualidades mais profundas. A segunda delas é historicamente interessante, por inserir-se na campanha para abolir o tráfico de escravos: passa-se nas colônias americanas, e é a história de uma jovem índia que abriga um mercador inglês fugitivo, e apaixona-se por ele.

Entre 1769 e 1776, Arnold foi o responsável pelas óperas cômicas encenadas nos Marylebone Gardens. De 1777 até a sua morte, foi o principal compositor do Little Theatre, administrado por Colman. Esta é a lista das outras obras que deixou: *Harlequin Doctor Faustus* (1766), *The Royal Garland* (1768), *Tom Jones* (1769), *The Magnet* (1771), *Two to One* (1784), *A Beggar on Horseback* (1785), *The Gnome* (1788), *The Battle of Hexham* (1789), *New Spain or Love in Mexico* (1791), *The Surrender of Calais* (1791), *The Enchanted Wood* (1792), *The Mountaineers* (1793), *Zorinski* (1795), *Cambro-Britons* (1798), *The 63rd Letter* (1802).

Arnold é também autor dos oratórios *The Resurrection* (1772), *The Prodigal Son* (1773) e *Elisha* (1795). Após a estréia do *Filho Pródigo* em Oxford, a universidade lhe conferiu o título de Doutor em Música. Em 1783, sucedeu a Nares, seu professor, como o compositor da Capela Real, para a qual escreveu odes e hinos; depois, foi nomeado regente da Academia de Música Antiga (1789) e organista da Abadia de Westminster (1793), onde está enterrado, entre Purcell e Blow.

Embora incompleta e, em muitos pontos, pouco precisa, é dele a edição da obra de Haendel, em 36 volumes, organizada a partir de 1786. Mais importante é a *Cathedral Music* (1790), em quatro volumes, seqüência para a obra de Boyce do mesmo nome. O subtítulo a descreve como "Uma coleção de partituras das mais valiosas e úteis composições para o Serviço Litúrgico pelos muitos Mestres Ingleses dos últimos 200 anos".

## Dibdin

Talvez hoje o nome de Charles Dibdin (1745-1814) só seja lembrado pelo fato de ter sido ele o autor da canção "Tom Bowling", ainda popular entre os marinheiros. Mas houve um tempo em que esse compositor autodidata, de carreira precoce, foi muito prestigiado, não só na Inglaterra mas também nas colônias americanas, onde suas peças eram representadas com freqüência. Não se sabe quando Dibdin saiu de Southampton, onde nasceu. Mas, aos quinze anos, ele já cantava no coro do Covent Garden; e tinha apenas dezenove anos quando a sua primeira pastoral, *The Shepherd's Artífice* – cujos texto e música escrevera, e na qual representou o papel principal – foi ali estreada em 21 de maio de 1764.

Nessa época, Dibdin ficou conhecendo Isaac Bickerstaffe, que escreveu para ele os libretos de uma série de óperas cômicas,

Um concerto de domingo, em 1782, na casa do Dr. Charles Burney, o autor de uma *History of Music* (1776-1789) em quatro volumes.

intermezzos e *ballad-operas* de muito sucesso: *Love in the City* (1767), *Lionel and Clarissa* (1768); *The Padlock* (1768), na qual foi aplaudidíssimo, como ator, ao criar o papel bufo do criado negro Mungo; e a pastoral *Damon and Philida* (1768). Dessa época, a ópera mais importante de Dibdin é *The Ephesian Matron*, cujo libreto Bickerstaffe extraiu do episódio contado por Petrônio no *Satyricon*. Foi um triunfo a estréia da *Matrona de Éfeso*, num dos concertos dos Ranelagh Gardens, em 12 de maio de 1769.

O próprio Dibdin criou o papel do centurião que, encarregado de vigiar o corpo de um condenado dependurado na forca, apaixona-se pela jovem viúva que, no túmulo ao lado, vela o cadáver do marido, jurando ficar ao lado do cadáver até morrer de fome. O soldado a seduz e, enquanto estão fazendo amor dentro do túmulo, um parente do condenado rouba o enforcado. Para que o recém-adquirido namorado não seja preso por ter negligenciado as suas funções, a viuvinha lhe oferece o cadáver do marido, e ele o dependura no lugar do desaparecido.

A gravação feita em 1999 pelo grupo Opera Restor'd, e existente no selo Hypérion (Mills, Streeton, Padmore, Knight/Holman), demonstra as qualidades da peça – em especial a paródia de *opera seria* na ária *da capo*, típica cena de loucura, em que a viuvinha recusa o consolo do pai e de sua criada, e jura que quer morrer junto com o marido. É muito sensual também o dueto da cena em que a matrona se deixa seduzir pelo belo centurião. Desta "all-sung opera", foram preservados todos os números e recitativos, mas apenas em redução para piano. Nas reapresentações modernas e na gravação Holman, foi utilizada a orquestração reconstituída pelo musicólogo Roger Fiske, e publicada, em 1973, na coletânea *English Theatre Music in the Eighteenth Century*.

Em 1773, envolvido em um escândalo homossexual, Isaac Bickerstaffe teve de fugir da Inglaterra, para não ser preso. Antes disso, Dibdin e ele tinham escrito juntos outras peças bem-sucedidas: *The Captive* e *The Jubilee*, ambas de 1769; *The Recruiting Sargeant* (1770), *The Institution of the Garter* (1771); *The Palace of Mirth* (1772); *The Brickdust Man* (1772), gravada em 1992 pelo selo Hypérion, juntamente com *The Grenadier*, do mesmo ano. Privado do libretista, com o qual se dava muito bem, Dibdin tentou outros caminhos: compôs *The Trip to Portsmouth* (1773) a quatro mãos com Thomas Arne; e fez a adaptação inglesa de *The Deserter* (1773) a partir do *Déserteur* de Philidor e Monsigny.

Mas era um homem genioso, de trato difícil, descuidado com as questões financeiras e de vida pessoal caótica. Os desentendimentos com os libretistas fizeram *The Christmas Tale* (1773), *The Waterman, The Cobbler* e *The Mischance* – as três escritas apressadamente em 1774 – serem peças de pouco apelo popular, o que contribui para tornar tensas as suas relações com os empresários, condenando-o a trabalhar com teatros na época periféricos, como o Sadler's Wells. Dessa fase são *The Quaker* (1775) e *The Seraglio* (1976), esta última escrita em colaboração com Samuel Arnold.

Mas logo depois da estréia do *Serralho*, suas dívidas o forçaram a fugir para a França. Não escapou da prisão, porém. Voltando a seu país dois anos depois, ainda conseguiu encenar as farsas *Poor Vulcan* (1778) e *The Cestus* (1783), no recém-inaugurado Royal Circus (mais tarde convertido no Surrey Theatre), do qual fora nomeado gerente. Mas, no ano seguinte, foi parar na cadeia, por ter participado de um desfalque nesse teatro. Estava sem sorte: posto em liberdade, tentou emigrar para a Índia em 1787, mas o navio em que viajava encalhou em Torbay, e ele teve de voltar para casa. Produziu ainda *Liberty Hall* (1785), *Harvest Home* (1787) e *The Round Robin* (1811). E na década de 1790, conseguiu ganhar dinheiro com os chamados "table entertainments", espetáculos de variedades nos quais se apresentava como compositor, cantor, narrador e pianista, fazendo referências satíricas a acontecimentos da semana, e interpretando árias conhecidas de suas próprias óperas.

Com tudo isso, Dibdin ainda achava tempo para pintar, escrevia em diversas revistas de música e publicou três romances. Deixou os caudalosos *The Musical Tour of Mr. Dibdin* (1788), *History of the Stage* (1795), em cinco volumes; e *The Professional Life of Mr. Dibdin*

(1803), em quatro volumes, nos quais há preciosas informações – e mexericos – sobre a vida musical da época. Mas era irremediavelmente perdulário e morreu na miséria. Segundo Peter Holman, na introdução à sua gravação da *Matrona de Efeso*, cerca de trinta partituras suas se perderam.

O talento de Dibdin, como compositor, restringe-se à comédia. As suas tentativas de abordar temas sérios foram mal-sucedidas, pois faltava-lhe profundidade e, apressado e descuidado como era, o acabamento que dá às partes instrumentais de suas óperas – aberturas, interlúdios – é pobre. Mas tinha o dom de captar o ritmo da fala em seus recitativos, e de retratar as situações mais simples e prosaicas, mediante melodias vivas, fáceis de memorizar. As obras publicadas em melhores condições são, em geral, as do início da carreira, de feitura mais cuidada. As da fase final foram preservadas em manuscritos tão caóticos quanto era a vida privada de Dibdin.

# Hook

Aluno precoce do organista John Garland, da catedral de Norwich, onde tinha nascido, James Hook (1746-1827) foi para Londres em 1765, trabalhando como organista em diversos lugares, entre eles os Marylebone (1769-1773) e Vauxhall (1774-1820) Gardens. No final da vida, tocava órgão na igreja de São João, em Horsleydown.

Das duas mil canções que escreveu, poucas escaparam do esquecimento. "Within a Mile of Edimboro' Town" e "Sweet Lass of Richmond Hill", porém, ainda são eventualmente ouvidas. Além de oratórios, odes e 117 sonatas para piano, Hook contribuiu para o palco com música incidental, *ballad-operas*, *afterpieces*, nas quais estão presentes temas característicos do Pré-romantismo: dramas burgueses no modo semi-sério, contos góticos com elementos sobrenaturais, óperas de resgate, a evocação de paisagens exóticas. Dentre as trinta partituras desse gênero, as mais interessantes são *Cupid's Revenge* (1772), *The Lady of the Manor* (1778), *The Fair Peruvian* (1786), *Jack of Newbury* (1795), *The Wilmore Castle* (1800), *The Soldier's Return* (1805) *The Invisible Girl* (1806), *The Fortress* (1807), *Safe and Sound* (1809).

# Shield

Filho de um professor de música, William Shield ficou órfão aos nove anos e, para ajudar a mãe, trabalhou como aprendiz na oficina de um fabricante de botes de Swalwell, no condado de Durham, onde nascera. Mudou-se para Londres em 1773 e foi trabalhar no Little Theatre onde, em 1778, conseguiu encenar *The Flitch of Bacon*, pertencente ao gênero da *afterpiece*. Seguiram-se *The Siege of Gibraltar* (1780) e *The Poor Soldier* (1783), antes de sua obra mais conhecida.

*Rosina* é uma *afterpiece* mais elaborada, pois possui dois atos e diálogos falados interligando os números cantados. A sua forma, na realidade, importa a do *opéra-comique* francês, pois o libreto de Frances Brooke baseia-se em *Les Moissoneurs* (1768) de Charles Simon Favart. A estréia, no Covent Garden, em 31 de dezembro de 1782, foi tão bem-sucedida que a ópera continuou a ser regularmente encenada, até o fim da década de 1870. Em 1966, Richard Bonynge fez a gravação para o selo Decca (Harwood, Elkins, Sinclair, Tear, Macdonald).

Dois irmãos, o bondoso Mr. Belville e o cruel capitão Belville, vêem a bela Rosina, no campo, participando da colheita, e se apaixonam por ela. Como a jovem rejeita seus avanços, o capitão tenta seqüestrá-la; mas é impedido por trabalhadores irlandeses, contratados para ajudar, na fazenda do irmão, durante a colheita. Nesse meio tempo, descobrindo que Rosina é de sangue nobre, roubada de seus pais quando criança, Mr. Belville procura-os e os reaproxima. Com isso, conquista o coração da moça. No final, dando-se conta de que agia de forma errada, o capitão renuncia à camponesa enobrecida, para que ela possa casar-se com seu irmão.

Típica ópera semi-séria do período clássico, em que já se insinuam elementos pré-românticos, *Rosina* apresenta, em sua abertura, a citação da conhecida canção escocesa "Auld Lang Syne". A maioria das canções inseridas entre os diálogos falados tem a feição de *ballad-opera* e, na realidade, seis delas reutilizam melodias tradicionais. As demais são originais mas, com freqüência, escritas à maneira das canções populares, com melodias encantadoras, realçadas por uma orquestração transparente e muito elegante.

A amizade com Joseph Ritson, grande colecionador das baladas populares do período jacobita, reforçou em Shield o gosto por utilizar em suas composições melodias autênticas, ou decalcar seus contornos nas árias que escrevia. Durante os quinze anos em que foi compositor residente do Covent Garden, produziu óperas de modelo italiano, *afterpieces*, *ballad-operas* e pantomimas: *Robin Hood, The Noble Peasant* e *Fontainebleau*, as três de 1784; *The Choleric Fathers* (1785), *Love in a Camp* (1786), *The Farmer* (1787), *Marian* e *The Highland Reel*, ambas de 1788; *The Woodman* (1791), *Hartford Bridge* (1792); *The Midnight Wanderers* (1793); *The Travelers in Switzerland* e *Netley Abbey*, as duas de 1794; a gótica *The Mysteries of the Castle* (1795), historicamente importante devido aos elementos pré-românticos, atestando o gosto do público pelo sobrenatural; *Lock and Key, The Lord of the Hills* e *Abroad and at Home*, as três de 1796; e *Two Faces under one Hood* (1807).

O ponto culminante da carreira de William Shield foi a indicação, em 1808, para o cargo de Master of the King's Musick, que exerceu até o fim da vida. De suas obras, apenas de *Rosina* sobreviveu a partitura integral. De algumas outras, porém, foram feitas reconstituições pelo musicólogo Roger Friske.

## Linley

Um acidente ceifou prematuramente a vida de um artista, ao que tudo indica, muito talentoso. Thomas Linley Jr. (1756-1778) tinha apenas 22 anos quando afogou-se no lago do castelo de Grimsthorpe, no Lincolnshire. Era o membro mais promissor de uma família de músicos excepcionalmente talentosos. Seu pai, Thomas Linley, tinha sido o criador dos concertos na Sala da Assembléia de Bath, onde moravam, e que, entre 1755-1774, tiveram grande importância na vida musical da cidade. Mais tarde, juntamente com John Stanley, Linley pai tornou-se o co-diretor do Drury Lane Theatre.

O pequeno Thomas era um violinista prodígio e foi mandado pelo pai para Florença, onde conheceu Mozart e tornou-se seu amigo. Linley Jr. compôs apenas uma ópera cômica – com diálogos falados intercalados –, mas ela tem muita importância para a História da Ópera inglesa. *The Duenna*, com libreto de Richard Brinsley Sheridan, estreou no Covent Garden em 21 de novembro de 1775, e tornou-se a *ballad-opera* de maior sucesso no século XVIII, mais popular ainda do que *A Ópera do Mendigo*.

Em Sevilha, Don Jerônimo tenta convencer Luísa, a sua filha, a casar-se com Isaac, judeu rico e mais velho do que ela. Mas ela odeia o candidato a noivo e está apaixonada por Antonio, um rapaz pobre. Quando a *duenna* (a governanta) arranja um encontro para os namorados, Jerônimo a despede e encarcera Luísa. Mas a menina foge com o namorado, deixando a *duenna* para casar-se com Isaac. Após uma série de confusões, Luísa e Antonio conseguem se casar, e Isaac – que não é tratado de forma antipática, como o vilão da história – resigna-se a casar-se com uma mulher de sua idade.

Modernamente, a peça de Sheridan foi criticada por conter elementos anti-semitas e antifeministas. Na época, observa Cecil Price em seu estudo sobre as peças de Sheridan, isso era considerado "coisa de irlandês". *The Duenna* haveria de inspirar, no futuro, *As Bodas no Convento* (1946), de Prokófiev, e a ópera homônima de Roberto Gerhard, composta em 1949 (ver mais adiante o capítulo sobre esse compositor). É bem provável que Linley tenha sido ajudado pelo pai, sobretudo na fase final da orquestração. Mas a maior parte dos arranjos de temas reutilizados e todas as canções originais são de sua autoria – e nelas reconhecemos, no talhe melódico e na forma de instrumentar, uma influência mozartiana que, até então, estava ausente na ópera inglesa. É uma pena que a edição de Nigel Playfair, que reviveu a peça com muito sucesso em 1924, tenha sido revista por Alfred Reynolds de uma forma que desvirtua as intenções originais de Linley. Esta é a típica ópera à qual o disco deve uma documentação corretamente produzida,

Nesta aquarela de 1795, Thomas Rowlandson representa um recital do soprano Gertrud Elizabeth Mara nos Assembly Room de Bath.

a partir da edição C. & S. Thompson, de 1775, que existe publicada pela Stainer & Bell.

## Storace

Filho de Stefano Sorace, contrabaixista italiano que emigrou para Dublin e, daí, para Londres, onde ele nasceu, Stephen John Seymour Storace[7] (1762-1796) foi um prodígio precoce do violino e um bom pintor amador. A sua irmã Nancy, a criadora de Susanna nas *Bodas de Fígaro*, era um excelente soprano lírico. Ambos estudaram música: ele violino, ela canto, no Conservatório de Santo Onofrio, em Nápoles, para onde o pai os mandou. Nancy mudou-se para Viena em 1783 e tornou-se a cantora favorita do imperador José II – o que lhe permitiu conseguir, para o irmão, a encomenda de duas comédias.

Apesar do relativo sucesso de *Gli Sposi Malcontenti*, encenada no Burgtheater em 1º de junho de 1785, Storace não gostou do libreto de Gaetano Brunati e, com a aprovação do imperador, pediu a Lorenzo da Ponte que lhe escrevesse o texto da próxima ópera. Embora estivesse se preparando para redigir o libreto de *Una Cosa Rara* para Martín y Soler, o *poeta cesareo* não podia recusar um pedido vindo de José II. Para não perder tempo, adaptou, à sua maneira, *The Comedy of Errors*, de Shakespeare: reduziu para dois os cinco atos originais; rebatizou Amphibolus com o nome de Eufemio; eliminou a abadessa Emilia e a figura do Cortesão; e deu a Dromio de Siracusa um filho chamado Dromicino.

No mais, a história de *Gli Equivoci*, a respeito de dois pares de gêmeos idênticos, com seus respectivos criados, forneceu a Storace e Da Ponte a oportunidade para números de conjunto muito variados, como os que tinham sido escritos, com tanto sucesso, para *Le Nozze di Figaro* – embora o objetivo, aqui, seja a farsa,

e não a comédia elevada, como em Mozart. A abertura é uma hábil peça descritiva, evocando a tempestade que lança Eufemio e Dromio à praia de Éfeso. A orquestração, em toda a ópera, é sutil e cheia de efeitos desusados, demonstrando que Storace tinha absorvido bem as lições recebidas na Itália e na Áustria – em especial as descobertas de escrita orquestral dos pesquisadores da orquestra de Mannheim. Quanto aos números de conjuntos, eles são sempre de feitura alegre.

Da Ponte eliminou os aspectos mais sombrios da peça de Shakespeare mas, ainda assim, Storace consegue momentos de emoção, principalmente no *finale* do ato II. A ópera obteve sucesso considerável em Viena, onde estreou no Burgtheater em 27 de dezembro de 1786. Sheridan prometeu encená-la no Drury Lane, mas esse espetáculo nunca se realizou. Em vista disso, Storace extraiu trechos de *Gli Equivoci* e os transferiu para as comédias leves *No Song, No Supper* (1790) e *The Pirates* (1792).

Storace era muito amigo do tenor irlandês Michael Kelly. Além de cantar em suas óperas, Kelly se empenhou vivamente em divulgar, em Londres, a obra de Mozart. É claro que, na obra de Storace, é muito forte a influência mozartiana, em especial nas cenas de conjunto, que não são estáticas, mas fazem a ação avançar. Suas obras, devido à influência estrangeira, chegam muito mais perto de uma verdadeira ópera, do que as compostas por seus contemporâneos ingleses. Mas apenas *Dido, Queen of Carthage* – cuja música se perdeu – era cantada de uma ponta à outra. As demais, compostas para Londres, tinham os habituais diálogos falados, e continham música tomada de empréstimo de outras peças suas (ou, às vezes, de outros autores).

Levando-se em conta a qualidade da música e do senso dramático de Storace, é uma pena que, de suas obras inglesas, só *No Song, No Supper* tenha sobrevivido orquestrada. Das demais, ficaram apenas fragmentos em partitura vocal, que precisariam ser instrumentados, no caso de uma tentativa de remontagem. Ele tinha o gosto da temática incomum:

- *The Haunted Tower* (24.11.1789), é uma precursora da novela gótica, o que a tornou muito popular em seu tempo;

---

7. Sobre a forma inglesa do nome assumido pela família, Nicholas Slonimsky traz um comentário interessante: "O nome original era Sorace mas, depois de mudarem-se para a Inglaterra, eles se deram conta de que a pronúncia inglesa, 'sore ass' (bunda machucada) era ofensiva. Por isso decidiram, cautelosamente, trocá-lo para Storace". (*The Concise Baker's Biographical Dictionary of Musicians*, p. 1208.)

- *The Pirates* (21.11.1792) é considerada a melhor ópera de Storace e o primeiro exemplo inglês da ópera de resgate: passada na Baía de Nápoles, exibe a primeira valsa inglesa escrita para uma ópera e, em sua montagem, foi usada pela primeira vez a lanterna mágica num palco londrino;
- *The Cherokee* (20.12.1794), passada na colônia americana, prenuncia as novelas de Fennimore Cooper sobre a expansão para Oeste;
- *The Iron Chest* (20.11.1796) é adaptada do *Caleb Williams*, em que William Godwin pretende demonstrar "a tirania e a perfídia exercida pelos membros poderosos da comunidade contra os que são menos privilegiados do que eles"; e, nesse sentido, é uma ópera já tipicamente pré-romântica, com pretensões à denúncia da injustiça social, de matriz iluminista.

Storace compôs ainda:

- *La Cameriera Astuta* (4.3.1788), de que sobraram apenas fragmentos;
- *The Doctor and the Apothecary* (1788), versão inglesa do *singspiel* de Dittersdorf estreara em Viena dois anos antes (e que fizera sucesso a ponto de fazer esquecer a *Nozze* mozartiana, tirada de cartaz no Kärntnertorthater, para que *Doktor und Apotheker* pudesse estrear;
- *The Siege of Belgrade* (12.1.1792), um *remake* de *Il Castello d'Atlante*, estreada por Martín y Soler no ano anterior;
- e as comédias *The Prize* (11.3.1793), *My Grandmother* (16.12.1793) e *The Three and the Deuce* (2.9.1795), de estilo inglês, com diálogos intercalados aos números cantados.

Ao morrer, Storace deixou inacabada *Mahmoud or The Prince of Persia*, fiel à moda da *turquerie*, muito popular na Europa daquela época. Terminada por Nancy e Michael Kelly, *O Príncipe da Pérsia* foi estreada postumamente em 30 de abril de 1796.

Entre os admiradores de Storace, estavam Hazlitt e Leigh Hunt. Este último disse que ele era "o único compositor em cuja obra a acentuação inglesa amalgamava-se verdadeiramente ao fluxo italianado da música".

# Romantismo e Pós-Romantismo

# O Romantismo e a Era Victoriana (1800-1880)

As guerras napoleônicas, iniciadas em 1793 – durante as quais a Grã-Bretanha sofreu as conseqüências do bloqueio continental –, se encerraram em 1815, com a vitória do duque de Wellington sobre Napoleão I, na Batalha de Waterloo. A fase posterior ao conflito não trouxe de imediato a paz. A dívida externa tinha quadruplicado desde 1793 e mais da metade da renda pública anual tinha de ser canalizada para o pagamento de seus juros. Para manter o ritmo da industrialização, evitando que se alastrassem conflitos sociais – como o Massacre de Peterloo (1819), num choque entre a polícia e os operários de Manchester que faziam reivindicações salariais –, o governo foi obrigado, entre 1815 e o início da década de 1830, a adotar uma série de reformas, que pavimentaram o caminho para uma nova fase de prosperidade.

Ela se inicia em 1837, quando chega ao trono a rainha Victoria. Os primeiros anos de seu governo são turbulentos e o primeiro-ministro Robert Peel precisou de muita habilidade para contornar as dificuldades nos planos político e socioeconômico. Mas a legislação de cunho social, aprovada por ele, promoveu mudanças econômicas seguras. O censo de 1801 revelara que a Inglaterra e o País de Gales tinham 9 milhões de habitantes, aos quais somavam-se 1,5 milhão na Escócia. Em 1851, no auge da Era Victoriana (1837-1901), esse número subira para 18 milhões e 3 milhões, o dobro de meio século antes. Entre 1811-1821, a taxa de crescimento econômico da Grã-Bretanha atingiu os 17%, com uma renda nacional que triplicou, de um censo para o outro.

Estribada no carvão – 13 milhões de toneladas em 1815 e 39 milhões em 1851 –, no ferro e no vapor, a chamada Era das Ferrovias modificou o país. A primeira linha férrea, entre Liverpool e Manchester, foi inaugurada em 1830; em 1851, havia 6.800 milhas de estradas de ferro, algumas delas envolvendo obras de engenharia – pontes, túneis, passagens de nível – de extrema complexidade. Escritores como William Thackeray eram da opinião de que a chegada da locomotiva constituía um divisor de águas, na história social britânica. A isso some-se o avanço trazido pela navegação a vapor: em 1890, a tonelagem transportada pelos navios britânicos era maior do que a dos demais países europeus somada.

Os problemas que o supercrescimento trazia em seu bojo só se tornariam visíveis mais tarde. O que Londres celebrou, na Grande Exposição de 1851, foi a supremacia econômica, o fato de a Grã-Bretanha ter-se transformado no carro-chefe do processo mundial de industrialização – e para abrigar os "troféus dessa guerra sem sangue", como dizia Thackeray, foi erguido um enorme edifício de aço e vidro, o Crystal Palace, convertido em sala de concertos depois de terminada a mostra. Foi na década de 1850 que se começou a usar o termo "victoriano", para descrever a consciência que os ingleses tinham da glória de sua nação. E o conceito de monarquia solidamente alicerçado nos valores da vida familiar feliz que a rainha levava com o príncipe consorte, o alemão Albert, que desposara em 1840. A retração de Victoria da vida pública, após a morte de Albert, em 1861, fez declinar a popularidade da corte, mas não a da soberana. O "victorianismo" continuou a corresponder às melhores virtudes da nação.

A Era Victoriana foi marcada também pela expansão territorial. Em 1902, o império tinha 14 milhões de km². O imperialismo britânico justificava seus interesses político-econômicos com teorias como as de Thomas Carlyle, Sir Charles Dilke, Robert Seeley, ou do poeta e romancista Rudyard Kipling, que pregavam a "missão civilizatória do homem branco", o dever que ele tinha – hoje de todas as formas questionado pela historiografia – de disseminar a sua cultura entre os povos conquistados. É essa a ideologia que preside à expansão colonial na Ásia (em 1876, a rainha Victoria é coroada imperatriz da Índia), na África e na Oceania. No plano externo, a Grã-Bretanha viveu uma fase de relativa paz, apesar de ter-se envolvido em dois conflitos:

- a Guerra da Criméia (1853-1856), em que a Inglaterra aliou-se ao Império Otomano contra o expansionismo russo na Ásia Central;
- e o levante indiano de 1857-1858, contra a administração colonial.

Os primeiro-ministros Benjamin Disraeli e William Ewart Gladstone, que se alternaram no poder, realizaram reformas financeiras e administrativas, e concederam o direito de voto à pequena burguesia (1867), estendendo-o depois ao operariado especializado e aos proprietários rurais (1884). No plano interno, Disraeli e Gladstone enfrentaram, a partir de 1858 – ano da criação, nos Estados Unidos, da Sociedade dos Fenianos, integrada pela nata dos irlandeses emigrados –, a revolta no Éire, liderada por Stuart Parnell. Nela, já se encontra o germe do movimento que levará à independência da Irlanda do Sul:

- a Revolta da Páscoa (1916), desencadeada pelos nacionalistas do Sinn Fein, só esmagada pelas tropas britânicas em 1920;
- e a Guerra Civil (1921-1922), desencadeada pela criação do Estado Livre da Irlanda como domínio britânico. Em 1937, o primeiro-ministro Éamon de Valera promulgará a Constituição que fez da Irlanda uma nação soberana dentro da Comunidade; e a independência será formalizada em 1949. Mas persiste, até hoje, o problema no Ulster, a Irlanda do Norte, que ficou como território britânico, e onde são constantes os atritos entre a comunidade católica e protestante, e a atividade extremista do Irish Revolutionary Army (IRA).

Nas colônias, a Era Victoriana foi marcada pela Guerra dos Bôeres, no sul do continente africano, contra os colonos de origem holandesa que resistiam à abolição da escravatura, imposta após a anexação britânica da área, em 1834. Os ingleses derrotaram os bôeres e os expulsaram para o Transvaal em 1848. Pelas convenções de Sand River (17.1.1852) e Bloemfontein (23.2.1854), a Grã-Bretanha reconheceu a independência das províncias do Transvaal e Orange. Houve nova fase do conflito, em 1877, quando os ingleses anexaram o Transvaal, onde tinha sido descoberto ouro. A derrota britânica na Batalha de Majuba Hill levou ao acordo de Pretória, em setembro de 1881 – mas não trouxe a paz, pois a insistência inglesa em explorar as minas de Johannesburgo provocou, em outubro de 1899, a terceira Guerra dos Bôeres, encerrada pela Paz de Vereeniging, em 31 de maio de 1902. A União Sul-Africana, sob mandato britânico, reunindo as antigas colônias do Cabo, de Natal, de Orange e do Transvaal, será criada em 31 de maio de 1910.

Empregos cortesãos, como o que Joseph Haydn tivera no palácio de Esterházy, estavam desaparecendo rapidamente, nas primeiras décadas do século XIX. Agora, eram as forças do mercado que determinavam o fluxo e refluxo do gosto e, conseqüentemente, das reputações. Londres continuava a ser um dos maiores centros de produção musical da Europa. Pólos regionais, como Edimburgo, Dublin ou Bath que, no século anterior, tinham tido muita atividade, estavam agora em declínio. Música, nessas cidades, acontecia, basicamente, quando eram visitadas por companhias ambulantes, como a de Michael Kelly e seus cantores italianos – desde que esses artistas estivessem dispostos a enfrentar as agruras de longas e desconfortáveis viagens em carruagem.

Para quem não era estrangeiro e famoso, ganhar a vida como músico era muito duro: ir de casa em casa, para dar aulas a alunos relutantes e desinteressados; fazer palestras mal pagas em sociedades de amigos da música; ensinar em escolas com baixa remuneração; lutar pela oportunidade de se apresentar em recital. Isso é o que aconteceu a um dos compositores mais significativos dessa época – e mais pouco reconhecido fora da Inglaterra: o sinfonista Samuel Wesley, filho e irmão de compositores. As primeiras sinfonias do "Mozart inglês", como o chamava William Boyce, foram escritas para os concertos por assinatura que a sua família organizava, e denotam familiaridade com as técnicas da orquestra-laboratório de Mannheim, via contato com J. Ch. Bach.

Convertido ao catolicismo, Wesley trabalhou na capela da embaixada portuguesa, juntamente com Vincent Novello, e é o autor de belas peças para a liturgia latina. Samuel Sebastian, um dos filhos que teve com sua governanta, foi também influente autor de música sacra anglicana. Wesley pai não compôs óperas, mas algumas de suas obras são tão extraordinárias que precisam ser aqui lembradas: a *Missa de Spiritu Sancto*, dedicada a Pio VI em 1784; a *Ode de Santa Cecília*, escrita em 1794, perdida, e reconstruída de memória em 1826; e o *Confitebor* de 1799, revisto em 1826 – peças que atestam a fusão das tendências de seu tempo com o conhecimento que Wesley tinha da tradição renascentista e barroca.

O início do século XIX foi rico em grandes pianistas. O italiano Muzio Clementi, educado em Dorset desde os 14 anos; Ferdinand Hummel, John Cramer, o tcheco Jan Ladislav Dušek eram nomes idolatrados pelo público. O irlandês John Field, tendo começado como demonstrador do instrumento numa loja de pianos, escreveu em 1799, para o King's Theatre, o primeiro de seus sete concertos. No ano seguinte, fez, com seu patrão, uma turnê européia que os levou até São Petersburgo. Foi Field o criador do noturno, peça de natureza lírica e intimista que, nas mãos de Chopin, haveria de atingir níveis muito altos de expressividade.

Os Subscription Concerts e os Benefit Concerts tinham programas mistos, combinando música orquestral, vocal e de câmara. Só em 1813, com a criação da Sociedade Filarmônica, tornou-se mais freqüente a apresentação de autores ingleses: as seis sinfonias que Clementi escreveu entre 1813-1824; as peças orquestrais de William Crotch e Thomas Attwood, enraizadas na música de Haydn e Mozart; as dez sinfonias (1819-1834) de Cipriani Potter[1], que absorvem a influência de Beethoven (em 1855, ao vir a Londres, convidado a reger a Philharmonic Society, Wagner programou a *Sinfonia em sol menor* (1832) de Potter, chamando-o de "um amável contrapontista veterano").

Outro visitante destacado foi Mendelssohn que, em 1829, regeu a sua *Sinfonia n. 1* com a Filarmônica e, depois, fez uma excursão à Escócia que resultou no poema sinfônico *As Hébridas: a Gruta de Fingal* e na *Sinfonia n. 3 Escocesa*, terminada em 1842. Nas inúmeras viagens que fez à Inglaterra, Mendelssohn compôs, no estilo inglês, os oratórios *St. Paul* (1834) e *Elijah* (1846), para o Festival de Birmingham. Em 1837, ano em que a rainha Victoria subiu ao trono, ele se encontrou com Samuel Wesley – que morreria um mês depois – e eles tocaram órgão um para o outro. Ao ser elogiado pelo alemão, Wesley respondeu: "Você deveria ter-me ouvido quarenta anos atrás. Naquela época, sim, eu sabia tocar".

Mendelssohn e Beethoven foram as influências maiores sobre o injustamente negligenciado William Sterndale Bennett, autor de sinfonias e concertos para piano ouvidos com muito agrado no Gewandhaus de Leipzig, em 1836. Seu *Concerto n. 3 em dó menor* foi muito elogiado por Schumann. Dois contemporâneos de Bennett também contribuíram para o desenvolvimento da música instrumental inglesa:

• Hugh Pearson, autor de poemas sinfônicos influenciados por Berlioz, que mudou-se

---

1. Cipriani Potter foi vítima da língua de trapo de Rossini. Escrevendo a um amigo, Don Gioachino disse, uma vez: "Potter acaba de me mandar um queijo Stilton e uma cantata. O queijo estava ótimo". A *boutade*, como costumava muito acontecer com o invejoso Rossini, é injusta.

Aquarela de Thomas Rowlandson: concerto, em 1784, nos Vuaxhall Gardens.

Para o espetáculo de fogos de artifício, em 1749, ao som da *Musick for the Royal Fireworks*, de Haendel, foi ordenada a construção desse edifício no Green Park.

para a Alemanha em 1839, e germanizou seu nome para Heinrich Hugo Pierson;
- George MacFarren, autor de nove sinfonias, que Wagner qualificou de "obras de um indivíduo peculiarmente selvagem e apaixonado". Casado com o contralto Nathalia McFarren, esse compositor sempre desejou vencer no palco lírico, mas conseguiu encenar apenas *King Charles II* (1849) e *Robin Hood* (1860).

Nas primeiras décadas do século XIX, anos das guerras napoleônicas e da expansão do império, o público dos teatros exigia entretenimento leve, como os *pasticcios* e farsas do galês John Parry. Compositores com pretensões mais sérias – Thomas Attwood ou Henry Bishop – não chegaram a realizar seu projeto de criar uma ópera nacional, como estava acontecendo na Alemanha. A voz romântica de Carl Maria von Weber, porém, soou com força ao estrear em Londres, em 1824, o seu *Freischütz* – a ponto de o Covent Garden lhe ter encomendado *Oberon*, com libreto do inglês James Planché[2]. Weber morreu em Londres, em 1826, semanas depois da estréia dessa sua última ópera. Mas o público, de modo geral, preferia Mozart, apresentado pela primeira vez em 1810; e principalmente Rossini, que fez furor ao visitar a capital inglesa antes de instalar-se definitivamente em Paris. Na temporada de 1829 da English Opera House, em todo caso, Samuel Sebastian Wesley conduziu as óperas de Weber e Marschner; e a influência desses românticos alemães é muito visível em sua música sacra – em especial os doze magníficos *anthems* de 1853, cheios dos cromatismos da "nova música".

Destruída por um incêndio em 1830, e reconstruída quatro anos depois, a English Opera House assinalou nova fase de interesse do público pela ópera nacional, com a estréia da *Nourjahad*, de Edward Loder, e algumas semanas depois, de *The Mountain Sylph*, de John Barnett. Ambos prometiam muito, mas não tiveram condições de realizar seu potencial. Loder era um bom orquestrador com um temperamento caloroso, o que demonstra em *Raymond and Agnes* (1855). Barnett tinha gênio muito forte, irascível, desentendeu-se com Deus e todo mundo, e aposentou-se cedo. Nenhum deles tinha o talento, porém, dos dois irlandeses, Michael Balfe e Vincent Wallace.

A *Bohemian Girl*, de Balfe e a *Maritana*, de Wallace, foram sucessos estrondosos. Nenhum deles conseguiu estabelecer uma tradição de ópera séria inglesa – oposta à linhagem mais leve e popular da *ballad-opera* –; mas Balfe foi um autor de canções memoráveis, e Wallace, que excursionara pelo mundo todo como virtuose do violino, temperou as suas melodias e harmonias com ingredientes colhidos em diversas partes. As aspirações dos operistas, por mais conseqüentes que fossem, ficaram em segundo plano, nos anos vigorosos do crescimento e da industrialização victorianos, em que, ao aumento do número de orquestras e de salas de concerto, somaram-se a obrigatoriedade do ensino de música no currículo escolar, e a criação de grandes sociedades corais. Mas o gosto do público, nos teatros, ainda tendia para o gênero leve.

Em 1851, o arquiteto Joseph Paxton tinha construído, no Hyde Park, o Crystal Palace, enorme pavilhão que abrigou a mostra britânica na Grande Exposição promovida pelo príncipe Albert. Ao ser desmontado no ano seguinte, o Palácio de Cristal foi transferido para Sydeham, por iniciativa do empresário George Grove, e destinado a ser uma grande sala de concertos. O amplo espaço permitia receber um grande público, a preços conseqüentemente mais baratos. Essa enorme estrutura de vidro e ferro, símbolo do desenvolvimento da arquitetura e da engenharia inglesas, exemplifica os ideais filantrópicos e educacionais da fase vitoriana. A sala realmente deslanchou com a criação, em 1856, por Grove e o regente Sir August Manns, dos *Saturday Popular Concerts*, destinados à platéia trabalhadora.

Manns e Grove apresentaram ao público inglês obras de Beethoven, Schubert, Schumann, Brahms, Liszt, Smetana e Dvořák, além de composições de ingleses como Parry e Stanford. A combinação de tecnologia, arte, progresso material e educação, típica da Era Victoriana, encontrou um símbolo na figura

---

2. Ver *A Ópera na Alemanha*, desta coleção.

do engenheiro Sir George Grove, secretário da Royal Society of Arts; fundador do Royal College of Music (1883); e editor do *Dictionary of Music and Musicians* (1889) que, hoje, leva seu nome – "o Grove", como o chama quem trabalha com música. Grove tinha feito amizade com Arthur Sullivan, aluno de Sterndale Bennett. Aos quatorze anos, esse jovem ganhara a Bolsa Mendelssohn, e fora estudar em Leipzig onde, em 1861, como parte de seu exame final, escrevera a abertura *The Tempest*.

Secretário do Crystal Palace, Grove programou, para um de seus concertos, *A Tempestade*, de Sullivan. Foi o início da carreira do mais típico compositor do período victoriano, cujo estilo, artesanalmente impecável, sempre cheio de frescor e vivacidade, enraíza-se em Mendelssohn. Apesar da substância inegável do *Concerto para Violoncelo* e da *Irish Symphony em mi menor*, ambas de 1866, Sullivan logo percebeu que, na plataforma de concertos, havia menos possibilidade de sucesso do que no teatro. O triunfo de *The Lily of Killarney*, de Julius Benedict, em 1862, decidiu-o a tentar o palco. A ópera cômica *Cox and Box* teve acolhida apenas moderada do público. Mas assinalou seu encontro com W. S. Gilbert, com o qual escreveria *Thespis* (1871), o primeiro de um colar de sucessos.

*Trial by Jury* (1874) foi a primeira ópera encomendada a Gilbert e Sullivan pelo empresário Richard d'Oily Carte, cuja companhia funcionava no Opéra-Comique Theatre. *HMS Pinafore* (1878), primeira obra em ampla escala da dupla, foi também a primeira a cruzar o oceano, para ser cantada nos Estados Unidos. *Patience* (1881) inaugurou o Savoy Theatre, construído para abrigar as produções desses parceiros que, apesar das dificuldades criadas por seus temperamentos fortes e constantemente em atrito, produziram obras-primas como *The Mikado* e *The Gondoliers*. Em seu apogeu, as chamadas "Savoy Operas" de Gilbert e Sullivan exibem brilhante caracterização musical, orquestração engenhosa, e precisão da escrita vocal, usando os recursos de emissão do texto de uma forma que tornou as canções de suas operetas populares em todos os países de língua inglesa.

Muitos musicólogos se perguntam por que, sendo tecnicamente tão bem equipado, Sullivan se "rebaixou" a escrever operetas (ponto de vista que revela injustificável preconceito contra esse gênero dito "menor", mas que produziu gênios do porte de Offenbach, Strauss II e Lehár). A *Overtura di Ballo*, escrita para o Festival de Birmingham de 1870, é uma obra esfuziante, que une a orquestração da grande peça de concerto à efervescência da comédia leve. Ter escrito operetas não impediu Sullivan de compor oratórios como *The Golden Legends*, de 1886. A rainha Victoria lhe perguntou quando ele ia escrever uma ópera de verdade: a resposta foi *Ivanhoe* (1891), que teve 160 récitas e, até hoje, é ocasionalmente reprisada. Bobagem solene! A *Kaiserwalz*, de Johann Strauss II, bota no bolso muita obra "séria" de sua época.

Durante o século XIX, o tecido da vida musical britânica mudou lentamente. O público teatral ainda preferia as óperas cômicas; a platéia de música instrumental ainda privilegiava os clássicos alemães; a população mais ampla gostava da chamada "música ligeira", da qual um exemplo curioso era William Ketelbey, cujos poemas-sinfônicos – *No Jardim de um Mosteiro* ou *Num Mercado Persa*, por exemplo – têm um pé no clássico e outro no popular. Mas estava surgindo um público novo, que desejava algo de mais experimental e substancioso. Porém, não seriam Sullivan ou Sterndale Bennett, ligados ainda a um outro mundo, quem lhes daria isso. Esse papel estava reservado a outra geração.

# Attwood

O talento desde cedo demonstrado por Thomas Attwood (1765-1838) como coralista da Capela Real fez com que o príncipe de Gales lhe concedesse bolsa para estudar em Nápoles (1783-1785), com Filippo Cinque e Gaetano Latilla; depois, em Viena (1785-1787). Ali, segundo lemos nas *Reminiscências* (1828) do tenor Michael Kelly, ele tivera aulas com Mozart, que teria declarado: "Esse moço tem tudo para ser um sólido músico". Voltando a Londres em companhia de Nancy e Stephen Storace, Attwood assumiu encargos na corte, entre eles o de dar aulas para a duquesa de York e a princesa de Gales, e o de compor para a Capela Real.

As obras para o palco, que produziu entre 1796-1825, são, na maioria, *afterpieces* sem traços mais marcantes. Mas o lirismo de sua escrita mostra que não estava desprovido de talento, tanto que, em 18 de outubro de 1792, obteve seu primeiro sucesso com *The Prisoner*, encenada após a comédia clássica *The Beaux's Stratagem*. Também *The Mariners* foi muito bem recebida, em 10 de maio de 1793. Seguiram-se *The Packet-Boat* (1793), *The Smugglers* (1794), *The Fairy Festival* (1797), *The Irish Tar* (1797), *The Devil of a Lover* (1798), *The Magic Oak* (1799), *True Friends* (1800) e *The Sea-Side Story* (1801).

Entre as suas óperas, destacam-se partituras de melhor acabamento, como a de *The Old Clothesman* (1798), com libreto de Holcroft. Como era comum na época, Heartwell adaptou *The Castle of Sorrento* (1799) de uma peça de Colman, parafraseada, por sua vez, de uma peça francesa de Duval. Com *O Castelo de Sorrento*, sua partitura mais bem cuidada, no estilo da ópera de resgate com elementos de suspense, Attwood tentou dar à ópera inglesa substância um pouco maior. Não impressionou muito, porém, um público que dava preferência a espetáculos ligeiros.

Attwood produziu também uma série de *pasticcios*. O mais famoso deles é *The Escapes or The Water-Carrier* (1801) foi adaptada de *Der Wasserträger*, a versão alemã de *Les Deux Journées*, de Cherubini. Nessa que é o modelo por excelência do *opéra de sauvetage*, Jean Nicolas Bouilly – autor também do libreto do *Fidélio* – conta como o aguadeiro Mikéli ajuda os aristocratas Armand e Constance a fugir da perseguição política do cardeal Mazarin, fazendo-os sair de Paris dentro do tonel em que carrega água. Em *Os Fugitivos*, cantada no Covent Garden em 14 de outubro de 1801, Attwood misturou música original a números tomados de empréstimo ao próprio Cherubini, mas também a Mozart e Weber, além de baladas inglesas de Arne e Balfe. Profundo admirador de Mozart, Attwood sempre encontrava um jeito de encaixar melodias de seu ídolo nas óperas de que fazia a colagem: "Non più andrai" no *Prisioneiro*; "In diesen heil'gen Halles" em uma cena de *The Mariners*; o dueto "Canzonetta sull'aria" em *Caernarvon Castle*; "Bei Männern und Weibern" em *The Red Cross Knights*, e assim por diante.

# Bishop

O menino que, aos treze anos, começou a trabalhar como vendedor ambulante de partituras, conseguiu estudar com Bianchi e, em 1809, obteve seu primeiro sucesso com *The Circassian Bride*. Mas Sir Henry Bishop (1786-1855) começou com o pé esquerdo, pois o Drury Lane pegou fogo no dia seguinte à estréia dessa primeira ópera, e a partitura foi destruída. A boa reação do público levou, porém, a novas encomendas e ao cargo de diretor do Covent Garden (1810-1824), no qual Bishop fez a impiedosa adaptação de um número incontável de óperas estrangeiras, reescrevendo-as ou enxertando nelas números de sua própria autoria, cada vez que imaginava estar atendendo aos gostos do público londrino. Nessa época, fez tentativas de ópera séria com *Cortez or The Conquest of Mexico* (1823), *The Fall of Algiers* (1825), *The Knight of Snowdon* (1811), baseada em Sir Walter Scott, e *Native Land* (1824). A praxe dos *remakes* prosseguiu quando ele assumiu a direção do Drury Lane onde, em 1º de maio de 1830, apresentou o *Guillaume Tell*, de Rossini, em versão altamente manipulada, com o título de *Hofer or The Tell of the Tyrol*. O libreto desse *rifacimento* fora inteiramente reescrito por James Planché. Ao autor do texto do *Oberon*, Bishop pediu ainda um *Aladdin*, com o qual pretendia suplantar a ópera de Weber.

Mas as óperas de Bishop nunca são *all-sung*: permanecem sempre fiéis ao modelo tradicional da peça falada com números musicais intercalados – até mesmo em sua partitura mais ambiciosa, *Claire or The Maid of Milan*, estreada no Covent Garden em 8 de maio de 1823. Muita polêmica cercou a autoria da ária mais famosa da ópera, "Home sweet home", *locus classicus* da balada sentimental. Por ter sido usada por Donizetti em *Anna Bolena*, foi atribuída a ele, ou descrita como uma melodia folclórica siciliana. Hoje sabe-se – o manuscrito está guardado na Universidade de Rochester – que ela é de Bishop e de seu libretista americano, John Howard Payne, que se baseou na peça *Die Fremde* (A Estrangeira), de Kotzebue. A canção reflete, com extrema espontaneidade, as saudades de casa que Payne sentia, e a natural idealização do torrão natal distante – e prestou-se à expressão da nostalgia de todos os americanos que, por motivos de emigração ou guerra, estavam separados de seu país[3].

Bishop escreveu ainda, na década de 1830, o oratório *The Fallen Angels*, a cantata *The Seventh Days*, e editou *Melodies of Various Nations* e três volumes de *National Melodies*.

## Barnett

Seu pai, o joalheiro judeu Bernhard Beer, anglicizou o nome ao mudar-se para a Inglaterra e instalar-se em Bedford. Tendo ido muito cedo para Londres, John Barnett (1892-1890) conseguiu emprego como contralto infantil no coro do Lyceum, o teatro administrado pelo empresário Samuel Arnold. Isso lhe deu condições de estudar piano com o virtuose Ferdinand Ries, que passou vários anos em Londres. Barnett iniciou a carreira de compositor fornecendo música incidental a peças de teatro: *The Deuce is in Her* (1830), *The Picturesque* (1831), *The Convent or The Pet of the Petticoats* (1832), *Win Her and Wear Her* (1832).

O bom resultado obtido fez com que Arnold lhe permitisse produzir a sua "Romantic grand opera", *The Mountain Sylph*, de importância histórica, pois assinala, no século XIX britânico, o início do desenvolvimento de um teatro lírico em que a música tem papel central, e não apenas acessório. *A Sílfide da Montanha* foi estreada no Lyceum em 25 de agosto de 1834. Ambientado na ilha de Skye, o libreto de Thomas James Thackeray retoma a história do balé *La Sylphide*, encenado em Paris dois anos antes.

Não é correta a afirmação, feita por Barnett no prefácio, de que esta é a primeira ópera inglesa inteiramente cantada – mesmo porque, em determinadas passagens, ela ainda inclui os tradicionais diálogos falados, interligando canções estróficas de estrutura simples. Mas nesta partitura já comparecem números solistas extensos, trechos em concertato, e *finales* com um grau de elaboração que excede a norma da época. O estilo da obra, como exemplifica o *finale* do ato I, é fortemente influenciado por Weber. Do ponto de vista harmônico, e também do uso do melodrama, esse *finale* é decalcado na cena do Vale dos Lobos, do *Freischütz*, um grande modelo para todo o teatro romântico europeu que busca no sobrenatural a sua temática.

São de estilos bem diferentes as duas óperas seguintes: *Fair Rosamond* (28.2.1837) e *Farinelli* (8.2.1839), mais longas – *Rosamond* dura quatro horas e meia – e acrescentando à influência de Weber a de Rossini, Auber e até mesmo Beethoven, nas aberturas e interlúdios. Comparecem também traços nacionais perceptíveis: baladas e coros em forma de madrigal, com a eventual utilização de temas de origem popular. Essa variedade estilística, do tipo vale-tudo, atesta a instabilidade que caracterizava, naquela fase, o teatro musical inglês.

Para o St. James, cuja direção assumiu em 1840, Barnett escreveu *Kathleen, Queen Mab* e *Marie*, parte de uma mal-sucedida tentativa de fundar a ópera nacional inglesa. No final de 1841, tendo-se dado conta de que o gerenciamento de teatros não fazia parte de seus talentos, e tendo-se desentendido com todo o pessoal do Lyceum, devido a seu temperamento espinhoso, Barnett retirou-se para Cheltenham, onde se dedicou a dar aulas de canto. Ganhou o suficiente para comprar uma casa de campo em Leckhampton, onde passou o final da vida. Além das óperas, escreveu uma sinfonia, três quartetos de cordas, uma centena de canções, e dois métodos para o ensino de canto: *Systems and Singing Masters* (1842) e *School for the Voice* (1844).

Seu sobrinho, John Francis Barnett (1837-1916), formado em Leipzig e professor no Royal College of Music, é o autor do oratório *The Raising of Lazarus*, estreado em 18 de junho de 1873 e freqüentemente cantado nas igrejas inglesas até meados do século XX.

---

3. Sobre Payne, ver o capítulo "Os Primeiros Anos", em *A Ópera nos Estados Unidos*, desta coleção.

## Benedict

Filho de um banqueiro judeu alemão, Sir Julius Benedict (1804-1885) iniciou estudos precoces com J. C. Abeille, em Stuttgart, onde nasceu, e depois com Hummel em Weimar. Este o apresentou a Weber, de quem tornou-se aluno particular. Regente do Kärntnertortheater em 1823 e, dois anos depois, maestro no San Carlo e no Teatro del Fondo, ambos de Nápoles, estreou, nessa cidade italiana, *Giacinta e Ernesto* (1827), *I Portoghesi in Goa* (1830) e *Un Anno ed un Giorno* (1836). Tendo viajado para Paris em 1834, dali foi para Londres, onde se instalou pelo resto da vida, assumindo, em 1836, a direção da Opera Buffa no Lyceum Theatre.

Foi regente, de 1838 a 1848, no Drury Lane, onde estreou, em 19 de abril de 1838, a sua primeira ópera inglesa, *The Gipsy's Warning*. Regeu também no Covent Garden, nos *Monday Popular Concerts*, dirigiu o Festival de Norwich (1845-1878) e a Sociedade Filarmônica de Liverpool (1876-1880), serviços pelos quais, em 1871, recebeu o título de cavaleiro. Foi ele quem, em 1850-1852, acompanhou o soprano Jenny Lind em sua longa excursão pelos Estados Unidos. Era muito respeitado como regente e compositor. As biografias de Mendelssohn (1850) e Weber (1881) que publicou contêm preciosas informações baseadas no contato pessoal que teve com esses músicos.

Ao lado da *Bohemian Girl*, de Balfe, e da *Maritana*, de Wallace, que regeu no Drury Lane durante a gestão do empresário Alfred Bunn, a sua ópera *The Lily of Killarney* é um marco importante do Romantismo inglês. Ele próprio dirigiu a estréia, no Covent Garden, em 8 de fevereiro de 1862. O libreto de John Oxenford e Dion Boucicault, baseado em *The Colleen Bawn*, uma peça deste último escrita em 1859, passa-se na Irlanda e tem história muito simples. Tendo-se apaixonado por um rapaz rico, de condição social superior à dela, a jovem Colleen enfrenta diversas dificuldades até ver o seu amor recompensado. A ingenuidade e o esquematismo da ação são compensados pelo sabor vernáculo peculiar – ao texto inglês misturam-se expressões em gaélico e são numerosas as alusões ao acervo folclórico irlandês – e pelo retrato pitoresco de personagens típicas: o proprietário de terras arrogante, o nobre arruinado e libertino, o padre compreensivo que se torna o confidente dos namorados, o empregado fanaticamente leal a seu senhor, e que o ajuda no que pode (sobrevivência do clichê clássico do empregado astucioso).

Musicalmente, *O Lírio de Killarney* tem harmonias muito mais sofisticadas do que as de Balfe e, do ponto de vista melódico, não é tão italianado, demonstrando que, a despeito de sua experiência napolitana, Benedict soube assimilar bem as tradições folclóricas do país hospedeiro. Canções como "The moon has rais'd her lamp above" tornaram-se muito populares e, durante a Era Victoriana, era uma das preferidas nos saraus domésticos. Há, no selo Meridian, uma gravação de trechos feita em 1991 por L. L. Kiesel.

Benedict é também o autor de *The Brides of Venice* (22.4.1844) e *The Crusaders* (26.2.1846), igualmente bem recebidas. Menor foi o sucesso de *The Lady of Glenaston* (1862) e *The Bride of Song* (1864). Vale a pena mencionar as cantatas *Undine* (1860), *Richard-Coeur-de-Lion* (1863), *The Legend of St. Cecilia* (1866), *Graziella* (1882) e o oratório *St. Peter* (1870), em que é muito visível a influência de Mendelssohn.

## Balfe

Em meados do século XIX, a popularidade e a importância do irlandês Michael William Balfe (1808-1870) foram tão grandes quanto tinham sido as de Arne no século anterior. Filho de um professor de dança, desde muito pequeno Michael tocava violino, acompanhando os alunos do pai. Estudou com O'Rourke em Dublin e, depois da morte do pai em 6 de janeiro de 1823, foi para Londres aperfeiçoar-se no violino com Charles Edward Horn. Estreou como cantor fazendo Caspar em *The Freeshooter* (22 de julho de 1824), a versão inglesa do *Freischütz* de Weber.

Um protetor, o diplomata italiano conde Mazzara, levou-o para a Itália em 1825 e pagou-lhe aulas de composição, em Milão, com Federici, e de canto com o renomado baixo

Em *A Village Choir*, Thomas Webster documenta um aspecto da vida musical provinciana.

O príncipe consorte Albert toca órgão, assistido pela rainha Victoria e Felix Mendelssohn.

A "Moorish-Gothic Orchestra", dos Vauxhall Garedens, por volta de 1840.

Filippo Galli. Nessa cidade, Balfe recebeu, em 1826, a encomenda de um balé, *La Pérouse*, e ficou conhecendo Rossini, que o aconselhou a ter aulas de canto com Bordogni. Ao ser convidado para dirigir o Théâtre Italien, em Paris, Rossini levou-o como barítono contratado: foi ele o Fígaro do *Barbiere,* cantado logo depois nesse teatro. Na capital francesa, Balfe fez amizade com Cherubini, obtendo dele também apoio para o desenvolvimento de sua carreira como cantor e compositor. Em seguida, Rossini lhe arranjou um contrato em Palermo onde, além de cantar, Balfe estreou suas primeiras óperas: *I Rivali di se Stessi* (1829), *Un Avvertimento ai Gelosi* (1830) e *Enrico IV al Passo della Marno* (1833), nas quais obedece conscienciosamente às regras do códice estabelecido por seu protetor.

Balfe voltou à Inglaterra, no final de 1833, em companhia de sua mulher, a cantora húngara Lina Rosa, com quem se casara na Itália. Dois anos depois, tornou-se conhecido, da noite para o dia, com o triunfo de *The Siege of Rochelle* no Drury Lane, o principal reduto da ópera de estilo italiano. O libreto era de Fitzball, baseado na peça de Madame de Genlis. *O Assédio de Rochelle* teve setenta récitas, uma delas especialmente oferecida à rainha Victoria, que acabara de subir ao trono. Seguiram-se *The Maid of Artois* (1836), *Catherine Grey* e *Joan of Arc*, ambas de 1837, *Diadesté* (1738) e, no mesmo ano, um *Falstaff* que, naquela fase, foi muito mais apreciado do que o de Salieri. A essa altura, Balfe fez a tentativa de empresariar o teatro, mas foi mal-sucedido e teve de fechar as portas.

O Drury Lane foi reinaugurado, em 1843, como a English Opera Hous. No dia 27 de novembro, estreava a ópera que daria fama internacional a Balfe e faria correr rios de dinheiro para a bilheteria do teatro. Em 1839, tinha sido apresentado, em Paris, o balé *La Bohémienne*, com roteiro de Jules Henri Vernoy de Saint-Georges e Charles Mazellier, inspirado no romance *La Gitanilla* (1614), de Miguel de Cervantes. Da história desse balé saiu o libreto de Alfred Bunn, empresário do Drury Lane, para *The Bohemian Girl* (A Garota Cigana) (nesse período, tanto na Inglaterra como na Itália, são muito comuns as adaptações de balés ou *óperas-comiques* franceses). Em 1991, Richard Bonynge fez, na *Radio Telefis Eiréann* (a Rádio e Televisão da Irlanda), a gravação existente no selo Argo (Thomas, Cullen, Power, Summers, Del Carlo).

Numa aldeia perto de Pressburg, no final do século XVIII, Arline, a filha de seis anos do conde Arnheim, é seqüestrada por ciganos, durante as festividades em honra ao imperador austríaco. Tendo sido adotada por eles, Arline se apaixona, doze anos mais tarde, por Thaddeus, soldado polonês proscrito, que busca refúgio no acampamento dos boêmios. Isso enfurece a Rainha dos Ciganos, que também deseja Thaddeus, e ela forja uma acusação contra a rival, para removê-la de seu caminho. Levada diante do tribunal, Arline é reconhecida pelo juiz, seu pai. Vendo que ela foi inocentada, a Rainha dos Ciganos decide matar Thaddeus que, se não puder ser dela, tampouco será da outra; mas, no final, é ela quem acaba sendo morta. O soldado é perdoado pelos austríacos por sua deserção, podendo unir-se à mulher que ama, agora reconhecida como a condessa de Arnheim, e a ação se encerra com o regozijo dos ciganos e dos habitantes da aldeia.

Essa peça de 1843 possui, tardiamente, na primeira geração romântica, todos os elementos da ópera semi-séria do Classicismo. Fiel à tradição inglesa, possui diálogos falados que interligam os números e os pouquíssimos recitativos. A música deve muito a Rossini e um pouco também a Donizetti. Seu efeito deriva mais do encanto melódico do que da precisão do recorte dramático. Baladas como "I dreamt that I dwelt in marble halls", de Arline, ou "When other lips and other hearts", de Thaddeus, estão entre as melhores coisas escritas por Balfe, e enraizaram-se no repertório dos recitais de canto. O estudo dos esboços, laboriosamente trabalhados, demonstra o quanto de esforço custou ao compositor dar a impressão de espontaneidade dessas melodias, que parecem ter surgido de um só jato. Uma importante fonte de renda, da qual Balfe extraiu muito lucro, foi a venda avulsa dessas baladas, em arranjo para piano, destinadas aos saraus domésticos.

Entre 1841-1845, Balfe tornou-se o único compositor inglês a dividir seu tempo entre

Londres e Paris, onde *La Bohémienne*, cantada em francês, tinha-o tornado ainda mais popular. Ele produziu *Kéolanthe* (1841), *Le Puits d'Amour* (1843), *Les Quatre Fils Aymon* (1844), *The Enchantress* (1845) e *L'Étoile de Séville* (1845), ora para uma, ora para outra capital. Tentara, nesse meio tempo, repetir a experiência, não muito bem-sucedida, de superar, com *Catherine Grey*, de 1837, o preconceito do público britânico contra as óperas inteiramente cantadas. Mas a platéia do Drury Lane aparentemente ainda não estava pronta para essa inovação, pois foi morna a acolhida, em 27 de novembro de 1844, a um de seus melhores dramas líricos, *The Daughter of St. Mark* (A Filha de São Marcos).

Vernoy de St.-Georges era, ao lado de Eugène Scribe, um dos mais apreciados libretistas franceses, na primeira metade do século XIX. O poema de *La Reine de Chypre*, que escreveu para Halévy em 1841, foi retomado por Franz Lachner, nesse mesmo ano; por Donizetti, na *Caterina Cornaro*, de 1844; e por Pacini, em 1846. Alfred Bunn o reintitulou *A Filha de São Marcos*. Com poucas diferenças em relação ao original ou à versão musicada por Donizetti, o libreto, ambientado em Chipre no século XV, fala das dificuldades enfrentadas por Caterina Cornaro e seu amante Adolphe, usados como peças no tabuleiro dos interesses políticos venezianos.

Uma das poucas óperas inglesas, anteriores ao século XX, cantadas de uma ponta à outra, *The Daughter of St. Mark* tem seus resultados seriamente comprometidos pelo poema muito fraco de Bunn que, ao que tudo indica, não conseguiu inspirar Balfe. O tom dos recitativos é artificial e a inspiração melódica é de nível muito inferior ao da *Garota Cigana*. Esta foi uma ópera composta em tempo recorde, menor ainda do que os prazos exíguos que o compositor, habituado a escrever rapidamente, costumava cumprir. Isso, certamente, contribui para o tom apressado e, às vezes, negligente da partitura – como se pode verificar na gravação de 1973, no selo RRE (Black, Shovelton, Beavan/Jones).

Além de compor e continuar cantando – foi ele quem fez Papageno, na encenação de 1838 da *Flauta Mágica* –, Balfe aceitou, em 1838, o cargo de regente do Her Majesty's Theatre; e colaborou com Verdi, no ano seguinte, quando ele foi a Londres para a apresentação de *I Masnadieri*. Mas as permanentes crises causadas pela má administração dos empresários estava novamente levando a ópera inglesa a uma fase de paralisia e, em 1845, Balfe preferiu viajar pelo continente onde, até 1856, passou por Berlim, Viena, São Petersburgo e Trieste, apresentando *The Bondman* (1846), *The Maid of Honour* (1847), *The Sicilian Bride* e *The Devil's in It*, ambas de 1852. *Pittore e Duca*, cantada em Trieste em 1854, tinha libreto em italiano de Francesco Maria Piave, habitual colaborador de Verdi.

De volta a Londres em 1856, Balfe compôs óperas de estilo mais expansivo, visando cantores tecnicamente melhor aparelhados e teatros em condições de realizar montagens elaboradas – mas ainda não de todo isentas daqueles descuidos que comprometiam as peças da fase inicial. Uma vez mais, recorreu a uma fonte francesa, quando nova ópera lhe foi encomendada pelo Lyceum, para a recém-formada companhia de Louisa Pyne e William Harrison. Os autores do libreto de *Le Muletier de Tolède*, composta por Adolphe Adam em 1854, eram Adolphe Philippe d'Ennery e Clairville (pseudônimo de Louis-François Nicolaïe). Balfe pediu a Augustus Glossop Harris e Edmund Falconer (pseudônimo de Edmund O'Rourke) que extraíssem desse *opéra-comique* o texto de *The Rose of Castille*, que subiu à cena em 29 de outubro de 1857.

A ação gira em torno das maquinações de Don Pedro, nobre espanhol que conspira para derrubar Dona Elvira, a bela rainha de León. Para criar confusão, Pedro traz à corte uma camponesa que tem extraordinária semelhança física com a rainha. Não sabe, porém, que a moça é a própria rainha, que está viajando pelo país, no anonimato, para conhecer de perto os seus problemas. Ajudada por Manuel, um belo muleteiro por quem se apaixonou quando estava incógnita, em meio ao povo, Elvira desarma as intrigas de Don Pedro. Assim que descobre a sua verdadeira identidade, Don Pedro lidera as pressões, dentro da corte, para que a rainha se case com o infante de Castela. Mas não contava com o fato – que só acontece em ópera, é claro – de que o infante também viajava no anonimato, para conhecer os domínios de León, aos quais desejava aliar-se. Como é que vocês adivinharam? Sim, ele é Manuel disfarçado de humilde muleteiro – e isso explica a atração que Elvira sentia por ele. Os dois namorados se casam, as ambições de Don Pedro vão por água abaixo e, além de rainha de León, Elvira torna-se também a *Rosa de Castela*.

O papel de Elvira, destinado a Louisa Pyne, é virtuosisticamente italianado, num estilo belcantístico que, partindo de Rossini, agrega também elementos da obra de Pacini e Donizetti, com as quais Balfe entrara em contato durante as suas viagens pela Europa. A esses traços de sabor mediterrâneo, juntam-se ritmos e cortes melódicos britânicos, que visam também a agradar à sua platéia menos sofisticada. Como sempre, Balfe não se preocupa muito com o fato de as baladas, inseridas sem muita preocupação com a sua coerência dramática, entrarem em choque com o resto. Suas melodias melancólicas, seu ritmo mais pausado e a estrutura estrófica são óleo e azeite, quando postas lado a lado com as enérgicas *scenas* ternárias de modelo peninsular. *The Rose of Castille* foi outra das óperas compostas muito rapidamente, o que explica o aproveitamento, nela, de árias originalmente escritas, em 1845, para *L'Étoile de Séville*, que também é de ambientação espanhola. No selo RRE, existe uma gravação que deve ser da década de 1940, mas não traz data e nem a indicação do nome do regente (Springer, Cuthbert, O'Connor, Dickie).

Para a colaboração seguinte com a companhia de Louisa Pyne, Balfe recorreu uma vez mais, como de hábito, a uma fonte francesa: o balé *Le Diable Amoureux*, com roteiro de Vernoy de St.- Georges e Mazellier. Os adaptadores de *Satanella or The Power of Love*, que o Covent Garden apresentou em 20 de dezembro de 1858, foram, uma vez mais, Harris e Falconer.

O Demônio ordenou à diabinha Satanella que ajude o conde Rupert a recuperar a fortuna que perdeu no jogo e, ao fazê-lo, conquiste a sua alma. Quando o contrato está em vésperas de expirar, Leila, a irmã adotiva de Rupert, que o ama, declara que o acompanhará ao inferno, se preciso for. Satanella que, nesse meio tempo, apaixonou-se também por Rupert, fica tão tocada pela devoção de Leila que, desejando a felicidade do homem que ama, destrói o contrato. Estaria, assim, exposta à vingança cruel de Lúcifer, se não a salvasse um presente providencial dado por Rupert: um rosário milagroso que pertencera à sua mãe. A relíquia a converte em um ser humano e lhe dá a chance de salvar-se das potências infernais.

Dispondo, em Louisa Pyne, de uma soprano tecnicamente bem dotada, Balfe escreveu para ela uma partitura muito refinada, do ponto de vista dos recursos vocais que mobiliza. E as condições muito boas de encenação no Covent Garden permitiram-lhe também conceber um espetáculo em grande escala, com características formais curiosamente originais, pois *Satanella* é um *grand-opéra* de tema cômico, em que o elemento sobrenatural é tratado mais em tom de farsa do que como uma forma de suscitar no espectador o horror tradicional das peças góticas. *Satanella* – como demonstra a gravação de Galloway, da década de 1970, no selo RRE (Debret, Lea, Flint, Donnert, Addison) – é mais bem escrita do que a média das óperas de Balfe e tem, na caracterização das personagens, mais senso de objetivo. Os temas recorrentes obedecem a um esquema bastante preciso, visando a enfatizar o tema, subjacente à obra, do poder redentor do amor, compreensível numa ópera posterior ao *Navio Fantasma*, ao *Tannhäuser* e ao *Lohengrin*, que Balfe muito provavelmente conhecia. Até mesmo a pedra-de-toque do estilo balfiano, a tradicional balada inglesa, aqui se torna mais tênue, dando lugar a formas mais flexíveis.

O drama *La Vénitienne*, aplaudido em Paris no ano de 1841, tinha sido extraído da novela *The Bravo: a Venetian Story* (1813), do americano James Fenimore Cooper e, em março de 1839, tinha inspirado a Saverio Mercadante *Il Bravo*, decerto a melhor ópera desse compositor. Desta vez, é o libreto de Antonio Bindocci para o músico de Altamura que Harris e Falconer costuram[4], fazendo de *Bianca or*

---

4. O leitor encontrará a sinopse de *Il Bravo* no capítulo sobre Mercadante, em *A Ópera Romântica Italiana*, desta coleção.

*The Bravo's Bride* (1860) mais um veículo para o estrelismo de La Pyne. Isso faz com que *Bianca* possua uma forma que prolonga a de *Satanella*. A *scena* ternária e os números de conjunto de feitura mediterrânea predominam; lugar muito restrito é reservado às baladas. De conteúdo sério, clima tenso e personagens bem traçadas, *Bianca* é um dos produtos mais interessantes do Balfe maduro, e mereceria, portanto, a documentação discográfica que, infelizmente, parece não existir.

Até a aposentadoria, em 1865, na sua propriedade de Rowney Abbey, no Hertfordshire – da qual só saiu, em 1868, para supervisionar uma reprise da *Bohemian Girl* em Paris – Balfe ainda produziu *The Puritain's Daughter* (1861), *Blanche de Nevers* (1862), *The Armourer of Nantes* (1863) e *The Sleeping Queen* (1864). Quando morreu, deixou inacabada *The Knight of the Leopard* que, terminada por Sir Michael Costa[5], foi encenada postumamente em 1874.

# Wallace

Não são muito dignos de confiança os dados biográficos do irlandês William Vincent Wallace (1812-1865) pois, dono de imaginação muito fértil, ele os bordava com uma infinidade de episódios pitorescos. Berlioz encantou-se com suas histórias e refere-se a elas nas *Soirées dans l'Orchestre*. Mas torna-se difícil, em meio a tantas histórias inventadas, estabelecer os fatos reais, como mostra seu biógrafo George Biddlecombe[6]. O que se sabe de certo é que o pai de Wallace, maestro de banda em Waterford, mudou-se para Dublin quando Vincent estava com quinze anos. Cedo ele ganhou prestígio como executante de piano e violino. Apaixonado por viagens, William visitou a Tasmânia, em 1835, em companhia de sua mulher, a cantora Isabella Kelly. No ano seguinte, foi à Austrália, ali se apresentando em concertos. Em 1838, cheio de dívidas, deixou a mulher e um filho em Sydney e instalou-se em Valparaiso, no Chile. Temos notícia de que, em 1841, era o regente da orquestra do Teatro de Ópera Italiana, na Cidade do México. E o périplo terminou em Nova York onde, em 1843, Wallace casou-se com a pianista Helen Stoepel, depois de ter conseguido a anulação do primeiro casamento.

Mas não ficou muito tempo nos Estados Unidos. Voltou para Londres onde, em 15 de novembro de 1845, o Drury Lane encenou sua ópera mais famosa. O libreto de Edward Fitzball para *Maritana* baseia-se no drama francês *Don César de Bazan* (1844), de Adolphe-Philippe d'Ennery e Philippe-François Pinel Dumanoir. Ao longo de uma série de peripécias sobrecarregadas, Don César e sua namorada, a personagem-título, sobrevivem às intrigas e invejas da corte espanhola, pois impedem que o rei seja vítima de uma maquinação que mancharia a sua honra. O estilo de *Maritana* é muito italianado: algumas árias e o "concertato de perplexidade" do *finale* do ato II são Rossini puro. Percebe-se também, aqui e ali, a marca de Bellini. Em compensação, as baladas inseridas na ópera são de um lirismo que lembra Balfe e, portanto, são tipicamente inglesas. Uma delas, "The Harp in the Air", data dos anos em que Wallace ainda vivia em Dublin. No selo Marco Polo, há a gravação O'Duinn, de 1995 (Cullagh, Lee, Clarke, Caddy).

*Matilda of Hungary*, montada no Drury Lane em 2 de fevereiro de 1847, é tão italianada quanto *Maritana*, mas não tem a mesma força de persuasão. E sofre com a habitual debilidade dos libretos escritos por Alfred Bunn, empresário do teatro. Novas viagens pela América do Norte e do Sul foram feitas antes de Wallace se instalar na Alemanha, cuja música teve impacto sobre *Lurline* (Covent Garden, 23.2.1860) e *The Amber Witch* (Haymarket, 28.2.1861). Em ambas, o *belcanto* italianado não desapareceu de todo; mas a escrita orquestral é mais elaborada; a harmonia ganhou uma espessura tipicamente germânica; e o uso de material recorrente faz a caracterização das personagens ser mais substanciosa. Além da influência forte de Weber e Marschner, há, em

---

5. Michele Costa (1808-1884), napolitano naturalizado inglês, era regente e o compositor de *Malek Adel* (1838) e do *Don Carlos* (1844).

6. Em *English Opera from 1834 to 1864 with Particular Reference to the Works of Michael Balfe*, Londres, Garland, 1994.

*Lurline*, ambientada às margens do Reno, sinais de que Wallace estava familiarizado com as primeiras óperas de Wagner.

O camaleônico Wallace assimilou também, em suas duas últimas partituras, o estilo do *opéra-comique*, a partir do momento em que se instalou na França (morreu em Vieuzos, nos Hautes-Pyrénées). *Love's Triumph* (Covent Garden, 3.11.1862), passada na França, é leve, efervescente e, de forma muito versátil, une às baladas tipicamente inglesas ritmos de valsa, minueto e polonaise. O mesmo acontece com *The Desert Flower* (Covent Garden, 12.10.1863), passada nos Estados Unidos – e aqui, encontramos também o uso da escrita modal na caracterização das personagens pele-vermelha. Naturalmente essa ópera foi levada com muito agrado nos teatros de Philadelphia, Boston e Nova York.

*The Maid of Zurich* e *The King's Page* não chegaram a ser encenadas. *Estrella, Gulnare* e *Olga* ficaram inacabadas. A música para piano de Wallace – peças de música ligeira que visam os saraus domésticos – era muito apreciada em seu tempo. Ficaram particularmente populares *La Gondola, Chant d'Amour, Nocturne Mélodique, Melodie Irlandaise, Music Murmuring in the Trees, Valse Brillante de Salon, Tarantelle*.

## Loder

Tendo estudado com Ferdinand Hiller em Frankfurt; ao voltar para casa, Edward Loder (1813-1865) beneficiou-se com a reabertura do Lyceum Theatre. O empresário Samuel Arnold, cujo papel foi determinante para o desenvolvimento do teatro lírico na Inglaterra durante o século XIX, ali tinha instalado a English Opera House, pelo. Em apenas um ato, *Nourjahad*, fiel à voga do orientalismo, que se espalhava pela Europa na época, foi a primeira ópera nova apresentada nessa sala, em 1834, antecipando-se em dois meses à *Mountain Sylph*, de John Barnett, de proporções mais ambiciosas e importância histórica maior.

Mas as expectativas do jovem Loder esbarraram na falência, pouco depois, do estabelecimento mantido por Arnold. Para sobreviver, ele assinou um contrato com os editores Dalmaine & Co., no qual se comprometia a fornecer-lhes uma peça por semana, dos mais variados gêneros. Em 1838, uma colagem de várias dessas peças resultou em *Francis I*, estreada no Drury Lane, o principal teatro londrino a encenar obras de autores ingleses. Mas *The Covenanters*, que Loder tinha composto em 1835, ficou inédita.

Em 1846, Maddox o nomeou diretor musical do pequeno Princess's Theatre, de que era o empresário, e isso lhe deu condição de encenar, em 1846, *The Night Dancers or The Wilis*. Sua primeira ópera em grande escala baseia-se, portanto, na mesma história do balé *Giselle*[7]. Seguiram-se as comédias *The Andalusian or The Young Guard* (1848) e *Robin Goodfellow or The Frolics of Puck* (1848). Mas em 1851 Maddox também faliu e, sem boas perspectivas em Londres, Loder mudou-se para Manchester, onde conseguiu emprego no Theatre Royal.

Ali encenou, em 14 de agosto de 1855, a sua ópera mais importante, *Raymond and Agnes*, com libreto de Edward Fitzball, a partir da novela gótica *The Monk* (1795), de Matthew Lewis. Ajudados por Santa Inês, a padroeira da moça, Raymond e sua namorada Agnes conseguem escapar das maldades de um barão, tutor da garota, que deseja seduzi-la e apoderar-se de sua herança. O feitiço acaba virando contra o feiticeiro, pois o barão é morto pela bala mágica com a qual pretendia assassinar Raymond. Na cena final, uma mulher muda que, até então, trabalhava em regime de escravidão para o mordomo do barão, recupera a palavra; e descobre-se que ela é a mãe de Agnes. A perda da fala foi um trauma devido aos sofrimentos a ela infligidos pelo vilão.

São visíveis as semelhanças com o *Freischütz* e grande a influência de Weber sobre Loder. A abertura faz uma síntese temática da ópera; o uso de temas recorrentes e a maneira de construir as árias decalcam-se no *Caçador Furtivo*; há o mesmo cuidado com a orquestração sugestiva, que ajuda a criar o clima sobrenatural; e, na seqüência em que o barão recorre às arte infernais para enfeitiçar a bala com que pretende matar Raymond, Loder faz uso

---

7. Ferdinando Fontana também partiu dela, em 1883, para o libreto de *Le Vili*, a primeira ópera de Puccini.

Originalmente construído em 1851, por Joseph Paxton, no Hyde Park, para a Grande Exposição do Príncipe Albert, o Crystal Palace foi transferido para Sydenham, no ano seguinte, e convertido em uma grande sala de concertos.

do melodrama (texto falado com acompanhamento musical contínuo), exatamente como na cena do Vale dos Lobos do *Freischütz*. O *finale* do ato II tem um estilo abertamente italiano, com a marca distintiva de Bellini e Donizetti. Mas o grande dueto do ato II, em que Raymond e Agnes declaram-se um ao outro, é uma das páginas mais originais da ópera inglesa na década de 1850.

Pouco depois da estréia de *Raymond and Agnes*, manifestaram-se em Loder os primeiros sintomas de um tumor cerebral. Ele voltou a Londres onde, em junho de 1959, conseguiu montar uma versão revista de sua ópera. Mas o sucesso de Manchester não se repetiu e ela foi retirada de cartaz após uma semana. No mês seguinte, subiu à cena a opereta *Never Judge by Appearances*, escrita enquanto Loder ainda trabalhava em Manchester. Mas seu estado de saúde se agravara e, até morrer, em 5 de abril de 1865, ele ficou em coma. Entre os pertences de Edward Loder foram encontradas as partituras de *Little Red Riding Hood* (O Chapeuzinho Vermelho), *Pizarro* e *Sir Roger de Coverley*; mas não se sabe ao certo em que data foram escritas, e elas ficaram inéditas.

## Parry

Os pais de Joseph Parry (1841-1903) saíram de Merthyr Tydfil, no País de Gales, onde ele tinha nascido, e emigraram para os Estados Unidos quando ele tinha treze anos. Não se sabe ao certo com quem fez os primeiros estudos musicais, mas foram certamente sólidos: ao voltar, já adulto, para a Inglaterra, ele ganhou o concurso Eisteddfod para a composição de canções, e conseguiu inscrever-se na Royal Academy of Music, onde estudou com Bennett e Steggal. Retornou aos Estados Unidos após ter-se formado e passou algum tempo na Pennsylvania. Mas foi para o País de Gales em 1874, ao ser nomeado professor do Conservatório de Aberystwyth. Ali, sem nenhuma experiência de palco, estreou, em 1878, em forma de concerto, a ópera *Blodwen*, com libreto de Richard Davies. A primeira encenação foi em 20 de junho de 1878, em Swansea.

*Blodwen* está longe de ser uma obra-prima; mas tem a importância histórica de ter sido a primeira ópera galesa. Passada em 1413, conta a história do amor platônico entre o chefe rebelde Sir Hywel Ddu e a bela Blodwen, sua filha adotiva. Sir Hywel é preso no castelo de Chester, por ter resistido às tropas invasoras do rei Henrique. É perdoado após a morte desse soberano inglês e promove o reencontro de Blodwen com seu verdadeiro pai, ao descobrir que ele ainda está vivo. O uso de temas galeses dá cor local a essa partitura, de resto italianada, cujas características são as do Verdi nacionalista da fase *risorgimentale*. No selo galês Sain, há uma gravação de 1978 (Bowen, Lloyd-Davies, Roberts, Barker, Rees/Hywell).

Parry escreveu outras óperas – *Arianwen* (1890), *Sylvia* (1895), *Ceridwen* (1900) – mas nenhuma delas obteve sucesso igual ao de *Blodwen*. Na Biblioteca Nacional do País de Gales, estão guardados os manuscritos de *Cap and Gown* (1898), *King Arthur* (1899), *His Worship the Mayor* (1900) e *Y ferch o'r scer* e *The Maid of Cefn Ydfa*, ambas de 1902, que ficaram inéditas. Sabe-se que *Virginia* (1883) chegou a ser encenada, mas a partitura se perdeu. É preciso mencionar também os oratórios – *Emmanuel* (1880) e *Saul of Tarsus* (1892) – e as cantatas de Joseph Parry – *The Prodigal Son, Nebuchadnezzar, Cambria* e *The Maid of Cedu Idfa* – pois, em sua época, eles foram bem recebidos pelo público.

## Sullivan

Como complemento a esta coleção, planejo redigir uma *História da Opereta*, na qual a obra de Sir Arthur Seymour Sullivan (1842-1900) se encaixaria naturalmente pois, antes do aparecimento de Sir Andrew Lloyd Webber, ele era o autor britânico de peças ligeiras mais conhecido no mundo inteiro. Razões muito precisas, porém, levam-me a preferir inseri-lo aqui. Juntamente com William Gilbert, seu parceiro, Arthur Sullivan é o autor de peças para o teatro musical que sintetizam, de forma muito especial, o espírito da Era Victoriana. E o grau de sofisticação de várias dessas operetas torna muito difícil distingui-las daquilo que costumamos chamar de "ópera" (eu próprio confesso ter sempre tido problemas para estabelecer fronteiras nítidas entre a ópera e as formas concorrentes do *opéra-comique*, do *singspiel*, da *zarzuela*, da opereta ou do musical).

Arthur entrou em 1854, com apenas doze anos, para o coro da Capela Real. Já no ano seguinte, Helmore, o regente do grupo, empenhou-se para que fosse publicado um *anthem* composto por ele. A Bolsa Mendelssohn permitiu que Sullivan fosse estudar na Real Academia de Música, com Bennett, Goss e O'Leary. E que, em 1857, fosse para Leipzig aperfeiçoar-se com Ignaz Moscheles, Hans Richter, Moritz Hauptmann e Louis Plaidy. Nessa cidade, regeu, em 25 de maio de 1860, sua abertura *Lalla Rookh*; e em 6 de abril do ano seguinte, a música de cena para *A Tempestade* de Shakespeare.

De volta para casa, a cantata *Kenilworth*, inspirada em Sir Walter Scott e estreada no Festival de Birmingham, em 8 de setembro de 1984, fez com que a atenção do público se voltasse para seu nome, como o de um jovem músico promissor. A amizade formada, nessa época, com Sir George Grove fez com que Sullivan o acompanhasse numa memorável viagem à Alemanha, em busca de manuscritos de Schubert, que resultou na redescoberta da música incidental para *Rosamunde*. Esse foi também o ano de sua primeira experiência para o teatro, ao qual iria se dedicar integralmente, daí adiante, porque a opereta rendia muito mais do que a música de concerto; e porque Sullivan descobriu ter afinidade instintiva com a música para o palco, em particular nas peças de tema leve.

Francis Cowley Burnand escreveu o libreto de *Cox and Box or The Long-lost Brothers*, a qual chamou de "triumviretta" em um ato. Baseou-se na farsa *Box and Cox*, escrita em 1847 por John Maddison Morton. Composta em duas semanas e apresentada privadamente na casa de Arthur Lewis, em 26 de maio de 1866, a peça agradou muito ao público de convidados, encorajando a direção do Adelphi Theatre a encená-la em 11 de maio do ano seguinte, alcançando número razoável de récitas.

Dois rapazes alugam o mesmo quarto numa pensão, um de dia, o outro de noite. Como nunca se encontram, não sabem que são os "irmãos há muito tempo perdidos" de que fala o subtítulo da opereta. O ágil entra-e-sai das personagens, típico do *théâtre boulevardier*, fornece a moldura de que necessita o talento cômico de Sullivan. A única outra personagem é o proprietário da casa, o ex-militar Mr. Bounce, cujas maneiras truculentas são satirizadas por Sullivan com ritmos de marcha e uma figura no tambor, inspirada na *Fille du Régiment*, de Donizetti. A interação entre as personagens é o motivo para Burnand ter denominado a peça de "triumviretta", palavra montada com "triunvirato" e "opereta". A música séria que Sullivan escreve para um poema estapafúrdio, "Hushed is the bacon", é a primeira manifestação de um senso de humor que se afirmará nas obras seguintes. Publicada separadamente, essa canção fez sucesso como peça de salão. Do mesmo gosto cômico absurdo é o vocalise "instrumental" que acompanha o dueto-serenata "The buttercup dwells on the lowly mead".

Embora conduzida em diálogo, a cena em que os dois inquilinos finalmente se encontram, e descobrem que são irmãos, zomba das convenções operísticas – em especial da cena, no ato III das *Bodas de Fígaro*, em que Marcelina descobre ser a mãe do criado de Almaviva:

Box: Tell me – in mercy tell me – have you a strawberry mark on your left arm?
Cox: No.
Box: Then it is he!

(Diga-me, diga-me por favor, você tem uma marca em forma de morango no braço esquerdo?/Não./Então é ele!)

Na versão original, *Cox and Box* tinha uma hora de duração. Em 1921, foi feita uma versão reduzida para meia-hora, com nove números apenas, de que há, no selo Decca, a gravação de Isidore Godfrey, feita em 1962 (Styler, Riordan, Adams).

Estimulado pela boa reação do público, Sullivan aceitou musicar novo libreto de Burnand: a "comic opera" *The Contrabandista or The Law of the Ladrones*, estreada em 18 de dezembro de 1867, no St. George's Hall (ao ser levada em Philadelphia, em 1879, *O Contrabandista* contava com números adicionais escritos por John Philip Souza[8]). Nesta sua

---

8. A respeito desse autor de operetas e de famosas marchas para banda de música, ver *A Ópera nos Estados Unidos*, desta coleção.

primeira composição mais longa – em dois atos – Sullivan exibe algumas características que vão se desenvolver posteriormente. Uma delas é o hábito de entrelaçar contrapontisticamente dois temas diferentes, que representam personagens distintas. Para dar a cor local espanhola, usa danças típicas, a cachucha e o bolero.

Mr. Grigg é um ingênuo turista que, com uma câmara fotográfica a tiracolo, viaja pela Espanha, tirando fotos com as quais mostrará à família e aos amigos, quando voltar das férias, os locais pitorescos por onde passou. Envolve-se por acaso com um bando de contrabandistas – e aqui é evidente que o compositor está se lembrando, e parodiando a *Carmen*, de Bizet – e estes querem elegê-lo seu líder. A canção dos ladrões, "From rock to rock", foi o número de maior sucesso da partitura, logo cantarolado pelas pessoas na rua. Grigg passa por um arremedo de cerimônia de coroação ("Hail to the ancient hat"); não sabe o que fazer para se livrar de Inez, a Maria-tomba-homem chefe dos bandoleiros, que quer fazer dele seu "príncipe consorte". Mas, finalmente, consegue se desvencilhar dela e voltar para "my spouse, my cows and my sows". Nem sempre a música permite que se perceba o jorro de jogos de palavras que Burnand faz em seu texto; e a estrutura dramática é um tanto fraca; mas a música é muito viva, e o agrado que suscitou levaria Sullivan a expandi-la, em 1894, com o título de *The Chieftain*.

1871 é uma data importante para a história da música inglesa. É o ano do encontro de Sullivan com William Schwenk Gilbert (1836-1911), com quem haveria de formar parceria tão brilhante, que "Gilbert and Sullivan", hoje, soa como se fosse um nome só, designando as popularíssimas "Savoy Operas" que eles escreveram juntos.

Filho de um romancista, Gilbert teve educação esmerada, no King's College e em Boulogne, na França. Iniciou carreira como funcionário público, mas logo passou ao jornalismo, fazendo crítica teatral e publicando poemas satíricos, cujo alvo eram os costumes e os vícios da classe alta britânica. Sua primeira peça, *Dulcamara or The Little Duck and the Little Quack* (1886) – o nome é o da personagem do *Elixir do Amor*, de Donizetti –, ridicularizando as convenções operísticas, o fez ser procurado por Sullivan, que lhe propôs colaboração. Inglesa até a raiz dos cabelos, a obra da dupla tem uma insularidade de humor que a faz ser muitíssimo apreciada nos países anglófonos, mas sempre dificultou a apresentação nos países de cultura latina ou germânica – situação de isolamento que, em todo caso, tem mudado bastante, em anos recentes, graças à divulgação operada pelo cinema e pelas gravações em vídeo transmitidas pela televisão (é o caso do *Mikado*, por exemplo, apresentada no Brasil pelo canal *Multishow*, da TV a cabo, e encenada com sucesso, no Teatro São Pedro, de São Paulo, em junho de 2004).

Desentendimentos surgidos após vinte anos de colaboração muito fértil fizeram que Gilbert e Sullivan se separassem durante algum tempo. Reconciliaram-se, mais tarde; mas essa segunda fase não recuperou a vivacidade da primeira. Ordenado cavaleiro em 1907, Sir William morreu em 29 de maio de 1911, de um ataque cardíaco, decorrente do esforço que fizera para salvar uma moça, que estava se afogando na praia de Harrow Weald, no Middlesex.

À exceção do balé do ato II, reconstruído em 1990, a partir de fontes manuscritas que estavam em poder da Sir Arthur Sullivan Society, nada sobrou da partitura de *Thespis or The Gods Grown Old* (Tespis ou Os Deuses Envelhecidos). Mas essa "operatic extravaganza", estreada em 26 de dezembro de 1871, no Gaiety Theatre, é historicamente importante por ser o primeiro produto da dupla Gilbert e Sullivan. Ainda não se trata da típica opereta refinada, que eles produzirão em parceria com o empresário Richard d'Oily Carte, visando platéias seletas. É uma burleta fiel à tradição popular dos espetáculos montados no Gaiety. Mas com uma diferença fundamental: ao invés de adaptar temas de canções pré-existentes ao texto – à maneira da *ballad-opera* barroca – *Thespis* exibia uma partitura original, na qual Sullivan carregava a mão na paródia dos procedimentos clássicos da ópera e da comédia clássica.

A ação se passa em meio a uma companhia de teatro cujos atores têm o encargo de representar as divindades do Olimpo. O empresário Thespis – nome do primeiro ator conhecido do teatro grego – era representado pelo famoso comediante Joe Tooler. A personagem mais engraçada, a julgar pelo libreto, era Baco, deus do vinho, interpretado por um ator ex-alcóolatra, que se orgulhava de trazer, no peito, a medalha de adesão ao movimento dos *teetotallers*[9].

Embora considerada, mais tarde, "de mau gosto" – razão pela qual nunca foi revivida – *Thespis ou Os Deuses Envelhecidos* não foi renegada por seus autores. A partitura perdeu-se nos mal conservados arquivos do Gaiety. Mas Gilbert fez questão de incluir o libreto na edição completa de suas peças de teatro. Só é pena que a cópia utilizada pelo editor, o texto distribuído aos espectadores, em 1871, mantivesse todos os erros de impressão de um serviço extremamente negligente. Uma das canções, "Little maid of Arcadee", transformou-se em uma *drawing-room ballad*, com texto modificado, para atenuar seu sentido licencioso. O coro "Climbing over rocky mountain" foi transferido, em 1879, para *The Pirates of Penzance*. Do balé, existem duas gravações: a do selo TER (Pryce-Jones, 1991), com a orquestra da companhia D'Oily Carte; e a do Marco Polo, com A. Penny (1992).

*Trial by Jury*, inicialmente chamada de "cantata dramática", é uma ópera cômica inteiramente cantada. Nunca mais Gilbert e Sullivan retornariam a esse formato. Foi produzida, no Royalty Theatre, em 25 de março de 1875, pelo empresário Richard D'Oily Carte que, a essa altura, ainda não possuía companhia própria. Mas é o primeiro trabalho da dupla para esse homem de teatro que, em 1882, inauguraria um teatro especialmente dedicado a montar suas operetas.

Um processo por quebra de promessa de casamento – muito comum naquela época – é o ponto de partida para uma ópera muito original, em que são musicados não só os inflamados discursos da acusação e da defesa, mas também os juramentos de cada um dos membros do júri. Fred Sullivan, irmão do compositor, morto muito jovem, fez sucesso no papel do Meritíssimo Juiz. Essa é a primeira daquelas comédias em que a dupla resgata, em tom de sátira, a técnica tradicional da *aria di sortita*: ao entrar em cena, a personagem canta uma ária-cartão de visita, traçando de si mesma um retrato moralmente ambíguo. A partir de *Trial by Jury*, essa ária de apresentação será uma marca registrada de Gilbert & Sullivan.

O Meirinho, falando aos jurados, demonstra ser claramente contrário a Edwin, que está sendo processado por ter-se recusado a honrar o compromisso com Angelina, sua noiva. O réu entra e expõe suas razões, numa canção acompanhada por violão ("When first my old, old love I knew"). O Meritíssimo Juiz, aclamado ao entrar, expõe seu comportamento inescrupuloso na ária "When I, good friends, was called to the Bar". A queixosa entra vestida de noiva, cercada de suas damas de honra, e seu advogado conta como foi cortejada e, depois, trocada por outra. O réu oferece: "I'll marry this lady to-day and marry the other tomorrow" (Caso-me com esta moça hoje e com a outra amanhã). O Juiz está prestes a concordar com essa solução, mas alguém lembra que isso constituiria uma infração à lei ("A nice dilemma we have here"). Como não há solução que agrade a ambas as partes, o Juiz que, desde o início, gostou do jeitinho da queixosa, decide a questão:

Put your briefs upon the shelf:
I will marry her myself!

(Podem arquivar seus problemas: sou eu que vou me casar com ela!)

No coral de saudação ao Juiz, quando ele entra em cena ("All hail, great Judge!"), Sullivan faz o pastiche de um oratório haendeliano, inclusive com a técnica barroca de repetição de segmentos de frase. O *finale* do ato I da *Sonnambula*, de Bellini – a tonalidade, o estilo, a seqüência da entrada das vozes – é imitado no concertato "A nice dilemma", ponto culminante da peça. Existem as seguintes gravações de *Trial by Jury*:

Pearl, 1927 – Lawson, Oldham, Sheffield/H. Norris.
EMI, década de 1960 – Morison, Lewis, Baker/ Sir Malcolm Sargent.

---

9. Os puritanos favoráveis à abstinência do álcool, precursores dos Alcoólatras Anônimos de hoje em dia.

Decca, 1990 – Hood, Round, Reed/Isidore Godfrey.
Telarc, 1995 – Evans, Banks, Savidge/Sir Charles Mackerras.

Bolton Rowe – pseudônimo de Benjamin Charles Stephenson – é o autor da "musical folly" *The Zoo*, em um ato, a única outra obra leve inteiramente cantada escrita por Sullivan. Estreada no St. Jame's Theatre em 5 de junho de 1875, é uma produção menor, mas bem característica da primeira fase de sua obra. Embora a construção dramática de Rowe não chegue aos pés da de Gilbert, *O Zoológico* foi revivida algumas vezes, graças à edição crítica de R. Clyde, publicada em 1991. Antes disso, em 1977, o selo Decca editara a gravação de R. Nash (Reid, Sandford, Ayldon, Goss, Metcalfe).

A ação é muito simples e baseia-se nas reações dos freqüentadores do Jardim Zoológico de Londres a duas histórias de amor: a do farmacêutico Aesculapius Carboy pela jovem Laetitia; e a de Thomas Brown – na verdade o duque de Islington disfarçado – pela linda Eliza, garota muito coquete, que cuida da barraquinha de refrescos. A ária gaguejada com que o tímido Thomas Brown se declara a Eliza; e o quarteto "Once more the face I loved so well", em que os dois pares de namorados cantam melodias diferentes, entrelaçadas em arrojado contraponto, são Sullivan da melhor safra. Muito divertida, nesse quarteto, é a paródia das tradicionais repetições operísticas: "I will... I fly! She will... she flies! I fly... I will!", e assim por diante.

O tema do elixir do amor, que já tomara emprestado a Donizetti para a sua peça *Dulcamara*, é retomado por Gilbert no libreto de *The Sorcerer*, estreada no Opéra-Comique de Londres, em 17 de novembro de 1877. *O Feiticeiro* é fundamental, no conjunto da obra da dupla, pois é nela que se fixa o modelo de suas operetas: dois atos, o primeiro se encerrando com um *finale* elaborado, em várias seções; o segundo retomando um dos números marcantes do primeiro. No *Elisir d'Amore*, embora nominalmente a ação se passe no País Basco – lugar descrito por Scribe em *Le Philtre*, para Auber, que serviu de modelo a Romani e Donizetti – o cenário obviamente é o de uma típica aldeia italiana. Da mesma forma, Gilbert ambienta *O Feiticeiro* numa cidadezinha inglesa do interior, com sua gente simples, seu vigário e a sacristã da igreja, e a vidinha boba e sem história da província. O elemento que rompe a mesmice da vida local é a chegada de Mr. Wells, vendedor ambulante-feiticeiro, que se descreve numa das grandes *patter songs* de Gilbert e Sullivan: "My name is John Wellington Wells, I am a dealer in magic and spells" (Meu nome é John Wellington Wells, sou um vendedor de mágica e feitiços). Ele é também a única personagem das operetas da dupla que morre – provavelmente de mentirinha.

O oficial Aléxis, dos Grenadier Guards, filho de Sir Marmaduke Poindexter, está noivo de Aline, filha de Lady Sangazure. Enquanto isso, Constance, a filha de Mrs. Partlet, sacristã na igrejinha local, sente-se infeliz, pois está apaixonada pelo pastor Mr. Daly, bem mais idoso do que ela, sem se dar conta de que seus sentimentos são retribuídos. Sir Marmaduke e Lady Sangazure também se cumprimentam, quando se encontram, usando o elaborado estilo cortesão, com o qual dissimulam a intensa paixão que sentem um pelo outro. Aléxis está tão convencido de que o amor é uma panacéia universal, que manda chamar Mr. Wells, encomendando-lhe um filtro que faça todo mundo apaixonar-se pela primeira pessoa em quem pousar os olhos, após tomá-lo. Advertindo que os casados estarão, naturalmente, imunes aos efeitos da beberagem, Wells prepara a poção e instrui Aléxis a misturá-la no chá, numa festa que reunirá toda a população da aldeia. O ato I termina com o início dessa festa, durante a qual todo mundo bebe o filtro.

No início do ato II, os efeitos já são visíveis, mas tudo deu errado. Constance está apaixonada pelo tabelião da cidade; Sir Marmaduke caiu de amores por Mrs. Partlet; Lady Sangazure arrasta a asa para o feiticeiro, que reage consternado; e Aline está encantada com o pastor Daly. A mágica de sinais trocados é cancelada quando o feiticeiro se voluntaria a morrer. Isso permite que os casais se reagrupem de forma lógica e tudo termina com a alegria geral.

A caracterização musical das personagens é muito variada: ritmos militares para o granadeiro Aléxis; sons "sobrenaturais" para acompanhar a invocação do feiticeiro; um tom pastoral nas intervenções do Rev. Daly; o estilo antiquado da gavota cantada por Sir Marmaduke e Lady Sangazure, personagens mais maduras. Percebe-se, pela escrita "de salão" do dueto cantado por Aline e Aléxis, que Sullivan estava de olho, desde o início, na possibilidade de publicá-lo separadamente, como uma *drawing-room song*. Para a reprise no Savoy Theatre, em 11 de outubro de 1884, Sullivan encurtou o *finale* do ato I e reescreveu o início do II. É pena porque, na versão de 1877, ele aderira à prática, observada nos *finales* de Mozart e Rossini, de retornar à tonalidade do início, dando maior unidade harmônica à partitura. Isidore Godfrey é o responsável pelas duas gravações do *Feiticeiro*: a abreviada, de 1933, no selo Arabesque (Fancourt, Oldham, Rands, Robertson, Bakewr); e a completa, de 1966, mas com omissão dos diálogos, para a coleção *Jubilee* do selo London (Adams, Palmer, Styler, Riley, Reed).

E veio então, no ano seguinte, o primeiro grande título de Gilbert & Sullivan, no qual surge uma nota clara de sátira política e social. As relações de classe dentro da Marinha e as maquinações de um político inescrupuloso animam a ação de *HMS Pinafore or The Lass that Loved a Sailor*, estreada em 25 de maio de 1878, no Opéra-Comique. Apesar das irônicas negativas de Gilbert, está claro que Sir Joseph Porter é uma caricatura de W. H. Smith, primeiro Lord do Almirantado. A sátira, de grande atualidade, inseria-se na mais tradicional das molduras cômicas: a paixão do marinheiro quadradinho por sua fiel namorada, e as tentativas do vilão Dick Deadeye ("It's a beast of a name, ain't it?") de sabotar esse namoro.

Depois de uma recepção morna na estréia, *Pinafore* tornou-se o primeiro grande sucesso de Gilbert & Sullivan e um de seus títulos até hoje mais persistentemente remontados. A apresentação pirata do Boston Museum, em 25 de novembro de 1878, seguida de outras montagens em Nova York e Philadelphia, fez D'Oily Carte organizar, no ano seguinte, uma excursão aos Estados Unidos. No New Fifth Avenue Theater, de Nova York, promoveu encenações oficiais dessa opereta e de *The Pirates of Penzance*, dando início à verdadeira paixão dos americanos pela dupla britânica.

No *HMS Pinafore*, ancorado em Portsmouth, os marinheiros são bastante bem tratados. Mrs. Cripps, a vendedora de quinquilharias, é acolhida pelos marujos ("I'm called Little Buttercup"). Ralph, um dos marinheiros, conta a seus companheiros como, apesar de suas origens humildes, ousou apaixonar-se por Josephine, filha de Corcoran, o capitão do navio. Corcoran aparece e entoa uma das mais famosas *self-introductory songs* de Gilbert & Sullivan:

CAPT. I am the Captain of the *Pinafore* [...] I am never known to quail at the fury of a gale, and I'm never, never sick at sea!
CORO: What, never?
CAPT.: No, never!
CORO: What, *never*?
CAPT.: Well, hardly ever! [...] Bad language or abuse, I never, never use. Whatever the emergency, though "Bother it" I may occasionally say, I never use a big, big D...[10]
CORO: What, never?
CAPT.: No, never!
CORO: What, never?
CAPT.: Well, hardly ever!

(Sou o capitão do Pinafore... Nunca me viram estremecer diante da ventania e nunca fico enjoado no mar./ O quê, nunca?/Não, nunca./O quê, *nunca*?/Bem, quase nunca! [...] Nunca uso palavrões. Seja qual for a emergência, embora eu possa, ocasionalmente, pronunciar um "Arre!", nunca uso uma palavra começada por M.../O quê, nunca?/Não, nunca!/O quê, *nunca*?/Bem, quase nunca!)

Corcoran está preocupado, pois Josephine não parece inclinada a aceitar a proposta de casamento feita por um figurão da Marinha, Sir Joseph Porter. Este chega, escoltado pelas irmãs, primas e tias às quais, adepto do nepotismo, ele dá emprego. Numa canção autobiográfica, "When I was a lad, I served a term as office boy to an attorney's firm", conta a sua ascensão até ministro no gabinete do chefe de governo. Ele compôs um *glee* (canção canônica a três vozes, de tom alegre), intitulado "A British tar is a souring soul", que é cantado pelos marinheiros.

---

10. "A big D" é, obviamente, "damn!" (maldição). Gilbert devia achar impossível existir um marujo que não tivesse a boca suja.

Sozinha com Ralph, Josephine, alegando ter uma posição social superior à dele, a princípio rejeita seu amor. Mas quando o rapaz ameaça suicidar-se, admite que o ama. Todos os companheiros de Ralph – com exceção do malévolo Deadeye – comprometem-se a ajudá-lo, e à sua namorada, a sair do navio, aquela noite, para poder se casarem.

À noite, Corcoran, numa canção à lua ("Fair moon, to thee I sing"), expressa a inquietação devido o comportamento da filha. Mrs. Cripps tenta avisá-lo de que algo de estranho está para acontecer, mas ele não compreende o que ela lhe diz. A própria Josephine, consciente da vida dura que terá de enfrentar ao lado de Ralph, está em dúvida se parte ou não com ele. Sir Joseph, tentando mostrar-lhe que está sendo condescendente ao pedir a mão da filha de um simples capitão de navio, diz-lhe: "Love levels all ranks" (O amor nivela todas as hierarquias). Acreditando que ele lhe está dizendo isso referindo-se a seu caso com Ralph, Josephine dispõe-se a deixar que o namorado a leve embora.

Mas Deadeye contou ao capitão os planos da filha e este os impede de sair do navio. Ralph defende-se na altiva ária "I am an Englishman", a qual o coro responde: "For he himself has said it, and it is greatly to his credit that he is an Englishman" (este número, de patriotismo demasiado retórico, que lhe dá um tom irônico, tornou-se uma das favoritas do público). Ao lhe fazer uma reprimenda, Corcoran perde a cabeça e exclama: "Damme, it's too bad!". Ao ouvir essa blasfêmia, Sir Porter reage escandalizado e ordena que ele seja confinado em sua cabina. Depois, manda que Ralph seja aprisionado no calabouço do navio. Chegou a hora da *dea ex-machina* intervir, para permitir a reviravolta do final feliz. Na canção "A many years ago, when I was young and charming", Mrs. Cripps conta ter sido a babá de duas crianças que, desastradamente, confundiu, fazendo-as seguir caminhos opostos àquele que lhes estavam destinados. Esses dois meninos eram Ralph e Corcoran. Ei-los, portanto, trocados, Ralph promovido a capitão, e Corcoran rebaixado a simples marinheiro. Afastado o obstáculo que impedia a união de Ralph e Josephine, eles podem se casar. Corcoran decide fazer par com Mrs. Cripps, e Sir Joseph consola-se com Hebe, a sua prima. A caracterização dramático-musical das personagens é tão caprichada, que passa para segundo plano debilidades ocasionais, como o apressado *coup de théâtre* do desenlace. Embora o *finale* do ato I seja ritmicamente cheio de impulso, não existem ainda dois grupos de personagens em conflito, como acontecerá nas óperas subseqüentes da dupla. A valsa de Buttercup é usada, de modo um tanto artificial, como interlúdio; e o *finale* do ato II é um *potpourri* levemente displicente, de temas ouvidos anteriormente. Mas as personagens principais – Ralph e Josephine, o capitão e Sir Joseph – são observadas com riqueza de detalhes pelo poeta e pelo músico. Buttercup, que "tem sangue cigano nas veias", e o mal encarado Deadeye, são duas figuras habilmente caricaturadas da ópera bufa e do melodrama tipo *grand guignol*. Para conhecer *HMS Pinafore*:

ProArte, 1930 – Lytton, Lewis, Griffin, Baker, Goulding, Fancourt/Sir Malcolm Sargent (omite os diálogos).
EMI, década de 1960 – Baker, Cameron, Lewis, Morison, Brannigan/Sargent (omite os diálogos).
TER, 1988 – Grace, Sandison, Gillett, Ritchie, Lawlor/S. Phipps (edição crítica de Russell Hume, com diálogos).
Decca, 1990 – Reed, Skitch, Round, Hindmarsh, Adams/Isidore Godfrey (com diálogos).
Telarc, 1994 – Suart, Palmer, Evans, Allen, Schade, Adams/Sir Charles Mackerras (omite os diálogos).

Na mesma veia crítica de sua predecessora, *The Pirates of Penzance or The Slaves of Duty* brinca com o conceito de patriotismo e satiriza anomalias de atuação da polícia e dos militares (na figura do Major-general Stanley). Mas a mola principal da ação, aqui, é a devoção literal, idiota e, muitas vezes, hipócrita, ao cumprimento do dever – um dos alvos preferidos de Gilbert. Mediante Frederick, o "escravo do dever" de que fala o subtítulo desta ópera cômica, o libretista "enfia a faca na ferida e torce", no dizer de Arthur Jacob, autor de *Arthur Sullivan a Victorian Musician*[11].

11. Ver Bibliografia.

Para estabelecer os direitos autorais britânicos, D'Oily Carte organizou uma montagem parcial no Royal Bijou Theatre, de Paignton, em 30 de dezembro de 1879. Mas a estréia formal foi na já mencionada apresentação de Nova York (31.12.1879), durante a excursão americana. Em função desse espetáculo, a dupla fez várias alterações na partitura, visando à criação londrina, no Opéra-Comique, em 3 de abril de 1880.

Aprendiz de pirata desde criança, Frederick faz 21 anos e é cumprimentado por seus companheiros: agora, está em condições de ser um membro pleno do bando. O rapaz é leal aos piratas que o criaram, mas possui o senso inato de honestidade e decidiu abandonar o grupo e opor-se ao Rei dos Piratas. Foi levado até os piratas, quando ficou órfão, por Ruth, a sua babá, que confundiu "pirates" com "pilots", e achava o estar levando para aprender a ser marinheiro. Por não querer se afastar dele, Ruth ficou trabalhando como criada do bando, mesmo depois de ter descoberto que eles eram um grupo de bandidos. Como Frederick nunca viu outra mulher para poder fazer a comparação, Ruth quer convencê-lo a casar-se com ela.

Mas um grupo de lindas garotas, as filhas do Major-general Stanley, vêm à praia tomar banho de mar. Antes que exponham um tornozelo que seja, Frederick, extasiado com sua beleza, acha honesto anunciar-lhes a sua presença. Pede a uma delas, qualquer uma, que aceite seu pedido de casamento. Mabel, a mais nova, considerando isso o seu dever, aceita, na ária "Poor wand'ring one". Os piratas aparecem e estão prontos para raptar as garotas, quando chega Stanley, seu pai. Dizendo aos piratas que é um pobre órfão, pede-lhes que não seqüestrem as suas filhinhas. Tocados, eles concordam (num à parte, Stanley diz ao público que não é órfão coisa nenhuma).

À noite, Stanley não consegue dormir, com remorso pela mentira que pregou nos piratas. Frederick decidiu liderar um ataque da polícia aos piratas, mas o Sargento e seus homens ficam inquietos quando Mabel os exorta: "Go, ye heroes, go and die!" Frederick é procurado por Ruth e o Rei dos Piratas, que lhe expõem "o mais engenhoso dos paradoxos": ele nasceu em 29 de fevereiro e, portanto, só completa aniversário em anos bissextos; comprometeu-se, porém, a ser aprendiz de pirata não durante 21 anos, mas "até fazer 21 anos" – o que só acontecerá em 1940. Portanto, ainda é dependente deles e tem de lhes obedecer. O senso de dever de Frederick o leva a despedir-se de Mabel e a entregar-se aos piratas.

Enquanto os policiais cantam "A policeman's lot is not a happy one", Frederick conta aos piratas que o Major-general os enganou, e eles juram vingança. Ainda perseguido pela sua consciência culpada, Stanley se lamenta ("Softly sighing to the river"), acompanhado ao fundo pelos policiais e pelos piratas, de cuja presença não se deu conta. Os piratas lutam com os policiais e os subjugam; mas os soltam quando recebem a ordem de fazê-lo "em nome da rainha Victoria". O Rei dos Piratas revela então ao Sargento que todos eles são nobres caídos em desgraça, devido a erros que cometeram. Seus crimes são perdoados e eles poderão reintegrar-se à sociedade. Como "pares nunca deixam de ser pares", eles se sentem à vontade para pedir a mão das belas filhas de Stanley. E Ralph estará livre para desposar Mabel.

O próprio Sullivan dizia que, musicalmente, *Penzance* era superior a *Pinafore*. Em toda a obra de Gilbert & Sullivan não há um número harmonicamente tão ousado quanto a cena de Frederick ("Oh, is there not one maiden breast") e Mabel ("Poor wand'ring one!") que, modulando de si para sol maior, converte-se no coro feminino em 2/4 ("How beautifully blue the sky"). Em seguida, volta ao mi maior para a canção de Mabel ("Did ever maiden wake"), em ritmo de valsa, encerrando-se numa virtuosística seção final, em que o dueto de amor e o coro das mulheres, de melodias diferentes, são executados lado a lado.

A canção de apresentação do Major-general ("I am the very model of a modern Major-general") é um grande exemplo de *patter-song* na qual, dentro da grande tradição bufa, a personagem enumera, em ágil silabato, todas as suas habilidades e conhecimentos (o modelo, é claro, é o onipresente Dulcamara, de Donizetti). Como o texto é bastante longo, cito apenas trechos bem característicos, que incluem a auto-ironia:

I'm very good at integral and diferential calculus,
I know the scientific names of beings animalculous;
[...] I know our mythic history, King Arthur's and Sir Caradoc's,
I answer hard acrostics, I've a pretty taste for paradox,
I quote in elegiacs all the crimes of Heliogabalus,
in conics I can floor peculiarities parabolous,
I can tell undoubted Raphael from Gerard Dows and Zoffanies,
I know the croaking chorus from *The Frogs* of Aristophanes,
then I can hum a fugue of which I've heard the music din's afore, and whistle all the airs from that infernal nonsense *Pinafore*.

(Sou muito bom em cálculo integral e diferencial, sei o nome científico de seres microscópicos [...], conheço a nossa história mítica, a do rei Arthur e a de Sir Caradoc, decifro acrósticos difíceis, tenho o gosto dos paradoxos, cito em versos elegíacos todos os crimes de Heliogábalo, sei descrever as peculiaridades parabólicas dos cones, sei distinguir um indubitável Rafael de um Gerard Dow e de um Zoffany, conheço o coro de coaxados dos *Sapos* de Aristófanes, sei cantarolar a fuga cuja música ouvi muito tempo atrás, e assobiar todas as árias daquela bobageira infernal chamada *Pinafore*.[12])

A canção do Major-general, no ato II, tem uma ondulação aquática no acompanhamento, inspirada pela primeira canção da *Schöne Müllerin* de Schubert. É muito engenhosa a colocação de uma ária de tom sério dentro de um contexto que os comentários do coro tornam cômico. Só o que não se sabe é de que forma, em torno de 1900, a melodia de "Come friends who plough the sea" converteu-se no tema da canção americana "Hail, hail, the gang's all here". Para conhecer *The Pirates of Penzance* (nenhuma dessas gravações inclui os diálogos):

ProArte, 1929 – Baker, Dawson, Griffin, Robertson, Oldham/Sir MalcolmSargent.

Decca, 1984 – Adams, Potter, Reed, Masterson/Isidore Godfrey.

TER, 1990 – Rivers, Creasey, Roberts, Hill Smith/J. Pryce-Jones.

Telarc, 1992 – Adams, Ainsley, Suart, Evans/Sir Charles Mackerras.

Em agosto de 2005 *Os Piratas de Penzance* foi encenada no Teatro São Pedro, da cidade de São Paulo, pela mesma companhia que, no ano anterior, tinha montado *O Mikado*.

A inspiração para a "comic opera" seguinte, *Patience or Bunthorne's Bride*, saiu de uma das *Bab Ballads* do início da carreira de Gilbert, intitulada *The Rival Curates*, na qual o poeta satirizava o comportamento do clero inglês. Alguns resquícios anticlericais permanecem em versos como "Your style is much too sanctified, your cut is too canonical". Mas em meio à redação do libreto, em 1880, Gilbert mudou de rumo e fez de *Patience* a sátira dos movimentos esteticistas daquela época, entre eles o dos Pré-Rafaelitas e o Decadentismo de Oscar Wilde, que começava a despontar como poeta e dramaturgo.

Patience, a inocente heroína, vendedora de laticínios, e os soldados fanfarrões provêm de tradições cômicas bem estabelecidas; mas a justaposição de dois mundos diferentes é realizada de maneira brilhante, em termos tanto dramáticos como musicais. Sobre as pretensões e as poses de artistas vaidosos, triunfam o senso comum, os valores da vida simples e da autenticidade. O subtítulo é uma brincadeira pois, apesar das muitas candidatas a esse título, ninguém chega a tornar-se a noiva do vaidoso poeta Bunthorne. *Patience* subiu à cena no Opéra-Comique em 23 de abril de 1881. A essa altura, já estava praticamente pronta a sala que D'Oily Carte mandara construir especialmente, para abrigar as operetas de seus artistas exclusivos e, no meio da temporada, a companhia transferiu-se para o Savoy Theatre – onde a obra de Gilbert & Sullivan ganhou celebridade ainda maior, a ponto de suas peças, hoje, serem chamadas de "Savoy Operas".

---

12. Segundo a lenda, Sir Caradoc era um dos cavaleiros da Távola Redonda, do rei Arthur, e sua mulher era um reconhecido modelo de virtude e fidelidade. A elegia era a forma clássica de poema em que se alternavam hexâmetros e pentâmetros. Marcus Aurelius Antonius Heliogabalus, um dos imperadores romanos mais dissolutos, reinou de 218 a 222 e foi assassinado por sua Guarda Pretoriana. A referência a "um indubitável Rafael" é uma zombaria de Gilbert visando os pintores pré-rafaelitas ingleses que, no final do século XIX, visavam a reconstituir o estilo dos mestres anteriores a Rafael Sanzio. Gerard Dou foi um retratista holandês aluno de Rembrandt. O retratista alemão Johann Zoffany instalou-se na Inglaterra em meados do século XVIII, e foi um dos fundadores da Royal Academy. O coro onomatopaico "Brekekex, koax, koax" pertence à comédia *Os Sapos*, a mais famosa do grego Aristófanes. Gilbert costuma citar operetas suas no libreto de outras obras: *O Mikado*, por exemplo, é mencionada em *Utopia Limited*.

Vinte moças de cabeça virada – o equivalente das tietes de hoje em dia – estão loucamente apaixonadas pelo empolado poeta Reginald Bunthorpe; mas a singela Patience, por quem o rapaz se interessa, é indiferente a ele. Seguindo o estratosférico ideal estético de Bunthorne, as moças abandonaram seus namorados, oficiais do 35º regimento dos Dragões da Guarda – cujo orgulho é afirmado por seu coronel. Sozinho, Bunthorne confessa que, no fundo, não passa de "uma fraude estética", e posa de poeta apenas para atrair a admiração dos outros. O poeta Grosvenor, de fama muito menor, mas de talento real, procura Patience que, na infância, foi sua companheira de brincadeiras. Está apaixonado por ela e a garota retribui a seus sentimentos. Mas, como lhe disseram que o amor tem de ser desinteressado, rejeita-o pois, se aceitasse a sua corte, estaria atendendo a seus próprios interesses.

Convencido de que nunca conseguirá o amor de Patience, Bunthorne decide alistar-se no regimento dos dragões – e é lógico que essa situação se inspira no *Elixir do Amor*, de que Gilbert gostava tanto. Mas Patience, sempre pensando no desinteresse que deve existir por trás do amor, o impede, considerando que é seu dever salvá-lo, amando-o e casando-se com ele. Desiludidas, as moças apaixonadas por Bunthorne fazem convergir para Grosvenor a sua "chama estética": concentram nele o seu interesse, fazendo os oficiais ficarem ainda mais desanimados. Grosvenor, que ainda está apaixonado por Patience, faz de tudo para livrar-se da embevecida solicitude das moças, sem muito sucesso. A Bunthorne, que se sentiu esnobado quando as admiradoras o trocaram por Grosvenor, a volumosa e envelhecida Lady Jane – que sente saudade dos tempos em que seus encantos ainda não tinham murchado – aconselha a desafiar diretamente o rival. Nesse meio tempo, o coronel Calverley, chefe dos dragões, o major que o auxilia, e o tenente, duque de Dunstable, tentam recuperar as namoradas: enfarpelam-se do jeito como imaginam que os estetas se vestem, e surgem diante das moças falando e gesticulando de forma extremamente afetada. Duas delas, Angela e Saphir, ficam muito interessadas nos supostos militares-poetas.

Enquanto isso, Bunthorne procura Grosvenor e o desafia a deixar de se comportar como um esteta. Grosvenor fez isso apenas movido pela força das circunstâncias; fica, portanto, muito contente em deixar de comportar-se de maneira postiça, e voltar a ser uma pessoa comum. Vendo-o tal como é, Patience dá-se conta de que é a ele que ama e quer como marido. O Major e o Tenente unem-se a Angela e a Saphir; e o Capitão, inesperadamente, pede a mão de Lady Jane em casamento. Só o afetado Bunthorne fica sozinho com as suas arrevezadas poses.

Embora seja de tom sentimental um tanto envelhecido, o sexteto do ato I ("I hear the soft note") é muito bem escrito, e trai visível influência das grandes cenas de conjunto da ópera romântica italiana. É muito atraente o melodismo singelo e direto das canções que se relacionam a Patience e Grosvenor. E a música ligada aos militares tem impulso rítmico de bom rendimento dramático, coisa que Sullivan sempre sabe tratar de forma simpática. É exuberante o quinteto com dança do ato II, "If Saphir I choose to marry": o ritmo de 6/8 e as melodias sincopadas, que as madeiras agudas tratam em contraponto, dão à peça um tom muito brilhante. O solilóquio de Lady Jane, no início do ato II, é pontuado por um recitativo grotesco no contrabaixo, que a intérprete do papel simula estar tocando (mas já houve o caso de cantoras musicalmente dotadas que, de fato, tocaram o instrumento em cena). De *Patience*, eis as gravações disponíveis:

Arabesque, 1930 – Lawson, Baker, Rands, Lewis/Sir Malcolm Sargent (sem os diálogos).
EMI, 1961 – Morison, Baker, Cameron, Sinclair/ Sargent (sem os diálogos).
London Records, 1990 – Sansom, Reed, Sandford, Knight/Isidore Godfrey (com os diálogos).

*Iolanthe or The Peer and the Peri* foi a primeira opereta cantada no Savoy Theatre, em 25 de novembro de 1885 (prova da popularidade americana de Gilbert & Sullivan é que, na mesma noite da estréia londrina, essa peça foi apresentada no Standards Theater, de Nova York). Não há dúvida de que a dupla sentiu-se estimulada pelas condições novas a ela oferecidas por uma sala que dispunha dos recursos mais modernos de encenação. O libreto de *Iolanthe* é estruturado com muita solidez, e a caracterização musical é extremamente precisa, em especial no que se refere ao Lord Chancellor. Esta é uma personagem mais complexa, e sua atuação não gira apenas em torno da possibilidade de ele cantar uma habilidosa *patter song* auto-descritiva, como acontecia com Sir Joseph Porter ou o Major-general. Uma caricatura publicada no *Punch*, na época da estréia, mostra a Rainha das Fadas usando elmo e armadura e carregando uma lança, como se fosse uma paródia da Brünhilde das *Valquírias*. Mas isso não significa que, na partitura da *Iolanthe*, haja qualquer resquício de imitação wagneriana.

Numa paisagem arcádica, as fadas, lideradas por Lélia, Célia e Fleta, descrevem a vida feliz que levam ("Tripping hither, tripping thither"). Entristece-as apenas o fato de, 25 anos antes, a Rainha das Fadas ter banido de seu convívio uma de suas companheiras, Iolanthe, porque ela cometeu o crime, punível com a morte, de se apaixonar por um mortal. As fadas pedem à soberana que perdoe Iolanthe, e ela concorda, mas com uma condição: que a fada nunca mais se comunique com o seu marido ("Iolanthe! From the dark exile thou art summoned!").

Iolanthe volta ao reino das fadas em companhia de Strephon, seu filho de 24 anos, que pertence ao domínio sobrenatural "só da cintura para cima". A Rainha simpatiza com ele e aprova a sua permanência entre as fadas. Mas Strephon está apaixonado pela pastora Phyllis que, surgindo com a canção "Good morrow, good lover!", entoa com ele o dueto "None shall part us from each other", em que reafirmam seu amor. O pomposo coro de seus pares ("Loudly let the trumpet bray") anuncia a chegada do Lord Chancellor, para quem, na terra, Iolanthe trabalhava, na Chancelaria. Ele se apresenta na costumeira *patter-song* ("The law is the true embodiment of everything that's excellent"), em que se descreve como um homem muito susceptível, encantado com as moças que trabalham para ele, "todas elas muito agradáveis, e nenhuma delas com mais de 21 anos". Incomoda-o apenas – a ele que "não é velho nem feio e está disposto a casar-se de novo" – ter de aprovar a união, cada vez que uma dessas belas moças decide casar-se, "one for thou and one for thee, but never, oh, never a one for me!". Segundo Ian Bradley, em seu livro sobre as operetas de Gilbert & Sullivan[13], este Lord Chancellor não se decalca em seu equivalente contemporâneo Lord Selborne, ministro do gabinete de Gladstone, mas toma como modelo Lord Lyndhurst, que tinha ocupado esse cargo na primeira metade do século XIX.

Todos os pares arrastam a asa para Phyllis e os lordes Mountararat e Tolloler estão decididos a processá-la por – sendo uma das moças que trabalham para a Chancelaria – ter ousado pedir a permissão para casar-se com um homem comum como Strephon (permissão essa que já foi negada). Strephon vai consultar a sua mãe. Vendo-o falar com essa mulher que, por ser fada, conservou a aparência de adolescente, Phyllis imagina que se trata de uma rival e, para vingar-se da infidelidade do namorado, declara-se pronta a casar-se com um dos pares. A Rainha das Fadas, convocada por Strephon para ajudá-lo, é insultada pelo Lord Chancellor. Em represália, ela ordena a Strephon que vá ao Parlamento e subverta todas as sacrossantas instituições britânicas. O ato termina com a ruidosa confrontação entre pares e fadas.

Na guarita da sentinela do Palácio de Westminster, o soldado Willis reflete sobre o estranho fato de que, ao crescer, todo rapaz ou moça transforma-se num conservador ou num liberal ("When all night long a chap remains"). As fadas estão encantadas com a desordem ocasionada pela entrada de Strephon no Parlamento. Quanto a Mountararat, ele aponta os perigos de a Câmara dos Lordes dar guarida a intelectuais que só servem para tornar as coisas mais complicadas ("When Britain really ruled the waves"):

> When Wellington thrashed Bonaparte,
> as every child can tell,
> the House of Peers, throughout the war,
> did nothing in particular,
> and did it very well:
> yet Britain set the world ablaze
> in good King George's glorious days!

13. Ver Bibliografia.

(Quando Wellington deu uma coça em Bonaparte, como qualquer criança pode te contar, a Câmara dos Pares, durante toda a guerra, nada fez de especial, e fez isso muito bem: no entanto, a Grã-Bretanha botava fogo no mundo, nos bons e gloriosos dias do rei George!)

Os sentimentos amorosos estão perturbando todo mundo. Percebendo que as fadas começam a se interessar pelos pares, a Rainha lhes dá um exemplo de como se comportar ("Oh foolish fay"), descrevendo-lhes como ela própria resiste aos "encantos simples mas divinos" do soldado Willis. Numa canção em que conta um pesadelo ("When you are lying awake, with a dismal headache"), descreve como se sente perturbado por amar Phyllis, mesmo sabendo ser antiético envolver-se com alguém que trabalha para ele na Chancelaria. Animado, porém, por Tolloler e Mountararat, ele decide reinvidicar para si mesmo a mão de Phyllis, mesmo sabendo que a moça está, mais do que nunca, apaixonada por Strephon.

A única pessoa que pode impedi-lo de agir dessa maneira é Iolanthe, a sua ex-mulher, que ele acredita ter morrido, juntamente com o filho de ambos. Enfrentando a sentença de morte decretada contra ela pela Rainha, caso viole a condição a ela imposta de nunca mais falar com o marido, Iolanthe vai procurar o Lord Chancellor e lhe conta toda a verdade ("He loves! If in the bygone years thine eyes have ever shed tears"). Comovido, o Lord intercede junto à Rainha das Fadas e a convence a alterar a lei: será punida com a pena capital toda fada que não se casar com um mortal. Isso atende aos interesses da própria Rainha que, desta forma, poderá unir-se ao simpático soldado Willis. Feitos os pares, todos partem alegremente para a terra das fadas ("Soon as we may off and away!").

A primeira novidade de *Iolanthe* é a sua abertura. Em vez de ser um mero *potpourri* dos temas mais atraentes da opereta, em geral arranjado pelos assistentes de Sullivan, esta é uma elaborada página em forma de sonata, na qual o motivo da ária da Rainha, "Oh, foolish fay", junta-se a um segundo tema, que não aparece no corpo da ópera, e tem uma graça reminiscente da música escrita por Mendelssohn para o *Sonho de uma Noite de Verão*. Trata-se de uma das melhores partituras de Sullivan, cheia de fervor romântico, em especial nos episódios que se referem ao perdão da personagem-título. Ainda mais do que em *Patience,* são cenicamente funcionais os traços de música militar, aqui usados para descrever os arrogantes pares do Lord Chancellor. É original o fato de Strephon ser um barítono, e não um tenor, o que dá colorido peculiar aos delicados duetos de amor. "None shall part us", em particular, tem progressões harmônicas extremamente refinadas, que dão belo apoio à fluente linha melódica. *Iolanthe* está documentada em:

EMI, 1958 – Thomas, Cameron, Sinclair, Morison, Baker/Sir malcolm Sargent (sem diálogos).

Decca, 1990 – Newman, Styler, Knight, Sansom, Reed/Isidore Godfrey (com os diálogos).

TER, 1992 – Hanley, Blake Jones, Pert, Woollett, Suart/J. Pryce-Jones (sem diálogos).

Para o libreto de *Princess Ida or Castle Adamant*, a única "comic opera" em três atos escrita pela dupla, Gilbert retomou *The Princess*, peça de teatro falado que escrevera em 1870. *A Princesa* é a versão satírica do poema narrativo do mesmo nome, publicado por Alfred Lord Tennyson em 1847. Enquanto, no poema, Tennyson defende a emancipação da mulher, Gilbert, em sua peça, a ridiculariza. Em 5 de janeiro de 1884, quando foi estreada, a sátira da *Princesa Ida* ("A women's college? Maddest folly going!") já estava ultrapassada. Hoje, essa peça politicamente incorreta fica como o testemunho da ideologia reacionária vigente na Era Victoriana. Mas a peça ainda é ocasionalmente remontada, hoje, devido à graça das melodias de Sullivan em suas passagens mais líricas.

A princesa Ida, filha do rei Gama, foi prometida em casamento ao príncipe Hilarion, filho do rei Hildebrand, quando tinha apenas um ano de idade. Vinte anos depois, na data marcada para a formalização do noivado, Gama chega à corte de Hildebrand acompanhado apenas por seus três filhos, guerreiros corajosos, mas inteiramente bobocas. Conta que Ida, sua filha, enclausurou-se dentro de uma universidade para mulheres, em que homens não são admitidos. Acompanhado por seus amigos

Cyril e Florian, o príncipe Hilarion decide tirar Ida de dentro do Castelo Adamantino, onde a universidade funciona. Usará, para isso, apenas as armas do amor ("Expressive glances shall be our lances").

Ida tem o genuíno desejo de aprender e investe toda a sinceridade na invocação que faz a Minerva, a deusa do saber. Já Lady Blanche, que a auxilia na condução da escola, tem objetivos mais hipócritas e ali está apenas para fazer-se passar por uma mulher emancipada. Os três amigos escalam o muro do castelo, vestem-se com roupas femininas e misturam-se às mulheres. A princesa não percebe o engodo, mas Psyche, irmã de Florian, o reconhece e, junto com sua amiga Melissa, apóia a manobra dos rapazes. Durante o almoço, porém, Cyril se embriaga e os três amigos são descobertos. No momento em que Ida ordena que sejam expulsos, chegam as forças de Hildebrand e o castelo é cercado. Todas as mulheres recusam-se a lutar. Ida reconhece ter sido um erro querer a independência e aceita casar-se com Hildebrand, pelo qual admite estar apaixonada.

Hoje, esse libreto não passa de uma repelente bobageira. Mas o tratamento que recebe das mãos de Sullivan é tão gracioso, do ponto de vista melódico e harmônico, quanto o que ele dera a *Iolanthe*. É muito bem feita a caricatura do desbocado rei Gama e de seus três filhos desmiolados. A um deles, Arac, cabe uma excelente paródia de ária haendeliana de *opera seria* ("This helmet, I suppose"), em que o príncipe comenta como ficaria com os gestos mais livres para lutar, caso tirasse a armadura. Como diz Arthur Jacobs: "Não é culpa do compositor se a história é inconvincente, mesmo assumindo um caráter de fábula". A única gravação completa de que tenho notícia é a de Sir Malcom Sargent (sem diálogos), feita em 1965 para o selo Decca (Palmer, Potter, Raffel, Cook, Masterson, Harwood).

E veio então a obra-prima da dupla, *The Mikado or The Town of Titipu* que, estreada em 14 de março de 1885, teve 672 récitas consecutivas. O crítico vienense Eduard Hanslick a elogiou muito, sendo traduzida em diversas línguas – inclusive o russo, para uma memorável encenação em Moscou, dirigida por Stanislávski. Ao ser reprisada, em 1896, *O Mikado* foi a primeira "Savoy Opera" a alcançar mil récitas; e em 1939, foi feita dela um filme. Os americanos, sempre de olho nos sucessos de Gilbert & Sullivan, fizeram uma montagem não-autorizada em Chicago, em 6 de julho de 1885, meses após a estréia. Diante disso, D'Oily Carte apressou-se em organizar um espetáculo oficial em Nova York, no Fifth Avenue Theater, em 19 de agosto do mesmo ano. A popularidade da ópera nos Estados Unidos mede-se pela quantidade de paródias que foram feitas dela: *The Swing Mikado* (Chicago, 1938, para um elenco inteiramente negro); *The Hot Mikado* (Nova York, 1939); *Cool Mikado* (filme musical de 1962) e *The Black Mikado* (Nova York, 1975). E pelo fato de que, em 1886, uma cidadezinha do Michigan foi batizada com o nome de Mikado.

E, no entanto, a gênese desse grande sucesso foi turbulenta. Na primavera de 1884, D'Oily Carte já estava pedindo um título novo, pois o interesse do público por *Princess Ida* já estava se esgotando. Gilbert fez nova tentativa de oferecer um libreto sobre umas pastilhas para tosse de efeito mágico, que Sullivan já tinha rejeitado, e este respondeu que estava cansado de "intrigas ridículas" e queria algo mais simples, "em que a música pudesse existir por si mesma e não ser um mero acessório das palavras". Tomando aquelas palavras como uma ofensa pessoal, Gilbert reagiu dizendo não ter condições de escrever o libreto para a próxima ópera. Sullivan não se deu por achado: "O tom de sua carta me convence de que a sua decisão é definitiva e, portanto, qualquer discussão subseqüente é inútil". Nem a intervenção de Carte conseguiu, dessa vez, apaziguá-los.

A parceria teria acabado de vez se, em maio de 1884, não tivesse ocorrido um acidente que Gilbert considerou premonitório. Estava andando de um lado para o outro, muito nervoso e mau-humorado, na biblioteca de sua recém-adquirida casa de Harrington Gardens, em Kensigton, quando um sabre japonês soltou-se da parede e caiu ruidosamente no chão. Isso lhe deu a idéia de escrever uma ópera passada no Japão, cujas personagens principais seriam o imperador e o carrasco. Em meados da década de 1880, as *japonaiseries* faziam furor na Europa: gravuras de grandes mestres como Hokusai, cerâmicas, leques, máscaras de teatro eram vendidas em todas as lojas, e os tecidos nipônicos eram um elemento importante do estilo *Liberty* (a versão inglesa do *Art Nouveau*).

A escolha do tema provocou, porém, da parte do governo britânico, um daqueles ataques de excesso de zelo, merecedores da sátira gilbertiana. Depois da visita oficial que o príncipe herdeiro Fushimi fez à Inglaterra em 1907, o Lord Chamberlain mandou proibir as apresentações da ópera, sob a alegação de que ela ofenderia os japoneses. Um crítico perguntou se proibiriam *Hamlet* também, já que nessa peça o rei da Dinamarca é pintado como um assassino incestuoso. O ridículo foi tamanho que, um mês e meio depois, a proibição seria cancelada pelo Secretário do Interior. Na verdade, como assinalou o escritor G. K. Chesterton, "o que as autoridades parecem não ter percebido é que nenhuma das brincadeiras tem como alvo os japoneses: todas elas referem-se a nós, ingleses".

Se não é a melhor, *O Mikado* é, decerto, a mais popular das "Savoy Operas", já apresentada até no Brasil, como dissemos, pela TV a cabo. E em junho de 2004 fez muito sucesso, encenada no Teatro São Pedro, da cidade de São Paulo. A frase "let the punishment fit the crime" (que o castigo seja na medida do crime), de Pooh-Bah, entrou para a língua inglesa como expressão proverbial. *O Mikado* foi a primeira ópera que os parceiros ambientaram num país estrangeiro reconhecível. Mas os nomes das personagens são brincadeiras com palavras inglesas que imitam sonoridades japonesas: Pitti-Sing, por exemplo, é a forma como uma criança que está aprendendo a falar pronuncia "pretty thing". Chesterton tinha razão: mediante personagens orientais, o que Gilbert está satirizando são, na realidade, certos costumes absurdos dos ingleses. Depois da estréia, o libretista e o compositor fizeram algumas modificações estruturais na peça: transferiram para o ato I a "ária de catálogo" de Ko-Ko e passaram para o ato II "The sun, whose rays", cantada por Yum-Yum.

Ao chegar na cidade de Titipu, o jovem Nanki-Poo – que se apresenta como um menestrel ambulante ("A wand'ring minstrel I") – fica sabendo, em conversa com Pish-Tush, que a bela Yum-Yum, com quem esperava se casar, ficou noiva de seu tutor. Esse tutor é o alfaiate Ko-Ko que, recentemente, foi promovido a Lord High Executioner (Grão-carrasco). Ko-Ko aparece e, numa "ária de catálogo" típica da comédia clássica, expõe a sua lista sem pé nem cabeça de "ofensores da sociedade" que bem poderiam ser decapitados: "gente que dá apertos de mão frouxos e tem risadas irritantes... que faz serenatas com banjo... que chupa balas de menta e solta o bafo em sua cara... mulheres que se metem a escrever romances e, o aborrecimento *nisi prius*, os humoristas, os comediantes, esses palhaços que se fazem de engraçados e zombam da vida de todo mundo".

Um dos números mais deliciosos dessa "comic opera" é o trio com que Yum-Yum e suas amigas Pitti-Sing e Peep-Bo se apresentam:

As três: Three little maids from school we are, pert as a school-girl well can be, filled to the brim with girlish glee, three little maids from school!
Yum-Yum: Everything is a source of fun. (*risada*)
Peep-Bo: Nobody's safe, for we care for none! (*risada*)
Pitti-Sing: Life is a joke that's just begun! (*risada*)
As três (*cantando e dançando*): Three little maids from school!
three little maids who, all unwary,
come from a lady's seminary,
freed from its genius tutelary...
Three little girls from school!

(Somos três mocinhas vindas da escola, uma gracinha como só colegiais sabem ser, cheias até a tampa de alegria infantil, três mocinhas vindas da escola!/ Tudo para nós é fonte de diversão!/ Ninguém está a salvo, pois não ligamos para ninguém!/ A vida é uma brincadeira que mal começou!/ Três mocinhas vindas da escola! / três mocinhas que, sem malícia alguma,/ vêm da escola para moças,/ livres de seu gênio tutelar.../ Três mocinhas vindas da escola!)

Nanki-Poo revela a Yum-Yum que é o filho do Mikado e fugiu do palácio de seu pai porque queria escapar do assédio amoroso de Katisha, uma mulher idosa. Depois de um edito do Mikado proibindo o namoro, Ko-Ko teme ser condenado por ter incorrido nesse crime. Como Nanki-Poo, desdenhado por Yum-Yum, está disposto a se suicidar por amor, Ko-Ko lhe propõe uma barganha: deixará que ele se case com a moça que ama, se concordar em ser decapitado daí a um ano. Nanki-Poo fica muito contente e nem se intimida com a assustadora aparição de Katisha ("For he's going to marry Yum-Yum"), que ameaça recorrer ao Mikado para ser vingada.

Ilustração para *O Mikado*, de Gilbert e Sullivan, no programa da estréia, em 1885, no Savoy Theatre.

No início do ato II, Yum-Yum, trajada para a cerimônia de casamento com Nanki-Poo, canta a respeito de sua própria beleza ("The sun, whose rays are alla ablaze"). O noivo vem a seu encontro em companhia das amigas da noiva, e os dois cantam, celebrando a alegria da união que se aproxima. Esse canto tem a forma de um madrigal em que o jovem par é acompanhado por Pitti-Sing e Pish-Tush ("Brightly dawns our wedding day"). Mas as coisas se complicam, pois Ko-Ko descobriu, na legislação, um antigo decreto que obriga a mulher, cujo marido foi executado, a ser enterrada viva.

Para a entrada solene do Mikado, os autores utilizam uma canção japonesa autêntica[14]. Depois de um dueto com Katisha ("From every kind of man obedience I expect"), o imperador se apresenta na ária "A more humane Mikado never did in Japan exist", em que se descreve como "um verdadeiro filantropo", com grande senso de justiça:

> My object all sublime
> I shall achieve in time:
> to let the punishment fit the crime.
>
> (Hei de alcançar, com o tempo, meu mais sublime objetivo: fazer com que o castigo corresponsa ao crime.)

E segue-se uma lista estapafúrdia de delitos sem importância e castigos absurdos, incluindo a punição do tenor amador que é desafinado, mandando-o apresentar-se no museu de cera de Madame Tussaud[15]. Ko-Ko, Poo-Bah e Pitti-Sing distraem-no com o relato de uma presumida execução recente. Mas o Mikado fica sabendo que a vítima foi Nanki-Poo, seu filho, e comenta que a pena por ter provocado a morte do príncipe herdeiro é "algo de bem demorado, que tem a ver com óleo fervendo". Nanki-Poo recusa-se a aparecer vivo, de modo a livrar a cara do Grão-carrasco, a menos que Ko-Ko aceite casar-se com Katisha, para livrá-lo da corte que a velha lhe faz. Esta, responde o carrasco no dueto "The flowers that bloom in the spring, tra-la-la", é uma possibilidade que ele encara com o máximo desagrado. Mas acaba concordando e faz a proposta à velha Katisha, celebrando, no dueto "There is beauty in extreme old age", a idéia de que nunca é demasiado tarde para amar. Quando Nanki-Poo aparece, já casado com Yum-Yum, o pai se alegra em revê-lo e, ao dueto dos namorados, "The threatened cloud has passed away", responde o regozijo geral.

Não só nas palavras, mas também na música, há os sinais de que a sátira aos costumes japoneses visa realmente a Inglaterra. Ao lado da citação de uma melodia japonesa autêntica ou do uso ocasional da escala pentatônica, há o madrigal em que Sullivan faz o pastiche da música inglesa antiga e um típico *glee*: "See how the Fates their gifts allott". A primeira ária de Nanki-Poo tem toda a influência do folcore inglês. E a melodia da entrada de Ko-Ko parece-se muito com a da canção tradicional "A Fine Old English Gentleman". O hábito de Sullivan de trançar contrapontisticamente melodias diferentes encontra um de seus melhores exemplos no trio "I am so proud", para Poo-Bah, Ko-Ko e Pish-Tush. O tema da *Fuga em sol menor*, de Bach, tocado pelo fagote e a clarineta, é utilizada no momento em que o Mikado, em sua ária, enumera, entre as punições:

> The music-hall singer attends a series
> of masses and fugues and "ops"
> by Bach, interwoven with
> Spohr and Beethoven,
> at classical Monday Pops.
>
> (O cantor de *music-hall* vai ter de assistir a uma série de missas e fugas e "ops" [abreviatura de *opus*, para permitir a rima] de Bach, entrelaçados com Spohr e Beethoven, nos *Monday Pops*[16] de música clássica.)

---

14. *A Canção de Tokotonyare*, de Masujiro Omura, com letra de Yajiro Shinagawa, é um hino militar dos legalistas liderados pelo príncipe Arisugawa que, em 1877, derrotaram os senhores feudais rebelados contra o imperador Mutsuhito. Esse soberano é o fundador da Era Meiji (1867-1912), que transformou a oligarquia feudal japonesa em uma monarquia constitucional de estilo ocidentalizado. O filme *O Último Samurai*, exibido no Brasil em 2004, passa-se justamente na época da rebelião contra Mutsuhito.

15. Antes de imigrar para a Inglaterra e instalar, na Baker Street – a rua onde morava Sherlock Holmes – o famoso museu de figuras de cera que, desde 1884, está na Marylebone Road, a francesa Madame Tussaud trabalhava, em Paris, fazendo moldes de cera da cabeça de condenados guilhotinados.

16. Precursores dos atuais Concertos Promenade, os *Monday Pops* – concertos populares da segunda-feira

*O Mikado* é, hoje, a mais apreciada das "Savoy Operas", e isso se confirmou, em abril de 2004, quando Gareth Jones regeu, no Coliseum, uma produção nova da English National Opera. Comentando o espetáculo no *Guardian*, o crítico Tom Service escreveu:

> É fácil torcer o nariz para *O Mikado*, a obra mais popular de Gilbert & Sullivan, com sua infame mistura de estereótipos orientalizantes, pretensões colonialistas e buliçosos ritmos de *music-hall*. Mas o que não se pode negar é que esse espetáculo, teatralmente, é uma delícia!

Estas são as gravações do Mikado de que tenho notícia (todas elas omitem o diálogo):

Happy Days, 1936 – Fancourt, Oldham, Green, Granville, Rands, Bennett/ Sir Malcolm Sargent.
EMI, 1962 – Branigan, Lewis, Evans, Wallace, Cameron, Morison/Sargent.
Decca, 1985 – Adams, Round, Pratt, Sandford, Styler, Hindmarsh/IsidoreGodfrey.
TER, 1987 – Garrett, Palmer, Bullock, Bottone, Idle, Angas/Robinson.
London Recrods, 1990 – Ayldon, Wright, Reed, Sandford, Rayner, Masterson/R. Nash.
TER, 1990 – Ducarel, Bottone, Roberts, Rivers, Jones, Rees/J. Pryce-Jones.
Telarc, 1992 – Adams, Rolfe Johnson, Suart, van Allan, Folwell, McLaughlin/Sir Charles Mackerras.
CFP, 1994 – Holmes, Wakefield, Revil, Dowling, Nash, Studholme/A. Faris.

Foi modesto o sucesso de *Ruddigore or The Witch's Curse*[17], quando a opereta estreou, em 22 de janeiro de 1887. E isso se deve ao público ter considerado fora de moda o estilo de *burlesque*, que voltava a mobilizar antigos estereótipos: o marinheiro rude, a donzela de aldeia virtuosa e pura e o baronete libertino. *A Maldição da Bruxa* só foi reprisada em 1920, em Glasgow, numa versão revista que fazia cortes no *finale* do ato II. Reapresentações recentes, e uma gravação como a de Simon Phipps para o selo TER (ver Discografia), restabeleceram números do original. Na opereta *Ages Ago*, de 1870, com música de Frederick Clay, Gilbert já tinha usado a idéia de as personagens ganharem vida e saírem de seus quadros. Inspirada na Ofélia shakespeareana, a personagem de Mad Margaret, criada com traços muito fortes e originais, insere-se na galeria das grandes loucas da ópera.

Rose Maybud continua solteira, embora a aldeia em que mora, Ruddigore, na Cornualha, seja um lugar em que os solteirões venham tradicionalmente procurar jovens casadouras. Rose é cortejada por Robin Oakapple, na verdade – ela não o sabe – Sir Ruthven Murgatroyd em disfarce. Mas a timidez de ambos faz as coisas não avançarem. O marinheiro Richard Dauntless, meio-irmão de Robin, propõe-se a falar dos sentimentos dele para Rose. Mas é de seu próprio interesse por ela que fala. A princípio, Rose parece aceitar suas declarações, mas depois muda de idéia, e é a Robin que beija.

Surge Margaret, a Doida, que enlouqueceu de amor por Sir Despard, atual baronete dos Murgatroyd: uma antiga maldição, proferida por uma feiticeira, condena o detentor desse título a ser malvado e cometer um crime por dia[18]. Despard, na verdade, odeia o papel que o título o obriga a desempenhar, e fica muito satisfeito quando Richard – alegando assim agir compelido pelo dever mas, na realidade, desejoso de afastar Robin de Rose – revela que seu meio-irmão é, na realidade, Ruthven, o irmão mais velho de Despard. Portanto, era ele quem deveria herdar o título e, conseqüentemente, a maldição da bruxa. Rose decide ficar com Richard e Despard volta para Margaret.

Transformado no "malvado Sir Ruthven", Robin enfrenta o julgamento de seus ancestrais – que saem de seus quadros, na galeria de retratos do castelo –, pois é incapaz de come-

---

– foram criados em 1859, pelos editores Chappell, no St. James Hall (onde hoje está o Piccadilly Hotel). Foram transferidos em 1901 para o Queen's Hall.

17. A forma original do título era Ruddygore, mas na segunda semana da temporada de estréia ele foi modificado para a forma atual.

18. Há curiosas semelhanças entre a trama dessa ópera cômica e a intriga séria de *Irrelohe* (1924), de Franz Schreker. Ver *A Ópera Alemã*, desta coleção.

ter o crime diário que se espera dele. Os ancestrais ressuscitados levam vida divertida, mas insistem para que Robin seduza uma donzela. A vida de Despard e Margaret, agora, mudou completamente: basta ele pronunciar a palavra mágica "Basingstoke", para reverter qualquer tentação que ela tenha de ficar louca de novo. Robin encarrega Adams, seu criado, de raptar uma donzela. Dame Hannah, que Adams traz, puxa um punhal, e teria ferido Robin se Sir Roderick, um dos fantasmas saído dos quadros, não reconhecesse nela a antiga namorada pela qual se matou por amor.

Como está novamente vivo, é mais velho do que Robin/Ruthven, e suicídio é um crime, Sir Roderick resolve assumir o papel de "baronete malvado". Hannah e Roderick caem nos braços um do outro; Robin, livre do incômodo papel de vilão, pode correr atrás de Rose; e Richard fica com o prêmio de consolação de namorar uma das criadinhas do castelo.

Para a cena da aparição dos fantasmas, Sullivan escreveu música tão sugestiva – reminiscente dos recursos usados por Weber no *Freischütz* –, que ela escapa às limitações da moldura cômica típica da ópera bufa do início do Romantismo e que, no final da década de 1870, já soava muito artificial. É muito bem criada a dança do ato I, em "old English style", com ritmo de 9/8 ("Oh, happy the lily that's kissed by the bee"). E uma das páginas em que a linguagem do compositor se manifesta de modo mais individual é o trio que Despard, Margaret e Robin cantam no ato II. Sullivan renova a tradição de "música de marinheiro" com as canções e danças confiadas a Richard. Quanto a Margaret, ela é uma das melhores criações músico-dramáticas do compositor, tanto na sua *aria di sortita*, com acompanhamento de flauta que parodia o da *Lucia di Lammermoor*, quanto nos ritmos de dança rústica tocados pelas madeiras, que emolduram seu canto, quando ela recupera a sanidade. Para conhecer *Ruddigore*:

EMI, 1963 – Morison, Baker, Sinclair, Bowden, Lewis, Brannigan, Rouleau/Sir Malcolm Sargent (sem diálogos).
London Records, 1984 – Hindmarsh, Reed, Knight, Allister, Round, Sandford, Adams/ Isidore Godfrey (sem diálogos).

Hill Smith, Sandison, Davies, Ormiston, Hillman, Innocent, Lawlor/Simon Phipps (com números da versão de 1887).

O mais perto que Gilbert chega da ópera de tema sério, dentro das convenções do Savoy, é no libreto de *The Yeomen of the Guard*[19] *or The Merryman and his Maid*, estreada em 3 de outubro de 1888. No final dessa peça, Jack Point, desiludido com o amor, fica insensível ao regozijo geral. Embora criticado por ser muito parecido com a *Maritana* (1845) de Vincent Wallace, o libreto de Gilbert tira a sua força do fato de ser um drama sério, dentro do qual os elementos cômicos são mantidos numa relação de subordinação. E, ao contrário das outras "Savoy Operas", esta história permanece dentro de sua moldura da época Tudor, sem se preocupar em introduzir elementos de sátira contemporânea. Há um efeito cômico interessante no contraste entre Jack Point, que tem sempre a língua pronta, e Shadbolt, Chefe dos Carcereiros e Torturador Assistente da Torre de Londres, que tenta ser engraçado, mas é sempre muito lerdo. É original também o fato de, ao invés do habitual coro, a peça se iniciar com um solilóquio da personagem feminina. Phoebe, a filha de Meryll, sargento da Guarda do Rei, na Torre de Londres, está fiando e cantando "When maiden loves". Secretamente apaixonada pelo coronel Fairfax, que foi injustamente aprisionado na torre, ela rejeita as desajeitadas tentativas do carcereiro Wilfred Shadbolt de cortejá-la. Meryll deseja impedir a execução de Fairfax que, no passado, lhe salvou a vida. Combina, portanto, com Phoebe, tirá-lo de sua cela e fazê-lo passar por Leonard, irmão da moça, que pretende ingressar na guarda. Fairfax aceitou seu triste destino ("Is life a boon?"); apenas pede que lhe arranjem uma noiva simulada, pois não deseja que, após a sua morte, seus bens caiam nas mãos dos gananciosos parentes que provocaram seu encarceramento.

Aos atores ambulantes Jack Point e Elsie, que chegam cantando o dueto "I have a song to sing, O", são dadas as boas-vindas: Elsie concorda em fazer o papel de noiva de Fairfax.

---

19. *Yeoman of the Guard* designa a guarda pessoal do rei.

Enganando Shadbolt com a canção "Were I thy bride", Phoebe lhe rouba as chaves, tira Fairfax da cela, e o apresenta aos outros com o nome de Leonard. Na hora marcada para a execução, todos ficam confusos, pois o prisioneiro sumiu. E Jack Point, que está apaixonado por Elsie, fica muito incomodado pois, agora, ela é a noiva de Fairfax, que não foi executado.

Point convence Shadbolt a dizer aos outros que viu Fairfax na beira do rio, tentando fugir, e o matou com um tiro. Em troca, ensinará ao carcereiro a arte de ser bufão. No animado quarteto "Strange adventure!", Fairfax, Meryll, Dame Carruthers – a governanta da torre – e sua sobrinha Kate comentam que Elsie fala dormindo e, por isso, ficaram sabendo que é ela a misteriosa falsa noiva. A própria Elsie, que não sabe ao certo com quem fez o casamento simulado, está muito interessada no falso Leonard; mas não pode se permitir demonstrá-lo, pois tem deveres conjugais para com Fairfax – sem saber que ambos são a mesma pessoa, é claro.

Ouve-se um tiro, e Shadbolt e Point aparecem contando a história que tinham combinado. Como, agora, Fairfax está oficialmente morto, Point pode fazer a corte a Elsie, o que ele faz da forma mais desajeitada possível. Fairfax se propõe a lhe mostrar como se declarar a uma moça, mas – agindo da mesma forma que Richard em *Ruddigore* – o faz em nome de "Leonard" e Elsie, toda contente, concorda em ser a sua namorada. Phoebe, que ainda está apaixonada pelo prisioneiro, não consegue esconder seu aborrecimento; e Shadbolt, percebendo que os sentimentos dela não são os que se tem por um irmão, dá-se conta do engodo do qual foi vítima. Para não denunciar o falso Leonard, obriga Phoebe a prometer que é com ele que há de se casar. O sargento Meryll também compra o silêncio de Dame Hannah, deixando de opor resistência aos planos da governanta de casar-se com ele.

Chega um mensageiro trazendo a suspensão da sentença de Fairfax. Ele reivindica a sua noiva e Elsie, encantada, descobre que o marido desconhecido e o falso "Leonard", a quem agora ela ama, são a mesma pessoa. Todos estão contentes, menos Phoebe, que terá de cumprir a promessa a Shadbolt de casar-se com ele, e Jack Point, muito deprimido por ter ficado sozinho no final da história.

Da mesma forma que na *Iolanthe*, a abertura dos *Guardas do Rei* é em forma de sonata, introduzida por uma fanfarra que retornará, no corpo da ópera, como o motivo associado à Torre de Londres. A balada cantada pelos atores ambulantes é de estrutura cumulativa, semelhante à da canção folclórica "Green grow the rushes, O" – e essa foi uma sugestão dada a Sullivan por seu libretista. *The Yeomen* é uma das partituras mais bem escritas do músico inglês. Destaca-se, em particular, o dueto sériocômico de Dame Carruthers com o sargento Kelly, no ato II; e em especial a forma lúgubre com que o fagote comenta a frase "Doleful! Doleful!" com que ele responde ao "Rapture! Rapture!" da governanta. Para conhecer *The Yeomen of the Guard*:

EMI, 1962 – Lewis, Case, Young, Evans, Morison, Thomas/Sir Malcolm Sargent (sem diálogos).

Decca, 1990 – Potter, Adams, Palmer, Reed, Sandford, Harwood/Sargent (sem diálogos).

TER, 1991 – Fieldsend, Sharpe, Jenson, Gray, Montaine, Ross/J. O. Edwards (sem diálogos).

Philips, 1993 – Streit, Dean, Mackie, Allen, Terfel, McNair/Neville Marriner (com diálogos).

Telarc, 1995 – Mellor, Archer, Suart, Adams, Savidge/Sir Charles Mackerras (com diálogos).

Depois de *Yeomen*, Gilbert retorna, em *The Gondoliers or The King of Barataria*, à fórmula habitual: ópera exclusivamente cômica, ambientada na Veneza do século XVIII, mas com referências claras à realidade britânica contemporânea. Barataria é o reino imaginário mencionado por Miguel de Cervantes no *Don Quixote*. A ação trabalha com clichês tradicionais: rapto de bebê e, no final, a revelação de um segredo que faz a história dar uma reviravolta. Mas os sentimentos ultra-democráticos, e a idéia de que possa haver neles um elemento de hipocrisia, são um ingrediente novo na sátira gilbertiana.

Sullivan lança mão de recursos musicais de sabor italiano e espanhol, para criar cor local. E escreve, para esta partitura, uma introdução cantada de quinze minutos, antes que os primeiros diálogos falados apareçam. Esta é, de resto, uma das peças da dupla em que a música domina: das 467 páginas do libreto impresso, quatorze apenas são de diálogo. *Os Gondoleiros*, estreada em 7 de dezembro de 1889 e cantada em 559 récitas, tem a mais longa partitura vocal das "Savoy Operas", incluindo *Princess Ida*, que tem três atos.

Os gondoleiros Marco e Giuseppe decidem escolher suas noivas num jogo de cabra-cega. Trapaceando, Giuseppe fica com Tessa, restando Giannetta a Marco. O Duque de Plaza-Toro, "famoso, culto", mas sem ter onde cair morto, chega a Veneza acompanhado da chorosa duquesa, do fiel criado Luiz, e de Casilda, a sua filha. Essa moça está noiva, desde a infância, do herdeiro do trono da Barataria, de cujo paradeiro não tem notícia. Don Alhambra, o Grande Inquisidor, tem a certeza de que o príncipe desaparecido é um dos gondoleiros, mas não sabe qual. A mãe de Luiz, que foi a ama de leite dos meninos, há de saber dizer quem é ele. Isso deixa Luiz e Casilda muito preocupados, pois eles se descobriram apaixonados um pelo outro.

Marco e Giuseppe vêm apresentar as suas noivas e, ao saber que um deles é o Rei da Barataria, acham muito fácil rejeitar os seus princípios republicanos e estarem prontos para subir ao trono. Decidem separar-se provisoriamente de suas noivas e partir para a Barataria, onde reivindicarão os seus direitos. Acabam, porém, dando-se conta de que tornaram-se reféns de seus súditos baratarianos, numa corte que é "de estrito despotismo, combinado com a igualdade mais absoluta". Ambos sentem saudades de suas noivas – Marco canta para Giannetta a delicada "Take a pair of sparkling eyes" – e ficam muito surpresos quando elas chegam inesperadamente de Veneza ("Here we are, at the risk of our lives"). A festa para recepcionar as moças, em que se dança a cachucha, o fandango e o bolero, é interrompida pela chegada do Grande Inquisidor, que critica o igualitarismo do regime baratariano: "When everyone is somebody, then no one is anybody". Só agora, ouvindo as palavras do Inquisidor ("There lived a King, as I've been told"), Marco e Giuseppe ficam sabendo que um dos dois contraiu, na infância, um compromisso matrimonial do qual não poderá escapar, se quiser tornar-se rei. A calma que os rapazes e suas namoradas vinham mantendo explode no quarteto "In a contemplative way".

À chegada do duque de Plaza-Toro com seu séqüito habitual, ouvimos a duquesa, em sua ária de apresentação, contar como seduziu o marido: "On the way when I was wedded to your admirable sire". Casilda, Tessa e Giannetta estão visivelmente constrangidas em relação aos dois gondoleiros. Trazem finalmente a mãe de Luiz, para que esclareça como foi feita a troca dos bebês, e ela revela ter ficado com o principezinho como se fosse seu verdadeiro filho. A essas palavras, Luiz aparece, paramentado com a coroa, o cetro, o orbe, todos os símbolos que lhe conferem o poder como Rei da Barataria. Os nós se desfazem. Os casais se formam de acordo com as afinidades de cada um. No encerramento, voltam os alegres acordes típicos da música veneziana.

Pela sua graça e delicadeza, a romança de Marco, "Take a pair of sparkling eyes", tornou-se o número mais popular da ópera, integrado aos programas de recital de muitos cantores. Mas o momento mais interessante da partitura é o quarteto do ato II em que, à calma aparente, sucede a viva expressão do descontrole emocional dos quatro jovens. A agitação do canto desmente o significado das palavras:

> In a contemplative fashion
> and a tranquil frame of mind,
> free from every kind of passion,
> some solution let us find.
> Let us grasp the situation,
> solve the complicated plot –
> quiet, calm deliberation
> disentangles every knot.

> (De modo contemplativo, num estado de espírito tranqüilo, livres de qualquer tipo de paixão, vamos encontrar uma solução. Vamos encarar a situação, resolver essa intriga complicada – deliberação sossegada e calma desfaz todos os nós.)

Os coloridos pitorescos da orquestração, uma das mais cuidadas na obra de Sullivan, realça o interesse dos elementos hispânicos e itálicos que ele insere, nas canções e danças, para criar cor local. Um dos melhores exemplos é o uso da figuração rítmica de notas rápidas e repetidas com que o trompete pontua a cachucha, na festa de acolhida às moças que chegaram de Veneza. Estão disponíveis, para conhecer *Os Gondoleiros*:

Pearl, 1927 – Oldham, Baker, Lawson, Davies, Bennett, Hosking/H. Norris (sem diálogos).

Arabesque, 1931 – Baker, Booth, Granville, Oldham, Rands, Hubbard/Sir Malcolm Sargent (versão abreviada e sem diálogos).

Decca, 1961 – Round, Styler, Samson, Wright, Toye, Skitch/Isidore Godfrey (com os diálogos).

EMI, 1964 – Lewis, Cameron, Morris, Thomas, Graham, Young/Sargent (sem diálogos).

TER, 1991 – Feldsend, Oake, Ross, Hanley, Woollett, Creasey/J. Pryce-Jones (com diálogos).

As relações do compositor e do libretista, que já vinham passando por dificuldades, entraram em pane após a estréia dos *Gondoleiros*. Gilbert fez uma viagem de férias à Índia com a sua mulher e, ao voltar, ficou irritadíssimo ao saber que £4,500 do dinheiro dos direitos autorais de ambos tinham sido investidos em despesas preliminares para a nova produção. Enfureceu-o particularmente saber que £500 tinham sido gastos na compra, que ele considerou supérflua, de novos carpetes para o Savoy Theatre. Falou disso a D'Oily Carte, que lhe respondeu, sumariamente: "Bom, nesse caso, você não escreve mais para o Savoy!". Gilbert entrou na justiça e ficou mais zangado ainda quando, na "carpet quarrel", como os jornais chamaram o processo que se seguiu, Sullivan tomou o partido de Carte. O processo foi de resultado inconclusivo, mas de efeito muito desgastante para o prestígio da dupla que, durante semanas, alimentou a sede de mexericos dos jornais.

Helen d'Oily Carte, a mulher do empresário, conseguiu finalmente reconciliá-los. Mas três anos haveriam de se passar antes que, em 1893, os antigos parceiros voltassem a colaborar em *Utopia Limited*. A essa altura, porém, algo da mágica e da antiga motivação tinha desaparecido. As operetas da fase final não têm mais a centelha brilhante das anteriores. *Os Gondoleiros* ficam, portanto, como o último grande exemplo da colaboração desses dois homens que, como Hugo von Hofmannsthal e Richard Strauss, eram de temperamento incompatível, mas artisticamente feitos um para o outro.

Os desentendimentos, pelo menos, não fizeram que eles perdessem o respeito um pelo outro. Na manhã seguinte à estréia dos *Gondoleiros*, Gilbert escreveu a seu parceiro: "Obrigado pela música maravilhosa com que você vestiu a minha peça. Ela lhe dará a possibilidade de brilhar século XX adentro, com toda a luminosidade". E Sullivan respondeu: "Não fale da minha luminosidade. Num libreto tão perfeito quanto o dos *Gondoleiros*, é você que tem um brilho individual, que nenhum outro escritor pode pretender alcançar".

Da mesma forma que construíra o Savoy para ser o templo da opereta, D'Oily Carte sonhava, havia tempos, em edificar um teatro dedicado a peças musicalmente mais substanciais, a English Grand Opera, baseada no modelo do *grand-opéra*, que Meyerbeer popularizara em Paris. Em 15 de dezembro de 1888, Helen D'Oily Carte lançou, num terreno comprado no Cambridge Circus, a pedra fundamental do que viria a ser o Royal English Opera. Sullivan trabalhou nos *Gondoleiros* enquanto o projeto estava sendo realizado mas, desde o início, tinha uma idéia clara do que pretendia realizar: criar uma nova escola de ópera inglesa – que descreveu claramente, numa entrevista de 1885 ao jornal *San Francisco Chronicle*, quando foi aos Estados Unidos para a apresentação do *Mikado*:

> A ópera do futuro é um compromisso. Tenho pensado, trabalhado e sonhado com isso. Não a Escola Francesa, com suas melodias elegantes, suas luzes e sombras, seus truques teatrais; não a Escola Wagneriana, com seus misticismo e sentimentos irreais; não a Escola Italiana com suas árias de *fioriture* fantásticas e seus efeitos forçados. É um compromisso entre as três, uma espécie de escola eclética, uma seleção dos méritos de cada uma delas. Eu próprio hei de tentar produzir uma *grand opera* para essa nova escola. Sim, será uma obra histórica e é o sonho da minha vida. Não acredito em óperas baseadas em deuses e mitos. Esse é o problema da Escola Alemã, demasiado metafísica e filosófica. O que queremos são intrigas que trabalhem com emoções e paixões humanas. A música deve falar ao coração, não ao cérebro.

A concepção de Sullivan de uma música essencialmente inglesa não se enraizava no folclore – como acontecerá com Vaughan Williams –, mas nas tradições históricas, pois os vitorianos viam-se como os herdeiros de um legado heróico, e a prosperidade do mundo moderno, como o resultado das conquistas do passado. Era natural que o desejo de um compositor vitoriano de expressar a consciência nacional o fizesse voltar-se para a obra de Sir Walter Scott que, em seus romances históricos, celebrara os processos históricos pelos quais a Inglaterra se transformara naquilo que era no final do século XIX.

Na ausência de Gilbert que, de qualquer maneira, não teria julgado o dramaturgo mais indicado para tratar tal assunto, Sullivan pediu a Julian Sturgis que lhe preparasse o libreto, baseado no romance *Ivanhoe*, que Sir Walter Scott publicara em 1820. Não era a primeira vez que uma adaptação do livro de Scott subia à cena lírica:

- o *Ivanhoe* de Rossini, com libreto de Émile Deschamps e Gustave de Wailly, era um *pasticcio* autorizado pelo próprio, montado com cenas de suas óperas anteriores, produzido em 15 de setembro de 1826, no Théâtre de l'Odéon, de Paris, num espetáculo a que o próprio Scott assistiu;
- *Der Templer und die Jüdin* (O Templário e a Judia, 1829), de Heinrich Marschner, foi a ópera mais importante inspirada por esse livro[20];
- na Itália, foram produzidas o *Ivanhoe* (1832) de Pacini, *Il Templario* (1840) de Nicolai, a *Rebecca* (1865) de Bartolomeo Pisani, o *Ivanhoe* (1888) de Attilio Ciardi.

Motivos pessoais, doença, aborrecimentos causados pela disputa com Gilbert, retardaram a composição, e Sullivan teve de pagar £3.000 a D'Oily Carte, pelas perdas com o pagamento dos funcionários da Royal English Opera House, que ficara inativa à espera de a partitura estar pronta. Uma enorme máquina publicitária foi posta em movimento, para preparar a inauguração da casa, em 31 de janeiro de 1891, com *Ivanhoe*. Três elencos tinham sido contratados para se revezarem nas 160 récitas consecutivas que a ópera teve. Entre os cantores, não havia grandes estrelas, no sentido comum do termo, mas bons cantores, como o barítono Eugene Oudin (o Templário) ou o tenor Ben Davies (Ivanhoe).

A ópera não atendeu, porém, às expectativas de D'Oily Carte. A resposta do público não lhe permitiu cobrir o enorme investimento que fizera com a construção do teatro. Nas últimas récitas, tentando salvá-la do desastre, D'Oily Carte montou *Ivanhoe* em rodízio com *La Basoche*, de Messager. Depois, retirou-a de cartaz. Uma temporada de peças faladas com Sarah Bernhardt não impediu a falência. Em janeiro de 1892, a Royal English Opera House (hoje chamada de Palace Theatre) foi vendida a Sir Augustus Harris, que a transformou numa sala de concertos. Isso fez com que *Ivanhoe* ficasse com má fama; o que se explica também por ela ser uma típica ópera de números de empostação romântica, produzida após a explosão, em 1890, com a estréia da *Cavalleria Rusticana*, do gosto pelas óperas veristas, mais curtas, passionais e diretas.

Mal recebida em Berlim, em 26 de novembro de 1895, *Ivanhoe* teve mais sucesso no Court Theatre de Liverpool, em 14 de fevereiro de 1895, numa versão revista, apresentada pela Carl Rosa Company. Sir Thomas Beecham a incluiu na temporada de 1910, no Covent Garden; e a BBC a transmitiu duas vezes em 1929. Semi-esquecida até 1989, foi exumada pela Gilbert & Sullivan Society de Edimburgo, que promoveu, pelo selo Pearl, a gravação de David Lyle (Bourjo, Blackwood, Klayman, Borthwick, Cowan, Drummond).

A ação de *Ivanhoe* passa-se durante a Terceira Cruzada (1190-1192), no momento em que o rei João Sem Terra ocupa o trono e tenta usurpá-lo de seu irmão ausente, Ricardo Coração de Leão. É uma época em que a Inglaterra ainda vive o conflito da existência de duas sociedades, a saxã e a normanda, rivais e em constante atrito. O saxão Cedric, *thane* de Rotherwood, é o guardião de Lady Rowena, de sangue real, e decidiu que ela só se casará com um descendente da antiga casa real saxã. O radicalismo de Cedric o fez deserdar seu próprio filho, Wilfred, cavaleiro de Ivanhoe, por ele ter ousado apaixonar-se por Rowena,

---

20. Ver *A Ópera Alemã*, desta coleção.

sem possuir a linhagem que o habilitaria a candidatar-se à sua mão. Desiludido, Wilfred partiu para as Cruzadas.

No início da ópera, Cedric ofereceu hospedagem aos normandos Maurice de Bracy e Brian de Bois-Guilbert, comandantes da Ordem dos Cavaleiros Templários; ambos estão a caminho de um torneio. Ali está também o banqueiro judeu Isaac de York, com Rebecca, a sua lindíssima filha. À noite, durante o jantar, fala-se das proezas normandas e saxãs na Terra Santa. Bois-Guilbert narra ter sido derrubado de sua montaria pelo cavaleiro Ivanhoe, e desafia-o a enfrentá-lo em combate singular, assim que voltar à Inglaterra. Na verdade, sem que seu pai ou amigos o reconheçam, Ivanhoe já está no castelo, disfarçado de peregrino. Ao ouvir as palavras do templário, resolve aceitar o desafio. Nesse meio tempo, o cavaleiro de Bracy, atraído pela beleza e as posses de Rowena, combina com Bois-Guilbert montar uma cilada à escolta de Cedric, no retorno do torneio, e raptá-la.

Ivanhoe se apresenta ao torneio, em Ashby-de-la-Zouch, como o Cavaleiro Deserdado e consegue novamente, após terrível combate, derrubar Brian de seu cavalo. Enfraquecido por uma ferida anterior, não pode impedir que o arauto remova seu elmo, para que Rowena, escolhida a Rainha da Beleza, coloque em sua cabeça a coroa de vencedor. Ao vê-lo desmaiar de fraqueza, Rowena e Cedric o reconhecem. Nesse meio tempo, tendo fugido do cativeiro nas mãos do duque da Áustria, Ricardo Coração de Leão refugiou-se na floresta de Copmanhurst, entre os foras-da-lei liderados pelo frei Tuck. É na recepção que fazem ao soberano que se ouve a canção de taverna "Ho, jolly Jenkin", a ária mais famosa da ópera, hoje incluída com freqüência em recitais de canto. No final dessa cena, aparece Locksley, conhecido como Robin Hood. Ele vem pedir a Tuck e ao rei Ricardo que se juntem à expedição que tentará salvar Cedric e Rowena, levados pelos normandos para o castelo de Torquilstone. Lá também está preso Ivanhoe. Para transportá-lo, sem sentidos, até o castelo, De Bracy e Bois-Guilbert obrigaram Isaac e Rebecca a carregá-lo em sua carruagem.

Rebecca está presa numa cela do torreão, onde é aterrorizada pela louca Ulrica, que colocaram como sua carcereira. É também assediada por Bois-Guilbert, que se apaixonou perdidamente por ela. Desesperada, Rebecca ameaça atirar-se pela janela, demonstrando uma coragem que faz o desejo do templário tornar-se ainda mais agudo. A tentativa de sedução é interrompida pela fanfarra que anuncia a chegada das forças conduzidas pelo rei Ricardo I, que cercam o castelo de Torquilstone. Durante o ataque, Rebecca cuida dos ferimentos de Ivanhoe, por quem se apaixonou. Num ataque de loucura, para vingar-se de maldades que ela acredita lhe terem sido feitas no passado, Ulrica ateia fogo ao castelo. Na confusão que se segue, Bois-Guilbert apodera-se de Rebecca e leva-a consigo.

Na floresta, para onde foram levados, Cedric reconcilia-se com o filho, graças à mediação do rei Ricardo. Dá, finalmente, a permissão para que ele se case com Rowena. A alegria geral é interrompida pela aparição de Isaac: ele vem pedir ajuda para Rebecca. Como a judia recusou-se a entregar-se ao templário, ele a acusou de tê-lo enfeitiçado. A moça será executada na fogueira, a menos que um cavaleiro se apresente para lutar por ela, num julgamento divino, como seu defensor. Ivanhoe acompanha Isaac, apresenta-se a Lucas de Beaumanoir, o grão-mestre dos Templários, e oferece-se para defender Rebecca. Terá de enfrentar uma vez mais Brian de Bois-Guilbert. Desta vez, como as feridas ainda o debilitam, o templário consegue desarmar Ivanhoe e colocá-lo de joelhos. Mas quando Bois-Guilbert ergue a espada para decapitá-lo, é fulminado por um súbito ataque, e cai morto a seu pés. Rebecca está sendo libertada, quando Ricardo chega, com Rowena e Cedric. O rei exila os templários, punindo-os por abuso de violência e desobediência à lei.

Visivelmente influenciada pelo *Templário e a Judia*, mas com um tratamento menos nuançado da figura do vilão – que, na ópera de Heinrich Marschner, não é uma figura monocrômica, pois está sinceramente apaixonado por Rebecca – o *Ivanhoe* de Sullivan sofre pelo fato de, em 1891, já ser uma ópera formalmente antiquada, com a pausa tradicional para o aplauso após cada número autocontido. Por outro lado, há nela provas de que, como em *The Golden Legend* (A Lenda Dourada, 1886), a última de suas cantatas, Sullivan estava à procura de uma melodia vocal que não ficasse restrita aos esquemas de metrificação impostos pelos versos de Gilbert. A partitura prolonga, em especial nas cenas corais, tendências que já estavam presentes nos *Yeomen of the Guards*; mas a linha vocal, aqui, é ainda mais solta e variada.

À primeira audição, *Ivanhoe* soa dispersiva e inconsistente. Dunhill a chamou de "um mero panorama de acontecimentos, sem unidade de construção". No entanto, há alguns procedimentos sutis, que garantem essa unidade. A estrutura foi prevista de modo a permitir a alternância de cenas líricas e heróicas. Há também cuidado maior – que estará presente nas obras do final da carreira – com a interrelação das tonalidades: a ópera começa em dó maior e essa tonalidade predomina em toda a partitura. A linguagem é basicamente diatônica; o cromatismo marcante da *Lenda Dourada* é reservado às cenas mais intimistas: o dueto de Rowena e Ivanhoe (I,2), a confrontação de Rebecca com Ulrica e, depois, com o templário (II,3). As cenas ao ar livre são escritas em luminosas tonalidades maiores. As de interior, especialmente as passadas em Torquilstone, em tonalidades menores ou bemolizadas, mais sombrias. Os trechos densos, de orquestração mais pesada, contrastam com uma cena leve e extrovertida como a do frei Tuck com Ricardo (II,1), em que o tom se aproxima quase do das "Savoy Operas".

Temas recorrentes – que não chegam a ser *leitmotive* no sentido wagneriano do termo –, ocorrem para expressar conflito: a seqüência do desafio a Ivanhoe feito pelo templário (I,1); ou o dueto em que Rebecca resiste a Bois-Guilbert (II,2). Cada vez que se menciona a rixa entre saxões e normandos, ou vem a baila a questão dos deveres cavalheirescos, ouve-se o tema dos Cavaleiros Normandos, tocado a primeira vez quando De Marcy e Bois-Guilbert chegam ao castelo de Cedric. Mas, à exceção do tema que liga Ivanhoe ao templário, esses temas não sofrem modificações. São simplesmente reiterados, como lembretes de que as situações a que se referem são aparentadas.

A orquestração é bem cuidada, em especial no acompanhamento da ária "O moon art thou clad", de Rowena, no ato I; e no dueto com Ivanhoe que se segue, com um toque mais leve do que a escrita orquestral de seus contemporâneos ingleses, caracterizada por certo peso brahmsiano. A instrumentação é bem mais esparsa do que, por exemplo, na *Golden Legend*; e há momentos em que Sullivan deixa as vozes se expressarem sem acompanhamento. Mas há também passagens em que a orquestra se faz ouvir de modo maciço, como é o caso da cena do assédio e do incêndio de Torquilstone.

Há um certo desequilíbrio entre as personagens. Ulrica, decalcada obviamente na Azucena do *Trovatore*, é uma personagem bem caracterizada, mas tem atuação periférica na história. Por mais graciosa que seja, Rowena é muito menos interessante do que Rebecca, e só um antigo amor dos tempos de infância explica que Ivanhoe não perceba o quanto a judia é mais sedutora (isso, de resto, acontece também no romance de Scott). A oração de Rebecca, "Guard me, Jehovah, guard me", é um dos números mais eficientes da partitura, graças ao ofegante acompanhamento da viola, e à melodia de gosto leste europeu, que Sullivan afirmava ter ouvido numa sinagoga, em seus anos de estudante em Leipzig.

Ivanhoe é o herói convencional, no qual percebe-se a atenção ao modelo do primeiro Wagner – *Lohengrin*, em especial, devido ao elemento cavalheiresco de ele participar do torneio ou oferecer-se como defensor de Rebecca. A oposição entre o cavaleiro e Bois-Guilbert – tratado, como dissemos, sem a mesma sutileza da personagem de Heinrich Marschner – tende, às vezes, a ser simplista. Hoje, o gosto moderno aceita com naturalidade a intrusão, simpática e criadora de contraste músico-dramático, do elemento "Savoy Opera", representado por frei Tuck e sua canção de taverna. Na época, a crítica reagiu mal a essa aparição de uma página de opereta dentro do sacrossanto gênero da ópera séria.

Sydney Grundy foi, na falta de Gilbert, o autor do libreto de *Haddon Hall*, "ópera leve" encenada no Savoy em 24 de setembro de 1892. Como no *opéra-comique* francês, modelo visível, o elemento romântico tem mais peso do que o bufo ou o satírico, nesse episódio histórico tratado muito livremente, que Grundy deslocou no tempo, passando-o de

1561 para a época do Commonwealth. O realista Sir George Vernon quer assegurar a posse de sua propriedade, Haddon Hall, no Derbyshire, casando a sua filha, Dorothy, com o primo Ruperti, do Partido Puritano. Mas Dorothy está apaixonada pelo realista John Mannors e foge com ele. Sir George, furioso, decide persegui-los mas, nesse meio tempo, a Restauração devolve Carlos II ao trono, e ele se vê forçado a aceitar a escolha da filha.

Após a estréia, George Bernard Shaw escreveu: "Estou pronto a afirmar que a 'Savoy Opera' tornou-se um gênero em si mesmo. E *Haddon Hall* é a expressão mais alta e consistente que esse gênero atingiu". A peça tem, de fato, grau muito satisfatório de realização musical, a começar pela possibilidade que o tema patriótico dá a Sullivan de construir uma daquelas cenas corais contrapontísticas, para as quais tem a mão ótima: um hino em uníssono dos puritanos contraposto a um ágil coral em 6/8, de sabor popular. Na introdução ao ato I, destaca-se "Earth was made for man's delight", peça coral construída à maneira de um madrigal elizabetano. O agrado do público foi tanto que o número fez sucesso publicado separadamente. É desusado, para os padrões de composição das "Savoy Operas", o extenso *finale* do ato II. Ele começa no meio de uma cena e prossegue, com música contínua, durante o interlúdio que descreve uma tempestade, para permitir a mudança de cenário, cobrindo toda a cena seguinte, com que o ato se encerra. Vindo logo depois de *Ivanhoe*, com a qual tem algumas afinidades estilísticas, *Haddon Hall* confirma a sensação de que Sullivan teria podido perfeitamente fazer carreira como operista, se não fosse muito mais lucrativo compor as suas deliciosas operetas.

E finalmente, em 7 de outubro de 1893, o Savoy Theatre assistiu à produção de um novo título da dupla, desfeita em 1890. A reação do público não foi mais tão entusiástica quanto antes. Mas a audácia do libreto de *Utopia Limited or The Flowers of Progress* mostra que Gilbert nada perdera de seu gume satírico – embora posto a serviço de seu costumeiro conservadorismo. A zombaria a que ele submete as instituições britânicas culmina numa cena de apresentação na corte, encenada à maneira das *minstrels operas*, os espetáculos em que as personagens se travestiam de escravos negros, um gênero muito populares nos Estados Unidos daquela época, país com o qual a dupla tinha muito contato[21]. A importação das "melhorias" aprendidas na Grã-Bretanha inclui a transformação do país imaginário de Utopia numa companhia limitada, "nos termos do decreto das Ações Conjuntas das Empresas, de 1862".

Em Utopia, uma das ilhas dos Mares do Sul, o rei Paramount se encontra nas mãos de Scaphio e Phantis, velhos ministros corruptos, que detêm o poder de denunciá-lo, por qualquer ofensa, a Tarara, *the public exploder* (o carrasco). Zara, a filha mais velha do rei, terminou os estudos no Girton College de Cambridge e está voltando ao país. Suas duas irmãs mais novas, Nakaya e Kalyba, também são educadas por uma governanta inglesa, Sophy. Na valsa "Bold-faced ranger meets two well-behaved young ladies", a governanta ensina-lhes as regras do namoro na alta sociedade. Sophy está apaixonada pelo rei e não entende por quê ele não toma medidas drásticas contra o jornalista que escreve artigos anônimos escandalosos, contra o trono, no jornal *The Palace Peeper*.

O coral "O maiden rich in Girton lore" recepciona Zara. Ela está caidinha pelo oficial que a escolta, o capitão inglês Fitzbattleaxe, uma das "Flores do Progresso", que a ajudará a reformar Utopia, adaptando-a aos padrões britânicos. É o capitão quem apresenta ao povo a lista das reformas que pretende fazer no Exército, na Marinha, nos serviços municipais e na moralidade dos espetáculos teatrais. O capitão trouxe com ele Mr. Goldbury, administrador de empresas que vai supervisionar a conversão do país numa companhia limitada. Scaphio, Phantis e Tarara ficam muito preocupados quando Goldbury expõe os regulamentos formadores de uma companhia: "Some seven men form an association".

As exaltadas efusões amorosas de Zara e Fitzbattleax são perturbadas apenas pelos efeitos negativos do canto sobre a voz do tenor. O rei Paramount conduz o que imagina ser uma

---

21. Sobre as *minstrels operas* e sua voga, ver *A Ópera nos Estados Unidos*, desta coleção.

cerimônia de corte à inglesa e que, na verdade, é uma sátira aos chás oferecidos pela alta burguesia ("Society has quite forsaken all her wicked courses"). Fracassa a conspiração de Scaphio, Phantis e Tarara contra o rei. Mr. Goldbury assegura às duas princesas que, para ser uma "bright and beautiful English girl", não é necessário ter os modos afetados que a governanta lhes está ensinando. O rei confessa a Lady Sophy ter sido obrigado, por seus cortesãos, a escrever aquelas coisas horríveis sobre si mesmo, que o jornal publica. Os dois declaram seus sentimentos no dueto "Oh the rapture unrestrained of a candid retractation!". De repente, ao ouvir o coro cantando "Down with the Flowers of Progress", o rei se dá conta de que a população não gostou das reformas, porque agora tudo está perfeito demais. Nelas, porém, eles se esqueceram de incluir algo de tipicamente inglês: o controle dos partidos sobre o governo. Bastará acrescentar isso, para que a confusão e a prosperidade retornem, para a satisfação geral.

A dança exerce papel fundamental na partitura de *Utopia Limited*. Em seu dueto do ato I, por exemplo, Scaphio e Phantis dançam, num rápido ritmo de 6/8, para sugerir, com mímica, emoções que o outro deve adivinhar. No ato II, há uma reprise dessa cena dançada, à qual se acrescenta uma "ária sussurrada", que não é para ser inteiramente ouvida pela platéia: dessa maneira, o público fica sem saber ao certo que planos sinistros Scaphio, Phantis e Tarara estão mancomunando contra Paramount. É numa "Graceful Dance" que o rei e Lady Sophy assumem, finalmente, estarem apaixonados um pelo outro. Depois disso, a eles se juntam, numa exuberante tarantela, Zara e Fitzbattleaxe, e as duas irmãs mais moças com seus namorados, dois rapazes que fazem parte da equipe do capitão. Para a platéia da época, deve ter sido uma surpresa o uso que Sullivan faz de temas tomados de empréstimo aos *minstrel shows* a que tinha assistido nos Estados Unidos. No selo Decca, há a gravação de R. Nash, feita em 1975 (Field, Holland, Ayldon, Reed, Sandford, Ellison).

Enquanto Gilbert trabalhava no texto do espetáculo seguinte, Sullivan e Francis Cowley Burnand reciclaram *The Contrabandista*, de 1867, para poder reapresentá-la, em 12 de dezembro de 1894, com o título de *The Chieftain*. A revisão de *O Chefe do Bando* foi extensa, para despistar o *remake*. O ato I foi mantido, mas com o *finale* expandido e melhorado. O ato II é praticamente novo e faz Dolly Grigg vir à Espanha, à procura do marido que, sem querer, tornou-se chefe de um grupo de bandoleiros. Embora estreasse bem, o espetáculo logo começou a perder público. Na tentativa de salvá-lo, Sullivan compôs novas canções, incorporadas à edição revista que Chappell publicou em 1895. Mas a ópera saiu de cartaz após 97 récitas (resultado muito fraco, considerando as 245 apresentações de *Utopia Limited*).

Entre as canções novas, a mais interessante é a habanera "My parents were of great gentility", a ária de apresentação de Inez, comandante dos bandidos, que quer obrigar Grigg a casar-se com ela. Sullivan é bem-sucedido em dar-lhe um típico aroma espanhol. Faz também um pastiche muito hábil de opereta francesa, à maneira de Planquette ou Messager, no vivo dueto "Ah oui, j'étais une pensionnaire", cujo texto mistura versos em inglês e em francês. Esta, salvo engano, é uma das poucas óperas de Sullivan da qual não existe registro discográfico.

Especialista na obra dos criadores da "Savoy Opera", o musicólogo Arthur Jacobs é da opinião de que o último libreto de Gilbert, *The Grand Duke or The Statutory Duel*, "demasiado longo e palavroso", é o pior que ele escreveu para Sullivan. O elenco muito grande só serve para tornar a história dispersiva e confusa. O próprio libretista parece se esquecer, no final da história, da importância que atribuíra, no começo, à conspiração contra o governo do país imaginário onde a ação se passa; e ao fato de que, para reconhecerem uns aos outros, os conspiradores comiam uma salsicha. É paradoxal o fato de o papel da atriz inglesa Julia Jellicoe ter sido criado por Ilka von Palmay, bela cantora-atriz recém-chegada à companhia de D'Oily Carter, que falava inglês com carregadíssimo sotaque húngaro. Apesar dos vários números musicalmente válidos que apresenta, *The Grand Duke* é uma peça muito desigual. Ainda assim, ficou 123 noites em cartaz. Depois, só foi reprisada em 1975, em versão de concerto. Nessa ocasião, foi feita, para o selo London Decca, a gravação de R. Nash (Goss, Holland, Reed, Ried, Rayner, Liller). A BBC a transmitiu duas vezes, em 1966 e em 1989.

A companhia de teatro do grão-ducado de Pfennig Halbpfennig (um tostão, meio tostão) está comemorando o casamento de Lias e Ludwig, dois de seus membros. Os atores estão também envolvidos na conspiração para destronar o grão-duque Rudolph. O empresário Ernst Dummkopf (cabeça dura) tomará o palácio do governo, e a arrogante atriz inglesa Julia Jellicoe condescende em fazer-se passar por sua noiva. Mas, como o duque ficou sabendo do complô contra ele, o tabelião sugere aos atores que o golpe de Estado seja substituído por um "duelo estatutório", a ser realizado com as cartas de um baralho. Quem tirar a carta mais baixa, ficará legalmente morto; o vencedor assumirá os direitos do derrotado.

Ernst duela com Ludwig: este tira o ás e, proclamado vencedor, fica encarregado de ir procurar o grão-duque e denunciar o "morto" como líder da conspiração. O próprio Rudolph aparece, muito tristonho com sua situação de penúria, como explica na ária "When you find you're a broken-down critter". Mas consola-se com a idéia de que a sua noiva, a baronesa von Krankenfeld, aceita viver com ele parcimoniosamente ("As o'er our penny roll we sing"). Alarmado com os rumores sobre uma conspiração, ele é convencido a participar de um outro "duelo estatutório".

Mas o baralho que eles utilizarão foi previamente arrumado para que Ludwig ganhe a partida, torne-se o grão-duque e enfrente todas as conseqüências desagradáveis de assumir esse cargo pesado. Mas como o regulamento que rege esse tipo de duelo expira no dia seguinte, o duque poderá recuperar logo o seu trono. Eles "duelam", Ludwig tira o ás e, na ária "Oh, a monarch who boasts intellectual graces", sonha com seu efêmero reinado. Embora o arranjo tivesse sido feito com Ernst, e não com Ludwig, que está noivo de Lisa, Julia insiste no direito que tem de desempenhar o papel de primeira dama do grão-ducado. "Sing hey, the jolly jinks of Pfennig Halbpfennig", canta Ludwig com o coro, prometendo à companhia um feliz reinado.

O reinado de Ludwig é inaugurado com uma festa, em que a companhia usa cenários e figurinos de uma peça passada em Atenas. Ao ouvir Julia declamar, retoricamente, sobre o papel que desempenhará como duquesa, a baronesa von Krankenfeldt, afirmando que o grão-duque agora está legalmente morto, reivindica para si o direito de casar-se com o sucessor do trono. E, da mesma forma que Julia tinha feito com Lisa, joga a atriz inglesa para escanteio. Julia não pode nem mesmo casar-se com Ernst, porque o primeiro decreto de Ludwig, ao subir ao trono, prorrogou por um século a validade do duelo estatutório e, com isso, o empresário também permanece legalmente morto.

Decidida a casar-se com Ludwig, a baronesa se regozija com a idéia de que vai fazer uma festança por conta dos cofres públicos: "Come, bumpers aye, ever so many!". Mas aparece, inesperadamente, nova candidata à mão do sucessor: a Princesa de Monte Carlo, de quem o grão-duque Rudolph tinha ficado noivo quando criança. Seu pai, o Príncipe de Mônaco, exige que a promessa de casamento seja cumprida e, na ária "Take my advice, when deep in debt", conta como enriqueceu bancando a roleta, no cassino. Mas o tabelião põe tudo de cabeça para baixo, ao chegar com a notícia de que, segundo as regras do duelo estatutório, o ás, equivalente ao um, é a menor carta do baralho. Portanto, Ludwig não venceu nenhum dos duelos dos quais participou. Sendo assim, ele nunca foi grão-duque. E nunca deteve, tampouco, o poder de modificar o decreto que regia a validade do duelo estatutório – que, a esta altura, em todo caso, já está perto de expirar. Ludwig suspira aliviado, porque pode voltar para os braços de Lisa. Julia também se alegra, pois poderá casar-se com o "ressuscitado" Ernst. Coro final de regozijo. Mas e o grão-duque, a baronesa, os príncipes de Mônaco e os conspiradores, há de perguntar o leitor, o que aconteceu com eles? Só Deus sabe!

Sullivan não perdeu a mão para as árias de auto-apresentação: a do grão-duque Rudolph é tão boa quanto a do capitão do *Pinafore*, a do Chancellor na *Iolanthe*, ou as lamúrias do rei Gama na *Princesa Ida*. "When you find you're a broken-down critter" confirma a inspiração melódica de Sullivan e demonstra que a sua escrita harmônica continuava a progredir. Ele compõe também um comentário bem-humorado para a ária na qual o tabelião, no ato I, descreve as regras do duelo. E dá à baronesa, no ato II, uma *aria di sortita* muito enérgica, complementada por um número, desusado no teatro inglês, para uma personagem feminina de meia-idade: um brinde esfuziante. Mas faz muita falta a vertente lírica de um libreto que bate apenas na tecla dos efeitos cômicos, já um tanto mecânicos e surrados, a essa altura da carreira de William Gilbert.

Embora encenada no Savoy, em 28 de maio de 1898, com os membros da companhia de D'Oily Carte, *The Beauty Stone* não possui nenhum dos elementos das "Savoy Operas". O libreto, escrito pelo eminente dramaturgo Arthur Pinero, em colaboração com J. Commyns Carr, é o de uma ópera de caráter sentimental, baseada numa lenda flamenga. Nela, o Diabo é uma personagem cômica e desajeitada, da mesma forma que na cantata *The Golden Legend*. A *Pedra da Beleza* de que fala o título é o talismã usado por Laine, moça aleijada e sem atrativos físicos, para transformar-se numa mulher belíssima, pela qual o Senhor de Milemont se apaixona. Quando o talismã perde o seu poder mágico, Laine já não precisa mais dele pois, a essa altura, o marido perdeu a visão no campo de batalha, e o que ama na esposa é a forma como ela se devota inteiramente a cuidar dele. Apesar da fama de Pinero como autor de teatro falado, essa história de ideologia meio duvidosa foi recebida friamente pela platéia do finalzinho do século XIX. O texto não parece tampouco ter inspirado o compositor, pois a música tem raros momentos de maior destaque. Os melhores talvez sejam os que tratam da amante moura do herói, mulher bonita, sensual, mas semi-vilã, que entra em forte contraste com Laine.

Percebendo, decerto, que Sullivan, separado de Gilbert, não rendia a mesma coisa, Basil Hoods dispôs-se a imitar o estilo do parceiro famoso, ao escrever o libreto de *The Rose of Persia or The Story-Teller and the Slave*, baseado em um dos contos das *Mil e Uma Noites*. Faz engenhosos jogos de palavras e escreve versos polissilábicos, que permitem os ritmos marcados com os quais Sullivan sabe trabalhar, para contar uma história de identidades trocadas. Percebe-se que, devido à ambientação oriejntal, é sobretudo o *Mikado* a ópera decalcada por Basil Hoods.

Para distrair-se do tédio de ter um harém com 25 mulheres briguentas, o rico mercador Hassan entretém filantropicamente, todas as noites, um grupo de mendigos, aos quais serve ricos jantares. Uma noite, a sultana visita a sua casa, disfarçada de dançarina. Divertindo-se com a idéia de que ele não percebeu quem estava recebendo, a sultana o faz embebedar e leva-o para o palácio. Hassan fica perplexo e muito confuso, quando a sultana o apresenta à corte como se fosse o soberano do país.

A textura e a seqüência de números obedece ao padrão das "Savoy Operas", com canções de estilo variado, coros animados e concertatos buliçosos, o melhor dos quais é um divertido quarteto, do qual vozes masculinas participam de forma canônica, criando efeito cumulativo. Até mesmo a figura hipócrita e desagradável do sacerdote Abdallah, escrita para um baixo, merece uma ária bem escrita, "When Islam first arose". A recepção, no Savoy, em 19 de novembro de 1899, não foi má, e *A Rosa da Pérsia* ou O Contador de Histórias foi algumas vezes remontada. No número de novembro de 1999, a revista *BBC Music Magazine* encartou a gravação comemorativa de Higgins (Hill Smith, Sharpe, Caddy, Suart, Veira).

Ao morrer, em 22 de novembro de 1900, Sullivan estava trabalhando em um novo libreto de Basil Hood, *The Emerald Isle or The Caves of Carrig-Cleena*. Deixou prontos os primeiros nove números e alguns outros – são trinta ao todo – esboçados fragmentariamente. Edward German, que terminou a partitura, preocupou-se em imitar seu estilo inequivocamente pessoal, e em levar adiante a imitação que ele estava fazendo de música baseada no folclore irlandês, tomando como modelo o *Shamus O'Brien* de Stanford, estreado em 1896. Estão presentes as *jigs* em 6/8 que encontramos na partitura de Stanford; mas com um tom alegre e brincalhão, típico da leveza das "Savoy Operas".

Infelizmente, na *Ilha de Esmeralda*, o libreto de Hood não é dramaticamente tão bem amarrado quanto na ópera anterior. Os soldados britânicos enviados para reprimir uma rebelião nacionalista na Irlanda ficam atemorizados, porque Molly, uma garota local, finge ser a temível feiticeira que mora, segundo a lenda, na caverna de Carrig-Cleena. O Lord Lieutenant em pessoa, responsável pela administração britânica da Irlanda, vem para sufocar a rebelião. Mas a situação é salva pelo "Professor" Bunn, charlatão que vai de cidade em cidade, apresentando-se como "mesmerista, ventríloquo, humorista e, de um modo geral, ilusionista". Esta é mais uma das figuras inspiradas no Dulcamara do *Elisir d'Amore*, que rende a Sullivan uma longa e virtuosística "ária de catálogo", cheia de quebra-línguas. Bunn convence o Lord Leutenant de que, como todo nobre inglês, ele deve "ser pelo menos metade americano" e, conseqüentemente, é "um amigo da Irlanda, como todos os americanos são". Esse retorcido raciocínio – que homenageia a enorme imigração irlandesa para os Estados Unidos e a contribuição essencial dessa etnia para a formação da população americana – faz o governador britânico poupar os rebeldes.

A última ópera de Sullivan foi cantada no Savoy Theatre em 27 de abril de 1901. Seu número mais interessante é o da ária de apresentação do Lord Leutenant – a última desse gênero que o compositor produziu –, na qual o tema de *God Save the Queen* está dissimulado na linha do baixo, no acompanhamento.

Se a experiência séria de *Ivanhoe*, apesar de suas 160 récitas, muito mais do que uma ópera tradicional obtém, foi um fracasso e ela foi pouquíssimas vezes revivida, as "Savoy Operas" tornaram-se um êxito perene e, até hoje, têm uma vitalidade cênica que nenhuma outra produção do período victoriano alcançou – mesmo sendo sátiras a instituições e costumes britânicos ou, talvez, exatamente por serem impiedosas brincadeiras, do jeito que os ingleses adoram, às anomalias parlamentares em *Iolanthe*, aos modismos esteticistas em *Patience*, à Marinha em *Pinafore*, ao sistema de administração em *Utopia Limited*. Além da proverbial destreza com as palavras – que fez muitas de suas expressões entrarem para a linguagem corrente, como frases feitas – Gilbert escreve histórias originais, e não adaptações de romances ou peças de teatro. E as partituras de Sullivan, sem deixar de serem sutis e, às vezes, muito elaboradas, respondem habilmente aos interesses das camadas mais amplas do público – o que explica a popularidade do que a dupla fez junta, sobretudo na fase 1871-1889. Se ao público popular agradam o bom-humor, a zombaria, a efervescência rítmica, a platéia de gosto mais sofisticado sente-se atraída pelo rigor contrapontístico, as sutilezas harmônicas, a habilidade com que Sullivan entrelaça, no mesmo número, melodias aparentemente não-relacionadas, o virtuosismo com que escreve *patter-songs* – e, em *Ruddigore*, até mesmo um *patter-trio* –, que prolongam a tradição das árias em silabato de Mozart, Rossini e Donizetti.

É rara, em Sullivan, a utilização de um tema como indicador dramático de uma personagem ou de uma situação. E quando isso acontece, é uma técnica que está mais presa ao tema recorrente, como o encontramos em Donizetti e Verdi, Gounod ou Bizet, do que ao *leitmotiv* de Wagner – autor que o inglês admirava, mas que exerceu muito pouca influência sobre a sua obra. A peça em que esse vínculo é mais forte, embora não superficialmente aparente, é o *Mikado*, como o demonstrou Arthur Jacobs em "The Mask of The Mikado", artigo publicado em 1986 na revista *Opera*. Essa, de resto, a julgar pelo sucesso que fez, inclusive em países não-anglófonos, parece ser a melhor produção da dupla. O objetivo de sua crítica, como o dissemos ao tratar dela, são as instituições e costumes britânicos, não os japoneses. Mas o seu orientalismo, mesmo de pacotilha, sempre exerceu grande atrativo sobre o público, e conquistou para ela um lugar em meio àquele grupo de óperas de tema oriental a que pertencem *A Africana, Os Pescadores de Pérolas, Lakmé, Madama Butterfly* ou *Turandot*.

Arthur Sullivan foi professor de composição na National Training School for Music (1876-1881). Recebeu o título de doutor *honoris causa* de Cambridge (1876) e Oxford (1879). Foi nomeado Chevalier de la Légion d'Honneur (1978) pelo governo francês e, em 1883, a rainha Victoria lhe concedeu o título de cavaleiro. Além das "Savoy Operas", Sir Arthur compôs várias cantatas e oratórios, obtendo muito sucesso com *The Golden Legend*, baseada em Longfellow e estreada no Festival de Leeds, em 16 de outubro de 1886. Merece menção também o oratório *The Light of the World*, escrito para o Festival de Birmingham (27 de agosto de 1873). Ficou muito famoso o hino religioso *Onward, Christian Soldiers* (1871), com letra do Rev. Sabine Baring-Gould. E dentre as suas inúmeras canções, ainda se ouve até hoje, em recital, *The Lost Chord* (1877), sobre poema de Adelaide Proctor. Sullivan escreveu ainda dois balés: *L'Île Enchantée* (1864) e o patriótico *Victoria and Merrie England* (1897).

# A Renascença Musical Britânica (1880-1914)

A década de 1880 é um ponto de virada na música inglesa. Apesar da acolhida moderada que recebeu, *The Scenes from Shelley's Prometheus Unbound*, de Sir Hubert Parry, estreada no Festival de Gloucester de 1880, é uma das peças anunciadoras desses novos tempos – injustamente negligenciada pelo disco ainda hoje, numa época em que a redescoberta desse compositor já levou à gravação da integral de suas cinco sinfonias. Em 1884, um dos concertos do Crystal Palace revelou um músico desconhecido, de província, o jovem Edward Elgar, destinado a ser uma das glórias internacionais da música britânica. E ao lado de Parry, destaca-se também a figura de Charles Villiers Stanford, uma das personalidades mais influentes da vida musical britânica na virada do século. Os compositores da Grã-Bretanha estavam se preparando para produzir uma arte que, em vez de ficar restrita às fronteiras da ilha, haveria de tornar-se conhecida e apreciada no mundo inteiro.

Numa das vezes em que Gilbert e Sullivan tiveram um de seus freqüentes atritos, George Bernard Shaw escreveu que Stanford poderia muito bem substituir o colaborador do libretista. Por trás da muralha de cantatas e oratórios, por trás da fachada brahmsiana das sinfonias que Stanford escrevia, o perspicaz Bernard Shaw percebia a existência de um músico cheio de verve – uma natureza descontraída que se expressa nas suas rapsódias irlandesas, em algumas das canções ou numa peça coral bem-humorada como as *Songs of the Fleet*. Se a Inglaterra, em sua época, já tivesse uma tradição operística, Stanford poderia ter sido um compositor diferente. Desde a juventude em Dublin, ele era fascinado pelo palco. Durante os estudos na Alemanha, fez a obrigatória peregrinação a Bayreuth, para assistir ao *Anel* (mas ficou imune ao vírus wagneriano). Suas duas primeiras óperas foram bem recebidas na Alemanha, entre 1881 e 1884; mas não tiveram a mesma acolhida quando ele as trouxe para seu país. Stanford escreveu mais quatro óperas entre 1896 e 1919 e, como professor no Royal College of Music, nunca deixou de enfatizar a importância do gênero dramático. Mas a falta de apoio a seus projetos operísticos acabou fazendo com que se dedicasse à música sacra – o grande *Serviço em Si Bemol Maior*, de 1897, por exemplo –, à música incidental para as peças de Tennyson, e às sinfonias e peças corais que os festivais lhe solicitavam.

Embora a música de Parry não denote isso, ele também era um wagnerita devotado, para desespero de George MacFarren, seu professor que, na véspera de sua ida a Bayreuth, lhe escreveu: "Tomara que um terremoto engula o maldito lugar, e todo mundo que vai lá". O aristocrata Sir Hubert Parry sempre viveu o conflito entre o conservadorismo de sua formação e o ateísmo e a simpatia pelas idéias de esquerda. A linguagem avançada de *Prometeus Unbound* valeu-lhe a encomenda de novos oratórios. Mas *Judith* (1888) e *Job* (1892) – não tão medíocres quanto pensava Shaw, que os demoliu – são peças que visam a atender ao gosto do público. Vamos encontrar o verdadeiro Parry na luxuriante sensualidade da música para *The Loto-Eaters* (1892), de Tennyson; na beleza da *Invocation to Music* (1895), sobre poema de Robert Bridges; na *Ode on the Nativity* (1912), com texto de William Dunbar. Essas duas últimas peças vocais combinam a densa declamação operística com uma estrutura motívica que é devedora, sem dúvida, da atração pelo modelo wagneriano.

É com Elgar que a música inglesa começará realmente a ser conhecida em todo o mundo. Mas, antes dele, obras de Parry e Stanford já tinham sido regidas, no continente, pelo ilustre Hans Richter, que acompanhara Wagner a Londres em 1877 e, depois disso, voltou à Inglaterra todos os anos, até o fim da vida. Richter foi um defensor continental da música inglesa, a ponto de o crítico Eduard Hanslick o ter repreendido por "transformar a Filarmônica de Viena numa pequena colônia inglesa". As filarmônicas de Viena, Berlim, Nova York, a orquestra do Concertgebouw exibiram as sinfonias de Stanford, Parry e de Frederick Cowen – autor esquecido, até o selo Naxos ter posto em circulação, na década de 1990, registros da *Escandinava* (1882), da *Galesa* (1884), da *Idílica* (1898). Esses músicos, e outros da mesma geração – Edgar Bainton, William Bell, Ernest Bryson, William Wallace, Edward German – trouxeram o desmentido ao obituário da sinfonia escrito por Bernard Shaw, que a pronunciara "stone dead" (mortinha da silva).

O escocês Alexander Campbell Mackenzie não escreveu sinfonias; mas solistas do porte de Sarasate e Paderewski estrearam sua *Pibroch Suíte*, para violino e orquestra, e o *Scottish Concerto*, para piano. Os oratórios *The Rose of Sharon* (1884) e *The Dream of Jubal* (1889) atraíram a atenção para o nome desse músico, que é o autor de cinco óperas. Antes de Paderewski e Sarasate, Edward Elgar, que tocava violino na orquestra do Festival de Worcester em 1881, já ficara impressionadíssimo com o oratório *The Bride*, de Mackenzie. Mas na época em que ele escreveu seus dramas líricos, a hora e a vez da ópera inglesa ainda não tinha chegado.

Se Stanford estreou as suas primeiras óperas na Alemanha, foi lá também que se iniciou a carreira de uma das figuras mais originais desse país de excêntricos que é a Inglaterra: a pioneira do feminismo Dame Ethel Smyth, a primeira a invadir, com as suas óperas, concertos e a grande *Missa* de 1891, um território antes exclusivamente masculino. Sem ser a única compositora de seu tempo – não é possível esquecer Edith Swepstone, que estreou a *Sinfonia em Sol Menor* no Festival de Bornemouth de 1902; nem Dora Bright, aplaudida no Crystal Palace ao tocar seus dois concertos para piano – Dame Ethel abriu o caminho para outras mulheres compositoras que viriam a seguir: Grace Williams, Elisabeth Lutyens, Elisabeth Maconchy, Thea Musgrave, Judith Weir.

Edward Elgar escreveu apenas uma ópera, *The Spanish Lady*, no final da vida, e morreu deixando-a inacabada. Mas a relevância, neste contexto, do autor das *Variações Enigma* é tão grande, que seria impossível deixá-lo de lado. Ele é tão ou até mais importante, no que se refere a colocar a Inglaterra da virada do século no mapa musical do mundo, do que o cosmopolita Frederick Delius, mais conhecido a princípio no exterior do que em sua própria terra; mas devotamente defendido em casa por regentes como Henry Wood, Thomas Beecham e Granville Bantock – ele também compositor de óperas e do ambicioso oratório *Omar Khayám*, de 1909.

Vários compositores que iniciaram a carreira nesta virada de século – Arnold Bax, Frank Bridge, Havergal Brian; Gustav Holst, cuja *Savitri* é de 1908, mas só seria encenada em 1916; o próprio Ralph Vaughan Williams – só atingem o auge da criatividade na fase seguinte, da primeira metade do século XX. Por isso vou preferir tratar deles no próximo capítulo, "As Guerras e o Entre-Guerras". Mas, antes, é necessário que mencionemos, neste panorama da transição do século XIX para o XX, dois fatos da maior importância:

- A instituição, em 1895, no Queen's Hall, dos Promenade Concerts – os Proms, que se realizam até hoje, e atraem imensa audiência, de todas as classes. Animados por Robert

Silhueta de Sir Alexander Mackenzie num cartão postal que ele enviou à seu amigo Edward German.

John Pettie representa aqui o compositor Hamish McCunn vestido como um dândi. O título da tela, *Two Strings to Her Bow* (Duas Cordas no Arco Dela) de 1887 é uma referência brincalhona a dois rapazes fazendo a corte à mesma moça.

Em novembro de 1931, Elgar inaugurou o novo estúdio de gravações da Abbey Road regendo a sua abertura *Falstaff* com a Sinfônica de Londres. Entre os convidados, sentado na escada, está o dramaturgo e crítico George Bernard Shaw.

Newman, diretor da sala, e o regente Henry Wood, os Proms sempre tiveram preços populares, mas fizeram um trabalho coerente de revelar repertório novo nacional e internacional. Em 1927, com a morte de Newman, a BBC assumiu a direção dos Proms, que passaram a ser transmitidos pelo rádio, e constituíram o ponto de partida para a formação da Sinfônica da BBC. Depois da destruição do Queen's Hall, no bombardeio de Londres, em 1941, os concertos foram transferidos para o Royal Albert Hall, onde estão até hoje. Henry Wood morreu em 1944 e, desde então, diversos maestros convidados têm-se responsabilizado pelos concertos e, muitas vezes, pela revelação de obras novas.

- E a criação, em 1905, do concurso de composição que leva o nome do empresário e mecenas Walter Wilson Cobett. Apoiado por Stanford e a Worshipful Company of Musicians, Cobett instituiu esse concurso, hoje administrado pelo Royal College of Music, no qual, entre outros, foram premiados William Hurlstone, Frank Bridge, Benjamin Britten e Malcolm Arnold.

## Mackenzie

O escocês Sir Alexander Campbell Mackenzie (1847-1935) descendia, pelo lado do pai, de quatro gerações de compositores. Assim que demonstrou aptidão para a música, o pai o mandou para Sondershausem, na Alemanha, onde ele fez violino com K. W. Ulrich e teoria com Eduard Stein. De volta à Inglaterra, prosseguiu a formação no Royal College of Music, com Prosper Sainton (violino) e Charles Lucas (teoria). Nomeado diretor do RCM em 1888, manteve-se nesse cargo até 1924.

Seu trabalho como regente dos concertos da Philharmonic Society of London (1892-1899) o tornou muito respeitado e lhe valeu ser sagrado cavaleiro em 1895. Mackenzie defendia a prática da música programática e introduziu elementos melódicos escoceses em seus poemas sinfônicos *Scottish Rhapsody* (1880), *Burns* (1881), *La Belle Dame sans Merci* (1883) e *London Day by Day* (1902). A *Pibroch Suite*, para violino e orquestra, estreada por Pablo Sarasate no Festival de Leeds de 1889, ganhou muita popularidade na virada do século. E fez igual sucesso o *Scottish Concerto*, para piano e orquestra, tocado por Ignacy Paderewski, sob a regência do autor, em 1897.

As primeiras óperas de Mackenzie – *Colomba* (1883), *The Troubadour* (1886), *Phoebe* (1894) – chegaram a ser apresentadas fora da Inglaterra; mas são *grands-opéras* de concepção antiquada, com libretos palavrosos; e não fizeram muito sucesso em casa, devido às afinidades cosmopolitas do compositor. Mais bem recebida foi a opereta *His Majesty or The Court of Vingolia* (1897), leve e melodiosa, de tom sullivanesco, que alcançou 61 récitas. Ao domínio da opereta pertence também *The Knights of the Road* (1905), tentativa deliberada do compositor de estimular "o interesse do público pela ópera leve de feitura mais elaborada". As duas óperas mais interessantes de Mackenzie são:

- *The Cricket on the Hearth* (1901), boa adaptação do conto de Charles Dickens, cuja bem cuidada partitura deve muito ao exemplo da *Märchenoper* humperdickiana (outro fruto dos contatos do compositor com os músicos alemães);
- e *The Eve of Saint John* (1919), pastoral que explora as fantasias de uma noite de verão de maneira onírica, cheia de criatividade, e tem seus pontos de contato com a música de Delius e Vaughan Williams.

Mais interessantes do que as óperas são, talvez, as cantatas de Mackenzie: *Jason* (1882), *The Rose of Sharon* (Festival de Norwich, 16.10.1884), *The Story of Sayid* (1886), *The Witch's Daughter* (1904) e *The Sun-God's Return* (1910).

## Stanford

Embora o nome do irlandês Sir Charles Villiers Stanford (1852-1924) seja freqüentemente associado ao de Hubert Parry, porque ambos foram, na mesma época, prestigiados professores do Royal College of Music, e se projetaram como autores de oratório, não há compositores mais diferentes do que o conservador Stanford e seu amigo Parry, de tendências inovadoras.

Membro de uma família de intelectuais, Charles estudou piano com Robert Stewart, em Dublin, com Ernst Pauer, em Londres, e fez órgão no Queen's College de Cambridge, tornando-se, em 1873, organista do Trinity College. Aperfeiçoou-se na Alemanha com Carl Reinecke (Leipzig) e Hans Kiel (Berlim). Foi professor no Royal College, em Cambridge, e regente do Festival de Leeds (1901-1910).

Tinha grande interesse por ópera mas, consciente das dificuldades existentes nesse setor, em seu país, para os compositores ingleses, preferiu mobilizar seus contatos na Alemanha para ali estrear *The Veiled Prophet of Khorassan*, na veia orientalista que estava em voga na época. Programada para a Ópera de Frankfurt na temporada de 1881, *O Profeta Velado de Khorassan* foi, na última hora, montada em Hanover, para onde o diretor do teatro tinha sido removido. Bem recebida, foi levada em várias outras cidades alemãs.

O sucesso de *Savonarola* em Hamburgo, em 1884, fez o maestro Hans Richter usar de seu prestígio para conseguir que ela fosse ouvida em Londres. Mas a encenação, a despeito do talento do regente, foi muito precária, a ponto de Stanford ter dito: "Mal reconheci a ópera que tinha ouvido em Hamburgo". As óperas de Stanford, hoje, estão praticamente esquecidas, e Michael Kennedy lamenta que seja assim pois, na sua opinião, *Much Ado About Nothing or The Marriage of Hero* (1901), baseada em Shakespeare, têm qualidades inegáveis, devido ao frescor da inspiração melódica do compositor. É pena ter sido negligenciada *The Critic or An Opera Rehearsed* (1916), baseada na comédia de Richard Sheridan, curioso exercício de metalinguagem, a respeito de uma ópera que mostra como a ópera é feita, com alguns bons exemplos da arte do Stanford autor de canções.

Formalmente, as óperas de Charles Stanford são conservadoras, fiéis ao receituário romântico. Mas a combinação do aprendizado germânico com a espontaneidade de um melodista fundamente enraizado na tradição popular inglesa e irlandesa dá resultados sólidos em *The Canterbury Pilgrims* (1884), *The Miner of Falun* (1888), *Lorenza* (1894), *Shamus O'Brien* (1896), *Christopher Patch or The Barber of Bath* (1897) e *The Travelling Companion* (1919).

# Elgar

Há notícias, em sua correspondência, que Sir Edward William Elgar (1857-1934) planejava escrever uma ópera baseada no romance *A Pair of Blue Eyes*, de Thomas Hardy. Mas, entre seus documentos, não foi encontrado sequer um esboço para esse projeto. Em 1932, dois anos antes de morrer, encorajado por Bernard Shaw e Sir Barry Jackson, diretor do Festival de Malvern, Elgar começou a trabalhar em *The Spanish Lady*. Jackson escreveu o libreto, baseado na comédia *The Devil is an Ass* (1616), de Ben Jonson. O veterano compositor ficara fascinado com a atualidade da sátira que Jonson faz à corrupção da sociedade jacobina, na história do Diabo que, tendo feito uma visita a Londres e conhecendo de perto os seus vícios, conclui: "O inferno é uma escola primária comparado a esta cidade". Viu na peça seiscentista um espelho de seu próprio tempo e da vida ostentatória da sociedade vitoriana.

Entre os papéis de Elgar foi encontrado o libreto quase completo – no qual Jackson utilizara material extraído de Jonson e outras fontes – e cerca de 40 minutos de música saídos, em parte, de antigos cadernos de esboços do compositor, datando de cerca de cinquenta anos antes. Com a autorização da filha de Elgar, Percy Young editou, inicialmente, duas das canções e uma suíte para orquestra de cordas. Preparou também uma versão para o palco: organizando os trechos existentes em quatro cenas, de forma que elas tivessem coerência dramática, orquestrou-as imitando o estilo de Elgar. *A Dama Espanhola* foi cantada em Cambridge, em novembro de 1994. No ano seguinte, a *BBC Music Magazine* lançou, como encarte de seu volume IV, n. 2, a gravação feita por Anne Mason na rádio de Glasgow (Veira, Maltman, Cannan, Morris, Storey, Ewing, Milne).

Sir Charles Villiers Stanford retratado por William Orpen.

Festival de Bournemouth de 1910: na primeira fila, da esquerda para a direita, Edward Elgar, Dan Godfrey, Alexander Mackenzie, Charles Villiers Stanford; atrás, em pé, Edward German e Hubert Parry. Todos eles tinham sido agraciados com o título nobiliárquico de Sir.

Há um número pequeno de números vocais, o que faz a história ficar demasiado sumária e dramaticamente insatisfatória. Mas a música é viva, colorida, com o corte típico das melodias elgarianas: a da introdução à cena 3 é de tal nobreza que parece saída de uma de suas sinfonias. E a marcha solene que se executa durante a cena da recepção em casa de Lady Tailbush tem, a despeito do pastiche de música antiga inglesa, contemporânea de Jonson, a marca distintiva das *Marchas de Pompa e Circunstância* que fizeram a fama do compositor. *The Spanish Lady* não passa de um torso muito imperfeito; mas ouvir a gravação Mason é lamentar que esse grande mestre do período victoriano – inteiramente à vontade com a escrita vocal, como o demonstram seus oratórios ou o belíssimo ciclo de canções orquestrais *Sea Pictures* – não tenha podido terminar esta única ópera.

## Smyth

Para a época em que ela viveu, era contrário a todas as convenções uma mulher ser compositora. Não é, portanto, estranho que Dame Ethel Mary Smyth (1858-1944) tivesse feito mais sucesso no exterior do que em seu próprio país. Filha do major-general H. J. Smyth, do regimento de artilharia estacionado em Marylebone, perto de Londres, Ethel herdou o temperamento autoritário e indomável do pai. Iniciou os estudos de música com Alexander Ewing, músico no regimento de seu pai. Aos 17 anos, conhecia Wagner e tinha lido de trás para diante o *Traité d'Instrumentation* de Berlioz.

Mas quando disse aos pais que queria ir estudar em Leipzig e dedicar-se profissionalmente à música, eles cortaram as suas aulas e a puseram de castigo. Ethel fez greve de fome, recusou-se a ir à igreja e tornou a vida dos pais tão insuportável que, em 1877, o major-general Smyth ergueu a bandeira branca. A rebelde ficou apenas um ano em Leipzig, pois achava extremamente conservadores os ensinamentos de Carl Reinecke, o regente da Gewandhaus. Preferiu ir para Berlim e inscrever-se nas aulas particulares de Heinrich Herzogenberg, que lhe revelou a música de Schumann e Brahms, de quem era amigo pessoal.

Sua primeira obra foi um *Quarteto de Cordas* executado em 1884, ainda na Inglaterra, seguido por sonatas para violino e violoncelo escritas em 1877. O primeiro fruto dos estudos no exterior foi uma coleção de *lieder* que os editores Breitkopf e Härtel recusaram – o que a fez chamá-los de "asnos". A interferência de Brahms os fez reconsiderar e, em agradecimento ao grande compositor por ter obtido a publicação de suas canções, Ethel compôs os *Seven Short Chorale Preludes* para órgão, de corte melódico tipicamente brahmsiano.

Voltou à Inglaterra em 1888, chamando a atenção com a *Serenata* e a abertura *Antony and Cleopatra*, ambas de 1890, estreadas por August Manns nos concertos do Crystal Palace. George Bernard Shaw comentou que, quando a autora foi chamada ao palco, após a abertura, "todos se espantaram que uma mulher fosse capaz de fazer tanto barulho". Essas palavras zombeteiras não esconderam o fato de que foi muito boa a reação do público às duas peças. Mais tarde, Shaw lhe escreveria dizendo:

> Você está total e diametralmente enganada em imaginar que sofreu devido ao preconceito contra música escrita por mulher. Ao contrário [...], foi você quem me curou para sempre do velho equívoco de achar que mulheres não conseguem fazer trabalho de homem em arte ou em outras coisas. [...] A sua *Missa* há de ficar sempre na mais ilustre companhia. Ela é magnífica!

A peça a que Shaw se refere é o primeiro grande sucesso de Ethel Smyth. Apesar de suas convicções socialistas e agnósticas, ela demonstrou autêntica concentração espiritual na grande *Missa em Ré Maior*, regida por Sir Joseph Barnaby, em 18 de janeiro de 1893, no Albert Hall. Para que essa peça de grande porte chegasse a ser montada, Ethel contou com a ajuda financeira de uma amiga, a ex-imperatriz Eugenia Montijo, viúva de Napoleão III, exilada na Inglaterra. O musicólogo Sir Donald Tovey, entusiasmado, comparou a obra à *Missa Solemnis* de Beethoven – o que é um exagero, pois a partitura tem belos momentos, sem dúvida alguma, mas carrega também a marca da inexperiência em algumas passagens um tanto pesadas, numa linha de tradição germânica.

Mas a *Missa* impressionou o maestro Hermann Levi e foi ele quem recomendou a Ethel que se dedicasse à ópera, o que ela fez. Não encontrou na Inglaterra, porém, empresários interessados em montar a comédia sentimental *Fantasio*, que Henry Brewster, seu amigo da vida inteira, adaptara da peça de Alfred de Musset. Recorrendo então a seus contatos alemães, Smyth levou-a para Weimar, onde *Fantasio* foi produzida em 24 de maio de 1898. O sucesso foi suficiente para que a Ópera de Berlim aceitasse *Der Wald* (O Bosque), ali cantada em 9 de abril de 1902 – e apresentada em Nova York, pelo Metropolitan Opera House, em 11 de março do ano seguinte.

A obra pela qual Ethel Smyth é, ainda hoje, mais conhecida foi composta a seguir, a partir da peça francesa *Les Naufrageurs*. Henry Brewster, em seu libreto, transpôs a ação da Bretanha para uma aldeia de pescadores da costa da Cornualha. Estreada no Neues Theater de Leipzig, em 11 de novembro de 1906, com o título de *Strandrecht*, a ópera foi ouvida pela primeira vez, na Inglaterra, no Queen's Hall, em 22 de junho de 1909. Sir Thomas Beecham a regeu, em forma de concerto, numa tradução da própria Smyth intitulada *The Wreckers*. Graças à ajuda financeira da milionária americana Mary Dodge, admiradora de sua obra, *Os Náufragos* foi encenada em 22 de junho de 1909, no His Majesty's Theatre, também sob a regência de Beecham, que via nela um passo fundamental para a criação da ópera nacional inglesa. A versão que se conhece hoje, gravada, em 1994, por Odalea de la Martínez, para o selo Conifer (Howarth, Owens, Lavender, Roden), é a revisão feita para a reprise no Sadler's Well, em 19 de abril de 1939.

Precursora, do ponto de vista temático, do maior título da escola inglesa, o *Peter Grimes* de Benjamin Britten, *Os Náufragos* descreve os artifícios a que recorrem os habitantes de um vilarejo litorâneo, em tempos de fome: em dias de tempestade, atraem embarcações rumo à costa muito rochosa, para que, ali soçobrando, possam ser saqueados. Até o pastor Pascoe, da seita Wesleyana, vigário da localidade, fecha os olhos aos crimes cometidos pelos pescadores, pois os atribui à extrema penúria em que vivem; e dá instruções a Lawrence, o faroleiro, para que envie aos navios sinais errados, que os façam arrebentar-se nos rochedos. Indignada com o comportamento do marido, Thirza, a mulher de Pascoe, ajuda o jovem pescador Mark, seu amante, a enviar sinais de alerta aos navios. Avis, a filha de Lawrence, está apaixonada por Mark e, cheia de inveja da bela Thirza, denuncia os dois aos aldeões. Estes os prendem dentro de uma caverna que, na maré alta, é invadida pelo mar; e ali morrem juntos.

Embora não seja adepta do wagnerismo, Smyth utiliza de forma limitada a técnica do motivo condutor. Seus modelos dramáticos são obviamente germânicos e, do ponto de vista da técnica de orquestração e da forma de construir e combinar os padrões melódicos, ela demonstra conhecimento e afinidade com a música de Richard Strauss. Embora resvale, em determinados momentos, para os clichês da convenção operística, e nem sempre possua uma personalidade melódica muito definida, não faltam a *The Wreckers* páginas felizes. A melhor delas é o grande dueto de amor do ato II; e há densidade dramática inegável, também, na cena final que, como não poderia deixar de ser, lembra a da *Aida*.

Além dos *Náufragos*, Smyth é a autora de *The Boatswain's Mate* (A Companheira do Contramestre), estreada no Shaftesbury Theatre, de Londres, em 28 de janeiro de 1916. Essa comédia, baseada em *All Captains*, um conto de William Wymark Jacobs, foi escrita em Heluan, no Egito, durante uma viagem de férias.

O contramestre Harry Benn é um marinheiro mal-humorado, arrogante e vaidoso. Uma noite, sentado debaixo de uma árvore, numa mesa da taberna *Beehive*, decide convencer Mrs. Waters, bela e próspera viúva, dona do local, a casar-se com ele. Assim, lhe estará assegurada vida folgada. Para isso, imagina um estratagema: pagando uma ninharia, persuade o soldado pobretão Ned Travers, que acabou de conhecer, a fingir que é um ladrão. A intenção de Harry é fazer com que, assustada, Mrs. Waters lhe peça ajuda. Desse modo, vestindo a camisa de herói, salvará a viúva das garras do intruso.

Mas as coisas não se passam exatamente como ele esperava. Acompanha Travers até a cozinha da taberna, onde o falso ladrão entra ruidosamente, para ser ouvido. Mas Mrs. Waters não se atemoriza: pega a espingarda do falecido marido, e persegue Travers que, apavorado, tranca-se em um dos quartos da taberna. Durante a noite, o equívoco se dissipa e Travers, contando-lhe as suas desventuras, conquista a simpatia de Mrs. Waters que, solitária desde a morte do marido, descobre nesse soldado jovem e bonito o companheiro de que estava precisando. Harry Benn vê o seu estratagema sair pela culatra.

Escrita, segundo Christopher St. John, biógrafo da compositora, "numa mistura pouco ortodoxa de estilos", *A Companheira do Contramestre* foi sua obra mais popular, constantemente reprisada durante a sua existência. Numa carta que escreveu às irmãs Emmeline e Sylvia Pankhurst, ela conta:

> Estou me divertindo à grande, especialmente ao escrever a letra das canções, de estilo cômico, nada tão inspirado quanto W. S. Gilbert, é claro, mas não de todo mau, eu acho. Leio os libretos de algumas comédias e acho tudo terrivelmente convencional. Às vezes muito engraçado mas, no que se refere à psicologia, à versificação e à forma, pura rotina. Portanto, estou fazendo as coisas do meu jeito. Tenho de manipular a história em blocos musicais contínuos, e isso requer estratégia de primeira ordem.

Característica importante de *Boatswain's Mate* é, ao contrário das comédias inglesas do período, Smyth ter interligado os números cantados com recitativo acompanhado, em vez de diálogo falado; e, nesse sentido, a sua comédia é precursora do *Albert Herring* de Britten. As duas últimas óperas de Smyth, friamente recebidas pelo público, foram:

- *Les Fêtes Galantes*, um "dance-dream" com texto de Maurice Baring e E. Schanks, inspirado na poesia de Paul Verlaine e na pintura de Watteau, cantada em Birmingham em 4 de junho de 1923;
- e *Entente Cordiale*, comédia satírica sobre a I Guerra (Bristol, 20 de outubro de 1926).

Na área não-teatral, Smyth deixou produções de bastante interesse: o *Concerto para Violino e Trompa* (1927); a cantata *Prison*, para soprano e baixo (1931), com texto de H. Brewster; peças corais e canções. O crítico Neville Cardus assim comentou a estréia da cantata:

> Dame Ethel encontra o estilo perfeito para os versos de Brewster. Seria impossível realizar mais íntimo casamento entre palavras e música. O idioma é o da compositora, salvo um ou outro toque de Brahms no colorido escuro da orquestração. A linguagem, a técnica, a expressão, o colorido, os acentos e ritmos não se parecem com coisa alguma na música contemporânea.

A formação alemã de Ethel Smyth e, em especial, os estudos com von Herzogenberg, explicam uma linguagem alicerçada no idioma brahmsiano, mas com elementos britânicos nítidos, pois era muito forte nela o componente nacionalista e a crença na necessidade da criação de uma escola inglesa de composição. Essa postura na área musical era a expansão natural da militância na área política.

Influenciada pela feminista Emmeline Pankhurst, que conheceu em 1910, Ethel Smyth foi uma das mais ativas participantes do movimento pelos direitos da mulher, na Inglaterra do início do século XX. Autora de *The March of Women*, o hino das *suffragetes*, que lutavam pelo direito feminino ao voto, ela chegou a ser condenada a dois meses de prisão, na Penitenciária de Holloway, por ter atirado, em 1911, um tijolo na janela do escritório do Secretário do Interior, que se recusava a receber uma delegação de mulheres. Com seu característico senso de humor, Sir Thomas Beecham descreveu a visita que lhe fez na prisão:

> Cheguei ao pátio central da penitenciária e deparei com o nobre grupo de mártires marchando em círculos e cantando animadamente o seu hino de guerra, enquanto a compositora, olhando com ar de aprovação de uma janela no segundo andar, marcava o compasso num frenesi quase báquico, usando uma escova de dentes como batuta.

Além disso, Smyth enfrentava corajosamente a opinião pública, assumindo de forma aberta o seu comportamento homossexual. Além de Pauline Treleaven, a quem dedicou a *Missa*, teve diversas outras companheiras. Era excêntrico o seu comportamento: da mesma forma que George Sand antes dela, Ethel vestia-se de homem, com ternos de *tweed*, fumava charutos em público, jogava golfe, numa época em que esse esporte não era praticado por mulheres, e andava para todo lado com seus bem amados cães pastores alemães. Em reconhecimento por sua luta em prol da condição feminina, foi-lhe concedido, em 1927, o título de Dame of the British Empire.

Ethel Smyth era também uma escritora de talento e dedicou-se sistematicamente à literatura, após os sessenta anos, ao perceber que estava ficando surda. Retrato muito colorido da vida musical britânica e das características da vida social e cultural da virada do século é traçado em suas obras autobiográficas e nas coletâneas de ensaios de tom muito bem-humorado: *Impressions that Remained* (1919), *Streaks of Life* (1921), *A Three-legged Tour in Greece* (1927), *A Final Burning of Boats* (1928), *Female Pipings in Eden* (1934), *Beecham and Pharaoh* (1935), *As Time Went On* (1936), *What Happened Next* (1940). Nada melhor, para dar uma idéia da importância de seus escritos, do que a avaliação deles feita por Virginia Woolf, que foi sua amiga, num momento em que Smyth atravessava uma crise de insegurança e pensava em parar de escrever:

> Só Deus sabe como você consegue – e com isso quero dizer que eu não sei – de que maneira um rosto atrás do outro emerge do que você escreve, sem que haja nenhuma preparação aparente, com tão pouco esforço, tudo tão sem premeditação – todas as estradas indo para lá e para cá, os riachos correndo, os ventos se cruzando. O que deve fazer é ir em frente. Não fará justiça à posteridade e ao presente, se deixar a sua fonte secar. Para dizer a verdade, estou obcecada com a vontade de que você me retrate; e essa não é uma coisa que eu sinta com muita freqüência[1].

Para entender essa mulher singular, ouçamos a sua própria voz, descrevendo, no ensaio "What Matters Most in Life", publicado em *A Final Burning of Boats*, o seu conceito de felicidade:

> o segredo da felicidade é tornar o seu cantinho na vida tão sadio quanto as imperfeições de sua natureza o permitirem. [...] Acho que manter o equilíbrio espiritual e extrair de você mesmo os melhores resultados que o Criador tinha em mente quando o planejou, corresponde àquilo em que Voltaire estava pensando quando recomendou que devemos "cultivar nosso jardim". Sucesso e felicidade não são sinônimos. Tenho a certeza de que cultivar o nosso jardim é a única forma de ser feliz. Só que você tem de cavar e plantar de todo o coração, pois nada há de mais tedioso neste mundo do que as coisas feitas pela metade.

## Delius

Os pais de Fritz Theodor Albert Delius (1862-1934) – que adotou artisticamente o nome de Frederick – eram alemães, imigrados para Bradford, no Yorkshire, onde tinham uma fábrica de lã. Ele estudou na Alemanha; morou uns tempos na Flórida, cuidando de uma plantação de laranjas que pertencia ao pai; passou vários anos em Paris; passeou várias vezes pela Escandinávia, devido à amizade com os noruegueses Sinding e Grieg; e de 1897 em diante, instalou-se em Grez-sur-Loing, perto de Paris, onde ficou até o fim da vida. E, no entanto, o cosmopolita Frederick Delius é considerado um dos mais ingleses dentre os compositores britânicos da virada do século.

O pai gostava de música e não se opôs a que ele estudasse piano e violino. Mas era ferrenhamente contrário a que se dedicasse a outra atividade que não fossem as empresas familiares e, em 1884, mesmo Fritz já tendo demonstrado não ter propensão para os negócios, mandou-o administrar sua fazenda em Solana Grove, na Flórida, à margem do rio St. John. As laranjas foram a menor das preocupações do jovem Delius, entretido nos estudos de teoria com Thomas Ward, o organista local, que o familiarizou com a música negra americana: traços fortes dela vão surgir na *Appalachia*, para coro e orquestra, na suíte *Florida*, ou na ópera *Koanga*.

Em 1885, Delius foi para Danville, na Virgínia, onde ganhou a vida ensinando violino. No ano seguinte, muito a contragosto, vendo que o filho nunca seria bom comerciante, Herr Delius concordou em pagar-lhe os estudos no Conservatório de Leipzig, onde ele foi aluno de harmonia e contraponto de Reinecke, Sitt e Jadassohn; ouviu concertos regidos por Nikisch e Mahler; e fez amizades muito profundas com Christian Sinding, Edvard Grieg e Ferruccio Busoni. Na Alemanha, desenvolveu-se a sua paixão pelo drama lírico wagneriano:

---

1. Citado em St. John, Christopher (1959). *Ethel Smyth: a Biography*. Londres, Longmans, Green and Co.

"Quero seguir as pegadas de Wagner", escreveu a um amigo. "Para mim, a arte dramática está quase tomando o lugar da religião". Foi em Paris, onde se instalou a partir de 1888, que esse compositor extremamente introvertido mas, paradoxalmente, fascinado pelo teatro, fez suas primeiras experiências operísticas.

Em 1890, depois de estudar uma série de temas, o próprio Delius redigiu o libreto de *Irmelin*, cruzando uma lenda medieval inglesa com o conto *A Princesa e o Guardador de Porcos*, do dinamarquês Hans Christian Andersen. A partitura despertou o interesse de André Messager, que planejava apresentá-la no Théâtre de l'Opéra-Comique, de que era o diretor. Delius encomendou a redução para piano ao compositor Florent Schmitt, mas o projeto de Messager não chegou a se concretizar. Essa primeira ópera, a mais longa das partituras escritas por Delius para o palco, só foi encenada postumamente, em 4 de maio de 1953, no New Theatre de Oxford. A gravação existente no selo BBC é a de uma transmissão radiofônica de 1984, regida por Norman Del Mar (Hannan, Mitchinson, Rippon, Rayner Cook).

Uma centena de pretendentes à sua mão, idosos, de meia-idade, jovens, selecionados pelo rei, foram apresentados à princesa Irmelin, e ela recusou a todos, dizendo ao pai que só se casará com "o príncipe de seus sonhos". Quando a ópera começa, Irmelin acaba de rejeitar os três últimos e o pai, irritado, lhe diz que vai obrigá-la a casar-se com o noivo que escolher. O príncipe Niels, que está à procura da mulher ideal, disfarçou-se de camponês e empregou-se, na propriedade de um fora-da-lei chamado Rolf, como guardador de porcos. Pede a seu patrão que lhe permita sair à procura do riacho de prata, que o levará à "princesa de seus sonhos". Rolf concorda mas, para impedi-lo de partir, pede às garotas da fazenda que tentem seduzi-lo. Nenhuma delas consegue. Nils se embrenha na floresta, encontra o riacho e resolve segui-lo até a sua fonte. Seis meses depois, chega ao castelo do pai de Irmelin, no momento em que a princesa está sendo forçada a ficar noiva de um guerreiro de meia-idade. Assim que se vêem, Irmelin e Niels reconhecem, um no outro, o amor ideal com que sonhavam. Declaram-se apaixonadamente um ao outro, e fogem juntos para a floresta, onde poderão ser felizes.

Há, em *Irmelin*, o gosto neo-romântico pelo medievalismo, presente na obra dos pré-rafaelitas, e inspirador de peças como o oratório *The Black Knight* de Elgar; o gigantesco ciclo de canções *Gurrelieder* de Schönberg; óperas como o *Pelléas et Mélisande* de Debussy, a *Parisina* de Mascagni, a *Francesca da Rimini* de Zandonai, ou os dramas líricos de Zemlinsky ou Korngold. Já é bem característico do universo dramatúrgico de Delius o tema dos amantes jovens e inocentes, que renunciam ao mundo por amor. Apesar do libreto retorcido e inexperiente, a música tem momentos bem-sucedidos. É pastoral, idílica, com aquela marca registrada da sensualidade sonora, muito influenciada pelo impressionismo, que estará presente em toda a obra orquestral de Delius. Opulentamente orquestrada, com muito frescor melódico, *Irmelin* é uma partitura bem escrita para as vozes, especialmente no que se refere à personagem-título. As figuras contrastantes dos três pretendentes são tratadas em termos musicalmente eficientes. E é particularmente bonito o exaltado dueto de amor do final do ato III, antes que Nils e Irmelin fujam juntos.

Em 1894, baseando-se nas experiências que tivera no Novo Mundo, Delius planejou uma trilogia baseada na vida dos índios americanos, dos ciganos, e dos negros e mestiços. *The Magic Fountain* (A Fonte Mágica), cujo libreto escreveu em parceria com Jutta Bell, sua vizinha na Flórida, tratava dos índios; *Koanga*, a ópera seguinte, falará dos negros; e em *A Village Romeo and Juliet*, de 1901, embora não sejam as personagens centrais, os nômades ciganos estarão presentes. Uma vez mais, foi Florent Schmitt quem preparou a redução para piano; e Emma Klingenfeld fez a tradução alemã, para que Delius enviasse a partitura a Felix Mottl, em Karlsruhe; a Stavenhagen, em Weimar; e a Alfred Herz, em Elberfeld. Nenhum deles, porém, interessou-se pela ópera. *A Fonte Mágica* ficou engavetada até 30 de julho de 1977, quando Norman del Mar a regeu, em forma de concerto, no Golders Green Hippodrome de Londres. A BBC trans-

A compositora Ethel Smyth com um de seus inúmeros cachorros.

Capa da *Marcha das Mulheres*, de Ethel Smyth, que se tornou o hino das suffragettes britânicas, que lutavam pelo direto feminino ao voto.

Frederick Delius, na fase final de sua vida, cego e em cadeira de rodas, na companhia de sua mulher, Jelka, e do compositor Percy Grainger, em sua casa de Grez-sur-Loing, no sul da França.

mitiu esse concerto em 20 de novembro de 1977 e, em 1981, cedeu os direitos de comercialização ao selo Caedmon (John Mitchinson, Katherine Pring, N. Welsby, R. Angas). A encenação só foi feita em 22 de junho de 1997, na Opernhaus de Kiel, com a tradução de Klingefeld. A primeira montagem britânica do original foi a do Theatre Royal de Glasgow, em 20 de fevereiro de 1999.

A bordo de um navio que a calmaria fez parar nos trópicos, o navegador Solano[2] fala de sua busca pela fonte da eterna juventude ("A phantom quest! A phantom shore!"). A tempestade põe fim à calmaria e o navio de Solano naufraga perto da costa da Flórida. A princesa seminole Watawa o encontra, inconsciente, na praia. Embora odeie os brancos ("Another of that accursed race"), leva-o para a sua tribo. Lá, Solano fala de sua busca a Wapanacki, o chefe da tribo. Este tampouco gosta dos estrangeiros ("I have not forgotten all the injuries done to my race"); mas o aconselha a ir consultar Talum Hadjo, o adivinho, que mora nos pântanos dos Everglades, e encarrega Watawa de guiá-lo até lá. Ao chegar à cabana de Hadjo, Watawa pergunta-lhe se deve matar Solano. No monólogo "Vain fancy! Unwise all!", o velho lhe diz o que tem de fazer:

> Listen to my last advice:
> this limpid stream here gliding past us
> flows from where the fountain plays:
> if his death thou truly wishest,
> guide him to the spring.
> for to all the unprepared
> its waters death will bring.

(Ouça meu último aviso: este límpido regato que aqui corre flui de onde a fonte jorra: se verdadeiramente queres a morte dele, guia-o até a fonte pois, para todos os que não estão preparados, as suas águas trarão a morte.)

A caminho da fonte, porém, os sentimentos de Watawa por Solano vão se modificando, e ela acaba permitindo que o espanhol a beije. Confessa ter planejado matá-lo:

> Years ago, when all my people
> were destroyed by thine own race,
> I determined to revenge them

---

2. Batizado em homenagem ao nome da fazenda de seu pai na Flórida, a personagem inspira-se em Juan Ponce de León, o descobridor dessa parte da América.

> blood by blood.
> So I planned that I would kill thee,
> and brought thee here to take thy life,

(Anos atrás, quando todo o meu povo foi destruído pela tua raça, decidi vingá-los sangue por sangue. Por isso planejei que te mataria e te trouxe aqui para tirar a tua vida.)

Essa confissão o comove ("I cherish doubly now thy love for me"), e eles caem nos braços um do outro, apaixonadamente. Adormecem abraçados, e os espíritos da fonte surgem e dançam à sua volta ("Play, fountain, play, two lovers are come to taste of thy water"). Quando chegam à fonte, Watawa suplica a Solano que não beba. O navegador zomba das crendices dos índios. Para mostrar-lhe que o perigo é real, é a princesa quem bebe da água, e cai morta. Solano bebe também, para acompanhá-la na eternidade.

Do ponto de vista teatral há, em *The Magic Fountain*, pouco progresso de estrutura teatral, em relação a *Irmelin*. Mas a música tem grande fascínio, sobretudo ao descrever o processo de metamorfose emocional pelo qual a princesa está passando, descobrindo o amor pelo estrangeiro que, antes, detestava. Essa situação básica, o amor que tenta passar por cima de conflitos, reaparecerá em outras óperas de Delius. A idéia do efeito fatal das águas da fonte vem de *Zanoni*, romance de Sir Edward Bulwer-Lytton que, a princípio, Delius tinha pensado em converter em ópera.

A caracterização se refina: são bem traçados o perfil do chefe Wanapacki e do feiticeiro Talum Hadjo. E é eficiente o uso do coro: os marinheiros, os indígenas, os espíritos da fonte. Embora seja evidente a influência do *Tristão e Isolda* – e isso foi demonstrado por Philip Heseltine numa detalhada análise da partitura –, e um complexo sistema de *leitmotive* seja usado para amarrar a partitura, essa não é uma marca que tenha ficado na sonoridade da música de Delius. Durante a composição da *Magic Fountain*, ele viajou até Bayreuth e Munique; mas isso não se faz sentir no fluxo característico de seu melodismo. Temas da suíte orquestral *Florida* (1887) são retomados aqui, em especial o terceiro movimento, aqui transformado na Dança dos Índios, no clímax da primeira cena do ato II. Inversamente, melodias da *Fonte Mágica*, que ficara inédita, serão reaproveitadas em outras obras. O motivo de Watawa, por exemplo, reaparecerá na peça coral *Sea Drift* (1904), sobre poemas de Walt Whitman, acompanhando a seção "O past, O happy life".

Em 1897, Delius mudou-se para a casa que comprara em Grez-sur-Loing, perto de Fontainebleau. Levava consigo a sua companheira, a artista plástica alemã Jelka Rosen, com quem se casaria em 1903. Foi ali que um episódio do livro *The Grandissimes: a Story of Creole Life* (1880), de George William Cable, contando uma história passada na Luisiânia – que lhe trazia à lembrança as experiências vividas na Flórida –, serviu de inspiração a uma sinopse em prosa que redigiu a quatro mãos com Jutta. Confiou essa sinopse a Charles F. Kearey, para que ele escrevesse o libreto de *Koanga* (mas, segundo o diretor teatral Douglas Craig, parte do texto deve ser do próprio Delius que, em determinado momento, desentendeu-se com o libretista).

Delius esperava que a ópera fosse produzida em Londres, onde tinha organizado, em 1899, com recursos próprios, um bem recebido concerto de suas obras orquestrais. Mas os empresários não demonstraram interesse, e houve apenas a apresentação de alguns fragmentos, em forma de concerto, em 30 de maio desse ano, no St. James Hall, sob a regência de Alfred Hertz. *Koanga* subiu à cena, pela primeira vez, em 30 de março de 1904, no Stadttheater de Elberfeld, cujos regentes, Hans Haym e Fritz Cassirer, foram defensores entusiásticos da música de Delius. Jelka Rosen fizera a tradução alemã mas, estranhamente, introduziu nela um elemento de luta do cristianismo contra o vodu, que nada tinha a ver com a história original.

Sir Thomas Beecham que, ao lado de Sir Henry Woods, também regeu vários concertos dedicados à música de Delius, queria levar *Koanga* no Covent Garden. Mas isso só aconteceu em 23 de setembro de 1935, meses depois da morte do compositor. Para essa montagem, Jelka retraduziu para o inglês a sua versão alemã, na linguagem muito pomposa de quem não falava inglês direito, e com a típica visão distorcida que os europeus tinham da vida dos negros no sul dos Estados Unidos.

Beecham e Edward Agate tentaram fazer uma revisão no libreto, mas não chegaram a eliminar todos os erros que ele contina.

Para a reprise de 1972, no Covent Garden, o diretor da encenação, Douglas Craig, e o musicólogo Andrew Page reconstruíram o libreto original, usando o texto de Keary, guardado em Elberfeld, e reaproximaram-o mais do livro de Cable. Eliminaram as referências à ética cristã artificialmente inseridas por Rosen. Substituíram as divindades pagãs inventadas por Keary pelos nomes reais dos deuses no vodu. Adaptaram à música o texto de *negro spirituals* verdadeiros, cortando os textos fantasiosos imaginados por Keary. E reescreveram as cenas de conjunto, para dar expressão mais lógica aos sentimentos contraditórios das personagens. Essa é a versão que foi gravada, em 1974, para o selo HMV, por Sir Charles Groves (Lindsey, Allister, Holmes, Herincx, Estes/Groves).

No animado prólogo, as filhas do dono de uma plantação no sul dos Estados Unidos – Renée, Hélène, Aurore, Olive, Jeanne, Marie e Paulette –, sem fôlego depois de terem dançado sem parar no baile que se realiza dentro de casa, saem para tomar a fresca no pátio ("Look! How the shadows of night are falling"), e pedem ao Tio Joe, um velho escravo, que lhes conte "a story of long ago, of grief and love" (uma história de tristeza e amor de anos atrás). E ele lhes repete a sua história favorita, a dos amores de Koanga e Palmyra.

As reflexões da mulata Palmyra, encantada com o silêncio do amanhecer ("How hushed the world before dawn"), são interrompidas pela voz do capataz, Simón Pérez, chamando os escravos para o trabalho. Eles começam a se levantar, entoando o *negro spiritual* "O Lawd, I'm goin' away", e Pérez, atraído pela beleza de Palmyra, tenta uma vez mais seduzi-la ("You're more fair than this dawn"), mas ela o rejeita. O dono da fazenda, Don José Martínez, vem anunciar a chegada de uma nova leva de escravos, entre os quais está Koanga, príncipe de uma tribo no Daomé e sacerdote do vodu. Palmyra apaixona-se imediatamente pelo atraente recém-chegado que, num monólogo altivo ("I shall never see again the slow Ouémmé river"), recusa-se a se submeter às regras da escravidão. Como Pérez diz ao patrão que, no caso de orgulhosos príncipes africanos como Koanga, o chicote é inútil para forçá-los a trabalhar, Martínez, notando a atração que eles sentem um pelo outro, oferece Palmyra como esposa a Koanga, se ele concordar em ir para a lavoura junto com os outros.

Num quarteto de extrema complexidade harmônica, tendo como fundo o canto de trabalho "D'lilah was a woman fair", que relembra a história bíblica de Sansão, as personagens comentam suas emoções contrastantes: Palmyra e Koanga relembram a África perdida e falam de seu recém-descoberto amor; Martínez alegra-se por ter resolvido o problema; e Pérez expressa a sua raiva por a mulata ter sido concedida a outro homem. Depois, Clotilda, a mulher de Martínez, une-se à cena de conjunto: ela protesta, pois o casamento de Palmyra e Koanga a fará perder os serviços da mulata como sua criada. E pergunta ao marido: "Você se esqueceu que meu pai me fez prometer tratá-la como a uma irmã? Você deixaria uma irmã minha casar-se com um escravo e ser amaldiçoada com uma vida de miséria?"

Traço freqüente na dramaturgia de Delius é o gosto que tem por fazer ouvir vozes distantes, fora do palco, como o coro de escravos ("Now once in a day") que, no início do ato II, preparam a festa de casamento. O som do banjo, aqui usado, antecipa em um quarto de século o *Porgy and Bess* de Gershwin. Tentando impedir o casamento, Clotilda conta a Pérez que a mulata é filha bastarda de seu pai e, portanto, sua meio-irmã. Promete ao capataz entregá-la a ele, se a cerimônia for interrompida. Aproveitando um momento de distração, quando todos se concentram na dança dos negros, Pérez manda seus criados raptarem Palmyra. Desesperado, Koanga exige que ela seja trazida de volta. Martínez recusa, Koanga o fere e, num monólogo em que invoca seus deuses pagãos ("Hear me God Voodoo, I have betrayed my trust"), faz desabar sobre a fazenda uma imensa tempestade, e desaparece dentro da floresta.

O prelúdio do ato III, a que as madeiras dão toques de sabor nitidamente impressionista, evoca a atmosfera sombria do pântano ao anoitecer. Vozes ao longe invocam as divindades do vodu: "Onyame! Ruhanga! Alivo du! Mahou! Dambala come! Ayida come!".

Surge o sacerdote Rangwan, ele acolhe Koanga, celebra um ritual vodu, jogando na fogueira o sangue guardado em uma bolsa de pele, os escravos dançam freneticamente em volta do fogo, e temos a visão da fazenda assolada por uma praga. Koanga tem a sensação de ouvir a voz de Palmyra que chama por ele, e pede à estrela da manhã que o guie até ela.

Na manhã seguinte, enquanto os escravos cristãos, no pátio da fazenda, rezam para que a praga os poupe, Pérez tenta uma vez mais forçar Palmyra a aceitá-lo, mas ela continua a resistir. Koanga vem libertá-la, arrasta o capataz para dentro da floresta e mata-o com sua lança. Os escravos de Martínez o seguem, cercam, e torturam cruelmente. Koanga é trazido numa maca, mortalmente ferido, despede-se de Palmyra e, tendo a visão do dia em que sua tribo será livre ("The day shall come, oh sunlight send it soon!"), morre nos braços da amada. No monólogo final ("My Lord Koanga dead! Dead is my beloved Prince and Prophet!"), Palmyra renuncia à fé cristã, reafirma a sua crença nas divindades tradicionais africanas, e apunhala-se sobre o corpo do amado, dizendo não poder mais viver sem ele.

O epílogo traz-nos de volta ao ponto de partida: "How sad, how sad, Uncle Joe, that she should die", diz Jeanne. As sete meninas contemplam a alvorada ("See how the sun-kissed world awakes"), e a ópera termina com a evocação musical do sol inundando a fazenda, numa doce manhã de maio.

*Koanga* é a partitura mais forte de Delius, do ponto de vista dramático. Brilhantemente orquestrada, com um colorido todo especial, que lhe é dado pela citação dos temas de *negro spiritual* e canções de trabalho dos escravos africanos, apresenta cenas de conjunto extremamente bem trabalhadas, entre as quais o quinteto com coro que põe fim ao ato I. As vozes distantes, acompanhadas pelo banjo, são típicas da mão leve de Delius. Para o ato II, ele trouxe da *Suíte Flórida* o movimento mais popular, a dança-coral créole *La Calinda*, que se tornou uma peça de concerto muito apreciada, na versão arranjada em 1931 por seu secretário, Eric Fenby.

Antes da estréia alemã de 1904, Delius substituiu o prelúdio original do ato III pela peça que, antes, servia de introdução ao ato II da *Magic Fountain*. Quando Beecham regeu a ópera no Covent Garden, em 1935, trocou esse trecho pela versão orquestral de *La Calinda*, e usou, como interlúdio do ato III, o prelúdio ao ato I de *Irmelin*, na época ainda inédito. A belíssima ária de Palmyra, "The hour is near", no ato II, foi composta durante os ensaios, em Elberfeld, para apaziguar o soprano que criaria o papel, pois ela não gostara dos figurinos desenhados por Jelka Rosen. É impressionante o final do ato II, em que o uníssono das madeiras, sobre um pedal das cordas graves, emoldura o apelo de Koanga, dentro da floresta, às divindades pagãs.

Todas as personagens têm oportunidades excelentes, inclusive o corinho das filhas do fazendeiro, no prólogo e no belo episódio de encerramento, do epílogo. A página mais comovente é, sem dúvida alguma, a cena final de Palmyra, que Michael Kennedy chama de "um verdadeiro *Liebestod* negro". Eric Fenby, o secretário de Delius, escreveu, a respeito desta ópera:

> Normalmente, depois que uma obra ficava pronta, Delius não se interessava mais por ela. No caso de *Koanga*, porém, sempre se preocupou com ela, como se um vínculo secreto a ligasse à sua mocidade na Flórida. Foi a única obra que deplorava, na velhice, não poder mais ouvir. Uma sombria grandeza permeia essa partitura que, embora demonstre dever algo a Wagner, relembra muito mais o sabor das tragédias de Verdi. Os elementos de tempo, lugar e ação permitiam a Delius trabalhar, aqui, com texturas e estados de espírito muito mais amplos do que em suas outras óperas.

O drama mais famoso de Delius, aquele a que deve maior reconhecimento internacional, baseia-se em uma das novelas satíricas reunidas pelo escritor suíço Gottfried Keller em *Die Leute von Seldwylla* (A Gente de Seldwylla), publicado em 1874[3]. Seldwylla e a vizinha Goldach são duas aldeias imaginárias, nas quais Keller ambienta uma série de histórias que denunciam o comportamento hipócrita "de uma pequena burguesia entediada, que anda em busca de sensacionalismo" – como dizia Walter Benjamin em um ensaio de 1927 sobre o livro.

---

3. Nesse livro está a novela *Kleider machen Leute* (O Hábito faz o Monge), em que se inspiraram as óperas de Alexander Zemlinsky e Hermann Suder (ver *A Ópera Alemã*, desta coleção).

Delius leu *Romeo und Juliet auf dem Dorfe* (Romeu e Julieta na Aldeia) em 1897, e pediu a C. F. Keary que lhe escrevesse o libreto. Insatisfeito com o trabalho de Keary, incumbiu disso Karl-August Gerhardt que, no ano seguinte, lhe entregou uma primeira versão em alemão. Ela também desagradou a Delius, que acabou escrevendo seu próprio libreto, em inglês. Mas esse texto foi traduzido para o alemão, por Jelka Rosen, de modo que *A Village Romeo and Juliet*, pronta desde 1901, pudesse estrear na Komische Oper, de Berlim, em 21 de fevereiro de 1907, sob a regência de Fritz Cassirer. A primeira audição do original foi no Covent Garden, em 22 de fevereiro de 1910, regida por Sir Thomas Beecham. Para essa ocasião, a pedido do maestro, Delius expandiu o interlúdio entre as cenas 5 e 6, intitulando-o *The Walk to the Paradise Garden*, para permitir a mudança de cenário; e esse se tornaria o número mais famoso da ópera, ganhando inclusive vida independente como peça de concerto.

Como sempre acontecia, as traduções de Jelka Rosen para o alemão, e suas subseqüentes retraduções desastradas para o inglês, causavam mais mal do que bem ao texto. Entre as diversas tentativas de remediar essa situação, a mais interessante é a revisão feita por Tom Hammond, visando à reprise no Festival de Bradford de 1962. O mesmo regente, Meredith Davies, conduziu a apresentação de 1972 no Saddler's Well, com o elenco que fez o registro da Angel, lançado no ano seguinte:

HMV, 1948 – Dyer, Soames, Dowling, Sharpe, Clinton/Sir Thomas Beecham.
Angel, 1973 – Luxon, Harwood, Tear, Shirley-Quirk, Palmer/Meredith Davies.
Argo, 1989 – Field, Davies, Mora, Hampson, Dean/Sir Charles Mackerras.

A moldura da tragédia shakespeariana envolve não a luta entre duas famílias aristocráticas, mas o litígio entre dois fazendeiros vizinhos, a respeito de uma faixa de terra que se encontra no limite entre as suas propriedades. O herdeiro dessa terra, um vagabundo sem nome que os aldeões chamam de "The Dark Fiddler" (O Rabequeiro Negro), nunca vem reclamar o terreno, mas paira sempre sobre a ação. O drama refere-se à paixão frustrada de Sali e Vrenchen, filhos dos fazendeiros rivais.

Num calmo dia de setembro, os fazendeiros Manz e Marti estão arando sua terra ("Straight on, my plough, the wind is fresh, the sun is shining!"). Olhando a faixa de terreno que divide suas propriedades, Marti avança em um pedaço dela, imaginando que o vizinho estará fazendo a mesma coisa ("It's such a shame to let good land lay waste"). Os meninos Sali, filho de Manz, e Vrenchen, filha de Marti, trazem-lhes o almoço e vão brincar juntos no bosque. Voltam, atraídos pela voz de um homem que canta à distância. Quando o vagabundo aparece, Marti reconhece nele o filho do corneteiro da cidade, herdeiro daquela faixa de terra – que não tem como reclamar, pois não possui a documentação que comprove a sua linhagem. O homem diz aos meninos que podem brincar em sua terra ("Listen, my children, you need have no fear"). Mas os dois fazendeiros começam a brigar, acusando-se de roubar terreno um do outro. Finalmente, agarrando os filhos pela mão, afastam-se, proibindo-os terminantemente de falar um com o outro.

Seis anos se passaram. Os processos causados pelo litígio empobreceram as duas famílias. Sali volta à fazenda arruinada de Marti, pois deseja rever Vrenchen. Eles se olham em silêncio, depois apertam-se impulsivamente as mãos, lamentando a briga que os separou. Sali quer ficar, para dizer à moça tudo o que lhe vai no coração; mas ela lhe pede que parta antes de seu pai voltar de Seldwylla, supreendendo-os juntos. Dando-se conta de que não são mais crianças e estão apaixonados, Sali tenta beijá-la. Mas Vrenchen se afasta, pedindo-lhe que se encontre com ela, à noite, na terra deserta entre as duas fazendas.

O Rabequeiro Negro aparece e fala aos dois namorados do papel que desempenhou em suas vidas e da maldição que aquela terra trouxe a todos eles ("I see you're still together, in spite of all that's passed"). Não tem ressentimento nenhum contra eles, agora que estão todos na mesma situação de mendicância, e diz-lhes que, se quiserem, podem vir perambular pelo mundo afora com ele. Vai embora e Vrenchen fica cheia de medo, lembrando-se do que aconteceu na última vez que se viram.

Sali, porém, a tranqüiliza, dizendo que aquele homem não lhes quer mal. Seu idílio – o dueto "I heaped the flowers on your head" – é interrompido por Marti, que os estava espiando. Furioso, ele tenta arrastar a filha para longe dali. Sali quer impedi-lo, Marti o trata com desprezo, o jovem derruba-o, e Vrenchen corre para o pai, temendo que esteja morto.

Sentada ao pé de uma fogueira quase extinta, Vrenchen despede-se da casa, onde passará sua última noite ("Ah, the darkness has come"). Está voltando de Seldwylla, onde deixou o pai, semi-consciente em conseqüência do golpe que Sali lhe deu. O rapaz aparece, pálido, deprimido. Mas os acontecimentos infelizes só serviram para aprofundar o amor do dois ("Oh Sali, I should have died if you had not come to find me"), e eles decidem enfrentar o mundo lá fora ("Ah, how could I bear to live apart from tou?"). Já escureceu, Vrenchen puxa Sali para perto do fogo e eles adormecem nos braços um do outro. Sonham que, ao som dos sinos, do órgão, e de um coral que os abençoa ("Lord God, before thy altar throne"), estão se casando na velha igrejinha de Seldwylla. Amanhece e eles acordam para dar-se conta de que a sua alegria não passou de ilusão. Vrenchen lamenta-se:

> Oh, how I am longing for just one single day,
> one single happy day to walk from dawn till dusk
> through woods and fields beside you;
> then to dance from night till morning,
> dance at a fair where we are quite unknown.
>
> (Oh, como desejo, por um dia só, um único dia feliz, andar a teu lado, do amanhecer até o cair da noite, pelos bosques e campos, depois, dançar da noite até o amanhecer, dançar em uma feira onde ninguém nos conheça.)

Justamente, ouvem-se os camponeses cantando à distância, e Sali lembra-se que é o dia da grande feira em Berghald. Pede a Vrenchen que esqueça todas as preocupações e una-se à alegria geral. Na feira, vários grupos de cantores apregoam as atrações de suas barraquinhas, dançarinos apresentam-se em um palquinho improvisado, a banda do circo toca a todo vapor e a multidão canta para acompanhá-la. Sali e Vrenchen passeiam de braço dado, de uma barraquinha para a outra, mas são reconhecidos por um casal que sai da taverna. Sali compra um anelzinho para Vrenchen, consciente de que todos os olham, e as brincadeiras do pessoal do circo aumentam seu constrangimento. O espetáculo no circo terminou, a praça começa a encher-se de gente, e os namoradinhos saem às pressas da feira. Mas Sali diz a ela:

> I know another spot not far away,
> and not a soul will know us there.
> 'Tis the Paradise Garden,
> we can dance there the night away.
>
> (Conheço outro lugar, não muito longe daqui, e ninguém saberá que estamos lá. É o Jardim do Paraíso e, lá, poderemos dançar a noite inteira.)

Enquanto é executado o interlúdio famoso, a rubrica descreve: "Sali e Vrenchen são vistos de mãos dadas, a caminho do Jardim do Paraíso. Sentam-se um pouco na grama, ele a toma nos braços e beija-a longamente, com muito carinho. Depois, levantam-se e continuam a caminhar". Antes mesmo de chegarem, ouvem, à distância, vozes cantando: "Dance and song, all day long! Free as a roving Wind...". Mas o lugar idealizado por Sali está decadente. Uma casinha, à margem do rio que serpenteia pelo vale, caiu aos pedaços e foi convertida numa sórdida taverna. Lanternas acesas pendem de sua varanda, à luz mortiça do entardecer de verão. Uma barcaça carregada de feno está ancorada na margem do rio. Um trompista paupérrimo, um contrabaixista corcunda e outros vagabundos estão bebendo, com suas mulheres, enquanto o Rabequeiro Negro, afastado deles e em silêncio, contempla as últimas luzes do crepúsculo refletidas na neve no topo das montanhas. Os outros lhe perguntam a respeito de sua terra e ele conta como não pôde tomar posse dela. Fala também do ódio provocado por esse pedaço de chão ("So I must tell you how the strife began").

Ao ver Sali e Vrenchen, convida-os a se aproximarem e todos bebem à saúde dos jovens, e eles se sentem tentados a acreditar que, em companhia desses vagabundos, a vida poderá ser mais fácil ("Oh, to wander, free from sorrow"). O Rabequeiro Negro volta a convidá-los a juntarem-se a eles, e uma das mulheres, dando uma olhada para Sali, ri e aconselha Vrenchen a casar-se logo com ele, pois é perigosamente bonito. Depois, conclui que são demasiado respeitáveis para poderem adaptar-se à vida que eles levam. Sali e Vrenchen percebem que a mulher tem razão. A luz da lua inunda o vale com seus doces raios, criando um misterioso encantamento. Ouve-se ao longe o canto do homem que conduz a barcaça, e suas palavras encontram eco no coração dos amantes: "Passing strangers drifting by! Ho, passing strangers drifting by!" Vrenchen diz ao namorado:

> Yes, drift away for ever!
> Dear Sali, how I love you.
> I long have wished to sail away,
> but never dared tell you my story.
> I can never be your wife now,
> but without you I cannot live.
> Let us then die together.
>
> (Sim, ir à deriva para sempre! Sali querido, como te amo. Por muito tempo desejei navegar para longe, mas nunca ousei te contar a minha história. Agora, não posso ser tua mulher, mas sem ti não posso viver.)

No radioso dueto "See, the silver moonlight kisses the woods and flow'ry meadows", eles concluem que o melhor é ser feliz por um momento efêmero e, depois, morrer. O Rabequeiro Negro aparece na varanda, tocando freneticamente e, de dentro da casa, vem o som de canto e de risadas. Amorosamente, Sali faz Vrenchen deitar-se no feno, seu leito nupcial. Solta as amarras da barcaça e deixa-a flutuar mansamente rio abaixo. O Rabequeiro chama os outros, aponta silenciosamente em sua direção, e a orquestra, num clímax apaixonado, descreve a embarcação afundando nas corredeiras e, depois, a superfície das águas voltando à calma absoluta.

*A Village Romeo and Juliette* contém algumas das descrições de natureza mais inspiradas desse grande pintor de paisagens musicais que é Delius. E elas estão relacionadas com o tema de sua predileção, de matriz wagneriana: o dos amantes que, pelo amor, abrem mão das coisas mundanas. Os duetos de Sali e Vrenchen são de apaixonado lirismo, e a figura do Dark Fiddler, sinistra na prosa de Keller, aqui representa a libertação das convenções familiares e a identificação com a natureza – em outras palavras, representa o próprio Delius e suas aspirações mais profundas.

Apesar de seu clima bucólico, é a partitura para teatro de Delius que exige orquestra maior: além das cordas costumeiras, três de cada madeira ou metal (mas seis trompas), corne inglês, tuba wagneriana, um naipe de percussões que inclui xilofone, sinos tubulares e gongo, além de uma vasta banda que toca nos bastidores ou no palco. Mas a grande orquestra só é usada em momentos muito especiais de expansão sinfônica. São freqüentes as texturas camerísticas em que, por exemplo, um único acorde das madeiras enfatiza a progressão melódica das cordas, calando-se em seguida. Mais do que em qualquer outra obra anterior, as longas curvas melódicas da cantilena entrelaçam-se em contrapontos elaborados, e são muito ricas as combinações de timbres (madeiras e trompas, por exemplo, criando efeitos encantadores).

É de grande frescor a utilização do acompanhamento instrumental. A cena da feira – inspirada no ato III dos *Mestres Cantores de Nüremberg*, mas realizada com sonoridades tipicamente deliusianas – fornece vivo contraste ao tom contemplativo de boa parte do drama. Como em suas outras óperas, Delius faz uso muito feliz do coro fora do palco – os vagabundos, os camponeses, os remadores da barcaça –, obtendo com eles efeitos mágicos.

O sucesso da *Louise*, de Charpentier, e da *Bohème*, de Puccini – numa época em que a mania verista desencadeada pela *Cavalleria Rusticana* varria a Europa – fez Delius desejar enveredar também por esse caminho. É curioso pensar que, em 1903, um ano antes de Richard Strauss começar a compor a sua ópera, ele consultara os detentores do espólio de Oscar Wilde, desejoso de comprar os direitos para transformar *Salomé* em ópera (não se pode imaginar assunto mais alheio a seu temperamento). Antes disso, porém, fizera uma inconveniente tentativa de ser verista, na ópera em um ato com que competira no Concorso Melodrammatico Sonzogno de 1902 – ano em que a premiada foi o *Manuel Menéndez*, do hoje esquecido Lorenzo Filiasi.

Em 1902, Delius encomendou a Maurice Ravel a redução para piano de *Margot-la-Rouge*, publicada em 1905. Como nenhum teatro francês se interessou pela ópera, ele a ofereceu à Komische Oper de Berlim. Mas o regente Fritz Cassirer a recusou, por considerá-la demasiado lacrimogênea. Em 1979, acreditando que o manuscrito original estivesse perdido, o Delius Trust encomendou a seu secretário, Eric Fenby, uma nova orquestração, a partir da redução para piano. A versão Fenby foi gravada ao vivo por Norman Del Mar, em versão de concerto, em 9 de dezembro de 1991 – McDonall, Andrew, Woollam, Donnelly, existente no selo da BBC –, e foi transmitida pelo rádio em 21 de fevereiro do ano seguinte. Mais tarde, a orquestração original foi localizada, e *Margot-la-Rouge* reestreou no Collegiate Theatre de Londres, em 28 de março de 1984. Mas não se fez, que eu saiba, o registro discográfico do original.

Sob o pseudônimo de "Rosenval", a sua amiga Berthe Gaston-Danville escreveu o libreto de *Margot-la-Rouge*. A ação se passa em um café parisiense, onde a clientela fala do novo namorado da bela mundana Margot, chamada de "la Rouge" devido a seus flamejantes cabelos ruivos. O sargento Thibault não participa da conversa, pois se dá conta de que a mulher da qual falam é a sua ex-namorada. Quando Margot chega, eles se reconhecem e cantam um dueto apaixonado, interrompido pelo ciumento novo companheiro da moça. Eles brigam, Margot lhe diz que o detesta, o rapaz tenta esfaqueá-la, Thibault se interpõe para protegê-la, e é ele quem é mortalmente ferido. Margot toma da baioneta do sargento, atravessa com ela o amante, e é presa.

Esse dramalhão verista nada tem a ver com a sensibilidade de Delius e permanece como um caso isolado em sua obra. A única página realmente bem escrita é o dueto de amor que, em 1932, foi reaproveitado numa peça de concerto, com versos de Walt Whitman, *Idyll: Once I Passed Through a Populous City*.

Jens Peter Jacobsen, cujos *Gurrelieder* foram musicados por Arnold Schönberg, é um dos maiores nomes da literatura dinamarquesa. Delius o conhecia devido às freqüentes viagens que fez pela Escandinávia. Em 1897, tinha escrito, sobre seus versos, as *Seven Danish Songs*, que foram estreadas em Paris, em 1901, sob a regência de Vincent d'Indy. A sua última ópera baseou-se no romance mais importante de Jacobsen, *Niels Lyhne*, publicado em 1880.

Frederick Delius retratado por Sir Herbert James Gunn.

A princípio, em 1908, foram compostas oito cenas autocontidas, tiradas do livro, um trabalho que ele completou na primavera de 1911. Na revisão de 1913, Delius acrescentou as três cenas restantes. Ele próprio achava inapropriado chamar *Fennimore and Gerda* de "ópera" pois, segundo dizia, a peça não passava de "dois episódios em onze quadros".

A I Guerra Mundial fez abortar o projeto da estréia em Colônia. Mas, passado o conflito, *Fennimore and Gerda* estreou com muito sucesso na Opernhaus de Frankfurt, em 21 de outubro de 1919, regida por Gustav Brecher. A Inglaterra ouviu-a pela primeira vez em 23 de maio de 1968, no Old Town Hall do bairro londrino de Hammersmith. Existem duas gravações disponíveis:

HMV, 1976 – Söderström, Tear, Rainer Cook/ Meredith Davies.
Chandos, 1997 – Stene, Howarth, Coleman-Wright/Richard Hickox.

O escritor Niels Lyhne e seu amigo, o pintor Erik Refstrup, estão hospedados em casa do Cônsul, tio de Niels. Ambos estão apaixonados por sua filha, Fennimore, mas é a Erik que ela prefere. Três anos depois, Erik convida Niels para visitá-los e o escritor descobre que o amigo tornou-se alcoólatra, pois está passando por um bloqueio criativo e, com isso, seu casamento entrou em crise. A reaproximação reaviva antigos sentimentos, e Niels tem um tórrido caso com Fennimore. Mas Erik morre em um acidente e a sua mulher, atormentada pelo sentimento de culpa, manda embora o amante, rejeitando o pedido de casamento.

Niels passa três anos viajando pelo exterior, tentando esquecer Fennimore. Um dia, volta à sua cidadezinha natal, onde fica conhecendo a adolescente Gerda, filha de seu vizinho. Apaixona-se de novo, casa-se com ela e tem, finalmente, a possibilidade de ser feliz.

Delius considerava *Fennimore and Gerda* a sua obra mais avançada para o palco, "um drama psicológico no qual texto e música jorram da mesma fonte". Ao contrário, Sir Thomas Beecham, o mais ardoroso defensor de sua música, a detestava e, em *Frederick Delius*, de 1959, chama-a de "uma história tristinha, em que três personagens sombrias nada têm a cantar". Embora fosse o resultado da amizade do compositor pelo pintor norueguês Edvard Munch, a partitura nada tem da angústia, da tensão psicológica que permeia a obra desse grande pré-expressionista, no qual o músico se inspirou para descrever certos aspectos da personalidade de Erik. Delius preferiu, inclusive, dar um final feliz à história, acrescentando as três cenas relacionadas com Gerda, que parecem forçadas em relação a tudo o que precedeu.

Musicalmente, porém, *Fennimore and Gerda* é uma peça interessante, na medida em que acena para a mudança de estilo que virá, em 1916, com as harmonias mais ásperas do *Réquiem*. Ao lado da majestosa *Missa da Vida* – ambas baseadas em textos de Friedrich Nietzsche – o *Réquiem* constitui o ápice da criação de Delius. A construção em cenas soltas e autocontidas, comum na ópera russa, e observada, por exemplo, no *Ievguêni Oniéguin* de Tchaikóvski, agradou a Delius, e ele pretendia colocar esse modelo novamente em prática, numa adaptação do *Morro dos Ventos Uivantes*, de Emily Brontë. Mas a doença o impediu de realizar esse projeto.

Desde a década de 1920, tinham surgido os sinais da paralisia progressiva, provocada pela sífilis, que Delius contraíra com a vida livre levada na Flórida e nos círculos boêmios de Paris. Beecham diz, em seu livro: "Delius sofreu um golpe pesado, que lhe foi desferido por sua deusa favorita, Afrodite Pandemos: ela respondeu à sua devoção com uma doença que haveria de irromper anos mais tarde". No final de 1925, Frederick estava totalmente cego e paralítico. Em 1928, o jovem músico inglês Eric Fenby o procurou e ofereceu-se para ser seu secretário. Daí até a morte do compositor, em 1934, conseguiu, laboriosamente, anotar as últimas partituras, que Delius lhe ditava.

Em 1929, Beecham organizou, de 12 de outubro a 1º de novembro, um Festival Delius, com a presença do compositor, que visitou seu país natal pela última vez. Nessa ocasião, o rei Jorge V o nomeou Companion of Honour, e Oxford lhe deu o título de doutor *honoris causa*. Apreciado na Inglaterra e, de certa maneira, nos Estados Unidos, Delius continua sendo uma figura isolada na música do século XX, até hoje injustamente pouco conhecido no resto do mundo – e isso inclui especialmente o Brasil.

As harmonias cromáticas da música de Delius pertencem à linhagem pós-wagneriana de Chausson ou do jovem Richard Strauss, mas filtradas pela influência do impressionismo francês, de texturas orquestrais muito transparentes; e do melodismo típico dos músicos nórdicos, seus amigos. Uma eufônica serenidade reina na superfície instrumental de sua música, na qual dissonâncias ocasionais são sempre resolvidas de maneira muito tranqüila. Em algumas das suas obras, intervêm motivos folclóricos ingleses, que ele trabalha, freqüentemente, mediante elaborados processos de variação. Delius foi o poeta do que Michael Kennedy chama de "the regret for the vanished hour" (a saudade do tempo perdido), perfeitamente ilustrada em obras instrumentais e/ou corais como *On Hearing the First Cuckoo of Spring, North Country Sketches, Sea Drift, Song of the High Hills, In a Summer Garden, Brigg Fair* ou as melancólicas *Songs of Sunset*. Uma vez mais, cabe observar o fato de o teatro ter atraído tanto um artista que, na essência, era extremamente contemplativo. Mas em suas óperas estão, sem dúvida, algumas das melhores páginas que ele escreveu.

## German

É curioso que a carreira de Sir Edward German Jones (1862-1936), especializado em opereta e ópera cômica, tenha-se iniciado na música séria, voltada para o campo sacro. Aluno de W. C. Hay na cidade natal de Shrewsbury, foi encaminhado por seu professor para o Royal College of Music, onde fez órgão (Steggal), violino (Weist-Hill e Burnett), teoria (Banister) e composição (Prout). Ainda estudante do RCM, escreveu para os alunos de canto dessa escola a sua primeira opereta, *The Two Poets*, encenada no auditório da escola.

Depois de formado, Edward German optou pelo violino, em vez do órgão, e tocou na orquestra de diversos teatros, familiarizando-se com a obra de Gilbert e Sullivan. Em 1888, foi contratado como regente e diretor musical do Globe Theatre, para o qual escreveu diversas peças de música incidental. Em 1891, a do *Richard III*, encenado por Richard Mansfield, fez tal sucesso que Sir Henry Irving, o diretor do teatro, encomendou-lhe a partitura para *Henry VIII* (1892), outro grande triunfo. Até hoje as danças dessa peça são ouvidas, como suíte de peças de concerto. Os direitos ganhos com esse trabalho, reprisado em várias salas de todo o país, permitiram a German abandonar o magistério e dedicar-se exclusivamente à composição.

Em 1900, após a morte de Arthur Sullivan, foi ele o escolhido para terminar *The Emerald Isle*. O compositor tinha esboçado todo o ato I e deixado alguns fragmentos do II. German, portanto, orquestrou toda a obra e escreveu diversas canções, imitando o estilo de Sullivan, com o qual tinha muita afinidade. Basil Hood, o autor do libreto, gostou tanto do resultado, que se propôs a escrever para ele o libreto de uma ópera cômica. *Merrie England* estreou em 2 de abril de 1902, no Savoy Theatre. O sucesso repetiu-se quando a ópera foi reprisada no Prince's Theatre, de Londres, em 6 de setembro de 1945, numa versão revista por Edward Knoblock.

Personagens fictícios e reais – a rainha Elizabeth I, Sir Walther Raleigh, o conde de Essex – se misturam nesta história de romance e aventura, que retrata a Idade de Ouro elizabetana. O tom das partituras compostas para o Globe Theatre está presente nas canções de tom patriótico e nas danças cortesãs em estilo Tudor, que German é mestre em reproduzir. O texto um tanto frouxo de Hood torna os números cômicos menos felizes. Foi por isso que, em 1945, Knoblock empreendeu a revisão da ópera. *Merrie England* teve 102 récitas no Savoy e foi reprisada em diversos outros lugares fora de Londres. O hino patriótico "The Yeomen of England", cantado pelo conde de Essex e o coro, tornou-se muito popular, e era com freqüência apresentado em cerimônias oficiais. No selo Collins, há uma gravação feita em 1959 (Bronhill, Kern, Sinclair, McAlpine, Glossop/Michael Collins).

Depois de *A Princess of Kensington* (1903), outra peça muito bem recebida foi *Tom Jones*, com libreto de Alexander Thompson e Robert Courtneidge, e a letra das canções escrita por Charles Taylor. A estréia foi no

Prince's Theatre de Manchester em 30 de março de 1907. No selo EMI, há uma gravação de 1967 (Glover, Minty, Harvey, Riley, Brooks/ Gilbert Vinter).

Embora seja uma opereta, a substância musical de *Tom Jones* – versão bastante pasteurizada do romance de Henry Fielding – a faz transcender as fronteiras do gênero e ter a espessura de uma verdadeira ópera cômica. Nos solos e números de conjunto, German faz a reconstituição bastante feliz do ambiente do West Country; e seus pastiches de música do século XVIII são bem realizados. Em alguns dos números, percebe-se a influência francesa: o melodismo de Gounod e principalmente de Messager, autor também de óperas ligeiras. Eram freqüentes os contatos de German com esse compositor, pois Messager era um dos principais regentes convidados do Covent Garden.

O venerável Gilbert foi o libretista de *Fallen Fairies* (1909), no qual retomou a mesma história da *Iolanthe* escrita para Sullivan. Mas a recepção foi morna. Desgostoso, German afastou-se do palco. Em 1928, foi nomeado cavaleiro e, em 1934, recebeu a medalha de ouro da Royal Philharmonic Society.

# Bantock

Música, para Sir Granville Ransome Bantock (1868-1946), foi um objetivo duramente conquistado, pois seu pai, um dos mais famosos cirurgiões londrinos, opunha-se a que ele fizesse o conservatório. Depois de um desastroso início de curso de Engenharia Química, para a qual ele não tinha a menor vocação, e da malograda tentativa de forçá-lo a seguir carreira no Indian Civil Service, o Dr. Bantock deixou-se dobrar. Permitiu que Granville se inscrevesse, em 1888, na Royal Academy of Music, onde ele se revelou aluno brilhante: foi o primeiro detentor da Bolsa Macfarren, destinada a ser uma das mais importantes do país. Ainda estudante, apresentou, com a orquestra da Academia, as suas primeiras composições: o "ballet égyptien" *Rameses II*; a abertura em um ato *The Fire Worshippers*; e a ópera em um ato *Caedmar* que, em 18 de outubro de 1893, foi encenada no Crystal Palace.

Fundador e editor do *New Quarterly Musical Review* (1893-1896), Bantock foi o regente de uma das companhias itinerantes do empresário George Edwardes, que circulavam pelo país montando óperas e operetas. Organizou ciclos de concertos destinados a revelar a obra de jovens compositores britânicos. E foi, entre 1897-1901, o regente da Sinfônica de New Brighton, balneário muito elegante na região de Merseyside. Em 1900, foi nomeado diretor do Midland Institute School of Music e, oito anos depois, substituiu Elgar como professor de composição na Universidade de Birmingham, cargo que manteve até 1934, data em que foi nomeado presidente do conselho diretor do Trinity College of Music.

Na década anterior à I Guerra, Bantock firmou reputação, num país apaixonado pelo canto coral, como o autor de obras em grande escala. A mais importante delas é o oratório *Omar Khayam*, no qual musicou todos os poemas desse autor persa, na tradução famosa de Fitzgerald. Durante a década de 1890, forjou um idioma musical com o que havia de mais moderno naquela época – Wagner e Richard Strauss de um lado, Tchaikóvski, Puccini e os veristas italianos de outro –; mas a sua escrita mudou pouco daí em diante. Era um músico prolífico, que escrevia com muita facilidade, e esse talvez seja seu principal problema, pois o que faz é, às vezes, prejudicado pelo acabamento apressado e um tanto superficial. É o que acontece com *The Pearl of Iran* (1894), tributária do orientalismo de fim de século, de matriz francesa. Ou com as comédias *ABC or Flossie the Frivolous* e *Sweet Briar*, ambas de 1898; e *Harlequinade or Only a Clown*, do ano seguinte.

Porém, em meio a uma obra para o palco que não apresenta maiores atrativos, há uma peça de estilo extremamente individualizado e de temática muito original. O próprio Bantock preparou o libreto de *The Seal-Woman* (A Mulher-Foca, 1924), baseando-se em um conto folclórico das Hébridas: a história fantástica da foca fêmea que, apaixonando-se por um pescador das ilhas, assume a forma de uma mulher lindíssima e, saindo do mar, vem viver com ele. Casam-se, têm um filho, ficam sete anos juntos. Mas o apelo do mar é muito forte, e ela se sente infeliz longe de seu habitat natural. Por amá-la muito, o marido consente que vá embora. Acompanha-a até a praia e, junto com o filho, fica vendo-a reverter à sua forma original e nadar para longe.

Essa reflexão muito poética sobre a força do amor, capaz de fazer saltar até mesmo as barreiras entre as espécies, recebe um tratamento musical insólito. O opulento idioma melódico e harmônico de Bantock, influenciado por Richard Strauss, assume feição muito transparente, pois a orquestra resume-se a dezesseis músicos. Além disso, Bantock obtém resultados gratificantes ao combinar suas próprias melodias com as de vinte canções folclóricas autênticas das Hébridas. O resultado é muito atraente, como o demonstrou Lewis Foreman, no artigo "Bantock Revival", publicado na revista *Music & Musicians* de maio de 1975, quando *A Mulher-Foca* foi reprisada em Londres. É uma pena que de obra tão curiosa não exista o registro discográfico.

Em 1938, aos setenta anos, Bantock fez uma viagem de pesquisa etnográfica à Índia e à Austrália, só retornando à Inglaterra às vésperas da II Guerra Mundial. Atraído por temas exóticos com conotações místicas, era um cosmopolita fascinado, em especial, pelos celtas e pelas culturas orientais. Mas usava o orientalismo apenas como um tempero adicional a uma escrita conservadora, enraizada nas mais sólidas tradições ocidentais. Praticava, sobretudo, música programática e dava às suas peças títulos que as relacionavam a fontes de inspiração mitológicas ou literárias. Embora suas partituras sejam brilhantemente instrumentadas e tenham, à execução, rendimento apreciável, muito poucas delas permaneceram no repertório de concerto, mesmo das orquestras inglesas.

## MacCunn

Encomendada pela Carl Rosa Opera Company, *Jeanie Deans* foi a primeira ópera de autor escocês a ser estreada na Escócia. Mas Hamish MacCunn (1868-1916), nascido em Greenock, tinha estudado em Londres, no Royal College of Music, com Parry. Viveu e ensinou na Inglaterra e, apesar de seus esforços, não conseguiu lançar os alicerces de um estilo nacional escocês.

Adaptada por Joseph Bennett do romance *The Heart of Midlothian* (1818), de Sir Walter Scott, *Jeanie Deans*, um *grand-opéra* em quatro atos, foi cantada no Lyceum Theatre de Edimburgo, em 15 de novembro de 1894. A crítica considerou a dramaturgia simples e o estilo musical singelo de MacCunn, enraizado no folclore, insuficientemente substancioso para traduzir as texturas épicas do livro de Scott. A ópera ficou no repertório da Carl Rosa até a morte de MacCunn; mas não chegou a se impor no dos teatros escoceses. Uma reprise de 1995 na Scottish Opera resultou na gravação Brabbins, existente no selo Hypérion (Watson, Milne, MacDougall, Sidhom, Gadd).

Em *Diarmid*, outro *grand-opéra* com libreto de J. G. Campbell, marquês de Lorne, MacCunn trocou o realismo histórico de Scott pelo clima lendário das tradições celtas. É mais bem definida a música com a qual conta a história dos amores de Grania pelo herói mítico Diarmid. A ópera foi estreada no Covent Garden em 23 de outubro de 1897. McCunn compôs ainda *The Masque of War and Peace* (Londres 13.2.1900), *The Pageant of Darkness and Light* (1908) e o musical *The Golden Girl* (houve a estréia em Birmingham, em 5 de agosto de1905, mas a partitura se perdeu). As óperas *Breast of Light* e *Prue* estavam inacabadas quando ele morreu. Mencionemos ainda as suas cantatas: a trilogia *Lord Ullin's Daughter, Bonny Kilmeny* e *The Lay of the Last Minstrel*, de 1888, baseada em Scott; *The Cameronian's Dream* (1890); *Queen's Hyde of Caledon* (1892); e *The Wreck of the Hesperus* (1905), do poema de Longfellow. Análise muito detalhada de *Jeanie Deans* está incluída no precioso estudo de Jerome Mitchell, *The Walter Scott Operas: an Analysis of the Opera Based on His Works* (The University of Alabama, 1907).

## Holbrooke

Hoje, o nome de Joseph Charles Holbrook (1878-1958) quase não é mais lembrado. Mas houve um tempo, nos primeiros anos do século, em que era muito bem aceita a música desse natural de Croydon que, para se sustentar, viera muito cedo para Londres e, desde os doze anos, tocara piano em *music-halls*, enquanto estudava com F. Corder na Royal Academy.

Sua carreira de compositor ganhou impulso em 1900, quando o poema sinfônico *The Raven*, baseado no poema de Edgar Allan Poe, foi muito aplaudido num dos concertos do Crystal Palace. Poe era, de resto, autor que o fascinava, pois lhe inspirou o poema sinfônico *Ulalume* (1904), a peça coral *Homage to E. A. Poe* (1905), o oratório *The Bells* (1906) e o balé *The Masque of the Red Death* (1910), todas elas peças ouvidas com agrado na época, mas esquecidas hoje em dia.

O poeta T. E. Ellis – pseudônimo de Lorde Howard de Walden – ficou muito entusiasmado com o *Concerto para Piano* que Holbrooke escreveu, em 1907, inspirando-se em seu poema *The Song of Gwyn ap Nudd*, de ambientação gaélica. Procurou-o, oferecendo-lhe o maciço libreto de uma trilogia intitulada *The Cauldron of Annwynn*, baseada no épico anônimo galês *The Mabinogion*. Era evidente a intenção de Ellis de produzir um "Welsh Ring", e foi nos *leitmotive*, na "melodia infinita", no arioso permanente e nas formas de larga escala wagnerianas que Holbrooke buscou o modelo para *O Caldeirão de Annwynn*, no qual misturava temas folclóricos celtas às ricas harmonias e à orquestração suntuosa dos compositores alemães neo-românticos.

As óperas não foram compostas na ordem, o que o leitor poderá verificar pelas datas. Como no *Anel*, o prólogo da trilogia, *The Children of Don* (1912), relata como Gwydion, filho mais novo do chefe tribal Don com a deusa Terra, foi a Annwynn, o Inferno gaélico, para de lá roubar o caldeirão mágico, que concede ilimitado poder. Isso faz recair uma maldição sobre ele e seus descendentes. Em *Dylan, Son of the Waves* (1909, revista em 1914), a personagem-título, filho mais velho de Gwydion, e seu herdeiro, é assassinado por um tio, cruel e traiçoeiro, que quer tornar-se o chefe da tribo. Mas o mar, para vingar a morte de Dylan, se ergue, invade o castelo e afoga o assassino. *Bronwen, Daughter of Llyr* (1922) é a mãe de Dylan o Jovem, herói belo e louro como Siegfried. Está em suas mãos reunir os seres humanos numa batalha final contra as forças do mal e, tendo-as derrotado, devolver o caldeirão às potências infernais. O leitor há de reconhecer, nessa sinopse, elementos narrativos comuns tanto à tetralogia wagneriana quanto a recente trilogia de filmes *O Senhor dos Anéis*, baseada nos romances de Tolkien.

Sir Thomas Beecham regeu *The Children of Don* em Londres, em 15 de junho de 1912; e há notícias de que ela foi encenada, em 1923, na Volksoper de Viena e em Salzburgo. *Dylan* subiu à cena no Drury Lane, em 4 de julho de 1913. *Bronwen* tem certa grandeza heróica e sinistra, como atestam os trechos que existiam no selo Columbia, historicamente importantes por serem o registro da estréia em Huddersfield, em 1º de fevereiro de 1929. Não há informação de que a trilogia tenha sido encenada integralmente e na seqüência.

Estão esquecidas as demais obras de Holbrooke para o palco: *Pierrot and Pierrette* (11.11.1909), revista em 1924 com o título de *The Stranger*; a ópera-balé *The Wizard* (1914) e a comédia fantástica *The Enchanter* (Chicago, 1915). Embora terminadas, *The Sailor's Arms*, *The Snobs* e *Tamlane* nunca chegaram a ser executadas. Lewis Foreman, especialista na história da música britânica nessa fase, sequer sabe datá-las com precisão. Holbrooke é o autor de *Contemporary British Composers*, interessante tentativa de fazer o balanço da situação da escola inglesa em 1925.

# A Ópera no Século XX

# As Guerras e o Entre-Guerras (1914-1945)

A rainha Victoria ficou 64 anos no trono. Ao morrer, em janeiro de 1901, com 82 anos, pôs de fato o ponto final em uma era. Eduardo VII, que já tinha 59 anos ao ser coroado, nunca se dera bem com a mãe e seu austero estilo. Ele também deu seu nome a uma era, exuberante, ostentatória, às vezes mesmo um pouco vulgar, cheia de flamejantes e pitorescos contrastes. E, no entanto, a historiografia contemporânea reconhece no Período Eduardiano a continuidade de aspectos que já estavam presentes na fase final da Era Victoriana.

Na década de 1870, Thomas Huxley dissera: "Hoje, tudo está sendo questionado, as opiniões, as instituições, as convenções. A desintegração das opiniões é tão rápida que nem o sábio nem o tolo têm idéia de onde estaremos, no final deste século". A virada de século, marcada por um iconoclasta como George Bernard Shaw, ou um *écrivain maudit* como Oscar Wilde, é uma fase de revolta generalizada contra os cânones victorianos, influenciada pelo decadentismo e as tendências neo-românticas continentais. Toda a cultura de uma sociedade industrializada, que se transformou graças aos empreendimentos individuais, e o estado da economia, nesse início de século XX, contribuem para isso.

O *boom* do progresso victoriano entrara em colapso em 1873 e, embora a renda nacional continuasse a crescer de modo estável até 1911, havia o medo de uma depressão econômica e a Grã-Bretanha enfrentava competição cada vez maior de outros países. Em 1877, o preço do trigo chegara a 56 shillings e 9 dime, contra 56 shillings 6 dime em 1846, e esse aumento do preço para o mercado importador acarretou perda de rendimentos acelerada, mudanças bruscas na propriedade da terra e crise nas áreas produtoras de cereais. Enquanto isso, na área industrial, a exportação de aço caiu de £105 milhões, em 1880, para £95 milhões em 1911, devido à competição com a Alemanha e os Estados Unidos. Esse processo coincide com a melhor organização do movimento trabalhista: no final do século XIX, havia 2 milhões de sindicalizados, número que dobrou até 1914 – e, com ele, as exigências de reajuste de salário. Alguns desses líderes sindicais tinham filiação socialista e, entre 1880-1900, surgiram algumas organizações de orientação esquerdista:

- a Federação Social Democrática, fundada em 1884, tinha tendência marxista, mas nunca passou de um pequeno grupo sectário;
- o Partido Trabalhista Independente, surgido em Bradford em 1893, tinha penetração maior;
- a Fabian Society, fundada em 1884, reunia intelectuais que haveriam de desempenhar papel importante na política trabalhista do século XX.

Em fevereiro de 1900, realizou-se em Londres a conferência que criou um comitê, chefiado por Ramsay McDonald, encarregado de promover o retorno dos trabalhistas ao Parlamento. Data daí o surgimento do Partido Trabalhista que, com o apoio dos liberais, conquistou 29 cadeiras em Westminster, nas eleições gerais de 1906. Em breve, o apoio financeiro dos sindicatos lhe daria condições de superar os liberais, e de tornar-se o segundo partido do país. Antes disso, porém, importantes reformas sociais vieram com a vitória dos liberais (377 cadeiras em 1906). Durante a chefia de governo de Sir Henry Campbell-Bannerman e H. H. Asquith, que contaram com forte apoio de Lloyd George, secretário do Interior, e de Winston Churchill, secretário do Comércio, foram adotadas:

- a lei da merenda escolar gratuita para crianças pobres (1906);
- a assistência médica obrigatória aos escolares (1907);
- o *Children Act*, que protegia os direitos da criança, e o *Old Age Pensions Act*, que garantia aposentadoria a pessoas com mais de 70 anos; e o decreto que regulamentava em oito horas o dia de trabalho dos mineiros (1908);
- a criação de comitês encarregados de estabelecer os salários da indústria e de promover a proteção ao desempregado (1909).

A ousadia dessas medidas fez os liberais entrarem em conflito com os conservadores que, nas eleições de 1910, reduziram muito a margem parlamentar de ação progressista. A morte de Eduardo VII, em maio de 1910, e a ascensão ao trono do inexperiente George V piorou as coisas. As tensões trabalhistas – agravadas pelo surgimento, em 1903, da Women's Social and Political Union, decidida a reivindicar os direitos femininos até mesmo por meios violentos – e o crescimento dos atritos entre protestantes e católicos no Ulster tornou-se muito sombrio o clima interno britânico, às vésperas da eclosão da I Guerra Mundial.

O verão de 1914 foi um momento de brilho particular na vida musical britânica. Além de ver, na New London Opera House, a estréia de *The Cauldron of Annwynn: Dylan*, a segunda ópera da trilogia wagneriana de Holbrooke, o público assistiu a *The Cricket on the Hearth*, de Sir Alexander Mackenzie. E as platéias de concerto aplaudiram a *Quarta Rapsódia Irlandesa*, de Stanford, *On Hearing the First Cuckoo in Spring* e *Summer Night on the River*, de Frederick Delius. É verdade que as ousadias cromáticas de *A Dance Poem*, de Frank Bridge, foram rejeitadas pela crítica conservadora, devido à sua "cacofonia ultra-moderna" (só em 1916 Bridge conseguiria se impor com o poema sinfônico *Summer* e seu cativante solo de oboé).

Esse novo ponto de virada na música britânica foi assinalado pela estréia da *London Simphony*, de Vaughan Williams, em que as texturas mais leves dos modelos franceses sobrepunham-se às dos alemães. Toda uma série de obras escritas em 1914 demonstram que uma nova geração de compositores ingleses estava surgindo:

- "Marte", o primeiro movimento do que viria a ser a popularíssima suíte dos *Planetas* de Holst;
- o *Quinteto para Piano* de Arnold Bax e seu extenso ciclo de canções orquestrais *The Bard of Dimbovitza* (só estreado em 1921);
- o exótico *Concerto n. 1* para piano, de Cyril Scott, executado em 1915;
- o poema sinfônico *The Forgotten Rites*, de John Ireland.

Entre elas, há peças que, hoje, precisam urgentemente ser redescobertas, como o *Concerto n. 1* para piano, de Herbert Howells, que um crítico da época considerou "digno de ombrear-se com os de Rakhmáninov".

A eclosão da guerra provocou o cancelamento dos festivais de Birmingham, Worcester, Cardiff, Norwich e Sheffield. Foi o fim de uma era, pois eles nunca mais voltariam a ser o que eram antes (o de Worcester só reabriu em 1964). Os concertos Promenade continuaram, mas a música alemã foi banida. Isso eliminou, dos programas, Richard Strauss e Schönberg; e inibiu o crescente interesse de Sir Henry Wood pelas sinfonias de Mahler. Durante os tempos de conflito, porém, foram estreados o *Concerto para Piano* de Kathleen Bruckshaw, tocado pela autora; o poema sinfônico *Perseu*, do jovem Eugene Goosens, regente e compositor, devotado straussiano; e a *Dance Rhapsody* de Frank Bridges, cuja escrita vigorosa, agora, era melhor aceita. Foi em 1915 que, em um único dia, traumatizado pelos horrores da guerra, Bridge escreveu seu lancinante *Lamento* para orquestra de cordas – um sucesso retumbante ao estrear nos Proms –, em memória de uma família de amigos que morrera no naufrágio do *Lusitânia*, torpedeado pelo inimigo.

Embora alguns artistas tivessem aderido ao patriotismo belicista pregado pelo governo, não foram poucos os que assumiram uma atitude pacifista e de condenação do conflito. Não nos esqueçamos que essa é a época da publicação dos vibrantes poemas antibelicistas de Rupert Brooke e de Wilfred Owen – nestes últimos, Britten há de basear, mais tarde, para seu impressionante *War Requiem*. Não só veteranos como Hubert Parry (*From Death to Life*) e Edward Elgar (*The Spirit of England*), mas também músicos jovens – Arnold Bax, Thomas Dunhill e John Ireland em suas sonatas para violino – deram o testemunho da profundidade com que a guerra os afetava.

O inesperado *boom* econômico do pósguerra encorajou os empresários a voltarem aos métodos anteriores a 1914-1918: livre comércio no exterior e *laissez-faire* em casa; restauração do padrão ouro, suspenso em 1919; redução dos salários e custos da produção, para enfrentar a competição externa. Mas quando os mercados europeus abriram-se às economias em expansão dos Estados Unidos e da Ásia, a Grã-Bretanha sofreu um declínio na produção, com aumento alarmante do desemprego: 22,4% da força de trabalho em 1921. Enquanto a direita – conservadores e a ala tradicionalista dos liberais – lutava pela limitação do papel do Estado, a esquerda – trabalhistas e liberais dissidentes – pediam nacionalização das indústrias-chave, política assistencial, desarmamento, laços diplomáticos mais estreitos com a União Soviética, e encarava com ceticismo o futuro do império colonial.

Houve relativa estabilidade durante o governo de Stanley Baldwin, depois que Lloyd George renunciou, em outubro de 1922, devido aos protestos na indústria carbonífera e à criação do Estado Livre da Irlanda. Mas eram ilusórios o retorno da produção aos níveis do pré-guerra e o equilíbrio do desemprego em torno de 10%, pois o país ficara para trás em relação ao resto do mundo industrial. Nova crise na área do carvão, quando o governo foi obrigado a cortar subsídios e reduzir os salários, trouxe o fechamento das minas em 1º de maio de 1926 e, em conseqüência disso, a greve geral convocada pelo Congresso dos Sindicatos. Baldwin não fraquejou: declarou o movimento "anticonstitucional e ilegal", dobrou os sindicatos e, em 12 de maio, pôs fim à paralisação.

Mas os desdobramentos pós-greve demonstraram que Baldwin obtivera uma vitória com pés de barro. À gangorra dos governos que se sucederam, sem conseguir manter-se no poder; à depressão econômica da década de 1930, que exigiu as medidas de emergência do *Unemployment Act* de 1934, somou-se a crise doméstica da abdicação de Eduardo VIII, que subira ao trono após a morte de George V, em janeiro de 1936. Diante da recusa do governo em aceitar seu casamento com a americana Mrs. Simpson, já duas vezes divorciada, o rei abdicou, em 10 de dezembro de 1936, em favor do irmão, coroado com o nome de George VI, em maio do ano seguinte. Tempos negros aqueles: de indecisão inglesa diante da intervenção alemã na Guerra Civil Espanhola e do *Anschluss*, na Áustria, em março de 1938; de fracasso da missão Runciman, encarregada da mediação entre a Alemanha e a Tchecoslováquia, a respeito do território germanófono dos Sudetos.

O primeiro-ministro Neville Chamberlain, na chefia do governo desde a coroação de George VI, e seu colega francês, Édouard Daladier, encontraram-se com Hitler e Mussolini na Conferência de Munique, em setembro de 1938, e concordaram que os Sudetos deveriam ser anexados pelo Reich, desde que se garantisse a integridade do resto da Tchecoslováquia. Seis meses depois de Chamberlain ter voltado para casa dizendo que a paz estava preservada, a Alemanha invadiu a Tchecoslováquia. A Grã-Bretanha deu seu apoio à Polônia, Romênia e Grécia, e só não o estendeu à União Soviética porque, em 23 de agosto de 1939, Hitler e Stálin assinaram o Pacto Germanosoviético de Não-agressão. Em 1º de setembro, a cavalaria polonesa foi massacrada pelos tanques alemães, que invadiam seu território. Diante do silêncio com que Berlim respondeu a seu ultimato, exigindo o fim das hostilidades, Chamberlain foi aos estúdios da BBC, na manhã de domingo, 3 de setembro, e anunciou ao país que a Grã-Bretanha declarara guerra ao Reich.

Depois da I Guerra Mundial, assistimos, na Inglaterra como no resto da Europa, às manifestações iconoclastas da arte na chamada "Era dos Ismos": Dadaísmo, Cubismo, Abstracionismo, Surrealismo. São brincadeiras irreverentes como:

- o melodrama *Façade* (1923), de William Walton, com poemas irreverentes de Edith Sitwell;
- os "ensaios de exploração de sons" de Arthur Bliss: *Madam Noy* (1918), *Rhapsody* (1919), *Rout* (1920), a ruidosíssima música incidental para a *Tempestade* (1921) e o *Concerto para piano* (1920), com vocalise para tenor;
- as epigramáticas canções e peças para piano de Lord Berners.

A *Jazz Age*, como a década de 1920 foi chamada, deixa suas marcas nos ritmos de Bliss e Walton, nas sonoridades de *blues* de Constance Lambert, no uso que John Ireland faz de instrumentos que remetem à música popular americana: saxofone, pistom, xilofone. No extremo oposto, os suntuosos poemas sinfônicos neo-românticos de Arnold Bax – *The Garden of Fand, Summer Music, Tintagel* – revelam um músico que, em breve, embarcará num grande ciclo de sete sinfonias, mais um desmentido ao obituário que G. B. Shaw pronunciara desse gênero venerável.

O fortalecimento do nacionalismo trazido pela guerra reflete-se na freqüência com que Ralph Vaughan Williams, Gustav Holst ou o irlandês Ernest Moeran procuram no folclore a inspiração para as suas obras orquestrais. Paralela à ascensão da carreira de Holst e Vaughan Williams, assiste-se também à de William Walton, cujo *Concerto para Violino* é aclamado, em 1923, como obra de gênio (mas prefiro estudar a obra de Walton no próximo capítulo, "O Pós-guerra", pois a sua produção de operista só começa na década de 1950). Como a BBC, a essa altura, era o principal veículo para a revelação de novos nomes, algumas injustiças foram cometidas. A descoberta tardia de John Foulds – autor da suíte *Hellas* para dupla orquestra de cordas, harpa e percussão – basta como exemplo do que se deixou de valorizar. O período 1914-1945 assiste à criação de rica produção instrumental:

- os concertos para piano de Vaughan Williams, Walton, Howells, Fould, Bax, Bridge, Rubbra, Alan Bush, Bliss, Lambert e, em 1938, o de Britten, que revela um talento extremamente promissor;
- as sinfonias de Bax, Arnold, Rubbra, Walton, Vaughan Williams, produção de extrema variedade, dentro da qual se destacam obras de grande porte, com a participação de solistas e coro:
- a *Sea Symphony* (1909), de Vaughan Williams, com textos do poeta americano Walt Whitman, modelo no qual haveria também de se basear
- *Odysseus* (1924), de Armstrong Gibbs, mas com tratamento muito pessoal da poesia homérica;
- a *Chinese Symphony* (1918), do holandês naturalizado Bernard van Dieren, usando as mesmas traduções de Hans Bethge que tinham inspirado Mahler no *Canto da Terra*;
- a *Choral Symphony* (1925) de Holst sobre poemas de Keats;
- a *Segunda Sinfonia* (1926) de Cyril Rootham, com um movimento coral de encerramento tirado do *Apocalipse* de São João ("There shall be no more death");
- a gigantesca *Sinfonia Gótica* (1919-1927) de Havergal Brian, nitidamente modelada na *Oitava* de Mahler, que se encerra com um maciço *Te Deum* (peça de dificuldades técnicas tão grandes que só foi executada integralmente em 1966, por Sir Adrian Boult);
- e *The Morning Heroes* (1930) na qual, recorrendo a poemas de Walt Whitman, Li-Tai-Po, Wilfred Owens, Robert Nichols e a trechos da *Ilíada*, Arthur Bliss homenageava seu irmão Kennard e os companheiros dele, caídos nas trincheiras.

A gloriosa tradição coral inglesa, um pouco combalida com o fechamento dos festivais, recebe um sopro de renovação também, em 1931, com *Belshazzar's Feast*, de William Walton, cujo texto Osberet Sitwell adaptara do Antigo Testamento. Esse oratório abre caminho para *These Things Shall Be*, de John Ireland, *Dona Nobis Pacem*, de Vaughan Williams e, em 1944, o inovador *The Child of Our Times* de Sir Michael Tippett que, à relevância do assunto contemporâneo, soma o emprego do *negro spiritual*, numa moldura formal que remete às *Paixões* de Bach. Os sentimentos pagãos do *Réquiem*, em que Delius usa textos de Nietzsche, o fizeram ser rejeitado até 1922. Só depois que Sir Charles Groves o ressuscitou, em novembro de 1965, o público pôde dar-se conta da grandeza dessa peça. Em compensação, o *World Requiem* de John Foulds, sobre poemas que vão de John Bunyan ao indiano Kabir, recebeu dez minutos de ovação ao ser cantado na noite do Armistício. Mas é uma obra pomposa, que não conseguiu sobreviver.

Apesar do fechamento do Covent Garden durante a I Guerra, o movimento de revitalização da ópera não se interrompeu. O *Romeo and Juliet* (1916), de J. E. Barkworth, hoje está esquecido. Mas ficaram e são cada vez mais valorizadas as óperas de Ethel Smyth, Vaughan Williams, Boughton e Delius. Produzidas fora da Inglaterra, *Le Carrosse du Saint Sacrement* (Paris, 1924), de Lord Berners, *The Alchemyst* (Essen, 1925), de Cyril Scott, *Samuel Pepys* (Munique, 1929), de Albert Coates, foram trazidas para casa, e engrossaram o repertório das obras em vernáculo. Na década de 1930, o clima político pesado, a ameaça de nova guerra iminente, fez renascer o gosto pelas comédias, de tom leve, escapista. É a hora e vez de *Tantivy Towers* (1931), de Thomas Dunhill, de *Jolly Roger* (1933), de Walter Leigh, e principalmente de *The Devil Take Her* (1931), de Arthur Benjamin.

Em vista da atmosfera reinante na Europa de então, é compreensível que a estática *The Bride of Dionysus* (Edimburgo, 1931), de Tovey, e o *Macbeth* (1934), de Lawrance Collingwood, não tenham contado com a preferência do público. É compreensível também a platéia conservadora inglesa ter precisado de tempo para assimilar o idioma harmônico da *Natividade*, de Frank Bridge, só o fazendo, realmente, quando as óperas de Britten, seu aluno, começaram a ter muito sucesso. A mágica de *Iernin* (1935), de George Lloyd, só se impôs com a reprise da BBC, de 1998, lançada em CD. Um crítico da época jogou sobre *Don Juan de Mañara* (1937), do mesmo autor, a pecha de ser "uma ópera sem melodias"; mas a reprise da BBC, em 1959, demonstrou que ela possui inegável comando da forma e da tensão dramática.

Muito especial é o caso de *The Tigers* (Os Tigres), de Havergal Brian, sátira à incompetência militar durante a I Guerra. Iniciada em 1914 e só terminada no início da década de 1930, exige elenco enorme e cenografia muito elaborada. Fritz Busch estava empenhado em montá-la em Dresden, mas a ascensão do Nazismo fez seu projeto abortar. A partitura andou desaparecida até 1977. Redescoberta, foi transmitida pela BBC, demonstrando ser de inventividade efervescente. Esta é uma obra de cujo resgate discográfico ainda estamos à espera.

Nos trinta anos que decorreram, do início da I Guerra, em 1914, ao término da II, em 1945, um grupo muito grande de compositores assentou as bases de um repertório extenso e variado, escrito num idioma hoje internacionalmente reconhecido como "inglês". A grande quantidade de discos produzidos, da década de 1970 em diante, documentando esse acervo, permite-nos afirmar que é ali, nesses trinta anos, que se consolidam finalmente os alicerces de uma música britânica, assentada pela leva anterior de compositores, que tinham começado a trabalhar na década de 1880. É nesse período de trinta anos que se constrói o trampolim do qual, no futuro, poderão saltar e alçar vôo os Tippett, os Britten, os Hamilton.

## Vaughan Williams

Juntamente com seu amigo Gustav Holst, Ralph Vaughan Williams (1872-1958) foi um dos prolongadores, no século XX, da chamada Renascença Musical iniciada no final do século anterior. Afastando-se tanto quanto possível das influências continentais, ambos buscaram suas fontes de inspiração em elementos essencialmente ingleses.

Filho de um clérigo que morreu quando ele era criança, Ralph saiu de Down Ampney, no Gloucestershire, onde nascera, e foi levado para a casa do avô materno em Leith Hill Place, no Surrey. Ali, começou os estudos de piano e, em 1887, foi matriculado na Charterhouse School, de Londres, para aprender violino e viola. Aluno de Gladstone e Parry (composição) no Royal College of Music, diplomou-se no Trinity College, de Cambridge (tendo, nesse meio tempo, passado um período em Berlim, sob a orientação de Max Bruch). Suas primeiras composições foram peças de câmara e dois bem aceitos ciclos de canções, *Linden Lea* (1901) e *Songs of Travel* (1904), nos quais se reflete o trabalho de pesquisa sobre a canção folclórica inglesa que estava fazendo, influenciado por Cecil Sharp. De 1904 a 1906, Vaughan Williams editou também *The English Hymnal*, coletânea de canções sacras tradicionais.

Embora *Toward the Unknown Region*, com poema de Walt Whitman, fizesse muito sucesso no Festival de Leeds de 1907, ele estava insatisfeito com o desenvolvimento de seus estudos e, no ano seguinte, foi para Paris, aperfeiçoar-se com Ravel. Ironicamente, foi essa influência estrangeira – que, a princípio, ele rejeitava –, e não o substrato nacionalista da canção folclórica, o que desencadeou nele a originalidade criativa. Nos três anos que se seguiram ao retorno da França, Vaughan Williams compôs algumas de suas obras mais importantes, o *Quarteto n. 1*; o ciclo *On Wenlock Edge*, baseado nos poemas de *A Shropshire Lad*, de Housman; e a *Fantasia sobre um Tema de Thomas Tallis*, para cordas.

A grandiosa *Sea Symphony*, também com texto de Whitman, foi o grande sucesso do Festival de Leeds de 1910, e o colocou na vanguarda dos compositores ingleses de sua geração. Um dos aspectos mais substanciosos da obra de Vaughan Williams, de resto, é a sua produção sinfônica: sete grandes peças, entre elas a *n. 2 Londres* (1914), na qual cita o tema da canção popular *Sweet Lavender*; a delicada *n. 3 Pastoral* (1922); a popularíssima *n. 5* em ré maior (1943); e a grandiosa *n. 7 Sinfonia Antarctica* (1953), para soprano e coro feminino, expandindo a trilha sonora escrita, em 1912, para um documentário sobre a expedição de Robert Scott ao Pólo Sul.

Durante a I Guerra, Vaughan Williams se alistou e serviu na artilharia, em Salônica, na Grécia, e na França. A *Sinfonia Pastoral*, grande sucesso no Festival de Norfolk, no Connecticut, em 1922, foi a sua forma de celebrar a paz, após o final do conflito. Nela, um elemento inovador é o uso do solo vocal sem palavras, no último movimento – idéia que lhe pode ter sido sugerida pelo segundo movimento da *Sinfonia Espansiva* (1912), de Carl Nielsen, pois Vaughan Williams tinha contato com a música dos compositores escandinavos, e professava grande admiração por Jan Sibelius, a quem dedicou a *Sinfonia n. 5*. Como na *Quarta Sinfonia* desse compositor finlandês, também ele aventurou-se, na sua *n. 4*, de 1935, num domínio modernista de dissonâncias, ritmos angulosos e tonalidades conflitantes. Já a *Sinfonia n. 6* (1947), a despeito de alguns episódios turbulentos e de um exuberante movimento em ritmo de dança folclórica, possui uma serenidade que é fruto do equilíbrio dos anos maduros.

Depois da *Antarctica*, que recorre a instrumentos de teclado e máquina de vento, dentro da orquestra – o que a aparenta à *Sinfonia Alpina* de Richard Strauss –, Vaughan Williams fez, da *Sinfonia n. 8*, uma peça neo-clássica, que se mira na suíte barroca mas, fiel aos tempos em que vive, usa na orquestração vibrafone e xilofone, além de gongo e sinos tubulares, o que lhe dá um colorido instrumental muito peculiar. Como outros compositores antes dele, também Vaughan Williams deixou-se levar pela superstição ao compor, aos 85 anos, a *Sinfonia n. 9*, na qual utiliza um trio de saxofones. Após o último compasso dessa peça, terminada em 1958, escreveu a palavra italiana "niente". E não estava de todo errado, pois a *n. 9* estreou em 12 de abril, e ele morreu pouco depois, em 26 de agosto. Mas foi, até o fim, um homem de extrema vitalidade, autor de obra enorme, que abrange todos os gêneros. Após a morte de sua primeira mulher, Ralph casara-se de novo, em fevereiro de 1953, aos oitenta anos, com a escritora Ursula Woods; e, no ano seguinte, fez extensa turnê de conferências por várias cidades americanas.

Vaughan Williams nunca aderiu a uma escola ou tendência definida. Pelo contrário, recorreu a uma grande variedade de procedimentos, que incluem aglomeração de acordes, ou progressões triádicas paralelas, integrados em um estilo que é essencialmente inglês, nacionalista, mas não isolacionista. Tinha, em especial, muito interesse pela exploração das possibilidades do contraponto modal moderno, em que a tonalidade oscila livremente entre entidades triádicas maiores e menores. O interessante dessa técnica é evocar certo jeito arcaico de escrever. Ao utilizá-la, portanto, Vaughan Williams faz a fusão das sonoridades da época Tudor com o politonalismo da era moderna.

A ópera sempre o atraiu. A primeira delas, *Hugh the Drover*, foi composta entre 1910-1914, na época em que o compositor trabalhava, em Stratford-on-Avon, fornecendo música incidental às montagens shakespeareanas da companhia de Sir Frank Benson. Foi revista para a estréia, em 1924, após o seu retorno do serviço militar. Seguiram-se outras cinco óperas mas, à exceção de *Riders to the Sea*, em um ato, e mais recentemente de *Sir John in Love*, elas não chegaram a conquistar lugar estável no repertório. Ao morrer, Vaughan Williams estava trabalhando na partitura de sua sétima ópera, *Thomas the Rhymer*.

Foi seu amigo Bruce Richmond, o editor do *Times Literary Supplement*, quem apresentou Ralph a Harold Child, conhecido editorialista do *The Times*. Atendendo às instruções expressas do compositor, que desejava "uma *Bauer Comedie* (comédia campestre) no estilo da *Noiva Vendida*, de Smetana, mas com palavras e música inglesas de verdade, e com um verdadeiro assunto inglês", Child escreveu para ele o libreto de *Hugh the Drover*. Pretendia ambientá-la em 1820, mas Vaughan Williams preferiu 1812, na fase das guerras napoleônica, porque era essa a época em que passava *The Dynasts* (1908), de Thomas Hardy, um romance que o impressionara muito.

Em 1910, durante a gênese da ópera, escreveu a seu libretista: "Não acredito muito na possibilidade de uma ópera de autor inglês vir a ser montada enquanto estivermos vivos" – o que demonstra como, nos primeiros anos do século XX, ainda era deficiente a tradição operística britânica. *Hugh the Drover or Love in the Stocks*, porém, ajudaria a criar essa tradição. Terminada em março de 1914, só seria encenada depois que Ralph voltasse da guerra. Houve cinco récitas fechadas, para convidados – *private dress rehearsals*, como foram chamadas –, de 4 a 11 de julho de 1924, no Parry Opera Theatre do Royal College of Music. Dez dias depois, o His Majesty's Theatre Haymarket a estreou, em espetáculo aberto. Tudor Davies e Mary Lewis faziam os papéis principais. Sir Malcolm Sargent, na época com 39 anos, era o regente, "e salvou do desastre, a cada compasso, o elenco mal ensaiado", dizia o autor. A acolhida foi boa e a ópera fez nome pois, em 21 de fevereiro de 1928, já era apresentada em Washington, nos Estados Unidos.

A ação de *Hugh o Criador de Cavalos* passa-se no último dia de abril de 1812, numa cidadezinha da região de Cottswold (Vaughan Williams dizia que, na sua cabeça, a ópera se ambientava em Northleach, perto de onde tinha nascido). A animada cena no mercado, com o pregão dos vendedores, inclui a canção patriótica "Cold blows the wind in Cottsall", entoada por um mercador que exibe na feira a efígie de "Boney", o detestado Bonaparte. Sua melodia parece folclórica, mas foi escrita por Vaughan Williams à maneira popular. As moças folheiam as partituras oferecidas pelo Vendedor de Baladas, mas a maioria das canções é trágica: "As Proezas de Napoleão", "Os Terríveis Sofrimentos do Rapaz Morto e Devorado pelo Mar", "O Assassinato de Maria Martin no Celeiro Vermelho" (ocasião em que, na orquestra, ouve-se um dos temas do oratório *Dives and Lazarus*). Mas a multidão prefere uma canção de amor, e o Vendedor ataca "As I was a-walking one morning in spring".

Mary se aproxima, com a sua tia Jane e, ao ouvir o último verso da canção – "for I'm to be married on Tuesday morning" –, cai no choro: não está nem um pouco entusiasmada com a idéia de casar-se com John, o açougueiro, o marido rico que seu pai, Delegado da cidade, lhe está impondo. O noivo quer levá-la a passear pela feira, ela recusa, e a briga entre eles é impedida a tempo pela chegada de um grupo de dançarinos, que improvisa uma *morris*[1]. Quando o grupo se dispersa, Mary diz à tia, na ária "Alone, I would be as the wind", que tem medo de John e sente-se como se estivesse engaiolada. Mas termina afirmando: "I know my duty, I will obey".

A conversa das duas foi ouvida por Hugh, um forasteiro que ali se encontra com a missão de procurar cavalos para o exército. Na cançãozinha "Sweet little linnet that longs to be free", ele descreve o desejo de liberdade experimentado por Mary; e em "Horse-hoofs thunder down the valley", bela ária que tem o mesmo sabor das *Songs of Travel*, apresenta-se à moça. Ela se apaixona por Hugh à primeira vista, como o percebemos em "In the night-time I have seen you riding", um dos grandes momentos de inspiração melódica da ópera. Num dueto inflamado, o criador de cavalos lhe propõe sair pelo mundo afora, vivendo de aventuras, e ela aceita.

Mas o Delegado os viu se beijando e os interrompe. Hugh propõe desafiar John para uma luta de boxe, da qual Mary será o prêmio. Derrota o açougueiro; mas John e o Delegado convencem a multidão de que ele é um espião francês. O pai de Mary manda colocá-lo no tronco – a armação de madeira com furos, nos quais ficavam presos as mãos e os pés do condenado (donde o subtítulo da ópera: *O Amor no Tronco*). Hugh ficará ali, esperando a hora de ser mandado para a prisão de Gloucester, onde será executado.

Na manhã seguinte, John e seus amigos estão cantando na taverna, ao som de uma melodia de estilo folclórico, que Vaughan Williams voltaria a usar no último movimento de seu *Concerto para Violino*. Tendo roubado as chaves de seu pai, Mary liberta Hugh do tronco. Os dois estão a ponto de fugir, quando são vistos e alguém dá o alarme. Continuando como se ainda estivesse preso ao tronco, John esconde-se e a Mary debaixo do amplo casaco da moça, e as suspeitas dos passantes se dissipam. Mas John vai fazer uma serenata para Mary, cantando para ela a "May Song". Acorda com o barulho a tia Jane que, ao descobrir o sumiço da sobrinha, alerta o Delegado. Este faz um escândalo na cidade, até John tropeçar no sapato de Mary, que caiu de seu pé, e descobrir onde estão os namorados.

Ao ouvir Mary recusar-se a abandonar Hugh ("Here, queen uncrown'd"), o pai a deserda. Nesse momento, uma tropa de soldados ingleses chega à cidade e John corre a lhes pedir que prendam o espião. Mas o sargento que lidera o grupo reconhece Hugh: é um amigo seu e um súdito fiel da coroa britânica. Em vez disso, ordena a seus homens que alistem John à força, pois "quer lhe ensinar a ser um soldado de verdade". Hugh é posto em liberdade e pode proclamar seu amor em "Now you are mine". Mary hesita, tem um momento de medo ("Lord of my life, unworthy I to bear your company"), e lhe diz que teria medo de não possuir um lar fixo. O rapaz responde com a inflamada "A home? My heart's your home", e ela se convence: "And I will follow, love that has set me free". O dueto "Oh, the sky shall be our roof, and my arms your fire" descreve a felicidade que os espera. O apelo de tia Jane para que ela não os deixe é inútil. "Life calls us in the twilight", proclama Hugh. De mãos dadas, eles se afastam rumo a um futuro em que não terão de prestar contas senão "ao sol e à chuva abençoados".

Vaughan Williams usou diversas canções folclóricas na partitura; mas as melodias que ele próprio compôs, imitando o estilo popular, são o que dão a *Hugh the Drover* – apesar das visíveis debilidades dramáticas dessa primeira experiência de palco – todo o seu atrativo. As cenas entre Mary e Hugh são calorosas, com um expansivo lirismo de corte pucciniano, e as passagens corais são muito atraentes. Em 1933, para uma apresentação regida por Sir Thomas Beecham, Vaughan Williams inseriu, no início do ato II, uma cena suplementar em que há três pequenas árias para John, o Açougueiro e uma ária nova, de considerável beleza, para Mary. Mais tarde, disse que considerava esse trecho adicional "pobre, do ponto de vista musical e dramático". Mas, ao fazer nova revisão, em 1955, deixou-a como cena opcional. Beecham lhe tinha pedido que ampliasse o ato II, pois considerava a ópera, tal como estava, demasiado curta para preencher uma noite. Para conhecer *Hugh the Drover*, há duas gravações:

---

1. O nome dessa dança folclórica inglesa é a corruptela de *moresca*, introduzida na corte por músicos italianos e convertida, depois, em dança popular.

Ralph Vaughan Williams e o regente Leopold Stokowski, em 1957.

Vaughan Williams retratado por Gerald Kelly.

EMI, 1978 – Armstrong, Watts, Tear, Rippon, Lloyd/Sir Charles Groves.

Hyperion, 1994 – Evans, Walker, Bottone, Opie, van Allen/George Best.

Terminada a I Guerra, enquanto compunha a *Missa em sol menor* e começava a anotar os esboços para a *Sinfonia Pastoral*, Vaughan Williams escreveu o "episódio pastoral" em um ato *The Shepherds of the Delectable Mountains* (Os Pastores das Montanhas Deleitosas), baseado em um episódio do romance alegórico *The Pilgrim's Progress* (A Viagem do Peregrino), de John Bunyan, com o qual voltaria a trabalhar mais tarde. Em vez de reagir com amargura aos acontecimentos desastrosos de 1914-1918, as obras posteriores à I Guerra têm em comum o êxtase visionário e a crença na paz que o ser humano encontra na ajuda divina. Pessoalmente, Vaughan Williams era agnóstico. Mas reconhecia a importância da religião na vida das pessoas, e o papel de apoio moral que ela tinha desempenhado, durante aqueles anos difíceis. Além disso, seu interesse por Bunyan tem menos a ver com as idéias religiosas expressas em seus escritos, do que com o fascínio pela beleza olímpica de sua prosa.

Três pastores estão ajoelhados, ao pôr do sol, rezando. Chamam-se Conhecimento, Observação e Sinceridade. Passa um Peregrino e lhes pergunta se está no caminho certo para a Cidade Celestial (Vaughan Williams não lhe dá o nome que ele tem em Bunyan – Christian –, porque desejava que a alegoria contida em *Os Pastores das Montanhas Deleitosas* pudesse referir-se a todas as religiões, e não apenas ao cristianismo). Os pastores lhe dizem que sim, e o Peregrino fica um pouco com eles, descansando. Um pássaro entoa o Salmo 23, acompanhado pelos quatro homens. Surge um Mensageiro Celestial, anunciando que veio buscar o Peregrino, e lhe perfura o coração com uma seta. Os pastores ungem a testa do viajante, ajudam-no a entrar nas águas do Rio da Morte e, vendo-o afastar-se em direção à Cidade Celestial, cantam um hino ecoado por um coro nos bastidores.

A música é de um estilo severo e simples, com contraponto a maior parte do tempo triádico, e melodias diatônicas. Mas, ocasionalmente, há passagens bitonais, ou motivos em que se insinuam um certo cromatismo. O salmo "Who so dwelleth under the defence of the Most High", originalmente escrito para contralto e, aqui, transcrito para o registro de sopranista, pertencia à música incidental que, em 1906, Vaughan Williams escrevera para uma dramatização da *Viagem do Peregrino*.

Desde os tempos em que trabalhava em Stratford-on-Avon, como diretor musical da companhia de teatro de Frank Benson, especializada em peças de Shakespeare, Vaughan Williams desejava compor uma ópera baseada em uma das obras do dramaturgo. Além da música incidental para *Henrique IV* e *Henrique V*, fez o arranjo da canção renascentista *Greensleeves*, que foi usada em *Richard III* e em *The Merry Widows of Windsor* (As Alegres Comadres de Windsor). Esse foi o ponto de partida para a bela *Fantasia on Greensleeves*, uma de suas peças de concerto mais populares.

*Sir John in Love* foi composta entre 1924 e 1928, uma fase muito ocupada, pois esse anos viram nascer a suíte *Flos Campi*, o oratório *Sancta Civita*, o *Concerto para Violino* e o primeiro movimento do *Concerto para Piano*. Inicialmente, ele planejava dar à ópera o título de *The Fat Knight* (O Cavaleiro Gordo) mas, à medida que a composição foi tendendo – como era próprio dele – para o romântico e o lírico, em vez do bufo, mudou de idéia e escolheu o título atual. No libreto, que ele próprio preparou, inseriu, ao lado das situações extraídas das *Alegres Comadres de Windsor*, o texto de diversos poemas de Shakespeare e outros autores elizabetanos:

- no ato I, "Weep eye, break heart", de *A Chaste Maid in Cheapside* (Thomas Middleton); "Do but look on her eyes" e "Have you seen but a bright lily grow", de *The Devil is an Ass* (Ben Jonson); "Come, o come, my Life's delight", de Thomas Campion; "Back and side go bare", de *Gummer Gurton' Needle* (atribuída a John Still); e "When daisies pied", de *Love's Labour Lost* (Shakespeare);
- no ato II, "Sigh no more, ladies", de *Much Ado About Nothing* (Shakespeare); "O that joy so soon should waste", de *Cynthia's Revels* (Ben Jonson); o texto do *Salmo 137*;

e uma estrofe de *The Passionate Shepherd* (Christopher Marlowe);
- no ato III, "Beauty clear and fair", de *The Elder Brother* (John Fletcher); *Fair and Fair*, de George Peele; "I mun be married a-Sunday", de *Ralph Roister Doister* (Nicholas Udall); a versão do texto de *Greensleeves* recolhido na coletânea *A Handfull of Pleasant Delites*, de 1584; e *Have I Caught my Heavenly Jewel?*, de Philip Sidney;
- finalmente, no ato IV, *The Falling Out of Faithful Friends*, de Richard Edwards; "See the chariot at hand", de *The Triumph* (Ben Jonson); e *Whether Men Do Laugh or Weep*, de Philip Rosseter e Thomas Campion.

A variedade das inserções demonstra a familiaridade que o compositor tinha com a literatura elizabetana. Além disso, Vaughan Williams incorporou também, à partitura de *Sir John in Love* (Sir John Apaixonado), além de *Greensleeves*, nove outras canções folclóricas. Sabia perfeitamente em que encrenca estava se metendo, ao compor uma ópera que correria o risco de ser comparada a esse Himalaia da história do gênero que é o *Falstaff* de Verdi. E desculpa-se por isso, antecipadamente, num prefácio muito bem-humorado:

> Ao escrever mais uma comédia sobre Falstaff [...] estou entrando em competição com três grandes homens – Shakespeare, Verdi e Holst. Quanto a Shakespeare, a minha desculpa é que, hoje, ele é como a Bíblia, e pode ser usado até em publicidade de sabonete ou lâminas de barbear.
>
> Espero que seja possível considerar que até mesmo o gênio de Verdi não esgota todas as possibilidades do gênio de Shakespeare. E espero ter tratado Holst da forma mais lisonjeira, ao imitar não só sua escolha de Falstaff como tema de uma ópera, mas também o seu uso de melodias folclóricas na textura da música. O máximo que posso desejar é que *Sir John in Love* seja considerada uma seqüela da brilhante *Boar's Head*[2].
>
> Meu principal objetivo foi vestir esta comédia com música que não seja de todo desagradável. Quanto ao uso de temas folclóricos, eles aparecem apenas ocasionalmente, e seus títulos não têm relevância dramática – exceto talvez no caso de "John, come kiss me now". Usei a melodia folclórica todas as vezes que ela me pareceu adequada como acompanhamento. Quando não encontrei uma melodia folclórica que servisse, eu a substituí por algo de minha própria criação. Não preciso, portanto, me desculpar pelo uso de uma melodia folclórica para enfatizar determinada situação dramática. Se o resultado é bem-sucedido, sinto-me justificado; se não é, nenhuma "originalidade" há de salvar a situação. No entanto, essa é uma questão de menor importância pois, numa ópera que dura 120 minutos, as citações folclóricas ocupam menos de quinze.

*Sir John Apaixonado* foi estreada em 21 de março de 1929, no Parry Opera Theatre, do Royal College of Music, regida por Sir Malcolm Sargent. Para o espetáculo de 30 de outubro de 1933, no Victoria Rooms de Bristol, Vaughan Williams escreveu três trechos adicionais: um prólogo (que, posteriormente, foi retirado), um episódio e um interlúdio – em que há algumas das melhores páginas da partitura, e a reforça dramaticamente. Hoje em dia, é costume incorporá-lo ao espetáculo como a cena 1 do ato III. Em 1931, cinco trechos corais da ópera foram transformados na cantata *In Windsor Forest*. Esta foi a última de suas óperas a que Sir Ralph assistiu: menos de um mês antes de sua morte, compareceu à reprise da New Opera Company, no Sadler's Well (julho de 1958). Para conhecer *Sir John in Love*, há duas gravações disponíveis:

EMI, 1974 – Palmer, Eathorne, Bainbridge, Tear, Noble, Herincx, Lloyd/Meredith Davies.
Chandos, 2000 – Gritton, Connolly, Owens, Padmore, Maxwell, Best/Richard Hickox.

Façam-me um favor: esqueçam que o *Falstaff* de Verdi – uma de minhas óperas favoritas! – existe, como condição indispensável para apreciar as qualidades oferecidas por *Sir John in Love*. Aliás, lendo a sinopse a seguir, vocês verão que a adaptação é muito diferente – e, em certo sentido, mais próxima do texto shakespeareano – da compacta versão de Arrigo Boito.

Após um curto prelúdio *allegro vivace* de tom dançante, vemos o juiz Shallow e Sir Hugh Evans queixando-se de Sir John Falstaff com Page. Enquanto isso, Slender, o sobrinho de Shallow, tenta escrever um soneto à bela Anne, irmã de Page, mas não sai de "O sweet Anne Page". Falstaff entra, acompanhado de seus criados, Bardolph, Pistol e Nym. Discute com Shallow e a briga é comentada com o tema em

---
2. Ver sobre Gustav Holst, infra, p. 180.

¾ de "A sailor loved a farmer's daughter" (os títulos nada têm a ver com a situação em que a canção é empregada). Slender acusa o gordo cavalheiro de tê-lo embebedado e deixado que Pistol o roubasse. A seqüência se encerra com um animado sexteto, em que a denúncia é negada. A entrada de Anne Page, ao som da lírica melodia *andante sostenuto* de "A sailor from the sea", faz o tom da cena mudar: a música volta-se para o bucolismo da *Sinfonia Pastoral*. Page convida a todos para entrar e "lavar todas as coisas ruins com uma bebida"; mas eles ficam ainda um pouco do lado de fora, e Falstaff dispensa seus criados.

Shallow e Evans discutem a idéia de casar Slender com Anne. Chamam Peter Simple, o criado de Slender – cuja parte exige que o tenor cante apenas duas notas repetidas – e mandam-no com uma carta pedindo a ajuda de Mrs. Quicly, a governanta do médico francês Dr. Caius. Vaughan Williams faz muitas brincadeiras com o sotaque galês de Evans, principalmente na dificuldade que ele tem para pronunciar palavras como "desire" ou "require".

Anne vem chamá-los para o jantar; com uma gavota introduzida pelo clarinete, faz a gentileza de incluir Slender no convite; mas ele declina e se retira. Sozinha no palco, Anne canta "Weep eyes, break heart", pontuada por um melancólico refrão do oboé, lamentando a decisão da mãe, que insiste em casá-la com o Dr. Caius. De fora da cena, ouve-se a voz de Fenton, seu namorado, cantando "Do but look on her eyes", cuja gloriosa melodia há de se converter, na cena final, na marcha nupcial dos dois. Anne o recebe, eles se beijam e, enquanto ele canta "Have you seen but a bright lily grow", ela responde com "Come, o come, my Life's delight". Esse resplandescente dueto, que se encerra com um encantador solo de violino, é Vaughan William no que seu lirismo tem de mais ardoroso. Page chama a filha para dentro de casa, vê Fenton e o adverte que se afaste. O rapaz vai saindo, mas pára, ao ouvir a voz de Anne, sem palavras, entoando o lamento do oboé, de uma forma que lembra muito o final da *Sinfonia Pastoral*.

Um *allegretto scherzando*, que prenuncia o tom das cenas comicas do *Pilgrim's Progress*, troca o sentimental pelo bufo, para a entrada do Dr. Caius[3]. Ele vem em companhia de seu criado Rugby, e de Mrs. Quickly, a quem Peter Simple dá um jeito de entregar a carta. Ela a esconde e, para distrair o patrão, canta um pedaço de "Robin Hood and the Bishop". Mas Caius não se deixa enganar, aperta Simple, e fica furioso quando este confessa qual era o objetivo da carta. Num agitado quarteto em ritmo de dança, promete desafiar Evans para um duelo no Parque de Windsor, e cortar a sua garganta. É ele quem vai se casar com Anne, afirma. E Mrs. Quickly, fazendo jogo duplo, garante que a moça o ama.

Numa guinada que dá à personagem consistência maior do que a que tem em Boito/Verdi, a raiva de Caius transforma-se em ternura na encantadora "Vray dieu d'Amour, confortez-moy", declaração a Anne, à qual Quickly e Rigby fazem comentários em aparte. O médico afasta-se com seu criado e Fenton, que estivera assistindo à cena escondido, suborna a governanta, dando-lhe uma moeda de ouro, para que entregue um anel a Anne. Quando o rapaz sai, Quickly olha as três moedas que recebeu – a de cobre, de Slender, a de prata, de Caius, a de ouro, de Fenton – e comenta: "Farei o que puder pelos três, mas especialmente por Master Fenton".

A cena muda para a Taverna da Jarreteira, onde o taverneiro recebe Pystol e Nym com "Back and side go bare", *drinking-song* que é folclore perfeitamente imitado. Num trio allegretto cuja base é a canção folclórica "John, come kiss me now", Falstaff explica aos dois criados como pretende seduzir as mulheres de Ford e Page, mandando-lhes cartas com propostas amorosas. Os dois recusam-se a entregá-las, Falstaff encarrega disso o seu page, e retira-se indignado para dentro da Garter Inn, cantando uma versão solene de "John, come kiss me now".

Um dos momentos mais interessantes da ópera é "Love my wife? I will be patient", que Ford canta, depois que Pistol e Nym correm

---

3. Michael Kennedy explica que essa personagem é histórica, e baseia-se num dos fundadores do Gonville and Caius College, de Cambridge. Tendo estudado em Cambridge, Vaughan Williams sabia que era costume pronunciar esse nome como "kâiâs", mas, para acentuar o pedantismo da figura, faz com que ele seja pronunciado à francesa: "cai-üs", com duas sílabas e oxítono.

para lhe contar que Sir John tem planos de seduzir sua mulher. O motivo dissonante e apaixonado do ciúme insiste em se intrometer, atrapalhando as suas tentativas de manter a calma e de ir procurar Falstaff, apresentando-se com o nome falso de Brook. O descontrole de Ford é ainda maior quando ele ouve sua mulher e Mrs. Paige, fora do palco, entoando "When daisies pied", em que há referências ao cuco, símbolo do marido traído. A reiteração orquestral do tema do ciúme põe fim ao ato, com as exclamações repetidas de Ford: "Cuckold! Cuckold!" (cornudo). Embora longo e complexo, o ato I é eficiente graças à variedade da caracterização e à segurança com que o compositor maneja as mudanças de tom.

O ato II se inicia na casa de Page. O prelúdio baseia-se numa figura rítmica enfática, que estará associada às pretensões amorosas de Sir John. Mas a segunda parte é suave e, ao erguer-se o pano, acompanha a leitura, por Mrs. Page, da carta que Falstaff lhe enviou. Ela fica muito zangada com a desfaçatez do cavaleiro, e a forma como reclama dele, em estilo de conversação, ao ver surgir Mrs. Ford, já prenuncia o recitativo fluente de *Riders of the Sea*, na qual, em 1924, Vaughan Williams já estava trabalhando. Segue-se um delicioso dueto em ¾, sobre o tema do prelúdio, em que as duas mulheres lêem as cartas idênticas de Falstaff – e que já promete a veia melódica ligeira, de opereta, de *The Poisoned Kiss*, que virá em 1927-1929. Estão planejando como vingar-se de Sir John, quando Quickly entra entoando a licenciosa canção folclórica "Lovely Joan". As três cantam juntas a valsa "Sigh no more, ladies", e vão tratar de pôr seus planos em prática, enquanto a orquestra recapitula as melodias do prelúdio, fechando a cena com grande elegância.

Falstaff está cantando, *a cappella*, uma *drinking song* ("A cup of wine that's brisk and fine"), no momento em que Quickly vem procurá-lo. Num dueto de linha ondulante, ela dá o recado: Mrs. Ford o convida a vir à sua casa entre as 10 e as 11h da manhã – não "dalle due alle tre" como em Boito/Verdi –, enquanto seu marido estiver ausente. Acrescenta que Mrs. Page também gostaria de recebê-lo; mas o marido dela "raramente sai". Dando-lhe a bolsa (vazia), para recompensá-la, Falstaff canta uma versão expandida, em tempo ternário, de "John, come kiss me now". E quando a governanta se retira, começa a compor uma canção, com a qual pretende amolecer o coração de Mrs. Ford. Com esse número, sucede o mesmo que com a Ária do Tenor Italiano, no *Cavaleiro da Rosa*, de Richard Strauss. Originalmente, a intenção de Vaughan Williams era a de fazer uma paródia; mas a melodia saiu tão bonita, que ela se tornou uma favorita, a sério, dos intérpretes. Em "O that joy so soon should waste", Sir John exagera nos efeitos que considera sofisticados, pronunciando "thart" em vez de "that", "blees" em vez de "bliss", e distorcendo afetadamente a palavra "roses", que transforma em "raw-hawses". Mas o tema dessa ária é tão charmoso que, na prática, poucos são os barítonos que a interpretam como uma caricatura.

Bardolph interrompe o patrão, anunciando a chegada de Mr. Brook. Mas Falstaff o ignora e continua cantando. Só presta atenção quando Brook (Ford), colocando sobre a mesa duas gordas bolsas recheadas de moedas, pede-lhe que use o dinheiro para seduzir Mrs. Ford, demonstrando que a virtude dela é fácil, como dizem por aí, e não inexpugnável, como ela quer fazer crer. Falstaff reage muito espantado: "Should I win what you would enjoy?". Mas aceita e revela ao pobre marido que já tem um encontro marcado com ela entre 10 e 11h. Vai se vestir e Ford, furioso, jura que vai pegar a mulher com a boca na botija. Nisso, o Taverneiro vem lhe sugerir que assista ao duelo que Caius marcou com Hugh Evans. Falstaff aparece todo ataviado e olha-se vaidosamente no espelho, mas sem palavras, ao som de uma versão majestosa do tema da canção "Thine own true knight".

É encaixado aqui o interlúdio que Vaughan Williams escreveu para a reprise de Bristol, em 1933. É importante mantê-lo, porque ele esclarece a ação, é musicalmente de muito boa qualidade e o próprio autor sancionou a sua utilização nesse ponto. O prelúdio ao ato III, muito melodioso, baseia-se na música de amor do ato I. Fenton está pedindo ao Taverneiro que o ajude a fazer a corte a Anne e, nesse momento, ela chega, ao som de uma gaita de fole, com um grupo de jovens que celebram a chegada do mês de maio. O elogio de Fenton, que o Taverneiro faz a Anne, tem melodia muito aparentada à dos *Five Tudor Portraits* (1935), para barítono. A princípio ela fica reticente – "Ele é de extração muito alta... anda na companhia de gente importante..." –, depois dá uma abertura para o rapaz ao dizer: "Que ele venha me cortejar por sua própria conta". Não é preciso mais do que isso para que Fenton conquiste Anne com a sedutora "Beauty clear and fair". Seus amigos os coroam com flores, cantando a valsa "Fair and fair", uma melodia que, no dizer de Michael Kennedy, "continua grudada na memória, dias depois de a termos ouvido". Ao Taverneiro, Anne conta que prometeu ao pai casar-se com Slender, e à mãe, aceitar a união com o Dr. Caius. Mas vai enganar a ambos, acrescenta Fenton, pedindo ao Taverneiro que arranje um sacerdote para casá-los no dia seguinte. Todos saem cantando alegremente "I mun be married a-Sunday".

Sir Hugh Evans está esperando o Dr. Caius, no local combinado para o duelo, ao som de trompas e fagotes chorosos, e dos suspiros das cordas. Sempre que fica nervoso, seu sotaque galês se acentua muito, como vemos nas palavras do *Salmo 137*, "As we sat down in Papylon", que ele canta com a melodia do coral *Saint Mary*. O criado Simple, mandado em busca do outro duelante, volta em companhia de Shallow, Page, Ford, Slender e do Taverneiro. Finalmente, muito reticente, o médico chega com o criado Rugby. Evans e Caius começam a duelar desanimadamente, até o Taverneiro lhes tomar as espadas, exigindo uma trégua, que ambos aceitam mais que depressa. Estão todos prontos a ir para a taverna, quando o relógio bate dez badaladas. Ford, que ainda não falou de seus problemas, convida a todos a ir se divertir caçando "um monstro" em sua casa. O Taverneiro lidera o grupo, cantando a divertida "Peg-a-Ramsey".

O tema do ciúme de Ford abre a cena seguinte, seguido por um moto perpétuo baseado na dança popular "Speed the plough". Mrs. Ford e Mrs. Page estão instruindo os empregados a jogar o conteúdo do cesto de roupa suja na água enlameada do Tamisa, quando os chamarem. Mrs. Quickly anuncia a chegada de Falstaff e se esconde, com Mrs. Page, atrás de um reposteiro, enquanto Mrs. Ford, acompanhando-se ao alaúde, canta "Greensleeves", o *big hit* da ópera. Falstaff repete os últimos versos ao entrar e, vendo-a sensualmente estendida na cama, acha que está adormecida. Entoa as palavras do poema "Have I caught my heavenly jewel teaching sleep most fair to be?", de Philip Sidney, que Shakespeare cita em sua peça. Mrs. Ford finge acordar e ceder a ele; mas Quickly entra correndo, avisando que Mrs. Page está chegando. Falstaff se esconde, para não ser visto pela outra candidata à sedução. Mas, apavorado ao ouvir Meg Page anunciando a chegada de Ford e seus amigos, enfia-se dentro do cesto de roupa suja – exatamente o que as comadres queriam. Precedidos pela melodia de "Peg-a-Ramsey", os homens invadem o quarto; e fazem a busca ao som da folclórica "T'old wife of Dallowgill". A cena culmina no momento em que Ford desconfia que sua mulher está com o amante atrás do reposteiro, afasta-o e... encontra Mrs. Page (Esse é o ponto em que o libreto de *Sir John in Love* difere mais sensivelmente do de Boito. E a solução do italiano, que coloca Fenton e Nanetta namorando, esquecidos do mundo, no meio de toda a confusão, digamos a verdade, é muito mais interessante). Mrs. Ford dá o sinal aos criados para que atirem Falstaff nas águas do Tâmisa, e todos se reconciliam ao som de "Peg-a-Ramey".

Um prelúdio de luminosa beleza, que prenuncia a música da *Quinta Sinfonia*, conduz à ária "Pardon me, wife" – a música mais tocante em toda a partitura –, na qual Ford se desculpa por ter duvidado da mulher. Ela lhe responde com as palavras do madrigal "The falling out of faithful friends renewal is of love", de Richard Edward. Os Page chegam, conversando sobre as cartas de Falstaff com seu filho menor, William, e Sir Hugh. Meg expõe o plano de vingar-se do cavaleiro, atraindo-o, à meia-noite, ao Carvalho do Caçador, na floresta de Windsor, onde ele será castigado por fadas, elfos e gnomos. A narrativa de Mrs. Page é precedida por progressões de acordes nas cordas, madeiras e trompas, em que se percebe o pastiche da maneira como Mahler, nas primeiras sinfonias, evoca os sons da natureza.

Page, enquanto isso, combina com Slender o casamento com Anne. Ele será realizado durante essa cerimônia na floresta, e a moça estará vestida de branco. Sua mulher faz a mesma coisa com o Dr. Caius, informando-lhe que é verde o vestido que a filha estará usando. Trompas e trompetes em surdina sugerem o ambiente da floresta à noite, e as flautas e a harpa dão início ao magnífico intermezzo baseado no arranjo orquestral de *Greensleeves* (há, na *Fantasia sobre Greensleeves*, uma seção intermediária que se baseia no "Lovely Joan" cantado por Mrs. Quickly, no ato II; mas essa é uma peça independente de concerto, e não o entreato que, comumente, se toca na ópera).

A cena final é muito complexa, musicalmente ágil, entrelaçando ritmos de dança à medida que os conspiradores vão entrando disfarçados. Ao toque de meia-noite, eles se retiram do palco, e Falstaff aparece, sozinho, ao som de trompas em surdina, aborrecido por ter sido atirado na água, mas ainda decidido a conquistar Mrs. Ford. É cercado pelas fadas, entre as quais está Anne, vestida de azul. A dança *allegro pesante* que executam em torno do carvalho prenuncia o *scherzo* da *Quarta Sinfonia*. Caius, enquanto isso, dança com o pagem Robin, que está vestido de verde, e sai de cena com ele. Slender faz o mesmo com o jovem William, que está de branco. Fenton aproxima-se da verdadeira Anne e beija-a, ao som de uma versão muito desenvolvida de sua tristonha melodia no oboé, do ato I. Eles se retiram, e também todos os outros, deixando Falstaff uma vez mais sozinho no palco.

Uma dança solene, iniciada pela flauta, os traz de volta, Um a um e, depois, coletivamente, eles zombam do cavaleiro. De repente, Sir John dá-se conta de que foi enganado. Mas não foi ele o único. O Dr. Caius e Slender voltam, furiosos, pois descobriram, ao chegar à igreja, quem eram as suas "noivas". Estão todos perplexos, quando um arpejo em mi bemol dá início ao coral "See the chariot at hand", clímax musical da ópera, em que os jovens entram, puxando uma carroça ornamentada de flores, na qual estão entronizados os recém-casados Anne e Fenton. À consternação que isso cria, é Falstaff quem responde, usando a melodia de "John, come kiss me": esquecendo todas as zombarias de que foi alvo, é ele quem faz aos Page o pedido de que perdoem a filha e abençoem o casal.

É ele também quem puxa o coro final, "Whether men do laugh or weep... there is underneath the sun nothing in true earnest done". Um tocador de gaita de fole executa a alegre "Half Hannikin", que todos dançam; e a repetição *maestoso* das palavras "The world is but a play" coloca um ponto final numa ópera que, com sua rica mistura estilística, é o exemplo típico do que a obra de Vaughan Williams tem de melhor a oferecer, na fase muito produtiva de 1925-1935.

Descrição tão pormenorizada de *Sir John in Love* é importante porque – queiramos ou não (e o próprio autor sabia bem disso) – é inevitável a comparação com o milagre da eterna juventude que é o *Falstaff* de Verdi. Na verdade, são mais interessantes as diferenças do que os eventuais pontos de contato entre a obra do inglês e a do italiano. O ritmo dramático da ópera britânica é mais compassado, e o tom mais lírico e reflexivo do que em Verdi, borbulhante de uma ponta à outra de sua partitura. Arrigo Boito faz uma adaptação mais compacta da peça, e concentra-se em Falstaff, Alice e Ford, Nannetta e Fenton. Em Vaughan Williams, o perfil do Dr. Caius, de Slender e de Hug Evans é mais desenvolvido. Há momentos da ópera em que Falstaff chega a ausentar-se do palco, como se não fosse a personagem-título[4].

*Sir John in Love* é uma das partituras mais melodiosas de Vaughan Williams, cheia de vitalidade e encanto, orquestrada com mão muito leve, e com extrema variedade de tons, da comédia ao romance. O tratamento dado a Falstaff, como em Verdi, é muito nuançado. Ele não é nem um mero bufão, meio ridículo, nem a figura quase trágica que assoma no poema sinfônico de Elgar. Tem a sua dignidade, sabe como perder, e se resgata pela generosidade com que, no final, intercede pelos jovens. *Sir John Apaixonado* está longe de ter a genialidade gritante da obra-prima verdiana mas, nem por isso, merece ser posta em segundo plano.

---

4. Comparações igualmente interessantes são as que se pode fazer com o *Falstaff* de Salieri e as *Alegres Comadres de Windsor* de Nicolai; para isso há informações em *A Ópera Clássica Italiana* e *A Ópera Alemã*, desta coleção.

Em 1927, no momento em que terminava *Sir John in Love* e já ia em meio à composição de *Riders to the Sea*, que iniciara dois anos antes, Vaughan William aceitou a encomenda de *Job*, um balé em grande escala, para o Covent Garden. Como se isso não bastasse, esse compositor, que não era normalmente visto como um autor dramático, não resistiu quando Evelyn Sharp, a irmã de seu amigo, o folclorista Cecil Sharp, lhe ofereceu o libreto de uma "romantic extravaganza" em três atos.

O humor muito ingênuo – Michael Kennedy o chama de "ginasiano" – de *The Poisoned Kiss or The Empress and the Necromancer* foi muito criticado quando a ópera estreou, em 12 de maio de 1936, no Arts Theatre de Cambridge. O próprio compositor tinha consciência da fragilidade do texto, que Miss Sharp baseara no conto *The Poison Maid* (1888), de Richard Garnett, inserindo nele situações extraídas de *Rappaccini's Daughter* (1844), o conto do americano Nathaniel Hawthorne[5]. Ralph dizia que esta fora a única partitura que não tivera a coragem de mostrar a seu amigo Gustav Holst, "porque ele nunca ia entender por que eu queria escrever a música para um texto que considerava absolutamente sem importância". Ele a quisera compor, porque aquelas situações simples lhe inspiravam música deliciosa, espontânea, luminosa, algumas das páginas mais charmosas que escreveu em toda a sua vida. Para a reapresentação de 1957, fez várias revisões na música; e sua segunda mulher, Ursula Vaughan Williams, reescreveu os diálogos falados, um dos pontos menos apreciados pela crítica em 1936.

Todas as personagens têm nomes botânicos. Quando jovem, o mágico Dipsacus namorou a imperatriz Persicaria, por quem estava apaixonado; mas ela rompeu com ele sem explicações. Magoado, Dipsacus concebeu o plano de vingar-se de Persicaria, matando seu filho, o príncipe Amaryllus. Para isso, criou a sua própria filha, a linda Tormentilla, com uma dieta de venenos, que ele próprio tinha inventado. Seu plano é aproximar os dois jovens e fazê-los apaixonarem-se um pelo outro. Só que, ao beijá-la pela primeira vez, o príncipe cairá morto. Em companhia de seu criado Gallanthus, Amaryllus passeia no jardim da casa de Dipsacus, e eles vêem Tormentilla e sua serva Angélica. Ambos se apaixonam à primeira vista pelas duas garotas. O príncipe, que já namorou outras moças, diz a seu valete que, desta vez, encontrou a moça certa para ele. E ao conversar com Tormentilla, acaricia distraidamente o seu animal de estimação – uma serpente –, sem se dar conta de que a peçonha do animal não faz mal algum à moça. Dipsacus usa uma de suas invocações mágicas para mantê-los juntos mas, quando revela seus planos a Tormentilla, ela se recusa a participar da conspiração para matar o príncipe, e retira-se para a Torre Dourada com Angélica.

Amaryllus não se conforma com a separação, procura-a, acaba encontrando-a. Ao vê-lo, Tormentilla não resiste, beija-o, e ele cai inanimado. A causa não é o veneno pois, desde que o príncipe era pequeno, a mãe, por precaução, fazia lhe ministrarem antídotos. Ele está sob o efeito de um feitiço lançado por Dipsacus, e o médico chamado para atendê-lo diz que o único jeito é trazerem Tormentilla, cujo nome ele continua balbuciando. Dipsacus vem dizer à Imperatriz que a sua vingança está completa. Os dois começam a discutir violentamente mas, no meio da briga, concluem que ainda gostam um do outro. A ópera termina festivamente, com o triplo casamento de Dipsacus e da imperatriz; de Amaryllus e Tormentilla; de Gallanthus e Angélica.

*O Beijo Envenenado* está a meio caminho entre a opereta e o musical mas, ao lado de desenvoltos números escritos em ritmo de valsa ou tango, e de passagens em que há um claro sabor jazzístico, Vaughan Williams utiliza também procedimentos operísticos tradicionais. Canções como "Who would be unhappy with me?" ou "Blue larkspur in a garden" mostram-no no melhor de sua invenção melódica. A cena em que a imperatriz faz surgir, aos olhos de Dipsacus, a imagem dos dois jovens namorados, nos quais ele reconhece os sentimentos que tinha, na idade de Amaryllus, é da mão do sinfonista que escreveu páginas como a *Londres*, a *Pastoral* ou a *Sinfonia n. 5*. Para quem está acostumado a pensar em Vaughan Williams como o autor austero de *The Lark*

---

5. Esse mesmo conto inspirou a ópera do mexicano Daniel Catán – ver em *A Ópera nos Estados Unidos*, desta coleção.

*Ascending* ou de *Sancta Civitas*, o *Beijo Envenenado* é uma total surpresa. A irregularidade do texto, que prejudicou a ópera no palco, contribuiu para que só em 2004 houvesse interesse em fazer dela uma gravação. Mas a de Richard Hickox, no selo Chandos, mostra que não é uma perda de tempo escutá-la.

A ópera mais bem-sucedida de Vaughan Williams, cujo sucesso nunca se desmentiu desde a estréia, no Parry Opera Theatre do Royal College of Music, em 1º de dezembro de 1937, é *Riders to the Sea*. Essa versão quase integral da peça de John Mylington Synge (1902), apesar do tom depressivo de sua história, trata de um tema sempre caro ao compositor: a grandeza do mar e a luta do homem contra as forças da natureza. É o mesmo tema que anima a *Sea Symphony* e a *Sinfonia Antarctica*.

A ação se passa entre os pescadores da Ilha de Arran. Depois de um breve prelúdio, Nora pede à sua irmã Cathleen que a ajude a identificar as roupas de um afogado. Acredita que elas pertenciam a seu irmão Michael, que se perdeu no mar, da mesma forma que já acontecera a seu pai e quatro de seus irmãos. As duas irmãs escondem as roupas, para que Maurya, a sua mãe, não as veja. Esta entra, muito preocupada, porque Bartley, o filho mais novo, vai levar cavalos para a feira, em Galway, e para isso terá de fazer a travessia do oceano. Bartley vem buscar uma corda para amarrar os animais e, resistindo aos pedidos da mãe para que fique, diz que vai montar na égua ruça, e levará atrás dele o pônei cinzento.

As irmãs recriminam Maurya por não dar a Bartley a benção para a sua viagem, e forçam-na a ir levar para ele algo de comer. Enquanto a mãe se ausenta, elas identificam as roupas de Michael. Maurya volta transtornada: viu Bartley cavalgando em direção ao mar, montado na égua ruça. Atrás dele, usando roupas novas, vinha Michael montado no pônei cinzento. Cathleen conta-lhe que Michael morreu, e Maurya conclui que a sua visão significa que o filho menor terá o mesmo destino. Está lamentando as mortes dos homens de sua família quando trazem o corpo encharcado de Bartley. Ela se sente quase aliviada: desta vez, o oceano não engoliu e levou embora o seu filho: ela poderá enterrá-lo. Ele era o último: agora, o mar não poderá feri-la mais. "No man at all can be living for ever, and we must be satisfied" ("Homem algum pode viver para sempre e temos de aceitar isso"), são as últimas palavras pronunciadas por Maurya.

A agilidade do recitativo em forma de conversação encaixa-se, de modo extremamente flexível, na organização sinfônica da partitura, cujo material temático deriva das melodias tocadas no curto prelúdio. A personalidade de Maurya é desenvolvida em traços econômicos e firmes. A sua ária final é de uma simplicidade elegíaca quase purcelliana. A orquestração é sutil, muito evocativa e, nela, já pressentimos o clima soturno e fantasmagórico do *finale* da *Sexta Sinfonia*, a meu ver a mais impressionante das nove sinfonias de Vaughan Williams, e uma das composições mais significativas desse gênero no século XX. Há também a antecipação da *Sinfonia Antarctica*, na forma como os sons do mar estão sempre presentes, como uma personagem misteriosa, imanente a toda a ação.

Desde 1904, quando assumiu a organização do *English Hymnal*, e escreveu a música para "He who would valiant be", de Percy Dearmer, inspirada no moralista elizabetano John Bunyan, Vaughan Williams estava convencido de que a grande alegoria desse prosador religioso, *The Pilgrim's Progress*, escrita entre 1674 e 1684, se prestaria à adaptação numa ópera sacra. Já dissemos que, em 1906, ele compôs a música incidental para uma dramatização da alegoria, que amigos seus encenaram na abadia de Reigate. Já nos referimos também ao "episódio pastoral" *The Shepherds of the Delectable Mountains*, escrito logo após a I Guerra Mundial.

Mas ele se convenceu de que o projeto era inexeqüível, e material preparado para a ópera acabou indo parar na *Quinta Sinfonia*. Em 1940, o discurso de Mr. Valiant-for-Truth foi musicado sob a forma de um moteto para coro duplo. E em 1942, a convite de seu amigo Edward Sackville-West, Ralph preparou 38 números de música incidental para a dramatização radiofônica do *Pilgrim's Progress*, que este fizera para a BBC – transmitida em 5 de setembro de 1943, com Sir John Gielgud no papel de Christian, o Peregrino imaginado por Bunyan.

Essa transmissão reavivou o interesse de Vaughan Williams pelo texto de Bunyan. Entre 1944 e 1949, escreveu a sua *Morality Opera*, incorporando nela tudo o que dedicara à *Jornada do Peregrino* desde 1906 – inclusive *The Shepherds* que, com o final levemente modificado, transformou-se na cena 2 do ato IV. Como parte do Festival of Britain, que marcou o início da década de 1950, *The Pilgrim's Progress* foi estreada no Covent Garden, em 25 de abril de 1951, regida por Leonard Hancock, com Arnold Matters no papel central. Embora a reação à música fosse favorável, a crítica expressou suas dúvidas quanto à adequação do texto para o teatro de ópera. Vaughan Williams, porém, estava convencido do caráter dramático da peça, e resistiu a todas as tentativas de removê-la para uma catedral, sob a forma de oratório.

O Covent Garden retirou a ópera de seu repertório em 1952; mas Dennis Arundel dirigiu a elogiada encenação de Cambridge, em fevereiro do ano seguinte, regida por Boris Ord, com cantores da própria universidade. No papel do Peregrino, estava o jovem médico John Noble que, diante do sucesso dessas apresentações, abandonou a medicina para dedicar-se ao canto. A documentação de seu trabalho, na gravação de Sir Adrian Boult, demonstra a afinidade musical e dramática que tinha com o papel. Existem duas gravações disponíveis do *Pilgrim's Progress*:

EMI, 1971 – Armstrong, Partridge, English, Noble, Shirley-Quirk, Herinx/Sir Adrian Boult.
Chandos, 1997 – Evans, Padmore, Coxon, Finley, Williams, /Richard Hickox.

O semifracasso de obra de gestação tão longa, a que dedicara tanto tempo de sua vida, magoou muito Vaughan Williams que, uma vez, disse: "Não gostaram dela na época, não gostam hoje e, provavelmente, não gostarão nunca. Mas é o tipo de ópera que eu queria escrever, e isso basta". De fato, nada há de convencionalmente operístico nessa série de *tableaux vivants* oníricos. Além de inserir textos dos salmos e da Bíblia no libreto, o compositor eliminou a figura da mulher do Peregrino, deu uma companheira a Mr. By-Ends e cortou personagens alegóricas como Fiel e Esperançoso. Para a fuga de Christian da Feira das Vaidades, que Bunyan deixa vaga, utilizou sugestões tiradas do capítulo em que o moralista descreve o Castelo da Dúvida. Já nos referimos, ao falar de *The Shepherds of the Delectable Mountains*, ao fato de ele ter preferido dar à personagem o nome neutro de Peregrino, para que pudesse assumir significado universal. Reproduzo aqui a sinopse que o próprio autor escreveu para o programa da encenação de Dennis Arundel, em Cambridge:

*Prólogo e Ato I* – John Bunyan está escrevendo em sua cela. O Peregrino aparece, como se saísse de um sonho, e faz a famosa pergunta: "O que tenho de fazer para ser salvo?". Bunyan sai de cena, o Evangelista aproxima-se do Peregrino e lhe indica o portão que dá para a Estrada do Peregrino. Ao tentar transpor esse portão, ele se depara com os quatro vizinhos[6], que o advertem contra os perigos a que poderá se expor, e pedem-lhe que fique em casa com eles. Mas o Evangelista continua apontando para a Estrada do Peregrino e ele, criando coragem, inicia a jornada. Chega à Bela Casa, onde o estão esperando as três Radiosas, que lhes dão as boas-vindas e tiram de suas costas o peso da mochila. O Peregrino bate no portão da Bela Casa, que se abre para ele. Depois de o terem vestido com uma túnica branca, e de o terem selado na fronte, deixam-no entrar na casa

[Entre os atos I e II, o porteiro da casa, Watchful (Vigilante), canta o noturno "Into Thy hands, O Lord, I commend my spirits", inserido durante os ensaios para facilitar a troca de cenários. Michael Kennedy informa que essa bela peça foi escrita dentro do trem, durante a viagem que Vaughan Williams fez de Londres a Dorking.]

*Ato II* – Um Arauto anuncia o Caminho do Rei e pergunta quem está pronto para segui-lo. O Peregrino aceita o desafio, veste a armadura da luz e lança-se à aventura. Seu primeiro obstáculo é físico. A estrada foi barrada por Apollyon, monstro que ele derrota numa luta feroz. Exaurido por suas feridas, o Pere-

---

6. Os quatro vizinhos chamam-se Pliable (o que se dobra facilmente), Obstinate (Obstinado), Mistrust (Desconfiança) e Timorous (Medroso).

grino encontra-se com duas figuras celestiais[7], que o curam com as folhas tiradas da Árvore da Vida, e o refrescam com a Água da Vida. Volta o Evangelista, profetizando perigos ainda maiores, desta vez de ordem moral, na Feira das Vaidades. O Evangelista dá ao Peregrino o seu cajado, o Rolo da Palavra e a Chave da Promessa, dizendo-lhe que, apesar de todas as dificuldades, ele há de triunfar.

*Ato III* – Parados diante de seus quiosques, os comerciantes da Feira das Vaidades apregoam todos os tipos de mercadoria, inclusive os prazeres da carne, como explica Lord Luxúria, que chega trazendo alguns produtos muito atraentes, para colocá-las à venda. No auge da excitação, a multidão vê o Peregrino e cerca-o, querendo que compre as suas mercadorias. Entre as tentadoras, estão Madame Volúpia e Madame Lascívia, que tentam seduzi-lo. Mas ele as enfrenta com um desafio: "Compro a verdade". A multidão, vassala do Príncipe Belzebu, pai da mentira, se enfurece. O Peregrino é preso e mandado diante do Juiz que, incitado por seu meirinho, institui uma paródia de tribunal. São chamadas testemunhas e o Peregrino é arrastado para a prisão, condenado a ser executado no dia seguinte. Sozinho na prisão, a princípio ele se desespera. De repente, lembra-se da Chave da Promessa. Usa-a para abrir as portas e libertar-se. A Estrada do Peregrino reaparece diante dele e a jornada recomeça.

*Ato IV e Epílogo* – O filho de um lenhador está colhendo gravetos. O Peregrino aproxima-se dele e lhe pergunta a que distância se encontra da Cidade Celeste. O menino lhe está apontando o caminho, quando chegam Mr. By-Ends, um "half-hearted pilgrim" (um peregrino relutante) e sua mulher. Pensam em aderir à peregrinação mas, ao ouvir falar das dificuldades que os esperam, acham que talvez seja melhor ficar em casa. O Peregrino continua a jornada sozinho e chega às Montanhas Deleitosas, onde três pastores lhe dão as boas-vindas e lhe oferecem refrescos. "Aqui o ar é muito fresco e agradável", dizem eles, "os pássaros cantam e as flores brotam no chão". Mas seu repouso é interrompido pela entrada do Mensageiro Celestial: este vem lhe dizer que o Mestre o está chamando. E traspassa seu coração com uma flecha, sinal de que está na hora de ir embora. O Peregrino já consegue ver ao longe a Cidade Celestial mas, para entrar nela, tem de atravessar o Rio da Morte. O Mensageiro lhe aponta o caminho e o Peregrino inicia a última etapa de sua viagem, enquanto os Pastores rezam para que atravesse em segurança as águas profundas.

Depois, na escuridão, ouve-se uma trombeta distante e, gradualmente, aparece a visão da Cidade Celestial e do Peregrino que, galgando os degraus da entrada, aproxima-se de seu portão. A visão se desvanece. John Bunyan está de novo sozinho em sua cela, lendo o livro que acabou de escrever. Oferece-o aos espectadores, dizendo: "O come hither, and lay my book, thy head and heart together" (Venham aqui e juntem meu livro à sua cabeça e coração).

É particularmente interessante a relação entre *A Jornada do Peregrino* e a *Quinta Sinfonia*. Vários temas do primeiro movimento da sinfonia aparecem na cena 1 do ato I, especialmente durante o primeiro diálogo do Peregrino com o Evangelista. E o tema da passacalha, no *finale* da sinfonia, surge acompanhando as perguntas que o Peregrino faz ao Intérprete (I,2). Mas o vínculo mais forte está no começo da cena 2 do ato I, quando ouve-se o tema da *Romança*, o movimento lento da *n. 5*; e a melodia do corne inglês acompanha o Peregrino, quando ele canta "He hath given me rest by his sorrow and life by his death" (Ele me deu repouso com Seu sofrimento e vida com a Sua morte) – exatamente as palavras que Vaughan Williams usara como epígrafe do tempo lento da sinfonia.

Há também ligações entre *Pilgrim's Progress* e a *Fantasia sobre um Tema de Thomas Tallis* (1910). Várias páginas dessa partitura foram incorporadas à transmissão radiofônica de 1942. Na ópera completa, a citação do tema de Tallis aparece em "Come fair, come foul", do Peregrino (ato IV), e no aleluia da cena final, fazendo dele o *leitmotiv* da Cidade Celestial. E um motivo da trágica *Sexta Sinfonia*, de 1947, é ouvido quando o Peregrino faz a sua pergunta: "What shall I do to be saved?" ("Que tenho de fazer para ser salvo?").

---

7. As figuras celestiais são Branch Bearer (o Carregador do Ramo) e Cup Bearer (o carregador da taça).

*A Jornada do Peregrino* sempre foi criticada por ser muito difícil de montar – o que de fato ela é (mas coisas ainda piores, como a tetralogia do *Anel*, são regularmente levadas à cena, sem que ninguém discuta esse ponto). E também porque, tendo tido uma gestação de mais de trinta anos, resultou numa partitura basicamente desigual. Tem certa dose de razão quem afirma isso; mas, inegavelmente, há na ópera momentos esplendidamente bem realizados:

- a cena da Bela Casa, com música que vem da *Quinta Sinfonia*, mas é tratada, aqui, de maneira independente e extremamente original;
- a desolação do Vale da Humilhação, onde sopram ventos gelados que certamente vêm da *Antarctica*;
- a agitação da Feira das Vaidades, na qual Michael Kennedy diz ter a impressão de estar sendo caricaturada a ambientação fútil de um local de alta sociedade, como o hipódromo de Hampstead Heath; uma cena diversificada e colorida, que culmina numa versão inglesa da "Marcha para o Cadafalso", da *Fantástica* de Berlioz;
- o ardor e a devoção do monólogo do Peregrino na prisão ("My God, my God, look upon me, why hast Thou forsaken me?"), sobretudo na lírica seção "I will lift up mine eyes to heaven", que leva à prece "Lead me, Lord, make my ways straight";
- a simplicidade e a falta de sentimentalismo da canção do lenhadorzinho ("He that is down need fear no fall") e a seqüência muito engraçada do encontro com o casal By-Ends, conduzida em ágil estilo de conversação, com pitoresco comentário da tuba;
- a bela escrita para cordas e madeiras, com solo de viola, no episódio das Montanhas Deleitosas;
- e o triunfal aleluia que explode ao vermos o Peregrino, finalmente, atingindo a Cidade Celestial.

"Take it or leave it", dizia Vaughan Williams àqueles que torciam o nariz a essa última ópera que, de certa forma, contém uma síntese de sua dramaturgia. É pegar ou largar. Quem optar por pegar há de, certamente, encontrar nela muita coisa com que se deleitar.

# Holst

O sucesso da suíte sinfônica *Os Planetas* (1920), seqüência de brilhantes poemas sinfônicos inspirados no significado astrológico dos astros celestes, deixou à sombra o resto da vasta produção de Gustav Holst. É recente e ainda parcial o resgate discográfico de sua volumosa obra orquestral, instrumental e de câmara, na qual as peças para o palco ocupam lugar não-negligenciável.

O imigrante sueco von Holst veio de Riga, com sua mulher russa e, em 1807, instalou-se em Cheltenham. O bisneto, filho de um organista e de uma professora de piano, recebeu o nome de Gustavus Theodore von Holst (1874-1934); mas é um dos artistas mais enraizadamente ingleses do início do século XX, no que se refere às suas tendências estéticas e preocupações intelectuais. Tendo recebido a educação musical básica de seus pais, Gustavus von Holst tocou órgão em uma igreja de Wyck Rissington, no Gloucestershire, até 1893, data em que se matriculou no Royal College of Music, para estudar com Herbert Sharpe (piano) e Charles Stanford (composição).

Em 1905, foi nomeado professor de música da St. Paul's Girls' School e, dois anos depois, do Morley College. As suspeitas, durante a I Guerra, de que tinha simpatias germânicas – por causa de seu nome sueco, que ostentava a partícula nobiliárquica alemã "von" – o fizeram anglicizar o nome, passando a chamar-se Gustav Holst, a forma como é conhecido hoje. Durante a fase final da guerra, aconselhado por Percy Scholes, Holst visitou Salônica e Constantinopla, para organizar as atividades musicais destinadas a entreter as tropas britânicas, o que dissipou as dúvidas de ele não ser um patriota. Em 1919, foi chamado a ensinar no Royal College, e desse ano até 1923, trabalhou também no departamento de música do Reading College. O trabalho como professor – atividade que exercia de maneira brilhante – e seu envolvimento, de teor político, com a promoção da prática de música por amadores – pois estava convencido de que era grande a contribuição que o homem comum poderia dar à arte –, restringiram seu trabalho como compositor e minaram prematuramente a sua saúde. Imogene Holst, sua filha, musicista

Caricatura de Holst cavalgando um trombone feita em 1895 por seu amigo Vaughan Williams.

Holst e Vaughan Williams durante um passeio a pé, em setembro de 1921.

como ele, descreveu o "cinzento isolamento" em que ele passou os últimos dias.

Desde cedo Holst interessou-se pela filosofia e a literatura hindu, fonte de inspiração para a ópera *Savitri* (1916) ou para os *Dez Hinos do Rig-Veda* (1910). O misticismo inerente à personalidade do compositor impregna também a série dos *Planetas*, em que cada movimento contém um significado simbólico: *Marte, o que Traz a Guerra; Vênus, a que Traz a Paz; Mercúrio, o Mensageiro Alado; Júpiter, o que Traz a Alegria; Saturno, o que Traz a Velhice; Urano, o Mágico; Netuno, o Místico* – com um epílogo cantado pelo coro feminino a *bocca chiusa* (em que há a óbvia influência das *Sirènes* de Debussy).

Em 29 de setembro de 1918, houve uma apresentação privada da suíte. Cinco movimentos foram executados em público em 15 de fevereiro de 1920. A estréia integral foi em 15 de novembro do mesmo ano. A peça é uma demonstração do contato que Holst tinha com a música européia de seu tempo e da habilidade com que assimilava as mais variadas influências, pois a partitura é perpassada por ecos não só de Debussy, mas também de Skriábin e Stravínski, e até mesmo de Mahler e do Schoenberg neo-romântico – sem falar em Elgar, que parece ser o autor da nobre seção maestoso de *Jupiter, the Bringer of Jollity*. A variedade de tom e o brilho da orquestração fizeram dos *Planetas*, desde o início, uma peça básica do repertório de concerto. Nos Estados Unidos, a suíte foi várias vezes programadas, em concertos que celebravam as viagens espaciais americanas.

Mas isso passou para segundo plano a importância de Holst como típico compositor da escola inglesa, autor de uma obra – tanto instrumental quanto vocal ou coral – que mergulha suas raízes na rica tradição britânica, seja a erudita seja a folclórica. A *Suite St. Paul* (1930), para cordas; o poema sinfônico *Egdon Heath* (1928), inspirado num poema de Thomas Hardy; o *Concerto Duplo* (1930), para dois violinos, estas são algumas de suas peças orquestrais mais inspiradas. Não se pode tampouco ignorar obras vocais como *The Mystic Trompeter* (1905), sobre poemas de Walt Whitman; *Hecuba's Lament* (1911), para contralto, coro feminino e orquestra; ou a cantata *Ode to Death* (1919), também sobre poema de Whitman. Mas, sobretudo, vale a pena tentar conhecer a sua obra operística.

É grande e irregular a produção operística de Holst, mas ela possui uma qualidade importante: constitui esforço consciente para estabelecer os parâmetros de uma escola nacional de ópera inglesa, que ainda não tinha assumido contornos realmente definidos. A opereta *Lansdown Castle*, obra de um músico de dezenove anos, foi encenada por um grupo amador de Cheltenham em 7 de fevereiro de 1893. As operetas infantis *Ianthe* (1893) e *The Idea* (1894) foram escritas para os alunos da escola que sua tia dirigia em Barnes. *The Revoke* (1895), peça em um ato que evoca a figura do cortesão setecentista chamado de o Belo Brummel, nunca foi encenada. Em sua biografia do compositor, publicada em 1990, Michael Shelton afirma que, nessa primeira fase, é compreensivelmente grande a influência das "Savoy Operas" de Gilbert e Sullivan que, na fase final da Era Victoriana, eram imensamente populares.

A descoberta de Wagner faz Holst entrar numa nova fase, de densa escrita orquestral, marcada pelo uso do arioso permanente e da técnica de melodia infinita. *The Youth's Choice* foi inscrita no Concurso Sanzogno de 1903, para óperas em um ato; mas não chegou a ser classificada. Em 1898, Holst estava excursionando com a Carl Rosa Opera Company, em cuja orquestra tocava trombone. Em Scarsborough, um amigo lhe emprestou um livro sobre a literatura clássica hindu, pela qual ele ficou fascinado. Voltando para Londres, arranjou um professor de sânscrito e dedicou-se à leitura dos grandes autores indianos.

Uma peça do dramaturgo Valmiki (cerca de 500 a.C.), explorando um episódio do épico hindu *Ramayana*, forneceu-lhe o tema para *Sitâ* (1906), alentado drama em três atos, de estilo wagneriano. A história, envolvendo o choque entre o mundo dos deuses e o dos mortais, com a intervenção freqüente de demônios e espíritos benfazejos, tinha pontos de contato visíveis com a tetralogia do *Anel*. Embora tivesse recebido, em 1908, o terceiro prêmio no Concurso Ricordi, *Sitâ* permaneceu inédita. O libreto confuso e mal organizado dessa ópera é fruto tanto da inexperiência quanto das condições difíceis de trabalho, naquele período em que Holst tocava em uma orquestra itinerante.

Muito bem construído, ao contrário, é o texto de *Sâvitri*, ópera de câmara extraída de um episódio do *Mahabharata*. Apresentada por artistas amadores, no Wellington Hall, em 5 de dezembro de 1916, teve a sua primeira encenação profissional no Lyric Theatre, do bairro londrino de Hammersmith, em 23 de junho de 1921. Quando foi escrita, Holst já deixara para trás o aparato wagnerismo: *Sâvitri* pede apenas três cantores, a rigor, nem há necessidade de cenário, e a orquestra reduz-se a doze instrumentistas. O tema, desta vez – o triunfo do amor sobre a morte – é expresso em chave tão intimista, que exige enorme simplicidade, principal virtude da obra. Em *Sâvitri* desabrocha a capacidade, que o monólogo final de *Sitâ* já prometia, de expressar o máximo de emoção com total economia de recursos.

Não há abertura. Numa longa introdução desacompanhada, a voz da Morte, soando ao longe – "I am Death, I am the law that no man breaketh" –, anuncia a Sâvitri que veio buscar o seu marido, o lenhador Sâtyavan. Quando ele volta para casa do trabalho, fala à mulher do conceito védico de *Mâya* (ilusão) – "Dost thou know her? Illusion... dreams... phantoms" –, a irrealidade do mundo à sua volta. E ela lhe responde que, agora, seus olhos se abriram e é capaz de ver "o coração de cada árvore, pálido de terror". A Morte se aproxima dele, e Sâtyavan cai por terra inanimado.

Vendo que é incapaz de proteger o marido, Sâvitri dá as boas-vindas à Morte e, quando esta se dispõe a lhe conceder um desejo, pede a Vida. A Morte lhe diz ser muito fácil conceder-lhe algo que ela já possui, e Sâvitri responde que, para ela, "a vida da mulher, da esposa, da mãe" implica a vida para o marido também. Sentindo-se derrotada, a Morte se afasta, a esposa celebra o retorno de Sâtyavan à vida ("Loneliness and pain are ended: waken once more to home and wife"), e ele desperta. Acompanhado por um coro feminino sem palavras, nos bastidores, o casal, em êxtase, canta a sua felicidade: "Then it was but a dream... Mâya had seized me, I was her slave", diz Sâtyavan; "Without thee I am as the dead, a Word without meaning", responde a sua esposa. Ao longe, a voz da Morte ecoa, lembrando que ela também não passa de Mâya. E a ópera termina serenamente com o monólogo em que Sâvitri proclama:

> I am with thee,
> my arms around thee,
> thy thoughts are mine,
> my spirit dwells with thee.
> When thou art weary,
> I am watching;
> when thou sleepest,
> I am waking.
> When in sorrow, I am near,
> making it a thing of joy
> beyond all other joys.

(Estou contigo, meus braços à tua volta; teus pensamentos são meus, meu espírito está contigo. Quando te sentes cansado, te vigio; quando dormes, velo por ti. Quando te sentes triste, estou perto de ti, fazendo disso uma coisa alegre, além de todas as alegrias.)

A partitura de *Sâvitri* tem poucos elementos exóticos e não faz tentativa alguma de imitar a música indiana. O que há de modal nela vem das canções medievais inglesas ou do colorido peculiar que o uso da escala de tons inteiros dá à música para piano de Debussy. O comentário orquestral é muito discreto e, ao ouvinte padrão de ópera, deve parecer estranho, à primeira vista, o caráter estático da música, os andamentos muito lentos, um estilo de declamação pudico e introvertido. Mas a audição repetida demonstra como as texturas delicadas convêm ao lirismo interiorizado do texto, e como a linha vocal é flexível, oscilando constantemente do recitativo para o cantabile. Aqui, encontramos a inspiração melódica de Holst em seu apogeu. Na versão original, o coro nos bastidores era misto. Herman Grunebaum, o regente da estréia profissional, convenceu Holst a reescrevê-lo apenas para vozes femininas, com resultados muito mais elegantes – e antecipando o último movimento dos *Planetas*. Esse coro, ouvido pela primeira vez quando Sātyavan fala de *Māya*, reaparece sempre que Holst quer mostrar a interação do outro mundo com o dos mortais.

Para conhecer essa pequena obra-prima, existem duas gravações:

Decca, 1965 – Janet Baker, Robert Tear, Thomas Hemsley/ Imogene Holst;
Hyperion, 1983 – Felicity Palmer, Philip Langridge, Stephen Varcoe/ Richard Hickox.

Desde *Sâvitri*, Holst vinha planejando uma paródia à ópera, que foi sendo adiada por falta de tempo ou de oportunidade. Perto do final da I Guerra, escreveu uma revista musical – uma seqüência de *sketches* soltos, despreocupados da concatenação rigorosa entre um e outro – intitulada *Opera as She is Wrote*, em que havia brincadeiras com "compositores" chamados Verdizetti, Depussy ou Horridinsky-Kantakoff. Era uma época em que Holst estava encantado com *O Galo de Ouro*, de Rímski-Kórsakov, e tinha lido, com muito interesse, a partitura do *Amor de Três Laranjas*, de Prokófiev, estreado em 1921. Foram esses os dois modelos que o estimularam a escrever o libreto de *The Perfect Fool* (O Perfeito Tolo), comédia fantasiosa, cheia de situações que lhe ofereciam o pretexto para elaborar pastiches dos mais diversos estilos operísticos. Não foi má a recepção no Covent Garden, em 14 de maio de 1923. Mas o texto não possui a fantasia e a invenção poética de Púshkin ou Carlo Gozzi. Apesar de um ou outro bom momento musical, *O Perfeito Tolo* permanece como uma bem intencionada tentativa falhada.

O mesmo não acontece com a ópera seguinte. Pouco antes da estréia de *The Perfect Fool*, Holst caiu do pódio, durante um concerto, e machucou a cabeça. Surgiram alguns problemas que fizeram o médico sugerir um período de convalescência no campo. Ali, além de terminar a *First Choral Symphony*, ele concebeu o projeto de *At the Boar's Head* (Na Taverna da Cabeça do Javali), baseada na história de Falstaff, tal como ela é narrada por Shakespeare nas duas partes de *Henrique IV*. Folheando uma coleção de canções folclóricas do período elizabetano, Holst deu-se conta de que a melodia de uma delas encaixava-se exatamente no ritmo de um dos textos de Shakespeare que acabara de ler. Veio-lhe então a idéia de montar uma espécie de *ballad-opera*, tomando como base melodias de canções folclóricas, que garimpou nas mais diversas coletâneas.

Ele próprio preparou o libreto, procurando aderir o mais possível ao texto de Shakespeare. Musicou integralmente, por exemplo, o monólogo de Hal "I know you all". Inseriu na comédia dois sonetos shakespearianos – "Devouring time" e "When I do count the clock" –, e também a letra de três canções tradicionais. O resultado de *At the Boar's Head*, estreada na Manchester Opera House em 3 de abril de 1925, não pode ser comparado ao de *Sir John in Love*, de Vaughan Williams – e muito menos ao *Falstaff* verdiano. Mas é um dos melhores trabalhos de Holst como cultor do folclore: com mão de mestre, ele funde as diversas melodias tiradas daqui e dali, dando a essa colagem senso de unidade e, o que é mais importante, de frescor e espontaneidade. No selo EMI, há a gravação de 1981 (Palmer, Langridge, Tomlison, Wilson-Johnson/Richard Atherton).

Em 1927, a historiadora Helen Waddel publicou *The Wandering Scholars*, estudo sobre os *vagantes*, clérigos que, na Idade Média, iam de uma cidade para a outra pedindo esmolas em troca de sermões ou histórias edificantes, extraídas dos textos sagrados. Waddel referia-se, em particular, a *Le Pauvre Clerc*, conto popular francês do século XIII que Boccacio retomou no *Decameron*. Foi nessa história que Clifford Bax se baseou, para escrever o libreto da ópera seguinte de Holst. Terminada em 1930, *The Wandering Scholar* – no singular, ao contrário do título do livro de Waddel – estreou no David Lewis Theatre, de Liverpool, em 31 de janeiro de 1934.

Durante a Idade Média, num dia de primavera, um jovem clérigo vai pedir comida em uma fazenda do sul da França. Infelizmente, chega exatamente na hora em que a mulher do fazendeiro, bela e muito sensual, está aproveitando a ausência do marido, mais velho do que ela, para receber o padre da localidade. A mesa está posta, com um fumegante leitão assado, bolo e vinho; mas a mulher manda o pobre clérigo passear. Quando ela e o padre estão subindo a escada em direção ao quarto, chega o fazendeiro em companhia do clérigo, com quem se encontrou na estrada. O padre se esconde e a mulher alega não ter tido tempo de fazer comida, pois o marido

Gustav Holst em seu estúdio de Barnes, retratado em 1911 por Millicent Woodford.

voltou mais cedo do mercado do que pretendia. O clérigo diz então que vai lhes contar uma história; e inicia uma narrativa, cheia de voltas e reviravoltas, que lhe permite ir descobrindo onde a mulher escondeu o leitão, o bolo, o vinho... e o padre – que o fazendeiro expulsa aos pontapés. O clérigo se instala para uma lauta refeição, enquanto o fazendeiro puxa a mulher pela escada até o quarto, para castigá-la... or else!

Embora o tema seja cômico, *The Wandering Scholar* pertence à fase austera e um tanto melancólica do final da obra de Holst, que assistiu ao nascimento do sombrio *Egdon Heath* ou da *Fantasia Coral*. É uma espécie de síntese de sua carreira de operista pois, ao mesmo tempo que conserva o estilo folclórico de *At the Boar's Head*, remonta, em escala e densidade, a *Sâvitri* – com a qual costuma ser apresentada em programa duplo. Holst já estava doente demais para poder assistir à estréia ou fazer qualquer tipo de revisão depois disso. A partitura permaneceu em manuscrito por muitos anos, e só em 1977 foi publicada pela Faber Music. Para o Festival de Cheltenham de 1951, Benjamin Britten preparou uma versão reorquestrada, com clarineta, harpa, cordas e percussão, de modo a adequá-la à execução em companhia de suas próprias óperas de câmara. O original de Holst, com madeiras, trompa, cordas e percussão, foi mantido na gravação lançada em 1974 pelo selo EMI (Burrowes, Tear, Rippon, Langdon/Steuart Bedford). Em 2004, esta gravação saiu acoplada à de *At the Boar's Head* (Atherton).

O próprio Holst regeu, no Covent Garden, a estréia de seus dois balés corais, *The Golden Goose*, em 21 de setembro de 1926, e *The Morning of the Year*, em 17 de março de 1927. A partitura de *Cinderella*, de 1902, se perdeu. Para o palco, ele é ainda o autor de uma *mistery play* intitulada *The Coming of Christ*. Escrita para coro, piano, cordas e trompete, essa peça sacra foi apresentada na catedral de Canterbury, sob a regência do autor, em 28 de maio de 1928.

## Rubens

O londrino Paul Alfred Rubens (1875-1917) era chamado de "the Edwardian tunesmith" (o ferreiro da canção eduardiana), pela facilidade com que produzia melodias atraentes, que conquistavam o público. A família o destinava ao Direito e ele, de fato, iniciou o curso em Oxford. Mas começou a interessar-se pela música ligeira, a colaborar nos musicais de George Edwardes e, em 1899, obteve sucesso especial com os números que escreveu para *Floradora*, de Leslie Stuart.

Sua presença neste livro explica-se pela densidade de quase-ópera de *Miss Hook of Holland*, "um incidente musical holandês", cujo libreto ele escreveu a quatro mãos com Austen Hurgon. A estréia foi no Prince of Wales Theatre de Londres, em 31 de janeiro de 1907. A história gira em torno da paixão do compositor van Vuyt pela bela Sally, filha de Hook, dono de uma destilaria de licores, que não vê com bons olhos a sua união com um músico morto de fome. O casamento torna-se possível graças a uma fortuna que Sally ganha, com a venda da receita de um licor que inventou, e também com o sucesso da opereta escrita por van Vuyt. A canção "Little Miss Wooden Shoes", do ato II, ficou popularíssima. Existem, no selo HMV, trechos de uma apresentação de 1930.

Rubens tinha a saúde frágil e, minado pelo excesso de trabalho, morreu cedo, impedindo-o de desenvolver as suas potencialidades. Mas, além de várias peças escritas em colaboração com outros autores, deixou diversos musicais: *Three Little Maids* (1902), *Lady Madcap* (1904), *Mr. Popple of Ippleton* (1905), *My Mimosa Maid* (1908), *Dear Little Denmark* (1909), *The Balkan Princess* (1910), *The Sunshine Girl* (1912), *The Girl from Utah* (1913), *After the Girl* (1914), *To-Night's the Night* (1915) e *Tina* (1915), cuja "Violin Song" comparece, ainda hoje, nos recitais de música ligeira.

## Dunhill

Na sua época, Thomas Frederick Dunhill (1877-1946) – formado pelo Royal College of Music e professor no Eton College – gozou de algum prestígio como autor de música de câmara e canções poéticas (*art-songs*). É também o autor de um livro apreciável sobre as óperas leves de Gilbert e Sullivan. Ao assumir a direção do Lyric Theatre de Hammersmith, o empresário Nigel Playfair decidira remontar, começando com *The Beggar's Opera*, uma série de *ballad-operas* famosas. Tendo o resultado sido muito bom, animou-se, num segundo estágio, a encomendar comédias a compositores seus contemporâneos.

A primeira delas, escrita por Dunhill, foi *Tantivy Towers*, uma "light opera" – algo mais elaborado do que uma opereta – com libreto de A. P. Herbert. *Bohemia*, representante da efervescente vida noturna urbana, e *County*, símbolo da pacata existência rural, encontram-se e se apaixonam. Mas os mundos de ambos são pouco compatíveis e, por razões diferentes, igualmente expostos ao ridículo. Paralelamente, um artista moderno envolve-se com Ann, moça de classe alta que, a princípio parece corresponder a seus sentimentos. Mas, no momento de se decidir, ela o rejeita; e o rapaz acaba voltando para Jenny, a namorada que pertence à camada social de onde ele vem.

O bom artesanato da partitura e o conteúdo de crítica social da peça fez com que a crítica chegasse a aclamar Herbert e Dunhill como os sucessores de Gilbert e Sullivan. Mas as duas "light operas" que eles produziram a seguir – *The Enchanted Garden* (1928) e *Happy Families* (1933) – não chegaram a cumprir a promessa, demonstrando que eles possuíam algum talento, sim, mas não exatamente gênio.

# Brian

Quando Havergal Brian (1876-1972) anunciou, aos 80 anos, que ia se aposentar para dedicar-se exclusivamente à composição, todos sorriram polidamente, acreditando que não lhe restava muito tempo de vida, quanto mais inspiração para continuar criando. Pois esse músico extremamente prolífico, que viveu até os 96 anos, escreveu ao todo 32 sinfonias: 22 delas foram compostas após os oitenta anos, das quais sete após os noventa. É um dos mais importantes *corpus* sinfônicos da primeira metade do século XVIII. E um dos mais importantes empreendimentos do selo Marco Polo foi propor-se a gravá-lo integralmente.

De origem muito humilde, filho de um oleiro de Dresden, no Sttafordshire, Brian aprendeu violino, violoncelo e órgão com professores locais, e estudou sozinho teoria musical, francês e alemão, para poder, começando a trabalhar cedo, ajudar a família. Praticou o jornalismo musical (1904-1949) e ganhou a reputação de ser um excêntrico inofensivo, que desejava ser compositor – ambição para a qual recebeu o apoio de seu amigos músicos, embora outros o encarassem apenas como um amador pretensioso.

A aceitação de sua música foi lenta e difícil. A gigantesca *Sinfonia n. 1 "Gótica"*, para solistas, coro e orquestra, visivelmente inspirada pela *Oitava* de Mahler, foi escrita entre 1919-1927. Mas suas dificuldades técnicas fizeram com que só fosse estreada em 24 de junho de 1961, por um grupo amador. A primeira apresentação profissional foi em 30 de outubro de 1966. Em compensação, a excelente acolhida que recebeu a essa altura fez com que fosse escolhida para inaugurar as transmissões por satélite da BBC-NPR para Washington, em 25 de maio de 1980. Em 1989, o selo Marco Pólo lançou a gravação feita por Ondrej Lenard na Eslováquia.

Brian é um tradicionalista, cuja linguagem enraíza-se na linhagem germânica de Bruckner, Mahler e Richard Strauss, retendo dela, de forma muito pessoal, a grandiosidade, a facilidade para a construção arquitetônica sólida, e um talento melódico bastante peculiar. Tem, sobretudo, uma abordagem de grande variedade da forma sinfônica. Edifica grandes painéis, como a *Sinfonia n. 4 "Das Siegeslied"*, para soprano, dois coros e orquestra, sobre o *Salmo 68* na versão luterana, cantado em alemão (1933, estréia em 1967). Ou, ao contrário, escreve peças compactas, em um só movimento, como a *Sinfonia n. 6 "Trágica"* (1948) ou as sinfonias n. 8, 11, 14 e 31.

*The Tigers* (Os Tigres), a primeira ópera de Brian, foi escrita para o rádio em 1916 e, originalmente, intitulava-se *The Grotesques*. Numa linha extremamente satírica, o antimilitarismo do compositor se manifesta na forma como narra as trapalhadas de um regimento que nada tem de heróico e, diante das situações de perigo, sempre prefere cautelosas re-

Havergal Brian com Hugh Maguire, spalla da Sinfônica da BBC, e o regente Norman Del Mar, na estréia de sua *Sinfonia n. 12*, em 1966.

tiradas estratégicas. O libreto, que ele próprio escreveu, utiliza reminiscências de seu tempo de soldado, durante a I Guerra, e é uma veemente denúncia da incompetência dos militares e dos horrores do conflito. A partitura faz, com muita habilidade, o pastiche de Wagner e de Richard Strauss, e do *Príncipe Igor*, de Borodín, a que Brian assistira, no Covent Garden, na fase de gestação de sua ópera. Integrando muito bem esses ingredientes de paródia à sua linguagem sinfônica peculiar, então em pleno desenvolvimento. Há também a utilização de melodias populares da época, como o tema da canção "Has anybody here seen Kelly?" que, no ato I, passa por uma série de variações. Uma das cenas mais eficientes de *Os Tigres* é a que evoca os ataques aéreos alemães a Londres, com zeppelins, durante a I Guerra.

Em 1930, Brian adaptou *Os Tigres* para o palco, pois estava em negociações com Fritz Busch para que ele a estreasse na Ópera de Dresden. Mas a ascensão dos nazistas forçou esse regente a se exilar e o projeto foi cancelado. Embora a redução para piano tivesse sido publicada, o manuscrito desapareceu durante a II Guerra. Só foi redescoberto em 1997, no porão da Southern Music Publishing Company. Em 3 de maio de 1983, a Havergal Brian Society promoveu a transmissão da ópera pela BBC (deve haver, desse programa, a gravação pirata). Não há notícia de que tenham sido executadas as outras óperas deixadas por esse compositor prolífico:

- *Deirdre of the Sorrows* (1947), da peça de J. M. Synge (inacabada);
- *Turandot* (1951), com libreto em alemão a partir da versão que Schiller fez da peça de Carlo Gozzi;
- *The Cenci* (1952), usando o texto do drama de P. B. Shelley;
- *Faust* (1956), com libreto em alemão a partir do poema de Goethe;
- *Agamemnon* (1957), com libreto em inglês, adaptando a tragédia de Ésquilo.

O próprio Brian parece não ter se esforçado para publicar ou produzir essas partituras. Em *The Operas of Havergal Brian*, publicado pela Oxford University Press, Kate Baxter conta:

> No final da vida, uma vez que Hilda, a mulher de Havergal, comentou que não gostava de ópera, ele disse a seu amigo Walker: "Nem ouso contar a ela que tenho cinco óperas na gaveta. Se ela soubesse, as jogaria direto no lixo!" Talvez, após tantos anos de escrever música que o *establishment* não aceitava, ele estivesse relutante em enfrentar novos conflitos.

A produção operística de um autor original como Brian – cuja vasta produção sinfônica começou apenas a ser desbravada – é uma dívida que a musicologia britânica tem para consigo mesma.

## Boughton

O pai de Rutland Boughton (1878-1960) era padeiro em Aylesbury, no Buckinghamshire. A mãe, profundamente religiosa, tocava harmônio nas reuniões domésticas, em que se cantavam hinos sacros; e o estimulou a entrar para o coro da igreja local, de onde Rutland passou, ainda menino, para a Sacred Harmonic Society. Freqüentou a escola até os quatorze anos e, depois disso, como era necessário trabalhar para ganhar a vida, respondeu a um anúncio colocado no *Musical Times* e conseguiu o lugar de aprendiz numa companhia londrina, especializada em publicar arranjos para banda de música.

Poucas semanas depois, seu patrão, Cecil Barth, pegou-o compondo no horário do expediente. Em vez de demiti-lo, pagou para ele aulas de piano e teoria, com um músico aposentado. Um ano depois, pagou do próprio bolso a publicação de uma de suas canções. Nos anos seguintes, as composições se multiplicaram e Boughton conseguiu fazer ouvir algumas delas: uma suíte para piano, uma missa de réquiem, um concerto para piano, uma marcha para banda de música, várias canções. Em 1898, suas obras foram ouvidas por Fuller Maitland, amigo de Sir Charles Stanford. Percebendo seu talento, Maitland intercedeu por ele, conseguindo que fosse aceito no Royal College of Music, como aluno de Stanford e Walford Davies.

Para um músico que, embora jovem, já tinha uma bagagem razoável, publicara e executara em público várias obras, não foi fácil aceitar os métodos rigorosos e, de um modo geral, conservadores dessa escola de música. Boughton saiu do RCM em 1901, mas ganhou ali três coisas muito importantes: o treinamento rigoroso nas técnicas de contraponto; o hábito de aceitar as críticas e comentários feitas por seus professores e colegas, acatando o que lhe parecia sensato (mas rejeitando definitivamente aquilo com que não concordava); e o contato, através de livros e pessoas, com as idéias socialistas, que marcariam profundamente a sua vida e arte.

Ao sair do RCM, Boughton passou por uma fase de extrema pobreza. Um amigo lhe arranjou o lugar de crítico no *Daily Mail*. Rutland regeu também, durante dois anos, a orquestra do Haymarket Theatre, e trabalhou como pianista acompanhador do tenor galês David Ffrangcon Davies. Já tinha composto em 1898, uma ópera intitulada *The Bride of Messina*, usando a tradução da peça de Schiller feita por Sir Edward Bulwer-Lytton; mas destruíra a partitura, por considerá-la insatisfatória. Entre 1902-1903, escreveu *Eolf*, da qual redigiu também o libreto. Essa segunda ópera ficou inédita, em manuscrito. Foi a época de seu malogrado primeiro casamento, que terminaria em divórcio sete anos depois.

Em 1905, foi apresentado a Granville Bantock que, simpatizando-se com ele, convidou-o a dar aulas de harmonia e canto no Midland Institute of Music, de Birmingham. Além das lições, Boughton regia o coro, mas dispunha de mais tempo para compor, e tinha mais íntimos contatos com os socialistas liberais, de que Birmingham era o quartel-general. Eles lhe deram livros para ler, fizeram-no assistir a palestras e organizar concertos para os militantes, a partir de 1911. Boughton aderiu às idéias socialistas de William Morris, criador do Arts and Crafts Movement; e, em *Music Drama of the Future*, escrito em 1911 juntamente com Reginald Buckley, expôs a tese de que a música não deve ser apenas um entretenimento para a elite, mas um instrumento de formação espiritual do proletariado.

Buckley, que conhecera em 1907, convenceu-o de que o ciclo arturiano era o veículo ideal para fazer chegar suas idéias ao grande público. Percebe-se aí a marca da influência wagneriana, e a tentativa de encontrar um equivalente inglês para as lendas nórdicas em que se baseia a tetralogia do *Anel*. Desenvolvida a partir do drama coral *Uther and Igrane*, escrito em 1908, *The Birth of Arthur* (O Nascimento de Arthur, 1909) foi a primeira parte do ciclo que Buckley e ele pretendiam dedicar a esse tema. Foi uma época atribulada pois, em 1910, Rutland conheceu a artista plástica Christine Walshe e, embora ainda estivesse casado, deu início a uma ligação aberta com ela, o que foi causa de escândalo, forçando-o a demitir-se do Midland Institute of Music. George Bernard Shaw, que sempre foi seu amigo, veio em sua ajuda emprestando-lhe dinheiro e conseguindo para ele o lugar de crítico de música no *Daily Citizen*.

Buckley, Christine e ele pensavam em construir, em Glastonbury – onde, segundo a lenda, o rei Arthur foi enterrado –, um teatro semelhante ao de Bayreuth, onde realizariam seus festivais arturianos. Não tendo conseguido arrecadar fundos necessários para isso, chegaram à conclusão de que, provisoriamente, seriam suficientes um piano e a sala de reuniões da Prefeitura de Glastonbury. E foi assim que *O Nascimento de Arthur*, primeira parte de uma pentologia que pretendiam compor, foi cantada em 1920.

Antes disso, porém, em 26 de agosto de 1914, foi estreada, nessa mesma sala, com acompanhamento de piano, mas obtendo do público e da crítica reação entusiasmada, a ópera mais famosa de Rutland Boughton, *The Immortal Hour*. O próprio compositor, que tinha boa voz de barítono, fazia o papel de Dalua, o Filho da Treva. O casal de apaixonados, Etain e Eochaidh, foi criado por Irene Lemon e Frederic Austin. O tenor Arthur Jordan cantou o papel de Midir, o deus da Estrela Vespertina. O espetáculo era regido, ao piano, por Charles Scott.

Nunca houve dinheiro para construir o teatro com que Buckley e os Boughton sonhavam. As apresentações eram feitas com piano ou pequenos conjuntos de câmara. Mas o Festival de Glastonbury, que ganhou ano a ano a admiração da crítica pelo seu espírito inovador, funcionou entre 1914-1926. Ali foram apresentadas *Dido and Aeneas*, de Purcell; *Iphigenia in Tauris*, de Gluck; cenas de várias óperas de Wagner; obras de câmara de Elgar,

Vaughan Williams, John Ireland; e as óperas seguintes do próprio Boughton:

- *The Round Table* (1916), parte II do ciclo, com libreto de Buckley;
- *Bethlehem* (1915), que Boughton adaptara de uma *Coventry Nativity Play* medieval (gravada em 1993 pelo selo Hyperion);
- *Alkestis* (1922), usando a tradução da tragédia de Eurípedes feita por Gilbert Murray;
- *The Queen of Cornwall* (1924), com libreto de Boughton baseado na peça de Thomas Hardy – que o auxiliou na adaptação – sobre a versão celta da lenda de Tristão e Isolda (portanto, bastante diferente da versão wagneriana).

A relação já desgastada de Rutland com Christine entrou em crise em 1920, quando ele se apaixonou por uma de suas alunas, Kathleen Davies. O novo escândalo, agravado pela má imagem pública que as suas declarações políticas, a favor das idéias socialistas e comunistas, projetavam, forneceu munição a seus detratores. Foi uma nova fase conturbada, que só amainou em 1922, com o sucesso da *Immortal Hour* em Londres. Após a estréia em Glastonbury, a ópera tinha sido apresentada com orquestra, em 7 de janeiro de 1915, na Ópera de Bornemouth, e fizera bem-sucedidas excursões por outras cidades inglesas.

Em 1921, o empresário Barry Jackson, diretor do Birmingham Repertory Theatre, pediu a Boughton a permissão para encená-la na capital – e ele a recusou, pois achava que o público londrino, acostumado a uma dieta de *Fausto, Manon, Traviata* e *Bohème*, não acharia graça na forma simples e direta como contava a sua história. Além disso, a montagem necessariamente luxuosa que se faria em Londres restringiria a *Hora Imortal* àquele público de elite para o qual nunca quisera trabalhar, deixando de fora as amplas platéias para as quais destinara a sua música. Nem a proposta de mais dinheiro, feita por Jackson, o convenceu. Só o apelo dos cantores, que já tinham aprendido seus papéis e se empenhavam em realizar a partitura da melhor forma possível, o fez ceder. *The Immortal Hour* teve a sua estréia londrina no Regent Theatre, em 13 de outubro de 1922. A acolhida, a princípio, foi fria. Mas a freqüência aumentou, noite após noite e, até abril do ano seguinte, a ópera alcançara 216 récitas. Foi retirada de cartaz mas, a pedido do público, voltou em novembro de 1923, para mais 160 apresentações. Até 1932, *A Hora Imortal* fora cantada cerca de mil vezes em todo país e Boughton tornara-se um dos compositores mais célebres da Inglaterra.

A essa altura muito próspero, Boughton se retirou – depois de ter produzido *Alkestis* e *The Queen of Cornwall* em Glastonbury – para uma casa de campo que comprara no Gloucestershire. Tinha-se casado com Kathleen Davies em 1923 e dedicou-se, nos últimos anos de vida, a terminar o ciclo arturiano e a propagar as idéias comunistas. Conseguiu encenar em Bath, em 1935, a ópera *The Ever Young*; e *The Lily Maid*, parte III do ciclo arturiano, subiu à cena em Stroud, em 1934. Mas *Galahad* (1944) e *Avalon* (1946), partes IV e V da pentologia, ficaram inéditas. Ao longo das décadas de 1930-1940, encenações de suas óperas rarearam cada vez mais, e seus ataques à injustiça social e à corrupção capitalista granjearam-lhe novos inimigos. Os direitos autorais de suas obras diminuíram drasticamente e tornou-se difícil arranjar trabalho como crítico, devido às suas opiniões políticas e à maneira desabrida como expressava suas posições estéticas. Em 1937, Shaw precisou liderar uma campanha para que o governo lhe concedesse uma pensão, pois Boughton estava novamente na penúria. Isso lhe permitiu viver, senão com o mesmo conforto da década de 1920, pelo menos tranqüilamente. Ele morreu dormindo, aos 82 anos, em 25 de janeiro de 1920.

É necessário fazermos aqui um parêntesis para falar de Fiona McLeod, a autora do drama em versos *The Immortal Hour*, publicado em 1900 na *Fortnightly Review* e, depois, em livro. Não se trata de uma mulher, e sim do nome literário de William Sharp (1855-1905). Os contos que Sharp escrevia, para arredondar o orçamento de caixa de banco, deram bom resultado e, demitindo-se do emprego, ele passou a viver da escrita. Durante a década de 1880, literalmente inundou os jornais e revistas londrinos com seus contos, poemas, artigos, ensaios, críticas literárias e romances em folhetim. Em 1890, durante uma viagem a Roma, passou por uma crise psicológica, que teve como resultado o nascimento da escritora "Fiona McLeod", espécie de heterônimo que ele descrevia como "uma mulher sábia, muito versada no folclore celta" (o que está ligado a experiências de infância, pois Sharp cresceu ouvindo as antigas histórias que lhe eram contadas pela ama galesa).

*Pharais*, o primeiro romance de Fiona McLeod, publicado em 1894, tornou-se um *best-seller* instantâneo. A impressão causada no público por seus poemas e contos fez dela uma das mais ativas participantes do movimento do *Celtic Revival*, ao qual pertenciam também W. B. Yeats, J. M. Synge e Lady Gregory. Daí em diante, Sharp e McLeod passaram a ter volumosas carreiras separadas, ele escrevendo sobre assuntos gerais, ela restringindo-se aos temas de cultura celta. O mais interessante é que ambos escreviam – e colocavam na caixa de correio! – numerosas cartas em que criticavam um ao outro e se encaminhavam conselhos e sugestões. Conflito de personalidade tão forte, somado ao excesso de trabalho de um – na verdade dois – escritores *workaholic*, conduziu Sharp, necessariamente, a um sério esgotamento nervoso ocorrido em 1897. E explica que Sharp e McLeod tenham morrido tão cedo, com apenas cinqüenta anos. Elizabeth Sharp, a viúva desse estranhíssimo escritor, publicou, em 1912, pela Duffield and Co. de Nova York, *William Sharp (Fiona McLeod): a Memoir*, interessante depoimento sobre um verdadeiro caso de dupla personalidade.

O próprio Boughton adaptou *The Immortal Hour*, conservando o texto original, apenas cortando-o para reduzi-lo às proporções viáveis de um libreto. Nos trechos em que precisou expandi-lo, inseriu poemas da própria Fiona McLeod. Compôs a ópera entre 1911-1912, isolado em sua casa de Grayshott, no meio da floresta, e essa ambientação silvestre deixou marca muito forte na obra. Originalmente a concebeu para ser apresentada ao ar livre, e imaginava, para o início do ato II, uma procissão que viesse cantando de longe, e passasse lentamente por entre as árvores. *A Hora Imortal* está cheia de símbolos e referências místicas, que não nos esforçaremos por aprofundar, aqui, mais do que o necessário. Em *Immortal Hour: the Life and Period of Rutland Boughton* (Londres, Routledge and Kegan Paul, 1922), Michael Hurd fornece-nos alguns subsídios: Eochaidh representa a aspiração humana à perfeição espiritual e à felicidade; Etain, o ideal da beleza perfeita, que é efêmera e, mesmo quando obtida, logo se desvanece, como um sonho; Midir, o espírito da perfeição alcançada, radiosa, de voz lírica e grande beleza interior; Dalua, finalmente, o agente do Destino, que se intromete nas vidas humanas e as governa.

A ópera se inicia numa floresta, à luz da lua. Saudado pelas vozes dos espíritos invisíveis, Dalua – The Faery Fool – sai das sombras. Ele é o agente de todos os poderes desconhecidos, e pede às vozes que se calem, pois alguém se aproxima. Esconde-se e vê aparecer Etain, a princesa da Terra dos Sempre-Jovens (as fadas), que se perdeu e está cansada e desarvorada. Dalua se mostra e lhe diz que seus sonhos a trouxeram a esse canto esquecido do mundo, porque está destinada a se encontrar com um rei que "busca a Hora Imortal, em que se tem a alegria que vai além de toda alegria e é a fonte de toda beleza". Toca-a com sua mão de sombra e ela vai embora, confusa e assustada. Logo em seguida surge Eochaidh[8], o *ard ree* (poderoso rei) do Eiré, que está em busca de um sonho, de "alguém ainda mais bela do que qualquer donzela mortal, que lhe dê o Amor inflamado pelo Desejo". Dalua lança as suas sombras sobre o rei, confunde as suas idéias e o atrai para dentro da floresta.

Etain conseguiu abrigo na cabana dos camponeses Manus e Maive, que lhe permitiram passar a noite com eles. Está sentada em um canto, ainda muito perturbada. Chega Eochaidh, também pedindo abrigo, que lhe é concedido. Fica sozinho com Etain, e apaixona-se por ela, sem sentir que Dalua os atraiu para esse encontro. Declaram-se apaixonados ("Etain, dear love, my dreams come true"), e sentados no escuro, lado a lado, ouvem, vinda de longe, uma canção misteriosa, entoada por um coro invisível: "How beautiful they are, the lordly ones".

---

8. Nome gaélico que se pronuncia /yô´-chây/: ambas as vogais são longas e o /ch/ representa o som gutural, como em alemão.

Um ano depois, uma procissão de druidas, bardos, guerreiros e damas da corte celebra o primeiro ano de casamento de Eochaidh com Etain. Com o majestoso coro "Green fire of Joy, green fire of Life", desejam felicidades ao casal real. Etain, cansada com os "estranhos sonhos que a perseguem e a deixam perplexa", pede-lhes que a desculpem e quer se retirar. Eochaidh também está perturbado, e pede à sua esposa que não se afaste, especialmente naquela noite ("This night, I pray, leave me not here alone"). Revela que, em seus sonhos recentes, havia estranhos pressentimentos: "Três noites seguidas ouvi gargalhadas no escuro e vi formas fantasmagóricas". Uma vez mais, Etain diz que está exausta, e se retira.

Os druidas cantam à glória dos deuses: Lu, senhor das estrelas; Dana, a mãe dos deuses; Dagda, senhor do trovão e do silêncio; Brigid, a deusa da lua e do fogo; Manaan, o deus dos rios e das nascentes; Midir, o deus do orvalho e da estrela vespertina. Depois, Eochaidh pede à corte que o deixe sozinho. Nesse momento, entra um estranho, que vem lhe pedir um favor; e o rei diz que o atenderá, se ele estiver a seu alcance. O estranho diz que não pode revelar a ninguém seu nome e linhagem – mas nós sabemos que se trata do próprio Midir – e responde que deseja apenas tocar, com os lábios, as brancas mãos da rainha, e cantar para ela uma canção.

Embora relutante, o rei concorda e manda um pajem chamar Etain. Ela olha espantada para Midir, como se tentasse se lembrar de algo sepultado na memória. Ele beija a sua mão e entoa "How beautiful they are", a canção que o coro invisível cantava no final do primeiro ato. Seus versos fazem Etain recuperar, imperceptivelmente, a lembrança dos tempos em que vivia na Terra das Fadas. Ao perceber que está a um passo de perdê-la, Eochaidh faz um gesto ameaçador; mas Midir responde com um gesto que o paralisa. Do lado de fora, ouvem-se as vozes das fadas repetindo as palavras da canção e chamando Etain de volta. Ela vai embora com Midir, e seu marido, desesperado, exclama: "My dreams! My dreams! Give me my dreams!". Dalua entra, toca Eochaidh na fronte, e ele cai sem vida a seus pés.

Dentre as várias interpretações que se pode fazer dessa história, está a que vê nela uma versão celta da lenda de Orfeu e Eurídice. Mas Etain possui, também, alguns pontos em comum com a figura de Proserpina, de tal modo que há no drama o tema complementar da perpétua renovação da vida, representada pelo ciclo da morte com o inverno e da ressurreição com a primavera. Sharp, num ensaio sobre a peça de McLeod, diz que Etain pode ser vista como a alma humana, dilacerada entre o amor puro, representado por Midir, e o amor terrestre e sensual que conhece nos braços de Eochaidh.

Elemento criado por McLeod é a figura de Dalua, que domina o drama, como o Destino implacável. Ele é a *hubris* de Eochaidh, levando-o a desejar um tipo de perfeição que só pode ser reivindicada pelos deuses e, com isso, a condenar-se à punição. Sharp, em seu ensaio, o descreve como "a loucura que se incorpora numa força viva". Quanto ao mundo das fadas, ele nada tem da estilização tradicional, que faz delas minúsculas criaturas com asinhas, adejando sobre as flores com suas varinhas de condão. As fadas são uma espécie de imagem no espelho do mundo dos mortais. As palavras da canção com as quais Midir convence Etain a segui-lo, mostram que McLeod não as concebe de forma idealizada: "They laugh and are glad and are terrible".

Em 1913, quando terminou *The Immortal Hour*, a linguagem de Boughton – muito influenciada, na fase inicial, por Schumann, Mendelssohn, Brahms, naturalmente Wagner, mas também Debussy – tinha encontrado um tom mais pessoal, fundamente enraizado nas melodias folclóricas inglesas, escocesas, irlandesas e galesas. Como Mússorgski, ele era da opinião de que o coro não deve se limitar a comentar o drama, e sim tomar parte ativa nele, fazendo avançar a ação. Essa ênfase na participação do coro será uma constante em sua obra a partir daí. Para o coro, ele escreverá algumas de suas páginas mais bem-sucedidas.

Ao mesmo tempo, o desenvolvimento da invenção melódica o faz utilizar soluções harmônicas básicas, que permitam aos belos motivos de suas árias se expandirem plenamente. A escrita cromática é usada com parcimônia, os ritmos tornam-se muito flexíveis, o colorido instrumental é bem nuançado e, nas obras do final da carreira, veremos surgir um número maior de dissonâncias. Os números fechados também se inserem na tradição da *ballad-opera*, que é tipicamente inglesa. Em *The Immortal Hour*, que assinala a transição entre essas fases de sua carreira, as linhas melódicas fluem com grande facilidade, às vezes de maneira hipnótica. O coro é usado de formas muito variadas:

- no início do ato I, provoca Dalua, ora exaltando-o, ora zombando dele;
- no final do ato II, persegue Etain com suas lembranças esquecidas;
- no início do III, celebra a grandeza dos deuses celtas;
- e dá, finalmente, as boas-vindas a Etain, quando ela volta para a Terra das Fadas.

As personagens e as idéias principais são representadas por temas musicais mas, ao contrário dos *leitmotive* wagnerianos, que Boughton tinha tentado imitar no *Nascimento de Arthur*, não são trançados ao comentário orquestral da partitura, mas encaixam-se aos poucos, como se fossem as peças móveis de um quebra-cabeça. Os números são de forma muito variável:

- ariosos de estilo declamatório, como "In the days of the Great Fires", cantado por Midir no ato I;
- árias de cantabile generoso, como "I will go back to the Country of the Young", de Etain, no ato I;
- o belo dueto de amor com Eochaidh, quando eles se apaixonam;
- eficientes cenas de conjunto, como "O do not leave me, Star of my Desire", quando Etain recupera a lembrança da Terra das Fadas;
- e é de grande complexidade de construção todo o início do ato II, em que as vozes do casal real entrelaçam-se às do coro.

Não se pode dizer que *A Hora Imortal* tenha entrado no repertório – a última apresentação foi no Sadler's Well, em 1953. Ela é uma dessas óperas tipicamente inglesas, como *A Village Romeo and Juliet*, de Delius, *The Pilgrim's Progress*, de Vaughan Williams, ou *A Midsummer Marriage*, de Tippett, que não "viajam" bem, pois estão ligadas a uma cultura, uma sensibilidade, uma visão do mundo específicas. Mas, hoje ainda, é uma ópera que tem muitos adeptos. Uma análise rigorosa revelaria, certamente, falhas estilísticas e técnicas; mas todos os analistas que tentaram apontá-las tiveram de render-se ao charme de sua espontânea escrita vocal.

A ópera foi chamada de wagneriana, mas o é tanto quanto o *Ivanhoé* de Sullivan pode receber essa denominação – apenas porque sua história tem clima aparentado ao de *Lohengrin* ou *Tristão e Isolda*. Na verdade, a obra-prima de Boughton é tão antiwagneriana quanto *Pelléas e Mélisande*; e compartilha com a ópera de Debussy não só a ambientação nebulosa e indefinida, mas também uma construção rítmica que se acelera ou relaxa de acordo com a necessidade dramática. Falando a respeito dela, o musicólogo Edward Dent escreveu:

> Suas personagens pertencem a um mundo tão remoto e irreal que, se tivéssemos apenas as palavras do libreto para ler, seria difícil imaginá-las sob forma humana. É a música de Boughton que as faz viver diante de nossos olhos de forma tão intensa, que elas adquirem vida na nossa imaginação, mesmo que não seja possível conceber a sua realidade corpórea.

Em 1983, o selo Hyperion lançou a gravação de Alan Melville (Dawson, Davies, Kennedy, Wilson-Johnson). Antes disso, a única forma de acesso à *Hora Imortal* era um álbum pirata de Lps, com a transmissão radiofônica de 1979, da BBC, regida por Vilem Tausky (Harrhy, Wickens, Hudson, Mitchinson). Não tenho notícia de que esse álbum tenha sido remasterizado, o que é pena pois, em complemento, havia nele cenas de *Bethlehem, Alkestis, The Queen of Cornwall* e *The Lily Maid*, que ofereciam precioso panorama da arte de Boughton.

*Belém*, cantada em inglês arcaico – o texto original é o de uma *Coventry Mystery Play* medieval – inicia-se com a Anunciação, que o anjo Gabriel faz a Maria, de que ela vai ser mãe. Em seguida, José e sua esposa partem para Belém. Os anjos aparecem para os pastores, falam-lhes do nascimento maravilhoso, e eles vão à manjedoura levar seus humildes presentes a Jesus Menino. No ato II, os três Reis Magos – aqui chamados de Nubar, Zaratustra e Merlin, em referência a figuras pertencentes a tradições religiosas diferentes, a africana, a persa e a celta – encontram-se em Jerusalém e preparam-se para seguir a estrela de Belém. O rei Herodes os ouve e pede-lhes que lhe digam o lugar exato em que o menino está, pois ele também quer lhe prestar homenagem.

O álbum a que me referi traz a cena final (II,2), regida por Orwain Arwel Hughes, cantada por Julie Kennard e Nigel Wickens (Maria e José), Wynford Evans, Michael George e Jonathan Robarts (os três reis). Ela se inicia com a arieta da Virgem, "A newè year, a manchild is y-born", na qual ela já prevê os sofrimentos que seu filho terá de enfrentar na idade adulta. A José, que se inquieta com as palavras que ela diz, Maria explica que um destino muito importante está reservado ao recém-nascido. Os magos aproximam-se, cantando o trio "He grants us Grace by yonder star". Cada um deles, ao entrar no estábulo, apresenta ao Menino o ouro, o incenso e a mirra que lhe trouxeram de presente. Misturando o texto inglês ao do hino latino *Regina coeli laetare*, exaltam a "mãe, esposa e virgem", que há de ser "a Imperatriz do Céu". O anjo Gabriel vem saudar o Menino ("Hail, lord of land and sea"), os Reis Magos despedem-se dele num novo trio ("Now, farewell, fairest of shape so sweet") e se retiram. Maria retoma sua tristonha canção de ninar, agora acompanhada em dueto por José, comentado de maneira profética por vozes invisíveis:

> And upon a Wednesday his vow will He make,
> and upon a Friday His death will He take.
> And upon the third day His rising shall be,
> and the sun and the moon they shall rise up to see.
>
> (E na quarta-feira Ele fará seu voto, e na Sexta-feira aceitará a Sua morte. E no terceiro dia ressuscitará, e o sol e a lua se erguerão para ver.)

O *Gloria in Excelsis Deo*, entoado pelo coro dos anjos e das vozes invisíveis, encerra esse mistério idealmente talhado para receber, de Boughton, o que ele sabe fazer melhor: melodias calorosas, de um lirismo popular, emolduradas pelo acompanhamento muito simples de um conjunto de câmara que reconstitui, em determinados momentos, o estilo da música medieval, inclusive com o uso de recursos de canto gregoriano.

Para evitar a morte de Admeto, seu marido, Alceste ofereceu sua própria vida a Tânatos, a Morte. Apolo prevê que alguém virá salvá-la das garras gélidas do deus que leva a todos para o outro mundo. Com grande dignidade, ela se despede daqueles que ama, preparando-se para partir. Mas Herakles chega à casa de Admeto e pede a sua hospitalidade. Ao ver a procissão funerária que passa, levando os despojos da rainha, pergunta a uma criada o que aconteceu, e esta lhe conta o sacrifício de Alceste. Comovido, Herakles decide resgatá-la do Hades.

Não há, no álbum mencionado, referência aos intérpretes ou à data de gravação do belo coro funerário "I have sojourned in the Muses land", no qual se confirma o domínio da escrita coral que Boughton possuía. A melodia é de extrema nobreza, e flui acomodando-se naturalmente, com ritmos muito mutáveis, aos diversos movimentos interiores do imponente texto de Eurípedes, melodiosamente traduzido em inglês por Gilbert Murray. Quando esse coro termina – esse trecho já não está mais registrado no disco – Herakles retorna do Hades trazendo Alceste, e a devolve para o marido.

Dois trechos gravados por Janet Price (Isolda a Loura), Nigel Wickens (Tristão) e Susan Kessler (Isolda das Brancas Mãos), sob a regência de O. A. Hughes – as cenas finais dos atos I e II – exemplificam *The Queen of Cornwall* (A Rainha da Cornualha), cujo nível de escrita é tão elaborado quanto *A Hora Imortal*. Como foi dito anteriormente, Thomas Hardy baseou sua peça – da qual Boughton e ele extraíram o libreto – na antiga lenda celta contada pelo poeta medieval Gottfried von Strassburger, e traduzida para o francês moderno, no *Roman de Tristan et Iseult* (1900), por Joseph Bédier. Nela, o cavaleiro Tristão, casado com Isolda das Brancas Mãos, foi mandado à Irlanda por Marke, rei da Cornualha, para buscar a sua noiva, Isolda a Loura, pela qual ele se apaixona.

Chegou ao castelo de Tintagel a notícia da morte de Tristam. Enquanto pranteia a morte do amante, Isolda a Loura ouve a voz de um bando que canta, junto às muralhas do castelo, uma canção de amor por ela. É Tristão, que vem à sua procura. A criada Brangwain o traz à sua presença, depois os deixa sozinhos. A cena final se inicia com o dueto "O, the opal and the sapphire of that wand'ring western sea", em que não pode deixar de estar presente a marca – bem assimilada, é verdade – da influência wagneriana. O som distante de um brinde, vindo do salão de banquetes, interrompe os amantes. Em "Told have I been by Lancelot", Tristão fala das desconfianças do rei Marke e, respondendo à pergunta de Isolda, conta, na ária "You have heard the tale of my so mating her", a história de como recebeu do rei Howell, da Bretanha, em recompensa pelas suas proezas na batalha, a mão de sua filha, Isolda das Brancas Mãos. Isolda faz, quando ele termina, uma observação bem realista:

> A woman's heart has room for one alone.
> A man's for two or three!

(O coração de uma mulher tem lugar para um só. O de um homem, para duas ou três!)

Ouvindo isso, Tristão declara: "espero que tenha chegado ao fim o acaso de nossos dias separados e, agora, possamos estar sempre juntos". Essas palavras são ditas tendo ao fundo, em contraponto, as vozes dos convidados, que continuam entoando o seu brinde. Depois, Tristão canta para a amada a delicada "Let's meet again tonight, my fair", de sabor folclórico muito característico.

No ato II, a esposa de Tristão, Isolda das Brancas Mãos, vai a Tintagel pedir-lhe que volte para casa; mas ele recusa. É provavelmente a esposa negligenciada quem denuncia ao rei Marke o encontro que ele vai ter, no jardim, com Isolda a Loura, pois o soberano os surpreende e apunhala Tristão. Isolda a Loura arranca o punhal das mãos do marido e mata-o também. Depois, salta nas ondas do mar, do alto da amurada do castelo. Horrorizada, Isolda das Brancas Mãos entoa, acompanhada pelo coro, um cântico funerário para os mortos.

A cena final da *Rainha da Cornualha*, gravada por Hughes, tem pontos de contato muito visíveis com *A Hora Imortal*. O coro acompanha, sem palavras, emitindo a sílaba "Ah! Ah!", a elegia "This stronghold moans with woes", que culmina quando Isolda das Brancas Mãos desfalece sobre o cadáver do marido. Brangwain ajuda-a a se reerguer e ela lhe diz que pretende voltar à Bretanha natal: "Estes muros, agora, são odiosos para mim. Que meus olhos nunca mais os vejam". Acompanhada pelo coro a *bocca chiusa*, pede aos criados que a ajudem a atirar o corpo de Tristão no mar, para que ele vá fazer companhia à mulher que amava. O rei Marke é colocado num estrado e coberto com seu manto. *The Queen of Cornwall* termina com uma daquelas grandes cenas corais que são a especialidade de Boughton. Enquanto o coro, no palco, lamenta a triste sorte dos amantes ("In years defaced and lost"), vem de longe a voz dos espíritos de Tristão e Isolda dizendo: "A roda do sol e das sombras, girando uma estação após a outra, não deixará traço algum de nosso amor e de nós neste lugar, até que a terra desapareça". É muito expressiva a forma como a música de Boughton casa-se à poesia de Thomas Hardy.

Sir Lancelote, a caminho de um torneio em Camelot, pede a hospitalidade do idoso Sir Bernard. Durante a noite que passa em seu castelo de Astolat, embora disfarçado, é reconhecido por Elaine, a linda filha do cavaleiro. Ela se apaixona pelo jovem e, na manhã seguinte, quando Lancelote se despede, dá-lhe de presente um lírio e uma rosa – símbolos de sua pureza e de sua paixão –, para que as duas flores lhe dêem sorte na luta. Durante o torneio, do qual sai vitorioso, Lancelote se apaixona perdidamente por Guenever, a mulher do rei Arthur. Como esse amor é impossível, ao voltar para casa ele pára em Astolat e deixa que Elaine se entregue a ele.

Janet Price e Stephen Varcoe, regidos por O. A. Hughes, cantam o tórrido dueto de amor de *The Lily Maid*, que foi estreada em Stroud, em setembro de 1934, mas nunca foi publicada. No ato III, Lancelote recebe uma mensagem de Guenever pedindo-lhe que volte a Camelot. Não resistindo à paixão que sente pela rainha, conta toda a verdade a Elaine e vai embora. Morta de vergonha e de tristeza, a *Donzela do Lírio* atira-se no lago e se afoga.

Nas faixas finais do lado 8 desse álbum, o leitor encontrará ainda as duas árias de Midir, no ato II da *Immortal Hour*, com Wynford Evans. Janet Price faz Etain; o Bardo e Eochaidh são cantados por Nigel Wickens. O. A. Hughes é o regente.

# Bridge

Aluno de Charles Stanford e professor de Benjamin Britten, Frank Bridge (1879-1941) forma a ponte entre duas importantes etapas na história da música inglesa. No início da carreira, além de trabalhar como violista e regente, fez nome como autor de música de câmara de talhe apaixonadamente brahmsiano. A suíte *The Sea* (1910), muito marcada pela influência impressionista, foi seu primeiro sucesso na área da composição orquestral. A I Guerra Mundial o afetou profundamente: depois de 1918, sua escrita evoluiu para campos mais experimentais, o que não foi bem recebido por alguns de seus antigos admiradores. A mais notável de suas composições maduras é o *Quarteto n. 4*, de 1937, ao qual pertence a melodia usada por Britten nas suas *Variações sobre um Tema de Frank Bridge*. Durante anos, após a morte de Bridge, só eram lembradas algumas de suas canções e peças de câmara. A execução, em 1967, do poema sinfônico *Enter Spring*, regido por Britten, deu início à reavaliação de sua obra e à consciência crescente de sua importância como compositor.

O próprio Bridge escreveu o libreto de sua única ópera, baseando-se em *The Christmas Rose*, peça infantil de Margaret Kemp-Welch e Constance Cotterell. Coincidindo com a fase em que estava passando por sensíveis mudanças estilísticas, essa história do casal de órfãos que vai a Belém, seguindo a estrela, para assistir ao nascimento de Cristo, foi ouvida pela primeira vez no Royal College of Music, em 8 de dezembro de 1931, sob a regência do compositor. As crianças são tão pobres que não têm como comprar um presente para o menino recém-nascido. Choram, por causa disso, e suas lágrimas fazem nascer rosas na neve. Essa será a oferenda a Jesus.

A música de Bridge não reflete o sentimentalismo dessa história. Extremamente lírica e orquestralmente colorida, já tem a mobilidade harmônica que vai caracterizar a sua fase madura. No selo Pearl, existe a gravação feita, em 1983, pelo Chelsea Opera Group (Eathorne, James, Davies, Herford, Wilson-Johnson/Williams).

# Scott

À chamada "Gang de Frankfurt", integrada por Percy Grainger, Balfour Gardiner, Norman O'Neill e Roger Quilter, pertencia também Cyril Meir Scott (1879-1970). Aos doze anos, ele tinha sido colocado pelos pais – um especialista em literatura antiga e uma talentosa pianista amadora – como pensionista do Hoch Konservatorium de Frankfurt-am-Main, onde foi aluno de Iwan Knorr. A afinidade com a escola francesa lhe conferiu uma fluidez de escrita que o fez ser chamado, na Alemanha, de "o Debussy inglês".

Em 1900, Hans Richter regeu em Liverpool e Manchester a sua *Suíte Heróica*. No mesmo ano, a *Primeira Sinfonia*, estreada em Darmstadt – na época, Scott tinha vinte anos – foi ouvida em cinco capitais da Europa. A abertura *Pelléas and Mélisande* foi executada em Frankfurt; e a *Segunda Sinfonia*, estreada em agosto de 1903, num dos concertos Promenade, em Londres, e depois várias vezes reprisada com o título de *Symphonic Dances*. A peça coral *La Belle Dame sans Merci* (1916), sobre o poema de John Keats, foi muito aplaudida no Festival de Leeds de 1934. E Leopold Stokówski o convidou a tocar seu *Primeiro Concerto para Piano*, com a Orquestra de Philadelphia, em 5 de novembro de 1920.

Mas o modernismo de um início de carreira promissor congelou-se numa linguagem que, com o passar do tempo, foi ficando datada. Hoje, Cyril Scott é lembrado por suas canções e miniaturas para piano, de caráter exótico: *Danse Nègre, Chinese Serenade, Russian Dance, Sphynx, Autumn Idyll, Little Russian Suíte, Indian Suíte, Spanish Dance*. Transcrita por Fritz Kreisler para violino e piano, *Lotus Land* foi, numa certa época, imensamente popular. Um ciclo como *Impressions of the Jungle Book*, inspirado pelo romance de Rudyard Kipling, é particularmente gracioso. Nelas, como na música orquestral, afirma-se o estilo refinado de um seguidor do Impressionismo, que trabalha com a exploração de progressões de intervalos paralelos, seqüências de acordes dissonantes não-resolvidos, uso freqüente da escala de tons inteiros. Uma escrita da qual já se disse que "exala uma aura de perfumada harmonia".

Da obra para o palco, *The Saint of the Mountain* (1925), *Maureen O'Hara* (1946) e *The Shrine* (1946) ficaram inéditas. *The Alchemist*, escrita em 1917 sobre libreto do próprio Scott, foi estreada na Ópera de Essen em 28 de maio de 1925, e publicada pela editora Schott. Conta a história do aprendiz de feiticeiro, tema do poema de Goethe, familiar ao público graças ao poema sinfônico de Paul Dukas e ao desenho animado *Fantasia*, de Walt Disney. O garoto invoca a força dos elementos para conseguir o que deseja, mas bem depressa perde o controle desses poderes sobrenaturais. Uma transmissão da BBC, em julho de 1964, revelou "uma obra viva e colorida", segundo disse Jonathan Frank no artigo "Cyril Scott in the Opera House", publicado na revista *Musical Opinion*.

Desde a juventude, Scott sentiu-se atraído pelo sobrenatural e pelas ciências ocultas. Publicou ensaios influenciado pelas teorias pitagóricas, em que descrevia a música como uma arte de inspiração divina, e investiu violentamente contra o jazz, que considerava obra de Satã. Discutiu as suas idéias em *The Philosophy of Modernism in its Connection to Music* (1917), *My Years of Indiscretion* (1924), *The Influence of Music in History and Morals: a Vindication of Plato* (1928), *Music: its Secret Influence Throughout the Ages* (1933), *An Outline of Modern Occultism* (1935), *The Christian Paradox* (1942) e o autobiográfico *Bone of Contention* (1969). Tinha também interesse, como amador, em questões médicas, às quais dedicou *Medicine, Rational and Irrational* (1946) e *Cancer Prevention* (1968).

## Willan

O inglês James Healey Willan (1880-1968) nasceu em Balham, no Surrey, e fez seus estudos musicais na St. Saviour Choir School de Eastbourne, trabalhando como organista em igrejas londrinas até 1913. Nessa data, emigrou para o Canadá, contratado como professor de teoria do Conservatório de Toronto, do qual chegou a ser vice diretor (1920-1936). Deu aulas também na Universidade de Toronto, foi organista da Igreja de Santa Maria Madalena e fundou e dirigiu o grupo vocal Tudor Singers (1934-1939). Muito estimado como pedagogo e um dos principais animadores da vida musical canadense, recebeu em 1956 o Lambeth Doctorate, conferido pelo arcebispo de Canterbury. Em 1967, tornou-se o primeiro músico a receber o título de Companion of the Order of Canada. A Willan foi encomendado, em 1953, o hino "O Lord, our Governor", para a coroação da rainha Elizabeth II.

Embora seja mais conhecido como autor de música sacra e de um vasto repertório de canções, Willan escreveu também seis *ballad-operas* – só se preservaram *L'Ordre du Bon Temps* (1928), *Prince Charlie and Flora* (1929) e *The Ayrshire Ploughman* (s/d) –, a música incidental para várias peças de teatro e duas óperas, ambas com libreto do poeta John Coulter, irlandês naturalizado canadense. *Transit through Fire* (1942) foi a primeira ópera radiofônica encomendada pela Canadian Broadcast Corporation. Na origem, *Deirdre of the Sorrows*, a primeira ópera em grande escala composta no Canadá, também destinava-se ao rádio e foi transmitida em 1946.

Mais tarde, a trágica história do amor infeliz de Conochar, rei de Ullah, pela bela Deirdre, que não retribui seus sentimentos e o deixa desvairado ao morrer, foi drasticamente revisada e levada à cena, na Ópera de Toronto, em 1965. Willan declarava acreditar no princípio do *leitmotiv*; mas o emprega de maneira muito livre e pessoal. De idioma abertamente neo-romântico, percebe-se nele influências do impressionismo de Delius, da *Immortal Hour* de Boughton e dos wagnerismos de Holbrooke. Mas são aportes externos que assimila de forma vigorosa e individualizada.

## Coates

Nascido em São Petersburgo, de pai inglês e mãe russa de ascendência britânica, Albert Coates (1882-1953) fez seus estudos na Universidade de Liverpool. Nessa época, teve aulas de órgão com o irmão mais velho, que morava na Inglaterra. Foi estudar música no Conservatório de Leipzig, onde foi aluno de Julius Klengel (violoncelo), Robert Teichmüller (piano) e Artur Nikisch (regência), de quem foi assistente. Nikisch recomendou-o para cargos em Eberfeldt, Dresden e Mannheim, antes de ele ser convidado para trabalhar nos Teatros Imperiais, em seu país natal. Ali, foi um dos responsáveis pela difusão do repertório wagneriano, e tornou-se ardoroso defensor da obra sinfônica de Skriábin.

Coates ficou na Rússia até a Revolução; depois, emigrou para a Inglaterra, em 1919. Entre 1923-1925, trabalhou na Eastman Rochester School, nos Estados Unidos, e regeu várias orquestras americanas. Em 1946, instalou-se na África do Sul, como titular da Sinfônica de Johannesburgo e professor na Universidade do Sul da África, em Cape Town, cargo que exerceu até o fim da vida. Embora tenha deixado volumosa produção para o palco, só três de suas óperas chegaram a ser encenadas:

- *Samuel Pepys* foi cantada em tradução alemã, na Ópera de Munique, em 21 de dezembro de 1929;
- *Pickwick* foi à cena em Londres, em 20 de novembro de 1936;
- *Taffelberg se Kleed* – cujo título em inglês é *Van Hunks and the Devil* – foi montada em 7 de março de 1952, cantada em africânder, no Festival de Cape Town.

As três foram regidas pelo autor. Apesar do tema inglês nas duas primeiras, o idioma de Coates reveste-se das características cosmopolitas de suas peças orquestrais e, por razões óbvias, tem um débito pesado para com os mestres da escola russa, em especial os do Grupo dos Cinco, além de Shostakóvitch e Prokófiev. Durante a redação de *Pickwick*, baseada no romance famoso de Charles Dickens, Coates estava preparando a *Lady Macbeth do Distrito de Mtsensk*, de Shostakóvitch, que seria transmitida pela BBC (1936); e é visível a influência dessa ópera em sua escrita orquestral. Primeira peça de teatro musical a ser transmitida pelo canal de televisão da BBC, *Pickwick* usa grande orquestra e suas exiências cênicas são consideráveis, incluindo projeção de filmes e teatro de sombras. Dessa partitura, Coates extraiu dois números instrumentais, o *Pickwick Scherzo* e a *Cricket Fugue*, que fizeram carreira como peças de concerto independentes.

Os planos para a estréia de *Assurbanipal* no Maríinski, em 1915, foram prejudicados pelas condições precárias criadas pela I Guerra.

*Sardanápalo* (1916) e *O Mito da Beleza* (1917), também compostas na Rússia, antes da emigração, não encontraram teatros interessados em encená-las. Não há indícios de que *Gainsborough's Duchess* (1939), *The Boy David* (1948) e *The Duel* (1950) tivessem sido representadas.

## Berners

Escritor e pintor de talento, Sir Gerald Hugh Tyrwhitt-Wilson (1883-1950) – que se assinava Lord Berners – era também compositor. Mas, sobretudo, era o tipo acabado daquilo que os ingleses chamam de excêntrico. De família nobre e muito rica, foi educado em Eton, passou muitos anos viajando pela França, Itália e Alemanha, estudou artes plásticas em Dresden, serviu como adido diplomático em Constantinopla e Roma, e foi amigo pessoal de Bernard Shaw e H. G. Wells. Estudou música com Vaughan Williams e teve aulas particulares com Casella e Stravínski, durante as estadas no exterior. Peças brincalhonas como *Short Funeral Marches* ("For a Statesman", "For a Canary" e "For a Rich Aunt"), de 1914, ou os *Trois Fragments Psychologiques*, de 1915, são resultado de sua simpatia pelo humor anárquico de Erik Satie. São cheios de corrosiva auto-ironia seus dois romances autobiográficos, *First Childhood* (1934) e *A Distant Prospect* (1945). Para o palco, Lord Berners – agraciado em 1918 com o título de barão – escreveu balés:

- *The Triumph of Neptune*, para os Ballets Russes de Serguêi Diáguilev (Londres, 3 de dezembro de 1926);
- *Luna Park* (London Pavilion, 1930);
- *A Wedding Bouquet*, com coro, sobre texto não-narrativo de Gertrude Stein (Londres, 27 de abril de 1937);
- *Cupid and Psyche* (Londres, 27 de abril de 1939);
- *Les Sirènes* (Londres, 12 de novembro de 1946).

Lord Berners é também o autor de um *opéra-comique* – com diálogos falados intercalados aos números cantados – com libreto em francês, que ele mesmo escreveu, baseado em *Le Carrosse du Saint Sacrement*, a comédia de Prosper Mérimée (1830). A estréia foi no Théâtre des Champs Élysées, em 21 de abril de 1924 ; mas na Inglaterra, *The Carriage of the Blessed Sacrament* só foi ouvida, em tradução inglesa e na versão revista de 1926, numa transmissão radiofônica da BBC escocesa, em 18 de setembro de 1983, comemorando o centenário do compositor. O selo Marco Polo tem o registro dessa execução (Buchan, Caddy, Oliver Winfield/Nicholas Cleobury).

A amante do vice-rei do Peru, a atriz La Périchole, o convence a lhe dar de presente o seu símbolo maior de status, uma carruagem toda encrustada de ouro. Depois, para escapar à lei, que a proíbe de possuir um meio de transporte que é exclusivo da nobreza, a atriz doa a carruagem à Igreja. Os números cantados, desenvolvidos num estilo de conversa muito ágil, devem muito aos contatos de Berners com o Grupo dos Seis e com Jacques Ibert; e são freqüentes as inserções de ritmos populares da época. Os elementos musicais mais interessantes encontram-se no colorido comentário orquestral. Devido a isso, Constance Lambert arranjou os principais temas da ópera num *Caprice Péruvien* que, durante algum tempo, foi uma apreciada peça de concerto. Cleobury o interpreta no disco mencionado do selo Marco Polo.

## Bliss

A convocação para a I Guerra, durante a qual ele serviu na França, interrompeu os estudos de Arthur Edward Drummond Bliss (1891-1975) em Cambridge e no Royal College of Music. Depois da guerra, Bliss repudiou os estudos que fizera com Stanford, Vaughan Williams e Holst, desenvolvendo grande interesse pela vanguarda européia: de um lado, o Grupo dos Seis, com o qual sempre teve muita afinidade; do outro, Stravínski e Béla Bartók. *Madame Noy* (1918), para soprano e seis instrumentos, e *Rout* (1919), para soprano e orquestra, estabeleceram seu nome como um representante do modernismo. Mas a *Colour Symphony*, de 1922 – até hoje a sua obra mais conhecida – mostra-o perfeitamente integrado à tradição sinfônica britânica.

Dois anos de recesso passados na Califórnia (1923-1925) precedem duas composições, a pastoral *Lie Strewn the White Flocks* (1929) e a sinfonia *Morning Heroes* (1930), que o situam na linhagem das grandes obras coral-sinfônicas inglesas. Arthur Bliss foi um pioneiro da trilha sonora para cinema: a de *Things to Come* (1935), baseado num conto de H. G. Wells, foi um grande sucesso popular. E em 1952, foi ele quem preparou, para a Imperadio Pictures, a versão de *The Beggar's Opera* filmada por Peter Brooks. Seus balés – *Checkmate* (1937), *Miracle in the Gorbals* (1944), *Adam Zero* (1946), *The Lady of Shalott* (1958) – demonstraram a afinidade natural que tinha com o palco. Sendo assim, é lamentável que seja tão reduzida a sua produção operística.

O dramaturgo J. B. Priestley é o autor do libreto de *The Olympians*, história de um grupo de atores ambulantes que, durante uma noite de verão, no sul da França, em 1836, assume por algumas horas a sua verdadeira forma. Na realidade, eles são os deuses e deusas do Olimpo, que desceram à terra para ver de perto a vida dos mortais, e participar dela, pois a acham muito mais interessante do que a deles. Bliss vestiu essa fábula graciosa com música enérgica e inventiva, muito bem recebida na estréia, no Covent Garden, em 29 de setembro de 1949. Em 1972, o selo Intaglio lançou a gravação do grupo Polyphonia (Woodland, McAlpine, Hemsley, Robinson/Fairfax). A remontagem semi-profissional de Edimburgo, em 1985, demonstrou que a ópera tem amplas possibilidades de ocupar um lugar no repertório.

Em 1960, o canal de televisão da BBC encomendou a Bliss uma ópera. A partitura de *Tobias and the Angel*, com libreto de Christopher Hassall, chegou a ser terminada; mas a transmissão foi cancelada e, tanto quanto pude apurar, ela permanece inédita.

## Benjamim

O australiano Arthur Benjamin (1893-1960) já tinha feito, desde menino, promissores estudos de piano no Conservatório de Brisbane, quando veio estudar, em Londres, no Royal College of Music, onde foi aluno de Frederick Cliffe (piano) e Charles Stanford (composição).

Nessa época, fez com Ivor Gurney e Herbert Howells amizades que durariam a vida inteira. Terminados os estudos, Benjamin ensinou piano por algum tempo no Conservatório de Sydney. Mas logo voltou para Londres, convidado a dar aulas no Royal College.

Aceitou a proposta de reger, entre 1941-1946, a Sinfônica de Vancouver, no Canadá. Mas a Inglaterra era o seu verdadeiro lar e ele voltou para Londres, de onde não saiu mais. Uma viagem ao Caribe causou nele grande impressão, e os ritmos afro-americanos marcam sua música, a começar pela mais famosa de suas peças, *Jamaican Rumba* (1938), inicialmente escrita para dois pianos e, depois, orquestrada. Mas esses ritmos aparecem também em peças como *From San Domingo* (1945), *Caribbean Dance* (1946) ou as *Jamaican Songs* (1949) para dois pianos.

O Royal College produziu, em 1º de dezembro de 1931, a primeira ópera de Arthur Benjamin, a comédia *The Devil Take Her*. O lado de invenção romântica é mais convincente do que o da farsa, nessa história de um poeta que pede ao Diabo para levar sua mulher para o inferno pois, depois do casamento, ela, que parecia ser um anjo de candura, revelou-se verdadeira megera (intriga politicamente incorretíssima, que tem pontos de contato com a da *Angélique*, de Jacques Ibert, em que nem o Diabo agüenta a mulher ranzinza que aceitou levar para o inferno).

*Prima Donna*, de 1933, só foi encenada em 23 de fevereiro de 1949. Segundo Lewis Foreman[9], "a agilidade e graça dessa comédia italiana revelam um verdadeiro domínio do palco". Muitos compositores se inscreveram, em 1951, no Festival of Britain Opera Competition. Das quatro obras premiadas, a melhor era certamente *A Tale of Two Cities*, de Benjamin, com libreto muito bem construído de Cedric Cliffe, a partir do romance de Charles Dickens. Ela foi transmitida pela BBC em 17 de abril de 1953. O ritmo dramático vivo, a habilidade em escrever recitativos muito espontâneos, a força sobretudo das cenas corais, importantes nessa ópera ambientada durante a Revolução Francesa, fazem com que *A História de Duas Cidades* se destaque em relação a muitas óperas inglesas da década de 1950. Alan Boustead, aluno e colaborador de Benjamin na fase final de sua vida, fez dela uma análise detalhada, na revista *Opera*, por ocasião de uma reprise em 1957.

Por encomenda do canal de televisão da BBC, Benjamin compôs, em 1956, a comédia sentimental *Mañana*; mas não há notícia de que ela tenha chegado a ser transmitida. Quando Benjamin morreu, deixou praticamente pronta *Tartuffe*, com libreto também de Cliffe, a partir de Molière. Orquestrada por Alan Boustead, foi apresentada em Londres em 30 de novembro de 1964. Para o palco, Benjamin produziu ainda o balé *Orlando's Silver Wedding*, dançado em maio de 1951 durante o Festival of Britain.

## Goosens

Formado no Conservatório de Bruges – sua família era de origem belga – e, depois, aluno de Charles Stanford e Charles Wood no Royal College of Music, Sir Ainsley Eugene Goosens (1893-1962) iniciou a carreira como violinista da Queen's Hall Orchestra. Depois, seguiu os passos do pai e do avô, que tinham sido regentes da Carl Rosa Opera Company. Foi assistente de Sir Thomas Beecham e muitas vezes o substituiu em concertos. Trabalhou nos Estados Unidos – Rochester, Cincinnati – e na Austrália como diretor do conservatório de New South Wales e titular da Sinfônica de Sydney. Foi um dos grandes animadores da Sydney Opera House, em seus primeiros anos.

Goosens pertence àquele grupo de compositores ingleses que praticaram um amálgama de Impressionismo com a polifonia neoclássica, às vezes recorrendo a cromatismos e dissonâncias moderadas. Porém, a falta de uma personalidade melódica mais definida é, decerto, a causa para sua obra ter caído no semi-esquecimento. No entanto, a familaridade que tinha com os mecanismos do palco, e a facilidade para trabalhar com vozes fazem com que as suas duas óperas, ambas com libretos de Arnold Bennett, sejam as suas realizações mais importantes. *Judith*, estreada no Covent Garden em 25 de junho de 1929, baseia-se na his-

---

9. *The New Penguin Guide of Opera* (ver Bibliografia).

tória do Velho Testamento, da mulher que cortou a cabeça do general Holofernes. É um melodrama violento, de coloridos orquestrais muito tensos, cujos modelos evidentes são a *Salomé* e a *Elektra*, de Richard Strauss. O selo EMI tem uma gravação feita em 1982.

*Don Juan de Mañara*, estreada no Covent Garden em 24 de junho de 1937, foi adaptada da peça de Alexandre Dumas pai sobre o mito do burlador de Sevilha. É historicamente importante, pela tentativa de criar um estilo de *parlando* decalcado nos ritmos do inglês falado, inspirando-se nas pesquisas de melodia da fala feitas por Dargomýjski, Mússorgski, Janáček e Debussy. A crítica da época acusou-a de ser "an opera without tunes" (uma ópera sem melodias); mas a acolhida à reprise da BBC, em 1952, foi bem mais favorável, certamente porque uma linguagem que parecera árida ao ouvido, no final da década de 1930, tornara-se mais aceitável anos depois.

Goosens é também o autor de duas sinfonias, do oratório *Apocalypse* (Sydney, 1954), de poemas sinfônicos e música de câmara. Fez muito sucesso, na primeira audição, a *Fantasia-Concerto para Piano e Orquestra*, que escreveu para o americano José Iturbi, na época um pianista muito popular. A estréia foi com a Sinfônica de Cincinnati, em 25 de fevereiro de 1944.

# Gerhard

Até os quarenta anos, o catalão Roberto Gerhard (1896-1970) era considerado um compositor espanhol. Aluno de Felipe Pedrell (composição) e Granados (piano), esse natural de Valls, perto de Tarragona, aperfeiçoou-se com Schoenberg em Viena e Berlim. Retornando a seu país em 1931, tornou-se professor na Escola Normal de la Generalitat de Barcelona e, em seguida, diretor da Biblioteca Catalã. Em 1939, no final da Guerra Civil, tendo ficado do lado dos vencidos, Gerhard exilou-se na Inglaterra. Instalou-se em Cambridge, onde viveu o resto da vida, e integrou-se totalmente à vida musical inglesa, à história da qual pertence atualmente.

As primeiras obras de Gerhard para o palco foram balés, em especial *Don Quijote*, que estreou com muito sucesso no Covent Garden. São partituras dotadas de um aroma único, que lhes é conferido pelos espanholismos melódicos e rítmicos – especialmente os de origem catalã –, combinados às soluções harmônicas da escola dodecafônica. Particularmente interessante é a forma como ele estende o princípio dodecafônico ao domínio dos ritmos: constrói temas com doze unidades de tempo diferentes, correspondendo à distância de intervalo entre as notas, na seqüência de doze tons, a partir de uma nota central. Isso é particularmente verdade em relação à sua única ópera, *La Duenna*, cujo libreto ele próprio adaptou da comédia setecentista de Richard Brinsley Sheridan.

Gerhard leu, em 1945, a versão operística que os dois Thomas Linley, pai e filho, tinham composto, em 1775, da peça de Sheridan, e encantou-se com ela, sem saber que, três anos antes, Prokófiev extraíra dela a comédia *As Bodas no Convento*. Terminou a composição em 1947 e, em 23 de fevereiro de 1949, *La Duenna* foi transmitida pela BBC. A Rádio de Wiesbaden também a fez ouvir em 27 de junho de 1951, numa revisão que visava a tornar a partitura mais densa e com ritmo dramático mais rápido. Mas a comédia só subiu ao palco em 21 de janeiro de 1992, cantada em espanhol, no Teatro Lírico Nacional de Madri. A primeira audição na Inglaterra ocorreu no Grand Theatre de Leeds, em 17 de setembro de 1992.

A ópera segue muito de perto a intriga da comédia de Sheridan. Louisa tenta escapar do desejo de seu pai, o nobre Don Jerome, de casá-la com o rico e idoso Don Mendoza. As artimanhas da moça acabam fazendo o velho casar-se com sua governanta – a *dueña* do título –, deixando-a livre para unir-se a Antonio, o seu namorado. Gerhard insere habilmente cerca de vinte canções estróficas, tonalmente livres, dentro de uma moldura contínua de comentário atonal; e, com isso, torna a partitura mais acessível para um público amplo. O selo Chandos lançou, em 1996, uma gravação feita pela Opera North (Glanville, Powell, Archer, Van Allan/Ros-Marbà).

# O Pós-Guerra (1945-1960)

Pela primeira vez em sua história, a orgulhosa Albion – que as tropas de Júlio César não tinham conseguido invadir; que se manteve inexpugnável diante da Invencível Armada e sobrevivera ao Bloqueio Continental napoleônico; que tivera, durante a I Guerra, baixas de 750 mil mortos e 1,7 milhão de feridos, mas poucos danos internos – sofreu na pele, no segundo semestre de 1940, a tragédia da Batalha da Grã-Bretanha. Nesse período, um em cada sete habitantes do país passava a noite num abrigo antiaéreo. De julho a dezembro de 1940, os bombardeios da Luftwaffe, aos quais a Royal Air Force resistiu bravamente, causaram a morte de 23 mil civis. Na primeira semana da primavera de 1941, os ataques aéreos alemães mataram 600 pessoas em Plymouth, 1.900 em Liverpool, 1.400 em Londres.

Mas 1941 foi o ano em que a Registration for Employment Order encaixou, na indústria voltada para a defesa, 94% da força de trabalho masculina, com idades entre 14 e 64 anos. Foi também o ano da Grande Aliança com os Estados Unidos, depois do bombardeio japonês a Pearl Harbour. No final de 1942, o primeiro-ministro Winston Churchill pôde falar do "começo do fim". Mas os civis ingleses ainda teriam de sofrer muito antes do fim. Em junho de 1944, logo depois da invasão aliada da Normandia, a primeira V-1 caiu na Inglaterra. Até setembro, a "bomba voadora" tinha matado 5.500 pessoas. Logo depois vieram as V-2. Cerca de 60 mil civis e 300 mil membros das Forças Armadas foi o saldo das vítimas do Reino Unido, na II Guerra.

A Alemanha rendeu-se em 7 de maio de 1945; o Japão, três meses depois. Irritado com os trabalhistas, que romperam com a coalizão dos tempos de conflito, Churchill renunciou à chefia do governo em 23 de maio e, na campanha para as eleições, convocadas para 5 de julho, denunciou o "perigo vermelho" representado pelos socialistas. Isso não impediu a vitória do Labour Party, que obteve 393 cadeiras no Parlamento – 146 a mais do que os outros partidos. Clement Attlee formou um gabinete forte, que pôs em prática um programa visando ao *Welfare State* (o Estado do bem-estar social), incluindo:

- a nacionalização do Banco da Inglaterra, do carvão, da energia elétrica e dos transportes internos;
- a garantia de preços e mercados ao setor agrícola;
- o seguro para desemprego, doença, acidentes de trabalho, gravidez e fase inicial da maternidade, e velhice;
- o *National Health Service Act* (1946) garantiu a todos o direito à assistência médica, independentemente do poder aquisitivo (houve polêmicas com a classe médica mas, em 1950, 95% da população estavam cadastrados com os médicos que tinham aderido ao

NHSA, e que representavam 88% da profissão);
- a implementação do *Education Act*, de 1944: em 1951, o governo tinha treinado 35 mil novos professores, instalado 6.300 escolas temporárias e construído mil novos prédios escolares, ampliado a idade escolar obrigatória para quinze anos, e recrutado 300 mil voluntários para trabalhos educacionais, entre universitários bolsistas.

No plano externo, a Grã-Bretanha teve de optar pela aliança com a Europa ocidental e os Estados Unidos contra o bloco soviético (foi Churchill quem criou, numa conferência em Fulton, no Missouri, em 5 de março de 1946, a expressão famosa: "Do Báltico ao Adriático, desceu uma cortina de ferro, separando em dois o continente"). A Grã-Bretanha aderiu ao Tratado de Aliança de Dunkerque, em 1947, visando a impedir a expansão do militarismo germânico; e em abril de 1949, tornou-se signatária do Tratado da Organização do Atlântico Norte (OTAN), que consolidou a confrontação Leste/Oeste e o logo período da Guerra Fria.

O poder voltou às mãos dos conservadores nas eleições de 1951, e eles ficariam na chefia do governo até 1964. Em abril de 1955, Churchill, já com oitenta anos, passou a liderança a Anthony; e este a transmitiu a Harold McMillan, em janeiro de 1957. Houve mudanças também no Palácio de Buckingham: George VI morreu em fevereiro de 1952, e sua filha, Elizabeth II, foi coroada na Abadia de Westminster, em junho de 1953, numa cerimônia que a televisão transmitiu para o mundo inteiro. A televisão, aliás, foi um instrumento precioso, nas mãos dos conservadores, para a divulgação de seus empreendimentos e resultados econômicos; e, nesse sentido, é importante registrar a criação, em 1954, da Independent Television Authority – rebatizada em 1972 de Independent Broadcasting Authority – que pôs fim ao monopólio da BBC.

No plano externo, a Grã-Bretanha da década de 1950 viu-se envolvida, de forma desastrosa, na crise de Suez. Em 1956, a ajuda econômica que o país, associando-se aos Estados Unidos, prometera para a construção da represa de Assuan, no Egito, visava a conter a influência comunista no país. Mas, quando o presidente egípcio Gamal Abdel Nasser reconheceu a República Nacional da China, e aceitou a proposta soviética de ajuda financeira para a construção da represa, ingleses e americanos retiraram a sua oferta de ajuda. A resposta de Nasser foi nacionalizar o canal de Suez (26.7.1956). O ataque israelense ao Egito provocou a intervenção anglo-francesa, à qual a ONU reagiu de forma tão hostil, que ela teve de ser interrompida. Nasser saiu desse episódio como um herói, e a Grã-Bretanha passou a ser olhada com desconfiança pelo mundo árabe.

O pós-guerra assistiu também, entre o final da II Guerra e o fim da década de 1960, à dissolução do império colonial britânico:

- o mandato britânico na Transjordânia terminou em março de 1946; apesar da aprovação, pela ONU, em 29 de novembro de 1947, da fórmula de partilha da Palestina, a criação do Estado de Israel, em 7 de maio de 1948, dá início à crise do Oriente Médio que, hoje ainda, parece longe de se solucionar; a crise de Suez pôs o ponto final na fase em que o Oriente Médio pertencia à "esfera de influência" britânica;
- em 1947, foi declarada a independência da Índia, culminação de um processo que se iniciara em 1919, com o movimento de libertação organizado pelo advogado Mohandas Gandhi – conhecido como o Mahatma (a grande alma) – que pregava a resistência pacífica e a luta por reformas sociais e econômicas. Mas as dissensões entre os hindus do Partido do Congresso e a Liga Muçulmana, fruto da política colonialista britânica de "dividir para conquistar" – ou seja, de estimular as divergências internas, para impedir que os colonizados se unissem contra a metrópole –, resultaram na cisão entre a Índia, liderada por Jawaharlal Nehru, e o Paquistão, tendo Liaqat Ali Khan como primeiro-ministro – e os conflitos entre eles permanecem irresolvidos até hoje;
- na África, Gana foi a primeira a se emancipar (1957). À exceção do Quênia, onde houve a rebelião Mau Mau, os conflitos com os nativos não assumiram proporções ex-

tremas e, até 1968, como um castelo de cartas que desaba, todas as colônias e protetorados estavam independentes: Nigéria (1960); Serra Leoa e Tanganica (1961); Uganda (1962); Quênia (1963); Zâmbia, Malavi e Zanzibar (1964); Gâmbia (1965); Botsuana e Lesoto (1966); Suazilândia e Ilhas Maurício (1968).

Logo depois do final da guerra, o *Daily Express* instituiu um concurso para obra comemorativa da vitória aliada, ganho pela *Symphony of Liberation* de Bernard Stevens, músico de 29 anos. Muito influenciado por Shostakóvitch, em especial o da *Sinfonia n. 7 Leningrado*, Stevens não é de todo desprovido de senso melódico e noção de grandeza épica. Mas, depois disso – se excetuarmos a turbulenta *Sexta Sinfonia* de Vaughan Williams –, será necessário esperar pelo *War Requiem*, de Britten e o *King Priam*, de Tippett, ambos executados durante as festividades de reabertura da catedral de Coventry, para ver os ingleses refletindo sobre os horrores de uma guerra que atingiu de forma tão cruel o seu país que, num primeiro momento, eles pareciam não querer pensar mais nisso. Ainda assim, quando o fizeram, foi de forma indireta: Britten usou os poemas de Wilfred Owen, que se referiam à I Guerra Mundial; e Tippett partiu da *Ilíada*, o que dá à sua reflexão caráter bem mais geral.

Essa é uma atitude compreensível num povo que, ao votar, nas eleições de 1945, queria deixar para trás a devastação e o sofrimento, e olhar para o futuro. Entre as medidas de reconstrução do governo trabalhista, está a instituição do Arts Council, em 1945. Os conservadores, ao voltar ao poder, organizaram o otimista Festival of Britain de 1951. E, em 1953, quando a coroação de Elizabeth II foi celebrada ao som da marcha *Orb and Sceptre*, de William Walton, de opulência neo-elgariana, houve quem falasse de uma nova "Era Elizabetana", em que a Grã-Bretanha "reassumiria seu papel à frente das demais nações".

A adesão mais estrita ao dodecafonismo e ao serialismo será, no caso inglês, fenômeno de uma fase posterior. No pós-guerra, como o demonstra Robin Hull em *British Music of Our Time* (1946), "as propostas de Schoenberg não modificam irrevogavelmente a linguagem tradicional, mas a enriquecem, aumentando as possibilidades abertas ao compositor moderno, que pode escolher uma via intermediária entre o serialismo e o tonalismo". Mesmo escrito tão cedo, logo depois do final da guerra, o livro de Hull descreve muito bem o que acontecerá na década de 1950 e início da de 1960; e aponta o relativo isolacionismo que singulariza o caso inglês, estabelecendo distância nítida entre o que está acontecendo na ilha e a expansão mais rápida do serialismo na Alemanha, França, e até mesmo na Itália.

A Grã-Bretanha do pós-guerra assiste à aparição de um grupo de compositores ligados à esquerda: Bernard Stevens, Ronald Stevenson, Robert Simpson, Alan Bush. A BBC chegou a banir a música de Bush, devido à sua afiliação política. Só mudou de idéia quando o venerável Vaughan Williams em pessoa saiu em sua defesa. À exceção de Stevens, que namorou com a técnica de doze sons, esses esquerdistas preferiam, em nome da acessibilidade, do contato mais direto com o público, uma música funcional, emocionalmente carregada, que tinha em Hindemith e Ernst Bloch focos fortes de influência.

Serialismo ortodoxo, nessa fase, não chega a existir. Benjamin Frankel explora as tensões resultantes do choque entre tonal e atonal, especialmente em seu extraordinário *Concerto para Violino In Memory of the Six Million*, de 1951. Humphrey Searle é um caso típico: não-tonal, mas com a expressividade característica do Neo-romantismo tardio – um compositor que, com o passar do tempo, perdeu muito de sua projeção. É o contrário do que ocorreu com Elizabeth Lutyens. Em sua época, essa compositora foi negligenciada, em parte por misoginia – a arraigada idéia preconceituosa de que "mulheres são boas intérpretes, mas não sabem compor" –; em parte porque as suas experiências de vanguarda eram mal vistas. Nas últimas décadas, temos assistido ao reconhecimento crescente de seu talento.

Precedida por Ethel Smyth, Lutyens abre, nesta fase, uma lista interessante de mulheres compositoras: a galesa Grace Williams, autora dos líricos *Sea Sketches* (1944); Elisabeth Maconchy, de filiação bartókiana, que teve menos dificuldade do que Lutyens para se fazer aceitar; Phyllis Tate, de linguagem menos individualizada, mas capaz de momentos muito delicados; a australiana Peggy Glanville-Hicks, de vocação cosmopolita, com uma fusão de influências diversas que tornam sua música muito estimulante. Todas elas experimentaram a ópera e estão aqui representadas.

Mas, como ocorreu a tantos outros, ficaram à sombra da obra frondosa de Benjamin Britten, Michael Tippett e William Walton, responsáveis pelo ponto culminante atingido pela ópera inglesa no cenário internacional. No pós-guerra, a produção orquestral de Tippett chegou a ser mais variada – com pontos altos como o *Concerto para Dupla Orquestra de Cordas* (1939) e a *Fantasia Concertante sobre um Tema de Corelli* (1953) – do que a do próprio Britten; embora deste valha a pena destacar a trágica *Sinfonia da Requiem* (1940); o *Guia dos Jovens para a Orquestra* (1946), brilhantes variações sobre um tema de Purcell; e a sombria *Sinfonia para Violoncelo* (1963), dedicada a Mstislav Rostropóvitch. Esse foi um período rico em produção sinfônica. Alguns dos autores – Searle, Peter Racine Fricker, Alan Rawsthorne – hoje soam um tanto datados. Outros crescem no interesse do público, pela diversidade e consistência de suas realizações: Malcolm Arnold, Robert Simpson.

É trabalho dedicado da musicologia resgatar a importância do *Nelson* (1953) de Sir Lennox Berkeley; do abertamente propagandístico *Wat Tyler* (1951), de Alan Bush, por isso mesmo mais valorizado na Alemanha Oriental do que em seu próprio país; de uma obra-prima negligenciada como a *Miss Julie* (1977) de William Alwyn. Isso sem falar nas obras para o palco de Ian Hamilton e do australiano Malcolm Williamson, dois consistentes operistas dessa fase. Um aspecto que não posso deixar de mencionar, nesta introdução, é a freqüência com que os compositores ingleses colaboram com o cinema. O regente Muir Mathieson, diretor musical dos estúdios Alexander Korda e, depois, J. Arthur Rank, já tinham atraído, numa fase anterior, a colaboração de Arnold Bax, John Ireland e Vaughan Williams (vimos que a *Sinfonia Antártica* saiu da trilha sonora de um documentário). Depois deles viriam Arnold, Alwyn, Berkeley, Frankel, Lutyens, Rawsthorne, Stevens, Walton, alguns deles produzindo partituras – como as de Sir William Walton para *Henry IV* (1944), *Hamlet* (1947) e *Richard III* (1954) – que, transformadas em suítes, ganharam seu lugar na plataforma de concertos.

## A. Bush

Aluno de Frederick Corder na Royal Academy of Music, o londrino Alan Dudley Bush (1900-1995) teve também aulas particulares com Arthur Schnabel (piano) e John Ireland (composição). O resultado do contato com a vanguarda germânica, durante o curso de musicologia e filosofia que fez em Berlim, foi o idioma avançado de suas composições, muito em dia com as tendências mais progressistas do momento. Mas, no início da década de 1940, quando voltou-se para o palco, Bush tinha optado por uma linguagem bem menos complexa, enraizada no nacionalismo e nas diretrizes que emanavam do realismo socialista soviético.

Foi esse o resultado direto de sua adesão ao Partido Comunista, na década de 1930. Bush fundou, em 1936, a Worker's Music Association, que presidiu durante quarenta anos. No início da II Guerra, quando apoiou a People's Convention, a BBC baniu a transmissão de suas obras em seus programas, suscitando o protesto de Sir Ralph Vaughan Williams, que foi muito criticado por ter ficado a seu lado. Se as crenças políticas de Alan Bush dificultaram a difusão de seu trabalho no Ocidente, contribuíram para que suas óperas fossem freqüentemente encenadas na URSS e na Alemanha Oriental.

Antes da guerra, Bush compôs a trilha sonora para vários espetáculos de tema histórico, com teor político engajado; e escreveu uma versão operística dos *Last Days of Pompeii*, de Sir Edward Bulwer-Lytton, que depois destruiu por considerar que ela não correspondia mais a seus ideais estéticos e políticos. Entre as décadas de 1940 e 1970, escreveu quatro óperas para adultos e três operetas para crianças, sobre libretos de sua mulher, Nancy Bush. Todas elas abordam o tema da exploração da classe operá-

Cartaz para o Festival of Britain de 1951.

O compositor Alan Bush, em 1975.

ria pelo grande capital, e o heroísmo com que os trabalhadores reagem, por acreditar num futuro melhor.

*Men of Blackmoor* (1956) narra uma greve de mineiros em 1820. *The Sugar Reapers or Guyana Johnny* (1966) descreve a decretação do estado de emergência com que, em 1953, as autoridades coloniais da Guiana Inglesa tentaram impedir as eleições livres. A personagem-título de *Joe Hill, the Man Who Never Died* (1970) é real: trata-se do sindicalista americano que amotinava as multidões com suas vibrantes canções de protesto. Além dessas peças para adultos, há as operetas *The Press-gang* (1947), *The Spell Unbound* (1955) e *The Ferryman's Daughter*.

A ópera mais importante de Alan Bush é *Wat Tyler* que, em 1951, foi uma das vencedoras do concurso promovido pelo Conselho das Artes para um Festival de Ópera Britânica. Mas nenhuma das quatro premiadas chegou a ser encenada. O libreto de Nancy Bush conta como a recusa em pagar impostos escorchantes provocou, na Alemanha, a Revolta dos Camponeses de 1381. Em dezembro de 1950, antes do anúncio da premiação, o compositor já fizera, em Londres, a apresentação das cenas principais da ópera com acompanhamento de piano. Graças a seus contatos no bloco comunista, *Wat Tyler* foi transmitida em 3 de abril de 1952 pela rádio da Alemanha Oriental, e encenada em 6 de setembro de 1953 na Staatsoper de Leipzig. O desejo de Bush de tornar-se acessível faz com que, em seu estilo de harmonia funcional e melodias memorizáveis, seja nítida a influência do teatro politizado de Kurt Weill e Hanns Eisler, e também da música de Paul Hindemith. Só em 19 de junho de 1974 Londres assistiu à ópera, encenada no Saddler's Wells.

## Walton

Filho de um organista e regente de coro da cidade industrial de Oldham, no Lancashire, William Turner Walton (1902-1983) tinha muito boa voz. O organista Sir Hugh Allen, acreditando em seu talento, patrocinou a concessão a ele, em 1912, de uma bolsa de canto coral na Christ Church Cathedral School, de Oxford. Quatro anos depois, as primeiras canções e hinos de Walton atraíram a atenção de Hubert Parry, que passou a lhe dar aulas.

Mas William não se formou, pois a música pouco convencional que escrevia, influenciada por autores estrangeiros – principalmente franceses – que estavam na crista da onda, no final da década de 1910, entrava em choque com o conservadorismo das regras do conservatório. Seu *Quarteto de Cordas*, escrito em 1919, foi escolhido para execução no I Festival da Sociedade Internacional de Música Contemporânea, de 1923. Contribuiu para isso a proteção da família Sitwell, de renomados intelectuais que, no dizer de Nicholas Slonimski, "combinava um sentimento patrício de superioridade artística com a atitude de condescendência em relação à plebe" (e por plebe, entenda-se todos aqueles, de qualquer classe social, que não compartilhavam suas rarefeitas convicções e interesses).

Os Sitwell levaram William para sua mansão em Chelsea, onde ele viveu cerca de quinze anos. Tinha apenas dezenove quando obteve seu primeiro sucesso. O melodrama *Façade*, estreado em 12 de junho de 1923, é uma coleção de 21 amalucados poemas satíricos de Edith Sitwell, ditos de maneira rítmica por um declamador (a própria autora os declamou, na primeira noite, usando um megafone) e acompanhados por um conjunto de câmara. Da velocidade quase impossível de emissão de *Hornpipe*, passa-se à pausada dicção de *En Famille*, implícita sátira a uma aristocracia que se leva demasiado a sério. A sugestão de cântico de marinheiro, no modo de dizer *Mariner Man*, ou do trote do cavalo em *Long Steel Grass*, contrasta com o gingado dançante de *Tango-Pasodoble*, e assim por diante. O pitoresco acompanhamento, cheio de efeitos jazzísticos e soluções harmônicas ousadas para a época, é feito por flauta, clarinete, trompete, saxofone, violoncelo e percussão. O concerto provocou protestos indignados da crítica, mas divertiu enormemente o público jovem e de cabeça aberta – que estava com a razão, pois essa seqüência de melodramas nada perdeu de sua graça e frescor.

Mas Walton não prosseguiu na trilha do hedonismo fácil, que a irreverência do Grupo dos Seis francês pusera na moda. Com a abertura de concerto *Portsmouth Point*, escrita para o Festival de Zurique de 1926, demonstrou ser capaz de escrever música de contido classicismo. A nobreza de construção do oratório *Belshazzar's Feast* (Festival de Leeds, 8 de outubro de 1931) o coloca na linhagem de Haendel e Elgar. E suas obras instrumentais – a *Sinfonia n. 1*, os concertos para violino, viola, violoncelo – são de um herdeiro da grande tradição romântica, com perfeito domínio da orquestração e da escrita para solistas e orquestra. Walton foi modernista na medida em que incorporou seletivamente alguns recursos que lhe serviam do ponto de vista expressivo. Mas nunca se desviou do tonalismo e de uma clareza formal que o inserem, do ponto de vista da inspiração e da estrutura, numa linhagem nacionalista típica. Isso foi oficialmente reconhecido, pois foi ele o escolhido para escrever a *Crown Imperial March* (1937), para a coroação de George VI; a marcha *Orb and Scepter* e o *Te Deum* (2.6.1953), para a coroação de Elizabeth II. Nomeado cavaleiro em 1951, Sir William Walton passou os últimos anos de sua vida em Ischia, perto de Nápoles.

Em 1941, Walton considerou a possibilidade de musicar um libreto de Cecil Gray sobre a vida de Don Carlo Gesualdo da Venosa, o genial madrigalista da Renascença, famoso pela crueldade com que assassinou a própria mulher e o amante desta, exibindo as cabeças dos dois, diante de seu palácio, espetadas na ponta de lanças. Mas esse projeto não foi adiante. Seis anos depois, recebeu da BBC a encomenda de uma ópera radiofônica que, mais tarde, convertida num projeto convencional, foi transferida para o Covent Garden. Lady Alice Wimborne, com quem Walton mantinha na época um relacionamento, sugeriu-lhe como libretista o poeta Christopher Hassall e este, a partir da leitura de *The Allegory of Love*, de C. S. Lewis, escolheu o tema.

O primeiro tratamento europeu dado à história dos amores do príncipe troiano Troilo por Créssida, filha do sumo-sacerdote Calcas, surge em uma balada de 1160, do trovador Benoît de Sainte-Maure, de Poitiers. Adaptada por Giovanni Boccacio nos contos do *Filostrato*, ela é dali retirada por Geoffrey Chaucer que, entre 1380-1382, produziu o belo poema narrativo *Troilus and Criseyde*. Ao contrário do que se pensa, Hassall usou muito pouco a tragédia de Shakespeare, na qual a guerra de Tróia interessava mais do que a intriga amorosa. Na peça, Créssida é deixada em segundo plano por Helena e, além disso, não é uma personagem positiva.

Sempre muito estimulado pela competição, Walton desejava escrever uma ópera desde que, em 1945, o *Peter Grimes* de Britten fizera enorme sucesso. "Não era uma boa coisa para a Grã-Bretanha", dizia ele, "ter apenas uma boa ópera" (e note-se que, ao afirmar isso, desprezava olimpicamente a produção de Vaughan Williams, Delius e outros predecessores). Além disso, essa era uma época em que, no plano pessoal, ele se sentia muito feliz – e isso contribui, certamente, para o calor com que o amor do casal central é descrito. No final de 1948, para consolar-se da perda de lady Wimborne, que tinha morrido, ele fez uma viagem à Argentina. E em Buenos Aires, ficou conhecendo Susana Gil Pasos, 27 anos mais nova do que ele, com quem se casou – apesar da horrorizada oposição de seus pais. Após se casarem, instalaram-se em Ischia, no desconfortável mas idílico Convento di San Francesco, em prolongada lua de mel. É muito significativo que a composição tivesse começado não pelo ato I, de caráter público e político, mas pela música de amor do ato II. Terminada em 1959, a ópera traz a dedicatória "To my Wife".

É no último ato que o libretista introduz as mudanças mais importantes na história. Na lenda, Troilo separa-se de Créssida ao vê-la com o grego Diomedes, de quem ela se torna amante até ele cansar-se dessa aventura e entregá-la a seus soldados. Em busca de um desenlace mais nobre, Hassall inventou a figura da criada Evadne, cujo comportamento atenua a leviandade de Créssida. E o suicídio de Créssida, para preservar a sua dignidade, equacionava-se, na mente de Walton, com o de Tosca. Sua admiração pela ópera italiana o fez, de resto, discutir com Hassall, na correspondência trocada, diversas passagens de Verdi – "Celeste Aida", o dueto de amor do *Baile de Máscaras* – que ele tomava como modelo.

Walton queria escrever uma ópera de *belcanto* e pensava em Elizabeth Schwarzkopf para o principal papel feminino. Mas os compromissos da cantora, somados à demora em terminar a partitura, não lhe permitiram criar Créssida. Schwarzkopf nunca a fez no palco mas, em 1955, sob a regência do próprio compositor, gravou cenas da ópera com Richard Lewis, Monica Sinclair e Peter Pears. Em 1968, aos nove números registrados, Walton acrescentou o dueto "Is anyone there?", entre Créssida e Pândaro, desta vez com Marie Collier no papel de Créssida. Em 1992, essa coletânea foi lançada em CD pela EMI Classics, na coleção British Composers, e é um documento de grande importância histórica.

Walton tinha ficado muito insatisfeito com a regência de Sir Malcolm Sargent, responsabilizando-a pela acolhida fria do público, na primeira noite, em 3 de dezembro de 1954, no Covent Garden. Produções subseqüentes em Milão e São Francisco também tiveram resultado medíocre. Magoado com o fracasso, Walton procurou, durante vinte anos, cantores e produtores interessados em reviver sua ópera. Reescreveu o papel de Créssida para o meio-soprano Janet Baker e, em 12 de novembro de 1976, o sucesso veio, finalmente, pelas mãos dessa grande cantora, na reapresentação do Covent Garden. Há duas gravações disponíveis de *Troilus and Cressida*:

- Janet Baker é a maravilhosa intérprete do papel na integral do selo EMI, de 1977 (Cassilly, Bainbridge, English, van Allan, Luxon/ Lawrence Foster);
- e, no selo Chandos, há o registro da produção de 1995, da Opera North (Howarth, Howard, Davies, Robson, Opie), em que Richard Hichox utilizou a edição feita por Stuart Hutchinson, devolvendo a Créssida a tessitura original de soprano.

Pena que ambas as versões incorporem cortes feitos por Walton, em 1972 e 1976, no intuito de agilizar o ritmo dramático. O pior deles é a eliminação da ária de Calcas, no ato I, que diminui a compreensão do significado político de seus atos.

No décimo ano da guerra de Tróia, o sumo-sacerdote Calcas anuncia que o oráculo de Delfos recomendou aos troianos renderem-se aos gregos. O capitão Antenor acusa Calcas de ter sido comprado pelos gregos, e a multidão, indignada, tenta atacá-lo. Mas ele é defendido pelo príncipe Troilo, que está apaixonado por sua filha, e invoca Afrodite, pedindo a sua ajuda. Créssida, viúva recente – seu marido morreu na guerra – surge diante do templo, velada de luto. Troilo se declara a ela, mas a jovem, alegando a dureza dos tempos de guerra, se retrai. A conversa dos dois, porém, foi ouvida por Pândaro, o tio da moça, que se oferece a Troilo para ajudá-lo.

Calcas está pronto para fugir da cidade, e Créssida nada pode fazer para impedi-lo. Depois que ele parte, ela se lembra de estranhos sonhos da juventude, em que via a deserção do pai e a ameaçadora figura de um guerreiro cercado de chamas. Chega a notícia de que Antenor foi capturado. Quando procuram o sacerdote para pedir-lhe que interceda junto aos gregos, descobrem a sua fuga. Pândaro diz a Créssida que Troilo precisa de algo que o encoraje, na expedição que vai fazer para tentar resgatar Antenor, e a convence a deixar o seu lenço carmesim como um presente para ele.

Créssida aceitou o convite para jantar em casa do tio e, impedida por violenta tempestade de ir embora, passa a noite ali. Não adormece, porém, pois não consegue parar de pensar em Troilo – que Pândaro trouxe até a sua casa e introduz no quarto em que ela está. Sozinhos, eles agradecem a Afrodite por esse amor que dá sentido novo às suas vidas. A noite que passam juntos é representada por um tórrido interlúdio orquestral. Na manhã seguinte, os amantes estão assistindo ao nascer do sol, quando ouvem uma fanfarra anunciando a visita do príncipe Diômedes, enviado dos gregos. Ele vem dizer que Créssida deve ir juntar-se ao pai, que está prestando serviços ao inimigo, em troca da libertação de Antenor. Diômedes não esconde a atração que sente pela beleza de Créssida. Troilo promete à amada mandar-lhe mensagens diárias e subornar as sentinelas gregas para que possam se encontrar. Dá-lhe de volta o lenço que ganhou dela, como prova de seu amor.

Dez semanas depois, como não teve mais notícias de Troilo, Créssida cede à pressão do pai para que se case com Diômedes, a quem dá o lenço, como presente de noivado. Na verdade, Troilo tem-lhe mandado mensagens diárias, como prometera; mas, por ordem de Calcas, a quem interessa casá-la com um grego, a criada Evadne tem interceptado e queimado as cartas do príncipe troiano. Nesse meio tempo, Troilo conseguiu o dinheiro para pagar o resgate de sua amada e, durante uma trégua, visita o acampamento dos gregos. Ao ver Créssida usando o manto matrimonial, e o lenço carmesim atado ao capacete de Diômedes, proclama que a filha do sacerdote é sua. O grego ordena a Créssida que renegue o troiano, mas ela hesita em fazê-lo. As seis principais personagens expressam sua perplexidade num sexteto. Furioso, Diômedes pisoteia o lenço e Troilo desafia-o para um duelo. Enquanto duelam, Calcas aproxima-se sorrateiramente, e apunhala o príncipe troiano pelas costas.

Indignado com a traição e a covardia do sacerdote, Diômedes ordena que Evadne e ele sejam acorrentados, e devolvidos a Tróia, juntamente com os despojos de Troilo. Créssida ficará e há de servir de prostituta para os soldados gregos. Sozinha um instante com o cadáver do amado, Créssida vê a sua espada, toma-a, enrola nela o lenço carmesim e, no monólogo "Turn, Troilus, on that cold river's brim", despede-se do amado. Quando os soldados vêm buscá-lo, exclama orgulhosamente: "Abram os portões. Vamos voltar juntos para Tróia. Com este gesto, mostro que ainda sou a tua Créssida!". E mergulha a espada no coração.

O libreto florido e um tanto difuso de Hassall já foi acusado – por Michael Kennedy, por exemplo – de ser o responsável por *Troilus and Cressida* não corresponder às ambições do compositor. Mas essa opinião não é unânime: no *Sunday Time*, Ernest Newman chamou-o de "o mais belo texto poético desde os de Hofmannsthal[1]". A estranheza reside, decerto, no fato de o poema de Hassal combinar grandeza poética, metrificação tradicional e dicção moderna, de uma maneira desusada para os libretos que se escreviam na década de 1950.

Não resta dúvida que a música é de qualidade desigual. Em sua vertente lírica, possui algumas das melhores páginas escritas por Walton: árias ricamente melodiosas para Créssida – "At the haunted end of day", "Slowly it all comes back", "No answering signs on the wall" – ou, o belíssimo dueto de amor "If one last doubt", no ato II, o mais radioso trecho da partitura. Mas é inegável que as passagens necessitando empostação mais heróica não são igualmente convincentes. É muito significativo, porém, do ponto de vista da reutilização de uma forma tradicional, o sexteto "Oh burning eyes, look there... Sweet love, I long to share", no ato III, sugerido a Hassal por um grande libretista do século XX, o poeta W. H. Auden, colaborador de Stravínski e Henze. O fato de esse sexteto suspender a ação, para um momento uníssono de reflexão, não corta o ritmo dramático: cria, em vez disso, um suspense que prepara o público para a violência do final.

A caracterização do casal central é extremamente feliz – o que nem sempre acontece em relação a Diômedes e, principalmente Calcas. Mas Walton é muito bem-sucedido no perfil de Pândaro, libertino, vaidoso, afetadíssimo, papel para tenor bufo que foi brilhantemente criado, na estréia, por Peter Pears (é ele quem o canta no disco de trechos), e que Gerald English faz com muita graça na integral de 1977. A escrita orquestral é, como de hábito em Walton, de feitura esplêndida. Embora uma orquestra grande seja utilizada, ela sempre se equilibra harmoniosamente com as vozes. O melhor exemplo da arte com que Walton recorre à orquestra para expressar o que não pode ser mostrado é o sensual interlúdio que liga as cenas 1 e 2 do ato II.

Em 1958, Walton tinha recebido da Koussevitzky Music Foundation a encomenda de uma nova ópera. Mas só começou a trabalhar nela em 1965 quando, por sugestão de Peter Pears, o Festival de Aldeburgh lhe pediu um título a ser cantado pelo English Opera Group. Em companhia de Paul Dehn, que tinha conhecido em Ischia, Walton preparou o libreto de *The Bear*, baseada em *Medviéd* (1888), a comédia em um ato de Anton Tchékhov. Foi enorme o sucesso de *O Urso*, desde a primeira noite no Jubilee Hall de Aldeburgh, em 3 de junho de 1967. O toque leve de Walton e seu gosto pela paródia, evidentes desde *Façade*, no início da carreira, fizeram dessa brilhante

---

[1]. Newman refere-se ao poeta austríaco Hugo von Hofmannsthal, libretista de Richard Strauss.

Cena da estréia de *Troilus and Cressida*, de William Walton, no Covent Garden, em 1954.

operazinha a sua melhor partitura para o palco. É uma pena não ter se realizado o projeto de uma nova ópera, baseada na comédia *The Importance of Being Earnest*, de Oscar Wilde, um tema com o qual Walton, certamente, teria muita afinidade.

Ielena Ivánova Popôva é uma viúva jovem e muito atraente. Jurou guardar o luto para sempre, mas Luka, o seu empregado, tenta convencê-la a recomeçar a sua vida: afinal de contas, o finado marido tinha várias amantes, e não merecia que ela mantivesse a fidelidade à sua memória. Surge o vizinho, Grigóri Stepánovitch Smírnov, homem grandalhão, hirsuto e desajeitado como um urso. Embarafusta pela casa adentro, sem fazer-se anunciar, pois veio cobrar uma dívida do falecido que, em sua mão, comprara cevada para alimentar Toby, o seu cavalo. Vendo Ielena tão jovem e tão bonita, Smírnov também lhe diz que ela deveria despojar-se de todos aqueles véus negros e aproveitar a vida. Discutem se os homens ou as mulheres são mais fiéis no amor, acabam brigando, Ielena o chama de grosseirão, e pede a Luka que mostre a Grigóri a porta de saída. Mas Smírnov, que ficou encantado com a vivacidade de espírito de Ielena, desafia-a para um duelo. Ela aceita na hora, vai buscar a pistola do marido, mas não sabe como usá-la. É Grigóri quem tem de lhe ensinar como fazê-lo. Ela também ficou muito seduzida pelo vizinho. O duelo acabará acontecendo, sim, mas de um outro jeito.

Aos 65 anos, Walton é capaz de escrever com a mesma despreocupação e irreverência de quando tinha 19 e compôs *Façade*. A comédia está cheia de bem construídos pastiches de autores pelos quais ele tinha muito carinho: Puccini, Richard Strauss, Offenbach, até mesmo seu rival Benjamin Britten. São momentos muito engraçados a ária "Madame, je vous prie", em que Smírnov imita o hábito da alta aristocracia russa, no século XIX, de falar francês, porque achava isso mais elegante do que a vulgaridade do vernáculo. "I was a constant, faithful wife", em que Ielena enumera as infidelidades do marido, é uma curiosa reedição da clássica ária de catálogo setecentista. Tanto a escrita vocal quanto a orquestral são cintilantes. Há duas gravações do *Urso*: a de James Lockhart (EMI) e a de Richard Hickox (Chandos), esta segunda preferível em termos de elenco.

É muito significativa a contribuição de Walton para o cinema. Ele é o autor da trilha de três dos filmes de Laurence Olivier baseados em peças de Shakespeare: *Henry V* (1944), *Hamlet* (1947) e *Richard III* (1955). Da primeira, composta em escala muito ambiciosa e um dos clássicos exemplos de grande partitura inspirada pelo cinema, ele preparou uma suíte que é uma apreciada peça de concerto. Merecem ainda menção as trilhas de *Major Barbara* (1941), baseado na peça de Bernard Shaw, e *The First of the Few* (1942), típico do esforço propagandístico da época da II Guerra, sobre a vida de R. J. Mitchell, o construtor do avião de combate Spitfire.

## Lennox Berkeley

A intenção original de sir Lennox Randall Francis Berkeley (1903-1989) era especializar-se nos estudos de filologia e literatura francesa, iniciados em Oxford. Mas, em 1927, ficou conhecendo Maurice Ravel, mostrou-lhe as suas primeiras partituras, e este lhe recomendou estudar com Nadia Boulanger. Lennox Berkeley foi para Paris, ali ficou durante cinco anos, aperfeiçoando a sua educação musical e aprofundando os contatos com a vanguarda da música francesa – em especial Francis Poulenc, com quem firmou uma amizade que haveria de durar a vida inteira. Outro amigo dessa época foi Britten, com o qual Berkeley escreveu, a quatro mãos, em 1936, a suíte *Mont Juic*, baseada em danças catalãs. Atraiu-o, desde o princípio, a proposta do Neo-classicismo e, em determinada fase de sua obra, é muito forte o influxo da escola francesa e do que estava sendo feito, no domínio neo-clássico ou neo-barroco, por Stravínski e Ravel. Mais tarde, Berkeley estabeleceu um idioma de traços mais individualizados, dentro daquilo que a musicologia inglesa costuma chamar de *modern English style*: muito melodioso, com harmonias ricas e uso da polifonia que remonta às mais nobres tradições elizabetanas.

Berkeley compôs quatro sinfonias; concertos para piano, violino e flauta; grande quantidade de obras vocais e de câmara. É o autor do oratório *Jonah* (1935) e do balé *The Judgement of Paris* (1938). Durante a guerra, recebeu a encomenda de trilhas sonoras para vários filmes. Forneceu partituras desse gênero também a documentários produzidos pela BBC. Em 1940, orquestrou uma série de peças para piano de Gabriel Fauré, com as quais montou o balé *La Fête Étrange*. No final da década de 1940, quando chegou ao teatro musical, já tinha considerável experiência de música dramática.

A primeira ópera de Berkeley – *Nelson*, estreada no Sadler's Well em 22 de setembro de 1954 – é também a mais elaborada, com estrutura em três atos. O libreto de Alan Pryce-Jones se inicia logo depois da Batalha do Nilo, durante a festa, em Nápoles, com a qual se comemoram os 40 anos do almirante. E termina nos jardins de Merton, quando vêm comunicar a sua morte a Emma, sua amante, e ela se consola com a idéia do papel que desempenhou na vida de um homem que ajudou a moldar a história de seu tempo.

A estréia de *Nelson* não foi bem-sucedida. Mas apresentações subseqüentes, em forma de concerto, demonstraram que o malogro deveu-se aos problemas da produção, e não à falta de tensão dramática ou de densidade lírica da partitura. Esses, ao contrário, são pontos fortes da obra, em que pese o caráter um tanto estático e oratorial de algumas passagens. A caracterização das personagens é precisa, e alguns dos números são memoráveis: em especial as cenas de amor; o tenso quarteto do ato II, em que Nelson e Emma vêem-se confrontados a seus respectivos cônjuges traídos; as animadas cenas de conjunto, principalmente a da festa, no ato II; e o monólogo de Emma com que a ópera se encerra.

Uma encomenda do Festival de Aldeburgh, dirigido pelo amigo Britten, garantiu a Berkeley o seu maior sucesso de público. Paul Dehn escreveu o libreto da comédia sentimental *A Dinner Engagement*, cantada em 17 de junho de 1954, no Jubilee Hall de Aldeburgh, juntamente com a versão que Arthur Oldham tinha preparado de *Love in a Village*, uma *ballad-opera* do século XVIII.

Em sua decrépita casa de Chelsea, o conde e a condessa de Dunmow, ajudados por sua filha Susan, estão preparando o jantar. Será uma refeição muito pobre, pois estão arruinados e mal podem pagar uma cozinheira. Lord Dunmov entra em pânico ao saber que sua casa foi escolhida como pousada para a grão-duquesa de Monteblanco – país imaginário onde, nos tempos de vacas gordas, o nobre decaído Enviado Extraordinário. Embora achem nada ter para oferecer que esteja à altura da nobre visitante, ambos estão enganados: assim que Philippe, o tímido filho da grão-duquesa, vê a linda Susan, apaixona-se perdidamente por ela, é retribuído, e pede-a em casamento – notícia que os condes recebem com grande alegria, pois trará a solução a seus problemas. A ópera termina com um bem-humorado septeto.

A escrita vocal equilibra-se entre o lírico e o brincalhão. Aportes externos são bem visíveis. O Neo-classicismo do Stravínski de *Pulcinella* alimenta a valsa de Mrs. Kneebone, a cozinheira; ou a fuga que anuncia a chegada da grão-duquesa. Passagens sentimentais como a ária "In the summer of my time", em que Lord Dunmow relembra tempos mais folgados, mergulha suas raízes na *part-song* tipicamente inglesa, de Vaughan Williams. Por outro lado, os contatos de Berkeley com a música francesa estão patentes no dueto de Susan e Philippe, ou na serenata "Mon aimée attend la lune", cantada em francês pelo rapaz. Mas as influências são bem assimiladas, e o que faz o charme de *A Dinner Engagement* é a vivacidade do comentário orquestral, confiado a um pequeno conjunto de câmara. A ele – numa linha que se pode fazer remontar ao *Falstaff* de Verdi, e que tem ligações com *Sir John in Love*, de Vaughan Williams – é realmente entregue a incumbência de contar a história.

Em 2004, o selo Chandos lançou a gravação de Richard Hickox (R. Williams, Y. Kenny, A. Collins, J. Rigby, R. Leggate). *Um Compromisso para o Jantar* estava programado para ser encenado, em 15 de outubro de 2005, nos jardins da residência de Bea e Pepe Esteves, na Chácara Flora[2]. Havia planos também para a apresentação pública no Teatro São Paulo. Nos papéis principais estariam Michael Chioldi e Lucy Shelton (o casal Dunmow), Regina Elena Mesquita (a grão-duquesa), Marnie Bre-

---

2. O mesmo local onde, em anos anteriores, tinham sido apresentadas L' Oca Del Cairo, de Mozart, e Haroun and Sea os Stories, de Charles Wuorinen.

ckenridge e James Schaffner (Susan e Philippe); regência de Fábio Bezuti; direção cênica de João Malatian.

Como *A Dinner Engagement* não preenche o programa de uma noite, Paul Dehn escreveu para Berkeley o libreto de *Castaway* (À Deriva), destinada a lhe fazer companhia. Mas, por razões técnicas, foi *The Bear*, de Sir William Walton, quem completou a noite, em Aldeburgh, em 3 de junho de 1967. As duas óperas em um ato de Berkeley viriam a ser ouvidas juntas posteriormente, mas em versão de concerto.

Durante a sua viagem de dez anos de volta a Ítaca, Odisseu naufraga perto da costa da Scheria – a Íschia –, consegue nadar até a praia e, ali, é encontrado, sem sentidos, pela princesa Nausicaa, que se apaixona por ele. O cerne muito lírico da trama é formado pelo dilema sentimental de Odisseu, que ama Nausicaa enquanto a amnésia o faz esquecer a esposa, mas deseja rever Penélope a partir do momento em que a memória volta. Efeito muito eficiente é obtido com o tema de quatro notas que Odisseu usa quando conhece Nausicaa, e transfere para Penélope assim que se lembra dela. *Castaway* tem escrita mais contínua do que as óperas precedentes. Embora a escrita vocal seja muito habilidosa, em especial do ponto de vista do *word-setting* – a junção natural de texto e música –, a colorida utilização da orquestra chama mais a atenção do ouvinte.

*Ruth*, em três cenas, semi-ópera semi-oratório, de 1956, não chegou a ser executada; mas em 2005, o selo Chandos lançou uma boa gravação realizada por R. Hickox. *Faldon Park*, que Berkeley iniciou em 1982, estava inacabada quando ele morreu. Seu filho, Michael Fitzhardinge Berkeley, também é compositor e autor de óperas (ver o capítulo a seu respeito neste livro).

## Alwyn

A carreira musical de William Alwyn (1905-1985) começou como flautista. Ele próprio conta que, ouvindo a banda de Northampton, a cidade onde nasceu, ficou fascinado com o pícolo. Seus pais lhe compraram o instrumento e ele recebeu as primeiras lições do sapateiro da cidade, instrumentista na banda. Suas primeiras composições, de quando tinha oito anos, foram escritas para esse instrumento.

Aos 21 anos, Alwyn foi convidado a lecionar composição na Royal Academy, onde estudara. As maiores obras dessa fase são o *Concerto para Piano*, estreado por Sir Clifford Curzon, e o oratório *The Marriage of Heaven and Hell*, a partir do "prophetic book" de William Blake. Em 1939, porém, descontente com a técnica que vinha utilizando em suas composições, ele as retirou de circulação. O neoclassicismo muito sóbrio dos primeiros anos cedeu lugar, na década de 1950, a um estilo neo-romântico mais assumido, se bem que sempre dentro de determinados limites auto-impostos, de uma sensibilidade muito controlada, e recorrendo ocasionalmente a ingredientes atonais.

Alwyn escreveu cinco sinfonias, três *concerti grossi*, e trilhas sonoras para cerca de sessenta filmes: as mais importantes são as de *Desert Victory* (1943), o fabuloso *Odd Man Out* (1947), de Sir Carol Reed, *Fallen Idol* e *The History of Mr. Polly* (1949), *The Ship that Died of Shame* (1955), *The Silent Ennemy* (1958), *The Naked Edge* (1961) e *The Running Man* († 1963). Dizia que o cinema lhe ensinou muito sobre a relação entre a música e a palavra. Alwyn fundou, em 1949, o Composer's Guild of Great Britain e, em 1978, foi feito Commander of the Order of the British Empire.

Não ficou a partitura de *The Fairy Fiddler*, ópera-conto de fadas que Alwyn tentou escrever quando tinha apenas doze anos. Na década de 1940, a pedido de Sir John Barbirolli, orquestrou os trechos do *Corregidor* que Hugo Wolf deixara apenas em redução para piano, visando a uma encenação no Covent Garden. Em 1955, a BBC lhe encomendou *Farewell Companions*, uma *ballad-opera* sobre a vida de Robert Emmett, o nacionalista irlandês; ela foi transmitida na Irlanda, comemorando o 50º aniversário do Levante da Páscoa. Em 1961, Alwyn retirou-se para o Suffolk e dedicou-se à ópera. Primeiro *Juan or the Libertine*, escrita entre 1965 e 1973, baseada na peça de James Elroy Fletcher, que propõe uma visão moderna do mito de Don Juan. Depois, a sua única ópera bem-sucedida, na qual põe em prática teorias sobre a forma como, no drama lírico, a música deve brotar naturalmente do fluxo das palavras.

Foi longa a gestação de *Miss Julie* (Senhorita Júlia). Alwyn planejou, na década de 1930, uma ópera baseada na peça de August Strindberg (1888), marco do teatro realista sueco, que o fascinava por ser compacta, muito econômica. Mas não se entendeu com o libretista Christoph Hassall, pois esse insistia na fidelidade à fonte, e o compositor pedia-lhe condensação:

> A ópera tem de ter o mínimo de palavras possível, pois as palavras exigem mais tempo para serem cantadas do que para serem faladas, e um acúmulo de palavras faz a ação parar. [...] Nada de solilóquios compridos, à partes, explicações preliminares desnecessárias ou recitativos tediosos. [...] Acima de tudo, a linha vocal que reproduz as inflexões da palavra falada.

No final, Alwyn desistiu de colaborar com Hassall e escreveu seu próprio libreto. Cortou a cena de dança que há na peça e a intervenção do coro, entregando a sua participação à figura de Ulrik, o guarda-caça. Com isso, nada perdeu da intensidade do texto teatral; pelo contrário, tornou-a mais forte e concentrada. A BBC transmitiu *Senhorita Júlia* em 16 de julho de 1977, sob a regência de Vilem Tausky, com Jill Gómez, Benjamin Luxon, Della Jones e John Mitchinson. Esse registro foi lançado em 1983 pelo selo Lyrita e existe hoje em CD. A estréia de palco foi na Ópera de Copenhague, em 4 de fevereiro de 1991. A Inglaterra só assistiu à encenação da ópera em 15 de outubro de 1997.

Toda a ação se passa na cozinha da casa de campo do Conde, pai de Julie, em 1895. Kristin, a cozinheira, está preparando alguma coisa enquanto espera a volta de seu noivo, o valete Jan que, no dia de folga do cocheiro, foi levar o Conde até a casa de sua irmã, onde ele passará a noite. Jan volta excitadíssimo, dizendo que Julie é louca, pois ele a viu dançando, lá fora, com Ulrik, o guarda-caça; e quando o viu, puxou-o pela mão e quis fazê-lo dançar também – o que deixa Kristin visivelmente irritada. Jan pergunta o que a garota está cozinhando e ela responde que é comida para o cachorro de estimação de Julie. Jan abre uma garrafa do vinho especial do Conde e, excitado com a bebida e a visão da bela patroa dançando, pega a namorada no colo e começa a acariciá-la. São interrompidos por Julie que, usando a comida do cachorro como desculpa, veio na realidade chamar Jan para dançar com ela. Jan troca com ela algumas palavras em francês, pois estudou na Suíça e foi lá que aprendeu a dançar. Julie faz Kristin se afastar, mandando-a vestir-se para o baile lá fora. Cantando sobre a noite de verão na ária "Midsummer night, o night of magic", que se transforma no dueto "A night for love, a night for laughter" com Jan, ela seduz o valete, que a segue até o jardim. Quando Kristin volta, a cozinha está vazia e ela exclama, furiosa: "Bitch!" (cadela).

Passa de meia-noite. Um prelúdio em que o tema da valsa, lá fora, mistura-se ao da ária de Julie sobre o verão, precede o retorno da moça e de Jan à cozinha. Um prolongamento do jogo de sedução se segue, até caírem nos braços um do outro. Mas são interrompidos por Ulrik, o guarda-florestal, que está bêbado e canta uma balada obscena. Jan mal tem tempo de esconder Julie em seu quarto. Convence Ulrik a ir embora, mas Julie ficou horrorizada com o que o empregado insinuou: "Quando o Conde sai de casa, o gato sobe em cima da mesa". Diz que todos os empregados zombarão dela e o pai, ao voltar, ficará sabendo. Não pode permanecer ali. Tem de ir embora. Jan a seduz propondo que fujam para Lugano, na Suíça, "onde é sempre verão, há laranjeiras e um profundo lago azul". Têm de partir na manhã seguinte, assim que clarear, antes que o Conde retorne. Nesse meio tempo, Julie pode passar a noite com ele. Tranca a porta que dá para o jardim, apaga a luz, vai para seu quarto e chama Julie. Lentamente, ela vai a seu encontro. Antes de a porta do quarto se fechar, vemos os dois se beijando.

Uma apaixonada introdução orquestral precede o aparecimento de Julie e Jan. O valete lhe diz que precisa de dinheiro, para pôr em prática o plano de fugir para Lugano. Ela está arrependida de sua aventura, mas sabe que tem de sair de casa. As palavras de Jan – "Afinal de contas, você estará se apossando do que é seu, o Conde gastou todo o dinheiro de sua mãe e a levou ao suicídio" – convencem Julie a subir ao quarto do pai e apoderar-se de seu dinheiro. Quando ela sai, Kristin aparece, desconfiada, certa de que Jan passou a noite com Julie. "Classe social é classe social", diz ela, "nunca se esqueça disso". Diz que vai pedir demissão para que possam se casar. "Casar-me com você", retruca Jan. "Tenho mais ambição do que isso!" Mas deixa que ela ajuste seu colarinho de valete, enquanto Ulrik vem pedir desculpas pela bebedeira da noite anterior. Os dois começam a discutir, mas param quando ouvem o ruído de alguém descendo a escada. Kristin vai acabar de se vestir e Julie aparece, pronta para viajar, trazendo uma mala, seu cãozinho de estimação, e o dinheiro. Fica horrorizada com a insolência de Ulrik, que lhe pede um beijo, antes que ela fuja com Jan. O valete toma o cãozinho das mãos de Julie e, apesar dos protestos da moça – "Queria nunca ter te visto! Queria nunca ter nascido!" –, entrega-o a Ulrik, que leva-o para fora da casa e mata-o com um tiro.

Nisso, o sino toca: o Conde voltou para casa. "Você pode ir embora", diz Jan a Julie enquanto acaba de vestir a libré, "mas eu não posso". Desatinada, Julie lhe pergunta o que pode fazer para salvar sua honra. Olhando para a sua navalha em cima da mesa, ele responde: "Você pode fazer o mesmo que a sua mãe". O sino toca novamente. Julie tenta impedir Jan de subir a escada, mas ele a afasta brutalmente e vai atender o patrão. Sozinha, ela pega a navalha e, lentamente, mas com passos firmes, sai para o jardim.

A peça de Strindberg é naturalmente adaptável para o palco lírico[3]. É um desses textos em que as personagens, ao falar, mais escondem do que revelam seus sentimentos, abrindo assim à música grandes possibilidades de expressar o que o diálogo apenas sugere. Várias influências se somam para resultar na linguagem muito pessoal de Alwyn: a de Janáček, na forma como a melodia sai do formato das frases, com ostinatos e freqüentes repetições; a de Walton na sensualidade orquestral; a de Szymanowski nas transparências da instrumentação; a de Ravel na forma simbólica como

Alwyn utiliza o ritmo da valsa, distorcendo-a de diversas maneiras. Essa valsa permeia toda a partitura, e ressoa tanto na descrição da noite de verão que permite tudo ("Midsummer night, when everyone's free to do as they please"), quanto na canção obscena de Ulrik, que acena para a realidade do romance que Julie está vivendo:

> A lady went a-roaming
> all in the woods one day,
> to look for rambling roses
> to make a fine bouquet.
> But in a glade she met a lad
> so handsome, tall and fair.
> With gun in hand and poaching bag,
> he caught her in his snare.
> But roses lose their petals
>  and a lady's soon undone,
> if she makes her bed
> with a poaching lad
> and plays with a poacher's gun.

(Um dia uma dama foi passear no fundo do bosque, para procurar rosas silvestres e fazer um belo ramalhete. Mas, numa clareira, encontrou-se com um rapaz bonito, alto e louro, com a arma na mão e um saco de guardar caça roubada, que a cativou com seu olhar. Mas as rosas perdem as pétalas e as de uma dama logo se desfazem, se ela faz o seu leito com o rapaz que carrega o saco, e brinca com a arma do caçador furtivo.)

A música frisa e governa a ação, por meio das síncopes que sugerem o constrangimento ou a maneira de as personagens sentirem-se deslocadas; no motivo recorrente de três notas, correspondente a "Miss Julie", que é usado nas cenas de sedução; no uso solista do violino – no final da ária do verão e em outras passagens –, cada vez que é necessário sugerir a atração sexual de Julie por Jan. A linha vocal de Jan, escrita para barítono heróico, sugere segurança, deliberação; mas as figuras nervosas no fagote e na clarineta, que o acompanham, mostram que, por trás dessa segurança, o que existe é vulnerabilidade e fraqueza. A linha vocal de Julie, por sua vez, acompanhada por cordas muito calorosas, gira sempre em torno de intervalos cromáticos, como se ela estivesse à procura de um centro tonal que a estabilizasse. A ilusão da fuga, porém, como é um sonho, é expressa de forma diatônica – o perfeito acorde de sol maior, cada vez que eles falam de Lugano, na Suíça –; e as figurações na celesta ajudam a criar um clima rarefeito

---

3. Tanto que inspirou também o americano Ned Rorem. Ver *A Ópera nos Estados Unidos*, desta coleção.

de irrealidade. Por outro lado, são ironicamente tonais, em 4/4 e com um tom de hino acompanhado por pomposos acordes dos metais, as melodias que acompanham a afirmação de Kristin de que as classes sociais são o que são.

O próprio Alwyn sabia que o público não especializado seria incapaz de reconhecer, só com o ouvido, os sutis efeitos que obtinha, jogando com os intervalos. Mas esse é um dos aspectos mais interessantes da partitura. Por sua instabilidade, o intervalo de sétima sempre foi muito usado, dos compositores românticos a Benjamin Britten, para sugerir tanto o desejo quanto a ansiedade que ele provoca. É freqüente também o mais irregular dos intervalos, o de quarta aumentada (si-fá), que aparece na breve introdução ao ato I, antes de se ouvir o tema da valsa, e continua voltando todo o tempo. É o intervalo associado com a ameaça do retorno do Conde; com o desejo que Jan sente por sua bela patroa; com a forma como Ulrik zomba deles. Está, portanto, naturalmente ligado ao abismo das classes sociais, tema central da peça de Strindberg. Dois exemplos interessantes da utilização desse intervalo de quarta aumentada estão, no ato II, em frases de Julie: "What devil made me think you loved (si) me (fá)" ou então "That's right, hit (si) me (fá)".

O colorido orquestral, a complexidade harmônica, a variedade rítmica são algumas das armas de que Alwyn lança mão. Atente-se, por exemplo, aos paralelismos que cria mediante o uso de instrumentos solistas. Quando Julie conta a Jan que seu pai gastou todo o dinheiro da mãe e humilhou-a a ponto de ela se suicidar, o violino e o fagote, até então associados à filha do Conde e a seu valete, aparecem ligados à infeliz mãe de Julie e a seu marido estróina. Desde esse momento, o ouvinte sabe que a situação vai se repetir, e Julie terá, nas mãos do homem que a seduziu, o mesmo destino trágico da Condessa.

Em carta de 1979, escrita à revista *Opera*, o barítono Benjamin Luxon, intérprete de Jan na gravação, estranhou a negligência que cercava – e cerca ainda – "uma ópera de verdade, escrita por alguém que entende plenamente as possibilidades da voz humana". A gravação Vilem Tausky existe, sim, mas não é de obtenção fácil; vale a pena, porém, esforçar-se por consegui-la. Uma das esquisitices mais inexplicáveis da vida operística moderna é os próprios ingleses atribuírem importância tão pequena a um dos títulos mais fascinantes de seu repertório do século XX.

Alwyn herdou do pai – um merceeiro que deu a seu estabelecimento o nome de *Shakespeare Store* – a paixão pela literatura; em especial a poesia francesa, da qual publicou alguns volumes de traduções. É o autor de poemas, entre eles o ciclo *Mirages*, que musicou em 1974; do ensaio *Daphne or The Pursuit of Beauty*, contendo as suas concepções sobre a criação artística; da autobiografia *The World in My Mind*; e do livro de viagens *Winter in Copenhagen*. Era também um pintor bastante habilidoso pois, na sua opinião, "certas coisas só podem ser ditas com sons, outras, com palavras e outras ainda, com imagens". Embora não tivesse participado oficialmente dele, sentia-se ligado ao grupo de pintores chamado Slade School, e empenhou-se em divulgar seu trabalho na fase em que esses artistas tinham caído no esquecimento. Fez o mesmo, de resto, com o poeta e pintor pré-rafaelita Dante Gabriel Rossetti, a quem admirava. Mas dizia que a literatura e a pintura eram "riachos afluentes, nos quais se refrescava do trabalho com a música".

## Tippett

*"I must create a system
or be enslaved by another man's."*
WILLIAM BLAKE

*para Celso Antunes,
que ama a música de Sir Michael.*

Embora nascido em Londres, Sir Michael Kemp Tippett (1905-1998) foi educado no campo, no Suffolk, por professores particulares. Só aos nove anos foi colocado em um colégio interno. O pai era um advogado que se tornou o proprietário de um hotel no sul da França. A mãe, uma enfermeira que, tornado-se romancista, aderiu também ao movimento feminista, e foi uma ativa *suffragette*. Depois da I Guerra Mundial, seus pais passaram a maior parte do tempo no exterior e, a partir

Sir Michael Tippett assistindo a um ensaio de seu oratório *A Child of Our Time*.

dos quatorze anos, Michael os acompanhou, morando ora aqui, ora aqui, em vários pontos do sul do continente europeu. O agnosticismo do pai e a falta de raízes profundas foram os responsáveis por uma independência de espírito que haveria de marcar todos os aspectos da vida e da obra de Tippett.

A família esperava que ele seguisse a profissão do pai mas, já na escola primária, ele decidira que queria dedicar-se à música. À exceção de algumas aulas particulares de piano, porém não tinha treinamento formal algum, antes de entrar no Royal College of Music, em 1923. Estudou composição com Charles Wood e C. H. Kitson, piano com Aubin Raymar e regência com Sir Adrian Boult e Sir Malcolm Sargent. Como já estava com dezoito anos, logo entendeu que precisaria de paciência para completar o aprendizado; tanto que só aos trinta anos produziu sua primeira obra camerística, o *Quarteto n. 1* (1935), fruto de uma segunda etapa de estudos no RCM, sob a orientação de R. O. Morris.

Na década de 1930, Tippett fez suas primeiras experiências para o palco, em óperas que nunca chegaram a ser publicadas: o arranjo moderno, feito em 1928, de uma *ballad-opera* de C. Johnson, *The Village Opera*, escrita em 1729; a ópera folclórica *Robin Hood* (1934) e duas peças infantis, *Robert of Sicily* (1938) e *Seven at One Stroke* (1939). Nenhuma delas exibe marcas de seu estilo maduro, mas todas mostram que está experimentando a aplicação das mais variadas técnicas estilísticas. Há, de resto, todo um programa consciente de aprendizado da composição na *Primeira Sonata para Piano* (1938), no popular *Concerto para Dupla Orquestra de Cordas* (1940), no *Quarteto n. 2* (1943) e na *Primeira Sinfonia* (1945). Uma das grandes criações dessa fase é fruto de seu envolvimento com as questões políticas e sociais: o oratório *A Child of our Time*, inspirado na história do rapaz judeu Henschel Grysban que, em 1938, matou um funcionário da embaixada alemã em Paris. Pacifista convicto, Tippett recusou-se a servir o exército, durante a II Guerra, até mesmo em um posto não-combatente; e, por esse motivo, foi condenado a três meses de prisão na penitenciária Wormwood Scrubs, no Surrey. Lá ficou encarcerado de 21 de junho a 21 de agosto de 1943.

A abordagem consciente e deliberada do processo de compor é fruto da sua crença de que é necessário adquirir habilidade técnica pois, na sua opinião, a música inglesa daquela época sofria com a falta desse embasamento técnico. Nesse sentido, foi muito influenciado pelos ensaios teóricos de T. S. Eliot. Em 1937, fora apresentado ao poeta que, por algum tempo, tornou-se seu mentor artístico e espiritual. Foi Eliot quem o convenceu, lendo o roteiro em prosa do *Child of Our Time*, a escrever ele mesmo o texto do oratório, tornando-se assim o responsável por, mais tarde, ele vir a ser seu próprio libretista. Não faltou quem o criticasse por isso, mas os assuntos escolhidos por Tippett e a sua maneira de escrever são tão peculiares, que é difícil imaginá-lo colaborando com outro poeta. Ou como dizia William Blake: "Devo criar um sistema ou ser escravizado pelo de outro homem".

A peculiaridade do tema escolhido foi justamente o motivo pelo qual a crítica o malhou impiedosamente, quando a primeira ópera, *The Midsummer Marriage* (As Bodas de Verão), estreou no Covent Garden, em 27 de janeiro de 1955. A produção, regida por John Pritchard e dirigida por Christopher West, com cenários e figurinos de Bárbara Hepworth e coreografia de John Cranko, tinha um elenco extraordinário: Joan Sutherland, Richard Lewis, Adele Leigh, John Lanigan, Otakar Kraus. Isso não impediu a crítica de massacrar o compositor, acusando-o de amadorismo e auto-indulgência por ter escrito um drama que lhes parecia sem pé nem cabeça. Mas os aplausos da platéia, documentados pela gravação da estréia, existente no selo Gala, mostra que a música, desde o primeiro dia, tinha conquistado muitos admiradores. Uma reprise, no Covent Garden, em 1968, regida por Colin Davis, garantiu à ópera um lugar no repertório. É Davis o regente da ótima gravação de 1970, existente no selo Philips (Carlyle, Harwood, Watts, Remédios, Burrows, Herincx).

Tomando seu ponto de partida na *Flauta Mágica* de Mozart, *As Bodas do Verão* apresenta dois casais, um de classe mais elevada, o outro humilde, ambos em busca de iluminação. Na essência, o libreto de Tippett reconstitui as etapas da jornada por um mundo de arquétipos junguianos, um domínio onírico, da imaginação, no qual é possível encenar um ritual mitológico de sacrifício e renascimento. Tendo-se submetido – como o Tamino e a Pamina da *Flauta* – a experiências que lhes permitem purificar-se e compreender a si mesmo, o herói e a heroína podem unir-se num casamento verdadeiro.

Nessa ópera, surge pela primeira vez o tema que há de percorrer toda a obra de Tippett: o poder da música em superar a ignorância, a intolerância, as ilusões sobre a psique humana, promovendo assim melhor entendimento do relacionamento humano. A música do *Midsummer Marriage* é exuberante, lírica, extrovertida, positiva de uma ponta à outra – nada tendo em comum, portanto, com os sombrios anos de pós-guerra em que foi escrita. Pode, portanto, ser entendida, em meio à arte pessimista que se fazia nesses anos, como a mensagem de vitalidade e rejuvenescimento enviada por Michael Tippett a seus contemporâneos.

Numa clareira, no centro de um bosque, no topo de uma colina, assistimos à alvorada do Midsummer's Day. O coro chega para o casamento de Mark e Jennifer, e depara-se com um misterioso templo, do qual sai música muito estranha. Eles se escondem e vêem sair do templo os Anciões e um grupo de dançarinos guiados por Strephon, o alter-ego de Mark. A dança se inicia, mas Mark os interrompe, dizendo que deseja um bailado novo para o dia de seu casamento. Os Anciões, porém, ordenam que se repita a antiga dança e, enquanto ela é executada, o mais idoso deles critica Strephon, dizendo-lhe que mudanças podem ser dolorosas e destrutivas. Os dançarinos e os Anciões voltam para dentro do templo.

Mark decide não se preocupar mais com isso e fica à espera de Jennifer. Ao chegar, ela lhe anuncia que não haverá mais casamento: "Não é o amor que eu quero, mas a verdade". A discussão com o noivo se interrompe quando Jennifer descobre, junto do templo, uma escada em espiral que vai para o alto. Dizendo a Mark "Para mim, a luz, para você, a sombra!", sobe a escada e desaparece de vista. Perturbado, Mark mergulha dentro de uma caverna na encosta da colina[4].

Nisso, chega King Fisher, o homem de negócios, acompanhado de Bella, a sua secretária. Ele está à procura de Jennifer, a filha fugitiva. Concorda com Bella, quando ela propõe chamar o mecânico Jack, seu namorado, para abrir os portões do templo. King Fisher suborna os homens do coro, mandando-os procurar Mark; mas as mulheres do coro não se deixam comprar. Jack chega, faz uma primeira tentativa fracassada de abrir os portões e, com a ajuda de King Fisher e, depois, de Bella, prepara-se para uma segunda tentativa. Mas quando ergue o martelo, a voz de Sosostris, de dentro do templo, o adverte para que não interfira.

No auge da frustração, descobrem que Jennifer está no topo da escada, e Mark, na entrada da caverna. Os Anciões aparecem na porta do templo, juntamente com os dançarinos, e anunciam uma competição: os dois jovens terão de cantar a respeito de suas experiências. Jennifer fala do que a levou à pureza espiritual, Mark do que o levou ao abandono dos prazeres físicos. Jennifer, convencida de sua superioridade, ergue um espelho diante de Mark, para que ele possa ver o animal no qual se transformou. Mas o olhar dele estilhaça o espelho e, agora, é Jennifer quem entra na caverna, na tentativa de descobrir o que deu a ele tal poder. Mark, por sua vez, resolve compartilhar a experiência de Jennifer, o que deixa perplexo o materialista King Fisher. O coro prepara-se alegremente para assistir à jornada espiritual de Mark e Jennifer.

À tarde, Strephon ouve, diante do templo, estranhas vozes distantes, assusta-se com elas, e foge. Entre as vozes estão as de Jack e Bella, que cantam, imaginando como será a sua vida juntos. Seguem-se três danças rituais, nas quais Strephon, sempre se metamorfoseando, é perseguido por uma dançarina. Na primeira, *A Terra no Outono*, ele é uma lebre perseguida por um cão de caça, mas escapa. Na segunda, *As Águas no Inverno*, é um peixe quase apanhado por uma lontra, que o deixa ferido. Na terceira, *O Ar na Primavera*, é um pássaro com

---

4. Tippett afirma ter-se inspirado na comédia *Getting Married*, de George Bernard Shaw, na qual, na manhã do casamento, o casal se reúne para decidir se quer ou não se casar. Esse teria sido, segundo ele conta em seu ensaio *The Birth of an Opera* (ver Bibliografia), o ponto de partido para *As Bodas de Verão*.

a asa quebrada que não consegue escapar de um falcão. Nesse momento, Bella solta um grito de terror, sem saber se o que viu é real ou um sonho. Os dançarinos desaparecem. Jack a consola e, tendo-se acalmado, Bella vai embora com ele, enquanto o coro é ouvido novamente cantando à distância, na colina.

Ao cair da tarde e entrando noite adentro. O coro está dando uma festa. King Fisher manda-os buscar Sosostris[5], a sua clarividente, pois deseja que ela supere o poder dos Anciões e lhe devolva Jennifer. O coro retorna não com Sosostris, mas com uma figura vestida de bobo da corte, trazendo na mão uma bacia de cristal. King Fisher descobre que o impostor é Jack e, em meio à confusão que se segue, aparece uma figura velada, a da verdadeira Mme. Sosostris. Jack coloca a bacia diante dela e, olhando para a água nela contida, descreve a visão que está tendo de Mark e Jennifer fazendo amor. King Fisher fica furioso ao ouvi-la contar o que vê, espatifa a bacia e dá a Jack a ordem de que arranque o véu de Sosostris. Jack o desafia e retira-se, levando Bella com ele. O próprio King Fisher tira o véu de Sosostris, e o que aparece não é a clarividente, e sim uma flor de lótus, cujas pétalas se descerram, para mostrar Mark e Jennifer transfigurados num abraço[6]. King Fisher aponta uma pistola para Mark mas, quando os namorados voltam o olhar para ele, o poderoso homem de negócios cai morto, fulminado. Enquanto o corpo de King Fisher é levado para dentro do templo, Strephon e seus bailarinos executam, diante do casal transfigurado, a quarta dança ritual, "O Fogo no Verão", durante a qual o coro proclama:

> Carnal love through which the race
> of men is everlastingly renewed
> becomes transfigured as divine
> consuming love whose fires shine
> from God's perpetually revealed face.
> Wonder! Praise! Rejoice exceedingly!

---

5. A personagem, mencionada por T. S. Eliot em *The Waste Land*, surge aqui como uma homenagem de Tippett ao poeta, seu amigo e mentor.

6. De acordo com as instruções de Tippett, "Jennifer deve estar vestida como a deusa Atena, que nasceu sem mãe, da cabeça de Zeus, e Mark, como Dionísio, filho da ninfa Semele, que teve um segundo nascimento ao ser retirado da coxa de Zeus, seu pai".

e a ele Mark e Jennifer respondem:

> The world is made by our desire,
> its splendour, yes, even its pain
> becomes transfigured in the bright
> furious incandescent light
> of love's perpetually renewed fire.
> Ah! Wonder! Praise! Rejoice!

(O amor carnal, mediante o qual a raça dos homens é eternamente renovada, transfigura-se como o divino amor consumidor cujas chamas brilham na face perpetuamente revelada de Deus. Maravilhem-se! Louvem! Alegrem-se!//O mundo é feito de nosso desejo, seu esplendor, sim, até mesmo sua dor transfigura-se na luz brilhante e furiosamente incandescente do amor em seu fogo perpetuamente renovado. Maravilhem-se! Louvem! Alegrem-se!)

Strephon ajoelha-se aos pés do casal, e é absorvido pela flor de lótus, que fecha as suas pétalas e explode em chamas. A cena escurece, torna-se muito fria. Depois, começa a amanhecer. Mark e Jennifer entram em cena. O rapaz lhe diz: "Jennifer, querida, depois desta noite de visões, com os sentidos purificados, meu coração está em paz". Oferece-lhe de novo a aliança, e ela a aceita dizendo: "Oh Mark, o amor reveste formas tão ricas e verdadeiras, que eu poderia amar a todos – até mesmo a meu pai, se ele tivesse vivido". Enquanto eles desaparecem lentamente na distância, ao som das palavras do coro – "Let us go down the hill with joy to the bounteous life of this midsummer day" –, o sol vai se erguendo lentamente no céu, para um novo dia.

Mark e Jennifer são personagens cujos nomes acenam para uma origem aristocrática e lendária. Mark lembra o rei Marke da história de Tristão e Isolda. E Jennifer é o equivalente inglês do celta Guinevere, nome da mulher do rei Arthur. Eles são o reflexo "elevado" do casal popular, um mecânico e uma secretária, da mesma forma que, na *Flauta Mágica*, ao casal nobre Tamino/Pamina opõe-se o formado por Papageno/Papagena, representantes do povo. O elo entre esses dois casais é King Fisher: pai de Jennifer, ele é o patrão de Bella e contrata os serviços de Jack. Essa personagem moderna tem um nome americanizado[7],

---

7. Tippett diz que a idéia do nome King Fisher lhe veio por comparação com o de Duke Ellington, o grande músico de jazz.

mas que remete também à figura mitológica do Rei Pescador, comum nas lendas celtas.

*Midsummer Marriage* ilustra a "primeira maneira" de Tippett, tonal, cheia de vida, com muita invenção melódica e ritmos leves e dançantes. Os números fechados se inserem dentro de um fluxo musical contínuo. Pode parecer um procedimento tradicional de escrita, pois é o de muitos compositores pós-wagnerianos das primeiras décadas do século XX. Mas, por trás dele, esconde-se uma dramaturgia muito original. A ação é de caráter realista até a chegada de Jennifer; depois, muda para um domínio de sonho, que se mantém, ininterruptamente, até os minutos que precedem o final da ópera, em que os namorados reaparecem. Dessa forma, toda a história é contada numa dimensão "fora do tempo".

Esse é um contexto que permite a Tippett explorar, com toda a liberdade possível, o terreno do puramente imaginário, do mitológico e do psicológico em suas manifestações mais arquetípicas. Nesse contexto, também, a dança, elemento constante na obra, pode encontrar naturalmente o seu lugar. No entanto, *Midsummer Marriage* não se situa exclusivamente no reino da fantasia, pois o coro e, em especial, Jack, o mecânico; Bella, a secretária; e King Fisher, o executivo, fazem constantemente referência a coisas prosaicas, que nos trazem de volta à realidade e ao quotidiano. A partitura de *Midsummer Marriage* tem diversos pontos altos musicais:

- a ária de Jennifer no ato I ("It's so strange if I resent the fatal pressure of the world around me") e a sua grande cena com Mark ("Down, downwards to the centre"), com a esfuziante seção "As stallions stamping the young men dance", de ritmo envolvente;
- o monólogo de King Fisher ("So you are Mark's fine brood of friends... No, you boys, it's time to start the work you're paid for"), comentado pelo coro;
- o encantador dueto de Bella e Jack no ato II ("Jack, don't let's go with all the others");
- o longo monólogo de Madame Sosostris ("Who hopes to conjure with a world of dreams"), uma das raras árias para contralto na ópera contemporânea, e uma demonstração dos resultados obtidos por Tippett na assimilação, individualmente traduzida, dos procedimentos de escrita operística tradicionais;
- o dueto de Mark e Jennifer ("Sirius rising as the sun's wheel"), durante a quarta dança ritual, e o glorioso *finale* ("Was it a vision? Was it a dream?... Let us go down the hill with joy"), que encerra a ópera com a máxima:

> All things fall and are built again
> and those that build them are gay.
>
> (Todas as coisas caem e são reconstruídas, e são alegres aqueles que as reconstroem.)

As *Danças Rituais* transformaram-se numa das peças de concerto preferidas de Michael Tippett. Se, desligadas do contexto da ópera, elas perdem a função de projetar coreograficamente os conceitos junguianos de *animus* e *anima*[8], a forma brilhante e extrovertida como retratam a plenitude espiritual-sexual, num êxtase psicológico, funciona plenamente na plataforma de concertos – mesmo quando a quarta dança é executada sem o coro.

Deixemos a Sir Michael a palavra final:

> *The Midsummer Marriage* é o que chamei de experiência coletiva da imaginação, pois trata da interação entre dois mundos, o natural e o sobrenatural. Portanto, há detalhes da história que são ambivalentes, senão totalmente irracionais. Tais incidentes, dentro da tradição teatral, podem ser frívolos, como Titânia apaixonando-se por Bottom transformado em um asno[9]. Ou mortalmente sérios, como Édipo que gera filhos em sua própria mãe. O que está claro é que tal experiência da imaginação não é necessariamente susceptível à análise lógica convencional. E nem sequer pode ser assistida por um comentário erudito. A platéia grega precisava de um comentarista como mediador entre ela e a tragédia de *Édipo Rei*? Claro que não. [...] A ópera, por causa de sua música, pode ser o meio mais apropriado de que dispomos, agora, para renovar essa atitude grega.

---

8. Na teoria junguiana, *anima* é o elemento arquetípico feminino presente na personalidade do homem, e *animus* o elemento masculino presente na da mulher, frutos, ambos, das experiências que um e outro vivenciaram na convivência dos sexos, através dos tempos. A incorporação que ambos devem fazer de seu elemento inconsciente feminino e masculino é de extrema importância para estabelecer a unidade do ser e o equilíbrio psicológico.

9. No *Sonho de uma Noite de Verão*, de Shakespeare.

Montagem de 1985 do *Midsummer Marriage*, de Tippett, na Scottish Opera.

E com isso Tippett coincide com o propósito da Camerata Florentina, que presidiu ao nascimento da ópera, pois o objetivo dela era fazer renascer, no teatro lírico quinhentista, o espírito da tragédia grega.

A ópera que se seguiu marca não só uma ruptura estilística com o tipo de música que Michael Tippett vinha escrevendo até então, mas também, por ser uma tragédia, com o tom otimista da primeira fase de sua produção. Nesse sentido, *King Priam* (Rei Príamo), cantada no teatro de Coventry, em 29 de maio de 1962, foi vista como uma resposta ou uma reação às críticas que lhe tinham sido feitas na época de *Midsummer Marriage*. A idéia, por trás desse libreto inspirado na *Ilíada*, é a de que, por mais honradas, bem intencionadas e conscientes que as ações humanas sejam, elas sempre podem levar à catástrofe.

A ação centra-se na figura de Príamo, o rei de Tróia, pois, a partir do momento em que ele volta atrás na decisão de eliminar seu filho Páris, para evitar a maldição prevista pelo oráculo, põe em funcionamento a engrenagem do destino, desencadeadora da guerra contra os gregos. A morte de Príamo pode ser catártica, no sentido aristotélico do termo, tal como o deus Hermes a descreve no último interlúdio; mas coloca um ponto final na história: não deixa a possibilidade de que a vida renasça, como acontece em outras óperas de conteúdo trágico. Não se pode, porém, dizer que se trate de uma obra totalmente niilista, porque a seqüência de atos violentos com que a ação se estrutura alterna-se com os momentos em que a paixão e o senso humanitário se manifestam.

Mas, em *King Priam*, a ênfase na violência e na brutalidade não é apenas um meio de realçar os valores humanos, colocando-os na moldura do desatino que impera, quando os deuses usam os homens como joguete de seus caprichos e rivalidades. Numa fase de Guerra Fria, em que as feridas do conflito recente – claramente evocadas no conflito greco-troiano – ainda não estavam de todo cicatrizadas, e já pesavam sobre a Europa ameaças sombrias, *Rei Príamo* é também uma forma de o pacifista Tippett questionar o tom geral de reconciliação, que predominava na arte britânica da década de 1960. Atitude que ganhou especial destaque com a coincidência de *Rei Príamo* ter estreado um dia antes do *Réquiem de Guerra*, em que Benjamin Britten também denuncia o absurdo da guerra.

Hécuba, a rainha troiana, está preocupada com Páris, o bebê que acaba de nascer, e é muito inquieto. Chama o Velho Sábio e este interpreta seu sonho: o menino há de ser responsável pela morte do pai. Em conflito com as responsabilidades de pai e de soberano, Príamo hesita. Mas sua mulher não tem dúvidas, e eles ordenam que o recém-nascido seja morto. No primeiro interlúdio, a Babá do principezinho, o Velho e o Jovem Guarda comentam a decisão difícil tomada por Príamo.

Mas os encarregados de matar Páris não tiveram coragem de fazê-lo, e o entregaram a um pastor, que o criou como seu próprio filho. Um dia, durante uma caçada, Páris encontra-se com o pai e seu irmão mais velho, Heitor, que o reconhecem. Príamo hesita de novo e, dessa vez, o amor paternal vence: volta atrás na decisão e leva Páris para seu palácio, em Tróia. O segundo interlúdio passa-se durante a cerimônia do casamento de Heitor com Andrômaca. Os convidados falam dos atritos constantes entre os dois irmãos, e da decisão do pai de afastá-los, mandando Páris numa missão à corte de Menelau, rei de Esparta, onde ele se apaixonou por Helena, a mulher desse soberano.

A resposta ao dilema do príncipe – se deve afastar-se de Helena ou levá-la consigo, com isso provocando a guerra entre gregos e troianos – vem em uma visão intitulada *O Julgamento de Páris*. O príncipe troiano é chamado para decidir a quem deve ser dada a maçã que a deusa Discórdia destinou à mais bela das deusas. A sua missão, vem lhe dizer o deus Hermes, será escolher a mais bela. Atena e Hera lembram-lhe a mãe e a cunhada; Páris prefere dar a maçã a Afrodite, na qual vê a beleza de Helena, pela qual está apaixonado. Apesar da maldição das duas deusas rejeitadas, seqüestra a rainha espartana e leva-a consigo para Tróia.

A guerra começou. Heitor está irritado com o irmão, que não quer lutar contra os gregos. Príamo encoraja os dois a fazê-lo e, separadamente, eles saem para a batalha. Interlúdio:

Hermes leva o Velho Sábio para o acampamento grego, e ele zomba da decisão de Aquiles de não participar dos combates. Esse herói retirou-se para a sua tenda e recusa-se a lutar, em protesto contra Agamêmnon. O rei de Argos exigiu, como parte de seu botim, a mulher que Aquiles desejava: a bela Briseida, filha de um sacerdote troiano. Aquiles recusa-se a pegar em armas, e canta, nostalgicamente, as saudades que sente de casa. Mas a situação, no campo de batalha, é desesperadora, e seu amigo Pátroclo o convence a emprestar-lhe o seu capacete e armadura, para que ele enfrente Heitor em campo aberto.

No interlúdio, o Velho pede a Hermes que avise a Príamo o perigo que seu filho mais velho está correndo. Mas é tarde demais: chega a notícia de que Heitor matou Pátroclo. Enquanto o príncipe troiano canta um hino de louvor aos deuses, ouvem-se, vindos da tenda do grego, seus urros de dor com a morte do melhor amigo.

Os anos intermináveis de guerra aumentam o antagonismo entre Hécuba, Andrômaca e Helena. Mas elas são incapazes de mudar o curso dos acontecimentos, e rezam pedindo a ajuda de seus deuses tutelares. No interlúdio, as criadas do palácio discutem a iminente queda de Tróia e o estado em que se encontra o rei, a quem estão evitando dar uma idéia clara da situação.

Páris vem contar ao pai que Aquiles voltou a lutar, para vingar a morte de Pátroclo, e matou Heitor em combate. Atormentado, Príamo revê a decisão que tomou, no início da ópera, e prepara-se para aceitar a morte. Após um interlúdio instrumental, Príamo visita o acampamento grego, para pedir a Aquiles que lhe devolva os despojos do filho. Cheio de piedade pelo sofrimento do rei, que se humilha diante dele por amor ao filho morto, Aquiles bebe com ele à morte próxima de ambos, nas mãos de seus respectivos filhos. Interlúdio: Hermes anuncia a morte próxima de Príamo, e fala aos espectadores:

> Do not imagine all the secrets of life
> can be known from a story.
> O but feel the pity and the terror
> as Priam dies.
> He already breathes an air
> as from another planet.
> The world where he is going,
> where he has gone,
> cannot communicate itself through him
> (he will speak only to Helen in the end) –
> but through the timeless music.
> O divine music, o stream of sound,
> flow, surfacing and drowning,
> while we sit watching from the bank
> the mirrored, mirrored world within,
> for "Mirror upon mirror mirrored is all the show".
> O divine music,
> melt our hearts, renew our love.

(Não imaginem que uma história possa revelar todos os segredos da vida. Mas sintam a piedade e o terror enquanto Príamo morre. Ele já respira um ar que parece ser de outro planeta. O mundo para onde vai, para onde foi, não pode comunicar-se por meio dele [no final, ele falará apenas com Helena] – mas por meio da música intemporal. Ó divina música, ó rio de som, no qual os estados de alma flutuam, emergindo e se afundando, enquanto, sentados à margem, assistimos refletir-se no espelho o mundo interior, pois "espelho refletindo-se em outro espelho, isso é tudo que há para se ver". Ó divina música, derrete nossos corações, renova nosso amor.)

Páris vem anunciar a seu pai que matou Aquiles[10], mas isso não o comove. Pede a todos que se retirem e fala carinhosamente a Helena, "filha misteriosa", perguntando-lhe: "Fui gentil com você?", e recebendo a resposta: "Nem o senhor nem Heitor me criticaram por palavras ou atos". Despede-se dela, ajoelha-se diante do altar e, quando Neoptolemo, o filho de Aquiles, entra e o atravessa com sua espada, morre dizendo: "Vejo espelhos, miríades deles... movendo-se... as obscuras formas da criação".

Há, no final do oratório *A Child of Our Time*, uma frase que sintetiza a mensagem do universo dramatúrgico tippetiano: "I would know my shadow and my light, so shall I at last be whole" (Preciso conhecer minha sombra e minha luz para, finalmente, poder ser íntegro). A noção do autoconhecimento como

---

10. Quando Aquiles nasceu, Tétis, a sua mãe, o imergiu nas águas do Estige, o rio que circundava o Hades, para torná-lo invulnerável. Mas teve de segurá-lo pelo calcanhar, o único ponto de seu corpo que poderia ser atingido – donde a expressão "calcanhar de Aquiles", para designar o ponto fraco de uma pessoa. Afrodite revelou esse segredo a Páris, que vingou a morte do irmão matando Aquiles com uma flechada no calcanhar. Como esse não é um ponto vital do corpo, deve-se compreender que Aquiles morreu de uma sensação que nunca tinha experimentado antes: a dor.

pré-requisito essencial para a reconciliação com o mundo e a aquisição de uma personalidade plena é a base do *Midsummer Marriage*, em que o casal tem de se conhecer melhor como indivíduos, antes de alcançarem uma união bem-sucedida. Mais adiante, esse conceito voltará em *The Knot Garden*, em que o casamento de um marido demasiado mundano e de uma mulher demasiado fantasiosa arrisca desmoronar, e eles têm de acertar as contas com sua própria personalidade, antes de encontrar o equilíbrio na união. Finalmente, em *The Ice Break*, essa metáfora será ampliada e aplicada a conflitos mais amplos: Leste contra Oeste, negros contra brancos, geração contra geração.

Mas *King Priam* é uma exceção a esse cânon. Não é otimista a visão que apresenta da união entre os seres. E, abandonando a mitologia de criação própria que, em *Midsummer Marriage* ou *Knot Garden*, ambienta num cenário moderno ou intemporal, Tippett recorre a uma moldura mitológica localizada e familiar aos espectadores: a da tradição homérica da *Ilíada*. A primeira conseqüência disso é ter de rejeitar o estilo extrovertidamente tonal do *Midsummer Marriage*, em favor de uma linguagem mais austera e remota. O que interessa a Tippett, agora, é explorar a tensão entre as atitudes intemporais – e, portanto, modernas – e as que eram específicas da Antiguidade helênica. Ele mesmo expressou a duplicidade do que queria, ao dizer:

> Se eu tivesse me permitido mergulhar totalmente dentro do mundo grego, a relevância da peça para o nosso tempo teria ficado obscura, e isso teria comprometido o impacto da ópera. Se eu tivesse modernizado tudo, teria sido mais difícil expressar a natureza misteriosa do tempo, da memória, do destino.

*King Priam* articula-se, portanto, não em amplos parágrafos, como as *Bodas do Verão*, mas em cenas curtas, que se inspiram nas técnicas do teatro brechtiano. Em vez de imitar as práticas antigas, usando o coro como comentarista – ou recorrendo a um par de narradores, como Britten fez em *The Rape of Lucretia* –, Tippett introduz interlúdios dramatizados entre as cenas. Neles, as personagens, sem perder de todo o seu caráter próprio, assumem um papel mais abstrato e impessoal, para discutir os problemas morais resultantes do que se acabou de ver. Ao invés de convidar a platéia a compartilhar as emoções no modo lírico, Tippett apresenta, no modo épico, fatos e conseqüências, deixando ao espectador o cuidado de refletir a respeito deles – o que o vincula ao princípio brechtiano do distanciamento.

Por isso, em vez dos generosos cantabiles da ópera anterior, opta por um estilo vocal declamatório, e por uma forma de construção em blocos, na qual a orquestra se fragmenta constantemente em pequenos grupos de câmara, e cada personagem ou conceito adquire a sua própria sonoridade, facilmente reconhecível. A linguagem musical é mais densa e dissonante, o que é frisado pela utilização esparsa da orquestra. Só uma vez, no penúltimo interlúdio, Tippett usa todo o conjunto instrumental – de constituição muito grande – como uma unidade. Portanto, não existem, no *Rei Príamo*, as texturas cuidadosamente moduladas do *Midsummer Marriage*. Em vez disso, há mudanças rápidas no espectro sonoro, passando, por exemplo, das trompas e piano de Príamo para as cordas, que representam Hécuba. Ou dos trompetes e percussão, que descrevem a guerra, para o violão solitário que acompanha a melancólica "O rich-soiled land", em que Aquiles, auto-exilado em sua tenda, lembra com saudades da Pítia natal. Algumas personagens são sempre acompanhadas pelos mesmos instrumentos (Andrômaca e os violoncelos, por exemplo). Mas Tippett nem sempre segue rigorosamente esse método. Para Helena – que, sendo filha de Zeus com Leda, é uma semideusa – há uma variedade grande de recursos. Mas isso pode acontecer também com Príamo, a personagem principal, ou Aquiles, de quem depende o desenlace trágico da história.

O tema da união e da reconciliação não está de todo ausente. No julgamento do ato I, Páris tem de escolher entre três deusas. Afrodite é representada pela mesma cantora que faz Helena, pois encarna a beleza feminina, o amor sensual. Hera/Andrômaca encarna as virtudes da esposa e da família. Atenas/Hécuba, a sabedoria, a maturidade, a experiência. Nenhuma das personagens masculinas – Príamo, Heitor, Páris – tem a seu lado uma companheira que sintetize todas essas qualidades (o que

Jennifer, nas *Bodas do Verão*, que se desenrola no plano do ideal, há de representar para Mark).

A ópera chama-se *Rei Príamo* porque é ele a personagem central: como pai, tem de escolher entre a vida para o filho ou a morte para Tróia. A solução racional do início é contrariada pela opção emocional de quando eles se reencontram. A reconciliação, no seu caso, só virá quando, depois de perder o filho mais velho, tiver de se humilhar diante do inimigo, para recuperar seus despojos. Ao dizer que o tema de sua ópera é "a natureza misteriosa das escolhas humanas", Tippett não está apenas afirmando que as nossas opções podem ter conseqüências imprevisíveis. Implicação mais profunda é a de que, a menos que uma compreensão mais ampla de nossa responsabilidade pese nessa escolha, ela será leviana, e trará em si o embrião do desastre. Essa é uma reflexão que, aplicada à realidade européia pós-II Guerra, às voltas com a Guerra Fria e com a rápida ascensão do conflito Leste/Oeste, está cheia de significado. E o pré-requisito para essa compreensão é o entendimento que precisamos adquirir de nossas luzes e de nossas sombras.

Mas, antes de ser uma reflexão filosófica, *King Priam* é teatro. E teatro de ótima qualidade. Nem é indispensável ter conhecimento da *Ilíada* para seguir a intriga, embora as ressonâncias desses nomes famosos sejam maiores quando o ouvinte está familiarizado com a história da Guerra de Tróia, tal como Homero a contou. É uma peça em que há momentos muito envolventes de drama musical:

- o ritmo frenético da caçada ao touro (I,2), que se congela quando Príamo reconhece em Páris o filho que acreditava ter morrido;
- os padrões dançantes do violão, que parece reproduzir as cintilações da fogueira, diante da qual Aquiles e Pátroclo estão sentados, relembrando a terra natal, de que sentem saudades (II,2);
- os trompetes que soam como se viessem de longe, do Hades, quando Aquiles pede à sombra de Pátroclo que o perdoe por tê-lo deixado morrer;
- a cena, no final do ato II, em que Heitor, Príamo e Paris agradecem aos deuses, após a morte de Pátroclo ("O Zeus, King of all gods and goddesses"), e seu hino é entrecortado pelo grito de guerra de Aquiles, que soa como o urro assustador de um animal ferido.

Grandes monólogos de tom declamatório pontuam o desenvolvimento da trama:

- "So I'd hoped it might be", em que Príamo revive a decisão tomada no dia do nascimento de Páris;
- "If I fetch her, she will come", em que o príncipe decide levar Helena consigo para Tróia;
- "Ah, there is foreboding in the heart and in the home", em que Andrôma fala de seus sombrios pressentimentos.

Esses monólogos enfatizam os sofrimentos a que as personagens estão expostas, e o isolamento umas das outras em que vivem. A maior parte da obra é muito tensa. O *finale* do atos I (a maldição de Atena e Juno) e o do II (a morte de Pátroclo), por exemplo, são carregados da premonição da tragédia. Em contraste com esses tempos fortes, os instantes de lirismo e de compaixão ganham muito relevo. O mais comovente deles – um dos grandes momentos de toda a ópera do século XX – é a cena 3 do ato III, passada no acampamento grego. A Príamo, que pede a devolução do corpo de seu filho, Aquiles diz:

> There is indeed the body of Hector.
> But cruel as I am,
> I will not force you to uncover it.
> It is mutilated shamefully,
> and by my own hands.
> For this flesh is Hector's and not,
> and not, and never the living flesh of him I loved,
> the gentle prince Patroclus.

A resposta de Príamo é ajoelhar-se diante dele, abraçar seus joelhos e beijar as suas mãos:

> I clasp your knees, Achilles,
> and kiss your terrible, man-slaying hands.
> Think on your father, Achilles,
> the lone old man in Greece,
> waiting for you to return. [...]
> For I have done what no father did before:
> kissed the hands of him who killed my son.

E com isso desperta a piedade de Aquiles que, tomando seu rosto entre as mãos, diz:

Old Man, I am touched.
Brutal Achilles has felt pity!
You shall have the body to take back to Troy.

O coração da ópera está na música serena que acompanha a cena, profundamente dolorida, em que os dois inimigos sentam-se no escuro, bebem vinho, falam da morte de um e de outro, e descobrem o perdão mútuo:

ACHILLES: Come, old father, you are tired, you shall stay here the night. Let us drink wine. I drink to my death, the death of dazzling Achilles.
Since I failed Patroclus, I want only my death.
PRIAM: I go to a different death, Achilles.
ACHILLES: I shall die first, and in the battle. Which of the Trojans will kill me? Tell me that.
PRIAM: Paris will kill you, Paris. my son.
ACHILLES: And who will kill you at the altar, King Priam? My goddess mother told me. So I will tell you. Neoptolemus will kill you at the altar. Neoptolemus, my son.

(Ali está, de fato, o corpo de Heitor. Mas, por mais cruel que eu seja, não te forçarei a descobri-lo. Ele foi vergonhosamente mutilado[11], e pelas minhas mãos. Pois esta carne é a de Heitor, e não, e nunca a carne viva daquele que eu amei, o gentil príncipe Pátroclo.//Abraço-me a teus joelhos, Aquiles, e beijo a tua terrível mão, matadora de homens. Pensa em teu pai, Aquiles, o velho solitário, na Grécia, esperando pelo teu retorno. [...] Porque fiz o que nenhum pai fez antes: beijei as mãos daquele que matou meu filho.//Velho, estou comovido! Aquiles, o brutal, sentiu piedade! Terás o corpo para levá-lo de volta a Tróia.//Vem, velho pai, estás cansado, hás de pernoitar aqui hoje. Vamos beber vinho. Bebo à minha noite, à morte do resplandescente Aquiles.//Vou para uma morte diferente, Aquiles./Morrerei primeiro, e na batalha. Qual dos troianos me matará? Diga-me isso.// Páris te matará. Páris, meu filho.//E quem te matará no altar, rei Príamo? Minha deusa-mãe me contou. E eu te contarei. Neoptolemo te matará no altar, Neoptolemo, o meu filho.)

Em *King Priam*, vamos encontrar o ponto de partida para vários dos procedimentos que, mais tarde, Tippett empregará tanto em seu teatro quanto em sua obra concertante. Para conhecer essa obra-prima do drama lírico no século XX, existe, no selo Decca, a excelente gravação de David Atherton, feita em 1981 (Harper, Palmer, Minton, Murray, Langridge, Tear, Bowen, Allen, Roberts, Wilson-Johnson,

11. Além de matar Heitor, Aquiles o aviltou: amarrou o cadáver à sua biga e puxou-o, dando voltas às muralhas de Tróia, até ele estar despedaçado.

Bailey). Existe também em vídeo uma montagem da Opera North de Kent.

Após *Rei Príamo*, Tippett explorou o mesmo estilo, método estrutural e até algum material temático da ópera na *Sonata n. 2* (1962) e no *Concerto para Orquestra* (1963). E no oratório *The Vision of Saint Augustine*, deu prosseguimento às reflexões sobre a nossa percepção do tempo, num contexto de experiência mística. A ópera seguinte marcará o retorno ao terra-a-terra.

A *Flauta Mágica* tinha sido a fonte de inspiração para as *Bodas de Verão*, em que o equilíbrio, o meio-termo, que permitirá a união feliz, é encontrado por um rapaz de vida interior insuficientemente desenvolvida, e por uma moça que nunca dera muita atenção a seus sentidos. Agora, o ponto de partida será *Cosi fan tutte*: dois casais, um homem mais velho, uma jovem criada, um grupo de personagens cuja vida interior está em desacordo com a exterior e que, no final, serão levados, não ao *happy ending* convencional, mas à possibilidade de um recomeço. No centro da ópera, continua a idéia do casamento que deu errado, mas pode ser consertado.

A ação de *The Knot Garden* passa-se "no presente" e trata de questões contemporâneas: as conseqüências de uma vida solitária e os problemas de relacionamento devido ao homossexualismo, aos preconceitos raciais, à tortura de prisioneiros políticos; e, de um modo geral, ao conflito entre a vida interior e pública das personagens. Se, por um lado, a estrutura em cenas curtas e rápidas e a linguagem musical multifacetada dão continuidade ao que Tippett tinha feito em *King Priam*, a dramaturgia intimista e densamente concentrada é de natureza inteiramente nova em seu teatro. A rapidez de movimento das cenas é resultado da aplicação de técnicas aprendidas com o cinema e a televisão – em especial as seções *fade out/fade in*, que fazem o final de uma cena "dissolver-se" no início da seguinte – e dos procedimentos modernos de iluminação teatral. Na essência, *The Knot Garden*, estreada em 2 de dezembro de 1970, no Covent Garden, é um produto da fusão de técnicas contemporâneas de psicoterapia com idéias extraídas da *Tempestade* shakespeareana. Como acontecera com a *Flauta Mágica* nas *Bodas de Verão*, as referências à última peça de Shakespeare são mais uma demonstração de que, em Tippett, é instintivo ir buscar, na tradição cultural, formas e temas que ele retrabalha à sua maneira. De todas as óperas de Tippett, *The Knot Garden* é a mais radical, no que se refere à rejeição de explicações necessárias na narrativa convencional. Há fios que ficam deliberadamente soltos, e os motivos têm de ser deduzidos a partir de pistas que o libreto mais sugere do que fornece claramente.

A paisagista Thea e o engenheiro civil Faber estão na casa dos trinta anos. Como o nome dele indica, Faber é um *maker*, um homem prático, que faz coisas: a propósito dessa personagem, Tippett cita a máxima latina *Faber est quisque fortunae suae* (O homem é o artífice de sua própria fortuna). Thea possui o nome que os gregos costumavam usar, de forma dual, para designar Demeter e Perséfone. Enquanto Faber vive no mundo lá fora, o do trabalho, o da construção, ela se refugia em seu jardim – em sua vida interior –, para defender-se do estranhamento cada vez maior que há no relacionamento dos dois.

Thea pediu ao psicanalista Mangus que viesse passar o final de semana em sua casa, para ajudá-los com os problemas de Flora, a criada adolescente, obcecada com o assédio sexual do patrão, problemas em parte reais, em parte fruto de sua imaginação. Não é por acaso que essa menina virgem tem um nome ligado a flor, e ao verbo *deflower*. No ato II, ao manifestar o desejo por ela, Faber lhe dirá: "Give me your flowers". Mangus logo percebe, porém, que o verdadeiro problema é o casamento de Thea e Faber: eles estão em crise e precisam ser tratados. O psiquiatra planeja, então, um tipo de terapia em que os hospedeiros projetarão seus sentimentos nas personagens da *Tempestade*, e os encenarão numa série de "charadas" que ele extraiu da peça de Shakespeare.

Faber fará o papel de Ferdinando, e Flora, o de Miranda. Mangus pede a Thea que chame dois amigos que possam representar Ariel e Caliban. Ela convida o compositor Dov (a palavra *dove*, pomba, associa-se à noção de paz, e é também usada como sinônimo de "querido"). Dov é homossexual – nesse sentido, uma projeção da figura do próprio Tippett – e traz consigo o amante, o escritor negro Mel (nome ligado à idéia de doçura). O papel de Próspero que, com suas "artes mágicas", resolve os problemas na peça de Shakespeare, será feito pelo próprio Mangus. Thea, por uma questão de cuidado com a sua susceptibilidade, não será incluída nesse drama terapêutico.

A ópera se passa no jardim da casa de Thea e Faber, cercado de altos muros, que o isolam da grande cidade industrial em que a casa está situada. Aqui cabe um comentário ao título. *Knot* (ou "parterre") significa "canteiro"; a palavra é usada para designar os jardins muito formais, de canteiros ornamentados, trazidos da França no século XV. Os *knots* assumiam, geralmente, a forma de canteiros com padrões geométricos, nos quais eram plantadas ervas odoríferas como a manjerona, o tomilho, a lavanda ou o rosmarinho. O jardim em que se passa a história vai mudando metaforicamente de formato, de acordo com a situação. O jardim de canteiros regulares pode converter-se num intrincado labirinto ameaçador; ou no jardim de rosas, cenário, segundo a tradição poética persa, do encontro dos amantes. Para conhecer a terceira ópera de Sir Michael Tippett, existe, no selo Philips, a gravação de sir Colin Davis, feita em 1973 (Gómez, Barstow, Minton, Tear, Carey, Herincx, Hemsley).

*Confrontation* – As personagens nos são apresentadas. Mangus está testando a sua capacidade de invocar uma tempestade e fazer o grupo acreditar que se encontra numa ilha mágica. Ele se sente como Próspero: "Man of power. He put them all to rights". Flora vem correndo e se atira nos braços de Thea, dizendo que Faber a está assediando sexualmente. Thea discute com o marido, por ele estar tentando seduzir a garota, em vez de tratá-la como um pai. Sozinho, Faber reclama da mulher mas, ao mesmo tempo, lamenta o desgaste do casamento. Mangus se dá conta de que os donos da casa é que necessitam de ajuda terapêutica.

Flora avisa a Thea que sua irmã Denise está para chegar. Depois, assusta-se ao deparar com Dov e Mel vestidos como Ariel e Caliban. Thea e Mangus trazem drinques. Enquanto o psiquiatra e Flora vão preparar as roupas para as charadas, a dona da casa insinua-se eroticamente para o lado de Dov, o que o deixa muito perturbado. Faber chega e tenta seduzir Dov, mas eles são interrompidos pela chegada de Thea e Mel. A situação torna-se explosiva com a entrada de Denise, descrita como "uma dedicada *freedom-fighter* (lutadora pela liberdade)". Ela esteve na prisão por motivos políticos, manca devido às torturas a que foi submetida e, na longa ária "O, you may stare in horror", descreve seus sentimentos e termina dizendo: "Não posso esquecer. Não posso perdoar. Como é possível voltar para casa, para vocês, os belos e danados?"

O grupo se defende e comenta suas emoções no quinteto "Do, do not, do not torment me, baby". A forma musical assumida por esse trecho é a do *blues* que, para Tippett, "relaciona o êxtase com a melancolia". Nesse quinteto, Mel pede para não ser atormentado; Dov diz que aceitará o amor tal qual ele venha; Flora reage como uma menininha perdida, em busca de si mesma; Faber diz que quer o amor da forma mais simples e direta possível; e Thea prefere retrair-se em seu jardim, para não arriscar se ferir.

*Labyrinth* – Mangus manipula as personagens, levando-as a viver uma tempestade de pesadelo, ao longo da qual, numa série de duetos, elas expressam seus desejos reprimidos e seus antagonismos. Thea e Denise falam indiretamente de seus problemas, uma dando a entender que o relacionamento com Faber está em crise; a outra deixando-nos perceber que tem dificuldade em aceitar o amor de um homem. Faber tenta novamente seduzir Flora ("Give me those flowers"), ela resiste e é salva pela entrada de Thea, que tem nova discussão violenta com o marido.

Quando a esposa se retira, irritada, Faber tenta outra vez seduzir Dov, e poderia ser bem-sucedido se, de repente, não se perdessem no labirinto em que o jardim se transformou. Mel recrimina o amante por se sentir atraído pela masculinidade de Faber – isto é, por algo superficial, puramente carnal, e não por um relacionamento humano verdadeiro. À resposta de Dov, "the heart's my family", Mel retruca que ele deveria tentar conhecer-se melhor.

Agora, é a vez de Mel encontrar-se com Denise: dentro do grupo, ele é quem mais a atrai, por ser negro e, como ela, também pertencer a um grupo perseguido e discriminado. Dov, sentindo-se identificado com a solidão de Flora, oferece-lhe consolo. Num momento de grande enlevo, ela canta para ele *Die liebe Farbe* (A Cor Amada), o *lied* de Schubert, e ele responde com a ária "I was born in a big town", em que a convida a deixar aquele lugar tristonho e ir com ele "para a dourada Califórnia, onde as palmeiras crescem e ficam tão altas". Um jardim de rosas se forma à volta deles e os acolhe. Mas Mel aparece e a sombra do amante negro cai sobre os dois.

*Charade* – Mangus dá início ao jogo baseado nas cenas da *Tempestade*, tendo Thea e Denise como espectadoras. Mel/Caliban rasteja no chão, e Dov/Ariel está no alto de uma árvore, celebrando a liberdade, a luz, o ar. Mangus/Próspero mostra a Flora/Miranda o seu poder mágico mas, quando abala a árvore, Dov cai em cima de Mel e os dois saem fora do roteiro. Thea lembra a Mangus que ele está tratando com seres humanos, não com atores. A terapia perturba Denise, que prefere situações claras e bem definidas, mas a irmã lhe lembra que, no amor, as coisas sempre são misturadas, nunca puras.

Na pantomima seguinte, Flora/Miranda adormece, enquanto Dov/Ariel monta guarda, e Mangus/Próspero os observa à distância. Mel/Caliban tenta violentá-la, mas Denise o impede. Horrorizada por ter-se dado conta de que, em Mel, há um lado Caliban, e a sensualidade do negro, que a atrai, manifesta-se num indivíduo que é também homossexual, Denise afasta-se, chorando. Dov convence Mel a ir atrás dela, pois ele foi manipulado de forma a desempenhar o papel de "black soil for white roses" – o "negro terreno" necessário para que "as alvas rosas", as emoções de Denise, desabrochassem. Thea pergunta a Mangus se ele é realmente um homem poderoso, ou apenas um alcoviteiro e um *voyeur* que se diverte com essas cenas. A resposta dele é aprofundar ainda mais a metáfora da *Tempestade*.

Flora/Miranda joga xadrez com Faber/Ferdinando, mas desobedece às regras, virando o tabuleiro, e fugindo com Dov/Ariel. A falsidade do relacionamento de Faber com ela é expressa na maneira pomposa e caricata como eles falam um com o outro. Faber diz que a cena foi incorretamente interpretada. Cata no chão as peças do xadrez, arruma-as de novo no tabuleiro, e diz a Thea que está na hora de pensarem em uma renovação de seu casamento.

Dov/Ariel foi preso por ter raptado Miranda, e está na cadeia, algemado. Mangus/Próspero é o juiz e Faber/Ferdinando, o carcereiro. O juiz o absolve e liberta. Mel/Caliban é trazido, com algemas, e mandado de volta para a prisão (ou a escola), apesar dos pedidos de clemência de Flora/Miranda. Quando Dov/Ariel começa a provocar Mel/Caliban, zombando dele, Mangus se dá conta de que foi pretensioso na forma de conduzir a terapia. Interrompe o jogo, dizendo estar na hora de parar a representação, e dirige-se para a boca de cena.

No *finale*, Mangus diz ao grupo – e aos espectadores – que o lado Caliban de nossa natureza não há de nos salvar. E que a intervenção de um Próspero mágico/analista tampouco é a solução. Talvez o mundo não dure muito tempo mais: "A ilha está condenada a afundar no mar". Mas cada personagem aprendeu que a única esperança está em aceitar o que cada um de nós tem a oferecer. Dessa forma, podemos nos libertar da "gaiola interior" e ter um relacionamento mais significativo um com o outro. Vozes vindas dos bastidores acompanham Dov, enquanto ele canta "Come unto these yellow sands". Depois, todos se retiram: Denise parte com Mel; Flora vai embora sozinha, mas sentindo-se madura e independente, cantando e dançando. Dov fica isolado, depois vai atrás de Mel e Denise. O final de sua história, na verdade, só será contado depois que a ópera terminar. Mangus desaparece.

No epílogo, Thea e Faber estão sozinhos no jardim, ela selecionando as suas sementes, ele estudando os seus documentos. A noite cai, eles param o que estão fazendo e voltam-se um para o outro. Finalmente compreenderam e aceitaram a natureza um do outro:

> FABER Now I stand up: Faber: man: maker: myself
> THEA Now I stand up: Thea: woman: mother: myself

E querem unir numa só coisa a sensualidade criativa dele e a imaginação germinadora dela. Para nós, a ópera terminou. Para eles, como dizem ao se abraçar, "o pano está apenas se erguendo".

O drama emocional de *The Knot Garden* é dinâmico e se desenvolve rapidamente mas, dentro da estrutura de árias e cenas de conjunto breves, Tippett também abre espaço para números de maiores proporções, como a ária de Denise e o quinteto que se segue. Embora em obras instrumentais, como o *Concerto para Dupla Orquestra de Cordas*, ou no oratório *A Child of Our Time*, Tippett já tivesse demonstrado o interesse pelo jazz e pelo *negro spiritual*, é no *blues* cantado por Mel, no início dessa cena de conjunto, que a atenção dada à cultura popular se manifesta pela primeira vez, dentro de uma de suas óperas. Da orquestra, fazem parte um *jazz kit* e uma guitarra elétrica – o papel dessa última é muito importante em "I was born in a big town", a canção de Dov para Flora, no fim do ato II, um dos mais belos momentos líricos da partitura. Ela se segue a outra página de grande delicadeza, o *lied* de Schubert, em refinada orquestração. Das árias da ópera, a mais inspirada é, sem dúvida alguma, a de Thea no ato III:

> I am no more afraid.
> So we swing full-circle back
> towards the sanctuary of marriage.
> O strange enigma!
> This morning my garden seemed a sanctuary
> from where I hated him and fought all day.
> Now, now I know
> nature is us.
> O strange enigma!
> I am no more afraid.

(Não tenho medo mais. Portanto, podemos dar a volta completa até o santuário do casamento. Esta manhã, meu jardim parecia um santuário a partir do qual eu o odiava e brigava com ele o dia inteiro. Agora, agora eu sei que a natureza somos nós. Ó estranho enigma! E não tenho medo mais.)

De todas as cenas de conjunto, a mais típica da mistura de humanismo e ironia, que caracteriza a visão do mundo de Tippett, é o quinteto com que a ópera se encerra (III,9), antes do Epílogo. Mangus reconhece que "Prospero is a fake" (uma fraude), quebra a varinha mágica, joga no mar o livro de encantamentos, e eles todos chegam à conclusão:

If for a timid moment
we submit to love,
exit from the inner cage,
turn each to each at all,
we sense the magic net
that holds us veined
each to each to all.

(Se, por um tímido momento, submetemo-nos ao amor, saímos da gaiola interior, voltamos uns para os outros e para todos, sentimos a rede mágica que nos mantém ligados uns aos outros e a todos.)

Mas, ao mesmo tempo, a essas palavras cheias de sabedoria, entremeiam-se citações, em tom de zombaria, das *Songs for Ariel* que, anos antes, Tippett tinha composto para uma encenação de *The Tempest* no Old Vic. Essa é a maneira muito hábil que ele encontra de atenuar o possível tom sentencioso e piegas que essa conclusão poderia ter. É apenas na música que as personagens desta ópera vivem. Suas palavras mal são insuficientes para explicar como elas mudam no decorrer da ação. A princípio, Mel e Dov falam de modo artificial e assumem posturas forçadas ("desmunhecadas") e tolas. Depois, encontram um jeito independente de se expressar, humanizando-se plenamente ao fazer isso. Denise liberta-se da música estática, elaborada e concentrada em si mesma da sua primeira ária, trocando-a por uma modalidade mais dinâmica de música, em condições de se combinar com a das outras vozes. De Flora, exige-se que abandone o jeito meio infantil que há em seus melismas, para assumir um tom mais adulto ao se expressar. São principalmente Thea e Faber quem encontram o equilíbrio e uma linguagem musical que os faz convergir um para o outro. A música agitada dele, cheia de ação e com pouco conteúdo, vai ao encontro da forma etérea e demasiado sonhadora como ela se expressava. Na cena final, mesmo preservando a sua identidade melódica, o canto dos dois casa-se, literalmente, harmônica e ritmicamente. E, aí, cobra sentido a epígrafe do libreto, tirada do *Bem Está o que Bem Acaba* shakespeareano: "...simply the thing I am shall make me live" (...é simplesmente aquilo que sou que há de me fazer viver).

O final da história do compositor homossexual, como dissemos, só foi contada depois que a ópera terminou. Logo depois da estréia de *The Knot Garden*, Michael Tippett escreveu as *Songs for Dov*, nas quais fala do destino da personagem. E na segunda parte da *Sinfonia n. 3*, incluiu uma seqüência de *blues*. Ou seja, explorou em obras posteriores algumas importantes ressonâncias de *The Knot Garden*.

- A primeira *Canção para Dov* repete a ária estrófica que ele canta no ato II de *Knot Garden*.
- A segunda, cujo tema são "os *Wanderjahre* (anos de peregrinação), aquela época de ilusão e desilusão, inocência e experiência, pela qual temos de passar antes de atingirmos seja lá qual for a maturidade", contém, em cada uma de suas três estrofes, uma citação: a do "Kennst du das Land", no *Wilhelm Meister*, de Goethe, musicado por Beethoven; a do "Come unto these yellow sands", de Ariel, na *Tempestade*, musicado pelo próprio Tippett; e a "Canção das Sereias", da *Odisséia*, com uma melodia tirada de *King Priam*.
- Na terceira canção, finalmente, Dov viaja "direto para oeste", atravessando a tundra siberiana, até voltar para a "grande cidade" onde nascera. Agora, é um adulto, um artista criativo em luta com "os problemas intratáveis dos poetas quando atingem uma idade estéril". Vai visitar o Dr. Jivago e Lara "na cabana da floresta, em que eles moraram juntos"; mas os dois amantes já voltaram para a cidade. A esse respeito, escreveu Tippett:

Na jornada siberiana da terceira canção, não tentei imitar o maravilhoso senso de espaço que a música russa consegue sugerir. Não teria conseguido nem se tentasse. Mas, ao voltar à cidade, senti-me à vontade para utilizar uma citação de Mússorgski, no momento em que Jivago é encontrado, em seu sótão, escrevinhando a crônica de sua época.

Dov, como eu já tinha tido a ocasião de assinalar, é a personagem de ópera que mais se aproxima do próprio Tippett. Nesse sentido, as referências, nas *Songs for Dov*, à Sibéria, a Mússorgski e às personagens do romance de Borís Pasternak já contêm, em embrião, idéias e situações que vão desabrochar em *The Ice Break* (A Quebra do Gelo), a ópera seguinte.

Ao iniciá-la, portanto, Tippett estava pronto para buscar resposta à pergunta deixada em suspenso no final de *The Knot Garden*: "Sozinha no universo, pode a humanidade confiar a sua sobrevivência à capacidade de amar e de oferecer apoio ao próximo?". Segundo o próprio Tippett, o tema de *The Ice Break* – estreada no Covent Garden em 7 de julho de 1977 – é "saber se seremos capazes de renascer dos estereótipos em que vivemos".

Mais realista e, às vezes, surrealista, do que simbólica, *The Ice Break* encara essa questão de forma dura e sem concessões. Embora tenha um final comovente, que pode parecer encorajador, nada indica que traga ao problema uma solução convincente ou definitiva. Como na maior parte da obra de Tippett, essa penúltima ópera põe em discussão questões da maior importância para o mundo moderno. Mas não tem a menor pretensão de encontrar respostas para elas.

De um modo geral, é difícil saber em que exato momento surge o impulso para escrever uma ópera nova. Mas, no caso de *The Ice Break*, Tippett o situa no dia em que assistiu, no Covent Garden, durante a temporada de 1968-1969, à montagem do *Benvenuto Cellini*, e deu-se conta do efeito que Berlioz tira da massa anônima, mascarada, de carnavalescos. Ao redigir os primeiros esboços do libreto, concluiu que precisaria usar grupos rivais, provavelmente mascarados, para reforçar o anonimato e a idéia de que trabalhava com estereótipos comportamentais. Por isso, além dos fãs do campeão negro de atletismo, a ação opõe dois grupos encapuzados, um de branco, outro de negro, cujas "identidades tribais" serão estabelecidas mediante danças ritualísticas.

É claro que o conflito Leste/Oeste é o pano de fundo para a ação de *The Ice Break*; e é quase certo que os Estados Unidos sejam o país não-especificado no qual as personagens se asilaram, ao fugir da União Soviética – a sua condição de russos é deixada clara pelos nomes que têm. Mas, em ponto nenhum do libreto, Tippett explicita a questão das nacionalidades ou da localização de sua história. Segundo ele diz, o título da ópera, *A Quebra do Gelo*, refere-se "ao ruído, ao mesmo tempo assustador e cheio de bons prenúncios, que a superfície gelada dos rios, no norte do continente, faz ao se quebrar, quando chega a primavera". A inspiração veio de uma frase dita por Stravínski em *Memories and Commentaries*, a série de conversas com seu secretário Robert Craft. Quando este lhe pergunta do quê ele mais gostava na Rússia, Stravínski responde:

> A violência da primavera russa, que parecia começar numa hora bem determinada, quando tínhamos a impressão que a terra inteira estava se partindo ao meio. Esse, durante a minha infância, era o acontecimento mais maravilhoso do ano inteiro.

Metaforicamente, o ruído do gelo se partindo acena para a possibilidade de mudança, que ocorre no momento em que se quebra a crosta que as pessoas deixaram formar-se à sua volta, e elas descobrem estar prontas para a reconciliação, e para dar um rumo novo às suas vidas.

Nádia e seu filho Iúri saíram do país em que viviam depois que seu marido e pai, o dissidente Liev, foi condenado à prisão. Vinte anos se passaram. Após longos períodos em um campo de trabalhos forçados, numa penitenciária e no exílio interno, Liev foi libertado e conseguiu a autorização para vir juntar-se à família no exterior. A ação da ópera se inicia no saguão do aeroporto internacional em que Nádia e Iúri estão esperando a sua chegada. Ali, eles se encontram com Gayle, a namorada de Iúri, e uma amiga dela, a enfermeira negra Hannah. Ambas vieram recepcionar Olympion, o "campeão negro", namorado de Hannah. Uma legião de fãs o espera também e, ao chegar, Olympion age como se espera que ele faça, deixando-se aclamar. Canta a ária "I'm beautiful: I'm black: I'm unbeatable", de linha vocal muito ornamentada, com melismas e a técnica barroca do *hocquet* (a emissão entrecortada, em *staccato*, sugerindo um soluço). No meio da acolhida ao esportista, Nádia dá-se conta de que o homem sobriamente vestido, que a observa de longe, é o seu marido.

Provocado pelo comportamento agressivo de Iúri, Olympion discursou proclamando a causa do *black power*. Estimulada por suas palavras, Gayle defendeu a idéia do liberalismo branco. Ela disse:

> His people have lived in this land
> as long as mine,
> but not in freedom: not as equals

(A gente dele viveu neste país há tanto tempo quanto a minha, mas não em liberdade, não como nossos iguais.)

E colocou-se de joelhos diante dele – o que deixou Iúri muito irritado. Ele ataca Olympion, que o derruba, com isso provocando a confrontação de dois grupos de pessoas, favoráveis e contrárias à não-discriminação racial.

No apartamento de Nádia, ela está comentando com Liev o comportamento perturbado do filho, quando Iúri chega e trata o pai de maneira muito hostil. A tensão cresce, dentro da família de Liev, e entre Olympion e sua namorada. Essas cenas de caráter mais intimista desenrolam-se contra um pano de fundo de violência crescente, que culmina em distúrbios de origem racial. Um deles, de grande violência, é mostrado explicitamente. Os grupos rivais se enfrentam, os brancos, vestidos de forma a lembrar a Ku Klux Klan, cantando:

> A band of pure Caucasians,
> the noblest of the klan,
> we stand in rank together,
> white woman with white man.

enquanto os negros respondem com invectivas:

> Out, out, Whitey out, Whitey out,
> Out, out, Whitey out, whitey out,
> out, out, out, out, out, out,
> burn, baby, burn! Burn baby...

(Um bando de caucasianos puros, os mais nobres do clã, perfilamo-nos lado a lado, mulher branca com homem branco.// Fora, branquelos... fora... toca fogo, neném...)

Durante essa confrontação, uma das figuras mascaradas cai no chão e é morta a chutes e pontapés. Há um tiroteio, Gayle e Olympion morrem, e Iúri fica gravemente ferido. Incapaz de encontrar apoio em Nádia, que está destroçada, é a Hannah que Liev apela, para que o reconforte.

Nádia não consegue mais lutar com os obstáculos que a vida interpõe em seu caminho e, literalmente, entrega os pontos. Está de cama, muito enfraquecida, e Liev lê para ela. Hannah e o jovem Dr. Luke lhes garantem que Iúri vai se recuperar. Mas Liev se pergunta por

quê veio para este país, se o que o esperava era assistir à morte da esposa e ser alvo do ódio do próprio filho. Nádia entoa o seu "canto de cisne", uma longa ária ternária. Na primeira seção, em que se ouve o som dos sinos de trenó, ela se lembra de quando era menina e passeava pela floresta, com seu irmão e suas colegas de escola. Na segunda, fala do quarto em que dormia quando criança – e a música é interrompida pelo som que imita o gelo partindo, na superfície do rio. Finalmente, Nádia se vê deslizando lentamente rio abaixo, num bote que a leva para bem longe. Ao perceber que ela está morrendo, Liev pede: "Nádia, Nádia, espere por mim no Paraíso!".

Segue-se *The Psychedelic Trip*, um interlúdio que se passa no Jardim do Paraíso. Ali, um bando heterogêneo – "gente de todos os tipos, uns durões, outros ternos, hippies, *flower-people*, uns fumando maconha, outros não, mas todos em busca de alguma coisa" –, espera por Astron, o "mensageiro psicodélico". Essa personagem, que aparece de um buraco negro no universo, é cantada, em uníssono, por uma voz feminina grave e uma voz masculina aguda[12]. A mensagem que Astron traz é uma citação de Jung:

> Take care for the Earth.
> God will take care for the rest.

Depois, ele acrescenta:

> Spring comes to you at the farthest
> in the very end of harvest.

(Cuidem da Terra. Deus cuidará do resto.//A primavera chega no máximo no finzinho da colheita.)

Mas quando a multidão começa a chamá-lo de "Mensageiro! Anjo! Salvador! Herói!", Astron repete suas palavras em voz de falsete e, depois, com o tom natural da fala, pergunta: "Vocês estão brincando comigo?", e se evapora.

Estamos de volta ao hospital. Iúri teve de ser engessado dos pés à cabeça, pois tinha múltiplas fraturas. Mas reagiu bem ao tratamento e, agora, o gesso pode ser removido. Ele é libertado dessa carapaça, alegra-se por

---

12. Na estréia, o papel de Astron foi feito pelo mezzo agudo Anne Wilkens e o contratenor James Bowman.

ter sobrevivido ao sofrimento, e o palco é tomado por pessoas que comemoram com ele. Hannah o coloca numa cadeira de rodas, leva-o até onde Liev se encontra, e pai e filho abraçam-se pela primeira vez. As palavras que Liev canta para o seu filho, no final da ópera, pertencem ao poema de Goethe que ele estava lendo para a sua mulher, pouco antes de ela morrer:

> You will always be brought forth again,
> glorious image of God,
> and likewise be maimed, wounded afresh,
> from within or without.
>
> (Sempre serás de novo gerado como a imagem gloriosa de Deus e, da mesma forma, serás mutilado, ferido de novo, de dentro para fora e de fora para dentro.)

Tippett é um dos principais compositores do século XX a trazer para o palco lírico problemas contemporâneos. Se, em *The Knot Garden*, a ênfase estava no relacionamento pessoal, em *The Ice Break* ela se desloca para a dificuldade de comunicação em vários níveis: a hostilidade de determinados regimes à dissensão política e à liberdade de pensamento; o abismo entre as gerações; os conflitos raciais. A questão, aqui, está em reconciliar o indivíduo, como tal, com ele mesmo pois, quando, integrado à massa, o ser humano tende a agir com comportamento estereotipado. Até mesmo a jornada psicodélica, que parece totalmente desvinculada da história que está sendo contada, caracteriza um aspecto típico da juventude na década de 1970: a busca de resposta e saída em religiões alternativas, drogas e coisas semelhantes.

Em *The Ice Break*, não há mais os interlúdios de *King Priam*, que conferiam às cenas curtas um distanciamento épico. Nem a técnica de *fade out/fade in* utilizada em *The Knot Garden*. A linguagem, aqui, tem a ver com a do cinema e, para isso, ajudam muito as entradas do coro, que formam como que "planos" diferentes na imagem, para usar um termo da gramática cinematográfica. O plano geral do aeroporto é reduzido para permitir, dentro da narrativa geral, as cenas mais intimistas, closes que se passam entre Nádia e o marido, no apartamento dela. O mesmo acontece no ato II, quando os planos gerais que se passam na cidade, à noite, são reduzidos para que a atenção do espectador se concentre nos closes de outras seqüências domésticas. No ato III, há três seqüências: a do quarto de Nádia no hospital, em espaço claustrofobicamente fechado; a do Paraíso, em que o palco se abre inteiramente, dando a sensação de espaço infinito; e a da recuperação de Iúri, de novo no hospital, mas numa área mais ampla do que a da primeira cena.

Um som característico – mais do que realmente um motivo – é o do cântico da multidão que, periodicamente, invade a cena. O coro canta de maneira muito variada, inclusive em ritmo de rock. É muito importante a sua participação, como a massa anônima, de comportamento imprevisível, que invade, de tempos em tempos, a moldura intimista dos conflitos domésticos. É forte o efeito de contraste, no ato I, entre os ritmos quadrados, em 4/4, de Olympion, e os metros mais sofisticados de Gayle, oscilando entre 2/3 e 2/3/2. O mesmo acontece, no ato II, nas cenas que retratam o choque entre as gangues antagônicas. Tippett faz aqui a recapitulação de vários temas usados anteriormente:

- uma seqüência rápida e virtuosística de citações no violino e na clarineta (*brillante marcatissimo e con accenti forti*);
- um motivo, nas cordas, em ritmo de marcha (*pesante e non legato*);
- finalmente, uma série de invenções em duas partes, exposta pelo pícolo, o oboé e o corne inglês, com acompanhamento de tambores e piano;
- e essa passagem instrumental se encerra com a intervenção sem palavras dos coros, fazendo "wa wa wa" ou repetindo obsessivamente a consoante "b b b b" – o que dá à cena ambientação primitiva e selvagem.

Contrastando com essas cenas violentas e de música mais espalhafatosa, as passagens interiorizadas, muito líricas, são as mais comoventes:

- o dueto de Olympion e Hannah no ato II, falando de um amor que nunca vai se realizar;
- o poslúdio instrumental, em tom de canção de ninar, que descreve a perplexidade de Nádia e Liev, depois que Gayle e Olympion morrem no motim de rua, e Iúri fica ferido;

- a cena da morte de Nádia;
- a longa ária de Hannah, "Blue night of my soul", precedida por uma introdução instrumental pianíssimo, que se situa exatamente no centro da ópera;
- a melodia associada à lembrança que Liev tem dos poemas que, na Rússia, o apoiavam e lhe permitiam não perder as esperanças: é com essa melodia que a ópera se encerra, depois que Liev termina de citar, para Iúri, o poema de Goethe, que estava lendo para Nádia em seu leito de morte.

Há também duas importantes cenas de conjunto:

- o quarteto do ato II, em que Liev e Nádia, Iúri e Gayle, refletem sobre suas experiências pessoais; a independência de cada voz na trama contrapontística é frisada pelo fato de instrumentos diferentes as acompanharem, separando nitidamente uma da outra;
- e o quarteto do ato III, em que Liev, na sala de espera do hospital, preocupa-se com a recuperação do filho, enquanto Luke, Hanna e Iúri, na sala de cirurgia, preparam-se para a operação.

Eric Walter White, o autor de *Tippett and his Operas*, excelente estudo publicado em 1979, chama a atenção para o fato de que *Ice Break* leva adiante o processo, constante desde *King Priam*, de condensação e economia na expressão dramatúrgica do compositor. White compara a duração de suas quatro primeiras óperas – *The Midsummer Marriage*, 150 min.; *King Priam*, 116 min.; *The Knot Garden*, 87 min.; e *The Ice Break*, 75 min. – para demonstrar como ele comprime progressivamente os seus libretos e partituras, transmitindo a mensagem de forma cada vez mais sintética. Essa tendência será modificada, porém, pela última ópera, que se estende por 90 min., um pouco acima da duração do *Knot Garden*. Na estréia de *Ice Break*, a regência foi de Sir Colin Davis – a quem a ópera é dedicada –; a direção, do americano Sam Wanaaker; os cenários e figurinos, de Ralph Koltai, a coreografia, de Walter Raines. Foram muito elogiados os efeitos de raio-laser usados, na cena do Jardim do Paraíso, pelo iluminador David Hersey.

Tippett achava que *The Ice Break* seria a sua última obra para o palco. Dedicou-se a uma série de grandes projetos instrumentais, a *Sinfonia n. 4*, o *Quarteto n. 4*, o *Concerto Triplo*. Em 1982, escreveu uma grande peça – o oratório *The Mask of Time* – que, embora não pertença ao gênero operístico, precisa ser mencionada aqui, pois contém elementos que ajudam a entender seu retorno, aos 83 anos, ao palco lírico com *New Year*.

Encomendado para comemorar o centenário da Sinfônica de Boston – a estréia foi nessa cidade, em 5 de abril de 1984, sob a regência de Sir Colin Davis – o oratório é o resultado de um vasto projeto que data de 1973 (iniciado, portanto, pouco depois de *The Knot Garden*). Para essa reflexão sobre a natureza transcendente da condição humana, Tippett afirma ter sido influenciado pela *Jerusalém*, de William Blake, os *Last Poems* de W. B. Yeats, além de ter na lembrança, enquanto escrevia a partitura, o quadro *De Onde Viemos? O que Somos?*, de Paul Gauguin. Seu biógrafo Meirion Bowen afirma, na introdução ao álbum EMI, com a gravação de Andrew Davis (Robinson, Walker, Tear, Cheek):

> O ponto de vista de Tippett tinha de ser moderno. Ele achava que não podia ignorar os avanços científicos que, neste século, expandiram as fronteiras do conhecimento e da comunicação, ampliando de maneira tremenda a nossa noção de tempo e espaço. Desde o princípio, estava claro para ele que não podia tomar o partido de uma determinada divindade, ou associar-se a qualquer ideologia, credo ou postura intelectual específicos.

A humanidade da *Máscara do Tempo* tenta, portanto, compreender a pluralidade do mundo em que vive, não só para sobreviver, mas também para celebrar conscientemente a sua própria humanidade. O oratório retoma a preocupação que Tippett teve com a relação entre o ser humano e o tempo, muito visível em outro oratório, *The Vision of Saint Augustine* (1965), profundamente marcado pela leitura de Henri Bergson e Carl Jung. Está presente também a idéia da "polaridade entre o conhecimento obtido através dos processos intelectuais e aquele a que se chega através da profunda sensibilidade interior" (tema presente tanto em *Midsummer Marriage* quanto em *The Knot Garden*).

A idéia por trás da *Máscara do Tempo* surgiu em 1973, quando Tippett assistiu, na BBC, à série de documentários que Jacob Bronowski realizou a partir de seu livro *The Ascent of Man*. As teorias de Bronowski o marcaram de tal forma, que Tippett cita, no sétimo movimento do oratório, trechos do quarto capítulo de seu livro, "The Hidden Structure", em que ele evoca o trabalho dos alquimistas. Da mesma forma, reproduz, no terceiro movimento, o texto em que Bronowski atribui a um "acidente genético" a criação de sociedades sedentárias, quando o desenvolvimento da agricultura de subsistência fez os grupos nômades se estabelecerem em lugares fixos.

Mas o compositor nem sempre esposa pontos de vista idênticos aos de Bronowski. Esse autor tem a confiança de que a ascensão humana será constante, apesar dos distúrbios e catástrofes, "e da decisão escapista de se refugiar em atitudes falsamente profundas, como o zen budismo". Tippett é mais cético: sua atitude é a do artista que tem de defender valores que estão correndo perigo, pois são ignorados por uma sociedade que põe seus recursos a serviço da tecnologia, esquecendo-se do lado humano (reflexos disso estão muito claros em *The Knot Garden* e *The Ice Break* e aparecerão em *New Year*).

Nas reflexões da *Máscara do Tempo* sobre a posição do Homem no universo e suas relações com o tempo está, portanto, embutida a crítica de uma ciência e de um avanço tecnológico que podem trazer consigo conseqüências muito perigosas. Mas se a ópera seguinte incorpora essa ordem de preocupações, ela também retoma o fio de uma temática presente na primeira obra para o palco pois, se lá tínhamos o rito do verão, aqui é o rito do inverno que será a imagem utilizada. A realidade (a violência urbana) e a fantasia (as seqüências de sonho dentro de uma espaçonave, no futuro) vão interagir e, uma vez mais, o tempo ficará em suspensão.

Desde que visitou pela primeira vez os Estados Unidos, em 1965, Tippett apaixonou-se pelo país e passou a considerá-lo, espiritualmente, a sua segunda pátria. Promoveu importantes apresentações de suas óperas em teatros americanos: *The Knot Garden* (22.2.1974) no teatro da Northwestern University, em Evanston, no Illinois; *The Ice Break* (18.5.19759) no Savoy Theater de Boston; *The Midsummer Marriage* (15.10.1983) no War Memorial Opera House de San Francisco; e *King Priam* (1.7.1994), no Artaud Theater de San Francisco. Escreveu *The Mask of Time*, como disemos, para a Sinfônica de Boston. E estreou *New Year* (Ano Novo) no Cullen Theater do Wortham Center, em Houston, no Texas, em 27 de outubro de 1989. Só em 1º de julho do ano seguinte a ópera foi ouvida pela primeira vez na Inglaterra, durante o Festival de Glyndebourne.

A influência da televisão – com o uso do Apresentador, que faz a ligação com a platéia – e das técnicas de teatro musical estão presentes em *Ano Novo*, em que o coro e as danças, entremeados a números solistas em estilo de canção standard, de musical, desempenham papel muito importante. Continua também o interesse de Tippett em fazer o cruzamento das formas eruditas com as da cultura popular – neste caso as da música afro-caribenha.

A ação se passa "em algum lugar" não-especificado. A órfã Jo Ann, estudante de pediatria, pensa em como fará para superar o medo que tem do mundo exterior. Donny, seu irmão adotivo, zomba dela e a provoca até ser interrompido por Nan, a outra irmã. Em resposta às recriminações de Nan, canta e dança a "Skarade", a música com a qual se associa. No interlúdio, que se passa "em lugar nenhum", Merlin, o mago da informática, que projetou a nave espacial, está mostrando a Pelegrin, o navegador, o seu novo computador. Mostra imagens do passado, mas não do futuro. Merlin tenta de novo e projeta, na tela, o rosto angustiado de Jo Ann. Pelegrin fica fascinado com ela, mas Regan, seu patrão, está preocupado apenas com a viagem que têm de fazer em direção ao Ano Novo e ao futuro. Pelegrin encontra uma foto de Jo Ann, vai à sua procura e descobre onde ela está. Mas a nave em que deve viajar sai voando antes mesmo que possam se tocar.

A multidão está se preparando para o ritual de Ano Novo. Jo Ann e seus irmãos adotivos participam da cerimônia. Um xamã aparece, dança até cair em transe e elege Donny o bode expiatório do ano velho, que será espancado ritualmente até expurgar todas as impurezas do ano que passou. À primeira badalada da meia-noite, a nave espacial aterrisa. Pelegrin desce à procura de Jo Ann. Donny quer ser o centro das atenções; mas Regan os interrompe, dizendo que a nave não pode demorar muito ali, e tem de partir imediatamente. A multidão fica furiosa, põe a culpa em Donny por a nave ter ido embora e, dessa vez, ele é espancado para valer. À décima segunda badalada da meia-noite, enquanto a multidão canta *Auld Lang Syne*, Jo Ann leva embora o irmão, todo machucado.

Vieram de novo procurar Donny e, antes de ser levado embora, ele dá à sua irmã um "vídeo mágico", em que gravou os seus sonhos. Pelegrin volta a procurar Jo Ann e leva-a para escolher onde quer beber: na "fonte do esquecimento" ou no "lago da lembrança". A moça prefere as águas do lago, eles se confessam seu amor, e Pelegrin a leva ao Jardim do Paraíso, onde ela executa a Dança da Paz Interior, e o rapaz acolhe a flor que lhe oferece. Depois, vai embora, e Jo Ann continua dançando, segurando a rosa nas mãos. Merlin e Regan são vistos ao fundo amaldiçoando Pelegrin, pois esse dá mais atenção à moça do que a seus deveres como navegador da nave espacial. Quando Pelegrin volta, estende para Jo Ann a mão aberta e a rosa aparece em sua palma. O Apresentador diz que, agora, Jo Ann está pronta para abrir a porta e arriscar-se no mundo exterior. Enquanto ela o faz e vai lá para fora, o Apresentador proclama o "sonho universal": "uma só humanidade, uma só justiça."

Seja quais forem as correspondências temáticas entre *As Bodas do Verão* e *Ano Novo*, as duas óperas habitam universos musicais muito diferentes. Aqui, Tippett usa sons pré-gravados na música da nave espacial, enquanto, na orquestra, há cinco saxofones, guitarra e baixo elétricos, além de uma vasta bateria. A "Skarade" cantada por Donny tem estilo afro-caribenho e, nas suas intervenções do ato II, ele imita a declamação do *rap* com acompanhamento de percussões. Mas há também momentos líricos: a ária "Children of the terror town", em que Jo Ann fala de seus medos, e cuja melodia torna-se seu *leitmotiv*; ou as passagens que ela canta em dueto com Pellegrin.

Todas as personagens têm música muito individualizada, demonstrando uma vez mais a capacidade de Tippett de conceber, economicamente, motivos que condensam situações dramaticamente complexas. *New Year* é uma ópera rica em incidentes, mas tem um fluxo musical bastante fácil. De modo geral, a estrutura de seus atos é clara e, em cada um deles, uma grande cena de conjunto – dueto, trio, quarteto – constitui o eixo em torno do qual organizam-se os demais números. O gosto de Tippett pela autocitação é ilustrado, aqui, pelo reaparecimento, no dueto e na dança de Jo Ann do ato III, das melodias escritas para a cena do Jardim do Paraíso, na *Máscara do Tempo*.

Não existe, que eu saiba, gravação de *Ano Novo* mas, no selo Chandos, acoplada à *Sinfonia n. 2* com a Sinfônica de Bornemouth, regida por Richard Hickox, há a *Suite from New Year*. O próprio Tippett preparou seus dezessete movimentos, a partir de música ouvida na ópera, por encomenda da Sinfônica de San Francisco, que a estreou em 1990, regida por Murray Tang.

As cinco óperas de Sir Michael Tippett oferecem uma interpretação muito pessoal da natureza do drama lírico. Em geral, trabalham com a idéia de que o gênero deveria explorar, no entendimento humano, camadas mais profundas do que é comum encontrar nas formas convencionais de narrativa. Suas personagens podem ter características pessoais nitidamente definidas; mas tendem, com freqüência, para o arquetípico. Duas delas, *Rei Príamo* e *A Quebra do Gelo*, têm um "roteiro" mais fortemente delineado do que as demais, mas nem por isso deixam de ter uma carga simbólica.

Tippett justifica a sua maneira de trabalhar dizendo que, se a música dramática está imperfeitamente equipada para conduzir objetivamente a narrativa, ela possui, em compensação, no plano subjetivo, instrumentos especialmente apropriados para expressar os sentimentos, as emoções e as intuições que formam a base do comportamento humano. Na sua opinião, a conseqüência disso é poder-se atribuir à ópera, dentro da sociedade, um papel terapêutico, pois ela permite a seus ouvintes ter, por meio da música, *insights* sobre a sua própria psicologia. A origem dessa idéia está numa crise pessoal vivida em 1938.

À ruptura de um relacionamento amoroso tumultuado, e aos problemas com a rejeição social a seu homossexualismo assumido, veio somar-se a desilusão com a incapacidade dos governantes em controlar a ameaçadora situação política européia, que logo levaria à eclosão da II Guerra. Para se reequilibrar, Tippett decidiu fazer um curso de auto-análise com um seguidor de Jung. Como resultado disso, não só passou a se sentir mais centrado como indivíduo, mas também rompeu com o grupo trotskistas em que vinha militando desde o início da década de 1930. Optou por dedicar-se exclusivamente à composição. Mas desde *A Child of Our Time* – até hoje a sua obra mais popular – manifesta-se nele a tendência a abordar em suas peças temas da atualidade, pouco comuns no repertório concertante ou operístico.

O que lhe deu a confiança para agir dessa maneira, e para ser um pacifista e objetor de consciência assumido – a ponto de, como dissemos no início deste capítulo, ter sido preso em 1943 – foi a sua compreensão do princípio junguiano da oposição entre sombra e luz, que existe dentro de cada um de nós (e que ele cita no final de *Um Filho do Nosso Tempo*)[13]. Entre 1940-1951, Tippett adquiriu muito prestígio como diretor musical do Morley College, onde organizou os programas de concerto mais ousados ouvidos em Londres durante o final da guerra e na fase de imediato pós-guerra. A aceitação como compositor, porém, demorou mais a chegar. Muitas vezes as suas obras foram descritas como fruto de uma mente diletante, com pouco senso prático – resultado da perplexidade dos críticos diante de seus libretos complexos e das idéias expressas em seus ensaios. Mas a reavaliação se iniciou com o sucesso de *King Priam*, desde a estréia, em 1962, e da transmissão de *Midsummer Marriage* feita pela BBC no ano seguinte. De lá para cá, o grau de criatividade de uma produção muito volumosa em que, ao lado das óperas, há sinfonias, concertos, sonatas, quartetos e obras vocais, lhe deu projeção internacional, como um dos grandes nomes da música inglesa no século XX.

Sir Michael Tippett esteve em São Paulo em 1985. Em 25 e 27 de outubro, apresentou-se na Sala Cidade de São Paulo, para onde tinham sido transferidas as atividades do Teatro Municipal, na época em reforma. Na primeira parte, regeu o seu *Concerto para Piano e Orquestra*, tendo Paul Crossley como solista. Na segunda parte, Harry Lyth dirigiu *A Child of Our Time*. Os solistas foram Regina Elena Mesquita, Lenice Prioli, José Antonio Marson e Luiz Orefice. O Coral da Cultura Inglesa foi regido por Celso Antunes[14].

## Frankel

A reputação de Benjamin Frankel (1906-1973) baseia-se sobretudo em suas oito sinfonias, escritas entre 1952 e 1972. Tendo, na juventude, trabalhado como relojoeiro, ele iniciou os estudos musicais na Alemanha. Ao retornar à Inglaterra, precisou trabalhar como pianista em restaurantes e grupos de jazz, para se sustentar. Colaborador muito ativo dos estúdios cinematográficos ingleses, é o autor de trilhas sonoras para uma centena de filmes, entre eles *The Seventh Veil* e *The Man in the White Suit*, um dos grandes sucessos de Sir Alec Guinness.

Desde a *Primeira Sinfonia*, Frankel desenvolveu um idioma muito pessoal, que parte do serialismo, mas tende a utilizá-lo de forma tonal, e permanece lírico até mesmo quando recorre à dissonância. Tem também preocupação – muito clara no *Violin Concerto to the Memory of the 6 Million* (1956), dedicado às vítimas do Holocausto na II Guerra – com a clareza e a acessibilidade, resultado de suas convicções ideológicas, como membro do Partido Comunista Britânico. Essa é a linguagem

---

13. Segundo Jung, a sombra constitui a totalidade de nosso inconsciente pessoal, mas com um forte núcleo arquetípico, herdado do inconsciente coletivo. Compõe-se de nossos desejos reprimidos, impulsos primitivos e não domados pela civilização, tudo que em nós é imaturo. Seu lado arquetípico é expresso pelos símbolos que normalmente associamos à idéia do Mal.

14. Celso Antunes, amigo querido a quem este capítulo é dedicado, é hoje o regente titular do Irish National Chamber Choir. Em Colônia, cidade para a qual se mudou no final da década de 1980, Celso fundou um conjunto dedicado à execução de música contemporânea, que se chamava *Tippett Ensemble*.

utilizada em *Marching Song*, sua única ópera, cujo libreto foi extraído por Hans Keller da peça homônima de John Whiting, grande sucesso no palco em 1954.

Na época em que começou a trabalhar na partitura, em 1972, Frankel já estava muito doente. Ao morrer, no ano seguinte, tinha terminado apenas a parte vocal. A orquestração foi feita por Buxton Orr, visando à apresentação na English National Opera em 1975. Mas a crise financeira nesse teatro fez o espetáculo ser cancelado. *Marching Song* foi ouvida pela primeira vez, em 1983, numa transmissão da BBC.

Um general derrotado volta para a sua capital e abriga-se na casa de sua amante. O ditador do país manda um mensageiro que lhe oferece a alternativa de se suicidar para não ter de enfrentar a humilhação de uma corte marcial. Ao reencontrar a amante, reacendeu-se nele o amor por ela, e o interesse pela vida o faz a princípio recusar a proposta do ditador. Mas as pressões sobre ele são muito fortes e o general acaba tendo de ceder àquilo que o ditador espera dele. O senso dramático de Frankel, que o faz dar à ação desenvolvimento de ritmo muito seguro, contribui para a eficiência desse libelo contra o militarismo.

## Williams

Aluna de Vaughan Williams em Londres, e de Egon Wellesz em Viena, a galesa Grace Mary Williams (1906-1977) desenvolveu desde cedo o interesse pela música dramática. Sua formação musical começou muito cedo, em casa: quando criança, ela tocava violino num trio, com o pai ao piano e o irmão mais velho ao violoncelo. Suas primeiras aulas de composição foram com David Evans, em Cardiff, antes de fazer o curso do Royal College of Music, em 1926. Na década de 1930, Grace Williams fez amizade com Benjamin Britten, que a apresentou aos diretores dos estúdios de cinema, para os quais a compositora colaborou escrevendo trilhas sonoras. Suas primeiras obras para o palco são dois balés – *Theseus and Ariadne* e *The Dark Island* – que também datam dessa fase. Williams nunca aderiu ao atonalismo da II Escola de Viena, com a qual teve contato durante os estudos na Áustria. Mas o estilo diatônico herdado de Vaughan Williams, e muito marcado pelo contato com Britten, é temperado por efeitos cromáticos de origem decididamente não-tonal.

Perdeu-se boa parte da obra de Grace Williams pois, em 10 de maio de 1951 – assinalado em seu diário como *the day of destruction* – a compositora, insatisfeita com seu trabalho, queimou todas as partituras que não considerava dignas de serem preservadas. Ainda assim, temos dela duas sinfonias; a *Sinfonia Concertante* para piano e orquestra; os *Sea Sketches*, de 1944; o poema sinfônico *Castel Caernarfon*, escrito em 1962 para a investidura do Príncipe de Gales; concertos para violino, trompete e alguma música de câmara. A própria Grace Williams escreveu o libreto de *The Parlour*, baseada no conto *En Famille*, de Guy de Maupassant. Terminada em 1961, essa comédia em um ato foi encenada em 1966 pela Welsh National Opera.

Numa cidade inglesa à beira-mar, por volta de 1870, a família se reúne para decidir o que fazer com os bens da avó, que aparentemente morreu. Todos sentem-se aliviados por terem finalmente ficado livres daquela velha ranzinza, que infernizava a todos. Mas a avó estava apenas em estado de coma, ao recuperar a consciência ouviu tudo o que diziam dela, e desperta para tornar a vida de todos ainda mais miserável. É evidente a influência, sobre essa comédia satírica, do *Albert Herring* de Britten.

## Lutyens

Filha do eminente arquiteto Sir Edwin Lutyens, desde menina Elisabeth Agnes (1906-1983) conviveu com um ambiente muito culto. Depois de estudar com Ernest Tomlinson (viola) e Harold Darke (composição), no Royal College of Music, Elisabeth Lutyens foi para Paris, em 1930, aperfeiçoar-se com Caussade. Em sua autobiografia, *A Goldfish Bowl* (1972), descreve a busca de um idioma musical individualizado, partindo da herança pós-romântica, e progredindo em direção a uma técnica atonal psicologicamente muito tensa, na qual faz a utilização muito pessoal dos procedimen-

A compositora Elisabeth Lutyens.

tos dodecafônicos. Lutyens recebeu, em 1969, o título de Commander of the Order of the British Empire.

Sua primeira experiência para o palco foi o balé *The Birthday of the Infanta* (1932), baseado na peça de Oscar Wilde. Embora tenha deixado uma produção de caráter dramático bastante volumosa, as óperas de Lutyens – se é que elas podem ser chamadas assim – revelam um paradoxo fascinante. Ela possuía temperamento teatral evidente e um conhecimento literário amplo, que lhe abria largas possibilidades temáticas. Mas onde se sentia mais à vontade, e dava o melhor de si, era escrevendo música vocal que se centrasse numa determinada emoção ou estado de espírito – poderíamos dizer, como os barrocos, um determinado *affetto* –, e pudesse esquadrinhá-lo de todas as maneiras, ao longo da peça. Isso torna as suas composições dramáticas um tanto estáticas. A própria Lutyens tinha consciência disso, pois não deu o nome de ópera a todas as suas obras dramáticas. São elas:

- *The Pit*, "cena dramática" para tenor, baixo, coro feminino e orquestra, baseada em Edgar Allan Poe (Palermo, 24 de abril de 1949);
- *Penelope* (1950), ópera radiofônica;
- *Infidelio*, ópera de câmara composta em 1954, e só encenada em 17 de abril de 1973; comédia sentimental muito irônica – a começar pelo trocadilho do texto, com o título da única ópera de Beethoven – mas que se concentra num drama psicológico interno, sem se preocupar muito com os elementos externos de ação teatral;
- *The Numbered* (1967), o seu projeto operístico mais ambicioso, em três atos, mas que nunca chegou a ser encenado;
- *Time Off? Not a Ghost of a Chance* (1968), "uma charada em quatro atos e três interrupções", composta em 1968, mas só levada à cena no Sadler's Wells, em 1º de março de 1972; essa comédia, que contém alguns traços autobiográficos, recorre a uma técnica de colagem e à mistura de fala, recitativo e canto; é a obra cênica de Lutyens que obteve melhor acolhida do público;
- *Isis and Osíris* (1969), drama lírico para oito vozes e orquestra de câmara; longa peça, estática e ritualística, em que se evidencia o interesse de Lutyens pelas raízes mais remotas da cultura ocidental; nela estão algumas de suas páginas líricas mais bem-sucedidas;
- *The Linnet from the Leaf* (1972), uma peça de *musical theatre* para cinco cantores e dois grupos instrumentais;
- *The Waiting Games* (1973), cinco cenas para meio-soprano, barítono e orquestra de câmara;
- *One and the Same* (1973), cena para soprano, narrador, pantomima e grupo de câmara;
- *The Goldfish Bowl* (1975), ópera retomando episódios de seu livro autobiográfico, assumindo o formato da *ballad-opera* setecentista (mas com música original);
- *Like a Window* (1976), monodrama para barítono e orquestra de câmara, construído sobre trechos das cartas de van Gogh a seu irmão Theo.

## Maconchy

Uma das mais brilhantes mulheres compositoras do início do século XX, dame Elizabeth Maconchy (1907-1994) pertencia a uma família irlandesa que se instalara em Broxbourne, no Hertfordshire. Aluna de Vaughan Williams e Charles Wood no Royal College of Music, produziu, sob a influência de ambos, a suíte sinfônica *The Land* (1929) e *Concertino para Piano* (1930), que estabeleceram a sua reputação num mundo tradicionalmente dominado pelos homens. No ano de *Concertino*, viajou para Praga, onde se familiarizou com o estilo e as técnicas dos compositores expressionistas alemães e leste-europeus. Incorporou-os a uma linguagem muito pessoal, tonal mas tensa e harmonicamente instável, contrapontística e tendendo às dissonâncias, com uma exploração agressiva dos contrastes de colorido instrumental. O ponto culminante das pesquisas de Maconchy sobre o desempenho individual dos instrumentos é o monólogo dramático *Ariadne* (1970), para soprano e orquestra de câmara, uma das grandes obras de sua maturidade.

As três óperas em um ato de Maconchy, escritas entre 1958 e 1967, têm sido encenadas como um programa único. O libreto de Ursula Vaughan Williams para *The Sofa*, estreada em 13 de dezembro de 1959, baseia-se numa novela libertina do escritor francês Crébillon fils, do século XVIII. Nessa história fantasiosa, um libertino é transformado em sofá, e vê-se obrigado a servir de arena para os mesmos pecados que, antes, praticava inescrupulosamente. Só é libertado de sua maldição no dia em que um par de namorados realmente apaixonados o usa para fazer amor. Essa história maliciosa, cujos aspectos picantes o libreto desenvolve de forma muito hábil, exige de Maconchy uma partitura ágil, brilhante, com exploração luminosa dos recursos da orquestra de câmara e o uso de pastiches para recriar a atmosfera setecentista.

Em *The Departure*, estreada em 16 de dezembro de 1962, Anne Ridler conta a história de uma mulher que imagina o seu próprio funeral e, a partir disso, passa em revista a sua vida de casada. Quanto a *The Three Strangers*, estreada em 5 de junho de 1968, o libreto é da própria Maconchy e ela o extraiu de um dos *Wessex Tales* de Thomas Hardy. A partitura, no dizer do crítico Andrew Porter, tem "a capacidade de ser direta, poderosamente simples e honesta como a própria obra de Hardy".

*The Birds*, uma *operatic extravaganza* baseada na comédia de Aristófanes, foi ouvida pela primeira vez em 5 de junho de 1968, junto com *The Three Strangers*. Em 7 de outubro de 1970, Maconchy apresentou, na abadia de Dorchester, *The Jesse Tree*. Intitulada *a church masque*, esta é uma peça sacra no mesmo estilo das *church parables* de Britten. Segundo Nicolas Williams, no *New Penguin Guide of Opera*, "as óperas infantis de Maconchy, *Johnny and the Mohawks* (1969) e *The King of the Golden River* (1975) resolvem com muita habilidade os problemas desse gênero difícil". Para o palco, Elizabeth Maconchy produziu ainda três balés: *Great Agrippa* (1933), *The Little Red Shoes* (1935) e *Puck Fair* (1940).

## Tate

Filha do arquiteto Duncan Tate, a compositora Phyllis Tate (1911-1987) foi aluna de Herbert Farjeon na Royal Academy of Music. É conhecida como a autora de diversas peças de formato pequeno, para piano ou coro, muitas dessas últimas destinadas a intérpretes jovens. Ainda era estudante da RAM ao estrear, em 1932, dentro da escola, a opereta *The Policeman's Serenade*, com libreto de A. P. Herbert, mais tarde rejeitada por ela. Sua primeira ópera madura e, até hoje, seu título mais apreciado, é *The Lodger* (1960), encomendada pela RAM e ali estreada.

Com libreto de David Franklin baseado no romance homônimo de Mrs. Belloc Lowndes, *O Inquilino* passa-se na década de 1890, em que Londres era aterrorizada pelos crimes em série de Jack, o Estripador. Tate consegue representar, com muita precisão, a atmosfera nevoenta e ameaçadora da capital naquele fim de século. Tem muito bom rendimento o uso de cenários em dois ambientes, contrapondo ações que se passam simultaneamente em locais diferentes. Funciona bem o uso, na partitura, de valsas e polcas que reconstituem a vida popular, contrastando com a música de tom mais sombrio que Tate usa para evocar os riscos que pesam sobre a cidade. No *Listener* de 30 de janeiro de 1964, Martin Cooper publicou detalhada análise dessa ópera singular.

Depois de *The Lodger*, Phyllis Tate escreveu, em 1963, *Dark Pilgrimage*, para a televisão; em 1966, uma ópera cômica baseada em *The What D'Ye Call It*, do dramaturgo setecentista John Gay; e algumas peças destinadas ao público infantil: *The Story of Lieutenant Cockatoo* (1968), também para a televisão; *Twice in a Blue Moon* (1969); *A Pride of Lions* (1971) e *St. Martha and the Dragon* (1978).

## Glanville-Hicks

Nascida em Melbourne, na Austrália, Peggy Glanville-Hicks (1912-1990) começou a estudar composição aos quinze anos, com Fritz Hart, no conservatório de sua cidade. Muito talentosa, ganhou uma série de bolsas que lhe permitiram prosseguir os estudos em Londres, com Arthur Benjamin (piano), Vaughan Williams (composição), Constance Lambert e Sir Malcolm Sargent (regência). Depois, aperfeiçoou-se em Viena, com Egon Wellesz, e em Paris, com Nadia Boulanger. Outras bolsas a levaram a fazer estudos de música indiana e de música demótica grega. Esses interesses refletem-se em suas óperas *The Transposed Heads* (As Cabeças Transpostas, 1954), baseada em um conto de Thomas Mann, e *Nausicaa* (1961), extraída do romance histórico *Homer's Daughter*, de Robert Graves.

Instalando-se nos Estados Unidos em 1939, Glanville-Hicks foi crítica musical do *New York Herald Tribune* (1948-1958) e, em seus artigos para o jornal, defendeu compositores jovens. Apresentou, juntamente com o violinista Yehudi Menuhin, uma série de concertos de música indiana no Museu de Arte Moderna de Nova York. E participou da organização de festivais destinados à apresentação de obras de vanguarda. Além disso, colaborando com o coreógrafo John Butler, escreveu os balés *Hylas and the Nymphs* (1937), *Postman's Knock* (1940), *The Masque of the Wild Man* (1958), *Saul and the Witch of Endor* (1959), e *Triad* (1959). Dentro de sua obra vocal, têm especial destaque a *Dance Cantata* (1947), para solistas, coro falado, narrador e orquestra, e *Letters from Morocco* (1953), para voz e orquestra, usando o texto de cartas que lhe foram enviadas pelo compositor Paul Bowles.

Essas obras pertencem à fase 1953-1975, em que Glanville-Hicks morou na Grécia. Ali, em 10 de agosto de 1961, ela estreou com bastante sucesso, na Ópera de Atenas, o drama *Nausicaa* (o selo CRI possui a gravação da estréia). Foi ela a primeira australiana a ter uma obra sua, a *Suite Coral*, estreada no Festival da International Society of Contemporary Music (ISCM), em 1938. Além da ópera *Caedmon*, de 1934, que ficou inédita, compôs *The Glittering Gate*, em um ato, encenada em Nova York em 14 de maio de 1959; e *Sappho* (1963), dedicada a Maria Callas, mas nunca representada. Empenhada pragmaticamente em escrever música de harmonia funcional, com profundas conotações humanitárias, Glanville-Hicks virou as costas à exigência vanguardista de trabalhar com dissonâncias, e deu muita atenção às possibilidades de exploração dos recursos da música folclórica, inclusive não-ocidental. Voltou a seu país em 1975 pois, a partir de 1969, começara a perder a visão e parara de compor.

Drama realista, fantasia exótica, comédia de humor negro, reflexão metafísica convergem para o libreto de uma obra difícil de classificar como *As Cabeças Transpostas*, estreada na Ópera de Louisville em 27 de março de 1954. Ao preparar seu libreto, Glanville-Hicks limitou-se – com a exceção de algumas frases de transição – a transformar em discurso direto as frases escritas por Thomas Mann em seu conto, pois queria "preservar a fantasia hipnótica" do texto. O que a atraiu, nesse conto, foi a intemporalidade do tema e, ao mesmo tempo, o enfoque moderno que Mann lhe dá.

Dois amigos, o brâmane Shridaman e Nanda, de casta inferior, estão descansando à sombra de uma árvore, às margens do rio Ganges, quando vêem uma linda jovem tomando seu banho ritual. Nanda a reconhece: é Sita, que ele viu no festival da aldeia. Observando-a às escondidas, comentam o que vêem, Shridaman discorrendo excitadamente sobre a natureza sagrada dessa visão; Nanda referindo-se a ela de modo mais calmo e coloquial.

Dias depois, no mesmo local, Shridaman diz a seu amigo que está sofrendo de uma doença mortal e pede-lhe que o ajude a erguer a sua pira funerária. Nanda está até mesmo pronto para seguir o amigo na morte mas, antes, pergunta-lhe qual é a natureza da doença; e acha divertido quando o outro lhe diz que está doente de amor por Sita. Garante-lhe que ela não tem namorado, e oferece-se para ir pedir a mão da moça a seus pais, que não o recusarão, pois ele é um excelente partido.

Depois que o casamento é realizado da maneira mais festiva possível, Nanda acompanha o casal em sua viagem de núpcias. Chegam a uma clareira, no meio da floresta, onde se ergue um templo a Kali, a deusa da morte. Shridaman entra nele para orar, e é de tal modo tomado pelo desejo de aniquilação, inspirado pela divindade, que puxa a espada e corta a própria cabeça. Nanda enche-se do sentimento de culpa, convencido de que o amigo se matou por ter percebido que ele também está apaixonado por Sita. Tomando da espada, decapita-se também. Sita, ao encontrá-los mortos, acha que eles mataram um ao outro por sua causa, embora não entenda como o fizeram, já que tinham apenas uma espada. Relutantemente, conclui que ela também tem de morrer. Mas, como a espada é muito pesada, tenta enforcar-se.

É interrompida pela deusa Kali, que ridiculariza a sua crença de que os dois jovens mataram um ao outro. Decide devolvê-los à vida e manda que Sita recoloque as cabeças. Mas, ao fazê-lo, ela se engana de corpo e, ao serem ressuscitados, embora ambos se digam honrados por estarem usando o corpo um do outro, os dois – a cabeça de um e o corpo do outro – reclamam Sita como sua legítima mulher. Para resolver o problema, Nanda sugere que consultem o Santo Homem, o guru Kamadamana, em seu *ashram* (santuário) no topo do Himalaia.

A princípio, Kamadamana decide-se pela cabeça de Nanda no corpo de Shridaman, dizendo que a esposa pertence ao corpo cuja mão a tomou em casamento. Depois, toma a decisão contrária, dizendo que a cabeça é a verdadeira sede dos sentimentos e das emoções. Entrega Sita à cabeça de Shridaman no corpo de Nanda. Quanto ao corpo de Shridaman encimado pela cabeça de Nanda, este resolve tornar-se eremita. Dias depois, Sita vem até a ermida de Nanda, procurando pela parte do marido que não possui. Shridaman a segue, e eles chegam à conclusão de que não podem continuar assim. É melhor morrerem juntos e unir sua essência ao Todo universal. Nanda prepara a pira funerária; mas Shridaman lhe diz que Sita só poderá subir a ela depois de ficar viúva. Os dois puxam a espada e se matam. Sita vai juntar-se a eles, acende a pira, e os três são consumidos pelo fogo.

A compositora utilizou material folclórico indiano de várias épocas, retrabalhando-o e harmonizando-o nos termos de sua própria linguagem musical, como se pode sentir desde o prelúdio animadamente rítmico, construído como uma luminosa raga diurna. As percussões desempenham papel proeminente, ora acompanhando as vozes, ora combinando-se às cordas de maneira a sugerir a associação do sitar com a tabla – como há de reconhecer o leitor familiarizado com a música de Ravi Shankar, por exemplo.

"Meu objetivo foi criar um *grand-opéra* dentro da moldura compacta da ópera de câmara", disse a autora. "A obra é essencialmente uma peça virtuosística para cantores, e sua forma e ritmo derivam do elemento vocal, da mesma maneira como o formato de um concerto barroco se origina da elaboração solista". De fato, Glanville-Hicks tem muita habilidade na escrita para as vozes, herdada não só das aulas que teve com Vaughan Williams, como também dos contatos com Virgil Thomson, durante os anos passados nos Estados Unidos. São muito naturais as linhas arioso das personagens – às vezes introduzindo-se nelas inflexões rítmicas que são do folclore inglês, mais do que da tradição indiana. Em alguns momentos, também, percebe-se certa afinidade com a *Savitri* de Holst, não somente devido à temática, mas também à técnica de escrita no que ela tem de mais estática ou contemplativa.

Mas são igualmente satisfatórias as passagens em que as vozes unem-se em duetos muito cantabiles, ou espraiam-se em melismas de gosto bem oriental. É extremamente vivo e melodioso o trio – que se segue a um interlúdio orquestral muito bem construído – em que as personagens celebram a ressurreição dos dois jovens. E essa seqüência, antes de a cena transportar-se ao *ashram* do Homem Santo, se encerra com um poslúdio de grande impulso rítmico. No texto de Mann, os deuses expressam-se num estilo direto, quase coloquial, enquanto aos humanos é reservado um estilo eloqüente e ornamentado. Para corresponder a esse efeito, Glanville-Hicks faz as personagens humanas cantarem. Quanto à deusa Kali e ao Santo Homem, eles falam, com voz amplificada, num tom desenvolto e debochado. Muito colorida é a cena do casamento de Sita e Shridaman, um balé com coro que oferece ótimas oportunidades ao encenador.

Iniciada no verão de 1952, durante um cruzeiro que Glanville-Hicks fazia no Pacífico Sul, a ópera foi terminada na Jamaica, em causa de seu amigo Theo Flynn – o pai do ator Errol Flynn –, biólogo marinho que ela conhecera como professor na Universidade de Sydney (a partitura é dedicada a ele). *The Transposed Heads* foi estreada na Austrália em 1970, pela companhia de ópera da Universidade de New Wales. E obteve grande sucesso ao ser apresentada, em programa duplo com *The Glittering Gate*, no Festival de Adelaide de 1986. A transmissão radiofônica da Australian Broadcasting Corporation, de 1992 (English, Leighton-Jones, Stevens, King, Long/David Measham) foi lançado, dois anos depois, pelo selo ABC, pertencente à emissora.

# Britten

*para Mirian Marques,
que traz esse compositor
no coração.*

Se, na ópera do século XX, fosse necessário indicar um pequeno punhado de expoentes realmente grandes, o nome de Edward Benjamin, Lord Britten of Aldeburgh (1913-1976), certamente estaria lá, ao lado de Puccini e Richard Strauss, de Janáček e Alban Berg.

Benjamin Britten foi o maior compositor nascido na Inglaterra nos últimos trezentos anos. E, embora praticasse todos os gêneros, era antes de mais nada autor de música vocal, e um homem de teatro. A estréia de *Peter Grimes* no Saddler's Well, em 7 de junho de 1945, é considerada um divisor de águas na história da música britânica (e, eu diria, uma data fundamental na história contemporânea do gênero). Nessa noite, o impacto sobre o público e a resposta entusiasmada da crítica mostraram não apenas que Britten chegara à maturidade como compositor, mas também que a ópera inglesa estava entrando em uma fase nova.

A mãe de Benjamin, Edith Rhoda, era cantora amadora; o pai, Robert Victor Britten, um próspero ortodontista de Lowestoft, no Suffolk. Isso lhe facultou uma infância tranqüila, durante a qual pôde, muito cedo, começar a estudar piano, no qual improvisava algumas melodias (em 1934, aos 21 anos, ele as usaria na *Simple Symphony*, regida por ele mesmo, pela primeira vez, em Norwich). Além do piano, aprendeu viola com Audrey Alston e, aos treze anos, tornou-se aluno de composição de Frank Bridge, que teria sobre ele enorme influência.

Em 1930, Britten entrou para o Royal College of Music, de Londres, para estudar piano com Arthur Benjamin e Harold Samuel, e composição com John Ireland. Uma obra de início de carreira, como o *Fantasy Quartet*, para oboé e cordas, já traz as marcas de inventividade lírica e domínio técnico precoce. Apesar da juventude do autor, o *Quarteto Fantasia* foi escolhido para execução, em 5 de abril de 1934, no Festival da Sociedade Internacional de Música Contemporânea, em Florença.

Logo Britten começou a colaborar com o cinema e o teatro, escrevendo trilhas sonoras para documentários e música incidental para peças de W. H. Auden, J. B. Priestley, Montagu Slater e outros.

Em março de 1937, na época em que estava escrevendo as belíssimas *Variações sobre um Tema de Frank Bridge*, Benjamin conheceu o tenor Peter Pears, que haveria de se tornar seu companheiro da vida inteira, criador de vários papéis em suas óperas. Para Pears, ele compôs peças notáveis – entre elas os *Sete Sonetos de Michelangelo* (1940), estreados no Wigmore Hall em 23 de setembro de 1942. Em maio de 1939, recusando-se a fazer o serviço militar por ser objetor de consciência, Britten viajou com Pears para os Estados Unidos. Foi ali que fez a sua primeira experiência de palco.

Seu editor americano, Hans Heinsheimer, sugeriu que Auden e ele se unissem na composição de uma opereta para estudantes de colégio. A idéia inicial, de uma "opereta para crianças", logo transformou-se em uma "Broadway opera". O projeto, porém, foi retardado por uma doença de Britten e a necessidade de atender a algumas encomendas – entre elas a *Sinfonia da Réquiem*. Encomendada pelo governo japonês para comemorar os 2.600 anos da dinastia reinante, essa peça antibelicista, dedicada aos pais do compositor, e inspirada pelos sofrimentos da Inglaterra durante o verão de 1940, foi recusada depois de pronta. John Barbirolli regeu a estréia no Carnegie Hall, de Nova York, em 29 de março de 1941.

*Paul Bunyan* foi composta a partir de novembro de 1940, na "Comuna", a república que Auden mantinha em 7 Middagh Street, no Brooklyn Heights nova-iorquino, para onde Benjamin e Peter se mudaram. Compositor e libretista tinham escolhido a figura folclórica de Paul Bunyan, como uma forma de fazer um panorama da criação da sociedade americana e "da tarefa humana atual, que consiste em descobrir como viver num país no qual os pioneiros tornaram a vida possível". Terminada em abril de 1941, *Paul Bunyan* foi cantada em 5 de maio no Brander Matthews Hall, da Universidade de Columbia, regido por Hugh Ross e dirigido por Milton Smith. As resenhas foram frias, mas houve sete récitas e a promessa de outras, que não se materializaram. A ópera ficou na gaveta até 1974, ano em que, na Inglaterra, Britten teve de se submeter a uma primeira cirurgia cardíaca. A essa altura, vendo-o muito deprimido e visando a encorajá-lo a compor novamente, seu amigo o musicólogo Donald Mitchell, sugeriu que o trabalho de 33 anos antes fosse exumado. Alguns extratos foram apresentados no Festival de Aldeburgh de 1974.

Aqui é necessário abrir um parêntesis para que se fale desse importante acontecimento que é o festival, na vida musical britânica. No outono de 1937, logo depois da estréia das *Variações Frank Bridge* no Festival de Salzburgo, Britten e Pears tinham comprado a propriedade de Old Mill, na aldeia de Snapes, no Suffolk, lá instalando oficialmente a sua residência, em abril do ano seguinte. Em 1947, veio de Pears a sugestão de fundar um festival na vizinha Aldeburgh. Os habitantes da cidadezinha, entusiasmados com a idéia, ajudaram a levantar os fundos necessários para que ela pudesse concretizar-se. O comitê do festival, presidido pelo conde de Harewood, apaixonado promotor da ópera na Inglaterra, e tendo entre seus membros a condessa de Cranbook, importante integrante da comunidade aldeburghense, obteve a ajuda financeira do Arts Council. O primeiro festival realizou-se entre 5 e 13 de junho de 1948. Voltaremos a falar dele mais adiante, a respeito da comédia *Albert Herring*. Mas é bom lembrar que, na noite de abertura, Leslie Woodgate regeu a estréia da cantata *Saint Nicholas*, que Britten terminara em maio daquele ano.

Depois de alguns fragmentos de *Paul Bunyan* terem sido cantados no Festival de Aldeburgh de 1974, Britten fez algumas revisões na opereta, para a transmissão radiofônica em 1º de fevereiro de 1976, pela rádio de Manchester. A primeira encenação inglesa foi em 4 de junho do mesmo ano, em The Maltings, no Snape, exatamente seis meses antes da morte do compositor.

A ação se passa, segundo o libreto, no Wild Western, a paisagem típica do faroeste americano, nos anos da expansão territorial para aquela área. Depois do prólogo, em que o Narrador canta uma balada, falando da elevada estatura de Paul Bunyan, "alto como o Empire State" – tão alto que nunca aparece no palco, no qual, naturalmente, não haveria de caber –, o ato I mostra a madeireira que ele chefia, e cujo capataz é o sueco Hel Helson. Depois que dois cozinheiros são mandados embora, o caubói Slims os substitui e é ajudado, na cozinha, por Tiny, a filha de Bunyan (é irônica a idéia da filha de um gigante chamar-se Tiny, "pequenininha"). O ajudante-de-cozinha Johnny Inkslinger, um intelectual que, por necessidade, teve de vir trabalhar na madeireira, adverte Slims que Helson pode estar de olho na moça. Diz também que alguns dos lenhadores gostariam de ter a sua própria fazenda.

Bunyan acompanhou até a montanha Topsy Turvy, a oitocentos quilômetros dali, os lenhadores que desejavam cultivar a terra. Ao voltar, descobre que, na sua ausência, Helson tentou usurpar a sua liderança. Luta com ele, derrota-o, e o sueco admite seu erro. Tiny e Slim, nesse meio, descobriram-se apaixonados um pelo outro. É véspera de Natal, e o acampamento dos madeireiros está se desfazendo, pois todo mundo está recebendo ofertas de trabalho em outro lugar. Tiny e Slim vão gerenciar um hotel em Manchester; Inkslinger – cujo nome significa "o que arremessa tinta longe" – vai ser roteirista em Hollywood; e o próprio Helson vai tentar a sorte em Washington. Bunyan despede-se deles, dizendo-lhes que a América será aquilo que eles escolherem fazer dela.

Devido à natureza amadorística dos intérpretes a que se destinava, a ênfase, em *Paul Bunyan*, está mais nas cenas de conjunto do que nos números solistas. O uso que Britten faz do coro como uma força dramática já antecipa o que acontecerá em *Peter Grimes*. O ouvido para a paródia e o pastiche, responsáveis pelo humor da comédia *Albert Herring*, que virá mais tarde, já está afinadíssimo nesta primeira peça para o palco. Nas *Cabaret Songs*, que compusera em 1937, ainda na Inglaterra, Britten já se mostrara à vontade escrevendo *blues* e imitando o estilo de Gershwin e Cole Porter – ou seja, tinha assimilado com facilidade a influência americana. Algumas das árias lembram muito o musical *Oklahoma!* (que só será composto dois anos depois); e as baladas do Narrador, cantadas no prólogo e nos interlúdios, capturam perfeitamente o estilo *country*. Estimulado pelo brilhante texto de Auden, cheio de referências à política do New Deal de Roosevelt, e influenciado também pelos musicais politizados de Kurt Weill que, nessa época, estava nos Estados Unidos, Britten escreveu uma primeira peça lírica que denota muito poucos sinais de inexperiência.

Mais uma "play for music" do que uma verdadeira ópera, *Paul Bunyan* cruza técnicas derivadas da *ballad-opera* setecentista, do *music-hall* britânico, das "Savoy Operas" de Gilbert & Sullivan, das peças politizadas de Brecht e Weill, temperando-as com paródias de jazz. Isso não é ocasional: está intimamente ligado a uma história que trata da formação de uma sociedade jovem, no Novo Mundo, que não surgiu do nada. Essa sociedade reaproveitou e metabolizou, à sua maneira, um monte de farrapos de cultura européia. *Paul Bunyan* pode ser despretensiosa; mas está longe de ser trivial em suas implicações. Em 1974, o compositor introduziu as seguintes mudanças na partitura:

- uma introdução nova, em lugar da abertura original (que não chegou a ser executada na estréia de 1941, porque não lhe agradava);
- uma nova seção intermediária na canção de Slim, e a inclusão de blocos de madeira para sugerir o ruído de cascos de cavalo – um traço que provém da instrumentação das "Church Parables";
- uma nova coda para a canção de Tiny;
- a transformação do discurso falado de Bunyan, no fim da cena 2 do ato I, em um melodrama com acompanhamento musical;
- a revisão de "Heron, heron, winging by", para que fosse cantada por Helson (na versão de 1941, Helson não cantava, e esse trecho era para dois sopranos, narrador e coro);
- a eliminação da canção de amor de Inkslinger, constante do original, pois Britten considerava o texto de Auden brilhante, mas demasiado elaborado.

Para conhecer *Paul Bunyan*, existem as seguintes gravações:

Virgin, 1987 – Nelson, Lawless, Dressen, Ware/Philip Brunelle;
Chandos, 1999 – Gritton, Streit, Robinson, Cranham/Richard Hickox.

Ao voltar para a Inglaterra, onde teve de se submeter a julgamento do *Conscientious Objector's Tribunal*, que o isentou do serviço militar, Britten mergulhou de cabeça na tarefa de renovação da música britânica. Veremos, mais adiante, como duas de suas mais importantes iniciativas, como animador cultural, serão a criação do English Opera Group (1947) e do Festival de Aldeburgh – de que já falamos. Antes disso, porém, tinha estreado a ópera que o tornou famoso no mundo inteiro.

Britten e Pears ainda estavam nos Estados Unidos quando leram, no *The Listener* de 29 de maio de 1941, um artigo de E. M. Forster sobre George Crabbe, poeta que vivera no Suffolk e escrevera sobre a vida de seus habitantes. Despertada a curiosidade de ambos por Crabbe, Pears conseguiu encontrar, em San Diego, uma edição de seu poema narrativo *The Borough*, de 1810. Britten identificou imediatamente, na história do sádico pescador Peter Grimes, acusado de maltratar e matar seus aprendizes, uma grande personagem teatral. Nele, reconheceu o marginal, o primeiro de uma série de anti-heróis ou de figuras deslocadas, mal à vontade no mundo em que vivem, que povoarão as suas óperas. Grimes é um reflexo, em suma, dele mesmo, à margem da sociedade por ter assumido dois comportamentos vistos com maus olhos pela sua época: o de homossexual, e o de pacifista, que se recusava a envolver-se num conflito que desaprovava.

O primeiro esboço da ópera foi feito por Pears e ele, antes mesmo de voltarem à Inglaterra. Ali, procuraram o dramaturgo esquerdista Montagu Slater, com o qual tinham trabalhado na década de 1930, e foi ele quem escreveu o libreto – colaboração atribulada, pois Slater era muito lento e nem sempre atendia aos desejos do compositor. Na fase dos ensaios, o libreto foi revisto pelo diretor do espetáculo, Eric Crozier, futuro co-fundador do Festival de Aldeburgh. Desde 1944, o soprano Joan Cross, para quem Britten executara trechos da partitura, desejava reabrir com ela o Saddler's Wells Theatre, dirigido por. Mas muitos membros da companhia, embotados pela repetição rotineira de um repertório restrito, cansados dos anos de guerra, em que tinham sido obrigados a excursionar, em condições precárias, pelos pequenos teatros de província, rebelaram-se contra a montagem de uma ópera moderna, que reputavam sem atrativos e impossível de cantar.

Cross, porém, fincou pé, e cantou a parte de Ellen Orford na noite de 7 de junho de 1945, em que Pears criou o papel-título de *Peter Grimes*, sob a regência de Reginald Goodall. Crozier dirigia e os cenários e figurinos eram de Kenneth Green. Apesar da tensão nos bastidores, a reação do público e as resenhas críticas foram entusiásticas. Os críticos britânicos, que não tinham visto *Paul Bunyan*, espantavam-se por ser tão grande o senso de teatro demonstrado por esse operista estreante. É que nenhum deles parecia ter-se dado conta da promessa dramática que havia, desde meados da década de 1930, em obras como *Our Hunting Fathers* (1936), para voz e orquestra, com textos de Auden; ou num ciclo de espantosa originalidade como *Les Illuminations* (1939), para voz aguda e orquestra, sobre poemas do simbolista Paul Rimbaud.

A produção de Tyrone Guthrie no Covent Garden, em 1947, deu a *Peter Grimes* o status de uma das mais importantes óperas inglesas de todos os tempos. E foi notável pela forma como mobilizou o coro, nas cenas de multidão, sugerindo o clima de caça às bruxas na pequena aldeia pesqueira. Grimes foi uma das maiores caracterizações na carreira de Pears, que nunca perdeu de vista a concepção romântica que Britten tinha da personagem. Outro grande intérprete, no século passado, foi o canadense Jon Vickers, que cantou o papel numa montagem memorável de 1978, registrada em disco e vídeo. Para conhecer a ópera, existem as seguintes gravações:

Decca, 1958 – C. Watson, J. Watson, Elms, Pears, Pease, Evans/Benjamin Britten.
Philips, 1978 – Harper, Bainbridge, Payne, Vickers, Summers, Allen/Colin Davis (também em vídeo).
Chandos, 1995 – J. Watson, Gunson, Collins, Langridge, Opie, Williams/Richard Hickox.
LSO live, 2004 – J. Watson, Michaels Moore, C. Wyn-Rogers, Glenn Winslade, J. Grove, S. Matthews/Colin Davis.

A EMI possui em seu catálogo um precioso disco de trechos da primeira montagem no Covent Garden (Pears, Cross, Culbert/ Reginald Goodall).

No prólogo, um inquérito está sendo realizado, no Moot Hall de Borough, a respeito da morte de um rapaz, aprendiz do pescador Peter Grimes. Este explica que, durante uma viagem para Londres, onde pretendiam vender uma grande partida de peixe, o aprendiz e ele foram afastados do curso por uma tempestade, e ficaram sem água potável. No terceiro dia, o aprendiz não resistiu à sede e morreu. Mr. Swallow, o legista, apresenta um relatório de morte acidental; mas aconselha Grimes a não contratar outro aprendiz. Depois que todos se retiram, Ellen Orford, a amiga de Grimes que ficou a seu lado, pede-lhe, em vão, que saia de Borough com ela.

O primeiro interlúdio (*Alvorada*) leva ao ato I. É de manhã, numa rua entre o Moot Hall e a taverna The Boar. Mulheres estão remendando as redes ("Oh, hang at open doors the nets"). Chegam alguns moradores de Borough: o pescador metodista Boles; Auntie, a dona da taverna The Boar, e suas duas "sobrinhas", como são eufemisticamente chamadas; Mrs. Sedley, a viúva de um funcionário da Companhia das Índias Orientais; o Reitor e Balstrode, capitão aposentado da marinha mercante. Quando Grimes pede ajuda para puxar um barco até a margem, só Balstrode e Ned Keene, o boticário, oferecem-se para auxiliá-lo. Keene diz a Grimes que arranjou novo aprendiz para ele. Hobson, o carroceiro, vai trazê-lo.

Ellen concorda em acompanhar Hobson, que vai buscar o menino. Recrimina as mulheres, que a criticam, dizendo-lhes: "Let her among you without fault cast the first stone". A tempestade aproxima-se e o coro diz que ela vai "devorar a terra". Balstrode aconselha Grimes a trabalhar na marinha mercante, mas ele responde que está enraizado em Borough. Descreve a morte do menino ("Picture what the day was like"), e diz que seu desejo é ganhar dinheiro suficiente, com a pesca, para abrir uma lojinha e poder casar-se com Ellen ("They listen to money"). E fala de seus sentimentos por ela ("What harbour shelters peace?").

O segundo interlúdio (*Tempestade*) separa as duas cenas do ato I. Dentro do Boar, Mrs.

Desenho de figurino de Kenneth Green para o marinheiro Peter Grimes, personagem-título da ópera de Benjamin Britten, marco na história da ópera inglesa no século XX.

Britten assiste ao ensaio para a estréia do *Réquiem de Guerra*.

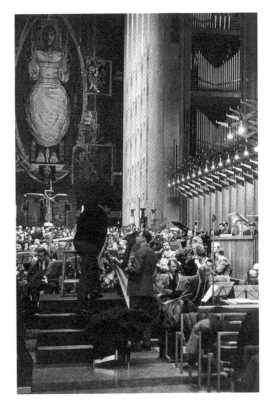

Sedley espera a volta de Hobson, que lhe trará o láudano encomendado para acalmar suas dores de estômago. Cada nova pessoa que chega fala dos estragos que a tempestade fez na costa. Balstrode apazigua as discussões entre os presentes ("We live and let live, and look, we keep our hands to ourselves"). Grimes entra, molhado, descabelado, as vestes em desordem, e inicia o seu monólogo, "Now the Great Bear and Pleiades". Boles, que está bêbado, tenta atacá-lo, mas Balstrode os separa e Keene, para distraí-los, inicia uma charada ("Old Joe has gone fishing"). Hobson e Ellen chegam, trazendo John, o novo aprendiz, e Grimes leva-o imediatamente para a sua cabana, à beira do penhasco.

Após o terceiro interlúdio (*Domingo de Manhã*), vemo-nos de novo na rua, semanas depois. Ellen e John estão sentados em um banco, observando as pessoas que vão para a igreja e ouvindo os hinos que vêm lá de dentro ("Glitter of waves"). Ellen nota uma lágrima na lapela do rapaz, e vê que ele traz um machucado no pescoço. Grimes vem buscar o aprendiz, dizendo que avistou um grande cardume, e Ellen lhe diz que o garoto precisa de um dia de folga, acrescentando que nada há de silenciar os mexericos do povo. Eles brigam, ela lhe diz ter sido um erro sonhar em, um dia, poder unir-se a ele, Peter lhe dá um tapa e sai correndo atrás de John, que escapou. Keene, Boles e outros, que assistiram à cena, acirram a raiva contra o pescador ("Grimes is at his exercise"). Ellen sente pena dele, tenta defendê-lo, mas mandam-na calar a boca. O Reitor propõe que só os homens o acompanhem numa visita à cabana de Grimes; mas toda a multidão os segue ("Now the gossip is put on trial"). Só Auntie, as "sobrinhas" e Ellen ficam para trás ("From the gutter, why should we trouble at their ribaldries?").

O quarto interlúdio (*Passacalha*) faz-nos chegar à cabana de Grimes, que está preparando John para acompanhá-lo em alto mar. Pensa na vida que planejara levar ao lado de Ellen ("In dreams I've built myself some kindlier home"), mas imagina, também, o espectro do antigo aprendiz erguendo-se diante dele. Vê o Reitor subindo a colina, à frente de um cortejo, e culpa John e Ellen por terem feito mexericos a seu respeito. Abre a porta que dá para a falésia, o menino tropeça e cai no despenhadeiro. Grimes corre atrás dele. O Reitor e seus companheiros entram na casa de Grimes e se espantam por encontrá-la bastante bem arrumada. Mas não sabem dizer para onde foram seus ocupantes.

O quinto interlúdio (*Luar*) precede o início do ato III, de novo na rua, dias depois, numa noite de verão. Ouvem-se sons de dança e as "sobrinhas" correm para a rua, perseguidas por Swallow ("Assign your prettiness to me"). Mrs. Sedley pergunta a Keene se sabe de Grimes e seu aprendiz, que andam sumidos ("Murder most foul it is"). Não obtém resposta dele mas, escondida, ouve Balstrode dizer a Ellen que o barco de Grimes voltou, embora não haja sinal dele nem do garoto. Ellen conta que achou, flutuando nas ondas, a suéter com uma âncora bordada, que teceu para John ("Embroidery in childhood"). Balstrode e ela decidem ajudar o amigo; mas Mrs. Sedley, chamando Swallow, pede-lhe que confirme se o barco de Grimes realmente voltou. Gritando "Peter Grimes!", os moradores do Borough saem numa verdadeira caçada humana.

A ligação entre as duas cenas do ato III é feita pelo último interlúdio (*Bruma*). Ouvem-se ao longe o toque do alarme contra neblina e as vozes da multidão que se aproxima. Grimes aparece, desgrenhado, as roupas em desordem, meio demente. Balstrode lhe aconselha: para escapar de ser linchado pelos moradores da cidade, pegue o seu barco, leve-o para fora da barra e o afunde. Apesar dos protestos de Ellen, é isso o que Peter faz, ajudado pelo amigo.

Na cena final, está amanhecendo, luzes aparecem nas janelas do casario e o Borough acorda para um novo dia. Alguém passa comentando o aviso da guarda costeira de que um barco afundou em alto mar; mas ninguém dá ouvidos a esse boato. As pessoas começam a dedicar-se às suas tarefas quotidianas. A vida continua.

Britten unificou sinfonicamente a partitura, mediante os seis extensos interlúdios que, separados da ópera, converteram-se em uma apreciadíssima peça de concerto. Os interlúdios que precedem os inícios de ato são impressionistas, atmosféricos, descrevendo os estados de espírito que vão se seguir. Os que unem uma cena à outra são expressionistas, de caráter psicológico e, em geral, estão relacionados com as reações do próprio Grimes. O segundo interlúdio, por exemplo, não é apenas uma descrição externa dos fenômenos naturais, mas também a penetrante análise de um homem perturbado, que está gradualmente enlouquecendo. Dentro de um ato, o uso ocasional de um motivo condutor pode criar tensão: por exemplo, no ato II, a altercação com Ellen, que leva Peter a bater nela, gritando, ao mesmo tempo, "And God have mercy upon me!". O mesmo tema reaparece acompanhando, daí a pouco, a frase "Grimes is at his exercise!" e torna-se o centro da passacalha – na minha opinião, o mais belo de todos os interlúdios –, que une as cenas 1 e 2 do ato.

É muito bem utilizada a distinção entre a música de acompanhamento operístico convencional e a música de cena: a que teria sido cantada, caso a peça fosse falada. A canção "Old John has gone fishing", entoada na cena da taverna, ou os hinos religiosos que, vindos da igreja, servem de fundo à conversa de Ellen com o novo aprendiz, pertencem a essa segunda categoria. Isso já estava claramente indicado no libreto de Slater. Mais adiante (II,1), depois que os moradores do Borough viram o rompante de Peter contra Ellen, forma-se uma procissão, encabeçada por Hobson, que toca tambor e canta uma marcha rude. Na cena seguinte, esses mesmos sons são ouvidos à distância, quando os homens se aproximam da cabana do pescador. No início do último ato, vêm de dentro do Moot Hall os sons de uma orquestrinha tocando música para dançar: valsa *alla Ländler*, *hornpipe*, galope. E no final da noite, a perseguição a Grimes é sinistramente pontuada pelo toque da sirene de nevoeiro.

Alguns efeitos estão ligados à experiência adquirida por Britten trabalhando para o rádio e o cinema. Por exemplo, a fúria da tempestade, descrita no segundo interlúdio, continua lá fora, quando o pano se abre para a cena 2 do ato I, estabelecendo a continuidade músico-narrativa. A maior parte da cena na taverna é conduzida num recitativo livre muito rápido, intercalado a fragmentos de canções e pontuado por breves irrupções orquestrais, como se os ruídos externos da tempestade irrompessem salão adentro, cada vez que alguém abre a porta.

Embora a personagem título seja Peter, o Borough é a figura central da ópera e, como em *Paul Bunyan*, o libreto oferece a Britten uma série de tipos populares diferentes, que ele pinta de forma muito viva. É nitidamente diferente a caracterização, quando eles aparecem como indivíduos, em curtos solos, expressando suas opiniões pessoais diferenciadas; quando eles reagem como pequenos grupos, nas cenas de conjunto; ou quando eles se integram ao coro, cedendo ao instinto de rebanho e mostrando que, no fundo, não passam de puritanos preconceituosos.

A forma como Crabbe, em seu poema, e Slater, em seu libreto, descrevem o brutal pescador, como um psicopata desajustado, vítima da incompreensão da sociedade – o que o torna muito parecido com o *Wozzeck* de Büchner/Berg – poderia fazer dele uma personagem ingrata, se Britten não escrevesse para Peter música tão magnífica. Principalmente, é em termos puramente musicais que ele descreve a sua situação conflituosa. A "desarmonia" em que ele vive, em relação a seu meio, já surge no dueto desacompanhado com Ellen, no final do prólogo; ele cantando em fá menor, ela em mi maior. Grimes quer, acima de tudo, nessa fase inicial, encontrar o seu lugar, adequar-se à vida no Borough, e ser feliz ao lado de Ellen – tanto que, pela mediação enarmônica de modulações em lá bemol e sol sustenido, ele acaba juntando-se à tonalidade de Ellen, e o dueto termina em uníssono.

Os solos de Grimes são, geralmente, monólogos de natureza rapsódica. No fim de I,1, "What harbour shelters peace?" fica interrompido, quando o pano cai, após uma cadência irresolvida; e esse tema, expressando o conflito, a angústia da personagem, reaparece na descrição da tempestade. Onde o herói chega mais perto de desvelar a angústia que tem na alma é em sua grande ária:

> Now the Great Bear and Pleiades
> where earth moves
> are drawing up the clouds
> of human grief
> breathing solemnity in the deep night.
> Who can decipher
> in storm or starlight
> the written character
> of a friendly fate,
> as the sky turns the world for us to change?

But if the horoscope's
bewildering
like a flashing turmoil
of a shoal of herring,
who can turn skies back and begin again?

(Agora, a Ursa Maior e as Plêiades, em que a terra se movimenta, estão aspirando as nuvens do sofrimento humano, soprando solenidade na noite profunda. Quem pode decifrar, na tempestade ou nas estrelas, o sinal escrito de um destino amigável que, enquanto o céu gira, há de mudar para nós o mundo? Mas se o horóscopo não passa de caos, como o brilhante tumulto de um cardume de arenques, quem poderá fazer o céu andar para trás para recomeçarmos de novo?)

Ao lado dela, outro grande momento de emoção é o monólogo alucinado da última cena, pontuado pelos gritos das pessoas que procuram Peter:

Coro (ao longe): Grimes! Peter Grimes!
Peter: Steady! There you are! Nearly home!
What is home? Calm as deep water.
Where is my home? Deep in calm water.
Water will drink my sorrows dry
and the tide will turn. (*gritos*)
Steady! There you are! Nearly home!
The first one died, just died,
the other slipped and died...
and the third will...
"Accidental circumstances".
Water will drink his sorrows, my sorrows dry
and the tide will turn. (*gritos*).
Peter Grimes! Here you are! Here I am!
Hurry, hurry!
Now is gossip put on trial.
Bring the branding iron and knife
for what's done now is done for life!
Come on! Land me!
"Turn the skies back and begin again!" (*gritos*)
"Old Joe has gone fishing and
Young Joe has gone fishing and
you'll know who's gone fishing
when you land the next shoal!" (*gritos*)
Ellen! Give me your hand.
There, now, my hope is held by you.
If you leave me alone, if you...
Take away your hand!
The argument's finished,
friendship lost,
gossip is shouting, everything's said. (*gritos*)
To hell with your mercy!
To hell with your revenge!
And God have mercy upon you! (*gritos*)
Do you hear them shouting my name?
D'you hear them?
Old Davy Jones shall answer:
come home, come home!

(Grimes!// Peter Grimes// Devagar! Aí estás! Quase em casa! Mas o que é em casa? Calmo como as águas profundas! Onde é a minha casa? No fundo das águas calmas. A água há de beber minhas tristezas e a maré há de virar.// Devagar! Aí estás! Quase em casa! O primeiro morreu, morreu apenas. O segundo escorregou e morreu e o terceiro há de... "Circunstâncias acidentais". A água há de beber as tristezas dele e as minhas, e a maré há de virar!// Peter Grimes! Aí estás! Aqui estou! Depressa! Depressa! Agora os mexericos são postos em julgamento. Tragam o ferro em brasa e a faca, pois o que é feito agora é feito pela vida inteira! Vamos! Arrastem-me para a terra! "Façam o céu voltar atrás e recomecem"//"O velho Joe foi pescar e o jovem Joe foi pescar e vocês ficarão sabendo quem foi pescar quando o próximo cardume for trazido para a terra!"// Ellen! Dá-me a tua mão! Isso, é de ti que depende a minha esperança. Se me deixas sozinho, se me... Afasta a tua mão. A discussão acabou, a amizade se perdeu, os mexericos estão gritando, tudo já foi dito.// Vocês os ouvem gritando o meu nome? Vocês os ouvem? O velho Davy Jones[15] há de lhes responder: venham para casa, venham para casa!)

O coro tem papel fundamental na trama. Tanto "O hang at open doors the net, the cork", solidamente diatônico, com que o ato I se inicia, quanto "To those to pass, the Borough sounds betray the cold beginning of another day", na cena final, que mostra a vida quotidiana retomando o seu curso, são fundamentais para mostrar a gente da aldeia resignada à vida miserável que leva. Antes da cena da tempestade, os moradores cantam uma prece comovente, "O tide that waits for no man, spare our coasts!" Mas sua intervenção mais impressionante é no fim de III,1, os gritos *fortissimo* desacompanhados, que dão início à perseguição de Grimes.

Na opinião de Michael Kennedy, *Peter Grimes* é, de certa forma, menos original do que *Paul Bunyan*, na medida em que é uma brilhante síntese de todas as influências formadoras do estilo de Britten:

Soa nova e "diferente" mas, num exame mais detido, o que constatamos é que a novidade está na habilidade de Britten, demonstrada também em obras como *Les Illuminations* (1939) e a *Serenata para Tenor, Trompa e Orquestra* (1949), para apresentar formas e procedimentos musicais antigos como se fossem novos. *Peter Grimes* é uma peça que pertence à grande tradição operística – tem, inclusive, uma tempestade e uma cena de loucura –, mas deve também muito ao *Wozzeck* de Alban Berg.

---

15. Old Davy Jones é um nome familiar para a morte.

## O Pós-Guerra (1945-1960)

O mar, naturalmente, é uma personagem muito importante em *Peter Grimes*, subjacente todo o tempo à ação, mostrando suas faces continuamente mutáveis nos magníficos interlúdios, um dos pontos culminantes da arte orquestral de Britten. A esse respeito, remeto o leitor a um excelente estudo, "Chaos and Cosmos in *Peter Grimes*", de Christopher Palmer, recolhido no *Britten Companion* da Faber & Faber (ver Bibliografia).

Em março de 1946, quando Joan Cross, Crozier e Pears desligaram-se do Saddler's Wells, uniram-se a Britten, com a idéia de criar uma companhia que produzisse óperas de câmara de autores ingleses. Rudolf Bing, o futuro diretor do Metropolitan de Nova York, era, na época, o gerente geral do pequeno teatro de Glyndebourne, no Sussex, que estivera fechado durante a guerra. Foi ele quem convenceu John Christie, o proprietário do teatro, a abrir a sala para esses artistas. A proposta era compor uma peça que pudesse ser interpretada por oito cantores e doze músicos. E foi Crozier quem sugeriu o tema, pensando em *The Rape of Lucretia*, o poema narrativo de Shakespeare. O libretista escolhido foi o dramaturgo Ronald Duncan, amigo para o qual, em 1945, Britten escrevera a música de cena do *masque* em versos *The Way to the Tomb*. Naquele ano, Duncan estava fazendo enorme sucesso, em Londres, com *The Eagle Has Two Heads*, adaptação inglesa da tragédia *L'Aigle à Deux Têtes*, de Jean Cocteau. Muito ligado ao teatro francês, Duncan decidiu basear-se em outra tragédia francesa, *Le Viol de Lucrèce*, de André Obey, estreada em 1931[16].

Em seu texto, de inegável qualidade poética, Duncan expandiu o procedimento usado por Obey de ter duas personagens, um homem e uma mulher, como coro. Na ópera, o Coro Masculino e o Feminino não só comentam o drama, mas o influenciam e entram na mente das personagens, acrescentando uma dimensão nova à ação e conferindo-lhe caráter quase ritualístico. Causou estranheza, entre a crítica, a decisão de Duncan de dar um ponto de vista especificamente cristão à interpretação que o Coro Feminino faz da história, no final. A esse respeito, escreve Rodney Blumer[17]:

> É difícil imaginar que outro ponto de vista teria uma obra escrita em meados do século XX, para uma platéia européia enraizada em centenas de anos de tradição judaico-cristã. A compulsão de destruir é tão velha quanto o homem e, pelo tempo afora, a humanidade procurou, nas crenças religiosas e nos sistemas de governo, um meio de conter essa compulsão. Um dramaturgo chinês que escrevesse, hoje, sobre tema semelhante, sem dúvida alguma veria esse problema do ponto de vista marxista-maoísta. A terminologia e os meios de expressão poderiam variar, mas o método e o efeito obtido seriam os mesmos.

Eric Crozier dirigiu a estréia de *The Rape of Lucretia* (A Violação de Lucrécia), no teatro de Glyndebourne, em 12 de julho de 1946. A montagem excursionou, depois, com a equipe da estréia, pela Inglaterra e a Holanda. Os cenários e figurinos eram de John Piper que, posteriormente, haveria de trabalhar com Britten em várias outras óperas. Kathleen Ferrier e Nancy Evans se revezavam no papel-título. Pears e Joan Cross eram os narradores. Ernest Ansermet e Reginald Gooddall eram os regentes. Duncan revisou o libreto para a reprise de 1947 e Britten escreveu nova ária para Colatino no ato I. A morte precoce de Kathleen Ferrier, de leucemia, em 1953, foi uma das grandes perdas do canto britânico na segunda metade do século XX. Depois de seu desaparecimento, as mais famosas Lucrécias foram dame Janet Baker, que gravou o papel com o compositor; e Jean Rigby, numa notável montagem da English National Opera em 1983. Para conhecer *A Violação de Lucrécia*, há:

Cantus Classic, 1946 – Ferrier, Brannian, Pears, Donleavy, Kraus, Cross, Pollak/Goodall.

Decca, 1970 – Pears, Harper, Shirley-Quirk, Baker, Luxon/Britten.

Chandos, 1993 – Rigby, Pierard, Robson, Maxwell, Miles/Richard Hickox.

---

16. A peça de Obey já tinha sido adaptada por Claudio Guastala em *Lucrezia*, a última ópera de Ottorino Respighi, deixada inacabada, terminada por sua mulher, e estreada postumamente em 1937 (ver *A Ópera Italiana Após 1870*, desta coleção).

17. Ver Bibliografia.

Benjamin Britten e o diretor Eric Crozier observando a maquete do cenário para a estréia de *Peter Grimes*.

O registro na série *Historische Tondokumente*, do selo Cantus Classics, é de grande valor: foi gravado em Amsterdam, em outubro de 1946, com o elenco da estréia. É uma das poucas óperas completas deixadas pela grande Kathleen Ferrier. No selo EMI, há também a documentação abreviada da montagem do English Opera Group, numa noite em que Ferrier foi substituída por Nancy Evans (Pears, Cross, Lumsden, Dowling, Sharp, Evans, Nielsen, Ritchie/Goodall). Existe ainda um vídeo da Ópera de Sydney, que já foi exibido no Brasil pela TV a cabo.

O duplo Coro, masculino e feminino, conta como Tarquínio, o Soberbo tomou o poder ("Roman is now ruled by the Etruscan upstart"), e como seu filho Tarquínio Sexto, chefe dos exércitos, "trata a orgulhosa cidade como se fosse a sua meretriz". A visão que o coro tem da história relaciona-se com um fato que só acontecerá quinhentos anos depois: o nascimento e a morte de Cristo. Mas eles se justificam: querem enxergar as paixões humanas, na história que contam, "com os olhos que já choraram as lágrimas de Cristo".

A cortina se ergue para mostrar a tenda dos generais, no acampamento romano, onde Colatino, Júnio e Tarquínio estão falando de mulheres. Na noite anterior, seis generais tinham cavalgado até Roma, para pôr à prova a fidelidade de suas esposas. A única encontrada dormindo, virtuosamente, foi Lucrécia, a mulher de Colatino. Júnio, cuja mulher estava na cama com um negro, tem uma briga violenta com Tarquínio, que é solteiro – e, portanto, o mais traído de todos, pois "só conhece a constância das prostitutas". Colatino os separa e propõe um brinde a Lucrécia. Júnio quer sair da tenda, pois está cansado de ouvir o nome dessa mulher: "sua virtude é a medida de minha vergonha". Mas Colatino o impede e, antes de deixá-los, o reconcilia com Tarquínio. Muito irritado, Júnio exclama: "As mulheres só são castas quando não são tentadas. Lucrécia é bonita, mas não é casta. As mulheres são todas prostitutas por natureza". "Não Lucrécia", responde Tarquínio. Afirmando "Vou provar que ela é casta", pede seu cavalo e deixa o acampamento. No monólogo "Tarquinius does not wait", o Coro Masculino descreve a sua frenética cavalgada para Roma.

Na casa de Lucrécia, aquela noite, ela está fiando com suas criadas Bianca e Lucia ("Their spinning-wheel unwinds dreams which desire has spun"). Lucrécia acredita ter ouvido alguém batendo no portão; mas Lucia vai ver e, não há ninguém. "How cruel men are to teach us love", canta a mulher de Colatino, dobrando os tecidos para ir deitar-se. Os dois coros descrevem a chegada a Roma de Tarquínio, que vai bater na porta de Lucrecia, pedindo-lhe vinho e hospitalidade. "A etiqueta obriga àquilo que a precaução recusaria", diz o Coro Feminino: Lucrécia manda arrumar um quarto para o príncipe.

Na introdução ao ato II, os coros descrevem a dominação etrusca de Roma ("The prosperity of the Etruscans"). Depois, vemos Lucrécia dormindo, em seu quarto ("She sleeps as a rose upon the night") e Tarquínio aproximando-se de sua cama ("When Tarquinius desires, then Tarquinius will dare"). Ele a beija e Lucrécia, que está sonhando com o marido, o abraça mas, ao ver quem é, o rejeita ("How could I give, Tarquinius, since I have given to Collatinus"). Lutam e, puxando a espada, ele a violenta. Num interlúdio ("How in this scene you see virtue assailed by sin"), os dois coros evocam a compaixão cristã.

Lucia e Bianca comentam a beleza do dia e enfeitam com flores o saguão. Bianca diz ter ouvido o som do cavalo de Tarquínio, que foi embora antes do amanhecer. Lucrécia entra num estado de transe, diz que odeia flores, depois pega uma orquídea e ordena a Lucia que a envie a Colatino, com a mensagem de que é o presente de uma prostituta. Faz uma guirlanda com as flores, cantando tristemente "Flowers bring to every year the same perfection". Advertido por Júnio, que viu Tarquínio deixar o campo e retornar de manhãzinha, Colatino volta para casa. Sua esposa o recebe vestida com a roupa púrpura de luto ("Now there is no sea deep enough to drown my shame"), conta-lhe o que aconteceu e, embora ele a perdoe, apunhala-se. No epílogo, os coros se perguntam: "E isso é tudo? Toda essa dor e sofrimento foi em vão?", para concluir que a esperança está em Cristo: "He is all!" E cantam juntos a última estrofe:

Since time commenced or life began
great love has been defiled by fate or man.
Now with worn words and these brief notes we try
to harness song to human tragedy.

(Desde o início dos tempos ou que a vida começou, o grande amor vem sendo corrompido pelo destino ou pelo homem. Agora, com palavras gastas e estas breves notas musicais, tentamos revestir com a canção a humana tragédia.)

Compositor e libretista colaboraram estreitamente na elaboração da ópera – "Britten e eu trabalhamos na mesma escrivaninha", disse Duncan – para usar, da maneira mais plena possível, os recursos limitados de que dispunham. Com uma simples frase nas madeiras, o compositor consegue sugerir como Tarquínio, o Soberbo, e sua mulher "dominam Roma pela força, governando-a mediante puro terror". Os dois coros são usados de forma virtuosística. Se o caráter dos três generais é desenhado mostrando-os em ação, o das três mulheres é descrito economicamente pelo Coro Feminino, no início do ato II. São eles que se encarregam dos dois interlúdios. No primeiro, a brilhante pintura sonora da cavalgada de Taruínio para Roma é sugerida pela oscilação de ritmos binários e ternários. No segundo, uma oração sobre um tema com a forma de um coral religioso relembra o ponto de vista cristão dos dois narradores.

Britten unifica a partitura com dois motivos recorrentes e complementares: o de Tarquínio, o destruidor, uma escala descendente de quatro notas; e o de Lucrécia, a destruída, com praticamente as mesmas notas arranjadas em pares de terças. Esses dois temas dominam toda a peça, modificados de maneiras muito sutis, e se relacionam com a escala ascendente que surge no hino cantado pelos coros no início dos dois atos. Demasiado longa para ser detalhada aqui, remeto o leitor à excelente análise que Eric Walter White faz das diversas utilizações e metamorfoses desses temas, ao falar desta ópera em seu *Benjamin Britten, His Life and Operas* (1970).

A instrumentação para a orquestra de apenas doze músicos é uma verdadeira obra-prima, pela sua variedade de coloridos, de alto grau de inventividade:

- no início da ópera, o uso da harpa em ostinato, sobre a ondulação das cordas, contra os glissandos dos contrabaixos, sugerindo os sons onomatopáicos dos grilos e dos sapos;
- a ameaçadora intrusão das percussões da cavalgada de Tarquínio, na doce música das madeiras, que descreve a tranqüilidade do lar de Colatino;
- a combinação de flauta, clarineta baixa e trompa em surdina, para descrever o sono de Lucrécia, contrastando com as percussões que acompanham a descrição, pelo Coro Masculino, de Tarquínio aproximando-se de seu leito;
- a lancinante melodia das cordas e do corne inglês, que acompanha a entrada de Lucrécia, quando ela recebe o marido e lhe conta o que aconteceu.

São belíssimas as passagens líricas:

- o trio das mulheres fiando;
- a passagem em que as duas criadas comentam a beleza do dia, em II, 2, antes do final trágico.

O *finale* leva a obra a um clímax muito poderoso. Lucrécia jaz morta, destruída "não por uma coisa reconfortante como o Mal", como diz Rodney Blumer, mas pela superficialidade humana, por coisas medíocres como ciúme, ambição, luxúria. Sobre seu corpo, constrói-se uma passacalha de lamentação, baseada na escala ascendente do coro, na qual o sofrimento desarvorado de Colatino, Bianca e Lucia – "So brief is beauty. It is all." – contrasta com as amargas invocações políticas de Júnio: "Romans, arise! See what the Etruscans have done!". O Coro Feminino, com sua escala ascendente acompanhada pelas madeiras, questiona esse pessimismo cego: "For this did I see... His warm blood spill upon that Hill and dry upon that cross?". Quando o Coro Masculino responde, as cordas entram docemente, num dos achados mais simples e mais ricos da partitura: "It is not all", e ele apresenta a ética cristã do sacrifício de si mesmo. Os dois coros retornam uma última vez a seu hino de compaixão e a figura ostinato, que representa o sofrimento, se dissolve nos sopros e harpa, transfigurada, purificada.

John Christie, dono do teatro de Glyndebourne, não gostou nem um pouco da comédia que Britten escreveu a seguir, para servir de companhia e de contraste a *The Rape of Lucretia*. Na noite da estréia, em 20 de junho de 1947, fez questão de dizer à platéia: "This isn't our kind of thing, you know" ("Não é o tipo de coisa que a gente costuma fazer, vocês sabem"). Mas não tinha razão. A música e a produção de Eric Crozier – autor também do libreto – foram muito bem recebidas. E a reprise de 1985, em Glyndebourne, dirigida por Peter Hall, fez de *Albert Herring* uma das óperas mais bem-sucedidas de Benjamin Britten.

Tendo mostrado, em *Peter Grimes*, o lado trágico da vida na região de Aldeburgh, no início do século XIX, Britten revela, agora, a sua vertente cômica. Para isso, adapta um conto muito irreverente de Guy de Maupassant, *Le Rosier de Madame Husson* (1888). Zomba da moral hipócrita, dos festejos de aldeia, dos prefeitos, vigários, professores e policiais convencidos da importância de seu frágil poder. O gosto pela paródia, que já tinha surgido em *Paul Bunyan*, reaparece aqui com toda a força, e vai do pastiche sullivanesco à auto-citação. Como todas as boas comédias, também tem seu lado sombrio e amargo. Apesar da crítica que lhe foi feita de ser "muito provinciana" em seu tratamento de personagens estereotipadas, *Albert Herring* sempre fez sucesso fora da Inglaterra. O próprio Britten a gravou para o selo Decca, em 1964 (Pears, Fisher, Noble, Brannigan, Cantello). Existe também o vídeo da apresentação em Glyndebourne, na década de 1980, regida por Bernard Haitink (Graham-Hall, Johnson, Opie, Palmer, Rigby).

Em 10 de abril de 1900, o prefeito e o vigário de Loxford, a mestre-escola Miss Woodsworth e o superintendente Budd da polícia reúnem-se na casa de Lady Billows, para escolher a moça que será coroada Rainha de Maio, e à qual será dado um prêmio de 25 soberanos. Todas as candidatas apresentadas são desqualificadas por Florence Pike, a governanta de Lady Billows, que sabe de alguma coisa desabonadora sobre cada uma delas. Diante da escassez de virtudes femininas, Budd propõe, então, que seja coroado um Rei de Maio, e sugere o nome de Albert Herring, virtuoso filho da dona do armazém. O vigário apóia a idéia, todos concordam com ele e Lady Billows aceita a proposta.

Na loja de Mrs. Herring, um amigo de Albert, o ajudante de açougueiro Sid, critica-o por estar, até hoje, na barra da saia da mãe, e lhe fala das delícias que o esperam quando ele se libertar ("Courting a girl is the king of all sports"). Nancy, que trabalha na padaria, junta-se a eles, e Sid marca encontro com ela aquela noite ("Meet me at quarter past eight"). Sozinho, Albert reflete que Sid pode estar com a razão: ele deve estar perdendo tudo o que a vida tem de mais divertido a oferecer. Chegam Lady Billows e o resto do comitê ("We bring great news to you upon this happy day"). Albert considera uma tolice ter sido eleito Rei de Maio e diz à mãe que vai recusar o título. Mas Mrs. Herring ouviu falar do prêmio de 25 soberanos, e força-o a aceitar.

Uma mesa com onze cadeiras foi armada no pátio da casa do Vigário. Sid diz a Nancy que, para deixar Albert mais solto e fazê-lo ver as coisas mais brilhantes, vai batizar a sua limonada com uma generosa dose de rum. Chegam os figurões da cidade, em companhia de Albert, no qual puseram um chapéu de palha enfeitado com flores de laranjeira. As crianças cantam para ele uma canção de boas-vindas e oferecem buquês de flores a Lady Billows, a Albert e à sua mãe. Lady Billows discursa a respeito dos perigos da incontinência carnal, do jogo, e do abuso do gim. Depois de receber vários prêmios, Albert propõe um brinde a Lady Billows, emborca de um gole só a sua limonada e, imediatamente, começa a soluçar.

Na loja, ainda meio tocado, Albert relembra a festa ("que gosto estranho tinha aquela limonada!") e como a presença de Nancy o deixou perturbado ("por que será que ela olhava para mim, cada vez que eu olhava para ela?"). Ouve Sid assobiando na rua e Nancy juntando-se a seu amigo. Falam dele, dizem que logo estará se sentindo melhor, beijam-se e voltam para a festa. Albert fica observando-os se afastarem, pega uma moeda, joga cara ou coroa, e sai também. Mrs. Herring aparece, chama-o e, não obtendo resposta, diz: "Coitadinho, está dormindo. Deve estar exausto, com toda essa agitação".

Na tarde seguinte, toda a cidade procura por Albert, que está sumido. Nancy, com a consciência pesada, briga com Sid; mas este não acha que Albert tenha morrido. O superintendente Budd vem à loja pedir a Mrs. Herring uma fotografia do filho, pois quer mandá-la às delegacias da região. Ela lhe dá uma foto emoldurada, dizendo que foi tirada no porto, em Felixstowe. Lady Billows exige que a Scotland Yard e Conan Doyle sejam notificados. O prefeito traz, com toda a solenidade, uma salva de prata na qual colocou, reverentemente coberta por um pano, a guirlanda de flores de laranjeira de Albert, encontrada numa beira de estrada, esmagada por uma carroça. Todos, agora, estão convencidos de que ele morreu, e cantam a elegia "In the midst of life is death". Quando estão terminando, Albert aparece, todo descabelado e sujo de lama. Interrogam-no, e ele conta o que aconteceu: três de seus 25 soberanos, ele gastou com as garotas de um bordel; depois, se embebedou em um bar, até ser expulso; aí, foi beber em outro botequim e envolveu-se em uma briga. Vira-se para a mãe e diz: "Você me fez ajoelhar e me botou cabresto". Lady Billows profetisa que ele há de pagar pelos pecados da carne, e todos retiram-se, indignados, olhando-o, agora, como se fosse o pior dos pervertidos.

Britten demonstra, nesta ópera de recitativos ágeis e melodias cintilantes, possuir uma destreza quase rossiniana para a comédia. É muito hábil a aplicação que dá a um tema cômico, de texturas contrapontísticas, canônicas ou em forma de fuga. Os interlúdios são tão bem escritos quanto os do *Peter Grimes*; mas, agora, visando a encarar a vida provinciana através de lentes destorcidas, que mostram seu lado hipócrita e beato. É inspirado o uso da paródia em "Albert the Good", o hino que as crianças, brincando na rua, cantam para o casto donzel; no patriotismo patusco do discurso de Lady Billows; e sobretudo na elegia para Albert, em que há o pastiche das tradicionais *threnodies* setecentistas.

A cena da reunião do comitê, no ato I, é um modelo de composição diferenciada de personagens. Cada personagem canta uma ariazinha que o caracteriza, desde o vocalise do Vigário em estilo eclesiástico até a balada pipilante de Miss Woodsworth, passando pelo estilo esnobe de *ayre* de Lady Billows e pela truculência sullivanesca da canção de Budd.

O motivo da poção amorosa, do *Tristão e Isolda*, soa na orquestra quando Sid enche de rum a limonada de Albert. E quando Budd diz a Sid que sempre gostou mais de um bom caso de estupro do que da caçada de alguém desaparecido, o tema que ouvimos é o de Lucrécia, no *Rape*.

Musicalmente, o clímax da ópera é a elegia do ato III. Ela começa como a paródia de um cântico religioso, mas vai ficando progressivamente séria, como se, por baixo do lamento superficial e pró-forma, as pessoas tomassem realmente consciência de sua fragilidade. Cada uma das personagens, no estilo que lhe é próprio, faz a sua contribuição individual e, no final, unem-se, numa *stretta* elaborada, de magnífica escrita polifônica, sobre um pedal de si bemol. Este é o momento em que se torna visível o lado sério, todo o tempo subjacente à comédia. É também o momento em que o espectador sente o quanto há, em *Albert Herring*, de saudades, da nostálgica recriação de uma velha Inglaterra que, àquela altura, já não existia mais.

Fazer excursões com o English Opera Group era oneroso e não rendia muito. A turnê com *The Rape of Lucretia* deu enorme prejuízo, que John Christie bancou. Mas, depois disso, não quis mais envolver Glyndebourne nesses empreendimentos. Em vista disso, em 1948, como dissemos, Britten, Pears e Crozier fundaram o festival que se realizaria anualmente, em junho, em Aldeburgh, com a finalidade de estimular a música inglesa, tanto a dramática quanto a instrumental. A primeira ópera escrita para Aldeburgh, e estreada em 14 de junho de 1949, foi a infantil *The Little Sweep* (O Pequeno Limpador de Chaminés), com libreto de Eric Crozier.

Ela fazia parte de uma peça com música incidental intitulada *Let's Make an Opera*, na qual adultos e crianças são mostrados preparando a encenação da ópera sobre o limpador de chaminés, que escreveram juntos. Mais tarde, Crozier expandiu a peça em dois atos mas, na revisão de 1965, condensou-a novamente em um só. Depois, convenceu-se de que ela não era boa e retirou-a (mas existe uma edição lançada pela editora Penguin, na década de 1960). Na verdade, valeria a pena reeditá-la, para uso dos grupos amadores que desejassem encená-la junto com *The Little Sweep*.

Assim como em *Peter Grimes*, mas tratado de forma mais amável, o tema é o da perda da inocência e da crueldade com crianças. A exploração do trabalho infantil era usual na Inglaterra. Por serem pequenos e magrinhos, os meninos eram usados para entrar dentro das chaminés e limpá-las, mesmo que esse trabalho, freqüentemente, fosse muito perigoso. Essa prática nefasta – denunciada por Dickens em seus romances – só foi abolida no final do século XIX. Britten tirou a idéia dos dois poemas de William Blake intitulados *The Chimney Sweeper* e, de comum acordo com Crozier, ambientou a ação no Suffolk, em 1810. A ópera passa-se em Iken Hall, uma fazenda às margens do rio Alde, que ambos conheciam.

O limpador de chaminés Black Bob, e seu filho Clem, levam Sam, um menino de oito anos de idade, para limpar as chaminés de Iken Hall, supervisionado pela governanta, Miss Baggott. A babá das crianças, Rowan, tem pena de Bob e faz de tudo para que não o obriguem a entrar na chaminé. Mas ele é obrigado a fazê-lo, e fica entalado lá dentro. É salvo por Juliet, Gay e Sophie Brook, os filhos do dono da casa, e Johnny, Hugh e Tina Crome, seus amiguinhos, que estão hospedados na casa. Eles escondem Sam e fazem todo mundo pensar que ele fugiu. Black Bob e Miss Baggott saem para procurá-lo. Ao ouvir Rowan cantar "Run, poor sweepboy!", as crianças compreendem que ela é sua aliada, e revelam-lhe o local onde Sam está escondido.

Rowan e as crianças dão um banho em Sam, alimentam-no e planejam escondê-lo num lugar onde possa passar a noite. Colocam-no dentro de um grande armário, na cozinha. Quando Miss Baggott chega e tenta abri-lo, Juliet simula um desmaio para distrair a sua atenção. Na manhã seguinte, Juliet dá a Sam três meias-coroas, que reuniu com seus amigos, que estão voltando para casa. Escondem Sam dentro de uma mala, que o cocheiro e o jardineiro se recusam a colocar na diligência, por achá-la demasiado pesada. As crianças levantam a mala, acomodam-na na diligência em que os Crome vão viajar, e Sam vai embora com eles, para a liberdade.

*The Little Sweep* é o melhor exemplo da facilidade que Benjamin Britten tem para se comunicar com as crianças. Afinal não é ele o autor do *Guia dos Jovens para a Orquestra*, no qual, mediante uma série belíssima de variações sobre um tema de Purcell, demonstra a seu pequeno público o som e o funcionamento de cada instrumento de uma sinfônica? Sedutora introdução ao universo da ópera, *O Pequeno Limpador de Chaminés* utiliza, em vez de interlúdios, coros de que a platéia também deve participar. Na "Canção da Noite", um desses coros, os ouvintes são divididos em quatro grupos: as corujas, as cegonhas, as pombas e os tentilhões. Efeitos simples e diretos são obtidos mediante recursos musicais sofisticados. No coro de abertura, cada grito de "Sweep!" tem harmonização diferente. Ao desmaio fingido de Julie, segue-se uma cena de conjunto com a forma de passacalha, favorita do compositor. Por toda parte, Britten faz o uso expressivo de ostinatos. O recitativo é substituído por diálogos falados. Para conhecer *The Little Sweep*, há duas gravações:

Decca, 1955 – Vyvyan, Cantello, Thomas, Hemmings, Pears, Anthony/ Britten.
EMI, 1977 – Wells, Bnson, Begg, Monck, Tear, Lloyd/Philip Ledger.

A última novela de Hermann Melville, *Billy Budd, Foretopman*, terminada em abril de 1891, poucos meses antes de sua morte, teve como origem um conto intitulado *Billy Bud, Sailor*, que ele escrevera em 1888. Melville baseou-se num fato real: a condenação à morte do marinheiro Elisha Small que, em novembro de 1842, foi acusado de liderar o suposto motim contra o capitão do *U.S. Somers*. A magistral narrativa de Melville tinha tudo para atrair Britten pois, nela, as circunstâncias da história são mais escondidas e sugeridas do que claramente contadas; o tema é o da inocência destruída, do bem aniquilado pelo mal; e a personagem é marginalizada pela sociedade. Quando o Covent Garden lhe encomendou uma ópera para a temporada de 1950, foi de *Billy Budd* que ele pediu a Crozier e E. M. Forster que extraíssem o libreto.

Como Forster não sabia escrever versos, o libreto foi redigido em prosa, o que garantiu a Britten a possibilidade de compor música de grande fluência. Mas alguns poemas de Melville, como a balada "Billie in the Darbies", foram intercalados ao texto. Foi tenso o relacionamento entre os libretistas e o compositor, que só se deu por satisfeito com a quarta versão do libreto, preparada no final de 1949. Com isso, a ópera só estreou em 1º de dezembro de 1951. E o próprio autor teve de regê-la, pois o maestro escalado, Josef Krips, retirou-se na última hora, insatisfeito com a partitura. Embora alguns críticos apreciassem a ópera, a recepção do público foi fria. Só na década de 1970 *Billy Budd* começou a adquirir o prestígio de que hoje desfruta.

Originalmente, o libreto previa dois atos; mas, por razões as quais o próprio Britten dizia não se lembrar mais, acabou ficando com quatro. Como achava que três interrupções para intervalos enfraqueciam o fluxo dramático, Britten reverteu, na revisão de 1960 – transmitida pela BBC em 13 de novembro – ao formato de dois atos. Para isso, cortou a cena, no final do ato I, em que o capitão Vere fazia animado discurso à sua tripulação. Na versão revista, a tripulação comenta, a respeito de seu capitão, "ele se preocupa com a gente" e Billy canta "Star of the morning... I'd die to save you!" A reestréia no palco foi em 6 de janeiro de 1964, no Covent Hall. Estas são as versões disponíveis:

Decca, 1967 – Pears, Glossop, Langdon, Brannigan/Britten (versão revista).
Erato, 1997 – Rolfe Johnson, Hampson, Halfvarsen, van Allan/Kent Nagano (versão original).
Chandos, 1999 – Langridge, Keenlyside, Tomlinson, Bayley/Richard Hickox (versão revista).

Há ainda um vídeo comercializado pela Home Vision: Langridge, Allen, van Allan, Howlett/David Atherton, já exibido no Brasil pela TV a cabo.

A ação se passa a bordo do *HMS Indomitable*, durante a guerra de 1797 contra a França – portanto, pouco tempo depois dos motins de Spithead e Nore, que ainda estão muito vivos na cabeça das pessoas, o que explica muito da forma como elas se comportam. No prólogo e no epílogo, ambos intitulados *Vere*, o capitão Edward Fairfax Vere, já muito idoso, é mostrado sozinho com as suas reminiscências ("I am an old man who has experienced much"). Pensa no mistério do bem e do mal, e em como essas categorias nunca estão isoladas uma da outra. Suas reflexões fazem-no pensar nos tempos em que era comandante do *Indomitable*, tempos difíceis, em que estava no ar o livre pensamento engendrado pela Revolução Francesa.

Dirigidos pelo Contramestre ("Pull my bantams"), os marujos lavam o convés ("O heave, o heave away!"). Chega um barco trazendo os novos recrutas. O mestre-de-armas, Mr. Claggart, os examina. Joseph Higgins, um ruivo de seus cinqüenta anos, recusa-se a responder às perguntas, até que o ameaçam com castigos físicos. O segundo, Arthur Jones, é mais dócil, porém muito pouco hábil. O terceiro, Billy Budd, é jovem, entusiasta e um marujo experimentado. Seu único problema é gaguejar quando fica nervoso; o que acontece ("They say I was..."), quando tenta explicar que é um *foundling* (filho de pais desconhecidos). Claggart diz que ele é "uma jóia preciosa" e o designa como *foretopman* (para trabalhar na gávea), o que deixa Billy muito satisfeito ("Billy Budd, king of the birds!"). Ele se despede de seu navio mercante ("Farewell, old *Rights o'Man!*"). Ao ouvi-lo mencionar um navio que tem o mesmo nome do livro em que Thomas Paine expõe subversivas idéias iluministas, Claggart chama o cabo Squeak, e manda-o ficar de olho em Billy: "Enrosque a rede dele, bagunce a sua mochila, derrame o seu grogue". Dansker, um velho marinheiro, adverte a Billy que deve tomar cuidado com Claggart.

Uma semana depois, Vere convida o primeiro-tenente Redburn e o chefe-navegador Flint a tomar vinho com ele em sua cabine. Os dois estão ansiosos por entrar em ação ("Don't like the French") e mencionam as palavras de Billy. Mas Vere os tranqüiliza: "No danger there". Pede-lhes, porém, que fiquem atentos a qualquer sinal de rebelião por parte da tripulação.

No convés, os homens estão cantando: "Blow her away". Billy e Red Whiskers querem que Dansker participe; mas ele diz que está velho demais e a única coisa de que sente falta é de tabaco. Billy se oferece para lhe trazer um pouco de fumo, vai procurar a sua mochila e começa a gaguejar, ao surpreender Squeak mexendo nela. Squeak puxa uma faca e Billy derruba-o com um soco, exatamente no instante em que Claggart aparece. Dansker conta o que aconteceu, e Claggart nada mais pode fazer senão ordenar que Squeak seja posto a ferros.

Sozinho, Claggart fala de seus sentimentos por Billy ("O beauty, o handsomeness, goodness") e, numa verdadeira profissão de fé que se assemelha ao "Credo" de Iago, no *Otello* de Verdi, admite: ele é o mal, Billy o bem e, por isso, terá de ser varrido da face da terra. "Melhor teria sido eu nunca te encontrar... te tenho em meu poder e hei de te destruir!" Chama um jovem Aprendiz e o convence, não sem alguma relutância do rapaz, a tentar Billy, oferecendo-lhe dinheiro para liderar um motim. Dansker assistiu à cena e adverte a Billy que Claggart está preparando uma armadilha para ele.

Dias depois, Claggart pede para falar com Vere, a quem os seus modos hipócritas irritam visivelmente. Ainda está fazendo rodeios, sem entrar no assunto, quando ouvem o grito: "Nave inimiga a estibordo!" Todos tomam as suas posições ("This is the moment!"), mas a embarcação francesa consegue desaparecer dentro da névoa. Claggart volta à carga, invertendo a acusação: diz que Billy ofereceu dinheiro ao Aprendiz para que iniciasse um motim. Mas Vere o ridiculariza, embora concorde em ter uma conversa com o marinheiro. Chama a ambos em sua cabine, e Claggart acusa Billy de rebelião. Furioso, Billy começa a gaguejar e, como não consegue se explicar, dá um soco em Claggart que, caindo, bate com a cabeça na quina da mesa e morre. Vere chama seus oficiais e ordena que se prepare a corte marcial. Billy pede ao capitão que o defenda, mas este, resistindo até mesmo aos apelos dos oficiais mais jovens, recusa-se a influenciar o veredicto, e a sentença de morte é pronunciada. Sozinho, Vere demonstra, em seu monólogo, estar profundamente perturbado por ter sido obrigado a condenar "an angel of God".

Logo antes da alvorada, Billy está acorrentando no convés do canhão e canta a sua balada: "Look! Through the port comes the moonshine astray!". Dansker vem lhe trazer comida e diz que toda a tripulação está muito inquieta: há até quem pense em libertá-lo à força. Billy pede a Dansker para lhes dizer que não o façam, para não correrem o risco de serem também enforcados. Sozinho, canta o monólogo "I've sighted a sail in the storm, the far-shining sail", em que se despede da vida. De alguma forma misticamente obscura, ele parece ter encontrado algum sentido em sua vida:

> No more shipmates, no more seas, no looking down to the heights from the depths! But I've sighted a sail in the storms, the far-shining sail that's not Fate, and I'm contented. [...] Don't matter now, being hanged, or being forgotten and caught in the wees. Don't matter now. I'm strong and I know it, and I'll stay strong, I'll stay strong, and that's all, all, all, and that's enough.

> (Não mais companheiros de embarcação, não mais os mares, nunca mais olhar lá do alto [da gávea] para as profundezas! Mas avistei uma vela na tempestade, a vela brilhando ao longe que não é o Destino, e estou contente por isso. [...] agora não importa mais ser enforcado, esquecido ou ser enleado pelas algas. Sou forte e sei disso, e permanecerei forte, permanecerei forte e isso é tudo, tudo, tudo, e isso basta.)

Billy é trazido ao convés, onde toda a tripulação se reúne em silêncio, para ouvir a sentença, lida pelo primeiro-tenente. Ele exclama: "Starry Vere, God bless you!", frase com que parece exonerar o capitão da culpa por sua morte. Quando é enforcado, um murmúrio ameaçador sai da boca de todos os homens, até que os oficiais ordenem: "Down all hands!". No epílogo, Vere, já idoso, relembra:

> We commited his body to the deep. The sea-fowl enshadowed him with their wings, their harsh cries were his requiem. But the ship passed on under light airs towards the rose of dawn, and soon it was full day in its clearness and strength... For I could have saved him, I could have saved him. He knew it, even his shipmates knew it, though earthly laws silenced them. O what have I done? O what, what have I done? But he has saved me, and blessed me, and the love that passeth understanding has come to me. I was lost in the infinite sea, but I've sighted a sail in the storm, the far-shining sail, and I'm content. I've seen where she's bound for. There's a land where she'll anchor for ever. I am an old man now, and my mind can go back in peace to that far-away summer of seventeen hundred and ninety-seven, long ago now, years ago, centuries ago, when I, Edward Fairfax Vere, commanded the *Indomitable*.

> (Entregamos seu corpo às profundezas. As aves marinhas o cobriram com a sombra de suas asas, seus gritos ásperos foram o réquiem dele. Mas o navio seguiu caminho sob o leve ar, rumo à rosa da alvorada, e logo

raiara o dia claro e forte... Porque eu poderia tê-lo salvado, eu poderia tê-lo salvado. Ele sabia disso e seus companheiros sabiam disso, embora as leis terrenas os tivessem silenciado. O que fiz? O que fiz? Mas ele me salvou e me abençoou, e o amor que ultrapassa a compreensão veio até mim. Eu estava perdido no mar infinito, mas vi uma vela na tempestade, uma vela brilhando ao longe, e estou contente por isso. Há uma terra onde ela há de ancorar para sempre. Sou um velho agora, e a minha mente pode voltar tranqüilamente para aquele distante verão de 1797, muito tempo atrás, anos atrás, séculos atrás, quando eu, Edward Fairfax Vere, era o comandante do *Indomável*.)

Ele sente que Billy, de alguma forma, o perdoou e redimiu por ter sido obrigado a obedecer às "leis terrenas". Da mesma forma que Billy, Vere percebe ter atingido a compreensão, a resignação e a paz.

Para Britten, parecia haver a necessidade lógica de explorar mais profundamente, em *Billy Budd*, temas que já havia tocado em *Peter Grimes* e *Albert Herring*, cujas personagens também são marginais dentro de uma sociedade repressiva. Grimes é destruído por essa sociedade, não sem antes ter destruído a si mesmo, por internalizar a opressão que sofre. Albert é a contrapartida cômica de Grimes pois, embora esteja preso à barra da saia da mãe, consegue salvar-se por um gesto quase inesperado de rebelião. Num artigo do *Musical Times*, de dezembro de 1977, Philip Brett defendeu a idéia de que *Peter Grimes* é uma alegoria da repressão homossexual e, ao escrevê-la, Britten estava acertando as contas com a experiência de conviver com o lado mais sombrio de seu contato com a sociedade. Em *Albert Herring*, ao contrário, ele refletia a satisfação em ver bem-sucedidos os seus esforços para ser socialmente aceito.

Em *Billy Budd*, o ambiente ainda é hostil, desconfortável, opressivo; e o herói, como Grimes, é destruído. Mas, ao contrário de Grimes, ele é puro e não está sozinho contra a multidão do Borough, pois permanece intocado pelo sentimento de ódio por si mesmo e conta com a simpatia, se não de toda, pelo menos de boa parte da tripulação. Inocente e ingênuo como Parsifal, esta versão moderna do *reine Tor* (o puro tolo) conquista o mal e redime, com sua morte, as figuras moralmente ambíguas que determinaram a sua destruição. Comparada à de *Peter Grimes*, portanto, a tragédia de *Billy Budd* é purificada e tornada transcendente. E ao emoldurar a ação com as reminiscências de Vere idoso – em vez de matá-lo, logo depois do enforcamento de Billy, como faz Melville – os libretistas transformam a ópera numa verdadeira parábola de redenção.

Originalmente, Britten planejou a ópera em quatro atos, com uma estrutura sinfônica:

- um ato de exposição em forma de sonata;
- um movimento lento com tom de noturno, que mostrasse primeiro os oficiais e, depois, a tripulação em momentos de repouso;
- em seguida um scherzo, que corresponderia ao episódio da perseguição do navio francês;
- e um quarto ato que recapitularia todo o material e levaria ao desenlace trágico.

Porém, a preocupação em evitar que a ópera ficasse demasiado longa – ela já dura quase três horas – levou Britten a optar por uma forma mais compacta, em dois atos (embora ainda sejam perceptíveis sinais da intenção inicial de trabalhar com quatro "movimentos"). Nessa compressão, houve perdas, naturalmente: a maior delas foi a seção em que, ao ver pela primeira vez o comandante, Billy ouve a tripulação chamá-lo de "Starry Vere", a expressão que usará, ao falar dele, no último ato, antes de ser enforcado. Mas a forma em dois atos serviu para concentrar a idéia da luta entre o bem e o mal, entre Billy e Claggart, representada pela oposição entre os acordes de si bemol maior e si menor – com apenas um semitom de diferença, mas harmonicamente muito distantes um do outro. É o símbolo de duas forças que estão em íntimo contato, mas se opõem de forma irreconciliável. Ouvida, já no prólogo, no acompanhamento das cordas ao monólogo de Vere, essa oposição vai permear toda a partitura. É Claggart quem, ao desorganizar o equilíbrio dentro do navio, torna-se responsável por essa disparidade entre tonalidades adjacentes. John Warrack explica muito claramente, em sua introdução à ópera na gravação do próprio Britten, como funciona essa nervosa agitação interna da partitura:

Antes da primeira aparição de Claggart, os homens que são trazidos ao navio cantam num incisivo lá menor. Quando Claggart é chamado, a orquestra move-se primeiro para sol maior e, depois, para sol sustenido menor.

O terceiro recruta é Billy, que aceita seu novo posto com o rompante alegre do "Billy Budd, king of the birds", em mi maior. O monólogo com que Claggart responde, "Was I born yesterday", é em fá menor. Mais adiante, quando Billy surpreende Squeak mexendo em sua mochila, a luta que se segue é em lá maior, mas a intervenção de Claggart força uma modulação ascendente para si bemol maior. É só no final do epílogo que a música se aquieta nas graves tercinas de si bemol que, a partir do ritmo da batalha, vão morrendo até o sereno acorde sustentado que acompanha as últimas palavras de Vere.

Como acontecia no *Tristão e Isolda*, portanto, a tensão moral encontra seu correspondente numa tensão harmônica, que não leva exatamente a uma resolução: entre uma força e outra, o máximo que se pode fazer é optar por uma delas. Embora a oposição Billy/Claggart seja claramente sugerida nas retorcidas modulações que Warrack descreve, a impossibilidade de conciliar esses pólos extremos é simbolizada pela bitonalidade, que está no cerne da partitura (a mesma que, no *War Requiem*, é responsável pela quase insuportável tensão harmônica). Pairando sobre toda a ação, sem que nem mesmo isso tenha de ser dito explicitamente, estão a dureza do trabalho e da vida no navio, e o medo dos oficiais de que o ressentimento criado por isso venha à tona, sob a forma de motim – motivo último para que a sentença contra Billy seja tão cegamente implacável. Desde o início, a canção de trabalho dos marinheiros ("O heave!... o heave away!") baseia-se em intervalos de quinta ascendente, e numa figura de semitom que simboliza a inutilidade do esforço desses homens. Essa figura é recorrente, em momentos significativos da ação, ora de forma disfarçada, ora abertamente:

- no angustiado "O what have I done?" de Vere;
- na despedida entusiástica de Billy, "Farewell old *Rights o' Man*";
- no momento em que os oficiais relembram "Spithead, the Nore, the floating republic";
- na seqüência acompanhada pelo trompete, em que o Aprendiz tenta convencer Billy a se amotinar, oferecendo-lhe alguns guinéus;
- no momento em que Claggart faz contra Billy a falsa acusação de insubordinação;
- quando Dansker diz a Billy: "toda a tripulação acha que você não vai escapar dessa";
- no aterrorizante ruído sem palavras que sai da garganta de todos os homens, quando Billy morre.

A ambigüidade tonal frisa, portanto, a incerteza moral que caracteriza toda a ação. E é particularmente forte ao descrever a personalidade de Vere. Apesar disso, *Billy Budd* é uma ópera firmemente tonal, e certas claves agem como motivo condutor, para a descrição das personagens. A música de Billy, por exemplo, é em si bemol maior, com algumas incursões eventuais em mi maior. A de Claggart é sempre escrita em fá menor. A forma cinzenta de retratar o mestre-de-armas corresponde perfeitamente à descrição que Melville faz dele: "um homem que tem a natureza má, não engendrada por um treinamento vicioso ou por leituras que o corromperam ou por uma vida licenciosa, mas que nasceu com ele, e é inata"[18].

À exceção de algumas inserções poéticas, entre elas a balada "Billy in the Darbies", cujo texto é de Melville, o libreto, como dissemos, é em prosa. Mas isso permite a ágil transição, das passagens coloquiais e prosaicas para aquelas em que as palavras assumem peso mais lírico. O leque harmônico da ópera é extremamente amplo, e a sua estrutura é muito densa, havendo até mesmo certa semelhança de corte melódico entre os diversos temas, para enfatizar a natureza obsessiva do drama. Mas isso não significa que haja monotonia nessa história claustrofóbica, de tal forma é variada e rica a escrita orquestral, destinada ao maior efetivo orquestral que Britten usou em toda a sua obra para o palco (basta dizer que são necessários seis instrumentistas para as percussões).

É excepcionalmente importante o papel da orquestra, pois a redução dos chamados "números" fechados coloca nas mãos dela o encargo de levar adiante a ação, encadeando blocos – flexíveis, mas firmes – de desenvolvimento instrumental. O elenco de timbres exclusivamente masculinos requer participação maior dos sopros, e isso vem ao encontro

---

18. De acordo com a edição de Milton R. Stern, (Indianápolis, Bobbs-Merrill, 1975).

do tom marcial que, boa parte do tempo, Britten quer dar à música. Ao Mal, representado por Claggart, correspondem as sonoridades escuras do trombone, da tuba e do contrafagote. A gagueira de Billy é brilhantemente evocada por um trinado do trompete em surdina e uma figura na percussão, de uma maneira que antecipa o acompanhamento à fala de Puck, em *Sonho de uma Noite de Verão*. Uso muito virtuosístico é feito das sonoridades melancólicas do saxofone, em especial na cena em que o Aprendiz é chicoteado. E o avantajado naipe de sopros é habilmente utilizado para descrever o movimento do mar e a vida dura dentro da embarcação. Quanto às cordas, cabe-lhes emoldurar, de forma comovente, as emoções humanas mais conturbadas. Da mesma forma, o coro sempre tem participação emocionante. Com seu uso exclusivo das vozes masculinas, *Billy Budd* faz companhia na História da Ópera contemporânea, aos *Dialogues des Carmélites*, de Francis Poulenc[19], em que as vozes femininas predominam: os dois compositores realizam a proeza de escrever dramas longo em que não há monotonia vocal alguma.

*Billy Budd* oferece uma justaposição da dimensão pública – a vida externa da embarcação – e do plano privado – os dramas pessoais de Billy, Claggart e Vere – de empostação nitidamente verdiana (eu diria que no *Simon Boccanegra* ou no *Don Carlo* estão os seus grandes modelos). A cada uma das personagens cabe uma ária de grande beleza, do tipo que o espectador guarda por muito tempo na memória, após ouvi-la. No entanto, o momento mais perturbador de toda a partitura é certamente aquele em que Vere, tendo aceitado a responsabilidade pelo veredicto ("Before what tribunal do I stand, if I destroy goodness?"), decide comunicar pessoalmente a Billy a sua sentença: "I am the messenger of death! How can he pardon? How receive me?" Ele está sozinho no palco, e a orquestra toca 34 acordes muito lentos, cada um deles harmonizando uma das notas da tríade de fá maior, cada um deles com colorido, dinâmica e estilo de orquestração diferentes, até alcançar um radioso fá maior que parece varrer definitivamente a influência nefasta de Claggart.

Há, em determinados pontos, vagas reminiscências dos acordes que ocorriam, sempre que Claggart falava com Billy. Na ária de Billy, eles surgem no momento em que o rapaz sente a força e a coragem de enfrentar a morte. E eles ressoam triunfalmente, no epílogo, quando Vere retoma a melodia em si bemol de Billy, que acompanha as inspiradas palavras de Forster: "But I've sighted a sail in the storm...". Parece estar aí o cerne metafísico da história: em termos platônicos, o amor pela Beleza Ideal pode levar à sabedoria, à compreensão, à compaixão; da mesma forma que, em termos cristãos, bondade e amor trazem em si o poder de perdoar. Essa é uma visão otimista, porém, que não há de se manter, no pensamento de Britten. Em sua última ópera, *Morte em Veneza*, o encontro de um homem reprimido com a beleza absoluta será menos idealizado, pois a beleza encanta, mas também destrói, leva ao autoconhecimento, mas não à salvação. Mas essa será, em 1973, a visão de um homem amargurado que está perto de morrer.

Em fevereiro de 1952, a princesa Elizabeth tornou-se a rainha da Inglaterra. Seu primo, o conde de Harewood, co-fundador da revista *Opera*[20], sugeriu a Britten que escrevesse um drama baseado nos amores de Elizabeth I com o conde de Essex, a ser encenado, no ano seguinte, para comemorar a Coroação. Obtida a permissão real para esse projeto, o libreto de *Gloriana* foi encomendado a William Plomer, que se baseou na peça *Elizabeth and Essex*, de Lytton Strachey, escrita em 1928. Britten abandonou todos os trabalhos para dedicar-se exclusivamente a essa partitura, estreada no Covent Garden, em 8 de junho de 1853, com Joan Cross e Peter Pears nos papéis principais.

Foi um momento difícil na carreira do compositor. O sucesso junto ao público, frisado pela nomeação como Companion of Honor, conferida a um artista que tinha apenas 39 anos, gerou, nos círculos musicais, grande insatisfação e ressentimento, agravada pela campanha que lhe era feita por ser declaradamente homossexual – o que, na Inglaterra daquela épo-

---

19. Ver *A Ópera na França*, desta coleção.

20. E também organizador da versão inglesa do *Kobbe's Complete Opera Book* e mais tarde diretor do Festival de Edimburgo e superintendente da English National Opera.

ca, ainda era um crime punível por lei. Este foi, certamente, um fator que explica a frieza com que a ópera foi recebida. Mas não é a única razão. A estréia foi um espetáculo de gala no qual estavam presentes altos funcionários governamentais e todo o corpo diplomático – um tipo de platéia sem muita afinidade com ópera... e ainda mais, escrita por um compositor contemporâneo. Além disso, como a personalidade conflituosa de Elizabeth I não é tratada de forma hipócrita, não faltou quem dissesse, na imprensa, que a ópera não era adequada para a ocasião.

Apresentações posteriores foram recebidas com mais entusiasmo; mas *Gloriana* tinha ficado com fama de fracasso e, após algumas récitas, o Covent Garden a retirou de seu repertório. Foi uma decisão injusta pois, em 1966, quando ela foi cantada no Saddler's Well, em versão ligeiramente revista, tendo Sylvia Fisher no papel principal, o público fez dela um sucesso. Ainda assim, foi a ópera de Britten que mais tempo demorou para ser documentada em disco. A integral de Sir Charles Mackerras, pelo selo Argo (Barstow, Kenny, Jones, Langridge, Opie), só saiu em 1992. Existe, porém, um vídeo da English National Opera, regido por Mark Elder (Walker, Rolfe Johnson, Rigby, van Allan, Howlett).

O conde de Essex e Lord Mountjoy, rivais no amor da rainha, brigam durante um torneio. Elizabeth os recrimina, e só com muita dificuldade eles se reconciliam. Sir Robert Cecil adverte a rainha que Essex não sabe reprimir seus sentimentos, e isso o torna inconveniente. Num encontro com a rainha, Essex canta para ela duas canções, acompanhando-se ao alaúde, e pede-lhe que o nomeie vice-rei da Irlanda. Ele a acompanha, juntamente com Cecil e Lord Mountjoy, a uma visita oficial que ela tem de fazer a Norwich e, lá, assistem a um *masque* de tema rústico, com que ela é homenageada. Na Essex House, no Strand, Lord Mountjoy encontra-se com sua amante, Lady Rich, irmã do conde de Essex. Este, juntamente com Lady Essex, vem juntar-se a eles, muito descontente porque a decisão de seu pedido custa a ser tomada; e os quatro decidem que serão responsáveis pela escolha do sucessor, quando a rainha morrer.

Durante um baile no Palácio de Whitehall, Elizabeth humilha a sua rival, Lady Essex, que está ricamente vestida. Ordena a todas as damas da corte que troquem de vestido. Saem todas juntas e, ao voltarem, a mulher de Essex está com uma roupa muito sem graça, e a rainha traja suas vestes luxuosas, que nem lhe servem direito. Em compensação, logo em seguida, concede a Essex o título de Lord Deputy da Irlanda.

A campanha de Essex na Irlanda, porém, fracassa. Voltando a Londres, ele irrompe nos aposentos da rainha, sem ser anunciado, num momento em que ela está se vestindo e ainda não colocou a peruca. Elizabeth, irritada, ordena que ele seja posto sob custódia da guarda. Essex escapa, tenta sublevar a população contra a rainha, é declarado traidor e condenado à morte. Elizabeth está inclinada a poupar a sua vida, mas Lady Rich vem à sua presença e trata-a com tal arrogância que, furiosa, ela assina a ordem de execução. Na cena final, falada, Elizabeth I reflete sobre o significado de sua experiência como ser humano e governante, enquanto os episódios de sua vida desfilam rapidamente diante de seus olhos.

Mesmo sendo uma sucessão de quadros, às vezes, um tanto estáticos, *Gloriana* é bem-sucedida ao traçar um retrato digno e comovente, mas sem idealização, de Elizabeth I, tanto como figura política quanto como mulher. Ela está no centro da ação e todas as outras personagens, até mesmo Essex, gravitam em torno dela como seres subsidiários. O cerne da ação está em III,1, quando a rainha, consciente de que todos esperam sua decisão a respeito da acusação feita a Essex, canta a ária conhecida como "The Queen's Dilemma", que termina com as palavras:

> I am and am not; freeze and yet I burn;
> since from myself my other self I turn.
>
> (Sou e não sou, gelo e, ao mesmo tempo, ardo pois, de mim mesma, afasto meu outro eu.)

Ou seja, a rainha vê-se dividida entre governar, suprimir a traição, e entregar-se àquela parte de si mesma que ama em Essex, a ambição, o jeito impetuoso, a falta de esnobismo. Em Elizabeth concentra-se a batalha entre o público e o privado, expressa também na música com toques muito sutis. Por exemplo, em I,2, quando Essex canta para ela "Quick music is best", convite ao hedonismo e à despreocupação, o tema de Elizabeth, na linha do baixo, lembra-nos que, independente da forma como se sente, ela não pode esquecer as preocupações com o Estado. A ópera é construída de fora para dentro, de seus aspectos externos, oficiais, para o magma em que batem os corações de Gloriana e de Robin (o diminutivo que ela usa para o amante, nas horas de carinho).

Os dois pilares de sustentação do drama são os duetos Elizabeth-Essex, em I,2 e III,1. *Gloriana* oferece-nos um brilhante retrato das ambigüidades de uma grande paixão. Até onde o amor de Essex por Elizabeth confunde-se com o fato de ela ser o instrumento de sua ambição? Até onde o amor de Gloriana por Robin tem a ver com a sensação de que ele lhe devolva a juventude? (porque um dos temas subsidiários do retrato psicológico de Elizabeth I é a sua angústia por sentir que está envelhecendo). A importância do nível introspectivo não deve, naturalmente, fazer-nos perder de vista a magnificência de seu caráter de *grand-opéra*, com cenas de efeito que não são meramente decorativas, porque ajudam a explicar o cerne emocional do drama. A maneira de ser de Elizabeth I, o nó de seu relacionamento com Essex prende-se, justamente, a essa incompatibilidade entre a vida da rainha da Inglaterra e a da mulher apaixonada. E Britten concilia magistralmente, em termos musicais, o conflito em que o drama se enraíza. Em vez de separar a vida pública da pessoal, multiplica as cenas em que a fronteira entre os dois domínios é tênue ou quase inexistente: por exemplo, a cena 2 do ato II, que se passa no jardim da Essex House, no Strand. Ali, num brilhante quarteto, Essex é advertido sobre o risco de conspirar por sua mulher; mas é apoiado em suas ambições por Mountjoy e Lady Rich. Motivações pessoais e as gravidades dos *affairs of State* trançam-se de modo a não sabermos mais onde acaba o público e se inicia o privado.

*Gloriana* é uma das óperas de Britten que mais têm cenas de conjunto, desde o magnífico *Ensemble of Reconciliation* com que se encerra a primeira cena do ato I. Seu caráter espaçoso, exteriorizado, contrasta com o intimismo de II,3, "Good Frances, do not weep", depois que Elizabeth humilha publicamente Lady Essex, forçando-a a trocar de vestido. A reação de Essex é muito interessante, pois tem um lado privado – a solidariedade com os sentimentos da esposa – e um lado público, a irritação com a afronta que lhe foi feita diante da Corte. Com Verdi, por quem tinha admiração ilimitada, Britten aprendeu uma lição preciosa: é na cena de conjunto que está o veículo ideal para contrapor motivações e reações dessemelhantes – tanto assim que são de empostação tipicamente verdiana a seqüência da rebelião (II,2), ou a cena de rua (III,2) em que os esforços de Essex para sublevar a multidão o fazem ser proclamado traidor.

Nos trechos de música cerimonial – o *masque* representado em Norwich e o baile em Whitehall –, a reconstituição que Britten faz do estilo Tudor, sem precisar recorrer à paródia, demonstra o profundo conhecimento de música antiga inglesa que possuía. Imogen Holst conta, em *Working for Britten*[21], a pesquisa muito rigorosa que ele exigiu dela, para que pudesse fazer uma reconstrução que transcendesse os limites do pastiche. Além disso, o contínuo diálogo entre a orquestra no fosso e a banda no palco sublinha a constante mudança de estados de espírito das personagens. Não é música apenas incidental. A pavana de abertura, pequena jóia de rigor contrapontístico, já está cheia da tensão que explodirá mais adiante. Durante toda a cena, as danças funcionam como o fio condutor que nos faz oscilar entre o espetáculo externo e o drama interno. O final desse ato é simplesmente espetacular. Depois que a rainha nomeia Essex para chefiar as tropas que lutarão contra os rebeldes irlandeses, essa decisão é celebrada em um grande concertato – no qual, verdianamente, estão presentes as motivações conflitantes. A banda no palco inicia uma rápida *courante* em ré maior, que parece preparar o encerramento. Mas o grave tema em lá menor do concertato anterior, "Victor of Cadiz, overcome Tyrone", surge em uníssono pianíssimo, na orquestra do fosso, vai crescendo, e acaba por sobrepujar a melodia alegre da *courante*, como se nos fizesse ver que o ponto culminante das ambições de Essex é também o início de sua queda.

---

21. Artigo recolhido no *Britten Companion*, organizado por Christopher Palmer (ver Bibliografia).

As duas cenas no apartamento da rainha, em Nonesuch, são grandes realizações músico-dramatúrgicas. Em I,2, a soberana discute com Cecil as suas responsabilidades de governante, ao som do tema que passou a ser conhecido como "Cuidados do Estado", e é interrompida pelo impetuoso "Queen of my life!" de Essex. Não é de imediato que o conde encontra o caminho para o coração da mulher pois, ao ouvir a primeira canção ao alaúde, cuja melodia, como já dissemos, compete com a dos *Cares of State*, ela lhe diz: "Too light! Too gay!". Mas a segunda, "Happy were he", em dó menor, precedida de acordes pianíssimo dos metais, deixa-nos entrever a melancolia subjacente à sua turbulência, e isso conquista Elizabeth. Só aí começa o dueto propriamente dito, em que, além de admirar o espírito altivo do conde, Elizabeth fica lisonjeada com o interesse que Essex demonstra por ela como mulher. Ainda assim, no final, volta uma reminiscência dos *Cares of State*, justificando as reflexões do "Queen's Soliloquy and Prayer", em que a soberana reflete sobre as responsabilidades que o trono lhe impõe.

O segundo dueto (III,1) é precedido pelo número mais encantador para vozes femininas que Britten escreveu desde *The Rape of Lucretia*. Agora, a situação se inverteu: a rainha está consciente não só da instabilidade de Robin como da idade, que cobra seu tributo (afinal de contas, Essex a surpreendeu enquanto se vestia e a viu sob a luz menos lisonjeira). A música nos faz ouvir a mudança. Transposto uma oitava abaixo, o tema de "Queen of my life!" não tem mais o esplendor primaveril do ato I. Ainda possui a energia e o fervor de quem tenta recuperar o favor da mulher que há por trás da rainha. Mas, quando isso falha, a modulação para dó menor, numa seção que soa como uma marcha fúnebre, mostra que ambos perceberam o quanto o passado é irrecuperável. Lembremo-nos de que dó menor era a tonalidade de "Happy were he", a segunda canção ao alaúde, que conduzira ao fogoso dueto de I,2. Agora, transformado num tristonho "Happy were we", é ele quem leva esse segundo dueto ao encerramento. Há uma última referência orquestral ao *Cares of State*, quando a rainha pede a Essex que saia. Robin retira-se definitivamente de sua vida ao som de uma superposição, em surdina, dos temas que tinham marcado a sua impetuosa entrada em I,2. É como se, aí, o círculo se fechasse.

Na última cena, Elizabeth tem de decidir se assina ou não a sentença de morte. Mas sua decisão deixa o irreconciliável sem conciliação. O tema da segunda canção ao alaúde, numa majestosa versão orquestral, soa ao fundo do texto falado em que Elizabeth I, no final, já perto de morrer, passa em revista o passado. A rainha que deu seu nome a uma das mais gloriosas épocas da história inglesa – a ponto de ter sido chamada de Gloriana, a cheia de glória – permanece a presa de seus dois eus conflitantes: "I am and am not", diz ela; "freeze, and yet I burn."

Veio de Mifawny Piper – mulher do cenógrafo John Piper que, desde 1935, vinha trabalhando com Britten – a idéia de que a ópera seguinte se baseasse em *The Turn of the Screw* (A Volta do Parafuso, 1898), a história de fantasmas escrita pelo americano Henry James. A sugestão veio a calhar pois, como o atesta o *Diário Íntimo* do compositor, a corrupção da inocência, na novela de James, o forte substrato erótico da história, e o fato de nunca ficar claro se os fenômenos sobrenaturais são reais ou fruto da imaginação das crianças, levadas a um extremo estado de tensão pelas neuroses da Governanta, sempre exerceram enorme atração sobre Benjamin, desde a adolescência.

Embora em James o leitor nunca chegue à conclusão de que os fantasmas realmente existem, Britten e Mrs Piper decidiram materializá-los, o que é teatralmente muito eficiente (decisão semelhante foi tomada por Jack Clayton em seu filme, que passou no Brasil com o título de *Os Inocentes*). O diálogo entre os fantasmas, no início do ato II, é invenção de Piper; e na passagem em que Quint diz precisar de um amigo a quem possa "expor as paixões desesperadas de um coração atormentado", a libretista tomou de empréstimo um verso de W. B. Yeats: "and in that hour, the ceremony of innocence is drowned" (a cerimônia da inocência é submersa) – idéia que, para o compositor, está no cerne do drama.

Britten já tinha escrito as três primeiras cenas, quando se deu conta de que precisaria de um prólogo. Decisão tardia foi também a de inserir no libreto a Cena da Carta (I, 3), um dos pontos altos da obra. O compositor trabalhou com incrível rapidez. Imogen Holst, que fez para ele a cópia da partitura vocal, conta ter ficado surpresa com a visão de conjunto que ele tinha da peça e do que queria fazer com cada cena. A ópera tinha sido encomendada pela Bienal de Veneza, e foi ali estreada, no Teatro La Fenice, em 14 de setembro de 1954, regida pelo autor. A estréia na Inglaterra foi em 6 de outubro de 1954, no Saddler's Well – interpretação preservada pelo selo Decca (Vyvyan, Cross, Mandikian, Dyer, Pears, Hemming). O papel de Miles foi criado pelo menino David Hemmings que, mais tarde, haveria de se tornar conhecido ator de cinema. Outras gravações existentes:

Philips, 1981 – Donath, Harper, Tear, June, Watson, Ginn, Langridge/Colin Davis.
Collins Classics, 1989 – Langridge, Lott, Pay, Hulse, Cannan, Secunde/ Steuart Bedford.
Virgin Classics – Rodgers, Leang, Wise, Henschel, Bostridge, Tierney/Daniel Harding.

Existem, em vídeo, um filme dirigido pelo tcheco Petr Weigl, em que atores dublam os cantores da gravação Colin Davis; e uma encenação da Ópera de Sydney, que já foi exibida no Brasil pela TV a cabo. Em 2005 o selo Opus Arte lançou a versão de Richard Hickox com Kirby Johnson, Wise, Milne, Padmore.

*A Volta do Parafuso* divide-se em prólogo e dois atos, com oito cenas cada um, amarradas por quinze interlúdios, que são variações sobre um tema exposto no prelúdio ao ato I. No prólogo, que deve ser recitado diante da cortina, o Narrador vem nos preparar para assistir à "história curiosa", escrita "muito tempo atrás" por uma mulher. Ela conta ter concordado em ser a governanta de duas crianças, que moravam em uma casa afastada, no campo, com a condição de nunca tentar entrar em contato com o tutor dos dois jovens – homem jovem e bonito, que exerceu sobre ela irresistível atração –, pois ele alegava ser demasiado ocupado, e não ter tempo para preocupar-se com as crianças.

Ato I – *Prelúdio* (exposição do tema, em lá menor).
*The Journey* – vemos a Governanta, na carruagem, viajando para Bly, onde fica a casa de campo, e se perguntando como será a acolhida que receberá: "Nearly there. Very soon I shall know."

Variação I (si maior)
*The Welcome* – Mrs. Grose e os meninos Miles e Flora estão diante da casa, esperando pela Governanta ("Mrs. Grose! Mrs. Grose! Will she be nice?"). Ensaiam a acolhida que lhe farão e, quando a moça chega, são tão corteses, que a Governanta os acha não só bonitos, mas também encantadores.

Variação II (dó maior)
*The Letter* – Chega a notícia de que Miles foi expulso da escola. Mrs. Grose diz à Governanta que ele é um menino levado, sim, mas não de má índole. Elas ficam olhando as crianças inocentemente cantando "Lavender's blue", e chegam à conclusão de que o erro foi da escola. A Governanta decide não comunicar esse problema ao tutor das crianças.

Variação III (ré maior modulando para sol menor)
*The Tower* – "À noite, num doce verão". A Governanta está passeando pelos arredores de Bly ("How beautiful it is"), encantada, a cada dia que passa, com "as minhas crianças queridas". Mas, durante a noite, ela ouviu alguém chorando, dentro da casa, e ruído de passos do lado de fora. De repente, erguendo os olhos, vê a silhueta de um homem no alto da torre ("Who is it? Who?")

Variação IV (mi maior modulando para mi menor)
*The Window* – No saguão da casa, Flora e Miles brincam com um cavalinho de pau ("Tom, Tom, the piper's son"). A Governanta vê, novamente, à janela, o homem da véspera e o descreve a Mrs. Grose, que exclama: "Quint! Peter Quint! Is there no end to his dreadful ways?" Mrs. Grose explica que Quint era o valete do patrão, homem "muito livre com todo mundo", que passava horas e horas com Miles, e "fazia o que queria" com a linda Miss Jessel. A ex-governanta das crianças, diz ela, deixou o emprego ao engravidar e, depois, morreu. Quint também morreu, de uma queda em uma estrada coberta de gelo. Horrorizada, a Governanta jura proteger as crianças.

Variação V (fá maior modulando para fá menor)

*The Lesson* – A Governanta está ensinando a Miles as declinações latinas ("Many nouns in *is* we find"). Ele canta a melancólica canção "Malo I would rather be, Malo in an apple tree".

Variação VI (sol maior)

*The Lake* – Numa manhã ensolarada, a Governanta, com seu livro, e Flora, com sua boneca, sentam-se à beira do lago, no parque. Flora enumera o nome dos mares, terminando com o mar Morto. Canta para a sua boneca ("Go to sleep, my dolly dear"), enquanto a Governanta lê. De repente, erguendo os olhos de seu livro, a Governanta vê o fantasma de Miss Jessel do outro lado do lago e, olhando para Flora, dá-se conta de que a menina a viu também ("They are lost! Lost!").

Variação VII (lá bemol maior)

*At Night* – Miles está no jardim, perto da torre, vestido com a sua camisola de dormir. Ouve a voz de Quint o chamar ("I'm all things strange and bold"). Logo depois, do lago, vem a voz de Miss Jessel chamando Flora. O diálogo entre os fantasmas e as crianças é interrompido pela chegada da Governanta e de Mrs. Grose. Quando ela o manda entrar, Miles diz à Governanta: "A senhora vê como eu sou malvado?"

Ato II – O *Prelúdio* é a Variação VIII (lá bemol maior modulando para sol bemol menor)

*Colloquy and Soliloquy* – A ação passa-se "nowhere" (em lugar nenhum), o espaço imaterial onde pairam os espectros de Quint e Miss Jessel. Ela o recrimina por tê-la traído. Quint responde que está à procura de um amigo novo, subserviente, cuja inocência possa destruir. A ex-governanta também, em sua desolação, sente falta de uma amiga. Ambos exultam com a influência crescente que têm sobre as crianças ("The ceremony of innocence is drowned"). No plano da realidade, assistimos ao monólogo da Governanta que, confusa e assustada, sente-se presa em uma armadilha, incapaz de compreender o mal que a cerca ("Lost in my labyrinth").

Variação IX (fá sustenido maior modulando para fá bemol menor)

*The Bells* – No pátio da igreja, Flora e Miles estão cantando uma paródia do *Benedicite*. Mrs. Grose comenta como é bom vê-los juntos, mas a Governanta responde: "Eles não estão brincando, estão dizendo coisas horrorosas... estão na companhia dos 'outros'". Mrs. Grose suplica que ela escreva ao tutor, mas a Governanta recusa. Flora entra na igreja, Miles fica para trás ("Do you like the bells? I do"), e pergunta à Governanta quando poderá voltar para a escola. No meio da conversa, menciona "os outros". Sabendo que os fantasmas a estão desafiando, a Governanta decide ter chegado a hora de ir embora de Bly.

Variação X (fá maior)

*Miss Jessel* – A Governanta entra na sala onde dá aulas às crianças e encontra Miss Jessel sentada numa das carteiras. Ela lamenta seus sofrimentos ("Here my tragedy began!"). Mas desaparece quando a Governanta a desafia. Esta decide ficar, mas escreve uma carta ao tutor:

"Sir, dear sir, my dear sir,
I have not forgotten your charge of silence,
but there are things that you must know,
and I must see you, must see and tell you,
at once. Forgive me."
That is all.

("Senhor, caro senhor, meu caro senhor, não esqueci sua imposição de silêncio, mas há coisas que o senhor deve saber, e devo vê-lo, devo vê-lo para contá-las, imediatamente. Desculpe-me." Isso é tudo.)

Variação XI (mi bemol menor)

*The Bedroom* – Miles está cantando "Malo". A Governanta lhe conta que escreveu ao tutor. Ouve-se a voz de Quint chamando o menino, que grita, e a vela se apaga. A Governanta fica alarmada, mas ele a tranqüiliza, dizendo: " 'Twas I who blew it" (Fui eu quem a apagou).

Variação XII (mi maior), durante a qual vemos Quint murmurando: "So! She has written... it is there on the desk... easy to take!" (Então! Ela a escreveu... está lá, na escrivaninha... tão fácil de pegar).

*Quint* – O fantasma vem dizer a Miles que tem de roubar a carta. O menino entra às escondidas na sala de aulas, apodera-se da carta e leva-a para seu quarto.

Variação XIII (dó maior)

*The Piano* – Na sala de aulas, a Governanta e Mrs. Grose ouvem, encantadas, Miles tocando piano ("O what a clever boy"), enquanto Flora brinca de fazer uma cama-de-gato. Flora escapole da sala e as duas mulheres vão à sua procura. Miles, satisfeito por sua artimanha ter dado certo, toca triunfantemente.

Variação XIV (si bemol maior)

*Flora* – As duas encontram Flora à beira do lago. Miss Jessel aparece ("Flora, do not fail me!"), mas é só a Governanta quem a vê – ou, pelo menos, é o que dizem as outras duas ("I can't see anybody"). Flora volta-se contra a Governanta, numa explosão de ódio, e Mrs. Grose a leva de volta para a casa. Sozinha, a Governanta lamenta que Flora esteja definitivamente perdida para ela.

Variação XV (lá maior modulando para lá bemol maior)

*Miles* – Depois de ter passado a noite inteira ouvindo Flora contar "coisas que eu nunca soube e tinha a esperança de nunca saber", Mrs. Grose, muito agitada, decide levá-la à casa do tio, em Londres. Revela à Governanta que Miles apoderou-se da carta e ela, que não quer perder o menino também, fica para confrontá-lo ("O Miles, I cannot bear to lose you!"). O menino aparece ("So, my dear, we are alone"), reconhece ter apanhado a carta mas, quando a Governanta tenta interrogá-lo, a voz de Quint, do alto da torre, lhe diz para não traí-lo. "Diga o nome de quem te obrigou a pegá-la", diz a Governanta, "e você ficará livre dele." Miles grita: "Peter Quint, you devil!", e se atira nos braços protetores da Governanta, morrendo abraçado com ela. Ao perceber que o triunfo contra o fantasma lhe custou a vida de Miles, a Governanta estende seu carinhosamente o seu cadáver no gramado, e canta "Malo" para ele, como um réquiem.

As dezesseis cenas da ópera seguem a cadeia de acontecimentos no livro e preservam sua estrutura episódica. Alguns fatos são realçados, outros omitidos, e há três cenas novas. A primeira delas, *The Lesson* (I, 6), termina com a canção "Malo", concentrada, tematicamente obsessiva, acompanhada pelas tercinas da harpa e a contra-melodia da viola e do corne inglês, numa sugestão do conflito do menino, precocemente despertado para o sexo:

> Malo... I would rather be
> Malo... in an apple tree
> Malo... than a naughty boy
> Malo... in adversity.
>
> (Malo... eu preferia estar Malo... numa macieira Malo... do que ser um menino malvado Malo... na adversidade.)

A cada figura melódica ascendente, representando a descoberta dos mistérios eróticos, corresponde uma figura descendente sugerindo o sentimento de culpa – exatamente o tipo de conflito vivido pelo próprio Britten, que o libretista Ronald Duncan descreveu como "um homossexual indeciso, um homem em luta constante contra si mesmo, que freqüentemente punia os outros pelos pecados que achava ter cometido[22]". Uma idéia que um crítico como o francês Antoine Goléa pegou no ar pois, em 25 de setembro de 1954, logo após a estréia parisiense, ele escreveu em *L'Express*:

> Por mais que queiramos ver, nos temas de James tratados musicalmente por Britten, uma clássica história de fantasma, ou a prefiguração das teorias freudianas sobre o sonho, é evidente que a preocupação do autor com a paixão homossexual e o inútil combate contra ela ocupa, também, lugar de destaque nesta obra. [...] Miles, o garoto, sucumbe ao apelo de Peter Quint. Mas morre nos braços de sua Governanta, que tudo tentara para salvá-lo, porque ela também era a presa de uma paixão perturbadora e nunca confessada pelo tutor do jovem.

Em "Malo", o pedal da viola e as obsessivas interjeições do corne inglês somam-se, para dar à música um caráter de idéia-fixa. A sombra da melodia de "Malo" vai projetar-se sobre toda a partitura. A respeito dela, ouçamos o que diz Philip Brett:

> Há uma notável correspondência melódica entre a abertura da canção, que se alça de si bemol para mi bemol, mediante ré bemol, e o desenho da celesta que se

---

22. Em *Working with Britten* (Devon, Welcombe, 1981). A análise de Duncan tem pontos de contato com a que Mosco Carner faz do comportamento de Puccini, nesse sentido de descontar, no sofrimento de suas personagens, sentimentos conflituosos que tinha devido a seu próprio comportamento erótico. A esse respeito, ver o capítulo sobre Puccini em *A Ópera Italiana Depois de 1870*, desta coleção.

ouve na cena 3, quando a Governanta abre a carta do Diretor da Escola; um floreio que, mais tarde, será associado às manifestações da presença de Quint.

As outras duas cenas acrescentadas estão no ato II. *Colloquy and Soliloquy* (II,1) faz-nos perceber elementos da psicologia dos três adultos, Quint, Miss Jessel e a Governanta. E *Quint* (II,5) nos mostra o fantasma encorajando Miles a roubar a carta para o tutor. Ambas servem para tornar as aparições musicalmente palpáveis, de uma forma que contraria o texto de James – onde o fato de eles nunca aparecerem justifica a hipótese de que possam ser a mera projeção das neuroses da Governanta –; mas, em termos teatrais, essa é uma solução muito mais eficiente.

Os quinze interlúdios, sobre um tema de três frases com quatro notas cada – que pode ser reduzido a uma seqüência de quintas descendentes (quartas ascendentes), seguida de terças descendentes (sextas ascendentes), cobrindo as doze notas da escala cromática –, acentuam de forma claustrofóbica a sensação da "volta do parafuso", que gira em círculos cada vez mais apertados, até não haver mais como as personagens se libertarem da situação em que se encontram. O conflito tonal "gira" em torno de lá maior, o mundo da Governanta, e lá bemol maior, o da influência dos fantasmas sobre as crianças. No ato I, as tonalidades vão ascendendo de uma variação para a outra. Depois da última cena do ato I, em que aparece a primeira tonalidade bemolizada, as do ato II são descendentes, pelo caminho oposto. Remeto o leitor à estimulante análise que Philip Brett faz, no ensaio de apresentação à gravação de Daniel Harding, das diversas metamorfoses pelas quais passa o tema, e as suas relações com os sentimentos expressos pela personagem (ver Discografia).

*The Turn of the Screw* não é apenas uma ópera de diálogo conduzido num recitativo e arioso extremamente fluentes. Há nela, também, momentos fascinantes de cantilena:

• a perturbadora "Malo" de Miles;
• a seqüência em que a Governanta escreve ao tutor, uma dessas "Cenas da Carta" que são momentos privilegiados na História da Ópera (o *Ievguêni Oniéguin*, de Tchaikóvski, e o *Werther*, de Massenet, são os melhores exemplos);
• a belíssima ária que ela canta, admirando a beleza dos arredores da casa;
• a paródia de *Benedicite* entoada pelas crianças;
• o pastiche brilhante de Mozart, na cena em que Miles está ao piano.

É muito significativo o exotismo das sonoridades com que Quint é descrito. Esse pseudo-orientalismo, dentro de uma peça ortodoxamente ocidental, visa a situar o fantasma como o "Outro", alguém externo à moldura da ação, símbolo das emoções perigosas que as personagens não querem admitir que experimentam (mais tarde, esses mesmos sons cercarão a decisão consciente de Aschenbach, a personagem de *Death in Venice*, de assumir que se encanta com a beleza perfeita do garoto que viu na praia). Mas, por enquanto, esses são sentimentos não-aceitos, temidos e, conseqüentemente, predatórios. Por outro lado, como o assinala Jacques Lonchampt em sua análise da ópera[23],

se os fantasmas são sombrios e aterradores nas cenas com a Governanta, eles falam às crianças numa língua cheia de fantasia que, em seus admiráveis vocalises, quase monteverdianos, está impregnada da promessa de uma felicidade desconhecida.

É o contrário do estilo verista da Governanta; e é muito diferente das linhas simples e modais com que as crianças se expressam, recorrendo a melodias populares como "Tom, Tom, the piper's son" ou "Lavender's Blue". Dessa diversidade harmônica, Britten consegue obter a diversidade de registros de escrita que, paradoxalmente, fundem-se em um tecido único. Dentro dele, é claro, destaca-se Miles, outra personagem com quem Britten tende a se identificar. É tentador associar a Benjamin a figura do promissor pianista de II, 6, dilacerado entre a vertigem do proibido, representada por Quint, e a repressão, encarnada no *ersatz* de figura materna que é a Governanta. Na verdade, por mais inverossímil que isso possa parecer, Miles, Quint e a Governanta não passam de aspectos de uma mesma personagem. Se Miles não morresse, seria, no fu-

---

23. Em *L'Opéra Aujourd'hui*, Paris, Seuil, 1970.

turo, um outro Quint. E a Governanta é o duplo feminino do valete, na medida em que acaba por ser possuída por ele, da mesma forma que o é por Miles – que ela tenta, talvez de forma não trazida à consciência, possuir, apesar da resistência do menino e da tentativa do fantasma de recuperar a influência que tem sobre ele. E a ópera, como o romance, não dá resposta alguma à pergunta "quem possui quem?" Não foi à toa que Britten confidenciou ao crítico Desmond Shaw-Taylor, um dos raros amigos que teve na crítica jornalística: "Você tem razão ao pensar que este é o assunto mais próximo de mim mesmo, dentre todos os que escolhi (mesmo que eu não queira dizer o que ele revela de minha personalidade)".

Nada é explicitado: nem os motivos do tutor para não querer assumir as suas responsabilidades, nem a causa da expulsão de Miles do colégio ("an injury to his friends", limita-se a dizer, vagamente, a carta do Diretor). Muito menos "as coisas insuspeitadas" que Flora disse a Mrs. Grose. É muito vaga a frase "he was free with everyone" que Mrs Grose diz a respeito de Quint. Era ele demasiado descontraído com as pessoas? Ou verdadeiramente inconveniente? A natureza real do relacionamento de Quint com Miles – "eles estavam juntos o tempo todo" – há de permanecer como tema de suposição. E isso importa menos do que o fato de Miles já não se pertencer mais, dominado que está por pulsões misteriosas, inconfessáveis. Segundo Humphrey Carpenter[24], "a ligação meio-paternal, meio-amorosa que Britten tinha com o menino cantor David Hemmings – que já trabalhara antes, com ele, na cantata *Saint Nicholas* e na ópera infantil *The Little Sweep* – explica muita coisa".

Diante dessas reflexões, cabe perguntar se, na realidade, Miles não é salvo pela morte. Há redenção ou entrega ao diabólico na frase final "Peter Quint, you devil!"? Alguns autores interpretaram esse "you devil" como se estivesse sendo dirigido à figura vampiresca da Governanta, como se a frase – na primeira vez que o menino pronuncia o nome do fantasma e, conseqüentemente, assume a sua existência – quisesse realmente significar: "É Peter Quint que ele se chama, seu demônio!" Por outro lado, se a frase se endereçar realmente a Quint, encarnação do demônio, sucumbir nos braços da Governanta tem, para o garoto, o valor de um exorcismo. Nem James, nem Piper, nem Britten nos dão qualquer pista para resolver essa dúvida. E é isso que torna tão fascinante essa obra de arte.

Em 1939, o musicólogo Collin McPhee já tinha apresentado a Britten os elementos essenciais da música oriental, de que percebemos as marcas nos sons exóticos que ele usa, em *A Volta do Parafuso*, para caracterizar Quint. Mas, em 1956, Britten e Pears fizeram uma viagem ao Japão e à ilha de Bali, onde os impressionou muito o contato direto com o *gamelan*, a orquestra tradicional Indonésia, com instrumentos de percussão metálica. Desse ponto em diante, as sonoridades provenientes da música oriental terão papel predominante na orquestração de Britten, imediatamente perceptível em *Noye's Fludde*, a "Chester Miracle Play", que virá logo a seguir. Elas darão um brilho sobrenatural todo especial à magistral *Midsummer Night's Dream*, de 1960; mas é principalmente nas três "Church Parables" compostas entre 1964-1968 – *Curlew River*, *The Burning Fiery Furnace* e *The Prodigal Son* – que encontraram plena expressão, somadas à influência determinante das formas muito econômicas, e de simbolismo peculiar, do teatro Nôh japonês. Nessas óperas, extremamente sofisticadas do ponto de vista músico-dramático, Britten deu resposta brilhante à idéia de escrever óperas de que pudesse participar um elenco amador, em locais improvisados: uma igreja, um auditório de escola, um salão da municipalidade.

No detalhado prefácio à partitura de *Noye's Fludde* (O Dilúvio de Noé), Britten explica sua intenção de envolver crianças e músicos amadores na produção de uma ópera de tema sacro, que pudesse ser encenada na Catedral de Oxford, durante o festival realizado nessa cidade. Nas *English Plays, Moralities and Interludes*, editadas por A. W. Pollard, ele encontrou o texto de uma das *Chester Miracle Plays* que, na Idade Média, eram representadas por artesãos, mercadores e o coro da igreja. Cada

---

24. Em *Benjamin Britten: a Biography* (ver o capítulo 7, na terceira parte).

liga de profissionais encenava uma das peças do ciclo, num palco montado em cima de uma carroça, que rodava por diversos pontos da cidade. Para *O Dilúvio de Noé*, explica Britten, "um grande espaço – uma igreja, não um teatro – é preferível a um palco improvisado, em cima de uma carroça. Um espaço que possa acomodar os atores e a orquestra, numa plataforma, mas não num palco que os afaste do público". Especificou também que, embora a ortografia arcaica seja mantida, a pronúncia do texto deve ser moderna – Noye é dito Noah –, à exceção dos substantivos terminados em /e/, como *shippe* (*ship*) ou *fludde* (*flood*).

Na primeira apresentação, em 18 de junho de 1958, foram usados coralistas para representar 35 pares de animais, divididos em sete grupos. Mas "quanto mais animais houver, melhor", avisa Britten, pois parte do encanto da montagem é a possibilidade de o figurinista, com toda a fantasia, representar todos os bichos possíveis, leões, macacos, cabras, cachorros, lobos, ratos, raposas, cegonhas, corujas, tudo o que se quiser. Britten estipulou também que a orquestra tivesse tantos executantes de flauta doce quanto possível, e que os percussionistas fossem profissionais, pois a parte deles é particularmente difícil e importante. Entre esses instrumentos de percussão, há as *slung mugs* (canecas pendentes), imaginadas pelo compositor: de diversos tamanhos e grossuras, essas canecas são dependuradas de uma trave de madeira, de modo a formar uma escala; são percutidas por uma colher de pau, produzindo um som que lembra muito o das gotas de chuva caindo, prestando-se, portanto, à descrição sonora do dilúvio. A orquestra para *Noye's Fludde* pede 67 instrumentistas, dos quais 57 podem ser amadores. O elenco requer três cantores adultos (profissionais) e noventa crianças. Há duas gravações:

Argo, 1961 – Rex, Brannigan, Anthony/Normal Del Mar.
Virgin Classics, 1995 – Pasço, Maxwell, Ormiston/Richard Hickox.

Enquanto a congregação canta "Lord Jesus, think on me", Noé entra pelo centro da igreja e avança até o palco vazio, onde se ajoelha. A Voz de Deus, vinda do alto, longe do palco, fala da intenção de inundar a terra e destruir tudo e todos, exceto Noé e sua família. Ele o instrui a construir a arca. Os filhos e suas mulheres atendem ao pedido de ajuda do patriarca; mas a sua mulher zomba dele e prefere ficar bebendo e mexericando com as amigas. Quando a arca fica pronta, a Voz de Deus diz a Noé para entrar nela com a família e os casais de animais. A chuva começa a cair e os animais, anunciados por fanfarras, desfilam entre a congregação e vão entrando na arca, cantando "Kyrie eleison". A Sra. Noé continua bebendo com as amigas, até que seus filhos a pegam nos braços e carregam para dentro da arca, espernenado, enquanto as mexeriqueiras saem gritando.

A tempestade começa para valer, e a família de Noé canta o hino "Eternal Father, strong to save", ao qual a congregação se une – um procedimento que Britten já tinha utilizado na cantata *Saint Nicholas*, de 1948. Quando a tempestade amaina, todas as criaturas vão dormir e Noé olha pela janela da arca. Já se passaram quarenta dias, e ele manda o corvo para verificar se, em algum lugar, já há terra seca. O corvo não volta e, então, dias depois, Noé manda a pomba, que retorna trazendo no bico um ramo de oliveira. A Voz de Deus ordena ao patriarca que desembarque, e os animais saem da arca cantando "Aleluia". Deus promete que nunca mais há de vingar-se da humanidade, e cria o arco-íris como sinal de aliança com o homem. Usando a melodia de Thomas Tallis, todo o elenco, ao qual o público se une na última estrofe, canta "The spacious firmament on high". O sol, depois a lua e, finalmente, as estrelas aparecem durante essa cena. Os animais desfilam lentamente e saem da igreja. Noé fica sozinho no meio do palco vazio. A Voz de Deus, sussurrando carinhosamente, o abençoa.

*Noye's Fludde*, brilhantemente pensada e organizada em cada um dos recursos técnicos que utiliza, é uma das peças mais encantadoras de Britten, infinitamente tocante devido a seu impacto emocional. O som das trombetas, o canto das flautas doces, a variedade das percussões, o tilintar dos sinos e campainhas – Britten é sempre fascinado pelo som dos sinos – dão tempero todo especial à orquestra. É muito pitoresca a caracterização dos animais, seja quando eles entram cantando o "Kyrie", seja quando saem triunfalmente da arca, entoando o "Aleluia". A tempestade, uma das passacalhas que Britten adora escrever, é magistral. E é muito engraçada a cena em que a Sra. Noé, embriagada, recusa-se a seguir o marido, e é levada à força, pelos filhos, para dentro da arca. Tudo isso faz do *Dilúvio de Noé* o que Michael Kennedy chama de "a obra de um mestre do efeito teatral".

Em entrevista de 5 de junho de 1960 ao *Observer*[25], Britten conta:

> Em agosto passado, ficou decidido que, para o Festival de Aldeburgh deste ano, eu escreveria uma ópera de grande porte, destinada à abertura do Jubilee Hall, que tinha sido reformado. Como essa foi uma decisão tomada mais ou menos de repente, não havia tempo para encomendar um libreto, portanto lançamos mão de algo que já estava pronto. Recebo uma porção de cartas de jovens perguntando como poderiam usar o seu talento, e sempre respondo que devem tentar adaptá-lo àquilo que os cerca. Foi exatamente o que aconteceu com *A Midsummer Night's Dream*. A ópera é um exemplo de como as condições locais determinam o que você pode fazer.

Myfanwy Piper chegou a ser contactada para ajudar, e mandou por carta algumas sugestões. Mas retirou-se do projeto, porque Peter Pears era "extremamente possessivo" no que se referia a trabalhar a quatro mãos com o companheiro. Sendo assim, Britten e Pears adaptaram a peça de Shakespeare mantendo o texto original, mas cortando-a pela metade – duas horas e meia de duração – e simplificando a ação ("manter integral o texto do *Sonho* teria resultado numa ópera tão longa quanto o *Anel*"). Alguns dos versos de Puck foram entregues ao coro: descrito como um "boy acrobat", Puck não canta; é um papel falado. E há apenas uma frase que não pertence ao original. Quando Lisandro explica a Hérmia porque vai casar-se com ela na casa da tia viúva, a sete léguas de Atenas, ele lhe diz: "a severa lei ateniense, *que te obriga ao casamento com Demétrio*, não nos poderá perseguir lá." (o membro de frase acrescentado está em itálico). Outras partes do texto foram redistribuídas entre as personagens.

---

25. Recolhida por Christopher Palmer no *Britten Companion* (ver Bibliografia).

"Shakespeare há de sobreviver", disse Britten na entrevista, ao afirmar que não lamentava os cortes que fora obrigado a fazer – e que resultaram num libreto extraordinariamente eficiente. As dimensões reduzidas do Jubilee Hall, com capacidade para apenas 316 espectadores, condicionaram a escolha de texturas camerísticas para a orquestra e permitiram a Britten usar as vozes de modo mais natural, sem esforço, explorando toda a sua gama de coloridos. Não foi uma gênese fácil, pois o compositor esteve doente durante boa parte dos sete meses durante os quais a partitura foi escrita. Mas ele teve condições de reger a estréia, em 11 de junho de 1960. Existem em áudio três ótimas gravações do *Sonho de uma Noite de Verão*:

Decca, 1966 – Harwood, Harper, Veasey, Watts, Deller, Pears, Brannigan/ Benjamin Britten.
Philips, 1995 – McNair, Watson, Philogene, Summers, Asawa, Aisnley, Lloyd/Sir Colin Davis.
Virgin Classics, 1998 – Bowman, Watson, Graham Hall, Herford, Jones, Gomez, Bailey, Walker, Maxwell/Richard Hickox.

Há também, no selo Castle Video, a bonita montagem do Festival de Glyndebourne, regida por Bernard Haitink (Bowman, Cotrubas, Appelgren, Buchan, Davies, Duesing, Lott), dirigida por Peter Hall, com cenários e figurinos de John Bury.

*No bosque, ao entardecer* – Óberon, rei das fadas, desentendeu-se com sua esposa, a rainha Titânia, pois ela tem como servo um "menino encantador", roubado do rei da Índia, e Óberon o deseja a seu serviço. Como Titânia recusou-se a entregá-lo, Óberon ordena a Puck que colha para ele uma erva cujo suco, borrifado nas pálpebras de uma pessoa adormecida, a fará apaixonar-se perdidamente pela primeira criatura que vir ao acordar.

Embora Hérmia seja a namorada de Lisandro, seu pai ordena que ela se case com Demétrio, que a ama. Lisandro e ela planejam fugir para fora de Atenas, onde não serão perseguidos pela lei. Quanto a Demétrio, ele diz a Helena, que o ama, não estar apaixonado por ela; está procurando por Lisandro e Hérmia: "The one I'll slay; the other slayeth

Britten com um menino vestido de esquilo, em 1958, num ensaio de *Noye's Fludde*, uma das parábolas de igreja.

me" (Um, eu matarei; a outra, é a mim que ela mata).

Puck volta com a erva. Óberon lhe fala dos planos que tem para Titânia ("I know a bank where the wild thyme blows") e ordena a Puck que vá procurar Demétrio – "você o reconhecerá pelas vestes atenienses que usa" – e molhe seus olhos com o sumo da erva, "assim que tiver certeza de que Helena será a primeira pessoa que ele verá".

Os rústicos vêm à floresta preparar *Píramo e Tisbe*, a peça que será encenada diante do duque Teseu de Atenas, no dia de seu casamento com Hipólita. Os papéis são distribuídos – Bottom, o tecelão, fará Píramo – e os rústicos concordam em ensaiar mais tarde. Lisandro e Hérmia perderam-se no caminho, embrenharam-se na floresta, estão cansados e decidem dormir um pouco. Puck borrifa sumo nas pálpebras de Lisandro. Quando Demétrio e Helena aparecem, a moça desperta Lisandro. Ao ver Helena, ele se declara apaixonado por ela, e a acompanha. Ao acordar e ver-se sozinha, Hérmia sai em busca do namorado. Titânia chega, com seu séquito de fadas; quando adormece, Puck derrama o suco em suas pálpebras.

*No bosque, em plena noite* – Os rústicos vêm ensaiar a sua peça. Bottom deixa a clareira, seguido por Puck, e volta usando uma cabeça de burro. Titânia acorda e, ao vê-lo, apaixona-se por ele. Hérmia e Demétrio voltam, e fica claro que Puck enfeitiçou o homem errado. Óberon lhe ordena que vá procurar Helena e, quando Demétrio adormece, é o próprio rei das fadas quem derrama o suco da erva em suas pálpebras. Lisandro ainda está declarando seus inflamados sentimentos por Helena quando Demétrio, despertando, a vê e mostra-se também apaixonado por ela – o que faz Helena pensar que todo mundo está fazendo com ela uma brincadeira de mau-gosto. Hérmia volta e as duas moças, antes boas amigas, brigam e se insultam. Óberon ordena a Puck que leve os quatro para dentro do bosque e, colocando de novo o suco nos olhos de Lisandro, restabeleça a confusão.

*No bosque, de manhãzinha* – Agora que conseguiu o menino para fazer parte de seu séquito, Óberon libera Titânia do feitiço que a fez apaixonar-se por um burro. Bottom volta para junto de seus companheiros. Os quatro namorados acordam e se reconciliam, formando pares mais lógicos: Lisandro de volta com Hérmia, e Demétrio, agora, apaixonado por Helena, como deveria ter estado desde o início.

No palácio de Teseu, o duque diz a Hérmia que vai revogar a decisão de seu pai e permitir que ela se case com Lisandro. Os rústicos representam a sua peça e, depois disso, a corte se retira. Puck e as fadas ocupam a sala do trono ("Now the hungry lions roars"), Óberon entra com Titânia, e as fadas cantam para eles: "Now until the break of day, through this house each fairy atray." Todos se retiram e Puck, sozinho no palco, dirige-se à platéia:

> Give me your hands, if we be friends,
> and Robin shall restore amends.

(Dêem-me suas mãos, se somos amigos, e Robin há de pedir desculpas.)

O compositor que, na *Serenata para Tenor e Trompa*, ou no *Noturno*, soube tão bem evocar a noite, o sonho, com suas ambigüidades e mistérios, tinha total afinidade com a deslumbrante poesia de *Midsummer Night's Dream*, com sua justaposição de realidade e sobrenatural, sua mistura inigualável de sério e cômico. Além disso, a peça lhe oferecia a possibilidade de utilizar uma gama variadíssima de paródias musicais. E um erotismo ambíguo, que ele sabe descrever musicalmente de forma extraordinária. Esta é uma peça sobre o amor, concebida, como insiste Britten em sua entrevista, "por um Shakespeare jovem, seja qual fosse a idade que tinha ao escrevê-la"[26]. E a esses estímulos, ele respondeu com música de inventividade encantadora.

Sonoridade especial é conferida a cada um dos grupos de personagens na peça: harpa, celesta, vibrafone, *glockenspiel*, cravo e percussão para as fadas; cordas e madeiras para os dois pares de namorados; fagote e metais graves para os rústicos. Cadências do trompete e tambores acompanham a fala de Puck. Óberon, concebido como um tirano ciumento e sinistro, canta uma música de traços barrocos, com or-

---

26. Shakespeare estava com 29 anos em 1593, a data provável em que começou a escrever o *Sonho de uma Noite de Verão*.

namentação purcelliana, cujo caráter sobrenatural e ambíguo é frisado pela tessitura de contra-tenor. Fazendo par com o timbre cristalino de soprano coloratura de Titânia[27], Óberon foi escrito para o grande contra-tenor Alfred Deller, que o estreou. Deller, entretanto, não gostou do papel e, embora concordasse em gravá-lo para o selo Decca, com Britten regendo, recusou-se a fazê-lo no Covent Garden, em fevereiro de 1961, com regência de Sir Georg Solti e direção de Sir John Gielgud.

Os nomes que Shakespeare escolhe para as suas fadas evocam remédios contra a impotência sexual, muito comuns na farmacopéia medieval e renascentista: Cobweb (Teia de Aranha), Peaseblossom (Flor de Ervilhas), Mustardseed (Semente de Mostarda) e Moth (Mariposa). As fadas são cantadas por vozes de meninos, e Britten dota-as de música com uma qualidade ácida, às vezes estridente. Elas são muito diferentes daquelas "doçuras vestidas de musselina branca, como as via a Era Vitoriana" (Michael Kennedy). Na entrevista citada, Britten declarou:

> As minhas fadas são muito diferentes daquelas insignificâncias inocentes que, com freqüência, aparecem nas produções de Shakespeare. Sempre me pareceu que havia, nas fadas de Shakespeare, um aspecto um tanto áspero e elas têm alguns versos insólitos a declamar: aquele trecho das "serpentes manchadas de língua bífida", por exemplo. As fadas, afinal de conta, são as guardiãs de Titânia, e é por isso que, em alguns pontos, a música delas é marcial. Como no mundo real, de vez em quando o dos espíritos também tem coisas boas e ruins.

Contrastando com as vozes muito agudas do mundo sobrenatural, ou com os timbres "românticos" dos namorados, os rústicos têm vozes masculinas mais graves. Representando diversas atividades artesanais, eles também têm nomes escolhidos com intenções satíricas: Bottom (Traseiro), o tecelão; Quince (Marmeleiro), o carpinteiro; Flute (Flauta), o consertador de foles; Snug (Atarracado), o marceneiro; Snout (Narigão), o funileiro; e Starveling (Morto de Fome), o alfaiate. Embora os rústicos representem o ser humano comum, com o pé no chão, a luz do dia, o mundo real, a primeira vez que os vemos é na floresta, à noite, ensaiando a sua peça, e eles também parecem pertencer mais ao sonho do que à realidade. A música amorosa mais sensual e comovente em toda a ópera é o dueto de Bottom com Titânia.

Muito original é o retrato de Puck, que Britten via como "um carinha de inocente amoralidade, o desajeitado responsável por tudo o que dá errado na história". Como dissemos, esse bufão do mundo sobrenatural não canta: recita ritmicamente, ao som sincopado de tambores e de dificílimos floreios ornamentais do trompete em ré maior. Para criá-lo, Britten inspirou-se em meninos acrobatas que viu, fazendo cabriolas incrivelmente complicadas, em um teatro de Estocolmo. Curiosamente, e por uma provável coincidência, a forma como Britten trata a figura de Puck, mediador dos três mundos diferentes, assemelha-se à usada por três compositores do século XX que escreveram versões operísticas – menos conhecidas – da peça de Shakespeare: o francês Marcel Delannoy (*Puck*, em 1949) e os belgas Victor Vreuls (1925) e René Gerber (1984).

*Sonho de uma Noite de Verão* é uma das partituras mais melodiosas de Britten. Sua inspiração é tão refinada na lírica ária "I know a bank" quanto na paródia de dueto de amor de Titânia e Bottom. A música muito romântica dos namorados tem cromatismos que correspondem à sua ansiedade ao enfrentar os problemas amorosos. Mas, ao caírem sob o feitiço de Puck – cujo trompete, nesses momentos, toca em surdina, combinado a um acorde de mi bemol da celesta –, eles cantam em estilo diatônico. Quando se reconciliam, apelos da trompa, de efeito absolutamente mágico, introduzem o quarteto em que expressam seu êxtase amoroso.

Quanto a *Píramo e Tisbe*, a peça dos rústicos, esta é um delicioso pastiche de ópera bufa italiana. Conforma-se, é verdade, à tradição inglesa do *masque* inserido dentro da peça principal. E do teatro elizabetano, conserva o hábito de as personagens femininas serem interpretadas por homens travestidos. Mas é uma imitação da ópera cômica italiana, a começar pelo fato de que as indicações de andamento e dinâmica, feitas em inglês em toda a partitura, aqui se encontram em italiano. A peça-dentro-da-peça é uma bem-humorada homenagem a

---

27. Em seu libreto, Britten utiliza a grafia Tytania, usada por Shakespeare no *First Folio*.

Rossini e a Donizetti, feita por um músico que os amava. Ouvindo o *Sonho* e lembrando-nos de *Albert Herring*, só podemos lamentar que Britten não tenha escrito mais comédias.

Sobre toda a partitura pairam os sons misteriosos e mágicos do bosque, na qual toda a peça se passa, à exceção da cena final. Desde os lentos portamentos que, nos primeiros compassos, já nos fazem ouvir o ruído das folhas e o estalido dos galhos ao vento, Britten evoca o bosque como o espaço do sono, dos sonhos e dos feitiços. Os glissandos de cordas em surdina com que a obra começa, abrindo-se gradualmente em tríades maiores e intervalos de quinta a descoberto, vão voltar obsessivamente, ao longo de toda a partitura, criando efeitos inesquecíveis, desde o "Over hill, over dale" do início, até o maravilhoso ponto final que as fadas, após a ordem de Teseu – "Lovers, to bed, 'tis almost fairy time" – colocam na ópera:

> Now until the break of day,
> through this house each fairy stray,
> to the best bride-bed will we,
> which by us shall blessed be:
> and the issue there create,
> ever shall be fortunate:
> so shall al the couples three,
> ever true in loving be.
> With this field-dew consecrate,
> ev'ry fairy take his gait,
> and each sev'ral chamber bless,
> through this palace with sweet peace,
> ever shall in safety rest,
> and the owner of it blest.

(Agora, até o raiar do dia, cada fada há de perambular por esta casa; iremos até o mais belo leito nupcial, que será abençoado por nós, para que a prole ali concebida seja para sempre afortunada; da mesma forma, os três casais serão sempre fiéis no amor. Que cada fada, seguindo o seu caminho, consagre uma dessas câmaras com o orvalho dos campos, espalhando por este palácio a doce paz, a fim de que nele reine sempre a tranqüilidade, e o seu dono seja abençoado.)

Embora Britten nunca tenha usado a técnica serial enquanto tal, as séries de tercinas maiores com que descreve o bosque, ligadas por glissandos das cordas, cobrem toda a gama das doze notas da escala cromática. Como essas notas estão numa relação falsa uma com a outra – o que já acontecia em *Billy Budd* –, isso cria a ambigüidade tonal, sensível particularmente na primeira aparição das fadas: um radioso modo lídio de sol maior, temperado com ré maior e fá sustenido maior. A influência de Mahler, sempre muito visível, transparece na melodia enfeitiçante de "Now till the break of day", no final da ópera.

Durante a visita ao Japão, em 1956, Britten e Pears assistiram a duas encenações diferentes de *Sumidagawa* (O Rio Sumida), uma das mais famosas peças do repertório Nôh, escrita por Jurô Motomasa no século XIV. Impressionado, durante anos, por esses espetáculos, em 1963 Britten pediu a William Plomer que a adaptasse, convertendo o drama budista japonês em uma *Mistery Play* inglesa ambientada na Idade Média. Baseando-se no texto de Motomasa traduzido, em 1960, no monumental *Japanese Nôh Drama*, em três volumes, Plomer transformou o Sumida do original no rio Curlew, da East Anglia, uma paisagem que Britten conhecia muito bem. A música antiga japonesa, de estilo cortesão, que o compositor ouvira nas encenações de Tóquio, foi substituída por cantochão gregoriano. No início da ópera, quando o Abade e seus acólitos entram no local onde o espetáculo será representado, vêm cantando o hino "Te lucis ante terminum".

A apresentação ritualística, estilizada, da peça Nôh fora o que mais impressionara Britten: "a intensa lentidão da ação, a beleza dos figurinos, a mistura de declamação, fala e canto, a música estranha produzida por apenas três instrumentos". A adaptação de Plomer manteve muito dessa estilização. Britten aumentou a participação das percussões, incluindo campainhas e gongo afinado, para simular o som do *gamelan*. E escreveu partes importantes para a harpa, a flauta e o pícolo. A orquestra utiliza também um harmônio. Chegou, além disso, à conclusão de que o regente não era necessário e, para indicar, na partitura, que parte vocal ou instrumental tinha precedência, inventou um sinal muito flexível de pausa, a que deu o nome de *curlew*[28].

Colin Graham, diretor cênico da estréia, na Igreja de Oxford, em 12 de junho de 1964, imaginou um dispositivo cenográfico simples: a ação passava-se em uma plataforma circular elevada, à qual se tinha acesso mediante duas

---

28. *Curlew* é o nome inglês do pássaro que, em português, chama-se "maçarico".

rampas em espiral, de um lado e de outro do palco. No pé da rampa, ficavam os instrumentos, os "irmãos leigos". Peter Pears criou o papel da Louca e John Shirley-Quirk, o do Condutor da Barcaça. Ambos participam, ao lado de Harold Blackburn, da gravação que o próprio Britten fez para a Decca em 1965. Há também, no selo Philips, um registro de 1996 (Langridge, Allen, Keenlyside/Sir Neville Marriner).

Na igreja à margem do rio Fenland, o Abade diz à congregação que ela vai testemunhar um mistério:

> How in sad mischance a sign
> was given of God's grace,
> not far away, where,
> in our reedy Fens,
> the Curlew river runs.
>
> (Como, por um triste acaso, foi-nos dado, não muito longe daqui, um sinal da graça de Deus, em nosso Fens coberto de junco, onde o rio Curlew corre.)

O Condutor da Barcaça explica que esse é o dia em que as pessoas tomam a sua embarcação e cruzam para a outra margem. Vão rezar diante de um túmulo que, "por uma graça muito especial", pode sarar os doentes. Ouve-se um ruído estranho. Um dos Viajantes lhe diz que uma mulher, aparentemente louca, está fazendo todo mundo rir pela estrada afora. A Louca – interpretada por um tenor – aparece ("Let me in! Let me out! Tell me way") e diz estar procurando seu filho, que um estrangeiro seqüestrou, de sua casa nas Montanhas Negras, para fazer dele um escravo. O Barqueiro recusa-se a levá-la para o outro lado do rio, a menos que ela divirta os passageiros cantando para eles. A Louca zomba do Barqueiro e olha atentamente para os pássaros que voam acima de sua cabeça. "Common gulls", diz o Barqueiro. "Curlews of Fenland", responde ela. Não são gaivotas comuns, e sim maçaricos de Fenland.

A viagem se inicia ("Curlew river, smoothly flowing") e o Barqueiro conta ao Viajante que, um dia, exatamente um ano antes, um estrangeiro, "homem grandalhão, armado com uma espada e um porrete", entrou na barcaça em companhia de um menino cristão, de doze anos, dizendo tê-lo comprado como escravo. O menino parecia doente e, quando chegaram à outra margem, estava tão cansado que se deitou na grama, do lado de fora da igreja. O estrangeiro o ameaçou, depois abandonou-o lá. O pessoal ribeirinho cuidou do menino, mas ele ficou cada vez mais fraco. Contou-lhes que o pai dele, já falecido, era um nobre, e a mãe o levara para o alto da Montanha Negra, até o dia em que, passeando sozinho, fora raptado. O menino pediu para ser enterrado na trilha ao lado da igreja pois, "se os viajantes vindos de minha terra querida passarem por aqui, a sombra deles há de cair sobre o meu túmulo". Os ribeirinhos acreditam que ele se tornou um santo.

A barcaça chega à outra margem. Vendo a Louca chorando, e ouvindo as perguntas que faz à sua volta, todos se dão conta de que era do filho dela que estavam falando. O Barqueiro, antes agressivo com a Louca, leva-a carinhosamente até o túmulo, onde ela fala de sua busca ("Hoping, I wander'd on") e reza pela criança ali enterrada. Ouve-se a voz do menino, ele aparece, liberta a mãe da loucura e, antes de voltar para o túmulo, despede-se dela: "Go your way in peace, mother".

*Curlew River* pertence à mesma categoria de ópera que *Sor Angelica*, de Puccini, *Le Jongleur de Notre-Dame*, de Massenet, ou *Maria Egiziaca*, de Respighi, em que se assume abertamente a ingenuidade popularesca do milagre e, pela simplicidade e maneira espontânea como ele é expresso, produz-se no espectador um efeito catártico de forte emotividade. *O Rio Curlew* é uma demonstração muito típica da devoção presente, em Britten, em obras sacras como a *Ceremony of Carols, Reice in the Lamb*, a *Missa Brevis*, ou uma infinidade de peças corais menores.

Embora, do ponto de vista da orquestração, pareça marcar novo ponto de partida, ela leva adiante o tipo de "orientalismo" que já tínhamos detectado em *A Turn of the Screw*, e que está muito presente no balé *The Prince of the Pagodas*, que o próprio autor regera, no Covent Garden, em 1º de janeiro de 1957[29]. Britten, aqui, une-se àquele grupo de compositores do século XX, do Debussy de *Khâmma* e do Roussel de *Padmâvati* ao Messiaen da *Sinfonia Turangâlila* e o Pierre Boulez do *Marteau*

---

29. Há duas gravações desse balé: a do próprio Britten no selo Decca; e a de Oliver Knussen no Virgin Classics.

*sans Maître* – sem esquecer minimalistas como John Adams e Philip Glass –, que associaram procedimentos orientais às técnicas tradicionais da música ocidental. Evidentemente, temos de levar em conta, também, uma outra influência: a da atração que o Gustav Holst da *Savitri* tinha pela música do Oriente, em especial a da Índia.

A Louca é um dos melhores papéis que Britten escreveu para Peter Pears. A desordem mental da personagem é retratada de modo muito forte, com os intervalos assimétricos de quarta de "You mock me". E também em "Hoping, I wander'd", no qual o dueto da voz com a flauta faz referência ao *locus classicus* donizettiano: este é o trecho da ópera em que sua invenção músico-dramática melhor se manifesta. Como diz Eric Walter White, em *Benjamin Britten, His Life and Operas*:

> Esta partitura é marcada pela supremacia da linha melódica, derivada do uso do cantochão. São as melodias que criam as harmonias. Nesta ópera, Britten substituiu a polifonia pela heterofonia [a variação simultânea da melodia, comum à maior parte da música ocidental para vozes e instrumentos].

Encorajados pelo sucesso de *Curlew River*, Britten e Plomer escreveram, logo em seguida, outra "Church Parable", estreada em 9 de junho de 1966, na mesma igreja de Oxford. *The Burning Fiery Furnace* (A Fornalha Ardente) baseia-se no episódio contado no capítulo 3 do *Livro de Daniel*, no Antigo Testamento. Segundo o próprio Britten, "não é uma história tão sombria, na verdade, é mais alegre um pouquinho". A idéia lhe veio ao visitar a Catedral de Chartres, durante férias passadas na França, e se encantar com o brilho dos vitrais e com um baixo relevo representando Nabucodonosor e a Fornalha Ardente. Plomer gostou da idéia, pois achava que "Nabucodonosor e o culto do deus ouro, assim como o movimento de resistência dos três exilados judeus, tem muito a ver com o que acontece em nossos dias".

Uma vez mais, o material temático da ópera é extraído do cantochão com que ela se inicia. O timbre distintivo da partitura é dado pelo som plangente do trombone contralto, instrumento solista predominante. Há mais humor e ação direta em *A Fornalha Ardente* do que em *Curlew River*. O papel de Nabucodonosor, originalmente escrito para Peter Pears, é bastante bem observado, e a sua conversão é sugerida em termos puramente musicais pois, após dar-se conta de que os rapazes nada sofreram, o rei da Babilônia passa a cantar no mesmo estilo litúrgico que, antes, era usado pelo anjo, mandado pelo Senhor para proteger os irsraelitas dentro da fornalha. O entretenimento cantado e dançado durante o banquete, com seu refrão de sabor sullivanesco, é de um humor que relembra as melhores passagens cômicas do *Sonho de uma Noite de Verão*. E quando trazem a estátua de ouro, soa uma marcha que é um saboroso pastiche de música oriental. Das três "Church Parables", *A Fornalha Ardente* é, certamente, a mais viva, atraente e acessível para o público.

Em 1967, quando Britten quis completar o tríptico, Plomer escolheu a parábola do filho pródigo, tal como é contada por São Lucas (15:11-32), pois ela "demonstra, da forma mais clara possível, o que é a visão cristã da vida: o triunfo do perdão". A Oxford Church abrigou, em 10 de junho de 1966, a primeira apresentação de *The Prodigal Son*, "the third parable for church performance". O próprio Britten a gravou, em 1969, para o selo Decca (Tear, Pears, Shirley-Quirk, Drake).

Disfarçado como o Tentador, o Abade zomba do "Amen" que ouve, cantado do outro lado da igreja ("What I bring you is evil"). Descreve os elementos básicos da história: um patriarca de aldeia, uma família próspera, uma vida tediosa; e anuncia: "See how I break it up." Depois de os atores terem-se vestido à vista da platéia, o coro reúne-se em torno do Pai, que exalta a ética do trabalho. O Tentador leva o Caçula para um canto, e descreve as delícias que ele está perdendo, por deixar-se ficar "trancado no deserto dessa vida familiar estúpida". O Caçula confessa estar descontente com o Pai e vai lhe pedir que lhe adiante a sua parte na herança. O Pai concorda, para a insatisfação do Primogênito. Juntamente com todos os seus servos, o Pai acompanha o filho até o portão da propriedade, e despede-se dele.

O Tentador acompanha a Caçula à cidade, onde lhe apresenta os prazeres do vinho, das mulheres e do jogo. O rapaz logo perde todo o seu dinheiro e é abandonado pelos companheiros de farra. "Now you must pay", diz o Tentador, e o aconselha a juntar-se a um bando de mendigos, trabalhando como guardador de porcos. Em vez disso, o Caçula decide voltar para casa, e pedir ao Pai que o deixe trabalhar como um de seus servos. O Pai lhe dá as boasvindas e manda matar um animal bem gordo, para festejar a sua volta ao lar. O Primogênito protesta mas, a pedido do Pai, reconcilia-se com o irmão mais novo. Despindo as vestes do Tentador, o Abade canta a moral da história – a importância de reconhecer seus próprios erros, humilhar-se e, por isso, ser perdoado. Depois, une-se aos monges e os lidera na procissão com que saem da igreja.

O coro desempenha, no *Filho Pródigo*, papel mais importante do que nas parábolas anteriores. O trompete em ré maior e a flauta baixa são os instrumentos predominantes na orquestra de câmara. Uma viola solista representa a natureza não-corrompida do Caçula, que lhe permite ser humilde o suficiente para reconhecer seus erros. As percussões, numerosas, incluem címbalos chineses, gongos, chocalhos, a exótica e pouco comum lira-sino, e sacos de areia, para sugerir o ruído dos passos do Caçula no deserto. Britten é menos bem-sucedido ao retratar os pecados terrenos – em que é visível a influência do *Rake's Progress* (1951) de Stravínski –; mas a música da reconciliação de pai e filho é comovente e orquestrada com todo o refinamento.

O pacifismo entranhado que, durante a II Guerra Mundial, fizera Britten recusar-se a se alistar no Exército, como objetor de consciência, fez com que, em novembro de 1967, quando lhe foi feita a encomenda de uma ópera para televisão, a ser transmitida pela BBC, ele se lembrasse de *Owen Wingrave*, o conto de Henry James, que lera em 1950. Já em 1962, ele discutira com Myfanwy Piper a idéia de transformá-lo numa ópera. Agora, voltou a pensar no conto, chocado com a Guerra do Vietnã e com o episódio ocorrido na Universidade Estadual de Kent, nos Estados Unidos, onde a polícia atirara nos estudantes que manifestavam contra o envolvimento americano no Sudeste Asiático. Embora a televisão não o interessasse muito, Britten aceitou o desafio.

Musicando o libreto de Mrs. Piper, escreveu a ópera que a BBC2 transmitiu em 16 de maio de 1971 (a gravação lançada pela Decca tinha sido feita em Maltings, no Snape, em novembro do ano anterior). Mas Britten sempre achara que *Owen Wingrave* deveria ser adaptada para o palco; e isso foi feito: ela estreou no Covent Garden em 10 de maio de 1973. À transmissão pela televisão britânica, seguiram-se, uma semana depois, emissões nos Estados Unidos e em doze países europeus.

O prelúdio faz o retrato musical de dez membros da família Wingrave, em sua casa de campo de Paramore. A cada retrato corresponde uma cadência por um instrumento solista: fagote, oboé, trompa, clarinete, trombone e pícolo, trompete, madeiras, trombones, madeiras, todos os sopros. A essas dez cadências junta-se mais uma, para a trompa, representando Owen.

Em seu estúdio, Spencer Coyle, diretor da escola militar de Bayswater, está dando uma aula a Owen e seu colega Lechmere, sobre estratégia militar. Lechmere está ansioso para enfrentar a luta, mas Owen odeia a guerra. Diz ao professor que, a despeito da opinião de sua família, não pode levar adiante o projeto de tornar-se militar. Sozinho, Coyle lamenta que isso tenha acontecido, pois Owen era seu aluno mais talentoso. Passeando no Hyde Park, Owen pensa na ilusão, no engodo que significa a "glória" de morrer na guerra. Enquanto isso, em seu apartamento da Baker Street, Miss Wingrave, a tia de Owen, diz a Coyle que é necessário dar um fim a essa "fantasia" de seu sobrinho, de abandonar a vida militar.

Owen diz a Coyle e à sua mulher que nada o fará mudar de idéia, e eles brindam a seu futuro, "seja lá onde é que ele esteja". A Lechmere, Owen confidencia que morre de medo de voltar a Paramore, pois seu pai morreu em batalha, vários outros Wingrave foram vítimas da guerra, e seu avô é obcecado pela glória militar. A tia de Owen o está esperando, em Paramore, em companhia de Mrs. Julian, viúva que vive como dependente dos Wingrave, e a filha dela, Kate. As três estão decididas a convencer o rapaz a "não levar adiante um plano tão infame". Sozinho, Owen dirige-se aos retratos da família ("Is there not one of you to help me?"), deixando seu avô, Sir Philip, muito irritado ao ouvi-lo falando assim.

Numa cena de conjunto ("How dare you?" I,5), que sugere a passagem do tempo ao longo de uma semana, o avô e a tia, Mrs. Julian e Kate recriminam Owen, e o insultam, pois o acham covarde: "Você arrasta nosso nome na lama... desonra pública para os Wingrave... o que diria a sua mãe? ainda bem que ela já morreu... você insulta a família, a bandeira, a rainha e o país... teus pais vão se revirar no túmulo... vou te mandar para a corte marcial, hipócrita, traidor, cachorro!... não queremos uma serpente em nosso meio... como pode ser tão egoísta?... você é indigno de estar aqui, em Paramore!"

A Coyle, que veio visitá-lo em Paramore, Owen diz que o encontro com a família foi muito pior do que esperava. Durante o jantar, quando ele elogia a competência de Coyle como professor, o avô usa disso como pretexto para atacá-lo. Mrs. Coyle tenta argumentar que Owen tem escrúpulos, mas isso só faz aumentar a agressividade de Sir Philip. Quando o neto afirma que consideraria um crime desembainhar a espada com o pretexto de defender seja qual país, o avô, furioso, levanta-se da mesa e sai ruidosamente da sala.

No prólogo ao ato II, o Narrador, acompanhado pelo coro – que repete o refrão "Trumpet blow, Paramore shall welcome woe" –, canta uma balada sobre o jovem Wingrave, que se desentendeu com um colega, na escola, porque este se recusara a acreditar que seu pai tinha "mil pastos e mil cabeças de gado"; mas recusara-se a brigar com ele. O pai desse Wingrave o acusou de covardia e o matou. No dia do funeral, o pai foi encontrado morto, "sem nenhuma ferida", no mesmo quarto de Paramore House em que tinha matado o filho.

Na galeria de retratos da casa, Coyle e Owen estão contemplando o quadro que representa o coronel e o menino descritos na balada. Ao ouvir o neto dizer que deve ter sido o remorso a causa da morte do pai, Sir Philip o deserda. Mrs. Julian desmaia ao pensar no que isso significa para o futuro de Kate, pois ela tinha planos de casá-la com Owen. Lechmere começa imediatamente a fazer galanteios a Kate, para a insatisfação de Coyle. Owen despede-se dos retratos no momento em que Kate vem juntar-se a ele. Os dois relembram os velhos tempos passados em Paramore ("Why did you spoil it all"), e o rapaz a recrimina por estar flertando com seu colega. Kate o chama de covarde e desafia-o a dormir no quarto mal-assombrado onde pai e filho morreram. Owen lhe pede que o tranque dentro desse quarto.

Mais tarde, em seu próprio quarto, Coyle e sua mulher ainda estão indignados com a atitude leviana de Lechmere e Kate. O estudante vem bater à sua porta e lhes conta ter ouvido Kate desafiando Owen a enfrentar os espectros do passado. Eles vão até a porta do quarto mal-assombrado mas, lá chegando, ouvem a voz de Kate gritando: "Ah, Owen, Owen, you are gone!" Sir Philip abre a porta do quarto e encontra o neto caído no chão, morto.

Desde o prelúdio *marziale*, com seus diversos retratos de família, predomina na ópera um tom de música militar destorcida, que contrasta com a nobreza do solo de trompa com o qual, no fim do prelúdio, Britten descreve o caráter puro da personagem-título. Os três acordes que formam a base do motivo marcial de três compassos, nesse prelúdio, são desenvolvidos a partir de uma série de doze notas. Mas aqui, como na *Volta do Parafuso* ou no *Sonho de uma Noite de Verão*, a série não é usada à maneira sistemática da música dodecafônica. Cada série é construída a partir de tercinas diminuídas. Há três séries diferentes de notas no prelúdio: a figura já mencionada; a que se refere ao duplo retrato do Coronel e de seu filho (trombone e pícolo); e a passagem, de que participam todos os sopros, em que é descrito o pai de Owen. Ao justapor tercinas perfeitas e diminuídas, contrapondo maior e menor, a melodia que retrata o próprio Owen sugere o conflito em sua mente. O refinamento de escrita, que vínhamos observando nas "Church Parables", é evidente na instrumentação desta ópera em que, uma vez mais, Britten usa a orquestra grande, muito enriquecida por um variado naipe de percussões.

Apesar da diferença fundamental que há entre uma peça séria e uma comédia, *Owen Wingrave* tem vínculos visíveis com *Albert Herring*. A autoritária Miss Wingrave retoma traços musicais da opressiva Lady Billows (combinando-os com alguns elementos que pertencem à Elizabeth I de *Gloriana*). Albert e Owen rebelam-se contra os ditames de um grupo social que os mantém aprisionados. O relacionamento de Owen com os Wingrave repete a submissão de Herring em relação à sua mãe. E a forma como, no fim do ato I, os Wingrave exigem de Owen que se acomode à sua regra do jogo, parodia exigências idênticas impostas a Albert pelos notáveis de Loxford. Os dois grupos – os notáveis da aldeia e a família Wingrave – vivem de frases feitas e suprimem a imaginação e a liberdade de espírito. A *grotesquerie* da paródia está presente no concertato "How dare you", e também no rompante com que Sir Philip sai da sala de jantar. Nessas passagens, a desumanidade dos Wingrave é descrita em termos satírico, mas não caricaturais.

Dentre eles, contudo, destaca-se a figura de Kate que, no ato II, ganha uma personalidade mais complexa, devido às paixões de carne e osso que parece ter, enquanto os outros vivem apenas de clichês e verdades congeladas. Isoladamente, cada um dos Wingrave pode ter seu lampejo de individualismo; mas, quando agem coletivamente, se desumanizam inteiramente, da mesma forma que o faziam os notáveis e a população de Loxford, em *Albert Herring*. É, portanto, nas cenas de conjunto, que o elemento de paródia é mais perceptível, como um recurso estilístico para fazer passar um julgamento moral. Uma coisa de que Britten nunca teve medo, ao contrário de muitos de seus contemporâneos, foi discutir conceitos de moralidade em sua obra – traço presente tanto em *The Rape of Lucretia* quanto em *Billy Budd* ou nas "Church Parables". O tema abordado em *Owen Wingrave* é da maior relevância: a violência, tanto pública quanto privada, contra o não-conformista que deseja preservar a sua liberdade de consciência – questão fundamental para o pacifista, que teve de lutar contra o militarismo de seu tempo; e para o artista homossexual não-hipócrita, que foi discriminado pelo puritanismo de seu tempo.

É interessante, como o demonstrou Donald Mitchell em seus estudos sobre o compositor, notar que determinadas características em comum ligam as obras em que essas preocupações morais aparecem. Não é de se espantar que as fanfarras, o tom de marcha, os temperos de música militar de *Owen Wingrave* ecoem os do *War Requiem* e da *Sinfonia da Requiem*, obras que se insurgem contra o absurdo da guerra. Na música dessa ópera, reaparecem também efeitos, torneados, desenhos melódicos ou soluções harmônicas que lembram *Billy Budd*, pois sentimentos e atitudes de uma reencontram-se na outra. A música de Coyle faz pensar na de Vere porque, de certa forma, o seu relacionamento com Owen aparenta-se ao do capitão com Billy. Esse vínculo é mais forte em "Now you may save your scornful looks", do ato II, em que Owen fala com os retratos:

> In peace I have found my image,
> I have found myself.
> In peace I rejoice amongst men
> and yet walk alone,
> in peace I will guard this balance
> so that it is not broken.
> For peace is not lazy but vigilant,
> peace is not acquiescent but searching,
> peace is not weak but strong like a bird's wing
> bearing its weight in the dazzling air.
> Peace is not silent, it is the voice of love.

(Na paz encontrei a minha imagem, encontrei a mim mesmo. Na paz regozijo-me entre os homens e, apesar disso, vou sozinho, na paz guardarei esse equilíbrio para que ele não seja quebrado. Pois a paz não é indolente e sim vigilante; a paz não aceita tudo, mas busca caminhos; a paz não é fraca, mas forte como a asa de um pássaro que sustenta seu próprio peso no ar assombroso. A paz não é silenciosa, ela é a própria voz do amor.)

Nessa ária radiosa, de beleza exultante, há um componente de reconciliação interior, de vitória sobre si mesmo, que vai muito além da simples idéia de paz por ausência de guerra. É o mesmo sentimento expresso por Billy Budd em sua ária do ato II, em que ele vê "uma vela na tempestade, a vela brilhando ao longe que não é o destino" – uma idéia que Vere retoma no Epílogo, para falar de seu próprio acerto de contas com emoções perturbadoras. Inconscientemente, talvez, Britten encontra desenhos melódicos aparentados, para uma idéia de pacificação espiritual que, para ele, não é abstrata. Nesse sentido, o quarto mal-assombrado onde o Coronel matou o filho e se matou, e onde Owen também se mata para não ter de ceder à violência de seu grupo familiar, funciona como o símbolo daquele espaço fechado dentro de cada um de nós – o nosso quarto de Barba-Azul – onde está guardada a agressividade, aquele lado escuro de nossa alma que tem de ser domado, para que consigamos obter a paz interior e a capacidade de viver em paz com nossos semelhantes.

Como na *Volta do Parafuso*, também inspirada em Henry James, o elemento sobrenatural, aqui, simboliza os fantasmas interiores. E assim sendo, a morte de Owen não é um gesto covarde, de fuga, mas o triunfo sobre as forças que agem sobre ele e o compelem àquilo que ele rejeita – e a música o faz sentir claramente. Não há dúvida que, com suas camadas complexas de simbolismo, a ópera tem um desenlace sujeito a interpretações diferentes. E é isso, certamente, que, da mesma forma que *A Turn of the Screw*, a torna tão rica e fascinante.

O agravamento dos problemas cardíacos de Britten marca a gênese de sua última ópera. Ele sabia estar correndo contra o relógio ao pedir a Myfanwy Piper, em novembro de 1970, que lhe preparasse um libreto baseado em *Der Tod in Venedig* (1912), de Thomas Mann, romance que sempre o fascinara. A partitura vocal estava pronta antes do Natal de 1972. No outono desse ano, os médicos tinham chegado à conclusão de que o músico precisaria submeter-se a uma operação, para substituir uma válvula deficiente no coração. Certo de que aquela seria a sua última obra, e querendo deixá-la como um presente de despedida para Pears, ele negociou com os médicos só ser operado depois de ter terminado a partitura – um atraso que, certamente, foi de conseqüências prejudiciais para a sua saúde.

*Death in Venice* ficou pronta em março de 1973. Durante a cirurgia, em maio, Britten sofreu um derrame que afetou definitivamente a sua mão direita. Não teve condições de supervisionar os ensaios, nem de assistir à estréia, em The Maltings, na noite de 16 de junho de 1973, sob a regência de Steuart Bedford. Viu uma récita semi-privada, em 12 de setembro, e estava presente quando a ópera subiu ao palco do Covent Garden, em 18 de outubro. Apesar de muito doente, compareceu às sessões de gravação, em que Bedford fez, para a Decca, o registro da obra com o elenco da estréia (há também, no selo Virgin Classics, o vídeo de Glyndebourne: Tear, Opie, Chance/ Graeme Jenkins). Britten viu a ópera de novo no Festival de Aldeburgh de 1975 e na reprise do Covent Garden, em 7 de julho de 1975. Pôde assim assistir a uma das maiores interpretações da carreira de Peter Pears, no longo e difícil papel do escritor Gustav von Aschenbach. Em 2004, o selo Chandos lançou o registro de Richard Hickox (Langridge, Opie, Chance).

Ato I. *Munich* – Aschenbach, que acabou de ficar viúvo, está andando por um subúrbio da cidade e se perguntando por que está passando por uma crise de criatividade ("My mind beats on and no words come"). Entra no cemitério e lê os textos na fachada da capela. Cruza com um Viajante, que lhe fala das paisagens exóticas em terras distantes ("Marvels unfold!") e lhe aconselha: "Go, travel to the South!". Aschenbach decide tirar férias num lugar ensolarado.

*On the Boat to Venice* – Rapazes estão debruçados na amurada do barco, gritando para suas namoradas no cais. O Velho Almofadinha une-se a eles na canção "The Sereníssima", em homenagem a Veneza; depois, ataca uma canção popular. Aschenbach vem para o convés e fica aborrecido com aquele "Young-old horror". A chegada a Veneza é descrita num interlúdio baseado no tema da "Sereníssima".

*The Journey to the Lido* – Na gôndola que o leva à cidade, Aschenbach vai cantando a sua própria versão da "Sereníssima"; mas não está satisfeito com a forma como o Velho Gondoleiro o conduz. Passam por um barco cheios de rapazes e moças, que vão cantando "Serenissima... Bride of the sea!". No cais, o Barqueiro e o Carregador do Hotel o estão esperando; o Velho Gondoleiro desapareceu, antes que ele lhe pudesse pagar. Aschenbach reflete sobre essa "gôndola misteriosa, negra, negra como um esquife, visão da própria morte".

*The First Evening at the Hotel* – O Gerente mostra-lhe o quarto, que tem uma soberba visão da laguna. Aschenbach assiste aos demais hóspedes reunindo-se para o jantar, franceses, americanos, alemães, poloneses, dinamarqueses, ingleses e russos. Entra a família polonesa e, dela, faz parte o jovem Tadzio, cuja extraordinária beleza chama imediatamente a atenção do escritor ("Surely the soul of Greece lies in that bright perfection").

*On the Beach* – Aschenbach comprou morangos e, enquanto os come, está observando as crianças brincando na praia. Tadzio chega e une-se às suas brincadeiras.

*The Foiled Departure* – Aschenbach faz a travessia do Lido para Veneza. A cidade está muito quente e cheia de gente, e o *sirocco* sopra com toda a força. De volta ao hotel, ele decide ir embora. Quando está se preparando para partir, fica fascinado com a visão de Tadzio, que cruza o saguão. Fica sabendo que a sua bagagem foi mandada para o endereço errado. O Gerente lhe diz que ainda não alugou seu quarto e, como, agora, o vento está soprando com menos força, não há razão para que ele parta. Da janela do quarto, Aschenbach vê Tadzio brincando na praia e pensa: "Foi isso o que tornou tão difícil ir embora. Pois que seja assim".

*The Games of Apollo* – Na praia do Lido, Aschenbach vê os meninos brincando na praia e imagina que estão celebrando os jogos olímpicos da Antiguidade. Ouve a Voz de Apolo: "He who loves beauty worships me." Tadzio vence todos os jogos de que participa e Aschenbach, excitado, quer falar com ele, mas não encontra coragem. Ao passar por ele, Tadzio lhe sorri ("Ah, don't smile like that! No one should be smiled at like that!"). Sozinho na praia, ele não se contém mais e exclama, em alta voz:"Eu te amo!"

Ato II. Numa cena inicial que serve de prelúdio ao ato, Aschenbach analisa as razões para ter tido aquele rompante emocional.

*The Hotel Barber's Shop* – Enquanto corta o cabelo de Aschenbach, o Barbeiro, tagarelando sobre vários assuntos, menciona "a doença".

*The Pursuit* – Aschenbach cruza para Veneza, onde as pessoas estão lendo, em cartazes nas paredes, advertências sobre as precauções a serem tomadas contra a infecção. Num jornal, lê o desmentido de que haja uma epidemia de cólera em Veneza. Segue a família polonesa dentro da catedral de São Marcos, e depois, na gôndola, de volta ao Lido ("They must not leave..."). Tadzio não lhe sai da cabeça.

*The Strolling Players* – No hotel, Aschenbach assiste a um espetáculo de atores ambulantes. Interroga o chefe do grupo sobre a epidemia, mas este desconversa.

*The Travel Bureau* – Um funcionário inglês, na agência de viagens, é muito franco com Aschenbach: há cólera, sim, e o melhor a fazer é ir embora.

*The Lady of the Pearls* – Aschenbach decide avisar à mãe de Tadzio, mas não tem coragem de falar com ela.

*The Dream* – No sonho, Aschenbach ouve as vozes de Apolo e Dionísio descrevendo o conflito que há dentro de sua mente.

*The Empty Beach* – Na praia, Aschenbach é o único a ficar vendo os meninos que jogam despreocupadamente.

*The Hotel Barber's Shop* – Na tentativa de parecer mais moço, Aschenbach pede ao Barbeiro que tinja seus cabelos e lhe faça uma maquiagem.

*The Last Visit to Venice* – Rejuvenescido, o escritor toma a gôndola para Veneza, cantando euforicamente a canção dos jovens. Cruza de novo com a família polonesa, mas perde-a de vista. Compra morangos, mas acha-os murchos e com sabor desagradável. Relembra as palavras de Sócrates relatadas por Platão: "A beleza leva à sabedoria, Fedro?").

*The Departure* – Os hóspedes estão saindo do hotel. Aschenbach vai para a praia deserta e vê Tadzio perdendo uma luta para Jaschiu, um de seus companheiros de brincadeiras. Aschenbach o chama, o rapaz acena para ele, e poderia talvez vir em sua direção; mas, antes que isso aconteça, o escritor cai sobre a sua cadeira de lona, morto.

Síntese de todos os procedimentos que caracterizaram a arte dramatúrgica de Britten, *Morte em Veneza* tem uma estrutura de cenas curtas, que remete ao modelo tão estimado do *Wozzeck*, de Alban Berg. O papel central, um dos mais complexos que Britten compôs para Peter Pears, reúne um arioso de pureza monteverdiana a uma declamação em estilo *Sprechstimme*, não sem abrir espaços para momentos de cantilena de tom neo-romântico decadentista, que remetem a Mahler e Richard Strauss. Do barítono – John Shirley-Quirk, na estréia – também exige-se muito, pois ele faz sete papéis, pequenos, mas de caracterização muito diversificada: o Viajante, o Almofadinha, o

Aschenbach é um dos principais papéis escritos por Britten para seu companheiro Peter Pears. Aqui, a estréia de *Death in Venice*, no Festival de Aldeburgh de 1975.

Velho Gondoleiro, o Gerente do Hotel, o chefe do grupo de atores ambulantes e a Voz de Dionísio. Quanto a Apolo, sua voz é confiada à de um contra-tenor: James Bowman foi seu criador. A família polonesa não canta: é representada por um grupo de bailarinos.

O piano acompanha os recitativos; as percussões em estilo de *gamelan* pontuam as brincadeiras dos meninos; a orquestra comenta os cantábiles, fornece a música com que Britten caracteriza os ruídos de Veneza e, principalmente, cria a atmosfera da ópera: de início festiva e ensolarada, ela vai, aos poucos, refletindo as idéias sombrias de declínio, doença, morte iminente – nesse sentido, ecoando, de maneira absolutamente perturbadora, os próprios sentimentos do compositor na época da composição de sua última ópera. É como se a fantasia do *Sonho de uma Noite de Verão* e a austeridade das "Church Parables" se dessem as mãos e convergissem para essa derradeira grande obra.

Como sempre, muitos fios trançam uma à outra as óperas de Britten. Há visível vizinhança entre as danças corais de *The Games of Apollo* – a cena do ato I em que o escritor vê os garotos, na praia, com os olhos de sua formação clássica –, e o *masque* do ato II de *Gloriana*, com uma voz solista, que funciona como mestre de cerimônias. Em *Gloriana*, essa era uma música "antiga", que remetia ao período Tudor. Aqui também; mas é uma Antiguidade estilizada – apesar do uso que Britten faz de um *Hino Délfico* autêntico, de 138 a.C. –, pois corresponde à visão idealizada e hedonista que a personagem tem do mundo helênico. Assim como no *masque* de *Gloriana*, na cena da praia de *Morte em Veneza* – último momento de serenidade, antes que Aschenbach assuma a existência de um amor que vai destruí-lo – as danças corais são um desenvolvimento e uma transfiguração do *divertissement*, antigo como a própria ópera. A dança, em *Morte em Veneza*, não tem caráter decorativo ou acessório: ela pertence fundamentalmente à sua estrutura dramática. E se é mediante a dança que se expressa a família de Tadzio, sempre silenciosa, essa é a maneira de Britten sugerir que Aschenbach não tem coragem de falar com ela.

Uma das ironias de Thomas Mann[30], na novela, é fazer com que a secura criativa de um homem articulado como o escritor Gustav von Aschenbach o impeça de falar a Tadzio, embora não lhe faltem palavras para isso. A única forma que esse sofisticado intelectual encontra de expressar o seu sentimento é, na solidão da praia deserta, gritar para si mesmo o mais surrado dos clichês, o básico "I love you!". Não haver comunicação verbal entre a personagem-título e o objeto de sua paixão abre enorme espaço para que a música diga aquilo que as palavras são impotentes para expressar – e isso, certamente, foi uma das coisas que atraíram Britten, no livro.

Mas esse era um problema que tinha de ser resolvido, e veio de Mrs. Piper a brilhante solução de usar os dançarinos para representar a família polonesa – o que forneceu ao músico um vocabulário adicional, e não-verbal, de gestos, mímica, coreografia. Dessa forma, a beleza que o rapaz representa é articulada em movimentos ritualísticos – embora haja também cenas em que os poloneses se movem de forma naturalista (*The First Evening at the Hotel*). Mas, por se movimentarem sempre com gestos de dança, destacam-se de todos os outros turistas. Ou seja, essa é a forma como Aschenbach os vê, como os separa e singulariza em relação aos demais hóspedes do hotel ou transeuntes na rua, porque entre eles está a suprema encarnação da beleza. E aí está um outro vínculo: de *Morte em Veneza* com as "Church Parables" nas quais, inspirando-se na extrema estilização do teatro japonês, Britten desenvolvera uma forma muito pessoal de usar a mímica.

A estranheza de Tadzio em relação ao mundo real – a sua *otherness*, como tão bem expressa um termo inglês intraduzível – reflete-se em seus gestos, mas também em sua música. O vibrafone, que marca a sua primeira aparição, conferindo-lhe uma sonoridade de caráter único, torna-o tão "irreal" quanto o Quint de *A Turn of the Screw*. Num plano muito particular, é como se Tadzio fosse não um espectro, mas uma visão, um sonho de Aschenbach. Os sons que o descrevem o iso-

---

30. T. J. Reed aponta isso na excelente introdução à sua tradução inglesa do livro (ver Bibliografia).

lam, dentro do conjunto da orquestra, que retrata a cidade e as outras pessoas – o mundo real. Esse uso da banda de percussões, associada a Tadzio e a seus companheiros, tem, antes mesmo de *Curlew River*, um precedente não-operístico, mas dramático, no balé *The Prince of the Pagodas*. Nele, as percussões exóticas são usadas para representar os "pagodas" do título, que pertencem a um outro mundo. Se pensarmos no insólito, mas radioso comentário das percussões de sabor oriental, na cena de *Owen Wingrave* em que a personagem faz seu apelo à paz, veremos que, na mente de Britten, esse recurso equaciona-se com o lampejo de um mundo que é infinitamente desejável mas, também, infinitamente remoto, distante do mundo real. As percussões, portanto, são o símbolo não apenas de Tadzio e sua beleza, mas de tudo o que, de repente e da forma mais inesperada, irrompe no mundo racional e superorganizado de Aschenbach.

Quanto às evocações da paisagem feitas pela orquestra completa, elas correspondem a um outro tipo de beleza que se descortina diante dos olhos da personagem: a dessa Itália mágica, voluptuosa, solar, que sempre fez sonhar os pintores, poetas e músicos não-italianos. Na sua forma exuberante de pintar Veneza, Britten faz-nos também pensar na Roma do *Rape of Lucretia*. Belo exemplo disso são as espaçosas linhas melódicas que descrevem as emoções de Aschenbach quando, da janela de seu hotel, ele contempla o mar e a cidade. Inversamente – já que é pelo filtro das emoções da personagem que sempre vemos a paisagem –, é notável a forma como essa música literalmente "encolhe", no fim da ópera, quando o escritor caminha sozinho pela praia deserta. Não é apenas uma contração melódica; o que, antes, era luminoso e cheio de calor, tornou-se gelado, opaco, nevoento. É como se tudo o que, antes, florescia, tivesse de repente murchado.

A mudança na percepção que Aschenbach tem do mundo à sua volta é representada pela modificação do material musical. E a distorção se intensifica à medida que a ópera avança. Enquanto a música de Tadzio e seus companheiros permanece ritmicamente viva e remota, a que fala de Veneza não deixa de ser bonita; mas vai sendo "contaminada" por sons inquietantes, que correspondem ao cólera – a violenta epidemia de 1911, de que Mann fala em seu livro –; mas também pela insensata paixão da personagem que, aos poucos, a consome. É de uma pureza diatônica a escala ascendente com que, no início da ópera, Aschenbach fala de sua decisão de ir em busca da luz e do sol ("Should I go too beyond the mountains?"). Essa mesma frase volta, maciçamente distorcida por dissonâncias agressivas, no momento em que, reconhecendo o seu amor por Tadzio, o escritor admite a rendição a Eros. Tanto a educada frase do início, "I, Aschenbach, famous as a master-write", quanto a sua desordenada versão, nesse momento de auto-conhecimento, têm a mesma tonalidade, mi maior.

No poslúdio da ópera, construído como um verdadeiro adágio mahleriano[31], os temas de Tadzio e Aschenbach surgem lado a lado; mas, ainda assim, como mundos separados, sem que, nem mesmo nesse *afterthought* ao drama, as radiosas percussões do garoto, que nunca se deu conta da emoção que suscitava no adulto, se entrelacem realmente às frases da orquestra, que traduzem os anseios insatisfeitos do escritor. Esse poslúdio sintetiza o drama: não lhe dá uma resolução – inclusive no sentido musical da palavra –, porque qualquer resposta teria sido falsa. Britten mantém-se fiel ao irônico cerne do livro (e da ópera), fazendo o tema de Tadzio vibrar, estaticamente, no final, enquanto o de Aschenbach morre, se desvanece, no mais alto registro das cordas.

A brilhante técnica de um coro escrito para um conjunto de solistas vem das "Church Parables", especialmente de *Curlew River*[32]. Delas, *Death in Venice* herda a liberdade métrica, a ausência de sujeição à barra de compasso, a sensação freqüente da indefinição tonal (embora haja centros tonais claros, o mi maior para Aschenbach, o lá maior para Tadzio). Das

---

31. Há aqui um interessante comentário a fazer: foi justamente o Adagietto da *Sinfonia n. 5* que Lucchino Visconti escolheu como trilha sonora para sua *Morte em Veneza*, em que Aschenbach – convertido num compositor, no qual há claras referências a Mahler – foi magistralmente interpretado pelo autor inglês Dirk Bogarde.

32. Não excluo tampouco a possibilidade de que Britten tivesse se lembrado da belíssima *Serenade to Music*, para dezesseis vozes solistas e orquestras, que Vaughan Williams escreveu em 1938, sobre um texto do *Mercador de Veneza*, de Shakespeare.

"parábolas eclesiásticas" vêm também a simplicidade e austeridade de texturas, que fazem destacar-se, com brilho ainda maior, os momentos em que Britten opta por melodias caracteristicamente "operísticas" – as cenas na barbearia, a apresentação dos atores ambulantes –, para acentuar o seu sabor popular.

Não podemos nos esquecer, também, que *Morte em Veneza* foi escrita para Peter Pears, mestre do canto barroco, famoso por suas interpretações das *Paixões* de Bach e Schütz. A técnica do *recitar cantando* protobarroco está tão presente, aqui, quanto no belíssimo ciclo de canções *Nocturne*, com sua linha de canto fluida, de infinito legato, e suas constantes mutações de estado de espírito. Essa coleção de poemas ingleses, estreada em Leeds em 16 de outubro de 1958, tem relevância particular neste contexto. Por trás da evocação do sono e do sonho, *Noturno* é uma reflexão sobre a natureza tênue e imprecisa do real e do irreal, do verdadeiro e do falso, mediante diversas metáforas que contrapõem o dia à noite, o sono à vigília, o sonho ao pesadelo. Esse é um tema que passa também por *Billy Budd*, ópera em que Vere, homem tão íntegro quanto Aschenbach, vê-se confrontado a um dilema moral em que os contornos do verdadeiro e do falso tornam-se indefinidos. É por isso – e não apenas porque os dois papéis foram escritos para Pears – que, por trás da nobre declamação de Aschenbach, temos, tão freqüentemente, a impressão de ouvir a voz de Edward Fairfax Vere, o capitão do *HMS Indomitable*. Além disso, na ópera baseada em Melville, a figura de beleza ideal que Billy representa nos é mostrada pelos olhos de Vere/Apolo e de Claggart/Dionísio – pólos opostos que, em *Morte em Veneza*, convergem e se fundem na personagem contraditória do escritor imaginado por Thomas Mann.

Tudo isso faz de *Morte em Veneza* uma síntese extremamente complexa do universo dramatúrgico de Britten e um ponto final admirável num dos mais impressionantes conjuntos de obra operística do século XX.

Mas *Death in Venice* não foi a última obra de Benjamin Britten. A saúde declinava rapidamente mas, antes de sucumbir a um último enfarte, em 4 de dezembro de 1976, menos de um mês depois de fazer 63 anos, ele ainda revisou *Paul Bunyan*, para a transmissão na BBC e apresentação em The Maltings (4.6.1976). E compôs peças de extrema maturidade:

- o *Cântico n. 5 The Death of St. Narcissus*;
- a *Suíte sobre Temas Folclóricos Ingleses*;
- a cantata *Phaedra*, dedicada a dame Janet Baker, intérprete ideal de Lucrécia e criadora de Kate no *Owen Wingrave*;
- o *Terceiro Quarteto de Cordas*, que o Quarteto Amadeus tocou para ele na biblioteca da Red House, sua residência em Aldeburgh;
- o ciclo *Sacred and Profane*, de poemas medievais, para vozes *a cappella*.

A última obra desse músico, que sempre soube escrever muito bem para os jovens, foi a *Welcome Ode*, para coro infantil e orquestra. Britten deixou inacabada a cantata *We Praise the Great Man*, com texto de Edith Sitwell. Em 12 de junho de 1976, a Coroa britânica tinha-lhe concedido o título de par do reino. Lord Britten of Aldeburgh foi enterrado em 7 de dezembro, no pequeno cemitério ao lado da Parish Church.

## Lloyd

Um ferimento sofrido durante a II Guerra, quando o navio em que servia naufragou no Ártico, abreviou a promissora carreira do pianista e compositor George Lloyd (1913-1998), "o grande contemporâneo esquecido de Britten", como o chamou Lewis Foreman em um artigo publicado em maio de 1980 na revista *Records and Recordings*. Os pais eram músicos e lhe deram, em casa, noções de piano e violino, antes de Lloyd prosseguir seus estudos de composição com Harry Farjeon.

Suas três primeiras sinfonias, escritas entre 1932 e 1935, foram muito bem recebidas e lhe valeram a encomenda de uma ópera a ser cantada no Festival de Penzance. *Iernin*, com libreto de seu pai, encenada em 6 de novembro de 1934, era uma história de caráter mágico, que revelou o domínio intuitivo que Lloyd possuía do palco. Seguiu-se *The Serf*, também com libreto do pai, evocando a luta feudal no Yorkshire, na época do rei Estêvão. Encomendada pela British Music Drama Opera Company, *Os Servos* foi ouvida no Covent Garden em 20 de outubro de 1938. A crítica foi unânime em considerar de alto nível a invenção melódica de Lloyd e em elogiar a desenvoltura de seu uso do coro, "de natureza verdiana".

Às consequências prolongadas do ferimento, Lloyd reagiu aceitando a proposta do Festival de Bristol de escrever *John Socman*, que ali estreou em 15 de maio de 1951. Mas o esforço intelectual exigido foi demasiado, e ele sofreu um colapso nervoso de grandes proporções. O resto da vida, passou trabalhando como jardineiro, com as faculdades mentais muito alteradas. Ainda assim, tinha chegado a escrever nove sinfonias, quatro concertos para piano, um concerto para violino, e alguma música de câmara. Em 1970, o governo o recompensou com o título de Officer of the Order of the British Empire.

Em 1977, Sir Edward Downes deu início, com a execução de sua *Oitava Sinfonia*, a um movimento de revalorização de sua música – com um reverso da medalha que Lloyd certamente não desejaria: a sua maneira conservadora de compor transformou-o num modelo para aqueles que reagiam às tendências de vanguarda. O próprio Lloyd não ficou muito satisfeito com a transmissão de *John Socman* pela BBC, em 1982. Mas deu seu beneplácito à de *Iernin* que a emissora pôs no ar em 1986 – tanto assim que ela foi lançada, nesse mesmo ano, pelo selo Albany, e faz lamentar que circunstâncias infelizes tenham impedido de seguir adiante a carreira de compositor visivelmente tão talentoso.

## Searle

Após receber a típica educação da alta classe média britânica – Winchester, Oxford e o Royal College of Music, onde foi aluno de Gordon Jacob e John Ireland –, Humphrey Searle (1915-1982) deu uma guinada total, indo para Viena aperfeiçoar-se com Webern. Foi um pioneiro, na Inglaterra, das técnicas desenvolvidas pela II Escola de Viena, e bateu-se, a vida inteira, em prol da música contemporânea. Sua fidelidade, como compositor, ao ascetismo de Webern e à complexidade harmônica de Schoenberg não o impediu, porém, de ser apaixonado estudioso de Liszt: foi secretário da Liszt Society e publicou a importante monografia *The Music of Liszt* (Londres, Williams and Norgate, 1954), que inclui o catálogo temático desse compositor – razão pela qual suas obras são identificadas com um S. Essas influências desencontradas resultaram num estilo muito pessoal, em que a escrita dodecafônica anda lado a lado com o tonalismo, e as raízes folclóricas inglesas, que desempenharam papel determinante em sua linguagem, e se manifestam em suas óperas.

Searle chegou ao drama lírico por meio de três extensos melodramas para narrador e orquestra: *Gold Coast Customs* (1949), *The Shadow of Cain* (1950), ambos com textos de Edith Sitwell, e *riverrun* (1951), usando um fragmento do *Finnegan's Wake*, de James Joyce. Esses foram trabalhos preparatórios para a primeira ópera, *The Diary of a Madman*, baseada no conto de Nikolái Gógol. Encomendada pelo Festival de Berlim de 1958, e encenada no Sadler's Well em 1960, *O Diário de um Louco* demonstrou a eficiência da escrita vocal de Searle, que combina o arioso com o *Sprechgesang*. Basicamente serial, a ópera contém passagens líricas praticamente tonais e, numa cena surrealista, em que assistimos ao diálogo entre dois cães, recorre à música concreta (feita com sequências de ruídos gravados da realidade e reprocessados no laboratório de eletracústica).

Em *The Photo of the Colonel* (A Foto do Coronel, 1964), adaptada da peça de Eugène Ionesco, a técnica serial é eficiente para representar o complexo mundo simbólico em que a ação transcorre. A experiência mais ambiciosa de Searle, e sua última ópera, foi *Hamlet*, encomendada pela Staatsoper de Hamburgo, e ali estreada em 5 de março de 1968 – a primeira audição inglesa foi no Covent Garden, em 18 de abril do ano seguinte, mas sem muito sucesso. A fidelidade do compositor ao texto de Shakespeare, que se limitou a condensar, demonstrou ser uma barreira ao rendimento musical, pois a declamação muito pausada do texto torna-se monótona – o que é acentuado pelo fato de todos os temas da ópera saírem da mesma série de doze notas.

Demonstração disso foi o fato de a plateia ter reagido mornamente ao conjunto da ópera, e só ter aplaudido vivamente a sequência

Cartaz para a estréia, no Lyceum Theatre, da ópera celta *Iernin*, de George Lloyd.

da "peça-dentro-da peça", o momento em que Hamlet leva atores para encenar, no castelo de Elsinore, um drama que representa o assassinato de seu pai e o casamento incestuoso de sua mãe com Cláudio. A paródia do estilo operístico romântico que Searle faz nesse trecho agradou mais à platéia do que a austera declamação do resto. Na verdade, embora *Hamlet* fosse o projeto em que depositou suas maiores esperanças, Searle tem sido mais lembrado pelo *Diário de um Louco* ou *A Foto do Coronel*.

## Gardner

Na década de 1950, John Linton Gardner – nascido em Manchester em 1917 – chegou a ser considerado uma das vozes mais promissoras da sua geração, devido ao sucesso de sua *Sinfonia n. 1*, ouvida no Festival de Cheltenham em julho de 1951. Formado no Exeter College, de Oxford, por Sir Hugh Allen, Ernest Walker, Reginald Morris e Thomas Armstrong, foi pianista repetidor do Covent Garden entre 1946-1952. Nessa atividade adquiriu vasta experiência das formas dramáticas. Seu estilo é fluente, mas conservador, desinteressado das experimentações vanguardistas; e sua utilização de recursos mais modernos de escrita é muito restrita.

Depois da peça sacra *Nativity Opera*, cantada em dezembro de 1950, foi bem recebida *The Moon and Sixpence*, que o Covent Garden encenou em 24 de maio de 1957. O idioma romântico dessa ópera pareceu adequado para o libreto extraído do livro em que Somerset Maugham faz a evocação romanesca da vida de Gauguin no Taiti. Mas soou ultrapassado quando Gardner apresentou *The Visitors* no Festival de Aldeburgh, em 10 de junho de 1972. Não há notícia de que *Bel and the Dragon* (1973) e *Tobermay* (1976) tenham sido encenadas. *The Entertainment of the Senses*, a tentativa de criação de um *masque* contemporâneo, foi ao palco em 2 de fevereiro de 1974, mas sem maior sucesso.

## G. Bush

O gosto do londrino Geoffrey Bush (1920-1998) pela música desenvolveu-se muito cedo, graças à sua atividade como coralista da catedral de Salisbury. Adolescente, Geoffrey teve aulas particulares com John Ireland. Formado na Universidade de Oxford, iniciou a carreira de professor de inglês na escola onde estudara, e na Universidade de Aberystwyth. Paralelamente, desenvolvia trabalhos musicais como pianista, compositor e pesquisador da música inglesa do século XIX. Hoje, é mais conhecido pelas inúmeras canções que compôs; mas deixou também óperas, música orquestral e peças sacras. Bush dizia que a sua paixão era o teatro, mas lamentava que, para ele, o acesso ao palco fosse dificultado pelo *establishment* muito fechado da vida operística inglesa, e o fato de não estar vinculado a nenhum grupo ou tendência que lhe alavancasse a carreira.

A primeira ópera de Geoffrey Bush, *The Spanish Rivals*, adaptada da comédia setecentista de Richard Sheridan, foi escrita para um grupo de marionetes, e estreada no Festival de Brighton, em 1948. Em 1951, ela foi reprisada pelo Festival of Britain; mas o compositor, insatisfeito com a partitura, a retirou de circulação. Só a abertura sobreviveu, como peça de concerto. As obras subseqüentes de Bush são de caráter intimista, escritas para pequena orquestra. Todas elas se caracterizam pelo andamento vivo da ação e a habilidade com que, na linha vocal, ele passa do *parlando* para o arioso, com eventuais momentos de cantabile mais organizado. Bush compôs *The Blind Beggar's Daughter* (1952, revista em 1964); *If the Cap Fits* (1956), *The Equation* (1968), *Lord Savile's Crime* (1972), a infantil *The Cat who went to Heaven* (1974) e *Love's Labour Lost* (1988), baseada em Shakespeare.

## Malcolm Arnold

Primeiro trompetista da Filarmônica de Londres de 1942 a 1948, Malcolm Arnold, nascido em Northampton em 1921, dedicou-se à composição, exclusivamente, a partir de 1950. Desenvolveu um estilo muito melodioso e harmonicamente acessível, que evita a banalidade, mas torna sua música atraente para o público mais amplo. Isso fez dele um compositor muito eficiente de trilhas sonoras para o cinema. A partitura de *A Ponte sobre o Rio*

*Kwai* – na qual inseriu, com muito sucesso, a marcha *Colonel Bogey*, escrita por Kenneth Alford em 1914 – valeu-lhe um Oscar. A familiaridade com o palco foi adquirida com os balés *Homage to the Queen*, dançado em 2 de junho de 1953, no Covent Garden, na presença da rainha Elizabeth II; *Rinaldo and Armida* (1954), *Sweeney Todd* (1958) e *Electra* (1963).

Arnold é o autor de uma obra ampla: oito sinfonias, quinze concertos para diversos instrumentos, dez aberturas, vários poemas sinfônicos. Entre as peças instrumentais inclui-se uma irreverente homenagem a Erik Satie, a *Grand, Grand Ouverture*, para três aspiradores de pó, enceradeira, quatro rifles e orquestra, executada em Londres em 13 de novembro de 1956. Depois de duas peças que ficaram inacabadas – *Henri Christophe* (1949) e *Up at the Villa* (1951) – e de *Parasol* (1950), um musical para a televisão que não chegou a ser transmitido, Arnold escreveu, com libreto de Joe Mendoza, a comédia *The Dancing Master*. Embora se trate de uma adaptação muito feliz da peça de William Wycherley, dramaturgo da época da Restauração, com uso eficiente de ritmos das canções populares da época, *O Mestre de Dança* teve apenas uma apresentação amadora em 1951, e nunca foi encenada por companhia profissional.

Em 14 de dezembro de 1956, o canal de televisão da BBC transmitiu *The Open Window*, melodiosa adaptação de uma história de fantasmas, extraída da coletânea de contos de tema japonês de Saki. Para o palco, Arnold escreveu também a peça de Natal *Song of Simeon* (1964) e o espetáculo infantil *The Turtle Drum* (1967).

## Hamilton

Ter chegado tarde ao gênero lírico não impediu o escocês Iain Ellis Hamilton (1922-2000) de tornar-se um dos operistas britânicos mais prolíficos da fase pós-Britten. Interno na Mill Hill School desde a idade de sete anos, Hamilton foi encaminhado, por decisão de seu pai, para a carreira de engenheiro; mas fazia, paralelamente, estudos privados de música. Já tinha 25 anos quando resolveu abandonar definitivamente a engenharia e matricular-se no Royal College of Music, onde foi aluno de Harold Craxton (piano) e William Alwyn (composição). Mas a engenharia, segundo o musicólogo Paul Conway, deixou marcas visíveis em seu pensamento musical, pois peças multisecionais, como a *Sinfonia para Duas Orquestras* (1958), a *Sonata n. 1 para Violoncelo* (1958), o *Quarteto n. 3* (1984) ou *The Transit of Jupiter* (1995), para orquestra, são obras de uma mente analítica, com claro senso de proporção e estrutura. O musicólogo David C. F. Wright, amigo pessoal de Hamilton, dá testemunho revelador sobre a sua personalidade:

> Ele sempre dizia que a engenharia não era tão aborrecida quanto a profissão de músico. Dizia que a maioria das pessoas nas artes, à exceção dos instrumentistas de orquestra, possuía egos doentios, e isso acontecia principalmente com os regentes e alguns compositores. Iain detestava a arrogância e a vaidade comuns entre os maestros e compositores britânicos na fase do entre-guerras. Respeitava os homens de negócio despretensiosos. Disse-me uma vez que teria preferido ser engenheiro ou executivo a ser compositor. A arquitetura era a única forma de arte pela qual tinha interesse real. Costumava também comentar comigo que a vida de certos compositores era mais interessante do que a sua obra.

Iain Hamilton foi um colecionador de prêmios: o Royal Philharmonic Society, em 1950, pelo *Concerto para Clarineta*; o Clements Memorial, no mesmo ano, pelo *Quarteto n. 1*; o Edwin Evans, no ano seguinte, pelos *Noturnos para Clarineta e Piano*; o ambicionado Dove e o Koussevitzky Foundation, em 1952, pela *Sinfonia n. 2*; além do Butterworth e da prestigiosa Arnold Bax Gold Medal pelo conjunto da obra. Suas primeiras peças, desde as *Variações para Cordas*, de 1948, são de sabor neo-romântico e exibem virtuosismo na escrita harmônica, tonal mas intensamente cromática. Mas há um impulso rítmico que o mostra muito atento à influência de Bartók e Stravinski, mesmo quando se mantém dentro dos limites da forma tradicional.

Desejoso de ampliar suas possibilidades expressivas, Hamilton abraçou, numa fase inicial da carreira, as propostas serialistas estritas de Anton Webern, a quem admirava profundamente pela concisão quase matemática de sua escrita. Uma das obras mais significativas desse período foi também uma das mais mal recebidas: a *Sinfonia para Duas Orquestras*, estreada por Sir Alexander Gibson, no

Festival de Edimburgo de 1959. O preconceito do público conservador contra o serialismo fez com que o músico fosse alvo de inúmeros ataques – ainda mais que a obra, de estilo anguloso e agressivo, tinha sido escrita para celebrar o centenário de Robert Burns, e os ouvintes esperavam algo leve, lírico, que lhes parecesse corresponder aos versos do grande poeta romântico escocês. O que eles queriam, provavelmente, era uma repetição das *Danças Escocesas* do próprio Hamilton, de sonoridades muito mais eufônicas. O presidente da Burns Society encabeçou violenta campanha contra Hamilton e Sir Alexander Gibson. Apesar disso, o maestro não cedeu, e regeu nova apresentação da sinfonia.

David Wright é da opinião que Hamilton decidiu ir para os Estados Unidos, em 1961, pois estava descontente com a animosidade britânica em relação à sua música, e sentia-se hostilizado pela forma aberta como assumia seu comportamento homossexual. Instalou-se em Nova York, onde foi convidado para dar palestras e entrevistas à televisão. Em 1962, a Universidade Duke, da Carolina do Norte, ofereceu-lhe uma cadeira de professor de composição. Hamilton foi compositor residente em Tanglewood, e ficou nos Estados Unidos até 1971. Retirou-se de lá após um único dia de trabalho no Lehman College, da City University de Nova York: pediu demissão em protesto por ter considerado inaceitáveis as condições de trabalho que lhe tinham sido oferecidas por essa escola. Na volta para casa, os britânicos, dando-se conta da injustiça que lhe tinha sido feita, concederam-lhe o Prêmio Vaughan Williams de 1974, como o Compositor do Ano.

O estilo de Hamilton é marcado por linhas melódicas muito tensas, animadas por vibrante pulsação rítmica, o que cria – no dizer de Nikolai Slonimski – "a impressão de um lirismo cinético", isto é, de contornos dinâmicos e muito mutáveis. Suas harmonias, mesmo quando dissonantes, têm certa eufonia peculiar, pois partem sempre de centros tonais claros. Variedade de colorido e de textura, lirismo e refinamento de artesanato são expressões que retornam constantemente nas avaliações críticas da obra de Hamilton. Na fase inicial de sua carreira, ele praticava um serialismo não-sistemático; mais tarde, abandonou-o em favor de um tonalismo igualmente livre. Nas suas óperas, é comum a utilização de acordes temáticos – o que poderíamos chamar de *leitchords* –, com os quais o músico descreve ou sugere situações dramáticas ou emoções específicas.

A escolha de temas épicos ou lendários, em óperas para as quais sempre escreve os próprios libretos, corresponde à sua preocupação com os conflitos pessoais e a forma como eles interagem com os acontecimentos públicos. Há também, em suas opções temáticas, um olho de homem de teatro na possibilidade de fazer montagens de grande efeito:

- *Lancelot*, escrita em 1985, foi montada ao ar livre, no Tilting Yard do castelo de Arundel, na Escócia, durante o festival que ali se realiza anualmente. Hugo Cole, do *Manchester Guardian*, chamou a atenção para a capacidade de Hamilton de escrever melodias facilmente memorizáveis. Segundo esse crítico, a caracterização musical é bastante nítida, o ritmo dramático é rápido e, embora sempre presente e relevante para frisar as emoções das personagens, o comentário orquestral nunca relega o canto a segundo plano.
- *Raleigh's Dream* (1983), cuja personagem central é o aventureiro sir Walter Raleigh, um dos favoritos da rainha Elizabeth, foi executada no Reynolds Theater da Duke University, durante o North Carolina British-American Festival de 1985, que a tinha encomendado para comemorar o tricentenário da fundação da colônia.
- *Tamburlaine*, baseada na peça de Christopher Marlowe, foi transmitida pela BBC-Radio 3, que a tinha encomendado, em 14 de fevereiro de 1977; mas nunca foi encenada.
- O mesmo acontece com *Agamemnon* (1967-1969), da tragédia de Ésquilo, e *Dick Whittington* (1981).
- Particularmente interessante é *Pharsalia* (1968), "comentário dramático para vozes, narrador e orquestra", baseada no livro do historiador romano Lucano. Essa partitura, "cheia de angústia e desespero, de gestos dramáticos intercalados a instantes de distensão", como disse a resenha do *London Times*, foi aclamada como "um libelo contra o horror, a futilidade, a selvageria da guerra", e está relacionada com a indignação

expressa por Hamilton, no final da década de 1960, com a tensão política criada pela Guerra Fria.
- Do final da carreira do compositor são *The Tragedy of Macbeth* (1990), *London's Fair* (1992) e *On the Eve* (1996). Essas também permanecem inéditas.

O nome de Hamilton como operista firmou-se com a apresentação, em 2 de fevereiro de 1977, no Coliseum da English National Opera, de *The Royal Hunt of the Sun* (A Real Caçada do Sol), baseada no drama de Peter Shaffer. Tendo assistido à peça em 1964, o ano de sua criação, Hamilton pediu logo a Shaffer a autorização para convertê-la em uma ópera, e trabalhou na partitura entre 1966 e 1968. *A Real Caçada do Sol* trata da conquista do Peru pelos espanhóis, entre 1529-1533, abordando o choque de culturas a partir de um ângulo pessoal: a relação entre o aventureiro espanhol, Francisco Pizarro, ávido de ouro e de glória militar, e o rei inca Atahualpa, à sua maneira um humanista, um homem culto e justo, que quer a paz – e naturalmente é destruído, no processo de impedir que o seu povo seja dominado.

Embora utilize uma grande seção de percussões e, nela, o elemento rítmico seja muito importante, a partitura não faz qualquer tentativa de reconstituir o que poderia ter sido a música inca. Renunciando aos métodos seriais e atonais que tinham caracterizado suas obras precedentes, Hamilton trabalha com uma substância musical gerada por pequenas células melódicas, ressaltando-se o uso de determinados acordes como motivos recorrentes. Na época da estréia, houve quem criticasse a ópera por ser demasiado declamatória. Mais tarde, o próprio Hamilton reconheceu que *"The Royal Hunt* pertence mais ao domínio do *music-theatre* do que ao da ópera propriamente dita".

À peça *Catiline*, de Ben Jonson, representada em 1611, Hamilton acrescentou informações retiradas das crônicas de Salústio e das *Catilinárias*, de Cícero, para preparar o libreto de *The Catiline Conspiracy*, encenada no McRobert Centre, de Sterling, na Escócia, em 16 de março de 1974. Passada em 64-63 a.C., a ópera mostra como Cícero descobre e denuncia a conspiração de Catilina contra o Estado, nos anos finais da República. Comparada ao drama anterior, *Catilina* é muito mais lírica e cantabile. Coincide com o *Te Deum* de 1973, no qual Hamilton retorna à tonalidade. Aqui também, como na *Real Caçada*, o coro desempenha papel proeminente, sobretudo na cena do ato II que se passa no Senado. O papel de Cícero oferece ótimas oportunidades a um bom cantor-ator, e o monólogo que sintetiza a série de veementes discursos pronunciados contra o conspirador – iniciados com o famosíssimo *Quousque tandem, Catilina, abutere patientia nostra?* – constitui um dos momentos mais eficientes do drama. No seu comentário à estréia, o crítico do *Glasgow Herald* disse: "Aquela noite, na platéia, não houve quem não se lembrasse do escândalo Watergate" – o que dá uma idéia clara da atualidade da ópera.

A versão dada por Hamilton ao grande romance de amor de Liev Tolstói levou mais adiante a ruptura com o serialismo e a exploração de uma forma renovada de tonalismo. *Anna Karenina*, estreada no Coliseum em 7 de maio de 1981, possui números tradicionais – não fechados, mas inseridos no fluxo da escrita contínua – e interlúdios ligando uma à outra as quinze cenas em que se dividem seus três atos. Por outros motivos, *Anna* rompe também com os modelos precedentes: é a primeira ópera de Hamilton a se basear não numa peça de teatro, mas num romance – o que implica um procedimento todo especial, quando se trata de elaborar o libreto; a começar pelo fato de nele não se ter, ao contrário das óperas anteriores, a possibilidade de citar literalmente trechos do original. O drama centra-se mais, também, no conflito pessoal – o relacionamento de Anna com Vrônski e as conseqüências disso para sua desgastada união com Karênin – do que no choque entre o pessoal e o coletivo, elemento muito importante no romance de Tolstói; embora o libreto não exclua o julgamento moral que a preconceituosa sociedade russa do século XIX profere sobre o comportamento adúltero de Karênina e as razões que a levam ao suicídio, no final. Esta é uma partitura que mostra Hamilton no ponto mais confiante da escrita teatral. A partitura de *Anna*

*Karenina* é musicalmente intrincada, no seu entrelaçamento complexo de motivos, e na riqueza e densidade das texturas instrumentais, sem que isso interfira num lirismo que se expressa de forma desinibida.

*Karenina* está muito ligada ao clima de *Cleópatra* (1977), cena dramática cantada por Lois McDonall e a Sinfônica da BBC, regida por David Atherton nos Proms de 1978. Com instrumentação exótica e escrita muito sensual para a solista, esse monodrama, com texto do compositor, poderia ser encenado. A música tem toda a opulência neo-romântica da *Salomé* e da *Elektra*, e evoca também o Schoenberg expressionista da *Noite Transfigurada* ou do *Pelléas und Mélisande*. A peça está dividida numa série de árias interligadas por interlúdios, o que acentua seu caráter teatral.

Embora inédita, uma obra que merece referência, por seu caráter nacionalista inglês, é *Dick Whittington*, a lenda do rapaz pobre que vem a Londres, acompanhado por seu gato, em busca da fortuna. Ao chegar à Highgate Hill, ele fica tão assustado com o tamanho e o burburinho da cidade, que resolve arrepiar carreira. Nisso, ouve os sinos da cidade cantando: "Turn again, Dick Whittington, four times Lord Mayor of London". A ópera baseia-se em todas as lendas que se criaram em torno de uma figura real, Richard Whitttington, nascido em Pauntley, no Gloucestershire, por volta de 1350. Ele de fato saiu de casa, não se sabe se com um gato, para trabalhar em Londres, nos tempos turbulentos de Ricardo II; e tornou-se membro influente da Mercers' Company, a liga medieval dos comerciantes de tecidos. Em 1397, o rei, que entrara em conflito com os londrinos, impôs Whittington como prefeito. Mas sua administração foi tão boa que, após a deposição de Ricardo II, substituído por Henrique IV, ele continou sendo reeleito para o cargo em 1397-1398, 1406-1407 e 1419-1420. Essa curiosa personagem, que morreu sem herdeiros em 1423, deixou as £5000 de sua herança (o equivalente a vários milhões de euros atuais) para a reforma da prisão de Newgate e do Hospital St. Bartholomew, a construção da primeira biblioteca da Guildhall e a criação de uma casa de apoio a pessoas carentes. Entregue à Mercer's Guildhall, essa casa funciona até hoje, administrada pela Mercer's Company que, no século XIX, a retirou do prédio original, em College Hill, transferindo-a para Highgate; e, em 1966, construiu o prédio atual em Felbridge, no West Sussex. A ópera inédita de Hamilton homenageia, num clima de história lendária, esse homem, criador de uma obra assistencial que funciona há seiscentos anos. É pena não ter havido interesse em encená-la.

A fase final da carreira de Hamilton inclui vastas obras coral-sinfônicas: o *Requiem* (1979), a *Missa em Lá Maior* (1980), a *Paixão Segundo São Marcos* (1982) e *The Bright Heavens Sounding* (1985), um ciclo de poemas de Spenser. O bom-humor temporão se manifesta no *Octeto para Sopros e Contrabaixo* (1983), em que cada executante é tratado, em rodízio, como um solista, flutuando sobre a elaborada tapeçaria sonora tecida pelos demais. Depois do *Concerto n. 2 para Piano* (1987) de intensidade rítmica bartókiana, Hamilton produziu, para o 60º aniversário da Sinfônica da BBC Escocesa, em 1995, *The Transit of Jupiter*, imponente passacalha de uma hora de duração, com dezoito seções que se combinam e geram umas às outras de forma organicamente muito equilibrada. Como nos *Planetas* de Holst, a peça sugere o caráter enigmático de Júpiter, o maior dos planetas, em sua jornada pelo espaço.

A extrema variedade de estilos a que Iain Hamilton recorre é unificada por seu ouvido sensível para o timbre e a textura. Suas peças orquestrais, assim como suas óperas, estão cheias de efeitos interessantes de orquestração sem que, com isso, ele lance mão de procedimentos fáceis ou truques virtuosísticos. Comum à sua obra é um senso dramático muito agudo, que se manifesta não só nas peças para o palco, mas também na música sinfônica ou de câmara. Crítico perceptivo da revista *Tempo*, Hamilton colaborou também na abrangente *European Music in the 20th Century*, organizada para a editora Penguin por Howard Hartog.

## Josephs

Formado em odontologia, Wilfried Josephs (1927-1997) desenvolveu a carreira de músico ao lado da profissão de cirurgião-dentista – muito ativa na fase em que prestou o serviço militar, durante a II Guerra. Tinha estudado harmonia e contraponto com Arthur Milner, a partir de 1954 fez o curso da Guildhall School of Music, e aperfeiçoou-se, depois, em Paris, com Max Deutsch, aluno de Schoenberg. De origem judaica, Josephs ganhou, em 1963, o primeiro prêmio do Concurso Internacional do Scala de Milão, pelo *Réquiem* em memória das vítimas do Holocausto na II Guerra, no qual fundiu o texto da *Missa dos Mortos* ao do *Kaddish*.

Josephs foi um dos mais prolíficos compositores de sua geração, seguidor da tradição pastoral britânica, à qual associou elementos de linguagem e técnicas aprendidas com a II Escola de Viena. Orquestrador talentoso, ingressou, após uma fase mais radical, num período de maturidade em que voltou a utilizar, de forma muito pessoal, os procedimentos harmônicos tonais. Ele próprio descrevia seu estilo dizendo: "Faço música atonal com implicações tonais". É o autor de nove sinfonias muito diferenciadas: a n. 3, *Philadelphia*, e a n. 7, *Inverno*, são para orquestra de câmara; a n. 6, para solista e coro; a n. 8, *Os Quatro Elementos*, para banda sinfônica; a n. 9 é concertante. Seu amplo catálogo inclui ainda concertos para vários instrumentos – inclusive o *Saratoga*, de 1972, para violão, harpa, cravo e orquestra de câmara – poemas sinfônicos e aberturas.

Em 1961, Josephs compôs *The Nottingham Captain*, mais uma peça de *music-theatre* do que uma ópera. Seguiram-se *Pathelin* (1963), ópera bufa baseada na comédia medieval francesa *La Farce de Maître Pathelin*; e *The Appointment* (1968), para a televisão. Depois disso, na década de 1980, ele produziu sua obra mais importante para o palco. O libreto de Edward Marsh para *Rebecca* baseia-se no popular romance de Daphne du Maurier (1938), que serviu de tema a um dos filmes de maior sucesso de Hitchcock. A história da Moça – o libreto a chama de "the Girl" apenas – que se casa com o rico Manderley, e vai morar com ele numa mansão assombrada pela lembrança de Rebecca, sua primeira mulher, morta em circunstâncias trágicas, estreou em 15 de março de 1983, no Grand Theatre de Leeds. A fama do romance e do filme ajudou muito a boa acolhida dada à ópera. E que ela merecia, a julgar pela entusiástica resenha que dela fez Harold Rosenthal, no número de abril de 1983 da revista *Opera*.

São evidentes os paralelos entre *Rebecca* e as óperas de Britten – em especial *The Turn of the Screw* – no que se refere à caracterização das personagens e à criação do ambiente opressivo no Manderley Manor. A idealização da figura de Rebecca, para a qual contribui a figura sinistra da Governanta que, desde o início, hostiliza a Garota; e a descoberta do mistério que cerca a sua morte têm bom rendimento cênico, pois a adaptação da novela é muito bem feita. Os melhores momentos vocais são reservados à Garota, a personagem mais bem desenvolvida.

Wilfred Josephs é também o autor das óperas infantis *Through the Looking-Glass and What Alice Found There* (1978), e *Alice in Wonderland* (1990), fruto de sua estima pela literatura de Lewis Carroll. Para montagem em escolas, ou por grupos amadores, produziu o musical infantil *The King of the Coast* (1967) e a opereta *The Montgolfier's Famous Flying Glove* (1982). Sua familiaridade com o palco resultou também em balés muito bem construídos: *The Magic Being* (1961), *La Répétition de Phèdre* (1965) e *Equus*, baseado na peça de Peter Shaffer, dançado em Baltimore, em 21 de março de 1979. Mencione-se ainda uma complexa peça de *music-theater* em grande escala: *A Child of the Universe* (1971), escrita para narrador, solistas, atores, dançarinos, mímicos, coro, banda e orquestra.

# Buller

Quando menino, o londrino John Buller – nascido em 1927 – foi cantor de coro. Mas o trabalho como arquiteto retardou a sua decisão de dedicar-se à música. Só em 1959 começou os estudos com Anthony Milner. O impulso definitivo foi-lhe dado por um curso de verão que fez, em 1965, com Maxwell Davies, Harrison Birtwistle e Alexander Goehr. Fascinado com os escritos de James Joyce, Buller compôs as duas *Night Pieces from Finnegan's Wake* (1971), para soprano, flauta, piano e violoncelo; *Finnegan's Floras* (1972) para coro, piano e percussão; e uma peça de *music-theatre* intitulada *The Mime of Mick, Nick and the Magpies* (1978), baseada no mesmo livro. Esses foram, no dizer do próprio Buller, trabalhos preparatórios para a sua ópera, *Bakxai*, escrita em 1992.

Buller decidiu usar, nas *Bacantes*, o texto original de Eurípedes, em grego clássico, devido aos ritmos criados pelo poeta em seus versos e as sonoridades muito especiais da língua, para as quais se propõe a encontrar o eco em sua música. A partitura é necessariamente fragmentada pois, de acordo com a melodia da fala sugerida pelos versos dessa que é, decerto, a mais perturbadora das tragédias gregas, a música oscila de uma tremenda violência à mais completa imobilidade. Sons contrastantes são usados para representar mundos diferentes: metais para Penteu, sons etéreos de harpa, celesta e cordas para Dionísio, percussões para as bacantes.

O deus Dionísio convence Penteu, rei de Tebas, a disfarçar-se de mulher e assistir aos rituais orgiásticos das bacantes. Elas o descobrem e massacram da forma mais selvagem possível. Só no final a mãe de Penteu, que aderira ao grupo frenético das sacerdotisas, se dá conta de que não é uma cabeça de leão que está levando em triunfo, pela cidade adentro, e sim a cabeça decapitada do próprio filho. *Bakxai*, estreada no Coliseum pela English National Opera, causou grande impacto pela mistura de lirismo e violência com que Buller representa o mundo pagão descrito por Eurípedes.

## Leighton

Formado em Oxford, Kenneth Leighton (1929-1988) ganhou a Bolsa Mendelssohn e foi aperfeiçoar-se em Roma com Goffredo Petrassi. Professor universitário em Leeds e Oxford, aceitou, em 1970, o cargo de professor de composição em Edimburgo, onde ficou até o fim da vida. Autor de volumosa obra instrumental e de câmara, Leighton é o autor de uma única ópera. Com libreto do poeta escocês Edwin Morgan, *Columba* estreou no Theatre Royal, de Glasgow, em 16 de junho de 1981.

A idéia de *Columba* lhe foi sugerida por uma viagem que Leighton fez à região escocesa de Iona, em 1972; e a obra é o eloqüente depoimento do fascínio de Leighton pela beleza das paisagens e a história espiritual das ilhas a oeste da Escócia. Columba é um rebelde que, tendo sido expulso da Irlanda, devido ao papel que desempenhou na sangrenta batalha de Culreihmne, exila-se nessas ilhas, e torna-se um missionário, devotado a cristianizar os ilhéus Picts. Na velhice, retira-se para Iona e, ali, morre em paz, amparado pelos monges e pescadores.

Muito bem construída, a partitura se caracteriza por cenas em grande escala, No canto solista, predomina um estilo de arioso muito lírico, no qual intervêm, com freqüência, inflexões de cantochão. É interessante a estruturação do ato III numa seqüência de passacalhas articuladas umas às outras, para enfatizar a serenidade alcançada pela personagem na velhice. O caráter semi-estático da obra a faz ter afinidades com o oratório, e isso foi demonstrado nas reprises de 1986 e 1990, encenadas dentro da catedral de Glasgow.

## Hoddinot

Foi relativamente tardia a chegada à ópera do galês Alun Hoddinot – nascido em Bargoed, na província de Glamorgan, em 1929 –, após firmar-se como o autor de vasta obra instrumental de linguagem densamente cromática, com forte influência de Béla Bartók e Alan Rawsthorne. Têm considerável poder retórico as suas cinco sinfonias, quatro sinfoniettas, e concertos para piano, violino, clarinete, harpa, órgão.

Em compensação, ao dedicar-se à ópera, Hoddinot, cuja criatividade é efervescente, produziu cinco títulos em seis anos, tendo para isso contribuído muito a segurança adquirida na composição de música instrumental. Contemporânea nas sonoridades sem, com isso, ser abertamente vanguardista, a música de Hoddinot possui alicerce melódico sólido, superfície instrumental bem lapidada – com destaque para o uso refinado das madeiras e a precisa utilização das percussões afinadas – e habilidade para modular de uma para outra atmosfera contrastante. Tudo isso torna as suas obras muito acessíveis para o grande público.

À exceção de *The Trumpet Major* (Manchester, 1.4.1981) – com libreto de Myfanwy Piper baseado na novela de Thomas Hardy – e de *The Tower*, estreada em 2000, todos os papéis principais de suas óperas foram escritos para o grande barítono Sir Geraint Evans: *The Beach of Falesá* (Cardiff, 26.3.1974); *The Magician* (1976); *What the Old Man Does is Always Right* (1977), *The Raja's Diamond* (1979). Dentre elas, *O Mágico* (Welsh Television, 11.2.1976) e *O Diamante do Rajá* foram compostas para a televisão. Esta última, com libreto de Piper, foi levada ao ar em março de 1979, para comemorar o cinqüentenário da BBC.

## Williamson

Embora morasse na Inglaterra desde 1922, Malcolm Benjamin Graham Christopher Williamson (1931-2003), nascido em Sydney, considerava-se um compositor australiano. Mas é no contexto deste volume que a sua obra deve ser inserida, pois suas óperas foram todas escritas e estreadas na Inglaterra. O único período que Malcolm Williamson passou fora da Inglaterra foi em 1970, como compositor residente do Westminster Choir College, em Princeton, na Nova Jersey (EUA). Profundas convicções religiosas e humanitárias motivam a sua música e explicam a ampla gama de gêneros mediante os quais ele se expressa: música sinfônica, balé, ópera, música de câmara, peças para piano e órgão, obras vocais e corais. Em 1975, embora australiano, Williamson foi nomeado Master of the Queen's Music[33]; e, em 1976, tornou-se Commander of the Order of the British Empire. No ano seguinte, foi eleito presidente da Royal Philharmonic.

Williamson iniciou os estudos de composição com Eugene Goosens, no New South Wales Conservatorium, e os prosseguiu em Londres com Elisabeth Lutyens e Erwin Stein (ao qual dedicou a partitura de *The English Eccentrics*, embora seu professor não fosse nem inglês, nem excêntrico). Uma das primeiras experiências para o palco, o balé *The Display*, coreografado por Robert Helpmann, com cenários e figurinos de Sidney Nolan, dançado no Festival de Adelaide, em 14 de março de 1964, foi um marco no desenvolvimento do balé australiano. *Sun into Darkness* também obteve muito sucesso ao estrear em Londres, em 13 de abril de 1966.

As óperas de Williamson abrangem uma variedade ampla de estilos e exigem, além disso, grande número de recursos de encenação. Ele é o autor das chamadas *Cassations for Audience and Orchestra*, óperas corais escritas para o Festival de Brighton, que exigem a participação da platéia. Em *Moonrakers* (22.4.1967), *Knights in Shining Armour* (19.4.1968) e *The Snow Wolf* (30.4.1968), os espectadores são ensaiados, antes do início do espetáculo, para fazer parte dele como um coro. Williamson mostrou-se particularmente interessado no uso da música como terapia para crianças excepcionais, tendo promovido, visando esse fim, apresentações de suas óperas infantis. Essas peças para crianças – em especial *O Príncipe Feliz* – foram montadas com freqüência na Austrália, até mesmo com grupos amadores e estudantis. As óperas para adultos só foram vistas na Grã-Bretanha – embora o canal de televisão da Australian Broadcast Commission tenha feito, em 1975, a transmissão de *The Violins of St. Jacques* (deve existir o vídeo desse espetáculo). É também bastante copiosa a produção não-operística de Williamson: a *Sinfonia "Elevamini"* (1957); concertos para piano, órgão, violino; o *Concerto Grosso* (1965); as *Variações Sinfônicas* (1967); os *Epitáfios para Edith Sitwell* (1969); o *Retrato de Dag Hammerskjöld* (1974), para soprano e orquestra.

*Our Man in Havana*, que Sidney Gilliat adaptou do conhecido romance de Graham Greene (1958), foi a primeira ópera de Williamson, mas não sua primeira experiência com o

---

33. Criado em 1626 para Nicholas Lanier, que era o regente da música secular da corte, o cargo de Master of the King's Music passou a abranger a composição no início do século XVIII, com a nomeação de John Eccles. Entre os grandes ocupantes desse cargo estão Edward Elgar (1924-1934), Arnold Bax (1942-1952) e Arthur Bliss (1952-1975), o predecessor de Williamson. Após a morte desse compositor, grandes especulações foram feitas a respeito de quem o sucederia. Foram apontados os nomes de Jonathan Dove, Gerald Barry, John Rutter, John Tavener e Michael Berkeley. A escolha recaiu, finalmente, sobre Sir Peter Maxwell Davies.

teatro cantado. Em 1958, o musical *No Bed for Bacon* já tinha sido produzido com muito sucesso em Bristol. A boa acolhida que a tragicomédia *Nosso Homem em Havana* teve ao estrear no Sadler's Well, em 2 de julho de 1963, encorajou Williamson a lançar-se a uma carreira que haveria de produzir número substancial de títulos. O *entertainment* de Greene sobre um vendedor de aspiradores de pó em Cuba que, sem querer, torna-se um agente secreto britânico, recebe tratamento eclético, combinando a vitalidade e a rapidez de concepção do musical de estilo Broadway – embora a peça seja inteiramente cantada – com paródias muito bem humoradas de Stravinski, Alban Berg e Britten. Canções de melodia atraente alternam-se com passagens vanguardistas de música agressiva. A trechos em que aos números fechados entremeam-se recitativos, seguem-se longos segmentos de música contínua. O ritmo dramático é desigual mas, onde é enérgico, o resultado é eficiente. Quanto à invenção melódica, em muitos momentos ela é de primeira qualidade.

Seis cantores e um conjunto de sete instrumentistas (violino, violoncelo, clarineta, fagote, trompete, piano/celesta, e percussão) são as forças reduzidas da concisa *The English Eccentrics*, que Geoffrey Dunn adaptou do livro homônimo de Edith Sitwell (1933), para o Festival de Aldeburgh. Ao encomendá-la, o tenor Peter Pears disse a Williamson que gostaria de uma "anti-ópera". Por isso, ele pensou na sátira de sua amiga Edith – à qual dedicou o *Concerto para Violino* que estava compondo contemporaneamente para ser tocado por Yehudi Menuhin, pois Sitwell morreu pouco antes da estréia da ópera tirada de seu livro.

*The English Eccentrics* subiu à cena no Jubilee Hall, de Aldeburgh, em 11 de junho de 1964. Os contos de Sitwell não possuem narrativa linear. São apenas um desfile de retratos de figuras exemplares, ilustrando as peculiaridades do temperamento britânico, em especial aquelas esquisitices que fizeram os ingleses ficarem com a fama de excêntricos. É o tipo de espetáculo de humor anárquico, que exige montagem e direção muito ágeis, pois os seis cantores têm de fazer vários papéis diferentes, trocando de roupa rapidamente. Mas o ecletismo dos elementos que compõem o estilo de Williamson é adequado para uma comédia em que é descrita grande variedade de tipos humanos, com mais ênfase na diversidade do que na unidade.

Na primeira cena, somos apresentados a um colecionador de caixas de rapé; a uma senhora obcecada por chapéus de pluma; a um homem que foi casado dezessete vezes; a um outro cujo vício é tomar longos banhos de banheira; a uma dama que, em compensação, nunca se lava; e a um cavalheiro que deseja ser enterrado de cabeça para baixo, direto no chão. A cena 2, *An Amateur of Fashion*, mostra um indivíduo que vai assistir a uma encenação muito estranha de *Romeo and Juliet*, não entende nada, mas é incapaz de admitir que não gostou do espetáculo, pois esse é o tipo de montagem que está na moda. A cena 3, *The God of this World*, conta a história de Sarah Whitehead, cujo irmão foi condenado à forca por falsificação.

Na primeira cena do ato II, enquanto Lady Jersey e a duquesa de Devonshire conversam com o Belo Brummell sobre os mexericos da corte, diversos médicos propõem tratamentos disparatados para as mais variadas moléstias. Na cena 2, *An Ornamental Hermit*, o capitão Philip Thicknesse escreve as suas memórias e relembra passagens pitorescas de seu passado. A *Traveller* (Viajante) da cena 3 é uma garota do Devonshire que engana as pessoas, fazendo-as acreditar que é uma estrangeira, vinda de país distante e misterioso. Na cena 4, *The Beau Again*, reencontramos Brummell mas, agora, idoso e senil, misturando na cabeça as lembranças de quando era o "árbitro das elegâncias" na corte.

*The Happy Prince*, o conto de fadas de Oscar Wilde, forneceu o tema da ópera seguinte, estreada em 22 de maio de 1965, no auditório da Farnham Parish Church. O próprio Williamson preparou o libreto, e a vivacidade da música compensa largamente pelo sentimentalismo um pouco meloso dessa ópera para crianças. A partitura, considerada uma das melhores do autor, requer vozes femininas, grande coro infantil e um conjunto de dois pianos, quatro percussionistas e quinteto de cordas opcional. O Guildhall School Choir e o duo pianístico Williamson & Bennett participam da gravação lançada, em 1966, pelo selo Argos (Cantelo, Stevens, Lehane, Rex/Dods).

Os moradores da cidade andam, despreocupadamente, em torno da rica estátua do Príncipe Feliz, erguida no meio da cidade. Folheada a ouro e coberta de pedrarias, ela é o objeto mais precioso da municipalidade. Ninguém presta atenção a ela, a não ser uma gaivota que está migrando, a caminho do Egito. Pousando no pedestal da estátua, para descansar, o pássaro sente lágrimas pingando em cima dele. O Príncipe adquiriu vida e lhe diz que, do ponto elevado em que se encontra, pode ver a costureira cujo filho está doente, o poeta que anda passando fome, a vendedora ambulante que não tem onde cair morta, e as crianças pobres que brincam a seu redor. Por três vezes o Príncipe pede à gaivota que pegue os objetos preciosos que revestem sua estátua, e as distribua aos pobres. Mesmo sabendo que o machuca quando os arranca de seu corpo, o pássaro pega os rubis, as safiras e os distribui aos necessitados. Depois, tira as folhas de ouro e as dá às crianças pobres.

Mas o inverno está chegando, e a gaivota, que desistiu de migrar para ajudar o Príncipe, morre de frio ao pé da estátua. Na manhã seguinte, chutando para um lado o pássaro morto, o Prefeito ordena que joguem na fornalha a estátua que, agora, está pelada, feia, sem seus enfeites. Mas, posto na fornalha, o coração de chumbo do príncipe recusa-se a derreter. Nesse momento, um coral de anjos declara que a gaivota e o Príncipe Feliz são o bem mais precioso que a cidade possui.

Geoffrey Dunn escreveu, a partir de um conto do próprio Williamson, o libreto de *Julius Caesar Jones*, ópera infantil estreada no Jeannetta Cochrane Theatre, de Londres, em 4 de janeiro de 1966. Nessa estranha história, em que as brincadeiras de um grupo de crianças com seus amigos, no jardim de sua casa londrina, vão se tornando cada vez mais perigosas e quase fatais, Williamson usa cantores infantis, para os quais são escritos papéis muito fortes, e apenas três cantores adultos, que representam figuras paternas estereotipadas. O conjunto instrumental é exatamente o mesmo que Britten utiliza em *A Turn of the Screw*, ópera na qual Williamson confessadamente se inspirou para escrever esse insólito apólogo sobre a violência que se esconde sob a inocência infantil. O Finchley Children's Music Group participa da gravação lançada, em 1967, pelo selo Argo (Cantelo, Procter, Maurel/Andrewes).

A novela de Patrick Leigh Fermor forneceu a William Chappell o tema para o libreto de *The Violins of Saint-Jacques*, ópera em três atos, de estilo neo-romântico, cantada no Sadler's Well em 29 de novembro de 1966. Ambientada na Martinica, em 1902, numa região onde há um vulcão prestes a entrar em erupção, a intriga faz uma colagem de dramas de caráter emocional, sexual e social, que interagem de modo a formar uma trama de ação muito densa. O vulcão, que explode no final da peça, é a metáfora evidente das paixões cruzadas que, por sua vez, estão a um passo de vir à tona. Como foi dito, deve haver, dos *Violinos de St.-Jacques*, o vídeo da apresentação na televisão australiana. Além dos títulos mencionados, Williamson é também o autor de:

- *Dunstan and the Devil*, ópera infantil de câmara (Cookham, 19 de maio de 1967), contando como St. Dunstan, usando poderes sobrenaturais que lhe são conferidos por Deus, derrota o demônio disfarçado de urso, serpente e raposa;
- *The Growing Castle*, para quatro cantores, piano, cravo, sinos tubulares e tambores, com libreto do compositor a partir da *Dromspeller* (Peça de Sonho), de August Strindberg. Estréia no Festival de Dynevor, em 13 de agosto de 1968, com o autor tocando o piano e o cravo;
- *The Brilliant and the Dark* (1969), ópera coral com texto de Ursula Vaughan Williams, reunindo depoimentos feitos por mulheres, da Idade Média até os nossos dias; estreada no Albert Hall, foi em seguida apresentada, em turnê, em vários teatros do país;
- *Lucky Peter's Journey* (1969), ópera conto de fadas baseada na peça homônima de Strindberg, encenada pela English National Opera;
- *The Stone Wall* (18 de setembro de 1971); *The Red Sea* (7 de março de 1972) e *Genesis* (23 de abril de 1973), sempre com libreto

do compositor, a partir das tradições talmúdicas;
- *The Terrain of the Kings* (maio de 1974), ópera infantil em que os animais e pássaros, reunindo-se, defendem-se da bestialidade dos seres humanos;
- *The Valley and the Hill* (setembro de 1977), ópera coral para crianças na qual a bondade dos peregrinos que atravessam o deserto domestica os seres malévolos e ameaçadores que o povoam, convertendo-os em guias, através de uma série de provações, até chegarem a um oásis que os recebe como a Terra Prometida;
- *The Death of Cuchulain* (1972) e *The Winter Star* (1972), salvo engano não-encenadas.

A monumental *Sexta Sinfonia*, de 1982, foi escrita para ser tocada por sete orquestras australianas, em comemoração ao 50º aniversário da Australian Broadcasting Corporation, que a gravou e transmitiu por todo o país. Na mesma ocasião, Williamson compôs *In Thanksgiving: Sir Bernard Heinze*, brilhante fanfarra para os metais da Sydney Symphony Orchestra. Essa foi a peça que abriu o concerto em homenagem a Williamson, quando ele recebeu, em 1989, o Sir Bernard Heinze Award, pelos serviços prestados à vida musical australiana. Para o bicentenário da descoberta da Austrália, em 1998, Williamson compôs *The True Endeavour*, para narrador, coro e orquestra, sobre textos do historiador Manning Clark; e a sinfonia coral *The Dawn is at Hand*.

Esta última baseia-se em poemas de *My People*, obra de Oodgerro Noonuccal (pseudônimo de Kath Walker) e foi, posteriormente, transformada em um balé do qual participaram dançarinos aborígenes. Entre as últimas composições de Malcolm Williamson, encontra-se o ciclo de canções orquestrais *A Year of Birds* (1995), sobre poemas de dame Iris Murdoch. Do mesmo ano é *With Proud Thanksgiving*, que comemora o 50º aniversário da Organização das Nações Unidas e foi dedicada a Lord Wilson of Rievaulx – o ex-primeiro-ministro Harold Wilson –, amigo pessoal do compositor e defensor da causa da paz internacional.

# Da Década de 1960 até Hoje

1961 – A Grã-Bretanha apresenta o pedido formal de ingresso na Comunidade Econômica Européia (o Mercado Comum), apesar da oposição interna dos setores agrícolas; as negociações esbarram no veto do presidente francês, general Charles de Gaulle (janeiro de 1963), para o qual "a geografia, a economia e o comércio britânicos tornam impossível a adesão do país à CEE".

1963 – Morre Hugh Gaitskell, líder do *Labour Party* (janeiro), substituído por Harold Wilson. O primeiro-ministro conservador Harold McMillan sofre sério desgaste com o Caso Profumo (ver o texto de introdução ao capítulo "A Fase Contemporânea"), mas se recupera, no plano externo, com sua contribuição ao Tratado de Proibição dos Testes Nucleares (julho). É obrigado a renunciar, em outubro, por razões de saúde, e é substituído por Sir Alec Douglas-Home.

1965 – Sir Winston Churchill morre aos 90 anos (janeiro). Os maus resultados do plano econômico conservador, que visava a controlar a inflação, fazem os trabalhistas pedirem novas eleições para março do ano seguinte; nelas, o *Labour Party* retornará ao poder.

1966-1969 – Os trabalhistas aplicam uma política econômica austera: seis meses de congelamento dos salários em 1966; desvalorização da libra em 14,3% (novembro de 1967); atitude firme em relação às reivindicações sindicais – o que aliena boa parte do apoio do operariado ao governo.

1970 – Greves e protestos estudantis, somados ao agravamento da crise na Irlanda do Norte, problemas que se acumulavam desde 1969, obrigam Wilson a convocar, para junho, eleições vencidas pelos conservadores. Estes colocam na chefia do governo Edward Heath, líder do partido desde janeiro de 1965.

1972 – A ocupação militar do Ulster não é capaz de conter a onda de terrorismo do IRA.

1973 – A Grã-Bretanha ingressa finalmente na CEE.

1976 – O impasse na questão irlandesa força a renúncia de Wilson, eleito em 1974, e ele é substituído por James Callaghan.

1977 – Toda a nação participa orgulhosamente do Jubileu de Prata da rainha Elizabeth II, numa demonstração da solidez da tradição monárquica aos olhos dos ingleses. Parece confirmar-se a observação irônica de George Bernard Shaw: "No final dos tempos, sobrarão cinco reis: os quatro do baralho e o da Inglaterra."

1979 – A conservadora Margaret Thatcher – a quem o líder soviético Mikhaíl Gorbatchóv dará o apelido de "a Dama de Ferro" – torna-se a primeira-ministra e permanecerá no poder até 1990. Aplica política monetarista caracterizada por controle estreito da emissão de papel-moeda; cortes nos impostos; apoio às forças do mercado livre; reduções pesadas nos subsídios governamentais, sobretudo à saúde, habitação e educação.

1981 – O desemprego, que passou de 11%, provoca conflitos urbanos em Londres, Birmingham, Manchester, Liverpool e Newcastle. Festividades suntuosas, transmitidas pela televisão para o mundo inteiro, cercam o casamento de Charles, o príncipe de Gales, herdeiro do trono, com Lady Diana Spencer (o primeiro filho do casal, William, também na linha de sucessão, nascerá em 21.6.1982). Margaret Thatcher não cede à greve de fome dos militantes do IRA, detidos na penitenciária de segurança máxima de Maze, em Belfast, que reivindicavam receber o tratamento de presos políticos: nove deles morrem no protesto, antes de o IRA desistir da exigência. Dissidentes trabalhistas formam o Partido Social Democrata, liderado por Roy Jenkins, David Owen e Shirley Williams, de tendência centrista e favorável à entrada na CEE.

1982 – Em março, Jenkins torna-se oficialmente o líder do PSD que, a essa altura, já tem 25 membros no Parlamento. A Inglaterra derrota a Argentina, na guerra pelo território das ilhas Falklands/Malvinas, no extremo sul do continente americano; a fracassada invasão das ilhas, ordenada pelo general Galtieri. como uma forma de mobilizar o nacionalismo argentino, distraindo a população dos problemas internos do país, vai acelera a queda do governo militar instalado desde 1975, pelo golpe do general Rafael Videla, que tinha derrubado a presidente Isabelita Perón.

1983 – Os conservadores obtêm maioria no Parlamento.

1984 – Inicia-se a greve dos mineiros de carvão em protesto contra o fechamento de minas pouco produtivas; um ano depois, o movimento se exaure, sem que Thatcher tenha atendido às reivindicações dos grevistas.

1986 – O ministro da Defesa, Michael Heseltine, renuncia, envolvido em um escândalo de suborno. O governo irlandês ganha participação na administração do Ulster.

1988-1989 – Embora tenham sido vitoriosos nas urnas nas eleições gerais de 1987, os conservadores sofrem derrotas continuadas em eleições regionais, devido à dura política econômica e fiscal de Thatcher.

1990 – o *Poll Tax*, imposto per capita para os cidadãos maiores de dezoito anos, provoca protestos, demissões de ministros e avanços dos trabalhistas. O apoio britânico aos Estados Unidos na Guerra do Golfo é muito criticado por certos setores. Margaret Thatcher renuncia após perder o primeiro turno das eleições internas de seu partido, e é substituída por John Major.

1991 – Major abole o *Poll Tax*, mas é muito prejudicado, nas eleições municipais, pelas altas taxas de desemprego e inflação. O fracasso das negociações sobre a Irlanda do Norte (julho) traz nova onda de atentados do IRA (novembro) e o envio de mais tropas inglesas para a região. A Grã-Bretanha decide ter participação opcional na unificação financeira e monetária da Europa (dezembro).

1992 – Distúrbios sociais em Newcastle, Oxford e Bristol. A população não-branca, que era de um milhão em 1968, mais do que dobrou nesses 24 anos, devido à imigração de asiáticos – principalmente indianos e paquistaneses –, africanos e caribenhos das ex-colônias. O sentimento de ser tratado como cidadão de segunda classe faz esses imigrantes participarem ativamente das perturbações sociais em Londres e nas principais cidades do país. Reinício das negociações no Ulster (março). Vitória conservadora, de 41,9%, nas eleições gerais de 9 de abril, e nas municipais, em 207 distritos (maio); mas derrota nas parciais complementares de 7 de novembro. Neil Kinnock renuncia à presidência dos trabalhistas e é substituído por John Smith (julho). Novas explosões de distúrbios sociais em Blackburn, Huddersfield e Burnley (julho). A campanha de terrorismo nas grandes cidades inglesas é a resposta do IRA à intransigência dos unionistas norte-irlandeses (dezembro).

1993 – Mau desempenho nas urnas; denúncias envolvendo doações ilegais para a campanha eleitoral; previsão de déficit público de £50 bilhões (8% do PIB) para 1993-1994; dissensão quanto à adesão britânica ao Tratado de Maastricht, aprovado com dificuldade em 31 de julho, apesar da oposição dos "eurocéticos". A explosão de abril na City de Londres – um morto, 36 feridos e elevados danos materiais – é o mais grave atentado do IRA na década de 1990.

1997 – Na maior derrota eleitoral em nove décadas, os conservadores, no poder havia dezoito anos, elegem apenas 165 parlamentares contra 419 dos trabalhistas. Tony Blair assume a chefia do governo prometendo uma terceira via entre a social-democracia e o liberalismo. A princesa Diana, divorciada de Charles desde o ano anterior, morre em um acidente de carro em Paris (agosto); a seus funerais, televisionados para o mundo inteiro, comparece cerca de um milhão de pessoas, criando para a família real, que mantinha com ela relações tensas e distantes, uma situação bastante constrangedora.

1998 – Tony Blair anuncia cortes na Previdência. A Grã-Bretanha participa, ao lado dos Estados Unidos, do bombardeio ao Iraque na Guerra do Golfo. É assinado em Belfast o acordo que prevê a devolução ao Ulster de poderes perdidos em 1972, a eleição de uma Assembléia e de um governo com representação proporcional das duas comunidades. O Acordo de Paz da Sexta-feira Santa liberta presos políticos e prevê o desarmamento dos grupos extremistas. David Trimble, líder do Partido Unionista e Prêmio Nobel da Paz de 1998, é empossado primeiro-ministro do Ulster.

1999 – Parlamentos autônomos são eleitos no País de Gales e na Escócia (maio). A Câmara dos Lordes extingue o direito de voto da maioria dos 750 lordes hereditários, primeiro passo de uma reforma que visa a pôr fim a privilégios existente há mais de setecentos anos.

2000 – O país é atingido pela epidemia da vaca louca e da febre aftosa: mais de 3,5 milhões de animais são abatidos e os prejuízos elevam-se a US$ 15 bilhões.

2001 – Distúrbios raciais em diversas cidades do norte da Inglaterra, onde imigrantes asiáticos queixam-se do desemprego e da discriminação racial. Os trabalhistas voltam a ganhar as eleições de junho (413 cadeiras num total de 659). David Trimble renuncia à chefia do governo do Ulster, para forçar o IRA a entregar suas armas. O IRA cede e Trimble volta a seu posto. O governo britânico participa dos ataques americanos ao Afeganistão, enviando 50 mil soldados a esse país, onde supostamente Osama bin Laden, líder do al-Qaeda, está escondido.

2002 – Elizabeth Angela Marguerite Bowes-Lyon, a rainha-mãe, figura muito querida da população, morre em 30 de março, aos 101 anos. O governo reduz os benefícios e impõe novas normas para a recepção de refugiados, numa tentativa de reduzir o fluxo de imigrantes ilegais. O país celebra, em junho, o Jubileu de Ouro de Elizabeth II, há cinqüenta anos no trono. Como o IRA não se desarmou inteiramente, o governo inglês suspende a autonomia do Ulster (outubro) e volta a administrar a província. O IRA declara suspenso o diálogo.

2003 – A Grã-Bretanha participa, ao lado dos Estados Unidos, da invasão do Iraque. No ano seguinte, diversos círculos exigirão que Tony Blair apresente um pedido de desculpas ao Parlamento, devido ao relatório apresentado pelos serviços de segurança, desmentindo a versão de que o Iraque possuía arsenais de armas de destruição em massa.

# A Fase Contemporânea
# (Da Década de 1960 até os Nossos Dias)

Em *Annus Mirabilis*, Philip Larkin captura muito bem o *mood* da década de 1960 – uma era em que tudo parecia possível e a ordem estabelecida estava sendo desafiada, subvertida, virada pelo avesso –, sintetizando esse ponto de virada numa irônica quadrinha:

> Sexual intercourse began
> in nineteen sixty-three
> (which was rather late for me)
> between the Chatterley ban
> and the Beatle's first LP.

(As relações sexuais começaram em 1963 [o que para mim foi um pouco tarde], entre o fim da proibição de *Chatterley* e o primeiro Lp dos Beatles.)

Duplamente significativa essa baliza, para marcar o início da fase contemporânea na música britânica. De um lado, a superação de um ranço do puritanismo hipócrita victoriano. Do outro, o sopro de renovação na música popular, que teria as mais profundas conseqüências no mundo inteiro.

Em agosto de 1960, a Penguin Books foi processada por ter publicado o romance *O Amante de Lady Chatterley*, de D. H. Lawrence, havia muito tempo colocado no Índex. Ganhou a causa, ao cabo de um julgamento com lances hilariantes – a certa altura, o juiz perguntou aos jurados se ficariam contentes em saber que suas esposas e criadas liam um livro desses. Liberada a tiragem em 10 de novembro, o livro vendeu, em um só dia, 200 mil exemplares, a um preço bastante salgado: 3,6 shillings, o equivalente a £17,5 hoje. Era a época de explosão da contra-cultura, em que o primeiro Lp dos cabeludos de Liverpool, hoje elevados à categoria inquestionável de clássicos, entronizava-os como o ícone das revoluções produzidas pelos *young angry men* do teatro e do cinema, pela febre de mudança que se apossara da poesia, do romance, das artes plásticas, da arquitetura, das artes decorativas, até mesmo do reduto da burguesia que é a televisão (em 1962, estreou *That Was the Week that Was*, o programa de televisão satírico de David Frost, que faz *Casseta e Planeta*, hoje, parecer brincadeira de criança, pois abordava todos os assuntos polêmicos, da política à religião, de modo a não deixar pedra sobre pedra). Para não falar da moda, com a literal virada de mesa que foi a criação da minissaia, por Mary Quaint.

Mas 1963 é também o ano de um episódio que joga pelo ralo a até então ciosamente guardada imagem austera, olimpicamente imperturbável, do homem público inglês. As autoridades que, até então, conseguiam varrer para debaixo do tapete os detalhes mais comprometedores da vida pessoal de seus dignitários, até mesmo numa fase marcada por rumorosas denúncias de espionagem – os casos de Guy Burgess, Donald Mclean, Kim Philby – foram apanhadas de surpresa pelas repercussões, sobretudo na imprensa, do Caso Profumo. Não houve como esconder o envolvimento do secretário da Guerra, John Dennis Profumo, com a bela garota de programa Christine Keeler e sua companheira Marilyn "Mandy" Rice-Davies. Aquilo que, hoje, chamamos eufemisticamente de *escort*, Christine e Mandy eram duas encantadoras prostitutas agenciadas pela dúbia figura do Dr. Stephen Ward. Esse renomado osteopata do West End era um *socialite* que fornecia moças bonitas para as festas da casa de campo de Lord Astor, em Cliveden. Foi lá que Profumo conheceu Christine, e a relação dos dois teria ido fazer companhia a outros escândalos, debaixo do acomodatício tapete da classe política, se John Dennis não tivesse cometido o *faux pas* de mentir, ao dizer à Câmara dos Comuns, em março de 1963, que não conhecia miss Keele.

Quando admitiu, dez semanas depois, que tinha enganado a câmara e ia renunciar, não houve mais como segurar a avalanche, agravada pela descoberta de que Christine era também amante de Ievguêni Ivánov, adido naval da Embaixada da URSS, a quem poderia ter repassado informações de travesseiro, obtidas com Profumo. Como sempre, para dissimular seu próprio embaraço, a fúria oficial desencadeou-se sobre os bodes expiatórios que menos poderiam se defender. Processado por "viver de rendas imorais", o Dr. Stephen Ward suicidou-se com uma *overdose* de soníferos. Christine Keeler esteve presa alguns anos. A polêmica se reacendeu em 1989, quando a história foi contada, sem o véu diáfano da fantasia, no filme *Scandal*; e em 2001, com a publicação da autobiografia *The Truth at Last*, em que Keeler dizia o que, àquela altura, todo mundo já sabia: o chefe do MI5, Sir Roger Hollis, e Sir Anthony Blunt, *marchand de tableaux* do Palácio de Windsor, tinham trabalhado como agentes duplos para a espionagem soviética. Profumo foi oficialmente "esquecido" e, hoje, dedica-se a obras de caridade no East End.

Se remexo nesse passado, não é pelo mero gosto do mexerico. É porque, unindo-se às outras efemérides, o Caso Profumo é muito característico de uma época em que as tensões acumuladas nos anos de pós-guerra, e alimentadas pela tradicional excentricidade inglesa – aqui tomada no sentido da força capaz de converter o altivo isolacionismo da ilha numa forma extremamente individual de expressão artística –, explodiram em manifestações da mais efusiva originalidade que, hoje, estão longe de esgotar seu potencial de pegar-nos de surpresa. O cínico Larkin tinha razão: o *sexual intercourse* – o direito a descrevê-lo numa obra literária, ou de fuxicar abertamente a respeito dele nos tablóides – realmente *began in nineteen sixty-three*, por mais tarde que isso fosse.

É nessa época que, em Manchester – liderado por Alexander Goehr, que bebera em casa a lição dodecafônica, de seu pai, o regente Walter Goehr, aluno de Schoenberg –, surge o grupo a que pertencem Sir Peter Maxwell Davies e Sir Harrison Birtwistle. O intrigante Davies nunca deixa de surpreender, seja pelo impacto constante de suas óperas; seja pela poesia penetrante, mas sem concessões, de suas sinfonias; seja pela intrigante escolha de seu nome, em 2004, para substituir Malcolm Williamson como Master of the Queen's Musick. Birtwistle é pegar ou largar: da violência provocadora de *Punch and Judy* ao misticismo de *The Last Supper*, esse compositor é de um individualismo a toda prova. Pode-se até não gostar de *The Mask of Orpheus* – reconheço que, para mim, o processo de assimilação foi demorado e custoso. Mas não se pode deixar de reconhecer que esta é uma das óperas mais perturbadoras do século XX. Goehr, Davies e Birtwistle formam a trinca dos maiores criadores do teatro musical britânico, nesta unidade final.

Mas não são os únicos. Richard Rodney Bennett oscila entre os ensinamentos de Boulez e a fluência de partituras para o cinema como *Assassinato no Expresso Oriente*. John Tavener, cujo entranhado misticismo, de matriz russo-ortodoxa, tinha produzido *Thérèse*, apreciada apenas por um grupo pequenos de iniciados, pegou a todos de surpresa ao transformar *The Protecting Veil*, a meditação para violoncelo e orquestra de 1989, num *best-seller* discográbfico. A complexidade harmônica dos *Life Studies* (1973) de Nicholas Maw, combinada com a generosidade da inspiração melódica, foi o ponto de partida para *Odysseus* (1987), uma das mais impressionantes obras orquestrais da linhagem pós-mahleriana. E em 2002, ao compor *Sophie's Choice*, baseada no romance de William Styron, Maw deu a prova contundente de que a ópera continua vivíssima no século XXI.

As décadas de 1960-1970 são, sem dúvida alguma, um período rico e instigante na música britânica. É uma fase em que Tippett e Britten ainda estão vivos e produzem suas últimas obras. O primeiro escreve o oratório *The Mask of Time* (1984) e o *Concerto Triplo* (1979). Ao segundo, devemos as "Church Parables"; *Morte em Veneza*; a cantata *Phaedra* (1975), sobre texto de Racine, dedicada a dame Janet Baker; e as extraordinárias suítes para violoncelo solo (1974), compostas para Mstislav Rostropóvitch. No extremo oposto do leque, há o minimalismo de Michael Nyman, marcante na tela de cinema, no concerto, no palco de ópera. Buscando inspiração ora no teatro chinês ora no folclore escocês ou nas lendas alemãs, mas sempre evitando o pastiche e impressionando por seus ritmos e soluções harmônicas incisivas, Judith Weir contrasta com o virtuosismo de Oliver Knussen que, aliando-se a Maurice Sendak, produz duas deliciosas óperas visando o público infantil (e os pais e avôs que os acompanham ao teatro, naturalmente).

Para oferecer, neste último capítulo, uma visão ampla do que é a ópera britânica hoje, partimos de Peter Sculthorpe, nascido em 1929, o nome mais destacado da música contemporânea australiana, para chegar em Thomas Adès que, em 2004, aos 33 anos, estreou no Covent Garden uma nova versão da omnipresente *Tempestade* shakespeareana. Atualmente, depois de *The Silver Tassie*, já está consagrado o nome de um "rebelde" como Mark Anthony Turnage, revelado pelo poema sinfônico *Three Screaming Popes,* baseado no quadro de Francis Bacon, e depois por *Greek*, em que ele recorre ao mito de Édipo para fazer impiedoso retrato da Inglaterra na era Thatcher. Mas o leitor há de fazer outras saborosas descobertas: a das mais de quarenta óperas escritas, em curtíssimo espaço de tempo, por Stephen Oliver; a das criações do indiano Param Vir, radicado na Inglaterra; ou a das obras insólitas de Paul Barker que, no momento do fechamento deste volume, explorava um caminho novo: o da ópera interativa, composta pela Internet, da qual o público pode participar como co-autor.

## Sculthorpe

O mais conhecido compositor australiano da atualidade, Sir Peter Sculthorpe – nascido em Launceston, na Tasmânia, em 1929 –, estudou na Universidade de Melbourne, mas também no Wadham College, de Oxford, onde foi aluno de Edmund Rubbra e Egon Wellesz. Compositor residente da Universidade de Yale (1965-1967), é professor de composição da Univeridade de Sydney desde 1969. Em 1970, Sculthorpe foi nomeado membro da Order of the British Empire e, em 1977, elevado à categoria de oficial.

Rejeitando as técnicas de vanguarda européias – entre elas o serialismo – Sculthorpe é um nacionalista que busca inspiração nas raízes da música tradicional australiana. Ao mesmo tempo, é motivado por fontes literárias e musicais do Oriente, em especial as do Japão, Indonésia e Tibete. O resultado disso é o que Slonimsky chama de "um campo de batalha entre o expressionismo europeu e o ritualismo nativo" – de que há um exemplo típico em *Sun Music I-IV*, para orquestra, na qual, ao som dos instrumentos acústicos, misturam-se sons pré-gravados de pássaros e insetos. As obras de Sculthorpe procuram com freqüência, como diz Allison Gyger, "refletir a rudeza dos imensos espaços abertos da paisagem australiana".

Encomendada em 1971 pela Ópera Australiana, como a primeira obra em grande escala a ser executada na recém-construída Ópera de Sydney – uma das casas de espetáculo de concepção arquitetônica mais arrojada de todo o mundo – *Rites of Passage* (Ritos de Passagem) não tem solistas: é uma peça "em um só movimento", para coro, dançarinos e orquestra. Mas Sculthorpe, que escreveu o libreto a partir de *Les Rites de Passage* (1909), do antropólogo Arnold van Gennep, chamou-a de "ópera", porque "ela retorna à idéia do drama como um ritual". Na orquestra, há apenas violoncelos, contrabaixos, tubas e um vasto conjunto de percussões. Na estrutura da obra, alternam-se cenas corais, nas quais são citados e remanejados temas de cantos tribais dos aborígenes australianos; e o que Sculthorpe chama de "rituais encenados com movimento, canto e instrumentos". A idéia básica é sugerir que, por trás da formação das raízes étnicas e culturais do país, há um duplo movimento, oposto e complementar, de mudança e permanência. Depois da estréia, em 27 de setembro de 1974, Sculthorpe fez uma revisão em *Ritos de Passagem*, possibilitando a apresentação como peça de concerto.

## Goehr

Seu pai, Walter Goehr, foi um dos mais respeitados regentes alemães da primeira metade do século XX. Alexander nasceu em Berlim, em 1932, mas, no ano seguinte, a família, fugindo da pesada situação política alemã, emigrou para a Inglaterra e ali se instalou. Walter tinha sido aluno de Schoenberg e, conforme Alexander contou ao jornalista David Jaffé, "tudo, lá em casa, girava em torno do que Schoenberg tinha ou não dito". Essa foi a primeira influência marcante em sua formação. De Schoenberg, por meio do pai, Goehr herdou a idéia de que a música é um legado cultural cuja linhagem remonta, sem ruptura, da II Escola de Viena até Bach; e também de que a composição é uma atividade extremamente séria.

Desde o início, Goehr defendeu o dodecafonismo e o serialismo, "até mesmo contra os desejos de meu pai, que era um schoenberguiano devotado mas, do ponto de vista do gosto pessoal, preferia Hindemith, Ravel e Kurt Weill". O velho Walter dizia: "Você tem de ser muito bom para sobreviver compondo música dodecafônica, pois os obstáculos que ela coloca no seu caminho são terríveis". Costumava também perguntar ao filho: "Por que é que você fica aí, sem um tostão, compondo essas coisas sisudas, quando poderia estar ganhando bom dinheiro fazendo outras coisas?". A resposta está na sinceridade do ativismo político que, desde o início, condicionou a carreira de Alexander Goehr.

No secundário, ele flirtou com o Partido Comunista, do qual foi afastado por ter aderido – sob a influência de Sir Michael Tippett, amigo da família – à causa pacifista, "que não estava na moda com os stalinistas da época". Na verdade, diz Goehr, "rompi com o PC porque aqueles caras eram uns imbecis." Mas, quando trabalhava na editora Schott – que publicava as obras de Tippet e, hoje, a sua própria música – conheceu, no trem que tomava todos os dias, uma garota muito atraente, com a qual logo puxou conversa. Era uma ativista israelense, que o recrutou para um partido sionista de esquerda, e o convenceu a trabalhar num kibbutz em Essex. Ele conta:

> Aos 19 anos, transformei-me numa espécie de socialista sionista. Passei dois anos trabalhando na fazenda e em hospitais, e fui mandado por eles para Manchester, onde fiz trabalho político de base e escrevi uma peça – muito ruim! – espécie de panfleto sionista com canções intercaladas, que foi encenada no Cheetham Town Hall de Manchester.

A vantagem de ter sido mandado para essa cidade foi ter-se inscrito no Royal Manchester College of Music, estudado composição com Richard Hall, e feito amizade com Peter Maxwell Davies, Harrison Birtwistle, o pianista John Ogdon e o regente Elgar Howarth. Com eles fundou o chamado "New Music Manchester Group", voltado para a busca de renovação da linguagem musical inglesa. Depois, entusiasmado com a *Sinfonia Turangâlila*, de Olivier Messiaen, que ouviu seu pai reger em Londres, foi aperfeiçoar-se em Paris com esse compositor e sua mulher, Yvonne Loriod. Desapontou-se, porém, com seus ensinamentos:

> Mal contive as risadas quando ele mandou seus alunos transcreverem, no bosque, o canto dos passarinhos. E fiquei perplexo com sua tentativa de analisar o *Concerto à Memória de um Anjo*, de Alban Berg, como se cada acorde pudesse ser catalogado pelas regras do manual de harmonia.

Em todo caso, se não gostou do professor, Goehr aprendeu a respeitar enormemente a obra de Messiaen e, com ele, descobriu Debussy, Ravel e Roussel. A atitude de Messiaen, de manter uma relação totalmente aberta com o fenômeno sonoro, está na raiz de sua posterior rejeição da ortodoxia da Escola de Darmstadt, que via no serialismo o único caminho de renovação da "corrompida tradição tonal". Nesse ponto, Goehr foi também influenciado pelo encontro, em Paris, com Hanns Eisler, que lhe falou da necessidade de escrever música para um público de não-especialistas, de modo a "tornar as pessoas mais inteligentes". Esse é o ponto de partida para a posição do compositor maduro, que afirma: "Considero-me pessoalmente derrotado se as pessoas não conseguem seguir as minhas peças".

De volta à Inglaterra, em 1958, Goehr trabalhou como produtor de programas musicais para a BBC e dirigiu o Music Theatre Ensemble. Foi o responsável pela expansão do público para os programas de música contemporâneas, em especial com a série de conferências que pronunciou pelo rádio, em 1987. Passou dois anos em Boston, como compositor residente do Conservatório da Nova Inglaterra e, a partir de 1971, iniciou a carreira de professor de composição, primeiro em Leeds, depois em Cambridge, exercendo grande influência sobre seus alunos. Em suas composições, manteve muito do rigor intelectual e das técnicas rigidamente sistematizadas da tradição dodecafônica. Obras da primeira fase da carreira, como *The Deluge*, a *Little Symphony* ou sua primeira ópera, *Arden Must Die*, são testemunhas disso. Mas libertou-se aos poucos da ortodoxia serial e desenvolveu uma gramática harmônica mais flexível e pessoal, que deve também, sem dúvida alguma, à influência de Messiaen. A música de Alexander Goehr nunca deixou de ser séria e fiel a uma determinada tradição tipicamente germânica; mas, com o tempo, na *Sinfonia em Um Movimento* ou em *Metamorphosis/Dance*, tendeu a tornar-se mais pessoal e acessível.

O *Salmo 4* assinala a preocupação com as questões humanitárias, numa dimensão de retorno à tradição que marca sua ópera *Behold the Sun*; bem como *J.S.B. 1985: a Musical Offering*, na qual Goehr revisita a técnica barroca do baixo contínuo. Esse neobarroquismo está presente também na *Sinfonia* e na *Sinfonia com Chacona*. As obras mais recentes colocam a música a serviço do texto, encontrando para ele correspondências sonoras: é o caso do oratório *Eve Dreams in Paradise*, com texto extraído do *Paradise Lost* de John Milton; ou de *Sing, Ariel*, sobre poemas de diversos autores diferentes, para soprano solista, dois sopranos que a acompanham, e cinco instrumentos. Essas concepções são sintetizadas no oratório *The Death of Moses*, para cinco solistas, coro adulto e infantil, e treze instrumentos. Na repartição vocal dos intérpretes e na autonomia conferida a cada um deles, percebe-se a influência da obra de Monteverdi, pela qual Goehr professa grande admiração. Ele é também o autor de concertos para vários instrumentos, música de câmara e do ciclo *Das Gesetz der Quadrille* (A Lei da Quadrilha, 1980), sobre textos de Kafka. Mas é nas obras para o palco que residem as suas principais criações.

A tentativa de compor, em 1959, *The Trojan Women*, baseada na tragédia de Eurípedes, foi abandonada. Dela sobraram apenas fragmentos que Goehr transformou na peça orquestral *Hecuba's Lament* (1961). Em 1966, recebeu da Staatsoper Hamburg a encomenda de uma ópera que, estreada ali, em alemão, em 5 de março do ano seguinte, com o título de *Arden muss sterben*, foi aclamada devido a seu conteúdo político, muito valorizado pela platéia alemã do pós-guerra. Menos entusiástica foi a acolhida a *Arden Must Die*, quando a obra foi cantada no Sadler's Well, na tradução de Geoffrey Skelton, em 17 de abril de 1974. Ainda hoje, o prestígio de *Arden Tem de Morrer*, na versão original alemã, é maior nesse país do que na Inglaterra.

Erich Fried baseou o libreto na peça anônima inglesa *Arden of Feversham*, do século XIV. Inseriu nela também situações extraídas da *Chronicle of Holinshed*, do mesmo período. Construiu seu texto como uma *morality play* que, no sentido brechtiano, pertence à categoria do "teatro épico", pois as personalidades individuais são suprimidas, em favor de um tratamento arquetípico e semi-parodístico de criaturas que representam as fraquezas e virtudes humanas. Autoritarismo e egoísmo misturam-se da forma mais cínica no texto; e Fried inventou uma personagem, a "Vizinha", Mrs. Bradshaw, que a tudo assiste e finge nada ter a ver com o que está acontecendo – ela representa, portanto, a vertente mais alienada e negligente do ser humano.

Todas as personagens planejam a morte de Arden: Alice, sua mulher, porque quer ver-se livre dele, para ficar com Mosbie, seu amante; outros porque o acusam de ser um proprietário impiedoso mas, na realidade, porque não querem mais lhe pagar aluguel. Arden, aparentemente um homem honesto, é chamado a Londres, para administrar terras que acabam de lhe ser concedidas. Alice finge lamentar a sua partida mas, assim que ele vira as costas, corre para a cama com Mosbie.

No meio de neblina cerrada, Arden e seu amigo Franklin pegam o *ferry-boat* para atravessar o rio, seguidos pelos desastrados Shakebag e Black Will, aos quais foi encomendado o seu assassinato. Mas Shakebag é tão trapalhão que cai dentro do rio. Um pastor leva a Alice e aos outros a notícia de que Arden morreu e eles se regozijam. Logo depois, Franklin e ele voltam. Ao perceber o que acontece, Arden quer expulsar todo aquele bando de parasitas. Mosbie puxa uma faca contra ele mas, ao ser dominado, jura ser inocente; e Arden, que tem bom coração, se reconcilia com todo mundo.

A ação transfere-se para Londres (a cidade é caracterizada por citações do madrigal *The Cries of London*, de Orlando Gibbons). Observados por Mrs. Badshaw, os asseclas Shakebag e Will estão à procura de Arden. Mas, na hora em que estão se aproximando dele para matá-lo, uma janela se desprende e cai na cabeça de Will, deixando-o desacordado. Os dois planejam, então, entrar à noite na casa londrina em que Arden está hospedado. Mas são tão incompetentes que não conseguem destrancar a fechadura. De volta a Faversham, Arden convida para jantar todos os que conspiram contra ele e, desta vez, o assassinato é bem-sucedido. Mas quando o prefeito e o delegado chegam, em vez de punir os assassinos, contratam-nos para trabalhar como carrascos. Aos outros, resta uma esperança: "For those who are contrite the law holds out no terrors. With true deeds they may strive to wipe out ancient errors" ("Para os contritos, a lei nada reserva de aterrorizante. Com feitos verdadeiros, eles poderão apagar seus antigos erros"). Num epílogo falado – feito em Hamburgo, mas suprimido na estréia inglesa –, garantia-se ironicamente à platéia que ela era totalmente inocente por ter assistido a tudo aquilo sem nada fazer, e podia ir em paz para casa.

Fried inseriu no libreto números fechados, com títulos – "Murderer's Songs", "The Ferryman's Song" –, à maneira do modelo Brecht-Weill. Mas Goehr não seguiu essa fórmula e, musicalmente, *Arden* nada tem que lembre as óperas da dupla famosa. O perfil harmônico é muito bem definido, oscilando constantemente da dissonância para passagens resolutamente tonais. Para uma primeira ópera, *Arden* revela cuidado bastante grande com a escrita vocal; e, do ponto de vista da orquestração, reserva sempre ao ouvinte surpresas curiosas. Mas como as personagens são unidimensionais, o drama perde em variedade; ainda mais que o ritmo dramático não tem a agilidade que seria necessária numa comédia de humor negro como essa. No programa de Hamburgo, Goehr dizia que *Arden* era "uma ópera politizada, a respeito da forma como, hoje em dia, agimos em situações de crise". Seis anos depois, no momento da estréia inglesa, estando as suas propensões esquerdistas um tanto atenuadas, já não enfatizava mais tanto esse lado da obra. O que não a impede de possuir potencial satírico que a faça perfilar-se com o teatro politizado de Weill, Hanns Eisler ou do americano Marc Blitzstein.

O tríptico de peças de *music-theatre* que Goehr compôs entre 1968-1970 é uma contribuição importante para o desenvolvimento desse gênero, que faz repensar o conceito tradicional de ópera e drama lírico. As obras para o palco compostas depois dessa trilogia aprofundam o exame que ele faz das mais antigas tradições operísticas, reinterpretando-as em termos das práticas e formas da ópera contemporânea.

O próprio compositor escreveu o texto da primeira obra dedicada ao Music Theatre Ensemble, que ajudara a fundar em 1967: o madrigal dramático *Naboth's Vineyard*, inspirado no capítulo 1 do *I Livro de Reis*. É uma peça de vinte minutos sobre o episódio bíblico do assassinato de Naboth, falsamente acusado de traição pelo rei Ahab, porque este quer se apoderar de seus vinhedos. Estreada em 16 de julho de 1968, no Cripplegate Theatre de Londres, é uma peça com texto em inglês e latim, para contralto, tenor e baixo, acompanhados por um conjunto de violino, contrabaixo, flauta, clarineta, trombone e dois pianos. O modelo é o do *Combattimento di Tancredi e Clorinda*, de Monteverdi. Mas há, em certas passagens, visível influência do estilo de declamação do

*Pierrot Lunaire* (indício do impacto que a obra de Schoenberg causava na época é o fato de, também em 1967, ter surgido na Inglaterra um outro grupo de *music-theater* denominado The Pierrot Players). Como em *Curlew River* (1964), de Britten, aqui também as personagens usam máscaras de teatro Nôh e atores fazem mímica acompanhando o texto.

O Cripplegate Theatre assistiu, em 8 de julho de 1970, a uma outra peça de vinte minutos: *Shadowplay-2*, que Kenneth Cavander extraíra do livro 7 da *República*, de Platão. Escrita para tenor (o narrador), um ator e conjunto de flauta, saxofone contralto, trompa, violoncelo e piano, *Peça de Sombras-2* conta três versões diferentes da alegoria da caverna, que Platão usou para ilustrar a sua teoria das formas visíveis: "uma dramatização imaginosa, uma versão narrativa mais explícita e, finalmente, uma tradução literal", como as descreve o compositor. Um grupo de homens está acorrentado em uma câmara subterrânea, para que experimente apenas as sombras do mundo exterior. Mas um deles é posto em liberdade e, podendo sair ao ar livre, tem de se adaptar ao novo conceito de realidade.

Completa o ciclo a cantata cênica *Sonata about Jerusalem*, com libreto de Recha Freier e do compositor, baseada em textos do poeta-cronista Obadias, do século XII, relatando fatos ocorridos durante a Cruzada dos francos. Encomendada pelo grupo israelense Testimonium, *Sonata sobre Jerusalém* estreou em Tel Aviv em janeiro de 1971. O Festival de Brighton a apresentou, no Palace Píer, em 7 de maio do mesmo ano. A primeira execução integral do tríptico ocorreu em 11 de dezembro de 1971, na Manhattan School of Music, de Nova York, após a boa acolhida que *Naboth's Vineyard* tivera, em 1970, ao ser cantado na Wheeler Opera House de Aspen, no Colorado. Foi marcante a execução de 16 de novembro de 1978, no Espace Cardin de Paris, regida por Lucas Vis e Claire Gibaut, com a encenação de Jean-Michel Simon.

Judeus cativos em Bagdá ouviram rumores de que o Messias estava para chegar, e acreditaram nele. Subiram aos telhados das casas, para poder vê-lo, quando aparecesse, e dar-lhe as boas-vindas. Ao cair da noite, tiveram a visão de Jerusalém e acreditaram poder voar até lá. Mas nada aconteceu e, ao amanhecer, tiveram de descer do telhado e enfrentar as zombarias dos judeus menos crédulos. Usando um refrão em latim, que fala do Juízo Final, Goehr dá tratamento ritualístico à narrativa, feita por soprano, baixo e um pequeno coro feminino. O acompanhamento é feito por piano, trio de cordas, flauta, clarinete, trompete e trombone.

Em outubro de 2003, foi feita, pelo Opera Group de Cambridge, no West Road Concert Hall dessa cidade, a apresentação do tríptico *Naboth's Vineyard – Shadowplay-2 – Sonata about Jerusalem*, seguida de debates sobre a obra dramática de Alexander Goehr. O evento era subvencionado pelo Chesterton Community College. A regência foi de Piers Maxim e a direção de John Fulljames.

Em 1980, a leitura de *The Pursuit of the Milennium*, de Norman Cohn, e dos escritos de Ernst Bloch sobre a Teologia da Revolução decidiram Goehr a levar adiante o exame dos casos de ilusão provocada pelo fanatismo religioso. Na realidade, já tinha considerado a possibilidade de uma ópera sobre tema messiânico e rascunhara um libreto baseado em *Prometheus Unbound*, de Shelley, que não foi adiante. Com a ajuda do libretista John McGrath, preparou o texto de *Behold the Sun*, baseado na rebelião dos anabatistas em Münster (1534-1535). Estreada em alemão, com o título *Die Wiedertäufer* (Os Anabatistas), na Deutsche Oper am Rhein, de Duisburg, em 19 de abril de 1985, a ópera foi transmitida pela BBC Radio-3, em 3 de outubro de 1987; mas não tenho notícia de que tenha sido encenada na Inglaterra. Na Alemanha, o diretor Bohumil Herlischka fez cortes drásticos e reorganizou a seu modo a seqüência de cenas, o que danificou o cuidadoso equilíbrio entre o "real" e o "possível". Para sugerir a histeria com que a massa – chamada de "turba" – reage aos acontecimentos históricos, Goehr usa um coral cuja música tem o sabor das *Paixões* barrocas, contrastando com o caráter mais intimista e realista das demais cenas.

A ação passa-se em Münster, cidade luterana. O mercador Berninck chega em casa e se dá conta de que, absorta na leitura da Bíblia, sua mulher esqueceu de alimentar Christian, o filho deles. É atraído pelo ruído na praça da Catedral: ali estão se reunindo membros da seita dos anabatistas, vindos de Leyden, na Holanda, sob a liderança dos pregadores Bokelson, Matthys e sua mulher, Divara. As palavras proféticas e a expressão de êxtase dos pregadores contamina a multidão que, estimulada por eles, começa a se beijar, deixando muito espantados o incrédulo Berninck e o burgomestre Knipperdolinck. O menino Christian começa a entoar uma canção visionária, que deixa a multidão cada vez mais descontrolada. Enquanto Matthys propõe à população que renuncie ao batismo e a todos os bens materiais, o Príncipe-arcebispo de Münster decide sufocar o levante. Bokelson ameaça com uma faca a vendedora de peixes, que se recusou a aderir à nova seita, mas é impedido por Matthys de agredi-la. Berninck, Knipperdolinck e o ferreiro enfrentam Bokelson e, na luta, o ferreiro é esfaqueado. Berninck tenta deixar a cidade com o que tem de valor, mas é impedido pelos anabatistas. Matthys tenta apaziguar os grupos em conflito, mas é fuzilado pelas tropas do príncipe-arcebispo, que cercam a cidade.

Divara se esforça para consolar os cidadãos que passam fome, por causa do cerco. Entre eles, há um aleijado que, delirando, profere estranhas profecias. Bokelson, cada vez mais desequilibrado, proclama-se rei, diz que todos os homens devem praticar a poligamia, e toma Divara como esposa. Na praça, as profecias do aleijado levam as pessoas a um estado de histeria, e elas começam a dançar freneticamente. Enquanto isso, na casa de Berninck, Christian morre de fome. Diante da catedral, Bokelson manda encenar o mistério sacro *Lazarus et Dives*, no qual ele próprio faz o papel de Lázaro. No final, ordena que a multidão enforque Dives (a imagem da autoridade, isto é, o burgomestre), e só não é bem-sucedido nesse intento devido à intervenção de Divara. As tropas episcopais estão entrando na cidade pela porta que lhes foi aberta por Berninck. A multidão de anabatistas alucinados, tendo Divara à sua frente, reúne-se na praça para ser massacrada.

*Behold the Sun* pertence à linhagem que remonta a *Mathis der Maler*, de Hindemith e, antes dela, a *Le Prophète*, de Meyerbeer. É uma obra em grande escala, escrita para orquestra completa, com acréscimo de saxofone contralto, piano, vibrafone, uma banda no palco e outra nos bastidores. A partitura apresenta belas cenas corais – as mais felizes da partitura –, que prolongam o estilo do oratório *Babylon the Great is Fallen*, que Goehr compusera no mesmo período. A música usa refrões corais e melodias recorrentes, para sugerir as idéias fixas dos pregadores anabatistas e a maneira como eles conseguem levar a massa a um estado de histeria. A escrita vocal é muito segura, com destaque para a extravagante parte de soprano coloratura, de virtuosismo magnífico, destinada à cantora que faz Christian – infelizmente a mais mutilada na montagem de Duisburg; mas mantida intacta na transmissão da BBC (da qual, muito possivelmente, existe uma gravação pirata).

O amor de Goehr por Monteverdi e pelos autores do início da ópera, no século XVII, o fez retomar o libreto da *Arianna*, que Ottavio Rinuccini escreveu em 1607. Estreada em 28 de maio de 1608, no Teatro da Corte de Mântua, para celebrar o casamento de Francesco Gonzaga com Margherita di Sabóia, essa *tragedia in forma rappresentativa* foi um sucesso excepcional, graças não só à beleza da música de Monteverdi, mas também à força da interpretação de Virginia Ramponi Andreini, chamada La Florinda, no papel-título (ela teve de substituir, na última hora, Caterina Martinelli, La Romanina, que morrera de varíola). Embora fosse representada no ano seguinte, na inauguração do Teatro San Moisè, de Veneza, a partitura da *Arianna* desapareceu. Ficou apenas um fragmento da oitava cena, o maravilhoso *Lamento d'Arianna*, que Monteverdi retomou, mais tarde, no VI Libro, no madrigal *Pianto della Madonna sopra il Lamento di Arianna*. Mas o poema de Rinuccini foi integralmente preservado.

O Covent Garden assistiu, em 15 de setembro de 1995 – regida por Ivor Boulton e dirigida por Franca Zambollo – à estréia dessa peça, em que se misturam a experiência serialista do autor, traços de música tonal, e suas pesquisas das práticas modais do século XVI. Essa foi, possivelmente, a ópera de Alexander Goehr que teve melhor fortuna crítica. Registram-se montagens importantes em Antuérpia (janeiro de 2003), regida por Jan van Outryve e encenada por Wouter van Looy; e em Saint Louis, regida por Richard Llewellyn, com reconstituição da encenação de época de Monteverdi feita pelo próprio A. Goehr e o cenógrafo Tim Ocxel.

Vênus revela a Cupido que Teseu vai abandonar Ariadne na ilha de Naxos. Para salvá-la, o deus do Amor deve inspirar grande paixão em Baco, que ela fará perder-se na ilha. Vindo de Creta, onde Ariadne o ajudou a matar o Minotauro, Teseu chega com ela a Naxos e, embora proclame seu amor por ela, deixa-a sozinha e vai embora com sua frota. Desesperada, Ariadne expressa toda a sua dor no famoso lamento. Dorilla, a ama de Ariadne, vem lhe avisar que uma nova frota está se aproximando. Um Mensageiro vai contar a Vênus como Baco desembarcou inesperadamente em Naxos e, ali, apaixonou-se por uma mortal. A deusa os abençoa e pede a Júpiter que os leve para o Olimpo. No final da ópera, um grupo de dezesseis bailarinas, as Bacantes, dança um *ballet en cabrioles*, para celebrar alegremente a felicidade do casal.

Goehr segue o modelo do teatro monteverdiano usando um recitativo em *stile concitato*, com muito descritivismo vocal, que adere estreitamente ao ritmo dos versos de Rinuccini. A orquestra de dezessete instrumentos, tocados por doze músicos – com a inclusão de duas flautas doces sopranino, dois saxofones soprano, tímpanos barrocos, sintetizador e guitarra elétrica –, executa ritornellos que se intercalam regularmente aos diversos segmentos do texto. É um fascinante amálgama de passado e presente, moderno nas sonoridades, barroco no estilo. No dizer do crítico do jornal de Saint Louis:

> Goehr combina, em sua partitura, a transparência e a força emocional de Monteverdi com harmonias e orquestração decididamente contemporâneas. A música brilha, refulge, flui à volta dos solistas e dos números de conjunto, de maneira quase mágica. No nível puramente musical, o trabalho de Goehr nunca é menos do que fascinante.

Em meio à música nova que compôs, Goehr inseriu a única página de Monteverdi que sobreviveu: o *Lamento* – e o choque entre seu estilo melódico e o do compositor protobarroco é de grande efeito dramático, acentuando a dor expressa pela personagem. Invisíveis para a platéia, Vênus e o Amor conduzem a ação e guiam o destino das personagens. Embora pequeno, é muito expressivo o papel de Baco – cantado na estréia pelo contraltista Axel Köhler, sendo ele e Susan Graham, a recriadora do papel-título, muito aplaudidos. Goehr consegue conferir relevo dramático aos monólogos dos Mensageiros: o que vem descrever o desespero de Ariadne após a partida de Teseu; e o que anuncia alegremente a chegada de Baco à ilha de Naxos. Ao conferir nova roupagem a um drama muito antigo, Goehr deu também interpretação moderna ao teatro grego, do qual a Camerata Florentina partira, em 1597, para criar o novo gênero musical a que deu o nome de *dramma per musica*. É como se *Arianna* fosse a música de Monteverdi sonhada ou imaginada por um autor do século XX. O próprio Goehr escreveu a respeito dela:

> Vamos dizer que *Arianna* tenha sido um *coup de folie*, uma dessas coisas que poderiam ter sido um desastre, mas, no fim, dão certo. Teve umas tantas montagens, as pessoas gostaram dela, mas não a considero um de meus trabalhos mais importantes, embora tenha me dado muito prazer. Parece horrível dizer isso, mas, para mim, foi antes de mais nada um grande divertimento.

Existe, no selo NMC, uma gravação ao vivo lançada em setembro de 2000.

Sempre fascinado pela extrema estilização e a mistura de drama, canto e dança que há no teatro japonês, de que as "Church Parables" de Britten foram um modelo de aplicação no Ocidente, Goehr escreveu o libreto da ópera seguinte usando a adaptação moderna, feita pelo romancista Yukio Mishima, de *Kantan* (1950) e *The Damask Drum* (1955), duas peças de teatro Nôh do dramaturgo medieval Zeami. A elas Goehr intercala, como se fosse um intermezzo de teatro barroco, um *kyôgen* (farsa popular), de Sarugai Kotô, escritor do século XIX. Estreada na Ópera de Dortmund em 19 de setembro de 1999, *Kantan and the Damask Drum* foi ouvida pela primeira vez, na Inglaterra, no Festival de Aldeburgh, em 22 de junho de 2001. A regência era de David Parry, à frente do Ensemble Sinfonia 21, e a direção, de Tim Hopkins. Uma bem-sucedida apresentação, com os mesmos intérpretes, foi feita em Paris, em setembro de 2002, no Parquet de Bal du Parc de la Villette.

*Kantan and Damask Drum* não tenta recriar o estilo tradicional dos dramas de teatro Nôh. Pelo contrário, é uma peça de *music-theater* de modelo ocidental, porque Goehr acredita que "dramas originários de tempos e locais distantes têm de ser traduzidos numa linguagem compreensível para o público contemporâneo". *Kantan* relata a viagem iniciática feita por um jovem pobre, ao longo da qual a feitiçaria o faz transformar-se no imperador do Japão; mas, no final, ele descobre que o excesso de ambição não o levou a nada. Em *Damask Drum*, a paixão de um velho jardineiro por uma mulher jovem e bonita tem final trágico. Entre as duas peças, há o *kyôgen*, intitulado *(Un)fair Exchange* (Troca (In)Justa), de tema relacionado com ambas as partes: nele, tanto a ambição quanto os desejos na velhice são tratados de uma perspectiva cômica. Essa insólita "ópera japonesa" é escrita para solistas, um quarteto de vozes masculinas e uma série de papéis mudos, entre eles um menino dançarino.

## Maxwell Davies

Aos quatro anos de idade, os pais o levaram para assistir a uma opereta de Gilbert e Sullivan. Nesse dia, diz Peter Maxwell Davies – nascido em Manchester em 1934 – ele foi colocado na trilha que o faria tornar-se compositor de ópera. E, de fato, Davies é um dos autores mais prolíficos de sua geração, autor de óperas, balés, espetáculos destinados a escolas e a grupos amadores, além de peças de *music-theatre*, gênero que ajudou a estabelecer no final da década de 1960. O significado que o palco tem para Davies está ligado à sua preocupação com a hipocrisia e a traição, tanto intelectual quanto moral. Todas as suas obras cênicas tratam da busca, pelo indivíduo, da autenticidade pessoal, num mundo que espelha a mistura de verdade e falsidade contra a qual ele se debate. O teatro – em que pessoas de verdade assumem o papel de personagens fictícias, e no qual o pensamento musical pode ser traduzido mediante a ação cênica, e vice-versa – é o veículo ideal para a imaginação irônica e inquisitiva de um artista como Maxwell Davies.

As raízes dessa imaginação estão na grande tradição austro-germânica, que ele absorveu desde menino, e nas fontes alternativas de inspiração da música medieval, da música indiana, e da composição contemporânea, com as quais entrou em contato nos anos de estudante em Manchester. Ali, em companhia de Alexander Goehr e de Harrison Birtwistle, encabeçou o grupo que se interessou pelas pesquisas mais radicais de seu tempo: Boulez, Nono, Stockhausen. Em 1957, ganhou uma bolsa do governo italiano, e foi aperfeiçoar-se na Itália, com Goffredo Petrassi. Resultado desses estudos é a peça orquestral *Prolations* – nome de uma divisão métrica usada na música medieval –, que recebeu o Prêmio Olivetti em 1958 e foi executada, em 10 de junho de 1959, no Festival da Sociedade Internacional de Música Contemporânea, em Roma.

Na essência, o estilo de Davies definiu-se em meados da década de 1950: pesquisas muito reverentes da himnódia medieval e da música renascentista inglesa; evocações surrealistas de personagens históricas; elementos teatrais de proveniência variada, com forte conteúdo histriônico. Esses elementos estão presentes em *Vesalii Icones*, executada em 9 de dezembro de 1969, peça para dançarino, violoncelo e conjunto de câmara, em quatorze movimentos, baseados em quatorze desenhos anatômicos de André Vesálio, representando a Paixão e a Ressurreição de Cristo. São elementos igualmente presentes em sua primeira peça de *music-theatre*, uma de suas produções mais famosas, estreada no Queen Elizabeth Hall, de Londres, em 22 de abril de 1969.

Randolph Stow escreveu o texto de *Eight Songs for a Mad King*, baseando-se em informações sobre a vida do rei George III, que realmente ficou louco e, em sua insanidade, tentava treinar pássaros para repetir melodias que vinham de caixinhas de música. Esse monodrama é escrito para um barítono que precisa possuir extremo virtuosismo vocal pois, além de passar constantemente do *parlando* para o arioso e o cantabile, tem de variar o registro e o colorido, para competir, de forma muito extravagante, com o som dos instrumentos. Os executantes de violino, violoncelo, flauta, clarineta, teclado e percussão ficam no palco e, às vezes, participam da ação. *Oito Canções para um Rei Louco* foi apresentado no Teatro Municipal de São Paulo em 1984, com o barítono Paulo Fortes. A gravação de 1970, existente no selo Unicorn-Kanchana (Eastman, Fires of London), é regida pelo autor.

Além de fazer alusão a estilos musicais britânicos do século XVIII, *Oito Canções* equilibra-se na corda bamba entre o serialismo e os modos da música medieval, demonstrando, ao mesmo tempo, grande reverência pelo rigor com que Schoenberg desenvolve as formas, e irreverente habilidade para subverter as convenções, mediante ritmos complexos, ambigüidade harmônica e sonoridades insólitas. O caminho que Davies começara a trilhar nessa peça de *music-theatre* vai prosseguir em sua primeira ópera, cuja idéia lhe viera em 1958, nos tempos de estudante em Princeton. Mas só começou a trabalhar nela em 1962 pois, até então, estava ocupado com peças instrumentais e música didática para a Cirencester Grammar School, da qual era *music master* desde 1959. A partitura ficou pronta em 1968; mas teve de ser praticamente reescrita depois de desaparecer no incêndio que destruiu a casa de campo de Davies em Dorset, em 1970.

Hoje, estão desacreditadas as acusações que, durante muito tempo, foram feitas ao grande compositor John Taverner, do início da Era Tudor. Nascido em torno de 1490, em Tattershall, Taverner foi convidado pelo cardeal Wolsey, em 1526, a assumir o cargo de organista no Cardinal's College, de Oxford. Regeu também o coro da igreja de St. Frideswide – hoje a Cathedral Church of Christ. Em 1528, ele e outros membros do colégio, que tinham aderido à Igreja Anglicana, foram julgados por heresia, mas a intervenção pessoal de Thomas Cromwell o salvou. É discutível a teoria segundo a qual, depois de ter escrito algumas das mais belas missas e motetos católicos de seu tempo – a *Western Wind*, a *Mater Christi*, a *Sancti Wilhelmi* – Taverner não só aderiu à cisão anglicana decretada por Henrique VIII, como também abandonou a música, tornando-se um dos agentes de Cromwell. Segundo essa versão, teria agido ativamente na perseguição aos católicos, sendo responsável pelo desmantelamento de vários estabelecimentos monásticos. Na época em que Davies começou a trabalhar no projeto da ópera, ainda se dava crédito a esses rumores que, hoje, sabe-se pertencem mais ao domínio da lenda do que da realidade. Na verdade, pouco importa se a história é falsa. Como ficção, ela aborda uma questão muito importante: ao virar as costas à música, o Taverner da ópera renega o que há de melhor em si mesmo e transforma-se num veículo do ódio e da negação da humanidade. Converte-se numa caricatura cruel, numa paródia de si mesmo.

A ópera se inicia num tribunal e, por indicação expressa de Davies, todos devem vestir-se de branco ou preto. O único toque de cor é a batina vermelha do Cardeal, que aparecerá mais tarde. Em 1528, John Taverner está sendo julgado por heresia, pois possui livros proibidos e é suspeito de ter crenças luteranas. Chamado pelo Abade Branco, seu juiz, ele admite ter dúvidas sobre a doutrina da transubstanciação ("My Lord, the first charge I grant"). O Abade Branco adverte que ele põe a vida em risco por ser obstinado, e o coro reforça essa mensagem, dizendo que a heresia tem de ser erradicada a ferro e fogo. A primeira testemunha, Richard Taverner, pai do compositor, descreve-o sempre irritado com tudo aquilo que antes amava (My lord Abbot, we always bade him ware of his wrath), mas lembra que "a música dele é a testemunha daquilo em que acredita". Pede misericórdia, mas o coro repete sua implacável advertência. Rose Parrowe, a amante e, mais tarde, a mulher de Taverner, o descreve como um homem sensível e de bom coração (Good my lord, he was my steadfast heart). Mas o Abade e o coro insistem que a verdadeira fé tem de ser preservada. A terceira testemunha é o Confessor de Taverner, figura monteverdiana, que canta no registro de contratenor. Ele aceita suborno (The confessional is not violated) e revela tudo o que o compositor lhe disse em confidência. Por fim, apesar do pedido de Taverner para que uma criança não seja trazida diante do tribunal, chamam um dos coralistas e ele acrescenta mais acusações, dizendo que seu regente estava a soldo dos hereges e vendia-lhes infor-

Sir Peter Maxwell Davies, hoje o músico oficial da Rainha.

mações (Lord Abbot, I discovered the Informator).

O Abade condena Taverner à fogueira mas, nesse momento, trombetas distantes anunciam a chegada do Cardeal – ele não é nomeado, mas percebe-se que foi moldado na figura de Wolsey –, que defende Taverner porque precisa dele como músico do College:

> My Lord Abbot and members of our holy court,
> concerning John Taverner, Master of our Choristers,
> he is skilled at the playing of organs,
> he takes great pains in exercise of teaching,
> he is skilled at the art of every kind of music
> for the daily solemnities of our Chapel appointed,
> and withall hard in replacement,
> whom I am loathe to lose;
> and so we must furnish him
> with the opportunity of arriving at truth,
> and not handle him unkindly
> with sharp inquisition, for his blind folly.
>
> (Meu senhor Abade e membros dessa sagrada corte, a respeito de John Taverner, regente de nossos coralistas, ele é talentoso na execução do órgão, faz grandes esforços no exercício do magistério, é habilidoso ao escrever todo tipo de música que lhe encomendam para as solenidades diárias de nossa Capela e, por isso, eu detestaria perdê-lo, pois é um homem difícil de substituir; devemos, portanto, fornecer-lhe a possibilidade de chegar à verdade, em vez de tratá-lo de forma inclemente, com a dureza da Inquisição, devido à cegueira de seus desatinos.)

Retira-se, em seguida, dizendo ter uma reunião urgente com o Rei. A contragosto, Taverner é absolvido. Vamos reencontrá-lo, em seguida, sentado em seu estúdio no College. Do fundo da capela, como se rezassem as Vésperas, vêm as vozes dos monges. Mas o que eles cantam, em latim, é um resumo do que aconteceu até agora. As melodias, como em diversos pontos da ópera, parecem derivar de temas do próprio Taverner. Num monólogo apaixonado (If I follow their lying vanities), o compositor fala de suas dúvidas: "Since I cannot honestly return to the safe dictates of the Church, I must find out the truth for myself" (Já que não consigo, honestamente, retornar à segurança dos ditames da Igreja, tenho de procurar a verdade por mim mesmo). Mas como distinguir o verdadeiro do falso? Termina colocando-se nas mãos de Deus. Enquanto ele se retira, a sua oração é retomada pelos monges como um cântico sombrio e monótono.

O interlúdio entre essa cena e a seguinte, a passagem orquestral mais longa de toda a ópera, parte do andamento predominantemente lento desse trecho; mas vai aos poucos tornando-se mais rápido, até culminar na fanfarra que abre a cena seguinte, passada na Sala do Trono. A orquestra silencia e é substituída por um conjunto, no palco, tocando alaúde e violas da gamba. O Rei – o nome de Henrique VIII não é mencionado – discute com o Cardeal a necessidade de reformar a Igreja inglesa, para que ele possa se divorciar. O Cardeal tenta contemporizar, mas o Rei declara ter suas próprias dúvidas a respeito do Catolicismo (We begin to doubt if the Creature of Rome), e afirma que a consciência deve ser o supremo tribunal do ser humano. Deixa o Cardeal sozinho, e este expressa a sua preocupação com o rumo perigoso que os acontecimentos podem tomar. O Bufão – na verdade, a Morte disfarçada de bobo da corte – apontou, o tempo todo, em monólogos à parte, os verdadeiros motivos dos dois dignitários e, agora, sussurra ao Cardeal que ele tem razão de sentir medo.

A orquestra voltou, gradualmente, a tomar do conjunto no palco o papel de comentar e guiar a ação. De repente, o Bufão chama Taverner e começa a interrogá-lo sobre as suas crenças espirituais. Exige do compositor uma confissão, para que possa salvar a sua alma. No momento em que o músico reconhece o Bufão, ouve-se na orquestra o acorde que o Taverner real costumava associar à idéia da morte – ré, fá sustenido, mi, sol sustenido –, o mesmo que ele usou, por exemplo, em suas *Fantasias* ou na série de peças corais intituladas *In Nomine*. Entram dois monges, um de branco, outro de preto, trazendo uma pomba branca. Removem o capuz: um deles tem as feições de um animal monstruoso; o outro é um homem de grande beleza, com traços muito nobres – a maneira de simbolizar a natureza ambígua do bem e do mal, presente em todo ser humano. Os dois dizem a Taverner que Cristo, Judas e Pilatos estão misturados na mesma pessoa – ou seja, com freqüência bem e mal são inseparáveis e mutuamente dependentes. Em seguida, torcem o pescoço da pomba e a queimam.

Taverner fica confuso, mas o Bufão o bombardeia com dados estatísticos sobre as incongruências da Igreja, e fala de todos os rituais, artifícios e superstições que ela superpôs ao Cristianismo primitivo. Produz, na mente do músico, indignado com o que ouve, a visão do Papa guinchando histericamente, como se fosse o Anticristo, com o rosto de um macaco, e afirmando ser lícito matar hereges protestantes. O Bufão exige dele mais do que a simples rejeição do supérfluo e do idólatra (But this is not enough, John). Sabe que a justa indignação contra a distorção da verdade pode converter-se numa forma de niilismo em que a alma se consuma. Ordena a Taverner que rejeite a família – o pai e Rose – e a sua arte. Rose surge como a sua Musa, e adverte que, se ele renegar sua arte, estará negando a parte mais importante de si mesmo. A teologia não importa, diz ela, nem ser capaz de compreender a natureza e os desígnios do Criador. O que conta é continuar a fazer música.

Vendo-o prestes a reconciliar-se com a Musa, o Bufão convoca demônios que encenam, à volta de Taverner, a versão obscena de uma *Passion Play*, em que o Confessor aparece como Deus Pai, Richard Taverner como São João, e Rose Parrowe como a Virgem Maria. Quem está pregado na Cruz, numa paródia macabra, é o Bufão/Morte, que se dá o nome de Joking Jesus (o Jesus Zombeteiro). Ele convence o músico de que seu lugar é como soldado, lutando contra Roma. Nesta cena está, decerto, o mais virulento ataque de Maxwell Davies à religião: a oferta que Deus Pai faz de uma recompensa àqueles que "purguem a nossa terra do lixo herege". Taverner fica mental e moralmente abalado. A visão desaparece e o Bufão exige que ele se confesse. O compositor repudia sua música:

> I repent me very much
> that I have made songs to popish ditties
> in the time of my blindness.
>
> (Arrependo-me muito de ter feito canções com melodias vulgares, nos meus tempos de cegueira.)

E desmaia. Reanimado pelo Bufão, ergue-se como um exemplo do farisaísmo protestante, determinado a impor a nova fé a fio de espada: There shone about me a great light. O Bufão o saúda com mesuras zombeteiras.

O ato II é o primeiro visto num espelho distorcido. Abre-se, novamente, num tribunal em que os papéis se inverteram: Taverner, agora, é o juiz, e o Abade Branco a vítima católica da perseguição pós-Reforma, acusado de heresia. O Abade responde denunciando os vira-casacas ("Sir, it is to their eternal shame"). As testemunhas são as mesmas, o coro intervêm da mesma forma, mas tudo agora é apressado e com clima de pesadelo. Richard Taverner acusa o Abade de ter pregado a rebelião contra o Rei e o apoio a Roma. Embora resista a ser manipulada, Rose acusa o sacerdote de ter cometido o pecado da carne. O Confessor, uma vez mais, não se faz de rogado: aceita suborno para denegrir o Abade. E o garoto coralista o denuncia por idolatria. Taverner parece muito satisfeito ao condenar o Abade à fogueira. Uma vez mais, o Cardeal tenta interceder mas, desta vez, não tem mais rosto e está mudo. O que ouvimos, vindo da orquestra, é o ruído de rodas rangendo, e o Bufão entra empurrando a Roda da Fortuna. O coro comenta: "São Miguel lutou com a serpente e a derrotou. Mas quem pode dizer qual é a diferença entre os dois?".

A ação transfere-se para a Sala do Trono – uma vez mais acompanhada por uma banda no palco, mas desta vez de instrumentos renascentistas de sopro e teclado, tocando pastiches de danças e peças instrumentais do período Tudor. À medida que a cena se desenvolve, a paródia passa da música do século XVI para a do XVII, e dela para a dos séculos XIX e XX, forma de sugerir que os acontecimentos descritos não se restringem a uma época determinada, mas são de todos os tempos. O Cardeal traz a notícia de que o Papa proibiu o novo casamento do Rei. Este ordena o corte dos impostos pagos a Roma, proclama-se Chefe da Igreja Inglesa, e o Bufão investe o Cardeal na função de Arcebispo da Igreja Anglicana. Além de dar a benção ao novo casamento do Rei, o Arcebispo concorda com ele que é necessário dissolver os mosteiros.

Na capela, o Abade Branco e os monges celebram a missa. Taverner entra no momento em que, ao texto litúrgico, misturam-se citações da profecia de Cristo de que um de seus discípulos haveria de traí-lo. O músico assiste à cerimônia dizendo a si mesmo que a corrupção e a exagerada preocupação da Igreja Romana com os bens materiais justificam a dureza de suas atitudes ("Charity is fled from our religious houses"). Declara seu horror a esses "rituais escandalosos", e arrepende-se por ter fornecido música para eles. Os monges cantam o "Sanctus" e, no momento em que chegam à Elevação, entra um Capitão que veio confiscar todas as suas posses. Derruba no chão o vinho consagrado e os monges se retiram, cantando o "Benedictus" da *Missa Gloria Tibi Trinitas*, de John Taverner.

A cena final passa-se na praça do mercado de Boston, no Lincolnshire, onde a multidão se reuniu para assistir à execução do Abade Branco ("This is the work of John Taverner"). O compositor está terminando um relatório para o encarregado da justiça ("To the right honourable my singular good Lord Privy Seal"), e este pede ao Abade que diga as suas últimas palavras. No mais longo solo da ópera ("I am fell into the hands of those"), o condenado toca na questão que está no cerne da ópera: tomar decisões morais, sem usar como referência tradições sólidas como as estabelecidas pela Igreja, permite que o Mal tome conta, assim que as barreiras são derrubadas. Essa é uma reflexão que pode ser transferida para diversas outras situações históricas, em que a derrubada de determinado sistema de valores leva à repressão desenfreada. Nesse sentido, é particularmente válida para a nossa época.

Taverner ordena que acendam a fogueira e o povo pede clemência. Rose se aproxima do amante para lhe dizer que ele destruiu a si mesmo. À luz das chamas da fogueira, Taverner canta uma oração por si mesmo, "out of the lowest dungeon" (vinda do mais profundo calabouço). Enquanto o pano cai lentamente, flautas doces, de fora do palco, tocam uma peça de Taverner – maneira de Maxwell Davies nos dizer que a música foi a única coisa que ficou do homem.

É ocioso, como dissemos, buscar na ópera a verdade histórica, Personagens e situações são usadas de forma alegórica, para fazer uma reflexão sobre a perversão da religião pelos homens, e dos homens pela religião. Davies tem o cuidado de não fazer perguntas diretas e nem dar respostas claras. Prefere deixar que, sobre o drama, paire a interrogação: por que a fé faz isso aos seres humanos; e por que eles lançam mão das crenças espirituais para fazer delas instrumentos de dominação? Essa é a questão que sempre esteve no cerne do fascínio e da desconfiança de Maxwell Davies em relação à fé. Além das farpas óbvias disparadas contra a religião, e os irônicos comentários do Bufão à confrontação entre o Rei (o Estado) e o Cardeal (a Igreja), a ópera está cheia de referências à aversão que os altos dignitários eclesiásticos sempre tiveram pela liberdade intelectual e espiritual, sobretudo quando ela arrisca de subverter os dogmas e, conseqüentemente, o poder temporal. É a Morte quem diz a Taverner:

> Your assiduous study and learning
> from hidden books gave you scruples
> about the validity of your religion.

(O seu assíduo estudo e aprendizado em livros ocultos encheu-o de escrúpulos sobre a validade de nossa religião.)

Logo em seguida, a Morte refere-se à "indestrutível herança da Igreja" e enumera todas as armas que Roma tem na manga, para investir contra os que se rebelam:

> the fourteen articles of faith...
> the ten commandments of the Law,
> two evangelical precepts of charity,
> the seven works of mercy,
> the seven deadly sins,
> the seven opposing virtues,
> and the seven sacraments of grace...

(os quatorze artigos de fé... os dez mandamentos, os dois preceitos evangélicos da caridade, as sete obras de clemência, os sete pecados mortais, as sete virtudes que se opõem e os sete sacramentos santificantes...)

Simboliza, com isso, o peso morto do dogma, da ideologia inerte, de idéias ancoradas na oposição à mudança (e uma vez mais, repito, essa reflexão aplica-se não apenas a questões puramente teológicas, mas também políticas, sociais e de comportamento). Mais adiante, na cena 4 do ato I – certamente a mais comovedora de toda a ópera, por mostrar a personagem sob uma luz humana –, Taverner é induzido a renegar a família e a sua arte. Uma vez mais é feita a denúncia do cerne insensato, obsessivo, despótico do fanatismo – seja ele de que tipo for – de seu caráter fundamente irracional, de suas crenças maniqueístas, que não abrem espaço ao compromisso, ao meio-termo, ao equilíbrio, à compreensão.

Não é por acaso que é a Morte quem está incumbida de ser o tutor de Taverner, pois o fanatismo é a morte do pensamento, a morte das qualidades humanas de equilíbrio, tolerância e solidariedade. Não é tampouco por acaso que a Morte escolhe disfarçar-se como a figura escarninha do Bufão, que nada leva a sério, para intervir na ação. A aparição do Confessor, corrupto e hipócrita, representando o papel de Deus Pai na *Passion Play*, dispensa comentários. Mas não custa assinalar o traço irônico que é fazê-lo cantar com a voz de um contratenor. No final da cena, ao ouvir Taverner celebrar, em êxtase, a sua condição de "renascido", a Morte comenta:

> But the unclean spirit,
> when he is gone out of a man,
> passeth through waterless places,
> seeking rest, and findeth it not. [...]
> I will return into my house whence I came,
> and when he finds it empty, swept clean,
> he enters and dwells there
> with seven other spirits,
> more evil than himself,
> and the last state of the man
> is worse than the first.

(Mas o espírito impuro, quando sai do homem, passa por lugares áridos, procurando repouso, e não o encontra. [...] Voltarei para a morada de onde vim, e quando ele a encontrar vazia e bem varrida, há de entrar e morar nela, em companhia de sete outros espíritos mais malévolos do que ele, pois o último estágio do homem é pior do que o primeiro.)

Em vez da conversão, do proselitismo missionário, o que a Morte propõe é que Taverner se converta num "leal soldado do Senhor", para eliminar Seus inimigos. Por trás dessa colocação está a arraigada oposição de Maxwell Davies a equacionar o poder secular com o temporal, idéia que permeia toda a sua obra. Está também o horror que têm às verdades impostas por uma autoridade superior, pelos costumes, pelo sistema social. Essas "autoridades" tornam-se sempre culpadas pela cínica e utilitária subversão da consciência individual e seu livre arbítrio. É o que leva o Arcebispo a dizer:

> England is our storehouse of delights,
> a very inexhaustible well,
> where much can be extracted from many.

(A Inglaterra é o nosso armazém de deleites, um poço inexaurível onde muito pode ser extraído de muitos.)

Mas o que há de mais paradoxal na peça é a sinceridade muito convincente de Taverner, todo o tempo. Não há, em parte alguma, nada que nos faça suspeitar de que ele seja cínico ou hipócrita. Em seu próprio julgamento, ou quando é ele quem está julgando, é inegável a sua convicção. Como pode um homem comportar-se dessa forma e viver bem consigo mesmo, e conservar a sanidade? Essa é uma questão que, em nosso tempo, fizemos a respeito de inumeráveis colaboradores de regimes e situações opressivas. Lembrem-se do coro dizendo: "St. Michael warred with the serpent, but who can tell one from the other?" ("São Miguel lutou com a serpente, mas quem pode dizer quem é um e quem é outro?").

Como pode um homem, em nome da religião – de uma ideologia, de uma convicção política ou social – jurar e praticar ora uma coisa, ora uma outra, e estar sendo sincero nos dois casos? Esse paradoxo fundamental explica a insistência de Davies em que o cenário e os figurinos do tribunal sejam em preto ou branco. Esse é o pior pesadelo de Davies: se a fé – a crença em qualquer coisa –, potencialmente uma fonte de apoio para o indivíduo, pode causar tais estragos a quem a ela adere, como dizer se ela é boa ou má? Davies nunca oferece respostas. Deixa as perguntas no ar, para que cada um reflita sobre elas. Não deixa dúvidas, porém, quanto a seu desconforto pessoal com a religião, a religiosidade, as igrejas estabelecidas. A ferocidade de seu desagrado não é atenuada pelo fato de ser apenas sugerida. Pelo contrário, fica mais concentrada, devido a essa escrupulosa forma de *understatement*.

*Taverner* foi estreada no Covent Garden, em 12 de julho de 1972, sob a regência de Edward Downes, dirigida por Michael Geliot, com cenários e figurinos de Ralph Koltai. Ragnar Ulfung, Benjamin Luxon, Raimund Herincx, Gillian Knight, Gwynne Howell, John Lannigan faziam os papéis principais.

O Taverner de Davies é um Fausto que vende a alma não pela juventude, o poder, o conhecimento ou o amor, mas pela medíocre segurança da certeza cega. Davies desfigura e zomba das pretensões de sua própria música mediante andamentos drasticamente acelerados, simplificação e empobrecimento da melodia, crueza rítmica, de tal forma que o ato

II, comparado ao anterior, soa como se fosse um desenho animado em relação a um filme sério. Esse efeito, no entanto, é ligeiramente modificado pelo fato de a paródia, no sentido musicológico, estar presente não só no ato II, mas em toda a partitura. As composições do John Taverner real fornecem o material para a elaboração sinfônica e a paródia. Cenas como a 4, do ato I, estão cheias de caricaturas musicais deliberadamente exageradas. Dessa forma, a substância essencial da música – que, do ponto de vista da intensidade, relembra Mahler e o Schoenberg expressionista – está constantemente sob uma dupla ameaça: a de não passar de um pastiche raso da música renascentista; e a de cair num excesso de ênfase ridículo, que a enfraqueça. Nesse sentido, o esforço de Davies para encontrar o equilíbrio e a integridade na expressão musical corresponde à busca de Taverner pela sua própria alma.

A composição de *Taverner* marca a fase em que a música de Maxwell Davies torna-se mais extravagante, a ironia explodindo em paródia desbragada. Temas de cantochão medieval são convertidos em hinos victorianos ou *foxtrot*. Toda e qualquer intenção musical séria acaba se distorcendo. A esse período pertencem peças de *music-theatre* na quais Davies parece procurar a resposta para um tema que o angustia: como o homem e seu pensamento (inclusive musical) podem sobreviver em meio às mascaradas, às imitações, aos papéis forçados, à loucura geral? É também o momento em que o artista assume, com mais força, o seu papel de ativista político, defendendo abertamente posições contrárias à corrida nuclear e às agressões ao meio-ambiente. Em 1967, Davies e Birtwistle tinham fundados Pierrot Players – rebatizados em 1970 como The Fires of London. Para esse grupo, foram compostas várias peças que, como as *Eight Songs*, são ciclos de canções que podem ser encenados, ampliando assim o conceito de ópera que, no século XX, assume contornos muito flutuantes:

- *Revelation and Fall,* para soprano e 16 instrumentos (Londres, 26.2.1968);
- *From Stone to Thorn*, para meio-soprano e orquestra de câmara (Oxford, 30.6.1971);
- *Notre Dame des Fleurs*, para soprano, mezzo, contratenor e orquestra de câmara, sobre um texto obsceno em francês do próprio Davies, inspirado no romance de Jean Genêt (Londres, 17.3.1973);
- *Fiddlers at the Wedding*, para meio-soprano e instrumentos (Paris, 3.5.1974);
- *The Blind Fiddler*, para soprano e conjunto de câmara (Edimburgo, 16.2.1976);
- *Anakreontika*, para soprano e conjunto de câmara, baseado em poemas eróticos de Anacreonte e poetas de sua escola (Londres, 17.9.1976);
- *Black Pentecost*, para meio-soprano, barítono e orquestra, protestando contra a poluição do ar; composta em 1979 e estreada em Londres em 11.5.1982;
- *The Yellow Cake Revue*, para vários cantores e piano, denunciando os perigos da mineração de urânio nas Ilhas Orkney (Festival de Kirkwall, em Orkney, 21.6.1980.
- *The n. 11 Bus*, apresentada no Festival de Kirkwall de 1984.

Dentre as obras desse gênero, duas se destacam. A peça *Leonce und Lena*, de Georg Büchner, forneceu a Davies o tema para o libreto do *masque* intitulado *Blind Man's Buff*, cantado na Round House de Londres em 29 de maio de 1972. *Nonsense rhymes* – típicos poeminhas cômicos ingleses, sem pé nem cabeça – foram inseridos no texto, acentuando seu caráter debochadamente surrealista. Às árias, escritas para soprano e mezzo, intercalam-se danças de sombras em silhueta, interpretadas por um dançarino e um mímico, acompanhados por um septeto de sopros e um pequeno conjunto de cordas em *pizzicato*. Há uma versão reduzida para soprano, mímico e sete instrumentistas.

Randolph Stow é o autor do libreto da peça de *music-theatre* escrita durante a fase em que Davies esteve como compositor residente na Universidade de Adelaide, na Austrália. *Miss Donnithorne's Maggot* foi estreada em 9 de março de 1974, no Town Hall de Adelaide, e é uma contrapartida às *Oito Canções*: uma cena de loucura para uma solteirona cujos sentidos foram perturbados pelos anos de solidão. A personagem australiana, que realmente existiu – embora aqui receba tratamento livre e fantasioso –, serviu de modelo a Charles Dickens para criar Miss Havisham, a solteirona enlouquecida de *Grandes Esperanças*, que inspirou duas óperas ao americano Dominick Argento[1]. A peça pede meio-soprano e sexteto de sopros. O próprio Davies rege a gravação de 1984, no selo Unicorn-Kanchana (Thomas e o conjunto Fires of London).

No início da década de 1970, Davies mudou-se para Orkney, uma das ilhas do canal. As paisagens agrestes da ilha o impressionaram muito e afetaram sua linguagem musical. Abandonando os extremos expressionistas, Davies refinou os processos de desenvolvimento de sua música e aproximou-se mais do tonalismo – virada sensível em sua *Primeira Sinfonia*, de 1976. Foi volumosa a produção de música orquestral, nessa fase: oito sinfonias – a *Sinfonia n. 8 Antarctica* foi estreada em 2001 – e a série dos dez *Strathclyde Concertos* (1986-1996), para os chefes de naipe da Scottish Chamber Orchestra, da qual ele foi regente convidado nas décadas de 1980-1990. A partir de 1977, Davies organizou anualmente, em Orkney, o Festival St. Magnus, na catedral dedicada a esse santo local.

Boa parte da obra para o palco, nessa fase, inspira-se na história e na literatura orcadianas. O libreto da ópera de câmara *The Martyrdom of St. Magnus* (O Martírio de São Magno) foi extraído da novela sobre a vida desse santo, publicada em 1973 por George Mackay Brown, natural de Orkney, que se baseou na *Orkneyinga Saga*, de origem islandesa. Encomendada pela BBC para o Jubileu de Prata da rainha Elizabeth II, a ópera foi ouvida pela primeira vez na Catedral de S. Magnus, em Kirkwall, durante o Festival de 1977. Murray Melvin dirigiu o espetáculo, regido pelo autor, e interpretado por Neil Mackie, Michael Rippon, Brian Rayner Cook, Ian Comboy e Mary Thomas. Em 1990, Michael Rafferty fez, para o selo Unicorn Kanchana, a gravação com o Scottish Chamber Opera Ensemble (Tamsin Dives, Christopher Gillett, Peter Thomson, Richard Morris, Kelvin Thomas), que mostra a habilidade de Davies em explorar as possibilidades do sexteto – a ópera foi estreada pelo Fires of London. A ele acrescentam-se metais, para os momentos mais solenes ou violentos, teclados, percussões, e uma guitarra elétrica, para enfatizar as raízes étnicas das canções entoadas pela narradora, Blind Mary.

St. Magnus, cuja catedral, edificada no final do século XII, é a glória arquitetônica de Kirkwall, era um nobre viking, famoso por suas convicções pacifistas. A ópera passa-se no século XII e se inicia com a Batalha de Menai Strait, entre o rei da Noruega, apoiado por Orkney e Shetland, e o conde de Shrewsbury, aliado dos galeses. A narradora, Mary, a Cega, que funciona como o coro grego, inicia a primeira das nove cenas entoando uma canção de fiandeira viking; mas nela, a lã são as entranhas dos soldados que morrerão na batalha; a sovela, as lanças manchadas de sangue; e o produto do tear, as cabeças dos vencidos.

*A Batalha de Menai Strait* – Os arautos noruegueses e galeses, em suas respectivas embarcações, provocam uns aos outros. A batalha é travada, mas Magnus recusa-se a lutar, canta salmos para apaziguar os contendores e não é ferido pelas flechas. Seu lado – o dos noruegueses – sai vitorioso.

*As Tentações de Magnus* – The Keeper of the Loom (o Guardião do Tear), responsável pela alma de Magnus, e por segurar a peça com a qual ele vai fiar a tapeçaria de sua própria vida, traz diante dele o seu oposto negro, o Tentador. Este expõe o cavaleiro às cinco tentações: a ambição da fama e da glória; a sensualidade, por meio da união com uma mulher belíssima e voluptuosa; a honraria de ser nomeado Earl of Orkney; a santidade, ordenando-se no mosteiro de Eynhallow; ou a espada, para as vitórias militares. Magnus aceita a espada, apenas para quebrá-la e, com isso, desfazer-se de todas as tentações.

*A Maldição de Mary, a Cega* – A narradora descreve os infortúnios de Orkney, dividida pela guerra civil entre Magnus e seu ex-aliado, o rei norueguês Håkon, agora seu inimigo. Amaldiçoa os dois "salvadores" e seus bandos de soldados assassinos.

*A Negociação de Paz* (prelúdio à *Invocação da Pomba*) – Os delegados de Magnus e Håkon discutem, com o bispo de Orkney, a possibilidade da paz, enquanto Mary, a Cega, reza aos santos do Norte para que lhe devol-

---

1. Ver *A Ópera nos Estados Unidos*, desta coleção.

vam a visão. Os enviados combinam um encontro de Håkon com Magnus.

*A Jornada de Magnus para a Ilha de Egilsay* – Apesar dos avisos de que será traído, Magnus viaja com seu arauto até a ilha em que deverá encontrar-se com Håkon.

*O Conde Håkon Decide Assassinar Magnus* – Preparado para enfrentar o exílio, a prisão ou a mutilação física, se isso for necessário, para assegurar a paz, Magnus oferece a Håkon garantias de segurança. Este simula aceitar mas, depois, afirmando que Orkney pode ter apenas um senhor, ordena a Lifolf, seu açougueiro, que execute Magnus.

*Os Repórteres* – Um grupo de repórteres, enviado pelos jornais para fazer a cobertura dos acontecimentos, comenta a tensão crescente entre as facções de Håkon e Magnus, nas negociações da Ilha de Egilsay. A ação começa a avançar velozmente no tempo e, quando a cena termina, deixamos o passado remoto e estamos na época contemporânea, em qualquer país onde haja um regime totalitário.

*O Sacrifício* – O Oficial (Håkon) ordena ao Açougueiro que execute o Preso Político (Magnus), símbolo de todos aqueles que se opõem à opressão e estão prontos a morrer pelas suas convicções.

*O Milagre* – A ação volta para o século XII. Mary, a Cega, está rezando diante do túmulo de S. Magnus, enquanto os monges entoam uma ladainha. Recuperando miraculosamente a visão, ela enxerga as pessoas que a cercam, "seus rostos sombrios, suas bocas cegas, ainda chorando pelo sacrifício". Reza a S. Magnus, pedindo-lhe que os impeça de "se transformarem num grupo de lunáticos esperando pelo sacrifício"; depois pede aos presentes que se dispersem e "carreguem a paz de Cristo para o mundo inteiro".

No programa da estréia, Maxwell Davies escreveu:

> Minha primeira tarefa, ao compor a ópera, foi reduzir o romance de George Mackay Brown a uma seqüência de cenas que pudessem ser cantadas, concentrando o material, em vez de omiti-lo. A simplificação foi inevitável. Magnus, por exemplo, não é uma personagem tão complexa na ópera quanto no livro, e certamente não tão multifacetado quanto no estudo que John Mooney publicou em 1935. A Batalha de Menai Strait é sintetizada ao máximo – a própria música fica restrita à cena muito austera entre os dois arautos. E em Blind Mary concentro todos os narradores do romance. Mas a amplifico para transformá-la numa visionária e profetisa à qual, na primeira cena, empresto palavras de um outro livro de Mackay Brown.

A música é contínua, com interlúdios fazendo a transição entre as cenas, sintetizando o que se passou ou antecipando o que virá. Às vezes, a música possui maior peso teatral do que o próprio texto, cuja função é basicamente a de determinar a ambientação e uma estrutura dramática clara. Uma cantora e quatro cantores desempenham diversos papéis, acompanhados por flauta, clarineta, trompa, dois trompetes, violoncelo e contrabaixo. Maxwell Davies explica:

> No romance, Magnus é martirizado em um campo de concentração nazista. Decidi trazer seu martírio para o presente mais atual, no país em que a ópera estiver sendo executada, como uma forma de fazer a platéia sentir a atualidade do assassinato de uma personalidade política ou religiosa, devido às suas convicções. Não é mais possível nos convencermos de que "coisas assim não acontecem aqui." Elas aconteceram no passado e acontecerão de novo, a menos que saibamos de que forma insidiosa agem as forças que permitem a tais coisas ocorrerem. Tentei criar uma música ao mesmo tempo comunicativa e dramática, que parte do canto gregoriano, com o qual Magnus deveria estar muito familiarizado, mas adaptando-o e ampliando-o para abranger o vocabulário operístico mais largo e expressivo possível.

O estilo musical, solene e, às vezes, contemplativo na primeira parte da ópera, torna-se mais enérgico a partir da traição de Håkon, do aparecimento dos repórteres que comentam os acontecimentos. A tensão atinge o máximo na seqüência em que o Preso Político enfrenta o histérico Oficial. A serenidade retorna no final, quando Magnus concede a Mary a graça da visão, e os monges da abadia de Orkney acrescentam seu nome à Ladainha dos Santos.

*O Martírio de São Magno* é o equivalente contemporâneo de uma *mistery play*, concebida para ser encenada em um lugar simples, estilizado, numa igreja – como foi o caso da estréia – ou teatro pequeno. Magnus é, de certa forma, uma contrapartida de *Taverner*, pois também está em busca de si mesmo, embora a opção pelo pacifismo torne seu caminho mais fácil, mas não menos doloroso. A serenidade da música corresponde não só à maneira de ser da personagem, mas também ao rumo folclórico-modal que a música de Davies ia tomando na época de sua composição.

Destinado, como as *Eight Songs* ou *Miss Donnithorne*, a um conjunto pequeno, *Le Jongleur de Notre Dame* também é um *masque* em versão moderna. Estreada no Academy Hall de Stromness, na ilha de Orkney, em 18 de junho de 1878, essa peça de *music-theater* baseia-se na mesma história tradicional francesa que inspirou a ópera de Massenet. O Abade (barítono) aceita no mosteiro o Jogral, interpretado por um mímico. Dá-lhe várias tarefas, que ele é incapaz de realizar; e a cada uma delas, o mímico contracena com o flautista, o clarinetista ou o percussionista, que zombam de sua falta de jeito. A única coisa que ele sabe fazer são as suas cabriolas; mas essas agradam à Virgem Maria – representada por um lírico solo de violino. Do alto do altar, a imagem sorri para ele. Como no teatro medieval, *O Jogral* se inicia com uma *intrada*, tocada por uma banda infantil de sopros. Os meninos acompanham alegremente a procissão de entrada das personagens e dos músicos.

*The Lighthouse* baseia-se em uma idéia original de Maxwell Davies, autor do libreto. Foi estreada no Moray House Gymnasium, de Edimburgo, em 2 de setembro de 1980, com Neil Mackie, Michael Rippon, David Wilson-Johnson e o conjunto The Fires of London, regido por Richard Dufallo. A direção era de David William. *O Farol* recebeu o recém-criado Tennent Caledonian Award, e foi muito bem acolhida nos Estados Unidos, quando a Boston Shakespeare Company a apresentou em 1º de novembro de 1983. O selo Collins Classics tem a gravação de 1994 (Mackie, Comboy, Keyte), regida pelo próprio autor à frente da Orquestra da BBC.

É uma peça escrita para um conjunto muito semelhante ao de *St. Magnus*; mas, enquanto essa partitura tem um lado luminoso e extrovertido, a atmosfera do *Farol* é sombria, noturna. Suas evocações das frias paisagens marinhas do Norte lembram, inevitavelmente, o *Peter Grimes*, de Britten. Aqui, também, surge a típica técnica daviesiana da paródia, para frisar as paixões e os pesadelos das personagens. A idéia para a ópera lhe veio ao ler o livro de Craig Mair sobre a família Stevenson, de Edimburgo. Além de Robert Louis, o escritor famoso, autor da *Ilha do Tesouro*, os Stevenson produziram várias gerações de guardas de farol e engenheiros portuários.

Em 26 de dezembro de 1900, o navio *Hesperus*, que levava mantimentos para o farol das Ilhas Flannan, nas Hébridas Exteriores, encontrou-o vazio. A lâmpada, embora em perfeitas condições, estava apagada. A última anotação no diário do chefe do farol era do dia 14 de dezembro, o mesmo em que o navio *Archer*, passando pelo local, tinha visto as luzes acesas. O estado em que se encontravam a mesa e as camas sugeriam que os homens que ali trabalhavam tinham-se retirado às pressas. Os três desapareceram e nunca mais foram vistos. Nunca se conseguiu descobrir o que acontecera com eles. A ópera não tenta apresentar uma solução para esse mistério; apenas especula sobre o que pode ter acontecido a esses três indivíduos.

No Prólogo, a comissão de inquérito mandada por Edimburgo investiga o desaparecimento dos faroleiros. Os protagonistas desempenham o papel dos três oficiais do *Hesperus* e a ação se passa ora na sala do tribunal, ora no navio ou no farol. As perguntas são feitas pelo trompista, que fica na platéia, e as personagens respondem às suas questões sem palavras, passando aos poucos do testemunho objetivo a quimeras fantásticas ou de cunho diabólico. A comissão não consegue chegar a um veredicto. No final do Prólogo, os três oficiais informam que, cercado por altos muros, o farol está agora automatizado e pisca num ritmo que é sugerido pela orquestra.

No ato único, intitulado *O Apelo da Besta*, os protagonistas assumem o papel dos faroleiros desaparecidos. Os três estão sentados em volta da mesa, no farol, muito irritados uns com os outros. Ficaram sozinhos, isolados, durante tanto tempo, que já não se suportam mais, e se provocam a todo instante. Arthur é agressivamente religioso, um fanático que está constantemente hostilizando Blaze, o qual se recusa a entrar em seu jogo hipócrita. Sandy tenta restabelecer a calma, apartando-os. Arthur sobe para acender a lâmpada, Sandy e

Blaze jogam cartas, mas logo se desentendem e, quando Arthur volta, o ambiente está de novo muito tenso.

Sandy sugere que cantem algo alegre, para relaxarem. Os três o fazem, mas as suas canções, embora aparentemente leves, revelam algo sobre o caráter e o passado de cada um deles. A balada grosseira de Blaze, acompanhada por violão e banjo, fala de um adolescente de bairro pobre que matou os próprios pais. A romança de Sandy, ao som de violoncelo e piano desafinado, faz um retrato vulgar do ato amoroso. Arthur projeta toda a sua agressividade no hino fanático que canta, ao som de clarineta e metais, sobre a vingança de Deus contra os filhos de Israel, que adoraram o Carneiro de Ouro.

O tempo está esfriando, a bruma cerca o farol e Arthur sai para ligar a sirene de alarme, dizendo: "O apelo da besta ressoa sobre o mundo adormecido. Uma noite, esse grito receberá uma resposta vinda das profundezas." Sentindo-se cercados pelos espectros que as canções fizeram sair de seu passado, Sandy e Blaze estão angustiados, cheios de culpa, num estado de semi-alucinação, em que ouvem vozes misteriosas convidando-os a acompanhá-los na noite. Ao voltar e não encontrá-los, Arthur se convence de que a Besta – símbolo do destino com o qual eles têm de acertar contas – lançou seu apelo e veio reclamar seus servidores. Vê aproximarem-se os olhos da Besta, e eles se transformam numa luz brilhante, que o cega. Implora a ajuda de Deus, entoando seu hino a plenos pulmões, e sai para se defender contra o que acredita ser o Anticristo.

No auge da tempestade, os olhos da Besta convertem-se na luz do *Hesperus*, que se aproxima. Em vez dos faroleiros, são os oficiais do navio que os três cantores estão representando agora. O farol está vazio, infestado de ratos. Pela conversa dos marinheiros, percebe-se que podem estar escondendo alguma coisa um do outro, ou simplesmente recusando-se a encarar uma verdade que os atemoriza. Os faroleiros substitutos chegam ao farol: não conseguimos vê-los distintamente, mas é provável que se trate das mesmas pessoas com que nos encontramos no início do ato. Por outro lado, como o farol está automatizado, é possível que tenhamos visto os fantasmas que assombram um farol cercado de muros e abandonado há oitenta anos.

*The Lighthouse* trabalha com dois tipos diferentes de narrativa popular: o romance de mistério de fundo policial e a história de fantasma. Corresponde ao esforço de Maxwell Davies para apresentar à comunidade de Orkney uma ópera com a qual ela possa identificar-se pois, do ponto de vista temático e musical, trabalha com elementos familiares. *O Farol* foi escrita para The Fires of London: flauta e clarinete, trio de metais, piano, percussão, violão e quinteto de cordas. Embora, como numa boa novela de detetive, ensaie-se uma resposta – o antagonismo que os opunha e as fantasias que a solidão fez irromper teria levado os faroleiros à loucura –, permanece também, no final, o enigma das histórias de fantasma: a intervenção do sobrenatural não terá sido fruto de imaginação, a das personagens e a da platéia?

Fundindo esses dois gêneros e criando algo em que há, ao mesmo tempo, resposta e quebra-cabeça, Davies produziu uma obra muito associada à natureza íntima de seu teatro, em que a loucura e as fronteiras tênues entre realidade e fantasia são comuns. Nosso único acesso aos acontecimentos no farol é por meio dos oficiais do navio, que parecem muito objetivos nas respostas que dão à trompa. Mas talvez não estejam dizendo tudo o que sabem. E essa suspeita é confirmada quando os vemos interpretar a última noite dos faroleiros, ao visitar o farol vazio. Terão os oficiais inventado essa história de culpa, obsessão e visão demoníaca, para explicar a si mesmos o enigma do farol deserto? Se assim for, essa versão está mais de acordo com as personalidades dos marinheiros e com a forma como se relacionam, do que propriamente com os funcionários desaparecidos? Afinal de contas, os três oficiais também são homens solitários, atemorizados pelo mar e pela tempestade, e não dispondo, durante longas semanas, senão da companhia um do outro. Se tudo isso é invenção dos oficiais, o que realmente aconteceu? Haveria no farol sinais de algo mais terrível – assassinato, suicídio – que eles preferiram guardar para si mesmos? É essa linha fina de separação da realidade e da ficção que torna *O Farol* fascinante.

É como música – sob a forma de canção – que Davies expressa o que há de mais secreto nas personagens (os faroleiros ou a imagem deles criada na cabeça dos oficiais): os antecedentes violentos de Blaze; o erotismo mal resolvido de Sandy; o ódio religioso de Arthur que, no fundo, é ódio por si mesmo. São canções diferentes, a começar pelo colorido simbólico dos instrumentos que as acompanham. Mas, de certa maneira, são canções muito semelhantes, pois nelas está a porta que dá acesso à personalidade de cada um.

O que nos leva à reflexão seguinte: se uma canção é ambígua a ponto de levar-nos a conclusões que são, ao mesmo tempo, tão diversas e tão próximas, o que dizer de toda uma ópera? Por trás da novela de mistério, da história de fantasma, que outra realidade a música estará construindo?

É original também a história de *Resurrection*, que Davies escreveu por encomenda da Staatsoper de Darmstadt, onde ela estreou em 18 de setembro de 1988, regida por Hans Drewanz e dirigida por Peter Brenner, com cenários e figurinos de Waltraud Engelbert. Atendendo à recomendação do compositor, Engelbert utilizou, em sua cenografia, alusões às quinze gravuras do Apocalipse entalhadas por Albrecht Dürer em 1498. O Royal Northern College of Music, de Manchester, do qual Davies tinha sido aluno, apresentou *Ressurreição* em forma de concerto, em 8 de setembro de 1994. Só em 13 de maio de 1997 ela foi encenada, no Theatre Royal de Glasgow. É de 1994 a gravação existente no selo Collins (Johnson, Robins, Hill, Finley), regida pelo próprio Davies à frente da Orquestra da BBC.

Como a ópera precedente, *Ressurreição* também tem prólogo e um ato. No prólogo, a personagem central, o Tolo – personagem muda –, de costas para o público, é acusado pelas sete outras personagens. Elas representam a família – em teoria defensora dos bons princípios mas, na prática, hipócrita ao extremo – e as pessoas com quem o Tolo trabalha. Os discursos dessas personagens, pelo seu caráter obsessivo, assumem a forma iterativa de um rondó. Suas palavras são entremeadas por canções populares e *jingles* de comerciais, como se estivéssemos assistindo à transmissão do julgamento do Tolo pela televisão. Essas cenas são testemunhadas pelo Gato da casa que, aos poucos, vai se transformando em um Dragão. A pressão dos outros sobre o Tolo é tão grande que, no final do ato, a sua cabeça literalmente explode.

No ato II, chega-se à conclusão de que o Tolo necessita submeter-se a cirurgias que eliminem seus presumíveis defeitos. Três médicos são convocados para isso. O coro explica ao rapaz:

Mamãe, Papai, a Irmã, o Irmão, o Vigário, o Médico:
Oh come and join the happy throng
of broad humanity.
We have to save you from yourself
for all Eternity.
You must buck up, adapt, transform,
and turn out well-adjusted,
instead of stewing all alone
when we know you can't be trusted.

Os Cirurgiões:
The patient's anaesthetised on the table,
and it's up to us surgeons to do what we
are able to save a life.
In our first investigation, we'll expose to
the world his self-induced degeneration:
why, corrupted, nihilistic, a parasitic cynic,
he was brought in desperation
to the haven of our clinic.
We shall conjure up evidence
of his promulgating blasphemy,
his crackpot philosophies of wild,
subversive anarchy.
Listen now with diligence
to incriminating evidence
from the four Archangels
at the corners of his mind.

(Oh, venha juntar-se à feliz multidão da ampla humanidade. Temos de te salvar de você mesmo por toda a Eternidade. Você tem de se alegrar, se transformar, tornar-se bem ajustado, em vez de ir levando a vida sozinho, pois sabemos que não se pode confiar em você. // O paciente está anestesiado, em cima da mesa, e cabe a nós, cirurgiões, fazer o que pudermos para salvar a sua vida. Em nosso primeiro exame, vamos expor ao mundo a sua degeneração auto-induzida: por que, corrompido, niilista, cínico parasita, ele foi trazido ao porto seguro de nossa clínica. Vamos mostrar as provas das blasfêmias que ele profere, da anarquia subversiva e selvagem de sua filosofia de botequim. Ouçam, agora, com toda atenção, as provas incriminadoras dos quatro Arcanjos, nos quatro cantos de sua mente.)

A rubrica do libreto descreve, em seguida:

Entra o Pregador usando terno e gravata sóbrios, segurando na mão uma grande Bíblia de capa preta, e quatro Cruzados – dançarinos que executam uma dança frenética –, enquanto as palavras dos cirurgiões e do coro de cruzados são cantadas pelo quarteto vocal eletrônico, amplificado para soar como uma multidão. São acompanhados, no palco, por uma banda militar uniformizada, cercada pela parafernália da cobertura ao vivo pela televisão: câmaras, microfones, editor de externas, equipe de iluminação, etc.

O Pregador –
   Except that you be converted
   and become as little children,
   you shall never enter
   the Kingdom of Heaven!
Cruzados e Cirurgiões –
   Pull back the veil and see the blue beyond,
   where Christ in golden glory
   waves a golden frond.
   I love Jesus
   and Jesus loves me.
   Now the veil is rent
   and I can truly see.

(A menos que você se converta e se transforme em um menininho, nunca entrará no Reino dos Céus! // Afaste o véu e veja o azulado além, onde Cristo, em sua glória dourada, agita uma dourada folha de palmeira. Amo Jesus e Jesus me ama. Agora o véu está dilacerado e posso ver de verdade.)

O primeiro cirurgião disseca o cérebro do Tolo, para "retificar" as suas falhas morais e intelectuais. O segundo examina o coração, para "consertar" os problemas morais e religiosos. O terceiro remove os testículos do rapaz, para "ajustar seu impulso sexual". Mas algo parece não ter dado certo nas cirurgias. Embora os médicos celebrem a salvação do Tolo, o *Hino à Nova Ressurreição*, entoado pelo coro, é de significado bem diferente:

Cirurgiões –
   In our perfect New Jerusalem,
   behold he rises, Resurrected Man,
   to herald the Utopian Millennium.
   All praise! Alleluia! Alleluia!

O Paciente começa a ressurgir e vai ficando gigantesco, mostrando as chagas que a selvageria dos médicos abriu nele. O grupo de rock vem para a boca de cena sob uma luz refulgente. Seus membros estão agora vestidos com roupas extravagantes e demoníacas e sua presença é ameaçadora, aterrorizante. Eles entoam a Canção da Nova Ressurreição:

   Abase yourselves, efface yourselves,
   in lowly genuflection,
   before the lofty splendour
   of my triumphant Resurrection.
   I am Buddha, Christ, Mahomet,
   all rolled into one.
   And if you can't believe in me,
   all hope for you is gone.

(Vejam como, em nossa Nova Jerusalém, ele se ergue, o Homem Ressurgido, para anunciar o Milênio Utópico! Todos cantem aleluia, aleluia!//Humilhem-se, eliminem-se, inclinem-se na genuflexão diante da Ressurreição triunfante. Sou Buda, Cristo e Maomé em uma só pessoa. E se vocês não conseguem acreditar em mim, já não têm mais esperança.)

Quando a última operação termina, a rubrica no libreto descreve:

Apesar da ausência dos testículos, que os cirurgiões removeram, o pênis do Paciente endurece lentamente, e transforma-se numa enorme metralhadora apontada para a platéia. Um tiro disparado por ela faz a cabeça do Gato-Dragão explodir, cuspindo fogo sobre a platéia como se fosse um show de luzes de discoteca.

A cirurgia produziu um monstro capaz de materializar aquilo que seus criadores realmente têm dentro de si: ódio, violência, preconceito, instinto de destruição. Enquanto ele se retira do palco, o telão projeta imagens do Anticristo saindo do túmulo. De seus olhos, jorram raios de laser e o mundo todo se consome numa luz apocalíptica. Disse Stephen Preslin, enviado do *New York Times*, na matéria de cobertura da estréia em Darmstadt:

Tome a sexualidade orgiástica, a complexidade formal e os excessos delirantes de um filme de Peter Greenaway, cruze-os com os cáusticos comentários políticos de uma ópera de Brecht e Weill, e você terá um ponto de referência a partir do qual abordar *Resurrection*.

A ópera de Maxwell Davies é, de fato, uma das mais ácidas obras de crítica social de tempos recentes. A selvagem paródia poderia facilmente tornar-se pesada e sentenciosa mas, como Kurt Weill – o modelo a que se referiu o jornalista americano –, Davies sabe como manipular esse material com toque cômico e irreverente. Ágil e engenhoso, o libreto é abertamente anticlerical. Quando o Tolo está sendo julgado, um padre lhe diz:

   For we can make the Book mean
   just anything we please,

and use it as a weapon
to bring you to your knees,
with the promise of salvation
shining on your steadfast face.
By the word of God, this Book,
we can keep you in your place.

(Pois podemos fazer o Livro significar aquilo que quisermos, e usá-lo como uma arma para te pôr de joelhos, com a promessa da salvação brilhando sobre seu rosto inerte. Pela palavra de Deus, este Livro, podemos te manter em teu lugar.)

À agressividade do texto corresponde a da música, de um ecletismo pós-moderno, fazendo colidir os estilos aparentemente mais disparatados, mas nunca ao acaso. A orquestra de câmara, os solistas e uma banda de rock misturam música atonal, paródias dos corais de Bach, baladas do período eduardiano, música de rock da década de 1960. Como nas *Eight Songs for a Mad King*, Davies obtém coerência estrutural por colocar esses diversos idiomas a serviço das necessidades teatrais. O autor da matéria no *New York Times* se pergunta "até que ponto encontramos o próprio Davies na figura do Tolo?". De fato, a idéia de *Resurrection* surgiu quando o compositor, fazendo seus estudos em Princeton – na época um bastião do serialismo –, tentava escapar dessa camisa-de-força, contaminando o atonalismo ortodoxo com elementos diatônicos e ingredientes vindos da música popular, o que era mal visto por seus colegas e professores. Uma obra "herética" como *Resurrection* pode também ser vista como o protesto do músico contra o conformismo artístico, a aceitação sem discutir daquilo que a elite acadêmica exige dos compositores e espera que eles façam. É um protesto também contra o conformismo sexual que, na década de 1990, tempos de AIDS e repressão moral, proliferava na Inglaterra de Margaret Thatcher e nos Estados Unidos de Ronald Reagan.

Um tema recorrente em *Resurrection* é a homofobia desencadeada pela hipocrisia social, religiosa e política. Numa cena particularmente memorável, três dos chamados guardiões da moralidade pública – o Policial, o Juiz e o Bispo – encontram-se num banheiro público e, enquanto defendem a moral e os bons costumes, lançam ao membro um do outro olhares disfarçados, mas concupiscentes, que desmentem a sua retidão de comportamento. Sutil, a ópera não é nem um pouco. E nem pretende ser. Mas, como o demonstrou a reação do público à estréia em Darmstadt, pode ser chocante, mas é também divertida e terrivelmente provocativa. A visão apocalíptica com que a ópera termina liga-a à cena 4 do ato I, de *Taverner*, na qual o Bobo invoca o Anticristo, para ajudar o compositor em sua caça às bruxas católicas. Para a cena da cirurgia, Maxwell Davies diz ter-se inspirado no conto *Act of Creation*, de Arthur Koestler, no qual, durante uma operação no cérebro, o paciente reage a todo o desconforto recitando para o cirurgião as típicas *nonsense rhymes* inglesas e todo tipo de disparate. Admite também ter-se lembrado, ao descrever sarcasticamente a família, da Mãe cantada por um baixo em *Os Sete Pecados Mortais*, de Weill e Brecht, que ele chama de "an inverted morality tale" (aqui, a Mãe é cantada por um contratenor). Mas, em *Resurrection*, grupos diferentes de instrumentos acompanham os discursos de cada membro da família: sopros graves, por exemplo, para os sermões do Pai. Quando o quarteto familiar se expressa, é ao som de valsas adocicadas, tocadas por instrumentos eletrônicos, celesta e *glockenspiel*.

O primeiro clímax surge quando os "pilares da sociedade", que vêm visitar a família, unem-se a ela num coral conformista apoiado por toda a orquestra, com um insólito ruído produzido pelos crótalos quando a cabeça do Tolo explode. O grupo de rock entra com um longo acorde prolongado em fita gravada, e só se retira quando é vencido pela orquestra, após terrível conflito. Metais e cordas sustentam a tensão e, quando a cortina se abre para o ato principal, um anúncio de televisão anuncia "a cura infalível para os quatro ventos da indigestão". Cada personagem é caracterizado com uma combinação diferente de instrumentos: um *fox-trot* no sax alto para o Médico que opera o cérebro; banjo e trompete para o Abade; flauta e cordas *con passione e molto vibrato* para o Homem de Negócios; tambor e trombones para o russo contrabandista de armas. Dois episódios mitológicos misturam-se, no ato I, às cenas de cirurgia, tratados como se fossem *masques* seiscentistas: *A Vitória de Pluto contra Apolo* e *O Conflito de Hera e Zeus* (na estréia, Hera tinha as feições de Margaret Thatcher e Zeus as de Michael Callaghan; numa remontagem, essas caracterizações devem ser atualizadas). As palavras dessas personagens eram cantadas dos bastidores pelo contratenor e acompanhada pela orquestra num estilo de balada do período eduardiano, tratada eletronicamente para soar como se fosse um disco velho e cheio de chiados.

O acompanhamento da operação que visa a extirpar os sentimentos religiosos do Tolo é uma paródia do estilo de John Stainer, compositor sacro victoriano, autor do oratório *The Crucifixion* (1887), até hoje muito apreciado pelos grupos corais amadores. O segundo grande clímax da ópera surge, abruptamente, quando o soprano do quarteto vocal irrompe numa coloratura delirante, que culmina num estratosférico ré sustenido maior, para celebrar a substituição do coração do Tolo por um pedaço de diamante bruto. A seqüência mais caótica, naturalmente, é a das "sexual proclivities", que termina com a remoção dos genitais da personagem. Um teatrinho de fantoches sugere o despertar da sexualidade na infância, acompanhado, em tom de pesadelo, por música eletrônica ou feita com instrumentos musicais de brinquedo. Uma "jazz dream sequence" está relacionada com várias fantasias sexuais. Durante uma cena de sapateado, um rapazinho diz para o outro:

> I could be happy with you
> if only the law allowed it
>
> (eu poderia ser feliz com você, se a lei o permitisse)

Um prelúdio coral barroco cercado de gargalhadas dos metais, e um hino patriótico *maestoso*, com intromissões valsantes straussianas, caracterizam a hipocrisia sexual do Bispo e do Juiz. Uma dança na gaita de fole acompanha a remoção dos testículos. Essa seqüência se encerra com um anúncio de televisão em que o quarteto vocal fala das vantagens do investimento imobiliário, enquanto as imagens mostradas são as do declínio das cidades, comentadas por um lamento muito sombrio da flauta.

O terceiro clímax, e o mais forte, é o da *Song of the New Resurrection*, iniciada pelo grupo de rock que, até então, mantivera-se em silêncio; e que vai aos poucos compelindo a orquestra a unir-se a seu canto de vitória, marcando a transformação do Paciente, com seu sexo-metralhadora ereto, no Anticristo ressuscitado.

No prefácio à partitura, Maxwell Davies informa ainda ter utilizado quatro temas autênticos de cantochão – *Lectentur Caeli* e *Puer Natus* (da liturgia de Natal), *Herodes iratus occidit* (do Massacre dos Inocentes) e *Victimae Paschali* (da Ressurreição) – "cuidadosa e estrategicamente distribuídos pela partitura. A partir deles são construídos sistemas de transformação harmônica quase serial, unindo a esse *modus operandi* disparatado elementos rítmicos, temáticos e harmônicos que os unificam".

O aspecto mais importante de *Resurrection* é trazer o desmentido àqueles que afirmavam ter havido uma "nova maturidade" – leia-se "acomodação" – no antigo *enfant terrible*, após a mudança para Orkney. O autor de seis sinfonias, de um dos mais inspirados concertos para violino do século XX, da série de concertos para a Orquestra de Câmara Escocesa, teria deixado para trás as ousadias do tempo de *Taverner*, transformando-se num pilar do *establishment* a partir do momento em que se envolveu intensamente com projetos governamentais de educação musical. Tudo isso é verdade, mas... devagar com o andor!

Escrita para comemorar o cinqüentenário da Welsh National Opera – o que provocou polêmica, pois não agradou aos galeses o convite ter sido feito a um inglês, de Manchester – *The Doctor of Middfay*[2] apresenta a versão contemporânea de uma antiga lenda galesa, a da Dama do Lago. A mais nova de três irmãs – que são ninfas do lago Llany-y-fan-fach, no condado de Carmarthenshire – apaixonou-se por um pastor da aldeia de Myddfai, e assumiu forma humana para casar-se com ele. Consultado, o pai da moça disse ao pastor:

> You have chosen well.
> You shall marry my daughter,
> And her sheep, and her goats,
> Her horses and her oxen,

---

2. O nome galês Myddfai se pronuncia moth (como em *mother*) + vi (como em *violet*) = móthvai.

> Her geese and her chickens
> Shall all be yours,
> But... But... But...
> This is the condition:
> If you strike her three times,
> She will return to the lake,
> With all her sheep and her goats,
> Her horses and her oxen,
> Her geese and her chickens.

> (Você escolheu bem. Vai casar-se com minha filha e suas ovelhas, bodes, cavalos e gado, seus gansos e galinhas serão seus, mas... mas... mas... com uma condição: se você a espancar três vezes, ela voltará para o lago com todas as suas ovelhas e bodes, cavalos e gado, com seus gansos e galinhas.)

O pastor concordou, levou a filha do lago para morar em sua fazenda de Esgair Llaethy, e tiveram três filhos. Embora soubesse o risco que corria, o pastor não conseguia conter seu temperamento e, todas as vezes que ficava zangado, batia na mulher. A terceira vez que isso aconteceu, a promessa se cumpriu. A dama do lago foi embora, mas legou ao marido, aos filhos e a seus descendentes, o dom de curar. Eles passam a ser os médicos de Myddfai.

Em 1861, a Welsh MSS Society publicou *The Physicians of Myddfai*, editado por Jonathan ab Ithel. Além de conter a documentação real sobre uma família de médicos de Myddfai, no Carmathenshire, cujo conhecimento passava de pai para filho, o livro mostrava também como a tradição ligada a esses profissionais fundiu-se à lenda, muito antiga no País de Gales, da existência, no lago, de uma jovem que se apaixona por um mortal (essa é a versão galesa da história da Ondina, da Loreley, da Russalka). Nas notas de programa à estréia de *The Doctor of Myddfai*, David Pountney, que escreveu o libreto e também dirigiu o espetáculo, explicou:

> Meu libreto não é o relato direto da lenda, mas usa-a como ponto de partida para a história, que se passa em algum lugar, no futuro. Na verdade, a lenda é contada três vezes, na ópera, desenvolvendo-se gradualmente e por partes.

A ação passa-se "na Europa, num futuro próximo". O atual médico de Myddfai conta a lenda à sua filha. Está muito preocupado com uma estranha doença que está devastando a região, e cuja existência as autoridades se recusam a admitir. Quem se molha na chuva contrai uma horrível queimadura, que acaba cobrindo o corpo todo. Em estado terminal, os doentes reúnem-se à beira do lago. O médico descobre que herdou os poderes de cura de seus ancestrais, e vai até o Governante, para oferecer os seus préstimos. Mas este não pode permitir que o pânico desestabilize a sua administração, e ignora a oferta. O Governante, porém, ficou preocupado. Para esquecer seus problemas, manda chamar uma garota de programa da "agência habitual". Quando a moça chega, ele se dá conta de que é o médico disfarçado. Segue-se uma confrontação violenta, num nível mais pessoal. A "moça" bate no Governante e foge. Este a persegue e, como começou a chover, molha-se e fica também infectado.

Com a doença do líder, as autoridades ficam desavoradas. Convocam uma reunião do conselho para discutir a crise, mas são interrompidos três vezes por pessoas que pedem para ser levadas até o lago, onde buscarão cura: entre elas estão o Governante e o Médico. Quando o Médico chega à beira do lago, diz ao Governante que não vai curá-lo, pois se preocupa com o coletivo, não com o individual. Ao ouvir que ele pode ter a cura, os doentes, desesperados, avançam para ele e acabam matando-o pisoteado. Quando o caos parece ter tomado conta da cidade, surge a Menina, filha do falecido Médico. Ela assume o controle da situação, e ordena ao Governante que entre dentro do lago, cujas águas curam a sua queimadura. A Menina será o próximo Médico de Myddfai.

O libreto de Pountney trata de questões candentes na Grã-Bretanha da década de 1990, e que são também pontos pelos quais Maxwell Davies sempre se bateu: a poluição do meio ambiente (a metáfora da "chuva ácida"); a negligência com que esses problemas são encarados pelas autoridades governamentais; as limitações da medicina convencional; o interesse crescente pelas possibilidades das medicinas alternativas. O eixo dramático dos dois atos é a confrontação do Médico com o Governante, realizada, musicalmente, mediante a melodia de um hino cantado em galês no início de cada ato:

> Canys Crist a aeth I'r Nefoedd
> I eistedd ar Ei santaidd sedd.
> Megis plwym yw pwysau 'nghalon,
> Megis plwm y glaw ei wedd.

(Senhor, leva-me para o Calvário/deixa-me olhar a tua cruz/tira de mim esse peso/não consigo mais suportar perda alguma.)

A partitura possui acentuada tensão e é instrumentada de maneira muito colorida, reminiscente do mundo sonoro das composições orquestrais de Davies, da época de *Taverner*. Com freqüência, ecos das linhas vocais, muito vivas, reaparecem na orquestra e são desenvolvidas de forma refinada pelos instrumentos. Muito interessante é a cena final em que, após o Governante ter entrado dentro do lago, as três ninfas irmãs surgem, cantando uma sinuosa melopéia que não passa, na verdade, de uma lista de nomes gaélicos de ervas medicinais.

*The Doctor of Myddfai* estreou no North Wales Theatre, de Llandudno, em 10 de julho de 1996. Gravado ao vivo em Cardiff pela Rádio-3, o espetáculo foi lançado pelo selo Collins (Tyrrell, Vaughan, Howard, Whelan, Howell/Richard Armstrong).

Em 16 de junho de 2000, estreou no Pickaquoy Centre, de Kirkwall, na ilha de Orkney, uma nova peça de *music-theatre*, com libreto de David Pountney, *Mr. Emmett Takes a Walk*. Mistura de história de mistério e comédia de humor negro, na melhor tradição inglesa, *Mr. Emmett* é a história de um executivo de meia-idade – um barítono – que planeja cuidadosamente o seu próprio suicídio. Os outros papéis são interpretados por um soprano e um baixo, acompanhados por um conjunto de câmara de dez instrumentistas.

A ópera tem estrutura de sonata: exposição dos temas sob a forma de números fechados; desenvolvimento numa série de episódios intercalados aos pensamentos da personagem central, enquanto esta prepara o seu plano de suicídio; e coda, finalmente, no momento em que ele segue para a estação de estrada de ferro, onde porá o plano em prática. Os temas usados nesta peça, de ritmo dramático muito vivo, são tomados de empréstimo a quatro autores: Andréa Gabrielli, Mozart e – os favoritos de Mr. Emmett – Bach e Schumann.

Compositor muito prolífico, Maxwell Davies escreveu também várias óperas e peças de *music-theatre* destinadas ao público infantil ou adolescente: *The Two Fiddlers* (1978), *Cinderella* (1980); *The Rainbow* (1981), *Jupiter Landing* (1989), *The Great Bank Robbery* (1989), *Dinosaur at Large* (1989), *Dangerous Errand* (1990), *The Spider's Revenge* (1991) e *A Selkie Tale* (1992). Dentre elas, destaquemos, a título de exemplo, *Cinderella* e *O Arco Íris*.

A ópera-pantomima *Cinderella*, "for young performers", foi cantada no Orkney Arts Theatre de Kirkwall, em 21 de junho de 1980, sob a regência de Glenys Hughes, com alunos da Papdale Primary School e da Kirkwall Grammar School. No programa do espetáculo, Maxwell Davies contava ter-se inspirado num musical sobre a Gata Borralheira, a que assistiu em Edimburgo, representado pelos alunos da St. Mary's Music School, com música incidental de Geoffrey King, professor na escola. Em conversa com a regente Glenys Hughes, esta o convenceu a compor não um musical ou opereta, mas uma verdadeira ópera, a ser cantada apenas por intérpretes jovens: uma experiência em grande escala, mais ambiciosa do que *The Two Fiddlers* que, em 1978, ele tinha preparado para a Kirkwall Grammar School. Na partitura, vem especificado:

> Todos os papéis são escritos no registro da voz infantile que ainda não passou por modificação, de modo a poderem ser feitos por meninos ou meninas. Seria interessante se as três Irmãs Feias fossem feitas uma oitava abaixo, por garotos cujas vozes já estejam mudando. O papel do Arauto inclui um si bemol agudo que pode, em caso de necessidade, ser abaixado em uma oitava.

O libreto é escrito de modo a que o texto possa ser adaptado, fazendo referências a situações, personagens ou circunstâncias do local onde a ópera esteja sendo apresentada. A *Cinderella* de Davies começa no momento em que a personagem-título chega, de trem – cujos ruídos são simulados pelo coro infantil –, para trabalhar como criada na casa da Viúva Ranzinza:

> I've to stay with Widow Grumble
> whom I have never seen.
> She has three grown-up daughters
> who are said to be quite mean,
> and rude to their au pair girls.
> That's most inconsiderate.
> I wish I were at home,
> watching tele with my cat.

(Tenho de ficar na casa da Viúva Ranzinza, a quem nunca vi. Dizem que as três filhas adultas dela são muito mesquinhas e grosseiras com suas empregadas. Eu gostaria era de estar em casa, assistindo televisão com o meu gato.)

No original, naturalmente, havia muitas alusões a Kirkwall, às suas instituições e habitantes. As Ugly Sisters chamam-se Medusa, Hecate e Dragonia. Na mesma festa em que Cinderella casa-se com o Príncipe, elas desposam, como prêmio de consolação, três militares caricaturais que estavam no baile, e representam as três armas das gloriosas Forças Armadas britânicas: o marechal-de-campo Sir Wellington Bombast Blimp; o lorde almirante Sir Nelson Drake Victory; e o comandante-em-chefe da Royal Air Force, Lord Delta-Wing Vertical Take-Off. "É um castigo muito significativo para todos os envolvidos", comenta Maxwell Davies.

Como o orçamento do St. Magnus Festival é limitado, cenas elaboradas de metamorfose, como a da abóbora que se transforma em carruagem, tinham de ser evitadas. Na versão de Davies, é o Gato – sempre maltratado pelas Irmãs Feias – quem recompensa Cinderella pela sua bondade. Convoca os gatinhos, seus filhotes, e eles trazem o vestido, as jóias, os sapatinhos de vidro. Num elaborado número de dança executado por crianças fantasiadas de gatinho, eles paramentam Cinderella e, em seguida, puxam até a porta do palácio a sua carruagem coberta de papel prateado.

O baile, no ato II, é o ponto musical culminante, com suas seqüência de danças: uma dança folclórica de Orkney para toda a companhia; um número em estilo de *discothèque* que as Irmãs Feias dançam com os garçons; uma elegante valsa para Cinderella e o Príncipe. Ao toque da meia-noite, não só Cinderella deixa para trás seu sapatinho, mas as irmãs também perdem alguma coisa: Medusa, a dentadura; Hecate, a peruca; e Dragonia, os volumosos seios postiços – é com eles que os militares, candidatos a noivos, as identificam.

A partitura, muito melodiosa, imitando vários estilos de comédia tradicional, é escrita para cordas, flautas doces, em alguns números um trompete, e um piano, cujo papel é muito importante. *Cinderella* requer seis percussionistas, que executam os mais variados instrumentos: *glockenspiel*, xilofone, flexatone, diversos tipos de apito, sinos tubulares, bongô, blocos de madeira, tambor, maracas, castanholas, címbalos suspensos, triângulo, cincerros, tam-tam e *dijeridu* (instrumento primitivo dos aborígenes australianos, que produz um som rouco). Davies especifica:

Todas as partes instrumentais são escritas para estudantes não-especializados. O pianista precisa ter estudos mais avançados, mas a partitura contém algumas sugestões de modificação do dedilhado, caso o jovem instrumentista possua mãos pequenas.

Davies encerra suas notas de programa dizendo: "E tudo termina da forma mais alegre, como se espera que aconteça em uma ópera-pantomima".

*The Rainbow*, "a music-theatre work for young performers", também tem libreto do próprio Maxwell Davies, dedicado aos alunos da Escola de Stromness, na ilha de Orkney, e conta as aventuras de Pat, expulso da classe por estar bocejando na aula de um professor terrivelmente aborrecido. Em suas andanças por Stromness, fazendo hora para chegar em casa, de modo a que seus pais não desconfiem do que aconteceu na escola, Pat tem curiosos encontros com animais falantes: uma foca, um asno e um cachorro.

A estréia foi em 20 de junho de 1981, no Academy Hall de Stromney, com alunos da escola primária regidos por Janet Halsal. Incluindo canções, coros, danças e interlúdios, a partitura é escrita para piano e violino, tocados por adultos, flautas doces e percussões, executadas pelas crianças. Davies pede *glockenspiel*, sineta de bicicleta, buzina, blocos de madeira, pandeiro, castanhola, címbalos suspensos, tambor, tam-tam, num total de seis percussionistas. O tom da peça é, de acordo com o crítico do jornal *The Scotsman*, "amável, divertido, levemente subversivo".

Em 9 de março de 2004, ao ser anunciada a escolha de Sir Peter Maxwell Davies como o novo Master of the Queen's Music, David McKie, do *Guardian*, escreveu:

Esta decisão será calorosamente aplaudida pelo mundo musical. Embora alguns de meus colegas encarem esse cargo como um anacronismo, outros, entre os quais me incluo, vêem isso como uma oportunidade para elevar o perfil da música séria. [...] Entre os compositores da minha geração, há um certo temor de que o emprego seja um cálice envenenado; que ele possa engessar a criatividade e conferir uma aura de *establishment* que provoque ressentimento e inveja. É exatamente por isso que Max é o candidato ideal. Está na vanguarda da composição, neste país, há meio século [...], é um maravilhoso animador cultural, que gosta de trabalhar com crianças e músicos não-profissionais – um homem voltado para a vida comunitária, que sabe galvanizar as pessoas e fazê-las agir.

## Birtwistle

É muito grande a contribuição de Sir Harrison Birtwistle – nascido em Accrington, no Lancashire, em 1934 – para o desenvolvimento da ópera inglesa na fase pós-Britten. Vimos como esse compositor, formado em 1955 no Royal Northern College of Music, foi um dos fundadores do New Music Manchester Group, ao lado de Goehr, Maxwell Davies, Ogdon e do regente Elgar Howarth. No entanto, embora a princípio fosse, dentro do grupo, o adepto mais radical do serialismo estrito, Birtwistle causou controvérsia, em 1957, ao publicar *Refrain and Chorus*, para quinteto de sopros, pois sua linguagem eclética era um sinal claro de que as teorias de Webern não o satisfaziam mais integralmente. *Monody for Corpus Christi* (1959), para soprano, flauta, violino e trompa, abre uma série muito variada de peças para voz e instrumentos. Essa será a sua forma preferida de se expressar, em *Narration: the Description of the Passing of a Year* (1964), para coro a cappella, por exemplo; em *Ring a Dumb Carillon* (1965), para soprano, clarineta e percussão; ou, mais tarde, em *Meridian* (1971), para meio-soprano, trompa, violoncelo, coro de seis sopranos e conjunto de câmara de onze músicos.

Birtwistle iniciou a carreira como professor de música no secundário, até que, em 1965, uma bolsa da Harkness permitiu-lhe ir aperfeiçoar seus estudos na Universidade de Princeton. Ao retornar dos Estados Unidos, deu início à carreira teatral com *Punch and Judy*, motivo de escândalo na noite da estréia, no Jubilee Hall de Aldeburgh, em 8 de junho de 1968. No meio do espetáculo, Benjamin Britten e Peter Pears ergueram-se de seu camarote, e saíram em sinal de protesto. Uma das resenhas referiu-se à "comical tragedy or tragical comedy" escrita por Stephen Pruslin, dizendo que ela era "ofensiva de um modo quase gratuito". Outra descreveu-a como "as birras de bebê subjacentes à nossa sociabilidade civilizada". Birtwistle, por sua vez, afirma que a ópera é o foco central de sua produção, e dela derivam várias outras produções suas. A música tem a energia expressionista das peças de *music-theatre* compostas na década de 1960 – a de *Eight Songs for a Mad King*, de Maxwell Davies, por exemplo – e possui a mesma intriga estilizada, centrada na violência como forma essencial de expressão (tendo, nesse sentido, fortes pontos de contato com um dos livros mais marcantes na Inglaterra da década de 1960, *A Laranja Mecânica*, de Anthony Burgess, mais tarde filmado por Stanley Kubrick).

A estilização começa com a escolha dos protagonistas, as conhecidas personagens do teatro de marionetes inglês, Punch e Judy, cujas historinhas granguinholescas sempre contêm elementos muito violentos. O desejo de destruição de Punch o faz cometer quatro assassinatos (os Melodramas), ligados, por sua vez, a seu desejo de possuir Pretty Polly, que o leva às quatro Buscas, todas mal-sucedidas. No final, Punch perceberá que é só escapando das regras de seus próprios jogos que ele conseguirá o amor de Polly.

A peça divide-se em nove seções, com prólogo e epílogo. Quatro das seções são os Melodramas, e as outras quatro as Buscas. A ação é introduzida pelo Choregos, o dono do teatrinho no parque, que o está abrindo para dar início à função. No Melodrama I, Punch entra carregando um bebê, canta para ele uma canção de ninar e, em seguida, emitindo o grito de guerra que precede todos os seus crimes, joga-o no fogo. Judy entra, encontra o bebê morto, enfrenta Punch num jogo de trocadilhos, e ele a mata. Embarca na primeira Busca por Pretty Polly, faz a jornada para o Leste, canta uma gavota como serenata para ela, mas Polly rejeita o girassol que ele lhe oferece, dizendo: "The flaw in this flower is a flicker of flame" ("A falha nessa flor é o flutuar da flama").

No Melodrama II, Punch submete o Advogado e o Médico a enigmas técnicos e os deixa embatucados. Apunhala o Médico com uma seringa e o Advogado com a ponta de uma caneta. A segunda Busca o leva para o Oeste, montado em um cavalinho de pau. Pretty Polly dança ao som da allemande que ele toca mas, quando Punch lhe oferece uma pedra preciosa, ela a joga fora.

Choregos é a vítima do Melodrama III. Punch o "coroa", quebrando na sua cabeça o trompete e o tambor. Tranca-o, em seguida, na caixa do contrabaixo. Dessa vez, porém, quando o criador de Punch cai morto de dentro da caixa, o grito de guerra fica estrangulado na garganta do fantoche. Nesse ponto, começa o Pesadelo. Punch viaja para o Norte, onde suas vítimas, juntando-se a Judy vestida como a Cartomante, e Polly disfarçada de Feiticeira, tentam vingar-se dele. O cavalinho de pau lhe permite fugir do Pesadelo. Mas, na terceira Busca, viaja para o Sul, toca uma apaixonada pavana, e Polly sequer aparece.

Disfarçado como Jack Ketch, o famoso carrasco, Choregos volta a enfrentar Punch no último Melodrama. Julga-o e condena-o à morte mas, no último momento, Punch engana o carrasco, pedindo-lhe que teste o laço em seu próprio pescoço: Ketch enforca a si mesmo. Nesse momento, na última Busca, que se intitula "Punch Triumphs", Polly aparece e, finalmente, junta-se a Punch numa *maypole dance*.

Apesar da violência de cada cena, há momentos de grande lirismo e humor em *Punch and Judy*. A oração que se repete, "Let the winds be gentle, let the seas be calm" ("Que os ventos sejam suaves e os mares, calmos"), e as palavras que precedem cada assassinato, "The sweetness of this moment is unendurably bitter" ("A doçura deste momento é insuportavelmente amarga") são pausas delicadas, distensões que funcionam como balizas para os diversos segmentos. Cada um deles tem também sua cor própria, seu ritmo de dança, seu tipo de jogo. Há grande variedade de timbres vocais, dos quais Birtwistle extrai efeitos dramáticos e de colorido muito especiais: barítono agudo (Punch), meio-soprano (Judy), soprano coloratura (Polly), baixo-barítono (Choregos), baixo profundo (Médico), tenor ligeiro (Advogado). Combinações sonoras muito flexíveis são obtidas com o conjunto de câmara no fosso – quinteto de cordas, trompete, trombone, harpa e percussão – ou com o grupo de instrumentistas que fica no palco e participa da ação: flauta e picolo, oboé, oboé d'amore, clarineta, saxofone e harmônio.

O selo Etcetera relançou, em CD, em 2004, a gravação Atherton, de 1980 (Bryn-Julson, De Gaetani, Langridge, Roberts, Wilson-Johnson, Tomlinson), originalmente pertencente à Decca.

*Punch and Judy* foi logo seguida por *Down by the Greenwood Side*, que tem com ela vínculos fortes: figuras emblemáticas, narrativa baseada em teatro de bonecos, e a imagem de morte-ressurreição-vida nova. Duas fontes forneceram a Michael Nyman, autor do libreto, material para essa "pastoral dramática", estreada em 8 de maio de 1969, no West Píer Festival Pavillion, de Brigton: uma peça de bonecos tradicional e o poema popular *The Ballad of the Cruel Mother* – cujo refrão fornece o título da obra.

A ação descreve a luta entre São Jorge e o Cavaleiro Negro. São Jorge é derrotado e morto duas vezes; e é revivido, primeiro pelos estranhos cuidados médicos do Dr. Blood; depois pela mágica de Jack Finney, o Cavaleiro Verde. Os poderes naturais dessa personagem, símbolo da força recriadora da primavera, contra a destruição trazida pelo inverno, permitirão finalmente ao herói vencer seu inimigo. Todas as personagens vestem-se com as roupas dos fantoches dos teatrinhos de feira, ou do tipo que se vêem em parques públicos e nas quermesses. A peça é presidida e orientada pelo Father Christmas (o Pai Natal). Todas as personagens falam; e o "Green Man" é representado por um mímico. Só a enigmática figura de Mrs. Green canta. Ela é a Mãe Cruel, e intercala à ação várias versões diferentes da balada em que conta como matou seus dois filhos ilegítimos, "down by the greenwood side" ("ali perto do bosque"). Anos mais tarde, passando pelo local, vê duas crianças nuas e lhes diz que, se fossem filhos dela, lhes daria belas roupas para vestir. As crianças, lívidas, exangues, lhe respondem: "When we were yours, you drest us in our own heart's blood" ("Quando éramos seus, você nos vestiu com o sangue de nossos próprios corações"). O vínculo dramático entre as duas histórias se estabelece na última cena, quando Father Christmas e as demais personagens atraem Mrs. Green para uma animada dança, reminiscente dos rituais pagãos do festival de maio, com que se celebrava a chegada da primavera. A força "verde" da vida venceu finalmente a morte e a escuridão do inverno, representadas pelo Cavaleiro Negro e seu poder de destruição.

A partitura é escrita para um conjunto de nove instrumentistas, que acompanha Mrs. Green em suas intervenções cantadas, e faz a música de fundo para as cenas de teatro falado das demais personagens. As linhas melódicas consistem em notas sustentadas, que se alternam com acordes contendo grandes saltos de oitava, na forma de seções ostinato, que se modificam por um sistema de modulação, dependendo das necessidades teatrais. *Down the Greenwood Side* é uma daquelas peças cuja designação como ópera foi vigorosamente discutida e contestada pela crítica tradicional, na época da estréia. E é também uma daquelas peças que nos mostra como, no século XX, esse conceito se ampliou, tornou-se extenso e variável. Já não é mais possível, hoje, chamar de ópera apenas a forma narrativa com começo, meio e fim que nos foi legada pela tradição romântico-naturalista.

Já *Bow Down*, cantada no Cottesloe Theatre, de Londres, em 5 de julho de 1977, é uma típica peça de *music-theatre*, equilibrando-se na fronteira tênue entre o espetáculo cênico e a obra de concerto. Em 1975, Birtwistle fora escolhido como o primeiro diretor musical do National Theatre, cargo que conservou até 1983 (permanecendo depois, por mais cinco anos, como diretor assistente, prestando consultoria a seus sucessores). *Bow Down* foi o primeiro resultado do trabalho coletivo entre atores e músicos dessa companhia de teatro falado.

A peça pode ou não ser encenada, pois Tony Harrison, o autor do texto, tomou como ponto de partida a balada inserida em *Down by the Greenwood Side*. Usando as diversas versões existentes da balada anônima que dá título a essa obra, entregou-as a cinco declamadores. Birtwistle escreveu para elas um acompanhamento feito por cinco instrumentistas, que tocam flautas de bambu, gaita, oboé, apito e percussões. As técnicas vocais, muito variadas, vão do sussurro com a boca fechada ao canto, passando pela fala, o grito, o arioso – mas sem exigir dos intérpretes formação lírica. É música para ser cantada por atores de teatro. Movimentos coreográficos também pontuam e comentam a narrativa. *Bow Down* é uma espécie de corolário de *Down the Greenwood Side*, como se um aspecto particular de sua narrativa fosse olhado sob uma lente e ampliado. É também uma parada, um tempo de reflexão antes da obra mais ambiciosa de Birtwistle.

A tragédia lírica *The Mask of Orpheus* tomou-lhe seis anos, em duas etapas, para ficar pronta. Os atos I e II foram escritos entre 1973-1975; só entre 1981-1984 o autor retomou e terminou o ato III. Apesar de sua evidente complexidade, *A Máscara de Orfeu* despertou a admiração do público ao ser encenada, em 21 de maio de 1986, no Coliseum de Londres.

O mito do poeta que vai ao Inferno buscar a sua amada sempre fascinou os operistas, desde a *Eurídice,* de Jacopo Peri ou *La Favola d'Orfeo*, de Claudio Monteverdi, até as versões modernas de Malipiero, Krenek e Milhaud, passando por autores tão diversos como Gluck, Haydn ou Offenbach. Na tragédia lírica de Birtwistle, o poeta é o ponto de partida para a exploração da origem e da natureza da linguagem, da música, da poesia, do mito. A obra consegue criar suas próprias formas dramáticas e musicais – árduas e um tanto herméticas, sem dúvida alguma, mas sem banalidade ou esnobismo. Peter Zinovieff, o libretista, chama a atenção para o uso intencional da palavra *mask* no título:

> Ela quer sugerir uma leve ligação com o *masque* elizabetano, que combinava música, dança, poesia, cenografia e efeitos teatrais, para contar histórias mitológicas e tratar de assuntos alegóricos.

O selo NMC possui a gravação de 1996 (Garrison, Bronder, Rigby, Owens, Opie), feita pela BBC e regida por Andrew Davies e Martyn Brabbins. Esse registro é testemunho da extrema complexidade dessa obra difícil, de árdua assimilação, mas fascinante em sua riqueza de invenção. A interrupção entre o ato II e o III ocorreu ao fracassar, em 1975, o projeto de encenar a ópera no Festival de Glyndebourne. Desistindo dele, Birtwistle reutilizou parte do material em duas peças instrumentais, *Nenia: the Death of Orpheus* e *On the Sheer Threshold of the Night*. Seis anos depois, retomou a ópera inacabada, descrevendo esse trabalho como "o pior período de minha vida". Mas a interrupção não foi prejudicial à obra. Na década de 1980, quando foi estreada, havia condições muito melhores de aceitação do que dez anos antes pois, nessa época, *A Máscara de Orfeu* já tinha, a lhe fazer companhia, espetáculos marcantes, que deram rumo novo à produção operística: *Os Soldados*, de Bernd-Alois Zimmermann, *Os Demônios de Loudun*, de Krzysztof Penderecki, *Saint François d'Assise*, de Olivier Messiaen, *Donnerstag aus Licht*, de Karlheinz Stockhausen, *La Vera Storia*, de Luciano Berio, *Nixon in China*, de John Adams, entre outras. A partitura de Birtwistle coloca-se como um título-chave no desenvolvimento da ópera de pós-guerra, na medida em que ampliou as fronteiras do teatro lírico com sua criativa fusão de música, canto, teatro, mímica e sons eletrônicos.

Chamá-la de ópera nos faz, uma vez mais, bater de frente com os adeptos do conceito tradicional, que não encontram nela os elementos a que estão habituados. Na verdade, da mesma forma que *Le Grand Macabre* – que Ligeti chamou de *Opernhaus-Stück*, "peça para teatro de ópera" –, ou a "azione scenica" *Intolleranza*, de Luigi Nono, *The Mask of Orpheus* é uma obra de "teatro total", que transcende as limitações do rótulo. Sua linhagem é a da *Gesamtkunstwerk* ("a obra de arte total") wagneriana, a da tetralogia do *Anel*, com a qual possui pontos em comum: escala épica, tema mítico, técnica de contar a mesma história de pontos de vista diferentes, origem estrutural na tragédia grega. Ainda assim, Birtwistle continua fascinado pelo fenômeno da ópera enquanto ritual pois, como ele próprio diz: "Na ópera, há certas coisas que você não precisa justificar; e uma delas é a forma".

Nesse sentido, *A Máscara de Orfeu* tem em comum com *Punch and Judy* a estrutura de números autocontidos, organizados em ciclos rituais repetitivos. *The Mask* é meticulosamente dividida em 126 dessas unidades autocontidas. O nó central da partitura são as "trindades de ação": três Cerimônias, três Duetos de Amor, três Fórmulas Mágicas, três Hinos Órficos, três Árias Históricas, e assim por diante. Essas trindades freqüentemente se encavalam, ou acontecem simultaneamente. Embora essa técnica implique repetições literais de material musical – fornecendo com isso balizas de audição ao espectador – os eventos recorrentes, como por exemplo o suicídio de Orfeu, são sempre alterados ou distorcidos cada vez que reaparecem, dependendo de estarem sendo profetizados, observados, ou lembrados – ou seja, acontecendo no futuro, no presente ou no passado. Mas o próprio Birtwistle aponta as diferenças entre *The Mask* e *Punch and Judy*:

> Eu desejava inventar um formalismo que não dependesse da tradição, como no caso de *Punch and Judy*. Em *The Mask of Orpheus*, não queria mais olhar para trás, e sim criar um mundo formal que fosse inteiramente novo.

O estilo musical da *Máscara de Orfeu* é consideravelmente mais denso e complexo do que o das obras anteriores de Birtwistle para o palco. Mas o tom dramático é muito variado, desde o lirismo das cenas de amor muito ternas entre Orfeu e sua amada, até os momentos de horror e emoção concentrada – um dos mais fortes é o grito de medo do Oráculo da Morte, quando Orfeu está tentando lhe ensinar a cantar. Ao longo da ação, três versões diferentes da figura de Orfeu, Eurídice e Aristeu, as personagens principais, aparecem lado a lado: a humana, a heróica e a mítica. Elas são representadas, respectivamente, por um cantor, um mímico e um boneco cantante de grandes dimensões. As três personificações usam máscaras, para enfatizar a estilização – idéia que foi sugerida a Birtwistle pelo teatro Nôh; e por sua colaboração com o diretor Peter Hall, ao escrever a música incidental para a *Orestíada* que ele montou no English National Theatre. O Homem representa o passado, o que realmente aconteceu e já está dentro de limites conhecidos. O Herói simboliza o futuro, o possível, o desejo e o sonho. O Mito é tudo aquilo que o ser humano tem em si de eterno, perma-

Sir Harrison Birtwistle, o autor das renovadoras *Punch and Judy, The Mask of Orpheus* e *Gawain*.

nente, arquetípico. Reviver os acontecimentos significa, portanto, entrelaçar memória, esperança e tempo.

Assistimos a duas tentativas simultâneas de sedução de Eurídice por Aristeu. Numa, a esposa de Orfeu faz o jogo e se entrega sensualmente ao amigo do marido. Na outra, recusa e é violentamente estuprada. Sua morte, portanto, tem o duplo significado de retribuição e libertação. Mais tarde, o Orfeu humano "lembra-se" dessa cena, no momento em que o homem Aristeu lhe mostra apenas a sedução de Eurídice pela figura heróica de Orfeu. Essa forma de tratar os acontecimentos abre constantemente novas possibilidades de interpretá-los. É difícil fazer a síntese de uma obra que faz abordagem tão multifacetada do mito de Orfeu. Versões diferentes dos episódios são mostradas e reapresentadas de perspectivas variadas, na culminação de uma técnica que Birtwistle já vinha desenvolvendo em suas óperas anteriores. Cada ato centra-se, porém, num foco narrativo: o casamento de Orfeu e a morte de Eurídice no I; a descida do poeta ao mundo subterrâneo no II; a invenção da linguagem e o nascimento dos rituais órficos no III.

O *parodos* do ato I passa-se ao nascer do sol. Apolo confere o dom da palavra, da poesia, da música a Orfeu, seu filho com a ninfa Calíope, adotado pelo rei Oegrus. Entrega-lhe a lira, instrumento tosco que Hermes fabricara, com a casca de uma tartaruga servindo de caixa de ressonância, e tripas de vaca formando as cordas. Orfeu acrescenta duas cordas novas às cinco originais, inventa o plectro para tangê-las, e torna a lira muito mais expressiva. Com ela, entoa canções que produzem efeito mágico sobre as árvores, os animais, as pedras. Na primeira tentativa que faz de falar, Orfeu evoca a viagem que fez no *Argos*, o navio em que Jasão, na companhia de um grupo de heróis – os argonautas – foi à Cólquida, em busca do Velocino de Ouro. As palavras ditas pelo poeta eram tão poderosas que, segundo a lenda, tiveram de ser guardadas em segredo, e foram esquecidas. Os cultos órficos tentaram reconstituí-las mediante procedimentos cabalísticos porque, segundo se acreditava, elas continham o significado da vida, do amor e do universo.

Depois do *parodos*, o ato I divide-se em três cenas. Na primeira delas, Orfeu apaixona-se por Eurídice – cujo nome significa "justiça universal" – e lhe faz a corte. Seu casamento, porém, é marcado por maus pressentimentos, apesar das canções de amor do poeta à sua noiva. O deus Himeneu chega atrasado, sua tocha fumega demais, arrancando lágrimas dos olhos de todos, e uma ave de mau agouro cobre o sol com suas asas negras. Orfeu tem um angustiante sonho premonitório, cheio de imagens violentas. A segunda cena mostra duas versões diferentes da morte de Eurídice. Na primeira, ela se deixa picar no tornozelo por uma serpente, para punir-se por ter-se deixado seduzir por Aristeu, às margens do rio Enipeu. Na segunda, é picada acidentalmente, ao fugir correndo pelo campo, depois que Aristeu a violentou. As naiades do rio castigam o estuprador, fazendo morrer as suas abelhas e secar as oliveiras de que ele extraía o azeite. Orfeu tenta desesperadamente reviver a mulher mas, pela primeira vez, a sua mágica falha, e Apolo não vem em seu socorro.

Vemos o funeral de Eurídice, na cena 3, do ponto de vista de Orfeu. Em seguida, ele vai consultar o Oráculo da Morte – cantado por um soprano muito agudo. O Oráculo mora numa caverna dentro da qual fica a entrada para o mundo subterrâneo. O poeta quer saber se deve ir buscar a mulher no mundo subterrâneo. O Oráculo dá-lhe três enigmáticos conselhos: "Always face the way of the sun... choose without choosing... never talk directly" ("Sempre olhe na direção do sol... escolha sem escolher... nunca fale diretamente").

Após ter assistido, em sonho, a uma nova versão, de pesadelo, da morte de sua mulher, Orfeu faz, durante o ato II, a jornada pelos dezessete arcos do mundo subterrâneo. Cada um desses arcos possui um nome simbólico, referente a um de seus atributos ou às situações básicas da trama: o Campo, as Multidões, o Cair da Tarde, os Agonizantes, as Asas, a Cor, o Segredo, o Vidro, as Construções, o Clima, os Olhos, as Facas, os Animais, a Corda, a Ordem, o Medo. Os arcos – que Zinovieff desenha, no libreto, como se fossem os pilares de sustentação de um aqueduto – são dezessete, o mesmo número de versos que há na "Song of Magic" de Orfeu. Mas os autores não sugerem que essa ponte com arcos, de que traçam a imagem no libreto, seja mostrada em cena. Ela é uma estrutura abstrata, que simboliza e organiza a ida e volta de Orfeu, em sua viagem ao mundo subterrâneo. Os arcos do aqueduto, e a idéia de água correndo que trazem consigo, são uma alegoria do tempo fluindo, obsessão de Birtwistle desde a sua primeira grande obra orquestral, a que deu o título de *The Triumph of Times*, tomado de empréstimo ao quadro de Brueghel. O tempo flui sob o sétimo arco – o Segredo –, do passado para o presente; da mesma forma, o futuro está contido na água que flui dos Agonizantes para o arco das Multidões; e assim por diante.

Orfeu canta para Caronte e consegue cruzar o Estige; traz lágrimas aos olhos das Fúrias com o seu canto; ouve dos Juízes da Morte a previsão de seu próprio falecimento; passa pelos mortos que sofrem na outra vida. Finalmente, chega diante dos três dirigentes do mundo subterrâneo, Hades, Perséfone e a Deusa das Bruxas (na realidade, reincarnações grotescas de Eurídice, dele mesmo e do Oráculo da Morte). Escapa desses espectros e começa a viagem de volta, acreditando que Eurídice o está seguindo. Mas quem vem com ele são as substitutas da esposa real, Perséfone e a Eurídice heróica. Ao cruzar de novo o Estige, Orfeu percebe que a personificação de Eurídice que o acompanha é incapaz de fazê-lo. Certo de que a perdeu para sempre, enforca-se. Só nesse momento nos damos conta de que a visão que o poeta tinha da esposa morrendo, e a própria jornada que fez ao subterrâneo para resgatá-la, foram frutos de um sonho produzido por sua mente exausta, traumatizada pelo sofrimento. Quando Caronte recolhe os despojos das três encarnações de Eurídice e os leva embora, Orfeu acorda desse sonho.

Nove episódios, unificados pela imagem do movimento de fluxo e refluxo da maré, constituem o ato III. Nos três primeiros, o tempo flui às avessas, de modo que o retorno de Orfeu do mundo subterrâneo, a descida às profundezas, e a morte de Eurídice sejam reencenadas de trás para diante, como se estivéssemos assistindo a um filme que está sendo rebobinado. Depois, a maré se inverte: o tempo flui para a frente e, nos três episódios seguintes, vemos Orfeu voltar do mundo subterrâneo, cantando uma ode aos animais. Por ter renegado o amor, ao achar que perdera Eurídice para sempre, o homem Orfeu é morto pelo raio de Zeus; e o Orfeu mítico é despedaçado pelas bacantes, as frenéticas sacerdotisas do culto dionisíaco. Na última seqüência de três cenas – sempre esse número mágico! –, o tempo flui para o futuro, no qual Orfeu transforma-se num objeto de culto. A sua cabeça canta, flutuando no rio em que as bacantes o atiraram. E o Orfeu mítico transforma-se num oráculo, que é finalmente silenciado por Apolo, pois ele, um homem, não pode aspirar a igualar-se aos deuses.

No último episódio, o tempo começa novamente a fluir para trás, e vemos as sacerdotisas dionisíacas sacrificando Orfeu e devorando a sua carne, num ritual carregado de erotismo. Se o *parodos* da tragédia mostrou o nascimento do mito, o *exodos* acena para seu declínio, ao mostrar o sacrifício cruento que Aristeu executa, em memória do poeta. Na carne apodrecida do touro que imolou, voa um enxame de abelhas. Este é o sinal de que os deuses lhe foram propícios e o perdoaram pelo papel de vilão que desempenhou nessa história trágica.

Preocupação central, na obra de Birtwistle, é a função, o significado e o poder do mito, revelando interesse maior do artista pelas experiências coletivas do que pelas emoções individuais (embora estas também estejam presentes em algumas de suas personagens). A caracterização convencional das personagens não lhe diz muito, ou raramente ele a faz. Quando Orfeu morre, de diversas maneiras diferentes, isso não nos toca do modo habitual. Sabemos que este não é um ser humano individualizado, num momento e lugar particular, mas uma síntese, um *Everyman*, como diziam os dramaturgos medievais (e também porque a música, muito rarefeita, atua como um elemento distanciador, que "esfria" o lado lírico, das emoções, transferindo-nos para uma dimensão épica, reflexiva). O próprio Zinovieff, na introdução ao libreto, diz que Orfeu não existiu como um indivíduo isolado, e sim como uma herança coletiva. E é por isso que vemos compactada, em uma só obra, múltiplas versões da lenda, como se as estivéssemos assistindo, refletidas em um espelho quebrado, ou na superfície agitada de um lago.

Trabalhando com o mito, Birtwistle fica livre das responsabilidades da narrativa convencional, vinculada em especial a um conceito linear, cronológico, de tempo. Como no teatro grego, compositor e libretista partem do princípio de que a platéia está familiarizada com os elementos básicos da história. Na verdade, a figura de Orfeu é de importância relativa – tanto que, na origem, Zinovieff e ele tinham pensado num libreto baseado na lenda do Fausto. O que interessa é o ritual, as estruturas repetitivas, a narrativa em três dimensões, que estarão presentes na produção de Birtwistle, também nas obras não-operísticas, desde *Verses for Ensembles*, de 1969, até *Endless Parade*, do final da década de 1980.

Essencial, na construção da *Máscara de Orfeu*, é o seu componente eletrônico. Em cada ato, a estação do ano em que se passa a ação é sugerida por um véu sonoro – uma "aura", no dizer de Birtwistle – de sons eletrônicos, que funcionam como uma espécie de pano de fundo para a música que vem da orquestra. A aura do verão, nos atos I e III, inclui referências descritivas claras ao zumbido das abelhas que, segundo a lenda, Aristeu foi o primeiro a criar, para que fornecessem mel e cera aos homens. No ato III, o movimento das ondas, associado ao fluxo do tempo, é sugerido por um pedal da nota mi oscilando em intensidade.

A voz grave e incorpórea de Apolo, que se faz ouvir em diversos pontos da ópera, foi criada no laboratório de música eletrônica do IRCAM, em Paris, sob a orientação de Barry Anderson. O deus fala uma língua inventada, cujas palavras combinam as sílabas dos nomes de Orfeu e Eurídice. Na cena inicial, quando concede ao filho a fala e o dom da poesia, o deus lhe ordena várias vezes "Ofofarif!" (lembra-te) e "Dreid!" (fala). Ao abençoar o amor do filho por Eurídice, repete "Rufi!" (amor) e "Rufi as-rì dì" (foi o Amor quem o fez). No ato III, ao voltar do subterrâneo, o homem Orfeu canta, nessa língua sagrada, a terceira versão de sua "Song of Magic", querendo assim igualar-se a Apolo, seu pai. É por esse motivo que o deus o castiga com o silêncio.

Além disso, há seis pontos, ao longo da ópera – duas vezes três, balizando simetricamente o desenrolar do espetáculo – em que a ação se interrompe, para que mitos gregos sejam representados por um grupo de mímicos. Eles o fazem em *masques*, cujo acompanhamento são curtas peças eletrônicas. Três desses interlúdios se intitulam "Flores Alegóricas da Razão": Adônis, Jacinto e Lótus, representando o impulso apolíneo. Os outros três chamam-se "Nuvens Passageiras do Abandono": Dionísio, Licurgo e Penteu, representando o impulso dionisíaco. A música para esses interlúdios baseia-se em quatro acordes da harpa (a lira de Orfeu), sintetizados e alterados pelo computador. É natural que essa tragédia lírica se encerre com o som da harpa que, de diversas maneiras, do nascimento à morte, foi a companheira de Orfeu.

Contar em palavras a história da *Máscara de Orfeu* é, em si mesma, uma tarefa votada a nunca se realizar perfeitamente, pois isso significa tornar linear e compreensível uma peça que, por princípio, não se preocupa nem com uma coisa nem com a outra. Da mesma forma que o *Ulysses* ou o *Finnegan's Wake*, de Joyce, a ópera de Birtwistle – muito longa, lenta e de música esparsa – não é fácil de assimilar. Mais do que isso: independe da noção de gostar ou não gostar, que vem normalmente atrelada a nosso contato com a obra de arte. Mesmo quando a reação a ela é de perplexidade, é necessário reconhecer que se trata de uma das mais notáveis produções do teatro lírico no século passado.

Um conto folclórico do norte da Inglaterra serviu de base a Tony Harrison para o libreto de *Yan Tan Tethera*, encomendada em 1984, pela BBC, para exibição na televisão; mas estreada no Queen Elizabeth Hall, em 7 de agosto de 1986. O título, que significa *Um, Dois, Três* no dialeto da região, refere-se ao sistema de contagem dos rebanhos ali utilizado.

Alan, um pastor nortista, vem para o sul trazendo duas ovelhas. Casa-se com Hannah, a sua criação próspera, e a mulher dá à luz dois gêmeos. Isso enche de inveja o seu vizinho Caleb Raven, e ele pede a ajuda do Bad'un (o Maligno), figura diabólica que anda pelos campos vizinhos, tocando uma flauta de Pan. Pede-lhe que seqüestre Hannah e os seus dois filhos. Eles só serão libertados sete anos depois, e Caleb Raven será punido por seu crime: é engolido por uma cratera nas colinas de Wiltshire.

A narrativa é toda marcada pela numerologia e as invocações mágicas. Tanto a prosperidade de Alan quanto a libertação de Hannah e seus filhos das mãos do Maligno estão relacionadas com uma fórmula mágica:

> Yan tan tethera
> one two three
> sweet Trinity
> keep us and our sheep.

(Yan tan tethera, um dois três, doce trindade, proteja-nos e às nossas ovelhas.)

Nessa "mechanical pastoral", como a chamou, Birtwistle retorna às fontes tradicionais e às parábolas de morte e ressurreição de *Down by the Greenwood Side*. O tratamento dos esquemas temporais descontínuos tornou-se mais sutil. Música e drama permanecem distintos um do outro; mas, em diversos pontos climáticos, convergem e se fundem, uma enfatizando o outro. Como na *Máscara de Orfeu*, os acontecimentos, e a música a eles associada, são repetidos várias vezes, de perspectivas diferentes. A tentativa de Alan de tratar Caleb de forma simpática é mostrada do ponto de vista de um e de outro. Para Alan, é um gesto amistoso; para seu vizinho, uma demonstração de arrogância e condescendência. A música associada à colina, onde o Maligno mantém Hannah e seus filhos presos, e onde Caleb desaparece, rumo às profundezas do inferno, se modifica todas as vezes que reaparece, introduzindo cada seção.

Esta partitura assinala, em relação a *Punch and Judy* e à *Máscara de Orfeu*, a aparição de elementos mais suaves na linguagem de Birtwistle – em especial os fragmentos melódicos muito líricos da sedutora canção que o Bad'un toca na flauta, para atrair suas vítimas; ou a invocação do "Yan tan tethera". São temas recorrentes inalterados, que funcionam como balizas, estabelecendo cesuras, facilmente reconhecíveis pelo público, nas texturas complexas da partitura.

Pela primeira vez, *Gawain*, a quinta obra de Birtwistle para o palco, recebeu a designação formal de "ópera". *Punch and Judy* tinha sido chamada de "tragicomédia"; *Down by the Greenwood Side*, de "drama pastoral"; *Bow Down*, simplesmente de "música de cena"; The *Mask of Orpheus*, de "tragédia lírica"; e *Yan Tan Tethera*, de "pastoral mecânica". Ao contrário de suas predecessoras, *Gawain* é o primeiro drama lírico de Birtwistle que, em seus objetivos músico-dramáticos, possui elementos associáveis aos do gênero operístico tradicional. A gravação em áudio e vídeo que o selo Collins lançou da estréia de *Gawain*, em 30 de maio de 1991, no Covent Garden, sob a regência de seu antigo colega Elgar Howarth, constituiu um fato muito raro: uma ópera contemporânea que se tornou, desde a criação, sucesso de vendagem, apontada pelas revistas especializadas inglesas como um dos acontecimentos do ano na vida musical. O libreto de David Harsen, fielmente baseado no poema *Sir Gawain and the Green Knight*, de autor anônimo do século XIV, corresponde ao ponto culminante da fascinação do compositor pela figura folclórica do Cavaleiro Verde.

A explosão orquestral da introdução nos prepara para a dimensão épica da narrativa. O rei Arthur e sua corte estão comemorando o Natal em Camelot. Morgan le Fay (a fada Morgana), meio-irmã de Arthur e tia do cavaleiro Gawain, fomenta uma conspiração para semear a desordem no reino e enfraquecer o poder do soberano. Ela se irrita com a tranqüilidade do reino e quer subvertê-la:

> Arthur and Guinevere
> foxed by passion and fame,
> at ease with their youth
> as if they could live for ever,
> as if nothing could tarnish or grow old.

(Arthur e Guinevere embriagados pela paixão e a fama, à vontade com sua juventude, como se devessem viver para sempre, como se nada pudesse embaçar ou envelhecer.)

Durante toda a ópera, é Morgana quem dirige os acontecimentos e, juntamente com a personagem maléfica de Lady de Hautdesert, comentará a ação: as frases de ondulações melismáticas das duas vão se entrelaçar numa série de refrões. Arthur e seus cavaleiros se entediam; o rei desejaria assistir a um ato de coragem ("Who's brave? Who'll prove his courage to me?"). Morgan e Lady de Hautdesert – que a magia torna invisíveis aos olhos da corte – prometem-lhe distrações emocionantes. O Bobo da corte tenta entreter os cavaleiros com adivinhações sobre Cuchulain, Gwalchmai e Pendragon, os ancestrais lendários de Arthur. Mas é interrompido por batidas na porta, cada uma delas anunciada por uma lenta melodia ascendente nas cordas. De início, ninguém presta atenção a essas batidas, e o Bobo continua a fazer suas perguntas. Na terceira batida, fanfarras anunciam a entrada do Cavaleiro Verde, a cavalo, perguntando quem é o rei. Este lhe dá as boas-vindas, e o Cavaleiro lança um desafio: está pronto para receber um golpe de espada no pescoço, desde que o autor do ataque aceite ser golpeado da mesma forma daí a um ano e um dia. Todos hesitam e o Cavaleiro os provoca: "Is this Arthur's house? [...] I came here looking for a man whose courage shone from his face" ("É esta a casa de Artur?... Aqui vim procurando um homem cuja coragem lhe resplandescesse no rosto").

Sir Gawain aceita então o desafio, dá uma machadada no pescoço do Cavaleiro Verde e o decapita. O cavaleiro recolhe fleugmaticamente do chão a cabeça cortada, coloca-a debaixo do braço e, antes de ir embora, de sua boca sai o convite a Gawain para vir se encontrar com ele, daí a um ano, na Capela Verde. Durante um *masque* intitulado *Turning of the Seasons*, que representa a passagem do ano, Gawain é lavado e paramentado cerimonialmente para a jornada. Morgan le Fay lhe deseja boa viagem, e o Bobo é o único a lembrar das pesadas responsabilidades que ele terá.

Guiado pela Fada Morgana ("Now, with a single step, your journey departs"), Gawain inicia a viagem, descrita num longo interlúdio orquestral. Chega finalmente ao castelo de Sir Bertilak de Haudesert, ao qual pede asilo. Este, e sua esposa, a Lady de Hautdesert, o recebem calorosamente ("Welcome... Do you want food?... Tell me about your journey"), dizendo-lhe que pode descansar ali durante três dias, antes de ir se encontrar com o Cavaleiro Verde. Bertilak lhe informa que irá caçar todas as manhãs ("I shall spend my days hunting, dawn to dusk") e, na volta, lhe oferecerá os seus troféus de caça, em troca dos presentes que ele tiver recebido no castelo.

Morgan faz Gawain adormecer, entoando para ele uma canção de ninar mágica ("Lie down without fear of the dark"), e se iniciam as seqüências de caça e sedução, emolduradas pelas trompas nos bastidores e pelo ritmo orquestral reiterado que anuncia o retorno do castelão. No primeiro dia, Bertilak traz um cervo, e Gawain resiste, com grande elegância verbal, às tentativas de sedução de Lady de Hautdesert, aceitando dela apenas um beijo – que dá a seu hospedeiro, em troca do cervo. No segundo dia, a presa é um javali, e Gawain rejeita a Lady com grande agressividade; mas a beija duas vezes e, quando Bertilak volta com o presente, beija-o também duas vezes. No terceiro dia, em que Bertilak sai à caça de uma raposa, as solicitações da dama tornam-se cada vez mais apaixonadas. Ela oferece a Gawain o seu cinturão verde, símbolo de sua castidade ("Take this sash; while you wear it, nothing can hurt you"). Gawain o aceita ao ouvi-la dizer que a peça é um talismã e protegerá da morte quem o estiver usando. Mas quando Bertilak volta e lhe dá a raposa, Gawain retribui com três beijos apenas, guardando para si o cinturão.

No dia seguinte, Morgan le Fay o guia até a Capela Verde, onde o Cavaleiro o está esperando. Gawain baixa a cabeça para receber o golpe de machado do outro mas, quando este faz a primeira tentativa, se esquiva. Na segunda arremetida tampouco o Cavaleiro Verde consegue atingi-lo. Na terceira, acerta de raspão e fere-o ligeiramente no pescoço, fazendo-o perguntar-se por quê o Cavaleiro o poupou. Este lhe explica:

> The first blow was a feint;
> the second, too.
> Twice you were honest:
> the kisses you got every day
> you traded fairly.
> But when you were given the sash
> you lied to keep it.
> I cut you for that untruth,
> but didn't kill you;
> it wasn't greed or love that made you lie,
> but fear of death –
> not sin enough to die for.

(O primeiro golpe foi fingido; o segundo também. Por duas vezes você foi honesto: trocou sinceramente os beijos que ganhou a cada dia. Mas quando te deram o cinturão, você mentiu para conservá-lo. Cortei você por causa dessa inverdade, mas não te matei; não foram a cobiça ou o amor que te fizeram mentir, e sim o medo da morte – e isso não é pecado suficiente para que se morra por ele.)

O Cavaleiro Verde tira o elmo e revela seu rosto: ele é Sir Bertilak, que Morgan forçou a participar de sua conspiração contra a Távola Redonda. Gawain volta para Camelot, onde é recebido como um herói. Mas cada vez que um dos cavaleiros lhe pede para narrar a sua aventura, ele se afasta. Pouco a pouco, a corte desinteressa-se por ele, à exceção da rainha Guinevere, que parece valorizar a prova a que ele se expôs. O Bobo também tem consciência de que Gawain se expôs a uma solução de compromisso. A expedição fez o jovem tomar consciência de si mesmo, de seus próprios limites, e ele se sente estranho à confraria da Távola Redonda e a seus valores aparentemente monolíticos:

> I left this place
> full of my journey, as a bird
> is full of flight [...]
> Now I'm home again,
> sullen, empty-handed, feverish
> with knowledge.
> How will I live
> in this tyranny of virtue? [...]
> I'm a spoiled reputation,
> I'm bad blood,
> a symptom of sorrow.
> They looked for someone glorious
> with wounds and trophies.
> I'm not that hero.

(Deixei este lugar impregnado de minha jornada, assim como o pássaro está impregnado de seu vôo. [...] Agora, voltei, mal-humorado, de mãos vazias, febril com o conhecimento adquirido. Como poderei conviver com essa tirania da virtude? [...] Sou uma reputação desfeita, sou sangue ruim, um sintoma de tristeza. Eles estavam procurando por alguém glorioso, que carregasse feridas e troféus. Não sou esse herói.)

Morgan le Fay conseguiu o que queria: romper para sempre a unidade granítica da corte de Arthur. É ela quem encerra a peça ("Now, at the year's dead end, the same promise of terrible freedoms, freely given"), dando a entender que, em breve, há de iniciar-se para Gawain uma nova jornada.

O que atraiu Birtwistle no poema medieval foram os elementos míticos: a figura misteriosa do Green Man; a Capela Verde como um local mágico; e a onipresença de Morgan le Fay – a vilã Fata Morgana que, no ciclo arturiano, representa o pólo negativo das artes mágicas de Merlin (ela está todo o tempo em cena, guiando a ação, mas as demais personagens não a vêem, a não ser em raras ocasiões). Ao compositor e ao libretista, agrada também o final ambíguo do poema, e eles o preservaram, sem tentar modernizá-lo. A estrutura do texto, com suas repetições e paralelismos, corresponde à dramaturgia de Birtwistle. E Harsent manteve, tanto quanto possível, as aliterações sistemáticas características da poesia medieval: "My life is light, easier to lift than the axe", diz Gawain ao Cavaleiro Verde (minha vida é leve, mais fácil de erguer do que o machado).

As obras precedentes de Birtwistle tinham encarado de maneiras diferentes o problema de associar palavras, música e gestos. Em *Punch and Judy*, as formas do teatro de marionetes tinham-se transformado num drama ritual, baseado em repetições e numa estrutura de estrofes com refrões. *A Máscara de Orfeu* investigava o processo de formação do mito, as versões contraditórias da narrativa, e os modos como essas contradições poderiam ser expressas em palavras e música; e isso tornava-se mais importante do que a própria história, cujos detalhes passavam para um plano secundário. *Gawain*, porém, retorna aos meios narrativos lineares tradicionais, e a música de Birtwistle visa a ilustrar essa seqüência de acontecimentos. A partitura reutiliza um vocabulário menos agressivo, que ele já tinha usado nas *Earth Dances* de 1986; e a estrutura dramática é sustentada por uma série de motivos e idéias musicais cuja complexidade de elaboração é quase wagneriana.

No entanto, as fórmulas habituais de Birtwistle, seus procedimentos cíclicos e as passagens que dependem da utilização de refrões ainda desempenham papel importante na estruturação de *Gawain*, seja no modo de articular uma cena com a outra, seja na organização global dos dois atos. O objetivo primordial é contar a história de Gawain, com começo, meio e fim. Mas os dois atos giram em torno de uma vasta estrutura cíclica simétrica, cujo eixo é o interlúdio do ato II, única longa passagem orquestral da obra, espécie de versão arturiana da *Viagem de Siegfried pelo Reno*.

Na estréia, foi muito discutido o *masque* com que se encerra o ato I, considerado longo demais. Nele, figuras emblemáticas, o Pai Tempo e os espíritos das estações, desfilam carregando símbolos do plantio, da colheita, da morte da natureza no inverno e de seu renascimento na estação seguinte. Paralelamente, o Bobo da corte e os cavaleiros da Távola Redonda despem Gawain, lavam-no e preparam-no para a sua jornada. Na verdade, o que incomodou a crítica não foi a duração do *masque*, e sim eles não terem conseguido conciliar a narrativa cronológica da ópera com a introdução, naquele *intermezzo*, de blocos de tempo ritualisticamente repetidos, cada um dos cinco quadros divididos em metades contrastadas, representando o dia e a noite, com coros nos bastidores entoando vocalises encantatórios ou citações do texto latino da missa. Para a reprise da ópera no Covent Garden, em 1994 – registrada na gravação Howarth – essa parte foi consideravelmente revista e abreviada.

Essa estrutura iterativa do *masque* se reflete, no ato II, na série de tentativas de sedução de Gawain, encenadas sempre da mesma maneira: Morgan o adormece com sua voluptuosa canção de ninar; e a visão de Bertilak caçando se alterna com as investidas de sua mulher. Mas, nesse caso, a música não permanece estática: é extremamente móvel, na medida em que reflete a consciência cada vez maior que a personagem-título adquire de sua própria natureza. É só à primeira vista, portanto, que *Gawain* é mais conservadora do que as obras cênicas que a precedem. Mas esses procedimentos cíclicos convivem com uma música que acompanha a ação de maneira bastante direta. Em alguns momentos, são usadas inclusive onomatopéias, com intenção descritiva: o ruído dos cascos do cavalo do Cavaleiro Verde; a fanfarra da caçada de Sir Bertilak que, de resto, já se ouve desde o início da abertura.

Mas se a ópera não tem caráter tão radicalmente experimental quanto as anteriores, isso não significa que seja um retrocesso estilístico, pois Birtwistle dá prosseguimento, nela, às características de escrita das *Earth Dance*: linhas melódicas que proliferam formando amplas camadas superpostas, o que permite grande variedade de ritmo e sonoridade. Há momentos de paródia: a frase muito açucarada que se ouve no violoncelo, quando Lady Hautdesert dá em Gawain o primeiro beijo. Alusões ao *Sacre du Printemps*, de Stravínski, são feitas ocasionalmente. E um momento muito interessante, de distensão dramática e rítmica, é a cena em que Morgan le Fay aparece para Lady de Hautdesert – afinal de contas, uma vilã consegue enxergar a outra –, e elas executam um animado pastiche de dança medieval.

Ao interesse sempre constante de Birtwistle pelos padrões de repetição alterada correspondem os paralelismos do libreto. Exemplo interessante de repetição melódica são os versos que Morgan le Fay diz a todo momento, como um refrão:

This is the hour of legacy or loss.
This is the hour of vanity or choice.

(Esta é a hora de herança ou perda. Esta é a hora de vaidade ou escolha.)

Logo após a estréia de *Gawain*, a leitura dos contos curtos e epigramáticos de Russell Hoban, que sempre tratam da visitação moderna aos mitos tradicionais, fez com que Birtwistle o procurasse, pedindo-lhe um libreto. O tema escolhido por Hoban foi *King Kong*, o filme de 1933, que intrigava a ambos por tratar de um tema muito rico em possibilidades: o amor impossível entre o gorila gigantesco e a mulher pela qual ele se encanta. O libreto de *The Second Mrs. Kong*, estreada em 24 de outubro de 1994, no Festival de Glyndebourne, mistura às figuras do filme outras personagens, reais, surreais ou mitológicas.

O egípcio Anúbis, o barqueiro com cabeça de chacal, leva as almas dos mortos para o reino das sombras. O casal Dollarama e o indiano Suami Zumzum passam em revista as lembranças do tempo em que estavam vivos. No barco está o pintor flamengo Vermeer de Delft, e ele relembra o encontro com a camponesa que lhe inspirou o famoso quadro *A Moça com os Brincos de Pérola*[3]. Chegam as personagens do filme sobre King Kong, mas o próprio gorila sabe que não deveria estar ali,

---

3. Uma das fontes usadas por Hoban, no libreto, foi o romance de Tracy Chevalier, *The Girl with the Pearl Earring*, filmado em 2003 por Peter Webber, com Colin Firth e Scarlet Johansson.

pois ele é apenas uma idéia, uma criação de ficcionista. Vermeer pinta novamente o seu quadro, e Pearl, a moça representada na pintura, é levada para o futuro, pois de lá ela ouve o apelo de Kong. No século XX, a imagem de Vermeer transforma-se em um ícone muito popular. Pearl sai da tela, que foi comprada por um rico corretor da bolsa, e com a ajuda de um computador procura por Kong. Através do computador. eles se apaixonam, e Kong, guiado por Orfeu, foge do mundo dos mortos para vir procurar Pearl entre os vivos.

Ao chegarem ao mundo de hoje, Kong e Orfeu são atacados pelas Quatro Tentações: a Dúvida, o Medo, o Desespero e o Terror. Orfeu perde a cabeça, mas Kong a recupera. Ambos são perseguidos pelos mortos e pela Esfinge, mas conseguem escapar deles. Com seu canto, Orfeu encanta um telefone público, no qual Kong consegue falar com Pearl. O gorila combate a figura ameaçadora de Anúbis, que lhe aparece como a materialização de sua própria morte. Dá-se conta, a essa altura, de que não pode morrer, pois é uma idéia, um fruto da imaginação dos roteiristas de seu filme. Encontra-se, finalmente, com Pearl; mas ele pertence a um filme, ela a um quadro e, sendo de mundos diferentes, não podem tocar-se. Olhando um para o outro, relembram melancolicamente os acontecimentos que os levaram a apaixonar-se um pelo outro.

Apesar dos elementos de procedência diversa que cruza em seu libreto, *The Second Mrs. Kong* é menos complexa e musicalmente mais acessível do que as óperas precedentes. Nela, o senso de humor não impede que haja, subjacente à história, uma linha de reflexão séria e cheia de compaixão pela dificuldade dos seres em realizarem-se emocionalmente. As linhas melódicas são de assimilação fácil. À orquestra convencional, Birtwistle acrescenta um acordeon, um cimbalom – o instrumento folclórico húngaro – e dois saxofones, para efeitos sonoros especiais. Papel muito importante, na elaboração final da obra, foi desempenhado por Tom Cairns, o diretor da bemsucedida estréia em Glyndebourne.

A meio caminho entre a ópera e o oratório, *The Last Supper*, uma série de "dramatic tableaux" com libreto de Robin Blaser, foram cantados pela primeira vez na Staatsoper de Berlim, em 18 de abril de 2000. O Festival de Glyndebourne fez a estréia inglesa da *Última Ceia* em 21 de outubro do mesmo ano. Nas notas de programa, Blaser insistiu que seu texto não tinha preocupações teológicas e nem era "um argumento a favor ou contra a existência de Deus". Birtwistle, por sua vez, afirmou que o tema o fascinara, pois "representa um momento em que a experiência humana comum pode transformar-se em ritual". O resultado, porém, é a obra menos ritualizada dentro do teatro de Birtwistle, com uma narrativa linear interrompida apenas por três "visões".

Respondendo ao Chorus Mysticus que, amplificado e cantando dentro do fosso da orquestra, entoa versículos do Velho e do Novo Testamento, o Fantasma – a única personagem feminina da ópera – dirige-se à platéia e convida-a a observar, juntamente com ela, a "corrente subterrânea de nossa história". O Fantasma reúne novamente os discípulos de Cristo, para que revivam os acontecimentos da Última Ceia, e façam o balanço do que viveram, e das crenças que acumularam nos últimos dois mil anos. Os discípulos aparecem, um a um, e numa seqüência de breves vinhetas, relatam como foi a sua vida. À chegada do décimo primeiro, dançam e cantam celebrando seu reencontro.

Estão preparando a mesa para uma nova ceia, quando a entrada de Judas transforma a confraternização em confrontação. Uma das perguntas fundamentais da obra é levantada: quem, na história da Cristandade, foi o traidor, e quem foi o traído? A chegada de Cristo faz o estado de espírito mudar novamente. Ele volta a lavar os pés de seus apóstolos, limpando-os da poeira acumulada por vinte séculos de desumanidade; e renova a sua mensagem, dizendo que, embora a história à sua volta sempre ameace se repetir, ele oferece a esperança de que o novo Cristianismo possa aprender com os erros do velho.

A aparição de Cristo desencadeia também a série das três visões que interrompem, em pontos simétricos, o ciclo de lavagem dos pés e da nova pregação, que constitui a segunda parte da obra. Cada vez que essa interrupção ocorre, a ação no palco se congela, os discípulos ficam imóveis, como numa fotografia e, ao som de um coro pré-gravado, são encenados, de trás para diante, a Crucificação, a Via Sacra, e a traição no Jardim das Oliveiras.

A orquestra, com 35 instrumentos, incluindo um acordeon, tem sonoridades muito sombrias, pois os violinos estão excluídos. O elenco é quase todo masculino, o que acentua mais ainda o tom escuro da partitura. Birtwistle preocupa-se em caracterizar as personagens atribuindo a cada uma delas um instrumento distinto. O texto, às vezes muito palavroso, sobrecarregado de metáforas e citações da Bíblia e de outros autores, é musicado ora com sinuosos melismas, ora com uma declamação incisiva, ríspida. O comentário orquestral tem melodias longas e lentas, que se entrelaçam em jogos contrapontísticos muito elaborados. Mas as texturas são de grande transparência e as próprias percussões são usadas com parcimônia. Só na cena final todo o efetivo se une, num encerramento de caráter apoteótico.

Em 17 de maio de 2002, estreou no Olivier Theatre a nova versão das *Bacantes*, de Eurípedes, adaptada por Colin Teevan e dirigida por Peter Hall. Birtwistle compôs a música incidental para esse espetáculo. "Escrita no século V", diz Peter Hall, "*Bacchai* é um dos maiores desafios que existem para o encenador, pois parece assustadoramente intemporal. A busca do Homem pela fé vem de um impulso feito ao mesmo tempo de terror e de esperança... A peça trata de extremos: a fé oposta ao instinto, razão e emoção, macho e fêmea, caos e ordem, Ocidente e Oriente, vida e morte."

Na fase em que foi Head of Music no National Theatre, Birtwistle escreveu a música para algumas das mais famosas produções de Peter Hall: *Amadeus, Volpone, The Country Wife*, as últimas peças de Shakespeare e uma montagem da *Orestíada*, com uma impressionante trilha sonora à base de percussões. Esse reencontro de Hall com o compositor foi aclamado pela crítica, que ressaltou a "perfeita harmonia de movimento, música, iluminação e cenografia" (*The Guardian*). Mas houve também quem afirmasse que "a suntuosa visão desumanizada que Peter Hall tem de *Bacchai* é muito fria", pois "o horror elementar da imaginação de Eurípedes, em que o furor dionisíaco transforma mulheres em animais e faz com que um rei seja cortado em pedaços pela própria mãe, é aqui domesticado, pasteurizado, reduzido a arte maior – ou seja, gélida, impessoal, superornamentada" (*London Evening Star*). Mas a música incidental de Birtwistle pareceu eficiente e muito a propósito mesmo a quem a concepção de Hall desagradou.

Embora só duas obras de Birtwistle sejam chamadas de "ópera", a noção de drama musical está subjacente a toda a sua produção, e a sua linguagem se estrutura a partir da combinação de palavra, música, movimento. Várias características são constantes em seu estilo. Uma delas é a técnica de criar texturas a partir de uma única linha melódica, ornamentada com notas adjacentes e expandida mediante a duplicação da frase em intervalos de quinta ou de oitava – que dá um nítido senso de direção até mesmo às passagens puramente musicais, permitindo que a violência de certos gestos teatrais seja contrabalançada pelo tom elegíaco contrastante de algumas melodias, que procedem por mudanças de semi-tom, ou às vezes de tom inteiro.

Outra é o uso constante de padrões de ostinato, que facilitam, para o ouvinte, acompanhar a seqüência de estruturas melódicas, harmônicas ou rítmicas. Além disso, Birtwistle costuma apresentar repetidamente determinados fragmentos melódicos, justapondo-os, porém, de forma diferente, a cada recorrência. Inspira-se, para isso, no conceito dos "objetos musicais" formulado por Edgar Varèse: blocos de som que aparecem lado a lado, ou superpostos, relacionando-se de forma espacial, e não harmônica.

A música de Birtwistle é vista de ângulos, distâncias e perspectivas diferentes, o que implica uma abordagem peculiar da noção de tempo: esquemas temporais diversos são explorados de modo a exibir a incessante interação entre o presente e o que já passou. Essa preocupação com a "santidade do contexto", como ele próprio a chama, desenvolveu-se e ramificou-se em suas obras mais recentes. Por isso, as modalidades mais diversas de narrativa, das experimentais às tradicionais, serem combinadas ou entrelaçadas na mesma peça. Isso afasta a platéia da sensação de que lhe estão contando uma história, pois, a maior parte do tempo, Birtwistle está trabalhando com narrativas cujos elementos principais já são familiares para o público.

## Maw

Empregado em uma fábrica de bicicletas, só em 1955 John Nicholas Maw – nascido em 1935, em Grantham, no Lincolnshire – teve condições de iniciar os estudos na Royal Academy of Music, com Lennox Berkeley e Paul Steiner. Foi em seguida para Paris, onde se aperfeiçoou com Nadia Boulanger e Max Deutsch, um dos alunos de Schoenberg. Mas o serialismo afetou apenas superficialmente um compositor que sempre se recusou a aderir a qualquer escola ou tendência. Seu primeiro grande sucesso foi *Scenes and Arias*, uma encomenda de 1962 dos BBC Proms. Com essa peça para três sopranos e orquestra, sobre textos do século XII, Maw estabelece a linguagem suntuosa, de frases melódicas extensas e expressivas e de ricas harmonias, que vai se afirmar numa bela peça como *Life Studies* (1976), estudo para quinze cordas solistas, cuja incandescência melódica a liga às *Metamorfoses* de R. Strauss. O tratamento lírico-dramático da voz feminina que Maw faz em peças como *La Vita Nuova* (1979), para soprano e conjunto de câmara, está relacionado à sua propensão natural para escrever obras destinadas ao palco.

Nicholas Maw é o autor de uma das obras orquestrais mais importantes da segunda metade do século XX. Encomendada em 1972, pela Sinfônica de Londres, *Odissey* – assim chamada não porque se refira à lenda homérica, mas devido a seu sentido de jornada espiritual e de busca estética – é uma vasta peça em quatro movimentos, enquadrados por um prólogo e um epílogo. Pela amplitude de concepção e a forma como se insere na linhagem pós-mahleriana do século passado, ela se ombreia com outra grande criação da música britânica, a *Sinfonia Gótica* de Havergal Brian. Terminada apenas em 1985, *Odissey* mergulha suas raízes em Bruckner, Mahler e Strauss; mas sintetiza, de forma extremamente pessoal, o pensamento musical de um dos músicos ingleses mais significativos da atualidade. Parcialmente executada por Mark Elder, em agosto de 1987, num dos BBC Promenade Concerts, a peça, que tem a duração de 95 minutos, foi integralmente estreada por Richard Bernas, com a mesma orquestra, em abril de 1989. Recomendo entusiasticamente ao leitor a gravação que Sir Simon Rattle fez, em outubro de 1990, para o selo EMI Classics, com a Sinfônica de Birmingham. Agraciado com o Grammy Award de 1992, esse álbum foi escolhido, pela revista *Classic CD* de junho de 2000, como a melhor gravação da década de 1990. Ouvi-lo é uma experiência à qual todo leitor interessado na produção musical do século XX não pode se furtar. Leonard Slatkin estreou *Odissey* nos Estados Unidos, em 1994, no Carnegie Hall, com a Orquestra de St. Louis.

Mede-se a importância de Nicholas Maw pelo número de vezes em que ele foi escolhido como o compositor a ser homenageado em eventos musicais: no *South Bank Summer Music* (1973); no *Kings Lynn Festival* (1985); no *Nicholas Maw Day*, patrocinado pela BBC em South Bank (1989); no *Bath Festival* (1991); no *British Music Festival* (1992); no *60th Birthday Malvern Weekend* (1995); e no *Chester Festival* (1999). Em 2000, a gravação feita por Joshua Bell, para o selo Sony, de seu *Concerto para Violino* ganhou o Mercury Prize.

O conto *The Background* (1911), de Saki, forneceu a Arthur Jacobs a idéia para o libreto de *One Man Show*, estreada em 12 de novembro de 1964, inaugurando o recém-construído Jeannetta Cochrane Theatre, de Londres. É muito irônico o fato de um conhecido crítico de música britânico ter escolhido, como tema para sua comédia, essa virulenta sátira às pretensões de certa crítica. A personagem central, incensado autor de uma coluna sobre artes plásticas em um grande jornal londrino, transforma em celebridade nacional um jovem que tem o corpo todo tatuado, exibindo-o em público como se fosse uma obra de arte viva – até ser desmascarado por alguém simples e sem esnobismo, que demonstra aos outros que "o rei está nu". A ópera apresenta problemas de ritmo e irregularidade de tratamento dramático, devido à inexperiência do compositor, que está fazendo a sua primeira experiência para o palco. Mas já revela em embrião as qualidades de invenção que se manifestariam na obra seguinte.

Uma idéia original da libretista Beverly Cross é desenvolvida em *The Rising of the Moon* (A Ascensão da Lua), agridoce comédia romântica que se passa em 1875, na Irlanda, na época em que o líder independentista Parnell, líder dos Fenianos, conseguiu entrar para o Parlamento (o título da ópera pertence à letra de uma canção dos fenianos que, no ato II, o soldado Lynch canta, usando a melodia de uma outra canção desse partido, "The Wearing of the Green"). Os camponeses irlandeses e os soldados são representados de forma um tanto caricatural. Mas as relações sentimentais estão no centro da intriga.

O 31º regimento dos Lanceiros Reais chega a Ballinvourney, na província irlandesa de Mayo, "para impedir os jovens de falar em revolução". Com eles, segue o major von Zastrow, "observador" prussiano, de monóculo e tudo. Na comitiva oficial estão Lady Eugenie Jowler, a mulher do coronel Lord Jowler, comandante da tropa; Frau von Zastrow; e a jovem Atalanta, filha do capitão Lillywhite. Chega a Ballinvourney, nessa mesma ocasião, para juntar-se ao regimento, o jovem oficial Beaumont, que é bonito, seguro de si, embora militarmente inexperiente. Ocorre então a von Zastrow a idéia de gosto duvidoso de submetê-lo a um teste de iniciação, que envolve a tentativa de conquistar três mulheres diferentes em uma só noite.

Beaumont vence facilmente as mal-protegidas "defesas" de Lady Jowler; e conquista Frau von Zastrow lendo para ela inflamados poemas dos românticos alemães. Mas a terceira conquista é interrompida pela chegada de von Zastrow, em companhia de Cathleen, linda moça irlandesa. O prussiano é atraído para dentro dos aposentos de Atalanta, deixando Beaumont sozinho com Cathleen, e ela tenta seduzi-lo. Na manhã seguinte, os Lanceiros são despertados pelo ruidoso retorno de Beaumont: ele traz troféus, demonstrando inequivocamente ter feito três conquistas em uma noite só. Mas, para salvar a honra do regimento, oferece-se para renunciar à indicação que o tornará parte da corporação. No momento em que os Lanceiros, desanimados com o insucesso de sua missão, estão se preparando para deixar Ballinvorney, Beaumont despede-se gentilmente de Cathleen, e vai embora também.

Cheia de charme e habilidade na caracterização musical, e com ritmo cômico muito mais preciso do que na ópera anterior, *A Ascensão da Lua* segue modelos rigorosamente tradicionais. Está claro que os modelos, muito caros a Maw, são o Britten de *Albert Herring*, e o Richard Strauss do *Cavaleiro da Rosa* e de *Arabella*. Estilisticamente, a partitura habita um terreno intermediário entre o atonal e o tonalmente livre, com algumas passagens deliberadamente diatônicas. Há vários números de conjunto de grandes proporções, construídos de maneira muito eficiente. A orquestra, de proporções straussianas, desusadamente grande para uma comédia, é usada de modo a não soterrar as vozes debaixo de uma muralha sonora. A caracterização das personagens é muito precisa e a orquestração enfatiza esse aspecto: Maw consegue, por exemplo, distinguir bem, musicalmente, as suas quatro personagens femininas, sem ter de recorrer a nenhum tipo de estereótipo.

Descontente, porém, com a acolhida a *The Rising of the Moon*, e o próprio tratamento que lhe dera, Nicholas Maw afastou-se do palco lírico por trinta anos. Mas sentiu-se compelido a escrever uma nova ópera – para a qual, na época, não tinha encomenda alguma – ao assistir a *Sophie's Choice*, o filme de Alan Pakula, com Meryl Streep e Kevin Kline, baseado na novela do americano William Styron, publicada em 1979. "Desde o início, senti que a história oferecia o mais extraordinário assunto para uma ópera", diz Maw. "Saí correndo e fui comprar o livro". Vivendo, na época, nos Estados Unidos – era professor no Conservatório Peabody, de Baltimore –, procurou Styron, para lhe pedir a autorização de converter o romance em uma ópera. Este ficou muito interessado na idéia mas, como passava por uma fase prolongada de depressão, não quis envolver-se pessoalmente no projeto – até mesmo porque recusava-se a retomar um trabalho feito quinze anos antes. Como Maw não conhecia, nos Estados Unidos, alguém com quem se sentisse em condições de trabalhar, decidiu escrever o libreto ele mesmo.

Em 1990, Maw propôs *Sophie's Choice* ao Covent Garden, mas ela foi recusada. Seis anos depois, a direção do teatro tinha mudado, e a nova administração interessou-se pelo projeto. Decisão corajosa pois, num momento em que a Royal Opera House passava por acentuada crise financeira, foi preciso investir £100,000 num espetáculo que dura quatro horas, mobiliza oitenta pessoas no palco, e exige dezoito mudanças de cenário. Decidiu-se, inclusive, reduzir o preço dos ingressos para no máximo £50, na tentativa de atrair o público mais jovem. Decisão acertada, pois a estréia da *Escolha de Sofia*, em 7 de dezembro de 2002, foi um grande sucesso.

Trevor Nunn que, na fase final, colaborou com Maw nos detalhes do libreto, dando-lhe sugestões muito importantes, dirigiu o espetáculo. Sir Simon Rattle regeu o elenco integrado por Dale Duesing (o Narrador), Gordon Gietz (Stingo), Angelika Kirchschlager (Sophie), Rodney Gilfry (Nathan), Stafford Dean (Zbigniew Bieganski), Jorma Silvasti (Rudolph Franz Höss), e outros. *A Escolha de Sofia* foi transmitida pela BBC Rádio 3 (10.12.2002) e pelo canal 4 da BBC (21.12.2002). Devem, portanto, existir registros – ainda que não-comerciais – dessas transmissões.

Stingo é um jovem pretendente a escritor que, em 1947, aluga um quarto na pensão que Yetta Zimmermann, judia polonesa refugiada de guerra, mantém no Brooklyn. Ali conhece um homem estranho, Nathan, e a sua bela amante, Sophie, por quem se apaixona – e com a qual chega a ter um envolvimento físico. Aos poucos, vamos descobrindo, por meio de uma série de *flashbacks*, a causa do comportamento torturado de Sophie, e do enorme sentimento de culpa que carrega. Embora se apresente como católica, é judia polonesa, filha de um intelectual, o professor Zbigniew Bieganski. O nó de seu desespero prende-se à "escolha" absurda que teve de fazer. Ao ser levada para o campo de concentração de Auschwitz, o comandante a fez escolher qual dos filhos – o menino ou a menina – deixaria ser executado, para poupar a vida do outro. Caso não aceitasse a escolha, ambos seriam mortos sob seus olhos. Pelo simples fato de estar com o filho no colo, Sophie agarrou-se a ele, e deixou que a filha fosse levada. Sofrimento indescritível, agravado pela morte do menino, devido às péssimas condições de vida no campo. A culpa irreparável de Sophie, interagindo com as neuroses de um homem torturado como Nathan, leva ao final trágico de ambos.

A história é reconstituída, anos depois, por um Narrador – na verdade, Stingo, já envelhecido, lançando um olhar de profunda melancolia sobre esse episódio de seu passado. Épica na concepção e nas proporções, *Sophie's Choice* é a primeira ópera em larga escala de Nicholas Maw. Ele próprio comenta:

> Sempre pensei muito cuidadosamente a esse respeito. Para mim, a construção formal de uma peça tem de corresponder ao material de que procede. Quando você ouve o início da *Sétima* de Bruckner, por exemplo, imediatamente sabe que aquela peça não vai durar apenas quinze minutos... a maravilhosa introdução no violoncelo abre um espaço imenso, que terá de ser preenchido. É o que acontece com a minha *Odissey*. A intenção original era de escrever uma peça de meia hora. Mas, depois, não sei como, me veio vindo à cabeça aquele enorme tema, de 44 compassos, que abre a primeira parte, depois de uma Introdução que acabou ficando muito longa. Eu queria preparar o terreno para esse tema, portanto a Introdução tem oito minutos. O tema não me veio à cabeça de uma vez só, mas foi aparecendo aos pedaços, e eu os fui construindo aos poucos, até me dar conta de que, para lhe fazer justiça, a obra tinha de ser em larga escala. [...] Esta ópera também tinha de ser composta em grande escala. Não acredito que se conseguisse dar conta dela em duas horas e meia apenas. Se você quer tratar o assunto de forma realmente convincente, e incluir o que, no livro, são os elementos centrais, tem de pensar nesses termos, de uma obra que se estende por quatro horas.

A conseqüência, disseram alguns críticos – entre eles Marc Bridle de *The Guardian* –, foi *A Escolha de Sofia* ter ficado com um ritmo desigual, muito lento nos dois primeiros atos, mas prendendo a atenção do espectador, do ponto de vista da ação e da prospecção psicológica, nos outros dois. O próprio filme de Pakula tinha esse problema, apontou Bridle, por mais intensas que fossem as interpretações de seus atores. A isso respondeu Maw:

> O ato I, de fato, não é muito rápido. Mas, quando você está expondo gradualmente a evolução de um relacionamento amoroso, não pode mostrar essas coisas em cinco minutos. É tudo muito complexo. Muita coisa do romance teve de ser deixada de fora, mas você tem de dar uma idéia clara da amplitude e da profundidade dos sentimentos, e das emoções a que eles correspondem.

No palco, a direção de Trevor Nunn obteve, dos intérpretes, intensidade especial. A agilidade da encenação deveu muito ao virtuosismo das soluções cênicas encontradas por Rob Howell, que colocou em mini-palcos móveis os quartos de Sophie, Stingo e Nathan, na pensão de Yetta Zimmerman, permitindo que o presente convivesse com as imagens do passado, evocadas nos *flashbacks*. Exemplo disso é a cena 2 do ato II, em que se fala pela primeira vez do extermínio dos judeus: nela, o quarto de Stingo, numa plataforma suspensa, ergue-se acima do estúdio de Zbigniew Bieganski, pai de Sophie, em Varsóvia. Howell trabalhou com o contraste entre os dois ambientes – o quarto de Stingo colorido, luminoso, quase opulento; e o estúdio de Bieganski sombrio, entulhado de livros –, para ilustrar os caminhos intelectuais divergentes percorridos pelos dois. Um, o pesquisador angustiado, procura a verdade sobre um episódio que todos querem encobrir e esquecer. O outro é jovem e cheio de confiança em sua capacidade de escrever "the great American novel".

Maw evitou, em seu libreto, a linguagem muito crua do romance de Styron – o que um crítico como Bridle lamentou, alegando que, com isso, ele diminuiu um pouco o impacto das neuroses das três personagens, em permanente atrito umas com as outras. Na sua opinião, perde-se a noção, muito clara no livro, de que a linguagem pode ser tão destrutiva quanto qualquer ato físico de crueldade – e não deixa de ter razão nessa observação. A personagem mais bem construída é a de Sophie, conflituosa em sua mistura de desejo de amar, sentimento de culpa e sensação de impotência. Foi elogiadíssima a interpretação vibrante e sensível de Angelika Kirchschlager. Suas cenas com Nathan e Stingo mostraram toda a vulnerabilidade da personagem. Com um ou com o outro, Sophie consegue viver efêmeros momentos de felicidade e de paixão. Nesses instantes, o colorido vocal da soprano expressa muito bem seus sentimentos, da mesma forma que a declamação torna-se áspera, nos momentos de desespero em que, tomada por seus remorsos, ela se enrosca na cama em posição fetal. Sophie perfaz o trajeto terrível de assumir a realidade e expressá-la da maneira mais clara. Quando está datilografando o discurso do pai sobre a perseguição anti-semita na Polônia, propõe trocar um eufemismo como "total abolishment" por "extermination". E quando conta a sua história a Stingo, os seus gritos – "Extermination! Oh God, extermination!..." – são os de um animal ferido. É notável a forma como a tessitura vocal acompanha a transformação física da filha de um intelectual para uma mulher sofrida e neurótica, mutilada espiritualmente para sempre, por ter sobrevivido a Auschwitz. O próprio Maw diz, a respeito da interpretação de Angelika Kirschlager:

> Assim que eu soube que seria ela a intérprete, compus tendo a sua voz em mente. São notáveis as suas qualidades. A voz é muito bonita, mas ela é também uma atriz excepcional e, para um tema como o desta ópera, é fundamental que os cantores sejam muito bons atores.

Musicalmente, Maw estabelece oposição clara entre Stingo, jovem, bonito, apaixonado – o que se revela em seu canto, quando ele consegue ir para a cama pela primeira vez com Sophie –, e Nathan, atormentado, vivendo num mundo de ilusão, de nítido caráter psicopata. Um dos momentos mais impressionantes é o da confrontação dos dois homens no ato IV. Morto de ciúmes, Nathan explode: "You wretched swine! You unspeakable creep! I'm coming to get you treacherous scum", mostrando como amor e violência fundem-se, dentro dele, de forma inextricável. (Seu porco maldito! Seu canalha indizível! Vou pegar você, escória traiçoeira).

O Narrador é a demonstração de como o intercâmbio de idéias entre compositor e encenador – muito comum na ópera contemporânea – pode levar a resultados interessantes. Inicialmente, Maw previa que ele aparecesse apenas no início e no fim da ópera, cantando linhas muito líricas e impregnadas de tristeza. O Narrador representa Stingo idoso que, muitos anos mais tarde, tenta compreender o significado do que Sophie, Nathan e ele viveram. Foi de Nunn a idéia de manter o Narrador todo o tempo em cena, como uma testemunha onmipresente, símbolo da consciência das personagens. Ele não se limita a assistir; reage também, de forma muito intensa, àquilo que está assistindo. Retorce-se de agonia quando tem de ler a carta que Sophie deixou para Stingo, após a noite de amor. Cai de joelhos, horrorizado, quando vê passar o trem que vai para Auschwitz, levando os prisioneiros judeus para a morte. Fica desesperado quando Sophie tem de escolher entre a filha e o filho. Esconde-se, brincalhão, atrás da cômoda, quando Sophie e Nathan dançam no ato I. Testemunha muda, ele é a encarnação do próprio destino das personagens, espectro que plana sobre os acontecimentos, sofrendo por saber o que vai acontecer, mas nada podendo fazer para impedir a tragédia. Diz Maw:

> Quando escrevi a ópera, não imaginava que ele ficasse no palco todo o tempo. Isso foi uma idéia de Trevor Nunn, e é inevitável que, se a ópera for montada outra vez, o próximo diretor possa não ter a mesma concepção. [...] Acho que Dale Duesing o fez muito bem, de forma extremamente convincente. É preciso lembrar-se que, da mesma forma que no livro, quase todas as cenas – à exceção do que é visto por meio de Sophie – são vistas na memória do Narrador.

Outra criação interessante é Rudolf Höss, o comandante de Auschwitz, odioso, arrogante, gélido na maneira de tratar Sophie. No campo, depois que ela tenta alegar que é cristã, e não judia, e além disso simpatizante do Nacional Socialismo, Höss joga no chão o panfleto escrito por seu pai – de que ela também participou – com um desdenhoso "This document means nothing to me" ("Este documento nada significa para mim"). E quando Sophie o convence de que o filho, cuja sobrevivência ela "escolheu", deve ser entregue ao programa *Lebensborn* – o que pouparia a sua vida –, Höss parece concordar. Mas, quando ela lhe vira as costas, fumando negligentemente um cigarro, ele amassa o formulário de adesão e joga-o fora. A crítica que reclamou, acreditando que a personagem deveria ter voz de timbre mais grave, aparentemente não entendeu a intenção irônica de Maw ao entregar o papel a um típico *Heldentenor* wagneriano. Höss, com sua voz de Siegfried, é uma visão distorcida e perversa do herói ariano. É um clichê, o correspondente operístico daquelas personagens nazistas de voz metálica e estentórea que nos acostumamos a ver nos filmes sobre a II Guerra.

Embora nem todas as cenas passadas em Auschwitz sejam tocantes, como se esperaria que acontecesse, há momentos muito poderosos: a escolha que Sophie vê-se obrigada a fazer é, naturalmente, o mais forte deles. Às vezes, a partitura é perpassada por um lirismo que lembra Vaughan-Williams: os acordes lentos nas cordas, com que a ópera se abre e fecha, fazem pensar na *Tallis Fantasia*. Aliás, a ópera termina com o quase silêncio: um mi maior agudíssimo, impalpável, no primeiro violino. Há momentos de muita emoção e raiva, que exigem grandes crescendos instrumentais. Mas Maw é muito hábil em usar a orquestra de forma que cada palavra, cantada ou falada, seja nitidamente ouvida. *Sophie's Choice* é praticamente toda dialogada, com a exceção de um dueto, um quarteto e as cenas de multidão em Auschwitz, em que o coro canta sem palavras. Numa entrevista que concedeu após a estréia, Maw respondeu àqueles que tinham estranhado a ausência de um número maior de cenas de conjunto:

> No início do ato III, há uma cena entre Sophie e sua amiga polonesa Wanda, em que o canto, muito naturalmente, transforma-se em um dueto. Ele nasce do drama. Não gosto da idéia de que você precisa ter um dueto "neste ponto", porque fica bonitinho, como acontece na ópera cômica. A forma como as partes vocais se organizam vem daquilo que sinto como necessidade dramática. A maior cena de conjunto é a do bar, muito violenta, em que a agressividade entre Stingo e Nathan vem finalmente à tona. É uma grande cena para os solistas e o coro. Sim, é verdade que há grande quantidade de solos, mas é porque o assunto assim o exige. Tentei ser fiel ao drama. Portanto, se é necessário um dueto no momento em que Wanda pergunta a Sophie por que ela não se junta à Resistência polonesa, e esta responde que é por causa de seus filhos, então, ali, há um dueto. Todo o resto do canto é resultado do drama, da psicologia, das emoções, da maneira de ser das próprias personagens. Em primeiro lugar, preparei um roteiro dramaticamente organizado, extraindo do livro os trechos que considerei em condições de receber adaptação operística. O romance é muito longo e você tem de condensá-lo às proporções de um libreto relativamente curto.

Foi desigual e contraditória, como é costumeiro, a reação da crítica inglesa. No *Baltimore Sun*, Tim Smith descreveu *Sophie's Choice* como "uma ópera envolvente e perturbadora, que não faz concessões e, com freqüência, é dolorosamente bela". Para o *Independent*,

> é polêmica a questão da qualidade dessa ópera em quatro atos de Nicholas Maw que, da mesma forma que outras adaptações de peças e romances, acrescentou menos do que subtraiu ao original de Styron. Com quase quatro

horas de música, o andamento grandiloqüente da obra de Maw entra sempre em choque com suas hesitantes linhas vocais em tom de conversação, e com a orquestração do tipo "Samuel Barber encontra-se com Max Steiner".

Já o crítico do *Observer* foi da opinião de que a bela produção de Trevor Nunn não conseguia "disfarçar a falta de emoção musical de uma partitura teatralmente pesada e informe". Embora bem recebida, *A Escolha de Sofia*, disse ele, "não há de mudar o curso da História da Ópera e nem mesmo constituir uma baliza nessa história". Ponto de vista do qual discordou o *Sunday Times*: "Sente-se a todo momento o senso de ritmo dramático de Maw e ele supera, nesse campo, qualquer outro compositor em atividade hoje. Seu diálogo, facilmente compreensível, é sempre profundo." No *Daily Telegraph*:

> Sem preconceito, *Sophie's Choice* é um tanto decepcionante e um tanto tediosa. Para começar, é excessivamente longa, e você tem de ser um Verdi ou um Wagner – o que Maw não é – para segurar 200 minutos no palco. Em vez de refundir operisticamente o famoso romance de William Styron, Maw parece contentar-se em seguir quase literalmente seus contornos e diálogos.

E no *Financial Times*:

> O resultado é demasiado longo e palavroso, discursivo demais para estabelecer um pulso dramático. Apesar das freqüentes mudanças de andamento e de estado de espírito, a música de Maw permanece essencialmente a mesma todo o tempo, e só parece funcionar quando se torna uma espécie de enchimento entre uma cena e outra. Sua maior fraqueza é a incapacidade de refletir a natureza épica da escolha que a personagem tem de fazer. Na verdade, em sua tentativa de criar uma intriga auto-explicativa, o que Maw consegue é semear dúvidas a respeito da natureza operística do romance de Styron.

Ouçamos, além disso, o que tem a dizer o crítico H. E. Elsom, num texto estampado no site da *BBC News Online*:

> *Sophie's Choice* corre o risco de ser mais um daqueles romances americanos de sucesso transformados em uma ópera de produção grandiosa, para pessoas que não gostam de música contemporânea e, em geral, não gostam muito de ópera. Sua apresentação foi tão badalada quanto a de *A Streetcar Named Desire*, de André Previn, na Ópera de San Francisco – outra obra de um escritor reconhecido, que resultou numa ópera de qualidade difícil de avaliar. *A Escolha de Sofia* é a adaptação de um romance tão extenso quanto *The Great Gatsby*, de Scott Fitzgerald, musicado por John Harbison para o Met. O problema do *Bonde* é o caráter operístico da peça (o texto já possuía as qualidades que a música deveria ter); mas *Gatsby* e outras adaptações de modernos romances americanos – como *The Aspern Papers*, de Dominick Argento – lutam essencialmente com o que significa ser escritor e, em especial, a respeito de quê deve escrever um romancista americano. Isso é explícito no caso da *Escolha de Sofia*, de William Styron, que, entre outras coisas, representa uma defesa poderosa da idéia de que os escritores americanos devem se interrogar sobre o que foi o Holocausto.
>
> O tratamento que Maw dá à história de Sophie, no entanto, encontra elementos bem mais operísticos do que as outras obras citadas. De um modo geral, ele conseguiu realizar um drama de música contínua elegante e eficiente, ao qual as vozes e as partes orquestrais se integram de forma natural. É ajudado pelo fato de a personagem central ser uma mulher bonita pela qual todos se apaixonam, e para a qual o amor é mais importante do que a política, a vida ou a morte. Na verdade, a escolha de Sophie é também entre Stingo, jovem atraente mas ineficaz, e Nathan, carismático, apaixonado e totalmente desequilibrado.
>
> [...] A cena de Sophie com Höss, o comandante de Auschwitz que lembra Scarpia; e o final muito comovente, em que Stingo e o Narrador, ele mesmo mais velho, cantam uma elegia a Sophie e Nathan [que se suicidaram] e a toda a humanidade perdida, numa plangente versão musical de um poema de Emily Dickinson, são os trechos mais bem-sucedidos da ópera, e também aqueles em que a emoção é mais claramente extraída do texto, quase todo de Styron. O que se deduz daí é que, embora seu libreto, de modo geral, seja bem construído, Maw teria saído ganhando se trabalhasse com um libretista que tivesse o distanciamento para incorporar uma quantidade ainda maior da complexa estrutura de *flash-backs*, de Brooklyn, em 1947, até a Polônia, antes da guerra, até Auschwitz, revelando lentamente qual foi a escolha que Sophie teve de fazer, e que a destruiu. Outro libretista teria decidido retrabalhar a narrativa como discurso.
>
> Maw tentou preservar a rica textura de nostalgia e de elegia pela juventude perdida que há no romance, bem como a moldura narrativa, usando o Narrador, que preenche as lacunas e reage à história, funcionando mais ou menos como o evangelista das Paixões de Bach, o que é muito apropriado numa obra que questiona a possibilidade da redenção. Mas é pena Maw ter preferido narrar coisas que deveria mostrar. Puccini teria dado a Sophie um lamento pela morte de Wanda. E, em vez da cena em que o irmão de Nathan conta a Stingo que ele está doido de pedra, teria nos mostrado a sua loucura. [...] Com todos os seus problemas, *Sophie's Choice* ainda é mais bem-sucedida do que qualquer outra ópera recente, em língua inglesa, de anos recentes, à exceção talvez de *The Silver Tassie*, de Mark Anthony Turnage.

Se insisto em citações tão longas das opiniões na imprensa, é também para oferecer ao leitor uma visão de como a crítica contemporânea européia reage a criações novas. E da maior ou menor abertura de espírito com que avalia os caminhos por que envereda o drama lírico em nossos dias.

## Bennett

Nascido em 1936, numa família muito musical, de Broadstairs, no Kent, Richard Rodney Bennett demonstrou, desde cedo, os dotes que haveriam de fazer dele um dos compositores mais prolíficos de sua geração. Estudos informais com Elisabeth Lutyens, amiga da família e pioneira do serialismo britânico, despertaram nele o interesse pela vanguarda a que não correspondiam os ensinamentos tradicionais de Lennox Berkeley e Howard Ferguson, com os quais, desde 1953, estava estudando na Royal Academy of Music.

Visitas aos cursos de verão da Escola de Darmstadt e a bolsa que o governo francês lhe concedeu, em 1957, para estudar, durante dois anos, com Pierre Boulez, expandiram seus horizontes. Nas aulas com Boulez, Bennett foi colega da pianista Susan Bradshaw, com a qual colaborou na tradução dos escritos teóricos de seu mestre, e formou um duo pianístico que funcionou durante bastante tempo. De volta à Inglaterra, foi contratado pela Royal Academy; depois, passou dois anos (1970-1971) como professor visitante do Conservatório Peabody, de Baltimore. Desde 1979, reside em Nova York.

Como compositor, Bennett nunca aderiu estritamente aos ensinamentos rigorosos de Boulez; antes preferiu adotar o que Stephen Walsh chamou de "serialismo neo-romântico, mais próximo de Alban Berg do que de Webern". Influências importantes na formação de sua linguagem foram também Britten, Dallapiccola e Hans Werner Henze. Resistindo ao dogmatismo do serialismo estrito e aos modismos passageiros do gosto musical, Rodney Bennett utiliza a mistura muito pessoal de técnica dodecafônica com uma palheta quase tonal. Sua música já foi chamada de "otimista", pelo tom luminoso de algumas estruturas diatônicas que se insinuam na trama atonal, com cantabiles muito expressivos. Em algumas de suas obras instrumentais, ele aderiu também a um estilo neobarroco.

Rodney Bennett desempenha atividade intensa no campo da educação musical. E é um pianista talentoso tanto no campo erudito quanto no do jazz (o Covent Garden produziu, em 1968, o seu balé *A Jazz Calendar*). À riqueza de invenção e desenvolvimento, juntam-se fontes de inspiração muito diversas: Debussy e Scott Joplin, Monteverdi e Stan Getz – para o qual escreveu, em 1992, o *Concerto for Stan Getz* –, os signos do zodíaco, a poesia de Rilke, a pintura de Kandinsky, responsáveis por um catálogo eclético e elegante. Bennett é o autor de várias trilhas sonoras para filmes (ver o final deste capítulo), sinfonias; concertos para piano, oboé, violão, violoncelo, cravo, saxofone e percussão; além do balé *Isadora*, sobre a vida da dançarina Isadora Duncan, estreado no Covent Garden em 1981.

Na década de 1960, após *The Ledge*, peça curta e de aprendizagem, Bennett escreveu três óperas de grande porte e mais uma destinada ao público infantil. O interesse despertado por elas fez com que, durante algum tempo, se visse nele o sucessor potencial de Britten como um grande compositor operístico britânico. Mas uma certa relutância de Bennett em permitir que a música dominasse os acontecimentos dramáticos e, também, na opinião de estudiosos como Mark Audus, a profundidade relativamente limitada subjacente a uma superfície artesanalmente bem realizada, fizeram com que essas obras não correspondessem às expectativas que as cercavam. O próprio Bennett, após o semi-insucesso de sua última criação para o palco, comentou: "Eu não teria a presunção de tentar mudar a face da ópera, tal como a conhecemos – a ópera, na verdade, há de sobreviver muito bem sem mim".

Beverly Cross escreveu *The Mines of Sulphur* em 1961, como um libreto de ópera. Não encontrando nenhum compositor disposto a musicá-lo, já se preparava para transformá-lo em peça de teatro, quando o diretor Colin Graham sugeriu a Bennett que utilizasse o texto, na ópera que lhe tinha sido encomendada pelo Sadler's Well. *As Minas de Enxofre* ali estreou em 24 de fevereiro de 1965, e foi tão bem acolhida que logo viajou para Colônia, Zagreb, Marselha e Estocolmo. Foi um verdadeiro furor ao ser cantada em italiano, no Teatro alla Scala, de Milão, em 1966. Cross teve a idéia a partir de uma história real que leu, durante o serviço militar, prestado em Salisbury Plain. Juntando a intriga central a seu interesse pela pesquisa do trabalho das companhias teatrais ambulantes da fase pós-Restauração, escreveu uma peça sombria, com um clima de *grand-guignol*, sobre um assassinato numa casa de campo e a forma sinistra como ele é denunciado. O título, extraído de uma citação do *Othello* – "Dangerous conceits burn like the mines of sulphur" ("Idéias perigosas ardem como as minas de enxofre") – é também o nome da peça-dentro-da-peça a que assistimos no ato II.

O rico Braxton, dono de uma mansão no campo, recrimina Rosalind, a sua empregada, por ter ido passear sozinha nas charnecas vizinhas. Enquanto isso, os dois cúmplices da moça entram sorrateiramente na casa e matam o proprietário. São eles, o desertor Bocconion e o vagabundo Tovey. Os três estão examinando os objetos de valor de que se apropriaram, quando batem na porta. É Sherrin, diretor de uma trupe de teatro ambulante, pedindo abrigo. Bocconion convida os atores a entrar, pedindo-lhes que representem em troca de casa e comida. Eles se oferecem para fazer *As Minas de Enxofre*, peça em que uma jovem condessa conspira com o mordomo para matar o marido idoso. Os "anfitriões" interrompem o espetáculo no momento em que a ação da peça começa a ficar constrangedoramente parecida com a realidade; mas, assim mesmo, um dos atores denuncia os impostores.

Bocconion prende os atores, planejando fugir com seus cúmplices depois de ter ateado fogo à casa com eles dentro. Mas a trupe consegue fugir do porão sem portas nem janelas onde foi trancada, deixando apenas Jenny, participante do grupo, para dizer a Bocconion que os atores eram fantasmas infectados com a peste – e que eles, agora, também estão contaminados. Jenny desaparece, e os três criminosos são deixados sozinhos, para pedirem perdão a Deus.

A partitura denota absoluta segurança no que se refere a criar a atmosfera soturna e opressiva da ação. Embora serial, contém passagens tonais cada vez que uma situação mais lírica assim o exige; e o uso de baladas e temas recorrentes – como o motivo na trompa, associado aos atores – a torna acessível e bem amarrada. A colorida escrita orquestral e um arioso permanente bem flexível contribuem para a fluência do ritmo dramático. Efeito teatral muito seguro é o dos três noturnos, de clima muito tenso, tocados como interlúdios às cenas de que se compõe a peça-dentro-da-peça.

O sucesso do espetáculo fez vir, logo em seguida, nova encomenda do Sadler's Well. Antes mesmo da estréia das *Minas de Enxofre*, Rodney Bennett já estava pensando na possibilidade de escrever uma comédia. Escolheu *A Penny for a Song*, de John Whiting, estreada em 1950, e pediu a Colin Graham que lhe preparasse o libreto. Ambientada na costa de Dorset, durante um dia de verão do início do século XIX, *Um Tostão por uma Canção* foi cantada pela primeira vez em 2 de novembro de 1967.

Dois irmãos excêntricos, Sir Timothy e Lamprett Bellboys, moram em um casarão perto da praia e estão convencidos de que é iminente um ataque napoleônico à Inglaterra. Quando vêem a guarda local partindo para manobras de rotina, têm a certeza de que, agora, a coisa é para valer. Sir Timothy disfarça-se de Napoleão, para enganar as tropas inimigas. E Lamprett sai apagando todas as fogueiras de sinalização da costa, para os navios de guerra franceses não poderem atracar. O que consegue, com isso, é criar grande confusão entre as embarcações de pesca inglesas. Nesse meio tempo, Dorcas, a filha de Sir Timothy, apaixonou-se por um jovem oficial que retornou do verdadeiro campo de batalha e, desgostoso com a guerra e os privilégios aristocráticos, aderiu aos radicais. O amor por esse jovem a faz recusar o rico Hallam Matthews que, cansado da vida mundana em Londres, veio hospedar-se em casa dos Bellboys e, tendo-se encantado com a moça, está pedindo sua mão a Sir Timothy. "No final desse dia", diz Bennett, "muita coisa terá mudado na vida de muita gente."

A caracterização, aqui, é mais interessante do que na ópera precedente pois, a cada personagem, Bennett atribui maneirismos musicais específicos: engraçados para os dois irmãos e o pomposo Matthews; sentimentais e delicados para o casal de namorados, numa linha que insere *A Penny for a Song* na linhagem da ópera bufa clássico-romântica (Rossini e Donizetti, principalmente). Porém, Bennett não é capaz de capturar o senso de humor muito peculiar de Whiting, cuja sátira chega a beirar o surrealismo. Sai-se bem melhor nas cenas líricas, como as que envolvem Dorcas e seu namorado, ou no sereno final, quando o longo dia termina e todos os nós armados ao longo da intriga se desatam. A admiração de Bennet por Hans-Werner Henze é bem visível: ele se inspira na comédia *Der Junge Lord*, a que assistiu em Berlim, em 1965, pouco antes de iniciar o trabalho em *A Penny for a Song*. Embora não repetindo o sucesso das *Minas*, essa comédia recebeu alguns aplausos ao ser ouvida em Munique e Osijek, durante 1968.

Foi uma vez mais a Cross que Bennett recorreu, ao receber a encomenda, da Coventry School's Music Association, de uma ópera destinada ao público jovem. *All the King's Men* (Todos os Homens do Rei), estreada em 28 de março de 1969, no auditório do Colégio Técnico de Coventry, baseia-se num episódio real ocorrido em agosto de 1643, durante a Guerra Civil. Há no selo Abbey uma gravação de 1971 feita pelo Trinity Boy's Choir.

Os realistas cercavam a guarnição dos Roundhead em Gloucester, e construíram uma pesada máquina de assédio, com a qual pretendiam cruzar o rio Severn e derrubar as muralhas da cidade. Avisados disso por um olheiro, todos os cidadãos de Gloucester se mobilizaram e, trabalhando rapidamente durante a noite, conseguiram alargar a margem, aumentando assim a força da correnteza. Ao ser lançada ao Severn, a engenhoca desapareceu em suas águas e, por isso, passou a ser chamada de "Humpty Dumpty" – onomatopéia do som que fez ao afundar (e também o título de uma conhecida *popular rhyme*, que inspirou a Lewis Carrol o nome de seu ovo falante, que se espatifa ao cair do muro em que está empoleirado).

Escrita para três solistas e conjunto de câmara com percussão, *Todos os Homens do Rei* explora habilmente essas forças reduzidas. Aqui, pela primeira vez, Bennett lança mão do pastiche, para frisar o tom cômico e ligeiro da peça. É feliz quando escreve, para o séquito da Rainha, uma canção de ninar em estilo seiscentista; ou quando parodia Kurt Weill numa marcha militar de estilo prussiano. Não é tão bem-sucedido, porém, ao utilizar ritmos latino-americanos na cena em que os realistas estão construindo a sua poderosa e malfadada máquina de assédio.

A encomenda de um título para o Covent Garden, o principal teatro londrino – onde ele estreou em 13 de abril de 1970 – fez Bennett visar mais alto, pedindo a Cross o libreto para uma ópera em grande escala, cuja ação se estendesse por um período de tempo mais longo, em vez de se concentrar num só dia, como as precedentes. Cross teve de condensar muito *Victory*, o romance de Joseph Conrad, publicado em 1914, sobre Heyst, homem cético, recluso e infeliz, que se interessa pelos problemas de Lena, cantora do coro da igreja e, ao se apaixonar por ela, acaba finalmente reatando com o mundo exterior e com a vida "real".

O texto concentra-se no relacionamento dos dois, e o que a partitura tem de mais satisfatório refere-se às emoções de ambos. É particularmente feliz a cena do ato III em que Heyst e Lena se conscientizam desse amor e o confessam um ao outro. Mas, com isso, ficam muito rasas as complexas motivações das demais personagens, que não conseguem ser mais do que silhuetas esbatidas, no pano de fundo. Bennett é bem-sucedido, porém, em sugerir o ambiente exótico e perverso do bar em Surabaya, na Malásia, onde a ação se passa, e a maldade dos três jogadores que acabarão sendo responsáveis pelo final trágico da história. São eficientes os traços de paródia do ato I, em especial a imitação das orquestras que, na virada do século, tocavam em lugares públicos: é a chamada "música de salão", a que os italianos dão o nome de *stile salottiero*.

Mas a reticência emocional da personagem principal faz com que sejam poucas as chances que ele dá ao compositor – ou das quais este aproveita – de escrever música de maior expansão emocional. E o desenlace trágico, depois do momento em que, com a descoberta do amor, o drama chegou a um auge psicológico, funciona como um anticlímax. Isso fez com que a acolhida do público fosse apenas polida, o que explica a decisão de Rodney Bennett de afastar-se do palco.

Em 2001, a quatro mãos com John Tavener – responsável pelas peças corais –, Bennett produziu a trilha sonora para *Gormenghast*, uma das produções mais ambiciosas do canal de televisão da BBC. Publicada no final da II Guerra, *Titus Groan* e *Gormenghast* fazem parte da popularíssima trilogia inacabada de Mervyn Peake, uma história de traição e decadência, loucura e defesa da honra. Gormenghast é o nome do castelo em ruínas onde vive Titus, o 77º Earl of Groan, personagem central dessa alegoria sobre a queda de um império, o final de uma era e as razões que levam à ascensão do totalitarismo. Os romances têm empostação wagneriana, que os aproxima da série hoje muito popular do *Senhor dos Anéis*, de Tolkien. A partitura de Bennett e Tavener contribuiu muito para enfatizar o clima fantástico dessa série de TV em quatro episódios. O selo Sony tem a gravação de Paul Goodwin com a Academy of Ancient Music.

Estes são os filmes – alguns deles bastante populares – para os quais Rodney Bennett escreveu a trilha sonora:

- na década de 1950: *Menace in the Night* (1958), *The Man Inside* (1958), *The Safecracker* (1958), *Indiscreet* (1958), *Blind Date* (1959), *The Angry Hills* (1959), *The Devil's Disciple* (1959), *The Man Who Could Cheat Death* (1959);
- na década de 1960: *The Wrong Arm of the Law* (1962), *Satan Never Sleeps* (1962), *Only Two Can Play* (1962), *Billy Liar* (1963), *Heavens Above!* (1963), *One Way Pendulum* (1965), *The Nanny* (1965), *The Witches* (1966), *Billion Dollar Brain* (1967), *Far from the Madding Crowd* (1967), *Secret Ceremony* (1968), *Figures in a Landscape* (1970), *The Buttercup Chain* (1970);
- na década de 1970: *Nicholas and Alexandra* (1971), *Lady Caroline Lamb* (1972), *Voices* (1973), *Murder on the Orient Express* (1974), *Permission to Kill* (1975), *Equus* (1977), *The Bri's Job* (1978), *Yanks* (1979);
- na década de 1980: *The Return of the Soldier* (1982), *The Ebony Tower* (1984);
- na década de 1990: *Enchanted April* (1991), *Swann* (1996), *The Tale of Sweeney Todd* (1998), *Four Weddings and a Funeral* (1998).

Em 2004, a Book News Inc., de Portland, lançou *Richard Rodney Bennett: a Bio-Bibliography*, no qual Stewart Cragg traça uma biografia do compositor e organiza o catálogo das obras, com datas de estréia e intérpretes, discografia, e levantamento da bibliografia do e sobre o autor.

## Blake

A decisão de ir para Berlim Oriental, estudar na Akademie der Künste com Hanns Eisler – um dos mais influentes alunos de Schoenberg e, ao mesmo tempo, um dos nomes importantes da ópera de tema politizado –, significou, para o londrino David Leonard Blake, nascido em 1936, a opção por um rumo bem definido na carreira. Antes disso, ele tinha estudado em Cambridge (1957-1960) com Patrick Hadley, Peter Tranchell e o regente Raymond Leppard. A marca do estilo de seu mestre alemão está bem visível nas primeiras obras cuja autoria Blake reconhece: as *Variações para Piano* e o *Quarteto n. 1*.

O primeiro trabalho de Blake, ao voltar para a Inglaterra, foi como professor primário. Essa atividade fez surgir a ópera didática *It's a Small War* (1962), para ser cantada pelos seus alunos. Nela, havia a mistura de estilos populares da década de 1960 – incluindo um trecho que parece uma antecipação dos Beatles – e uma marcha escrita no estilo de Kurt Weill. A longa associação de Blake com a Universidade de York, iniciada em 1964, culminou na cantata *Lumina*, sobre textos dos *Cantos* de Ezra Pound, cujos aspectos teatrais sugeriam que o palco lírico era o alvo visado pelo compositor.

E, de fato, em 1973, ele começou a trabalhar num vasto afresco histórico escrito por Anthony Ward, a respeito de Toussaint Breda, o escravo negro que, com o nome de Toussaint l'Ouverture, liderou a rebelião haitiana de 1791-1803, mas foi atraiçoado no momento do triunfo, e morreu numa prisão francesa. *Toussaint or The Aristocracy of the Skin* estreou em 28 de setembro de 1977, com a

English National Opera, no Coliseum Theatre, regida por Mark Elder e encenada por David Pountney. Submetida a uma revisão, a ópera reestreou, no mesmo teatro, em 6 de setembro de 1983 (dessa versão revista, conheço a gravação pirata de uma transmissão radiofônica da BBC, feita nesse mesmo ano).

A viva partitura de Blake faz contrastar vinhetas intimistas – as cenas entre Toussaint e sua mulher – e as seqüências épicas, de batalha. Ou os elementos opostos de cor local: de um lado os ostinatos dos tambores no cerimonial de vodu; do outro, a reconstituição das quadrilhas do início do século XIX, nas cenas de festa dos colonizadores franceses. O estilo vocal lembra muito o de Alban Berg em *Wozzeck* e *Lulu*. No palco, porém, por mais bem escrita que a música seja, a ópera é prejudicada pelo ritmo lento; e a mensagem política, sem muita sutileza, é às vezes um tanto ingênua. Isso não impede que Blake obtenha bom resultado nas cenas líricas, e que as seqüências de multidão sejam imponentes, numa série de quadros amplos que lembram *Guerra e Paz*, de Prokófiev, ou *A Morte de Danton*, de Gottfried von Einem. A ópera de David Blake relembra, em certos aspectos, os trabalhos de dois compositores negros americanos – a *Ouanga*, de Clarence White, e *Troubled Island*, de William Grant Still –, ambos tendo por cenário o Haiti e, por personagem, o herói negro general Dessalines[4].

Dessa ópera, Blake extraiu duas peças de concerto. A *Suíte de "Toussaint"*, para mezzo e barítono, foi estreada por Sarah Walker e Neil Howlett, em 17 de novembro de 1983, sob a regência de Mark Elder. E a *scena* para mezzo, *The Song of the Common Wind*, foi cantada por Beverly Bergen, sob a regência do próprio autor, em 4 de dezembro de 1991, no Sir Jack Lyons Concert Hall, da Universidade de York.

*The Plumber's Gift*, foi a primeira das colaborações de Blake com o poeta John Birtwhistle, de quem haveria de musicar outros textos. Encomendada pela English National Opera, foi estreada no Coliseum em 25 de maio de 1989, regida por Lionel Friend, com direção cênica de Richard Jones. A ação passa-se numa pensão de uma cidade litorânea, no sul da Inglaterra e, segundo o autor a descreve, é "uma comédia de costumes de dia, e uma paródia de pastoral à noite". Essa construção é usada para opor os amantes que acreditam na sinceridade absoluta àqueles que acham necessário observar certo distanciamento e etiqueta, até mesmo no relacionamento amoroso. São, no dizer de Blake, "duas filosofias plausíveis e igualmente atraentes", postas à prova, na comparação de uma com a outra. Mediante esses testes, as personagens vão descobrindo seus próprios limites e virtudes, e os das pessoas com as quais se relacionam.

Nas cenas noturnas, esses ideais conscientes são explorados em relação à fantasia, ao mito, aos modos "operísticos" de expressar os sentimentos e a nossa atitude diante do destino. O problema da "simplicity versus sophistication", é discutido recorrendo-se às convenções do estilo pastoral que, historicamente, é tipicamente inglês. A cena noturna é interrompida por um interlúdio, durante o qual são recapitulados, no modo lírico, os acontecimentos realistas do ato I.

Após o interlúdio, diz Blake, "o paralelo pastoral prossegue num modo mais sério, induzindo algumas expectativas reais e ilusórias quanto à maneira como os acontecimentos deveriam continuar no plano da realidade". Entre a cena noturna e a continuação da história, há uma "alba" (canção da alvorada), de que participam todas as personagens, comentando, cada uma a seu modo, os problemas que enfrentam e as soluções que pretendem dar a eles. É o único ponto da ópera em que todo o elenco é visto junto.

A luz do dia raia sobre uma fase renovada do conflito. Na cena final, Blake insere os problemas descritos num contexto mais especificamente político-econômico – e há, aqui, alusões mais diretas e satíricas à fase Thatcher –, dizendo que "as personagens terão de decidir se desperdiçam seu potencial ou chegam a uma fórmula de compromisso, em vez de deixarem-se levar por um destino irracional".

David Blake é também o autor da ópera infantil *The Fabulous Adventures of Alexander the Great* (1998), com libreto de John Birtwhistle, sobre a vida do grande conquistador ma-

---

4. Ver *A Ópera nos Estados Unidos*, desta coleção.

cedônio. A estréia, cantada em tradução grega, foi em 11 de julho de 1998, no Velho Castelo de Mitilene, na ilha de Lesbos, sob a regência do autor. Além de dois cantores adultos – o barítono Kostis Kostandáras e o baixo Manólis Papadákis – participaram o Grupo Musical Infantil de Finchley, o Coro Infantil da Rádio de Berlim, e os coros infantis das cidades de Lesbos e de Corfu.

*Scoring the Century: an Entertainment*, de 1999, é uma peça de *music theatre* escrita por Keith Warner, para um grupo de dez cantores/atores e orquestra de câmara. Nela, faz-se um balanço do que foi o século XX e previsões – ou esperanças – do que nos reserva o atual milênio. Entre as composições mais recentes de Blake estão *The Griffin's Tale*, para barítono e orquestra, com texto de Birtwhistle; e o ciclo de canções orquestrais *The Shades of Love*, para baixo-barítono. Em 1995, Blake compilou e editou a obra coletiva *Hanns Eisler: a Miscellany* (Gordon and Breach), importante contribuição ao estudo da criação de seu professor. Nela, tentou estabelecer o limite razoável do que deve ser rejeitado e preservado, em vista da derrocada do regime comunista e do desfavor em que caíram valores pelos quais Eisler – e ele próprio – lutaram a vida toda. Vale a pena reproduzir as palavras com que Blake encerra o ensaio *Recollection*, em que reúne suas lembranças pessoais do bem-amado professor:

> Observando a determinação maníaca com a qual se tenta, hoje, erradicar quase inteiramente tudo aquilo que a Alemanha Oriental representava, não apenas do ponto de vista ideológico e político, mas também do acadêmico e do artístico, isso me parece não só loucura, mas uma coisa extremamente perigosa, na medida em que gera ressentimento, ódio e fundamentalismo anticomunista que, em seu devido tempo, vão colher frutos. Resta esperar que, depois de a poeira do fervor inicial e da má-vontade abaixar, volte o senso de equilíbrio e possa ser feita uma avaliação razoável daquilo que merece ser salvo, nos quarenta anos de existência da Alemanha Oriental.

Esse é, de fato – no que se refere, não apenas à Alemanha Oriental, mas a todo o antigo bloco socialista –, um balanço muito difícil de fazer, mas que será uma das missões fundamentais do historiador, do educador, do artista, quando chegar a hora de passar em revista essa fase crucial da vida do século XX.

# Bedford

Aluno de Lennox Berkeley na Royal Academy of Music, e de Luigi Nono em Veneza, o londrino David Vickerman Bedford – nascido em 1937 – fez também um estágio no estúdio de música eletrônica da RAI, em Milão. A sua música é basicamente tonal, mas faz uso de dissonâncias, técnicas aleatórias e instrumentos incomuns. Todas as óperas de Bedford foram escritas para o público jovem, o que reflete a sua experiência como professor e seu empenho na prática educacional da música. São partituras híbridas, misturando as técnicas e estilos mais variados, e fazendo largo uso de formas folclóricas e populares, como resultado até mesmo do trabalho que fez como tecladista de um conjunto de música pop.

*The Rime of the Ancient Mariner*, estreada em 14 de fevereiro de 1979 no Queen Elizabeth Hall, é não só a primeira como também a mais conhecida de suas peças para o palco lírico até hoje. O próprio Bedford adaptou teatralmente o poema do romântico Samuel Taylor Coleridge (1798). Aos elementos de música pop e reminiscentes da *ballad opera* tradicional, vem juntar-se a citação de uma *basse danse* do século XVII, composta por Tylman Susato, que funciona como tema recorrente. O *Poema do Antigo Marinheiro* usa um elenco grande e coro duplo, e tem uma orquestração incomum: ocarinas, instrumento imitando pios de pássaros, máquina de vento e, na passagem que evoca a paisagem gelada do Ártico, jogos de copos e garrafas afinadas, que produzem sons impalpáveis e irreais. Há quatro canções de marinheiro (*sea shanties*) como números fechados; duas delas são ouvidas simultaneamente na apoteótica cena final.

Para os alunos da Gordonstoun School, onde trabalhava, Bedford escreveu, em seguida, a *Baldur Trilogy*, baseada em poemas nórdicos e nas *Eddas* em prosa, contendo, portanto, personagens e situações em comum com a tetralogia do *Anel do Nibelungo*. São parte dessa série *The Death of Baldur* (1980), *The Ragnarok* (1983) e *Fridiof's Saga* (1981). Em 1988, por encomenda da companhia W11 Children's Opera, ele compôs *The Return of Odysseus*, adaptando episódios do poema homérico e utilizando recursos multimídia.

Tenho notícia ainda de *Anna*, ópera destinada, em 1993, a uma montagem escolar.

## Crosse

Aluno de Egon Wellesz em Oxford, com quem se pós-graduou em música medieval; e depois de Goffredo Petrassi, na Academia de Santa Cecília, em Roma, Gordon Crosse – nascido em Bury, no Lancashire, em 1937 – aderiu por algum tempo às tendências vanguardistas do início da década de 1960. Mas a *Sinfonia Concertante* e *Changes*, "ciclo noturno" para soprano, barítono, coro e orquestra, ambas peças de 1965, já o mostram evoluindo para uma fórmula de música mais diatônica, em que seus conhecimentos de música antiga desempenham papel importante. Crosse é, essencialmente, compositor de música vocal; e escapa das tentações do intelectualismo mediante a espontaneidade da declamação e o lirismo das linhas melódicas – embora, nas peças orquestrais, preserve dose maior de aquisições modernas. Acima de tudo, Crosse é, na opinião de um musicólogo como Stephen Walsh, "um dos compositores de ouvido mais afinado para traduzir, em termos musicais, os ritmos e melodias inerentes à poesia inglesa". Walsh atribui aos meandros da política musical inglesa, com seus lobbies tortuosos, o relativo eclipse em que a obra desse autor caiu em anos recentes.

Além de quatro óperas, Gordon Crosse escreveu obras que mantêm um pé no palco e outro na plataforma de concerto, muitas delas visando o público jovem. É o caso de:

- *The Demon of Adachigahara* (1967), cantata para narrador, mímico, coro de adolescentes e orquestra, baseada em um conto folclórico japonês;
- *The History of the Flood* (1970), para coro infantil e harpa, baseado livremente no texto do Gênesis;
- *Wheel of the World*, para atores coros adulto e infantil e orquestra, baseado nos *Canterbury Tales* de Geoffrey Chaucer, estreado no Festival de Aldeburgh em 5 de junho de 1972;
- *Holly from the Bongs*, ópera de Natal destinada a ser cantada dentro da igreja, estreada na catedral de Manchester em 9 de dezembro de 1974.

Dentre essas peças, merece destaque *Memories of Morning: Night*, monodrama para meio-soprano e orquestra, que pode ser encenado. Escrito para o soprano Meriel Dickinson, que o estreou em 1971, fez muito sucesso quando Colin Davis o regeu, em 1973, nos Proms (existe o registro em disco dessa apresentação). Baseado no romance *Wide Sargasso Sea* (1966), de Joan Rhys, recria o clima tropical, as superstições do Caribe e os ódios raciais deixados pelo processo de abolição da escravatura.

Na primeira parte, intitulada *Coulibri*, a personagem, Antoinette conta como o fim da escravidão fez a plantação de seu pai entrar em decadência. Depois que ele se matou de tanto beber, a mãe de Antoinette casou-se com um homem mais jovem, que dilapidou o resto de sua fortuna. Revoltados com os maus-tratos que esse segundo marido lhes infligia, os nativos atearam fogo na casa grande, e a mãe de Antoinette enlouqueceu. A segunda parte, *Thornfield*, conta o processo de degeneração mental da própria Antoinette. Ela é trancada em casa mas, atormentada pelas lembranças de infância, consegue soltar-se e incendeia o que sobrou da casa em que a aprisionaram. O monodrama tem momentos muito fortes: a descrição, por exemplo, do desespero do papagaio, cujas asas estão pegando fogo; ou a tentativa de salvar do incêndio o irmão retardado de Antoinette, que não resiste às queimaduras.

O próprio Crosse condensou *Purgatory*, a peça de W. B. Yeats escrita em 1939, como o texto de sua primeira ópera, cantada em 7 de julho de 1966, no Everyman Theatre, durante o Festival de Cheltenham. Há apenas duas personagens, que ficam todo o tempo no palco e cantam monólogos. A ação está toda na memória do Velho: é através dela que Crosse nos pinta as outras personagens e lugares. Isso confere a *Purgatório* o aspecto de peça de concerto e, de fato, ela tem muitos pontos de contato com *Memories of Morning: Night*. Mas a direção, na estréia, demonstrou que, devido à sua intensidade psicológica e de atmosfera, a obra funciona melhor encenada, pois assim a ameaça de violência que ronda as personagens torna-se fisicamente palpável.

Um Velho traz seu filho às ruínas de um casarão no campo. Aos poucos, a história de seu passado começa a emergir. A mãe dele, de família muito rica, casou-se com um alcoólatra que a maltratava, e morreu ao dar-lhe a luz. O pai jogou pela janela todo o dinheiro da família e, um dia, desacordado de tanto beber, morreu num incêndio misterioso que destruiu a casa. Vamos aos poucos descobrindo a verdade. O Velho confessa que matou o pai. Desde esse dia, seus pais foram condenados a reviver, no Purgatório, a vida infeliz que tiveram. O Filho briga com o pai, e o Velho o apunhala. Imagina, com isso, ter rompido o ciclo do Purgatório: "I finished all that consequence." Mas o Purgatório permanece, doloroso como antes. A ópera termina com a prece do Velho: "Oh God, appease the misery of the living and the remorse of the dead!"

Crosse evitou cuidadosamente dramatizar o único trecho de *Purgatório* que se prestaria à ação cênica: a morte do Filho. O drama se projeta exclusivamente mediante imagens musicais, como a sinistra imitação do ruído de patas de cavalo, símbolo do destino das personagens, com que a partitura se abre, e que volta perto do final, quando fica claro que o assassinato não resolveu nada. Crosse contrasta o atonalismo do mundo "real" – portanto, torturado e cheio de angústia – com alguns momentos de radiante tonalismo, com harmonias deliberadamente simples, cada vez que se menciona a possibilidade de superação do sofrimento num outro mundo. São assim, por exemplo, as tríades cantadas pelo coro *a cappella* fora de cena, ou o acorde de dó maior com que a ópera se encerra. São perceptíveis a influência de *Wozzeck* de Alban Berg e, principalmente, de *Peter Grimes*; mas assimilada de maneira muito pessoal. A gravação feita em 1975 no Royal Northern College, para o selo Argo (Bodenham, Hargreaves/Lankester), há de demonstrar ao leitor que *Purgatory* (Purgatório) não merece a negligência com que os próprios ingleses a têm tratado.

Ao receber do Festival de Aldenburgh a encomenda de uma ópera para a temporada de 1974, Crosse pensou em um espetáculo duplo com *Purgatory*, e pediu um libreto a David Rudkin. Este lhe preparou *The Grace of Todd* (O Dom de Todd), farsa antimilitarista de estilo alegórico, tendo traços em comum com o texto de Eric Crozier para o *Albert Herring*, de Britten. *Purgatório* e *O Dom de Todd* foram cantadas em programa duplo, no Jubilee Hall, em 7 de junho de 1974, tendo Robert Tear no papel de Todd.

Gordo, míope e totalmente desprovido de coordenação motora, Todd é um desastre ambulante como militar e, por isso, é maltratado de todas as formas por um sargento e um tenente, que são duas típicas figuras de opereta. Mas na cena central da peça, que tem clima quase onírico, Todd descobre, com a ajuda de uma estranha aristocrata, um dom único que possui: a capacidade de arrancar riso incontrolável das pessoas. Na cena final, depois que sua falta de jeito fez o tenente cair na risada, ele é levado preso; mas a sua triunfante vivacidade de espírito continua solta.

Crosse responde muito bem aos elementos de farsa e, no que tem de cômico, *The Grace of Todd* é irresistivelmente engraçada. O problema é ele não possuir a mesma mão segura para as passagens alegóricas, o que faz o ritmo musical ser desigual e torna, na opinião da crítica da época, a ópera mais longa do que o necessário.

O poeta Ted Hughes adaptou, para Crosse, a peça *L'Histoire de Vasco* (1956), do dramaturgo franco-sírio Georges Schéhadé, tragicomédia que ridiculariza a guerra, utilizando um tipo muito pessoal de humor negro. A English National Opera estreou *The Story of Vasco* no Coliseum, em 13 de março de 1974.

Vasco é um simplório barbeiro de aldeia, que um General obriga a se alistar, por acreditar que o medo é uma arma mais eficiente do que o heroísmo. Vasco é perseguido por um professor louco, cheio de teorias alucinadas sobre o sentido da guerra. A filha dele, Marguerite, tem visões, nas quais se vê como a Madona, "noiva de um pequeno barbeiro". Depois de uma série de episódios estapafúrdios, de tom surrealista, o medo realmente funciona, Vasco pratica um ato heróico, mas é morto.

Lirismo simples e espontâneo, compaixão por suas personagens, visão humanitária, escrita vocal muito gratificante para os cantores – essas são características da *História de Vasco* que realmente situam Gordon Crosse na linhagem britteniana. A música é francamente tonal, com melodias muito expressivas, e a orquestração é extremamente virtuosística. Mas os desníveis de ritmo dramático, comuns nas peças de Crosse, não deixaram de ser um problema. Em seus três atos, estendendo-se por mais de duas horas, as passagens vivas e bem construídas se opõem a outras em que a ação se arrasta um pouquinho, pois há episódios secundários mais longos do que o necessário. A caracterização, satisfatória para as personagens centrais, é frouxa para as secundárias. O próprio autor deu-se conta disso pois, em 1977, fez na ópera uma revisão. Mas essa nova versão não chegou a ser encenada.

O pouco caso com que a direção dos teatros tratava sua produção para o palco fez com que *Potter Thompson* – estreada em 9 de janeiro de 1979, na igreja de St. Mary Magdalen, na Munster Square, de Londres – fosse a sua última ópera. Embora o libreto de Alan Garner tenha, como subtítulo, "music drama", trata-se de uma peça infantil, encomendada pelo Finchley Children Music's Group.

A personagem título, solitária, emburrada, amargurada, vê-se desafiada pelos moradores da aldeia em que vive a embrenhar-se na floresta, e ir procurar a legendária figura do Herói Adormecido que, segundo a tradição, dorme no sopé da colina e, se despertado, terá o poder de conceder a quem o acordou a realização de todos os sonhos. Entrar na floresta e ter de enfrentar seus perigos é a metáfora da jornada em busca de si mesmo. Após uma série de aventuras, Thompson realmente encontra o Herói Adormecido mas, no último momento, chega à conclusão de que não é necessário despertá-lo. Tendo adquirido um nível novo de maturidade e compreensão, volta para casa cheio de confiança na vida, pronto a enfrentar a realidade que sempre se recusou a olhar de frente.

Embora longa para os padrões de uma ópera infantil (1h 45min de duração) e, às vezes, um tanto obscura, *Potter Thompson* é muito bem escrita e, em seus melhores momentos, muito comovente. Há um só papel para adulto e um amplo elenco de apoio utilizando cantores infantis, para os quais Crosse escreveu música bonita e muito adequada às suas limitações técnicas. O acompanhamento é feito por um conjunto de sete instrumentos, e uma pequena "orquestra de ruídos" – que deve ser tocada por crianças –, destinada a ajudar nos efeitos ambientais. Diz Steven Walsh a respeito de *Potter Thompson*:

> Que o compositor de peça tão criativa, ainda não chegado aos 40 anos quando a escreveu, tenha decidido não produzir mais óperas depois dela, é um indício terrível do que é o estado da ópera na Grã-Bretanha, na segunda metade do século XX.

## McCabe

Pianista talentoso e ensaísta sobre temas musicais, John McCabe, nascido em 1939, é também prolífico compositor de obras instrumentais. De origem escocesa e irlandesa, por parte do pai; alemã e escandinava, por parte da mãe. Foi uma criança prodígio que, desde cedo, tocava piano, violino e violoncelo; e na família, corria a história – não comprovada pelos seus biógrafos – de que ele tinha composto treze sinfonias antes da adolescência.

McCabe estudou composição com Thomas Pitfield, na Universidade de Manchester, e com Harald Genzmer, na Hochschule für Musik, de Munique. Foi pianista residente da Universidade de Cardiff e diretor do London College of Music entre 1983-1990. As peças mais famosas de McCabe, e as mais bem realizadas, são obras de circunstância, pois era capaz de escrever rápido e de forma disciplinada, atendendo a encomendas. *The Chagall Windows*, de 1974, e *The Shadow of Light*, de 1979, são poemas sinfônicos extremamente bem escritos, e seus títulos indicam o interesse de McCabe pelo colorido instrumental e a evocação sonora dos efeitos de luz. Além de concertos para vários instrumentos e música de câmara, McCabe escreveu um *Stabat Mater* (1976) e as cantatas *Aspects of Whiteness* (1967), *Voyage* (1967) e *Reflections on a Summer Night* (1977).

Para o palco, produziu dois balés: *The Teachings of Don Juan* (1973) e *Mary Queen of Scots* (1976). Mas é também o autor de três óperas:

- *The Lion, the Witch and the Wardrobe* (1969), baseada no conto de C. S. Lewis, grande sucesso junto ao público infantil;
- o "entertainment" *This Town's a Corporation Full of Crooked Streets* (1970), para narrador, tenor, coro adulto e infantil, e orquestra de câmara; texto escrito coletivamente por vários poetas de Liverpool;
- e a ópera de câmara *The Play of Mother Courage* (1974), baseada no mesmo conto de Grimmelshausen que inspirou a peça de Bertolt Brecht.

## Harvey

Começando a compor aos seis anos de idade, a partir de instruções que recebeu em casa, Jonathan Dean Harvey – nascido em 1939 em Sutton Coldfield, nos West Midlands – estudou composição mais tarde com Erwin Stein e Hans Keller, que lhe apresentaram as técnicas seriais da II Escola de Viena. Em meados da década de 1960, Harvey sentiu-se atraído pela música de Karlheinz Stockhausen, ao qual dedicou substancioso estudo. Essas influências marcam a *Chacona sobre "Iam dulcis amica"*, de 1967, e o poema sinfônico *Persephone's Dream*, de 1973. Um estágio na Universidade de Princeton despertou também seu interesse pelas possibilidades da música eletracústica. Desde a trilogia orquestral *Inner Light* (1976-1979), inspirada pelos escritos antroposóficos de Rudolf Steiner, Harvey começou a incorporar às suas obras orquestrais elementos eletrônicos pré-gravados e, depois, ao vivo.

Dentre os compositores da geração nascida durante a II Guerra, Harvey se destaca pelo número de composições sacras. É o autor de uma série muito interessante de onze cantatas para formações variadas. A II, por exemplo, *Three Lovescapes* (1967), é para soprano e piano; a IV, *Ludus Amoris* (1969), para solistas, narrador, coro e orquestra; a VI, *On Faith* (1970), para coro e cordas; a X, *Spirit Music* (1976), para soprano, três clarinetes e piano. Depois de longa pausa, a XI, *Mothers Shall Not Cry*, foi escrita em 2000 para comemorar a passagem do milênio. É uma elaborada peça de *music-theatre*, que utiliza a movimentação cênica como forma de frisar a reflexão sobre a importância do princípio feminino em todas as religiões do mundo.

A primeira ópera de Harvey, *Full Moon in March*[5] (1960), não chegou a ser estreada: ele a retirou, por considerá-la insatisfatória. Mas *Inquest for Love* foi bem recebida, em junho de 1993, no Coliseum Theatre, pela English National Opera, que a tinha encomendado. O libreto de Harvey e David Rudkin descreve as experiências, no outro mundo, de um casal que foi assassinado, durante a cerimônia de casamento, pela irmã mais velha da noiva, inconformada por vê-la desposar o homem pelo qual se apaixonara. Extremamente complexa, a música, escrita para grande orquestra e três sintetizadores, contém influências que vão do *Parsifal* ao *Wozzeck*.

A tradução, feita por Michael Wadsworth, de dois dramas litúrgicos latinos, escritos na Idade Média por padres beneditinos, inspirou a Harvey o texto da "church opera" *Passion and Resurrection*, cantada em 21 de março de 1981 na Catedral de Winchester. A primeira peça, do século XII, evoca a procissão até Gethsêmani, com a cruz às costas, a crucificação e a morte de Jesus. A segunda, do século XIV, descreve a Ressurreição. Temas de cantochão fornecem o material para a declamação dos solistas na primeira parte, cada um deles possuindo o seu centro harmônico particular. Essa declamação sóbria, de parâmetros limitados, visando a sugerir a dor, no ciclo de tortura e morte da Paixão, torna-se mais livre e exuberante na segunda, em que predominam a alegria com a Ressurreição e a promessa da salvação da humanidade. O elemento de cantochão surge também nos dois grandes hinos de Sexta-feira da Paixão, dos quais a platéia é convidada a participar, de uma forma que lembra o envolvimento da comunidade nos corais das *Paixões* de Bach.

## Harper

É muito importante o papel desempenhado pelo inglês Edward Harper – nascido em

---

5. Baseada na mesma peça de Yeats que inspirou o americano John Harbison; ver *A Ópera nos Estados Unidos*, desta coleção.

Taunton, no Somerset, em 1941 – na vida musical escocesa, como professor na Universidade de Edimburgo e fundador do New Music Group of Scotland. O estilo inicial de suas obras, marcado pelo serialismo e as estruturas aleatórias derivadas de seus estudos com Franco Donatoni, foram progressivamente abandonados em favor de um estilo mais lírico e de base tonal, com o uso de células temáticas de grande mobilidade, inspiradas por Janáèek e Bartók – que ele homenageou em *Bartók Games* de 1972, a primeira obra a chamar a atenção para seu nome. Outras peças significativas de Harper são o *Ricercari in Memoriam Luigi Dallapiccola* (1975), para conjunto de câmara; a *Sinfonia* (1979), o *Concerto para Clarinete* (1982) e as *Variações Duplas para Oboé, Fagote e Conjunto de Sopros* (1989).

Harper sempre teve grande admiração por Thomas Hardy, a quem dedicou o ciclo de canções orquestrais *An Hommage to Thomas Hardy* (1990), na qual cita temas tradicionais dos rabequeiros populares da região do West Country, de onde provém. Comprimindo episódios do romance *Far from the Madding Crowd* e dos contos da coletânea *Wessex Tales*, Roger Savage escreveu para ele o libreto da ópera de câmara *Fanny Robin*, em um ato. Cantada em versão de concerto pelo Edimburgh University Opera Club, em 1975, ela foi encenada no George Square Theatre, dessa mesma cidade, em 15 de novembro de 1978, regida pelo autor e dirigida por Graham Vick (o selo OUP tem a gravação ao vivo).

A camponesa Fanny está noiva do militar Troy mas, no dia do casamento, engana-se de igreja, e o teimoso rapaz, sentindo-se ofendido – pois os aldeões zombaram dele, dizendo que foi abandonado no altar – rompe com ela. Fanny, que está grávida, morre ao dar a luz. Na tentativa de esquecê-la, e de superar o complexo de culpa pela sua morte, Troy casa-se com outra moça, que não o ama. O militar acaba morrendo num duelo com um dos amantes de sua mulher.

Essa história sombria, de cunho verista, contrasta com a evocação que Hardy faz das paisagens inglesas no século XIX. Para isso, Harper combina a narrativa em estilo dodecafônico – com o uso de formas fixas, fuga, passacalha, rondó, à maneira de Berg no *Wozzeck* – e trechos mais líricos, em que cita canções folclóricas extraídas da coletânea de Cecil Sharpe, ou hinos de igreja e salmos metrificados, que encontrou na antologia publicada por Sternhold e Hopkins.

Uma encomenda da BBC para a Scottish Opera resultou em *Hedda Gabler*, baseada na peça de Henryk Ibsen, estreada em 1985. Trata-se de uma ópera em grande escala, para sete solistas, dois atores, coro e orquestra grande. O libreto, do próprio Harper, retém basicamente a estrutura da peça norueguesa, mas acrescenta um prólogo para explicar melhor a natureza das relações de Hedda com Loevborg, seu ex-namorado.

Hedda acabou de casar-se e seu marido é um arquiteto que tem grandes planos de construção. Ela está entediada com a vida que leva a seu lado e sente saudades do passado e de seu pai, o falecido general. A crise se desencadeia quando Loevborg, antigo namorado de Hedda, vem trabalhar com seu marido. Além de não concordar com os projetos do sócio, Loevborg tenta reconquistar a jovem, mas é rejeitado. Durante uma festa, no ato II – que não existe no original, sendo uma idéia de Harper – Loevberg expõe brilhantemente os seus planos. Aceita brindar, porque está deprimido pela rejeição de Hedda, mas como não tem resistência nenhuma à bebida, embriaga-se, sai à rua e perde a única cópia de seu manuscrito.

O marido de Hedda encontra o documento e o entrega à esposa que, num acesso de frustração emocional, o atira ao fogo. Confessa ao marido o que fez e, para aumentar seu espanto, anuncia que está grávida. A Loevborg, que vem em busca de seu manuscrito, Hedda diz que sua possibilidade de sucesso está definitivamente perdida. Entrega-lhe um revólver: a alternativa que lhe resta é "uma saída honrosa". No dia seguinte, fica sabendo que o ex-namorado morreu, não por suicídio, mas acidentalmente, durante uma briga num bordel. Essa notícia sórdida parece pôr um ponto final em suas ligações com o passado e Hedda prepara-se para iniciar uma nova vida.

Harper emprega, nessa partitura, grande variedade de estilos e um idioma que oscila livremente do tonal para o atonal, dependendo do clima emocional de cada cena. A vida dissoluta que Loevborg leva, como uma forma de consolar-se pela frustração de ter perdido para outro a mulher que amava, é simbolizada pelo ritmo trepidante de uma polca usada como motivo recorrente[6].

Instrumentos populares misturados a sons pré-gravados visam a sugerir o clima pastoral da coleção de contos *Under the Greenwood Tree*, de Thomas Hardy, de onde veio a idéia para *The Mellstock Quire*, escrita em 1988.

## Bryars

De início, a carreira de Richard Gavin Bryars, nascido em Goole, no Yorkshire, em 1943, orientava-se para as artes plásticas. Aluno de Marcel Duchamp, trabalhou durante algum tempo como professor de filosofia e arte contemporânea. Só no fim da década de 1960 envolveu-se com o movimento britânico de música experimental e, combinando dois campos de experiência, fez muito sucesso, em 1969, com sua obra mais conhecida até hoje, a peça multimídia *The Sinking of the Titanic*.

Bryars é um minimalista voltado para a chamada *New Age* – peças lentas e recorrentes, de caráter meditativo. Seu maior sucesso, inclusive de vendagem, é *Jesus' Blood Never Failed Me Yet* (1971), verdadeiro ícone dos seguidores desse gênero de música: uma longa peça construída sobre a manipulação da fita com as intermináveis repetições de uma mesma frase de um hino religioso, cantada por um sem-teto londrino idoso e embriagado, que Bryars gravou na rua. Nas composições de Bryars misturam-se elementos dadaístas, de filosofia existencialista, de arte conceitual, e de influência de outros artistas com os quais colaborou: o escultor mexicano Juan Muñós, a coreógrafa Merce Cunningham e, principalmente, o diretor Robert Wilson – parceiro também do minimalista americano Philip Glass[7].

Foi Wilson quem lhe pediu que escrevesse a música incidental para a *Medéia*, de Eurípedes, que ia montar em Londres. Esse trabalho foi, logo em seguida, expandido numa ópera. Fragmentos dos atos I, II e V foram ensaiados, com acompanhamento de dois pianos, em fevereiro de 1982, no City College, de New York, com a participação de estudantes, cantores semi-profissionais, e do soprano Wilhelmina Fernandez, na época escolhida para criar o papel-título. "Isso deu-nos a possibilidade", diz Bryars, "de ver como a peça funcionava, fornecendo-nos linhas mestras para que a ópera fosse terminada." Tendo fracassado o plano inicial de levá-la no La Fenice de Veneza em setembro de 1982, *Medea* foi estreada na Ópera de Lyon, em 23 de outubro de 1984, com Yvonne Kenny no lugar de Wilhelmina Fernandez. No elenco, estavam Louis Otey, Stephen Cole, Pierre-Yves le Maigat, François Le Roux, Maria Marketou e Frangiscos Voliotis, sob a regência de Richard Bernas, a quem a partitura foi dedicada. Reprisada no Thêatre des Champs Elysées durante o Festival de Outono do ano seguinte, *Medea* fez grande sucesso quando foi apresentada em Glasgow, em 1995, em forma de concerto.

Bryars nunca tinha escrito antes para voz e orquestra e – segundo ele próprio garante – só tinha assistido a uma ópera em toda a sua vida, *The Visitation*, de Gunther Schüller, em Illinois, no ano de 1968. O projeto de um espetáculo baseado na história da traição de Jasão, e na atroz vingança de Medéia, desenvolveu-se gradualmente, até transformar-se numa peça com mais de três horas de duração. O libreto é quase todo cantado em grego clássico, o que causa, naturalmente, um efeito de distanciamento, da mesma forma que isso acontece com o latim no *Édipo Rei* de Stravínski. Mas esse distanciamento choca-se com a natureza suntuosamente tonal da música que, a despeito da pulsação minimalista, é de sensual Neo-romantismo, que deita raízes em Richard Strauss. As linhas vocais, líricas e emocionalmente intensas, de um subjetivismo

---

6. A peça de Ibsen é também o tema de *Claudia Legare*, do americano Robert Ward, com libreto de Bernard Stambler, em que a ação é transposta para Charleston, após a Guerra Civil (estréia na Ópera de Minnesota em 14 de abril de 1978) – ver *A Ópera nos Estados Unidos*, desta coleção.

7. Ver *A Ópera nos Estados Unidos*, desta coleção.

que colide com a objetividade da narrativa, produzem uma tensão fascinante.

Em parte por limitações de orçamento, em parte visando a reproduzir o que se sabe a respeito das sonoridades da música grega, Bryars usou poucos metais – eliminou trompetes e trombones –; recorreu a amplo conjunto de percussões afinadas (em especial o xilofone, cujo som lembra o do crótalo); não usou violinos, para obter tonalidades mais escuras; e trocou os oboés por saxofones, "devido à divisão desse instrumento em famílias que correspondem aos registros da voz humana", diz ele. Os ritmos e inflexões do grego clássico condicionaram, naturalmente, a composição da música. Bryars diz que, na segunda cena do ato III, há um hino a Atenas no qual Eurípedes utiliza um estilo poético muito diferente do resto da peça: "Portanto, usei, nesse coro, uma linguagem musical distinta do resto da ópera, mais próxima da peça coral operística tradicional".

Uma das conseqüências do *workshop* em Nova York foram as sugestões do barítono, que criaria o papel do Mensageiro para a virtuosística escrita de sua cena (IV, 3), cuja tessitura se estende por duas oitavas e meia, incluindo efeitos de falsete. "No final desses ensaios", diz Bryars, "eu tinha aprendido muito a respeito do lado prático de escrever para a voz humana". Da versão de Veneza para a de Lyon, houve revisões. A conversa de Medéia com Egeu, na primeira cena do ato III, tinha sido escrita em estilo jazzístico, pois Wilhelmina Fernandez e o barítono a princípio escalado eram ambos negros americanos. Isso foi modificado a partir do momento em que a australiana Yvonne Kenny passou a contracenar com o francês François Le Roux. Além disso, a linha vocal dos trechos cantados em inglês foi adaptada, para que eles pudessem ser feitos em francês (na montagem de Glasgow, Bryars reverteu à versão original). Foi necessário também escrever um interlúdio adicional entre as duas últimas cenas – mais tarde incorporado definitivamente à partitura – para dar tempo à mudança de cenários e figurinos. Na revisão de 1995, para abreviar um pouco uma ópera já muito longa, Bryars eliminou o Prólogo, que Robert Wilson tinha acrescentado à peça de Eurípedes, contando os antecedentes da história mediante uma colagem de textos do dramaturgo alemão Heiner Muller. Esse prólogo não é necessário, pois a história é contada pela Ama, em sua longa ária da primeira cena. Na versão de 1995, *Medea*, fruto de experimentação e revisões sucessivas, tornou-se mais densa e bem amarrada.

Enquanto trabalhava, no final da década de 1970, numa biografia de Lord Berners, Bryars encontrou, na biblioteca desse compositor, um exemplar de *Dr. Ox Experiment*. Esta é a tradução inglesa de *Une Fantaisie du Docteur Ox*, um dos romances menos conhecidos de Jules Verne. Publicado em 1874, foi usado, três anos depois, por Jacques Offenbach, como tema da opereta *Le Docteur Ox*. Desde o sucesso de *Medea*, Bryars vinha planejando escrever nova ópera. A princípio, hesitara entre o *Bouvard et Pécuchet*, de Flaubert, e *The Last Days of Immanuel Kant*, de Thomas de Quincey. Nesse meio tempo, uma encomenda do Festival de Jazz de Camden resultou em *By the Vaar*, peça dedicada ao contrabaixista Charlie Haden, cuja inspiração veio do livro de Verne. Daí a converter em ópera *A Experiência do Dr. Ox*, foi um passo.

Bryars ficara muito impressionado com o livro de poemas *The Ballad of the Yorkshire Ripper*, recém-publicado por Blake Morrison, jornalista do *Observer*, e por isso convidou-o para redigir o libreto. Jules Verne, de resto, sempre atraiu o compositor, e sugeriu-lhe o tema para outras obras:

- *Effarene* (1984), para meio-soprano, dois pianos e seis percussões, sobre textos de *20.000 Léguas Submarinas*;
- a cantata *The Black River* (1990) para soprano e órgão;
- *The White Lodge* (1991), para meio-soprano e instrumentos eletrônicos;
- e o Concerto para Saxofone *The Green Ray* (1991), que lhe foi sugerido pela leitura do romance *Le Rayon Vert*.

*A Experiência do Dr. Ox*, estreada na English National Opera em 15 de junho de 1998, passa-se na cidadezinha belga de Quinquedonne, especializada na fabricação de creme batido, lugar onde nunca acontece absolutamente nada. As decisões do conselho municipal são constantemente adiadas, seus habitantes levam horas para terminar uma frase, e anos para se apaixonar. O cientista Dr. Ox, acompanhado por seu criado Ygène (Ox + Ygène), chega à cidade e, oferecendo-se para instalar uma iluminação a gás mais eficiente, dá, na realidade, início a uma experiência. Quer aumentar a quantidade de oxigênio na atmosfera da cidade, para estudar as conseqüências sobre o comportamento de seus moradores. O resultado é catastrófico: durante uma encenação, na cidade, dos *Huguenotes* de Meyerbeer, o efeito do gás faz os *quinquedonnois* tornarem-se agressivos, lascivos, desconfiados, ambiciosos. Finalmente, declaram guerra à cidade vizinha, tendo como pretexto um litígio de setecentos anos antes, sobre a posse de uma vaca. A ópera termina quando dois obuses, lançados pelos campos adversários, atingem a máquina do Dr. Ox e a fazem ir ruidosamente pelos ares. Como Frantz, um dos rapazes de Quinquedonne, morreu na explosão, Suzel, a sua namorada, canta para ele, na cena final, uma agridoce paródia de *Liebestod*.

Em um artigo publicado na época da estréia da ópera, Hubertus Strughold, membro do USAF Aerospace Medical Center, comentou que a teoria de Verne, baseada nos estudos do fisiologista Paul Bert sobre o comportamento dos animais expostos a oxigênio puro, não é implausível. Bert observou neles um estado de extrema excitação, seguida de convulsões e, às vezes, morte. Strughold relaciona essa conduta com o mal-estar provocado nos seres humanos por altitudes muito elevadas. A ficção científica de Verne, como sempre, trabalha com fatos científicos verificáveis. *A Experiência do Dr. Ox* é também uma reflexão sobre diversos temas candentes na sociedade contemporânea, entre eles o direito que tem a ciência de alterar a ordem natural – e os riscos que a humanidade corre quando isso acontece.

Verne interessa-se, em seu texto, principalmente pela cidade e seus habitantes. Foi preciso, portanto, expandir as personagens de Ox e Ygène, e de outras figuras como a tia Hermance, a fofoqueira de Quinquedonne. Dentro da caracterização vocal, em contraste com os habitantes da cidade, que têm vozes graves e um tanto pastosas, os dois pares de namorados das duas cidades rivais são contratenores e sopranos agudos. Ox é um tenor lírico e Ygène, um barítono leve. A escrita coral é muito sofisticada. Na cena 2, o coro divide-se em treze vozes solistas – os três níveis básicos de tessitura – para expressar a reação dos cidadãos, pais, mães e filhos, à chegada de Ox e seu criado. Na cena 6, a câmara lenta com que os lerdos quinquedonenses sempre se exprimem opõe-se ao canto a toda velocidade dos operários que, afetados pelo gás, estão se rebelando e organizando uma passeata.

A orquestra é de proporções clássicas, mas com o corne inglês substituindo o oboé – instrumento de que Bryars não gosta – e o antigo *flugelhorn* no lugar do trompete. Mas o oboé d'amore, de som mais doce, é usado nas cenas de amor; e o baixo elétrico de jazz ou o clarone (clarineta baixo), intervêm como instrumentos *obbligato*. O clarone desempenha papel importante na cena de teatro-dentro-do-teatro, em que são mostrados trechos do ato IV dos *Huguenotes*. É significativa a coincidência de as cenas do massacre de São Bartolomeu, na ópera de Meyerbeer, estarem sendo encenadas no momento em que a experiência do Dr. Ox provoca a grande crise, que leva à luta fratricida entre as cidades vizinhas.

A escrita vocal, sinuosa, melismática como na *Medea*, adapta-se aos ritmos do texto de Morrison, escrito em versos nas cenas líricas ou de farsa, mas em prosa nos momentos prosaicos e quotidianos. Os trechos contemplativos foram os que causaram mais agrado, principalmente entre os adeptos do estilo *New Age*, que o autor representa. No *Sunday Times*, disse o crítico Paul Driver:

> The Experiment é um triunfo [...], uma ópera realmente cantável e musicalmente justificável, de pungente originalidade, mas sem o tipo de 'experimentalismo' das obras anteriores de Bryars, e com muitas das virtudes da ópera tradicional. Embora a música de Bryars seja construída a partir de acordes tonais, sempre soa sutilmente pouco familiar, como se estivesse reverberando debaixo d'água, e as repetições rítmicas de seu estilo discretamente minimalista raramente libertam-se de uma espécie de ondulação líquida, na qual as texturas estão imersas. Os duetos, trios e outras formas padrão são abundantes na partitura: há um longo dueto de amor oniricamente letárgico[8], com um sedutor *obbligato* jazzístico

---

8. A cena de amor entre Frantz e Suzel, reutilizando a música de *By the Vaar*, nome do rio que banha Quinquedonne.

de contrabaixo; um sonoro trio, na cena da Câmara do Conselho, para vozes masculinas graves; um quarteto para os dois casais de namorados de vozes muito agudas, parodiando música antiga. Tudo isso vem tocado pela peculiar ironia de Bryars. E os coros têm uma qualidade extra-terrena, adequada para descrever esses fleugmáticos habitantes de uma cidadezinha flamenga. [...] As linhas vocais [de Bryars] são fortes e bem desenhadas, sua escrita orquestral é freqüentemente lírica. Mas, a despeito de alguns paralelos, este não é o mundo operístico de Verdi, Janáèek ou Britten. Embora o ato I tenha um clímax operístico tradicional, ele é obtido atirando a "ópera" convencional – sob a forma do comportamento caótico do público durante os *Huguenotes* de Meyerbeer – na cara da platéia.

É de Blake Morrison o libreto de *G being the Confession and Last Testament of Johannes Gensfleisch, also known as Gutenberg, Master Printer, formerly of Strasbourg and Mainz* (G ou a Confissão e Último Testamento de Johannes Genfleisch, também conhecido como Gutenberg, Mestre Impressor, antigamente de Estrasburgo e Mainz). Essa ópera de título caudaloso – como costumavam ser os do início do Barroco – foi encomendada pela Ópera de Mainz, para a comemoração, em 2000, do sexto centenário da invenção da prensa de tipos móveis. Mas dificuldades técnicas fizeram com que a estréia fosse adiada para setembro de 2002. Dirigida por Georges Delnon, o intendente da Ópera de Mainz, *G* foi regida por Gernot Sahler.

No decorrer da pesquisa para redigir o libreto, Morrison acabou escrevendo um romance, *The Justification of Gutenberg*, que foi publicado em agosto de 2000. O fato de que há muito pouca informação a respeito de Gutenberg permitiu a Bryars e Morrison criar, para ele, com grande liberdade de tratamento histórico, uma biografia idealizada. No ato I, passado em Estrasburgo, ele é mostrado como um homem de negócios, hábil mas oportunista, interessado basicamente em resultados econômicos. No II, passado em Mainz, as circunstâncias o convertem num idealista, de espírito elevado. Dois cantores de registro idêntico, vestidos da mesma forma, mas fisicamente bem diferentes, o interpretam em cada ato, para acentuar essa oposição. Foi uma idéia que Bryars teve ao conversar com o cineasta Hans-Jürgen Syberberg sobre seu polêmico *Parsifal*. Nesse filme tirado da ópera de Wagner, a personagem-título é feita, a princípio, por um rapaz. A partir do momento em que Parsifal entende o sofrimento de Amfortas e sente compaixão por ele, transforma-se numa moça que canta o papel com voz de tenor, enquanto o intérprete do início caminha a seu lado.

No final da ópera, o G maduro canta sozinho, enquanto o outro G o observa, nas sombras do fundo do palco. É acompanhado apenas por cordas barrocas, que estão em cena com ele, como se estivesse cantando uma ária de uma cantata de Bach. Isso leva a uma progressiva redução no efetivo orquestral, reforçado ocasionalmente por cadências tocadas pela tuba wagneriana, que permanece no fosso. A orquestra tem as habituais características da instrumentação de Bryars: oboé d'amore ou corne inglês no lugar do oboé moderno; a presença do contrafagote, de um coral de quatro trompas, da tuba wagneriana e do antiquado trombone contralto, visando a dar ao acompanhamento um colorido medieval.

No Prólogo, passado nos dias de hoje, G está sozinho no palco e explica ao público que voltou do túmulo, com relutância, para contar a sua história; embora admita que já não se lembra muito bem dela, para poder reconstituí-la de modo muito preciso:

> The year of my birth, the cause of my death,
> my character and appearance:
> no one knows the first thing.
> Where I travelled, whether I married,
> what my beliefs were:
> scholars can't agree.
> I'm a name in a quire of paper,
> a monument in a square,
> a portrait with a beard I never had.
> Even in my own time I chose to be anonymous.
> It was enough, so I thought,
> to leave my art.
> Now they come stirring my dust
> with endless questions.
> You'd think a soul might be left in peace,
> but for you, just once, I'll tell my story.
> Please bear in mind my memory is poor.
> I was too busy to take notes.
> It¹s only a version.
> When it comes to truth, no one knows the first thing.

(O ano de meu nascimento, a causa de minha morte, meu caráter e aparência: ninguém sabe nada. Para onde viajei, se me casei ou não, em quê acreditava: os estudiosos não chegam a um acordo. Sou um nome num pedaço de papel, um monumento numa praça, um retrato com uma barba que nunca tive. Até mesmo em minha época decidi ser anônimo. Achava que era suficiente deixar para os outros a minha arte. Agora, vêm remexer o meu pó com perguntas intermináveis. Vocês podem achar que uma alma deveria ser deixada em paz; mas para vocês, só para vocês, contarei a minha história. Lembrem-se de que a minha memória é fraca. Eu estava ocupado demais para fazer anotações. É apenas uma versão. Quando se trata da verdade, ninguém sabe nada.)

A ação se inicia em Estrasburgo, em 1440. Enquanto celebra os lucros obtidos na fabricação de espelhos, para vender aos peregrinos, o materialista G, cujos valores terrenos são aprovados pelo Anjo Mal, revela a seus colegas mercadores que tem projetos mais ambiciosos em mente. Ennelina, a sua noiva, vem lhe perguntar se já podem marcar a data do casamento. Ele a rejeita, confessando aos outros que dá mais importância a seu trabalho. Ao amigo Nicolau de Cusa, revela que está fazendo experiências com a impressão de livros; e é Nicolau quem lhe sugere que imprima a Bíblia. Sozinho, G reflete excitadamente sobre a possibilidade de libertar a palavra de Deus das mãos dos sacerdotes:

> If I could lift it from Church lecterns,
> and free it from monastery libraries,
> so it flew like a dove and spread the word of God.
> Not just one Bible for the priest, but flocks of them!
> A Bible in every house along the Rhine!
> A Bible perching in every hand!
> For art and adventure like that,
> I'd do without a wife and children.

> (Se eu pudesse tirá-la das mãos dos leitores da Igreja, e libertá-la das bibliotecas dos conventos, para que ela voasse como uma pomba e difundisse a palavra de Deus. Não só uma Bíblia para o padre, mas montes delas! Uma Bíblia em cada casa ao longo do Reno! Uma Bíblia pendendo de cada mão! Por uma arte e aventura como essa, eu aceitaria não ter mulher e filhos.)

Mas seu devaneio se interrompe quando vêm lhe dizer que um de seus operários contraiu a peste e está agonizando. Os dois irmãos desse homem querem sociedade no negócio de G, e ele terá de enfrentá-los. Ao mesmo tempo, Ennelina volta com a mãe, que o acusa de ter rompido a promessa de casamento. G vê-se assediado por todos os lados: credores aos quais deve dinheiro; soldados convocando homens para a guerra contra o Armagnac; escribas e copistas que se sentem ameaçados por sua invenção; mulheres que apóiam as queixas de Ennelina. Quando a crise atinge o ponto máximo, surge diante dele três aparições – o rico mercador Johann Fust, a sua filha Christina e o jovem aprendiz Peter Schoeffer – e G percebe que elas o estão chamando de volta para Mainz, a sua cidade natal.

No ato II, a ação transfere-se para Mainz em 1450. A impressão da Bíblia está sendo feita a toda velocidade e G fala a seus ajudantes da necessidade de mantê-la em absoluto segredo. Como se torna claro pela conversa que tem com seu talentoso aprendiz Peter, e pela aparição do Anjo Bom, G é agora um homem devotado, inteiramente dedicado à causa da beleza estética. Quando Johann Fust, que o subvenciona, vem lhe perguntar sobre o progresso do trabalho, G, irritado, defende a necessidade de fazê-lo devagar e de forma minuciosa. Fust fica zangado e impaciente, e sua filha Christina também, pois não poderá casar-se com Peter enquanto a Bíblia não ficar pronta.

Os operários de G também estão descontentes, pois há algum tempo não são pagos. Provisoriamente, a crise parece ter sido evitada, e G discute com Peter o término do trabalho. Mas Christina mostra ao pai provas de que G está usando seu dinheiro para outras finalidades, e Fust decide processá-lo. Sem dar ouvidos às profecias de Ennelina – que se tornou freira –, prevendo a sua ruína, G recusa-se a ir ao tribunal, pois tem certeza de que vai ganhar a causa. Manda o criado Beildeck em seu lugar. Entre as testemunhas, é chamado Peter que, desejoso de se casar logo com Christina, atraiçoa G. O ganho de causa é dado a Fust.

No epílogo, estamos de volta aos dias atuais. Bem-humorado, agora que os problemas passaram e, agora, estão longe, G expõe a moral de sua história: o que ficou foi a sua invenção, que mudou o mundo, virando pelo avesso muitas coisas e inaugurando nova era na história do mundo. Isso é o que conta, diz ele. E pede encarecidamente ao público que o deixe em paz.

G pertence a uma ilustre linhagem de óperas sobre personagens históricas de atuação marcante, cuja vida e personalidade é tratada, por compositores e libretistas, com grau maior ou menor de fantasia. Partindo do *Benvenuto Cellini*, de Berlioz, nessa lista incluem-se o *Doktor Faustus* de Busoni, o *Palestrina*, de Pfitzner, *Cardillac* e *Mathias o Pintor*, de Hindemith e, de certa forma, *Taverner*, de Maxwell Davies.

## Cowie

Além de compositor e professor de música, Edward Cowie – nascido em Birmingham em 1943 – é pintor premiado e respeitado entomologista, atividades paralelas que não deixam de marcar as suas obras musicais. Aluno particular de Alexander Goehr entre 1964-1968, Cowie aperfeiçoou-se em estágios com Witold Lutosławski, Olivier Messiaen e Sir Michael Tippett. Designado compositor residente da Universidade de Lancaster em 1973, exerce, desde 1983, o cargo de professor de Artes Criativas na Universidade de Wollongong, na província australiana de Nova Gales do Sul.

A escrita eclética de Cowie, que gosta de trabalhar as texturas orquestrais fazendo a superposição de camadas múltiplas de sonoridades, não raro com efeitos de grande beleza, obtém resultados muito interessantes na "fantasy opera" *Commedia* – estreada em Kassel (1979) e cantada em Londres em 1982 – em que ele transporta para o campo inglês as figuras arquetípicas e as situações estereotipadas da *Commedia dell'Arte* renascentista. Os quatro atos correspondem às quatro estações do ano e a ópera explora, em chave intensamente poética, as relações do Homem com o mundo natural.

Antes mesmo de mudar-se para a Austrália, Cowie tinha-se inspirado nas pinturas de Sir Sidney Nolan para escrever um libreto baseado num herói folclórico daquele país, uma espécie de Till Eulenspiegel australiano. *Ned Kelly* visava a atender a uma encomenda do Covent Garden mas, com a saída de Cowie da Inglaterra, permaneceu inédita. Ela lhe sugeriu, porém, uma obra "satélite": uma peça de *music-theatre* baseada nas aventuras da irmã de Ned como atriz de vaudeville numa companhia ambulante. *Katie Kelly's Road Show* foi cantada em Sidney em 1983.

## Holloway

As primeiras composições de Robin Grenville Holloway – nascido em 1943, em Leamington Spa, no Warwickshire – surgiram muito cedo, quando ainda era menino de coro, na Catedral de São Paulo. Aluno de Alexander Goehr, firmou a reputação como compositor com uma série de peças orquestrais que culminaram, em 1967, no *Primeiro Concerto para Orquestra*, com o qual surpreendeu o público pela sua complexidade e violência. As sensíveis paráfrases das *Scenes from Schumann* (1970), para orquestra, e das *Fantasy-Pieces on the Heine "Liederkreis" of Schumann* (1971), para treze instrumentistas, assinalam o início de uma fase nova, muito lírica e tendendo ao tonalismo, com forte influência do Romantismo alemão (Holloway é o autor da respeitada tese de doutorado *Debussy and Wagner*, publicada em livro). Essa liberação de elementos poéticos e sentimentais que, de certa forma, já estavam subjacentes às obras do início da carreira, teve, em contrapartida, nova explosão modernista no *Segundo Concerto para Orquestra*, de 1979.

Data de 1968 – da fase de transição, portanto, entre o *Primeiro Concerto* e as *Cenas de Schumann* – o projeto de uma ópera baseada em *Clarissa*, a famosa novela epistolar setecentista de Samuel Richardson, marco do Pré-romantismo inglês. A gestação dessa obra prolongou-se por longo tempo, e ela só foi estreada em 18 de maio de 1990, pela English National Opera, no Coliseum. Oliver Knussen regeu o espetáculo dirigido por David Pountney, no qual Vivian Tierney e Graeme Matheson Bruce faziam os papéis principais.

No início da ópera, sozinha em seu quarto, Clarissa lê uma carta de sua confidente Anna, que a aconselha a resolver seus problemas emotivos deixando que seu coração lhe diga o que realmente deseja. Os pais de Clarissa trazem Screwtape, candidato à sua mão, que ela considera simplesmente odioso. Embora seja uma filha submissa à vontade dos pais, recusa a corte de Screwtape, pois não resiste à atração que sente pelo notório libertino Lovelace. Seus pais saem, mas ela fica muito perturbada ao ouvir o pai amaldiçoá-la através da porta fechada. Chamando o nome de Lovelace, Clarissa desmaia. Como se num passe de mágica, as paredes da prisão doméstica se dissolvem e o rapaz aparece diante dela. Estende-lhe a mão e leva-a para o que ela imagina ser a liberdade.

Em casa de Lovelace, Clarissa se dá conta de que está em outro tipo de prisão, pois o rapaz fez dela uma escrava sexual e deseja prostituí-la no bordel que montou em seu próprio quarto. Para fugir dele e da Madame que o auxilia, Clarissa tranca-se no quarto ao lado. Lovelace toca fogo na porta do quarto, para forçá-la a sair com a fumaça e, com o incêndio, fica excitadíssimo, desejando de novo possuí-la. Mas Clarissa, aproveitando o pandemônio, consegue escapar. É, porém, recapturada e trazida de volta, muito enfraquecida. Lovelace a deixa descansar e, quando ela acorda, tenta seduzi-la. Clarissa recusa e é tomada à força. Exaurida, é examinada por um médico, cujas respostas evasivas a fazem compreender que sua vida está por um fio. Embora Lovelace faça uma última tentativa de aproximar-se dela, pede para ficar sozinha. No delírio da agonia, passa em revista seus sofrimentos e vê-se cercada dos rostos de seus familiares e amigos que, agora, a encaram de forma benevolente. Suas forças físicas se desvanecem, mas ela se fortalece interiormente, e morre transfigurada pela serenidade reencontrada.

As texturas ecléticas dessa ópera atestam, em Holloway, a recusa de um modernismo extremado, em favor de uma estética pós-stravinskiana, na qual identificamos a admiração por Wagner, mas também a atenção aos ensinamentos do *Wozzeck*, de Alban Berg, e ao legado britânico contemporâneo de Britten e Tippett. Por isso, pela multiplicidade de tendências que incorpora, a *Clarissa* de Holloway já pode ser considerada um exemplo precursor daquilo a que hoje dá-se o nome de estilo pós-moderno.

Holloway é o autor do roteiro em que se baseou Gavin Ewart para escrever o libreto da farsa *Boys and Girls Come Out to Play* (1991). Contrastando com o tom trágico de *Clarissa*, essa é uma comédia leve e despreocupada sobre as relações amorosas dos jovens. A preocupação com a qualidade poética de seus libretos é fundamental em Holloway que, professor de música na Universidade de Cambridge desde 1974, possui uma vasta cultura literária – que se manifesta na escolha de textos de John Ruskin, T. S. Eliot, James Joyce, Philip Larkin ou William Carlos Williams, com que construiu ciclos de canções. Holloway é também o autor de *Wagner Nights* (1989) – o título do livro famoso de Ernest Newmann sobre a tetralogia do *Anel* –, peça orquestral com a qual homenageou seu compositor preferido. Merecem ainda menção os poemas sinfônicos *Domination of Black* (1974) e *Seascape and Harvest* (1984), este último encomendado por Sir Simon Rattle, para a Sinfônica de Birmingham; e a cantata *Sea-Surface Full of Clouds*, com poemas de Wallace Stevens, que foi gravada pelo selo Chandos.

## Tavener

O londrino John Kenneth Tavener, nascido em 1944, aluno de Lennox Berkeley e David Lumsdaine, foi projetado à fama pela cantata *The Whale*, com que a London Sinfonietta inaugurou a sua temporada em janeiro de 1968. O tom ritualístico da *Baleia*, com visíveis influências de Messiaen e da fase final de Stravínski, e o tratamento "ingênuo" que Tavener dá à história bíblica de Jonas, estabelecem o tom que será desenvolvido em suas peças subseqüentes, na maioria vocais e litúrgicas. A devoção católica inicial foi substituída pela grega e russa, a partir do momento em que o compositor converteu-se ao cristianismo ortodoxo russo. Suas partituras, geralmente em grande escala, passaram a ter uma atmosfera contemplativa, com grande destaque à repetição.

Apesar do aspecto estático e oratorial de sua obra para o palco, as óperas de Tavener obtiveram boa acolhida de público. *The Cappemakers* (1964) e *Cain and Abel* (1965) utilizam o texto arcaico de *mistery plays* apresentadas durante a Idade Média na catedral de York. Gerard McLarnon escreveu para ele o libreto de *Thérèse*, em um ato, estreada no Covent Garden em 1º de outubro de 1979. Os últimos dias de vida de Santa Teresa de Lisieux, e seus momentos de agonia, são mostrados de forma alucinatória, como uma viagem do inferno para o céu, que a freira faz tendo por guia um contemporâneo seu, com o qual nunca se encontrou – e de quem, muito certamente, nunca ouviu falar – o poeta simbolista Arthur Rimbaud. As visões de Teresa, em especial as do ciclo diabólico, oferecem boas oportunidades visuais ao encenador e ao coreógrafo. O caráter ecumênico do texto, cantado

A religião greco-ortodoxa é uma influência dominante sobre John Tavener, aqui fotografado em Aegina, na Grécia, em 1993.

em inglês e francês, latim, aramaico e eslavo de igreja, oferece ao compositor boas possibilidades de exploração das sonoridades. A partitura extrai alguns efeitos interessantes das perspectivas espaciais, jogando com a colocação dos solistas, coros e grupos de instrumentos no palco. Mas a tessitura do soprano que faz o papel principal, e do tenor que faz Rimbaud, é submetida a esforços muito árduos, sem que isso tenha necessariamente relação com as exigências dramáticas. E o tom estático da música – aparentado ao de rituais eclesiásticos como *Últimos Ríos*, de 1972 –, cria, ao longo do espetáculo, alguns momentos monótonos.

Para o Theatre Royal de Bath, onde a ópera foi cantada pela primeira vez em 6 de junho de 1977, McLarnon preparou o libreto de *A Gentle Spirit*, também em um ato, adaptando o conto de Fiódor Dostoiévski, baseado em um incidente que o romancista encontrou em uma notícia de jornal. Em São Petersburgo, em 1876, o dono de uma loja de penhores contempla o cadáver de sua mulher, que se suicidou atirando-se da janela de seu apartamento. Num torturado monólogo interior, ele reflete sobre as razões que a teriam levado a esse gesto. Como em *Thérèse*, a ópera se constrói numa série de *flash-backs* e baseia-se mais em efeitos cênicos do que de uma dramaticidade proveniente dos conflitos psicológicos. A orquestra, com apenas 14 instrumentistas, exige grande número de instrumentos de percussão, e utiliza também uma fita pré-gravada.

A cantata cênica *Eis Thánatos* (A Morte), de 1987, com texto em grego, baseada no poema ritual de Andréas Kalvos, foi o ponto de partida para *Mary of Egit*, a ópera seguinte. A abadessa grega Madre Thekla escreveu o poema, extraindo-o da antiga crônica bizantina *O Relato da Vida da Santa Madre Maria, a Egípcia*. A estréia foi em The Maltings, no Snape, em 19 de junho de 1992, durante o Festival de Aldeburgh. A gravação da estréia foi lançada pelo selo Colin Classics (Rozario, Goodchild, Varcoe/Lionel Friend) e vem acompanhada por uma entrevista do compositor.

A prostituta Maria do Egito encontra-se, no deserto, com o eremita Zóssima, cujas recriminações à pecadora dissimulam, na verdade, o comportamento de fariseu do homem que se sente violentamente atraído por ela sexualmente. Mas a generosidade da mulher no amor acaba sobrepujando a aridez intelectual do homem – de que o deserto é uma metáfora clara. No final, é ela quem o redime de sua solidão e vida sem sentido. Na opinião do musicólogo Stephen Walsh, Tavener "dá um tratamento de vitral de igreja" a essa história, já explorada, de outras formas, por Massenet (*Thaïs*) e Respighi (*Maria Egiziaca*). Com sua música de andamentos lentos e frases repetitivas, apoiados em harmonias extremamente simples, que dão à partitura caráter minimalista, *Mary of Egypt* leva ao extremo a concepção que Tavener tem da ópera como um ritual devocional. "A peça inteira", declara o autor, "é livremente baseada na melodia de um antigo hino bizantino, *Maravilhado com a Beleza de teu Rosto*". Tavener utiliza uma espécie de *leittimbre* ao associar Maria ao som da flauta, e Zóssima ao do trombone acompanhado pelo *semantron*, instrumento eletrônico de som aparentado ao do gongo.

Em 2004, Tavener estava dando os retoques finais em *The Toll House*, descrita como "uma pantomina musical, surrealista e multimídia, ambientada no outro mundo." É a história de Beatrice que, em vida, foi sociável, não muito inteligente, chegada a uma fofoca, a ter muitos namorados, ir a *tea parties*, jogar bridge e sair à noite. No outro mundo, ela se encontra com os sete pecados capitais. Segundo as tradições ortodoxas, depois da morte a alma vê-se sujeita a uma série de provas nas chamadas Casas dos Dobres Fúnebres. Dependendo do resultado desses testes, diretamente relacionados com os sete pecados capitais, a alma é mandada para o céu ou o inferno.

Beatrice, sem se dar conta de que morreu, vê as *Toll Houses* como uma série de jaulas num zoológico surrealista, de que o Diabo é o guardião. A ação passa-se nos mundos paralelos da vida e da morte de Beatrice, interpretada por uma atriz (o corpo) e uma soprano (a alma). Em meados de 2004, Taverner estava em negociações, à procura de um teatro que se interessasse em montar sua nova ópera, de linguagem musical muito aparentada à de *Maria Egipcíaca*.

# Nyman

Para o público brasileiro, o nome do londrino Michael Laurence Nyman (nascido em 1944) evoca certamente o cinema: ele é o autor de conhecidas trilhas para os filmes de Jane Campion (*The Piano*, 1992) e Peter Greenaway (*The Draughtsman's Contract*, 1982; *The Cook, the Thief, his Wife and her Lover*, 1989; e *Prospero's Book*, 1990). Mas Michael Nyman é também o autor de várias peças de concerto num estilo muito acessível, descritas por David Cummings como "uma mistura de Stravínski e rock-and-roll". Antes de tornar-se compositor, Nyman fez brilhante carreira como crítico. É ele o criador do termo "minimalista", para falar da corrente surgida com Reich, Glass e Adams, à qual ele mesmo se filiou. É o autor do importante ensaio *Experimental Music: John Cage and Beyond* (1974), texto fundamental para a compreensão das tendências de vanguarda pós-seriais.

Nyman tinha estudado composição com Alan Bush, na Royal Academy of Music e, a partir de 1964, musicologia no King's College, com Thurston Dart. No final da década de 1960, esteve na Romênia, fazendo pesquisa etnológica e recolhendo material que, com freqüência, haveria de incorporar às suas obras. A carreira de compositor começou em 1976, quando fundou a Michael Nyman Band, destinada a executar música minimalista. Para esse conjunto, escreveu uma de suas peças orquestrais de maior sucesso: o *Concerto para Piano* (1993), que combina ritmos de rock com as seqüências repetitivas do minimalismo ortodoxo. Também toma emprestado, nessas peças de primeira fase, material de autores do passado, como *In Re Don Giovanni*, de 1977, em que cita temas de Mozart.

As características da música escrita para a Michael Nyman Band mantêm-se nas primeiras experiências operísticas: as peças para televisão *The Kiss* (1985) e *Letters, Riddles and Writs* (1991), encomendada para comemorar o bicentenário de Mozart; e a ópera-balé *La Princesse de Milan* (1991) que, como o filme *Prospero's Book*, também baseia-se na *Tempestade*, de Shakespeare. O trabalho operístico mais curioso dessa fase é a ópera de câmara *The Man Who Mistook his Wife for a Hat*.

Christopher Rawlence preparou o libreto de *O Homem que Confundiu a Mulher com um Chapéu* a partir do ensaio em que o neurologista e psiquiatra Oliver Sacks descreve um caso de agnósia visual (cegueira mental), ocorrido com um cantor que, no auge desse perturbador distúrbio neurológico, um dia, ao sair do consultório, acreditou ser sua mulher o chapéu que dependurara no cabide, ao entrar, e tentou colocá-la na cabeça. A ópera reconstitui a investigação que Sacks fez dessa insólita enfermidade e a tentativa do cantor de usar seus dotes musicais como um sucedâneo para a perda da cognição visual.

Nyman constrói sua partitura, basicamente minimalista, com a citação dos temas de canções de Schumann, o autor predileto do Cantor, a cuja interpretação ele se dedica como uma forma de reorganizar um universo desmantelado pela anomalia neurológica. O ponto culminante é uma execução de "Ich grolle nicht", do ciclo *Dichterliebe*, sobre poemas de Heine. Com duração de menos de uma hora, a ópera pede três cantores, um quinteto de cordas com dois violoncelos, harpa e piano. Além da gravação do próprio Nyman, feita em 1987 para o selo Sony (Leonard, Belcourt, Westcott), existe um filme da estréia feito e transmitido pela BBC. Trechos desse filme foram inseridos num documentário do mesmo ano, rodado pelo Channel-4, a respeito do Dr. Sacks e seu caso clínico.

Em 1985, Nyman e o pintor Paul Richards colaboraram no documentário *The Kiss and Other Movements*, para a televisão, baseado em textos do livro *Painting and Experience in Fifteenth Century Italy* (1972)), de Michael Baxandall. O tema do estudo de Baxandall é a maneira como as expressões faciais dos modelos representados na pintura podem revelar sua personalidade e sentimentos interiores (o selo Virgin tem um DVD desse documentário). Esse foi o ponto de partida para a idéia de compor uma ópera tendo um pintor como personagem. Na Itália, em 1986, quando Nyman estava terminando *The Man who Mistook his*

*Wife for a Hat*, um médico italiano falou-lhe de *Mismeasure of Man* (1981), o livro em que Stephen Jay Gould descrevia a teoria e a prática oitocentista do "racismo científico". Essa foi a base para a peça de *music-theatre* intitulada *Vital Statistics*, com texto de Victoria Hardie, executada pelo Endymion Ensemble no Donmar Warehouse, de Londres, em 1987.

O pintor espanhol Francisco de Goya y Lucientes tornou-se peça importante desse debate sobre os conceitos de raça, classe, eugenia, criminalidade, arianismo, diz o próprio Nyman, quando ele leu, no *Financial Times*, um artigo contando que, ao ser aberto o caixão do artista, descobriu-se que seu crânio tinha desaparecido. Isso ofereceu a Hardie e a Nyman o fio narrativo de que precisavam. Se, em *Vital Statistics*, falava-se das medidas feitas em crânios, para avaliar a inteligência ou os desvios de comportamento de seus possuidores, por que motivo o de Goya não poderia ser submetido ao mesmo tratamento? Essa possibilidade relacionava-se, na cabeça de Nyman, com uma cena de *Der Unhold* (O Ogre), filme de 1996, de Volker Schlöndorff, para a qual tinha composto a trilha. Na película, passada durante a fase nazista, vê-se a cabeça de um estudante sendo medida, para determinar se ele é um ariano puro ou um membro da "raça inferior".

O debate sobre a ética na ciência está no centro do libreto de Victoria Hardie para *Facing Goya* (Encarando Goya), estreada em 3 de agosto de 2000 na Auditoria de Galicia, em Santiago de Compostela. Partindo da desaparição do crânio de Goya, Hardie explora a fascinação do século XIX pela craniometria, responsável por teorias hoje totalmente desacreditadas, como as de Lombroso; examina a tese da eugenia, proveniente das idéias de Darwin sobre seleção natural; e, daí, passa para a versão mais corrompida da pseudociência, a das teorias nazistas sobre pureza racial e a necessidade de eliminar todos aqueles que fossem impuros, dos deficientes mentais aos homossexuais, passando por judeus, ciganos, comunistas etc. A discussão deságua, finalmente, na polêmica questão da engenharia genética, na época contemporânea.

Na Londres atual, uma pesquisadora a que Hardie dá o nome de Art Banker – a organizadora de um banco de dados sobre arte – dita, num gravador, as informações que recolheu sobre o crânio desaparecido e fala da crença, no século XIX, de que a medição craniana podia prever a personalidade e o comportamento. Ela visita o cemitério de Bordeaux, onde Goya foi enterrado em 1828. Encontra o seu crânio e esconde-o debaixo do casaco. Mas o projeto idealista de devolver a cabeça ao corpo do artista é corrompido pela idéia de que, com o crânio, pode obter lucro comercial. Essa certeza aumenta durante um debate, a que a pesquisadora assiste, em que cientistas discutem a validade das teorias craniométricas.

Numa época de biotecnologia e laboratórios de genética, em que o genoma começa a ser decodificado, o debate transferiu-se para outro campo: o conhecimento científico deve ser de domínio público ou ficar na mão de grandes empresas que o explorem comercialmente? Acadêmicos e pesquisadores discutem com os executivos, que querem patentear o DNA de Goya, já extraído do esqueleto. Compelida a descobrir o segredo de sua genialidade produzindo um novo Goya; totalmente corrompida pela ambição do lucro que isso trará a seu banco de dados, a pesquisadora vende a patente do DNA para o laboratório e um clone do pintor é fabricado.

O clone visita a Art Banker em seu escritório. É charmoso, sedutor e usa um chapéu, com velas acesas em torno da aba, que Goya representou em um de seus desenhos. Seduz a moça e convence-a a ir com ele reclamar, no Bio-Tech Lab, o frasco com seu DNA. Afinal, por que ele é o único artista que foi clonado? Discutem com o Chefe da Pesquisa e o Conselheiro Genético, que concordam com seus argumentos sobre o direito que tem a seus próprios genes. Mas o Microbiólogo e o Diretor Executivo do laboratório o ridicularizam e recusam-se a ouvi-lo. Sozinha com Goya, a pesquisadora tem de encará-lo – daí o título da ópera – e levar em conta o seu ponto de vista de que os banqueiros, cegos de ambição, não percebem que ele não pode lhes dar respostas a respeito de quem somos e do que estamos fazendo aqui. Goya-2 não quer ser um herói, apenas um homem comum, pois a individualidade é a maior de todas as vitórias sobre o racismo e as eugenias. Mortificada, a pesquisadora alega

Michael Nyman trabalhando em seu estúdio.

que amava a arte mais do que o dinheiro e, tomando nas mãos o crânio de Goya, desafia seu clone a esmagá-lo e destruí-lo. Ele responde que é apenas um homem comum e não pode destruir sua própria cabeça. É ela quem o faz, desiludida com seu herói; e o clone, à luz das velas acesas na aba de seu chapéu, ajoelha-se no chão para catar os caquinhos de osso.

Antes de cada cena, dois narradores explicam à platéia o significado científico de cada segmento. Como o texto de Hardie é muito palavroso e de ritmo dramático errático, *Encarando Goya* foi considerado pela crítica mais uma peça de idéias com música de fundo do que uma ópera teatralmente válida. Nyman deu-se conta disso e revisou-a, após a estréia, encurtando-a consideravelmente, para a apresentação no Badisches Stadttheater de Karlsruhe, em outubro de 2002.

Há poucos solistas, o coro não é usado, e a orquestra é de proporções normais. A partitura tem diversos momentos bem escritos, e a linguagem é tonal, ricamente melodiosa, com cadências tradicionais utilizadas de forma eficiente. No ato III, o tema da *Leonora n. 3*, de Beethoven, é ouvido quando aparece o clone de Francisco Goya. No selo Warner, existe a gravação da versão revista, com os mesmos artistas da estréia: Hilary Summers, Marie Angel, Winnie Bowe, Harry Nicoll e Omar Ebrahim, sob a regência do próprio Nyman.

Desde 2002, Nyman tinha começado a trabalhar num novo projeto, *The Only Witness*, a história de um homem que sofre da Síndrome de Tourette. Em meados de 2004, havia a notícia de que a composição ia em meio. Identificada pela primeira vez em 1825 numa aristocrata francesa, a marquesa de Dampierre, essa doença foi oficialmente descrita, em 1857, pelo neurologista Georges-Gilles de la Tourette. Trata-se de uma desordem caracterizada por hiperatividade, movimentos repetidos e involuntários do corpo (cacoetes) e vocalizações descontroladas de sons sem sentido – o que se presta, certamente, à exploração músico-dramática.

Em alguns casos, essas vocalizações podem incluir o gosto patológico pelo uso de palavras de baixo calão (coprolalia). Estudiosos como A. J. Lees, Howard Kushner ou Louise Kiessling afirmaram, em seus artigos, que personalidades famosas – Mozart, o Dr. Samuel Johnson ou o escritor francês André Malraux – podem ter sofrido, em grau maior ou menor, dessa síndrome. A escolha desse assunto confirma o fascínio de Nyman pelos estudos psiconeurológicos, e constitui mais uma incursão da ópera de nosso século num terreno temático pouco usual.

## Finnissy

Formado no Royal College of Music, o londrino Michael Peter Finnissy – nascido em 1946 – completou seus estudos na Itália com Roman Vlad. Retornando à Inglaterra, fundou, em 1969, o Departamento de Música da Escola de Dança Contemporânea, de Londres, no qual ensinou até 1974. Passou também pela Universidade de Sussex, fixando-se como professor de composição do Royal College, onde estudara, e da Universidade de Southampton. Embora com freqüência seja de extrema complexidade, há em sua música uma qualidade lírica que o insere na tradição inglesa que remonta a Vaughan Williams, Holst e Delius. A paixão de Finnissy pelo teatro, e a experiência cênica adquirida na escola de dança, manifestam-se numa série muito variada de peças de *music-theatre*:

- a série de *Mysteries* sobre temas bíblicos, de inspiração medieval, para ser encenados em igrejas ou catedrais; escritos entre 1972-1979, incluem *The Parting of Darkness, The Earthly Paradise, Noah and the Great Flood, The Prophecy of Daniel, The Parliament of Heaven, The Annunciation, The Betrayal and Crucifixion of Jesus of Nazareth* e *The Deliverance of Souls*;
- *Circle: Chorus and Formal Act* (1973);
- *ouffe* (1975), "para uma pessoa sozinha no palco";
- *ommedia dell'incomprensibile potere che alcune donne hanno sugli uomini* (1977), usando um antigo roteiro italiano de *Commedia dell'Arte* e fazendo um pastiche do teatro barroco;
- *Tom Fool's Wooing* (1978), para quatorze solistas *a cappella*;

- *Mr. Punch* (1978), em que a história popular dos fantoches Punch e Judy recebe tratamento violentamente expressionista, o que o faz aparentar-se à ópera de Harrison Birtwistle sobre o mesmo tema;
- *Vaudeville* (1983), sua obra de mais ampla escala nesse gênero, exigindo vários solistas e orquestra completa.

A primeira ópera de maior porte de Michael Finnissy é *The Undivine Comedy*, estreada no Théâtre de la Bastille, em Paris, em 11 de maio de 1988 (a primeira audição inglesa foi no Almeida Theatre de Londres, em 3 de julho do mesmo ano). O libreto do próprio Finnissy parte da peça homônima *Nêboska Komedia*, do autor polonês Zygmunt Krasiński. Mas subverte o conteúdo moralizador do texto desse autor católico, inserindo nele citações de Hölderlin e situações extraídas dos romances do marquês de Sade. Essa amarga reflexão sobre a inutilidade das revoluções – ecoando temas que encontramos também, numa ópera como *A Morte de Danton*, de Gottfried von Einem[9] – e o dilema do homem, forçado a escolher entre a crua realidade política e os imperativos de sua espiritualidade, é escrita para cinco solistas e nove instrumentistas. A partitura mistura cantochão gregoriano, melodias e ritmos de música folclórica polonesa e romena, e inflexões melismáticas que vêm da música árabe, pela qual Finnissy tem grande interesse. Cada uma das personagens possui um estilo vocal bem diferenciado, e a ausência, no conjunto de câmara, de instrumentos graves dá ao acompanhamento um caráter bastante luminoso.

Em 1993, Finnissy escreveu ainda *Thérèse Raquin*[10], baseada no romance de Émile Zola – a história de Thérèse e seu amante, o pintor Laurent, que afogam, durante um piquenique à beira do Sena, Camille Raquin, o marido da moça, para poder ficar juntos; mas, corroídos pelo remorso e o sentimento de culpa, terminam por destruir um ao outro. A natureza do romance condiciona o caráter hiper-realista desta ópera, em que Finnissy explora os recursos da declamação decalcada nos ritmos da fala, e os coloridos sombrios da orquestra reduzida.

## Osborne

Tendo iniciado os estudos musicais em Oxford, com Kenneth Leighton e Egon Wellesz, Nigel Osborne – nascido em Manchester em 1948 – os prosseguiu em Varsóvia com Witold Rudziński. Apesar de ter colaborado ocasionalmente com o Ballet Rambert, em *Wildlife* (1984), por exemplo, a sua atividade instrumental ou vocal esteve, por muito tempo, voltada basicamente para a plataforma de concertos: os *Byzantine Epigrams* (1969), para coro; a cantata *Seven Words* (1971); o poema sinfônico *Charivari* (1973); a *Concert Piece* (1977), para violoncelo e orquestra; *In Camera* (1979), para treze instrumentos; a *Gnostic Passion* (1980), para 36 vozes; o *Concerto para Flauta* (1980) ou a *Sinfonia*, de 1982.

Muito atraído pela literatura russa contemporânea e os problemas enfrentados pelos artistas soviéticos, dentro de um regime repressor, Osborne planejava transformar em ópera o romance satírico *O Mestre e a Margarida* (1938), de Mikhaíl Bulgakóv. Mas teve de desistir da idéia, pois os direitos já tinham sido negociados pelo alemão York Höller, que estreou sua partitura na Ópera de Paris, em maio de 1989. Osborne voltou-se, então, para *Liebeskonzil* (1893), a polêmica peça de Oskar Panizza, atualizada no libreto escrito por David Freeman. Na comédia satírica de Panizza, o Vaticano é o responsável pela disseminação de horríveis doenças venéreas, na tentativa de forçar as pessoas a terem um comportamento casto. Em *Hell's Angels* (Os Anjos do Inferno), a versão de humor negro preparada por Freeman, essa doença é a AIDS. As escandalizadas reações negativas dos círculos religiosos a esse texto ousado passaram, naturalmente, para segundo plano as qualidades da música, quando *Anjos do Inferno* foi estreada, em 1986, pelo grupo experimental Opera Factory. A polêmica em torno de *Hell's Angel* foi semelhante à que, em maio de 1980, tinha cercado *Jesu*

---

9. Ver *A Ópera Alemã*, desta coleção.
10. Tema tratado também pelo americano Tobias Picker – ver *A Ópera nos Estados Unidos*, desta coleção.

*Hochzeit* (As Bodas de Jesus), de Gottfried von Einem[11].

Dois textos de Borís Pasternák foram utilizados por Craig Raine no libreto da ópera seguinte, encomendada a Osborne pelo Festival de Glyndebourne: o romance semi-autobiográfico *Último Verão* (1929) e o poema narrativo *Spectórski* (1987). As relações do jovem Seriója Spectórski com as mulheres de sua vida, e os sentimentos ambíguos em relação ao sistema político em que vive – refletindo os do próprio Borís Leonídovitch – formam o tema de *The Electrification of the Soviet Union* (A Eletrificação da União Soviética), ópera em 29 cenas curtas, que se entrelaçam de forma que deve muito à linguagem cinematográfica, e em especial às leis sobre montagem formuladas por Serguêi Eisenstéin. Na estrutura da ópera – estreada em Glyndebourne em 1987 – o uso de canções inseridas no fluxo narrativo lembra muito a técnica utilizada por autores da primeira fase do chamado Realista Socialista (Dzerjínski, Khrenníkov, Lyssenko).

O próprio Pasternák permanece no palco, todo o tempo, observando as personagens que criou e, de certa forma, agindo como o diretor de cena. Durante uma visita à sua irmã, em 1916, Seriója adormece e sonha com a época em que era tutor dos filhos da família Frestln, em 1914. Revemos a paixão de Spectórski pela jovem Anna, forçada a trabalhar como governanta da família depois da morte precoce de seu marido; e o relacionamento puramente sensual que ele estabelece com a prostituta Sashka. A irmã de Seriója tenta interessá-lo nas idéias revolucionárias do militante Liêmokh, mas ele as descarta. Depois da revolução, em 1920, Seriója visita a casa abandonada dos Frestln, removidos dali como inimigos do povo, e reencontra Anna, que se transformou numa funcionária do partido. Devido aos sentimentos do passado, ela impede que Spectórski também seja deportado, em conseqüência das ligações que tinha com os Frestln.

Em novembro de 2002, uma versão de câmara de *The Electrification of the Soviet Union* foi encenada na Ópera do País de Gales, por Michael Rafferty, sob a regência de Michael McCarthy. Foi este o comentário do crítico galês Russell Burdekin (12.11.2002):

> Apesar da entusiasmada montagem do Music Theatre Wales, não posso dizer que *Electrification* seja uma ópera muito persuasiva. Como freqüentemente acontece com a ópera contemporânea, achei o acompanhamento orquestral muito mais interessante do que a linha de canto. Embora se deva supor que uma está ligada ao outro, emocionalmente isso deixa de acontecer na maior parte do tempo. É interessante que a cena final, entre Anna e Spectórski, seja falada, e não cantada. Será que é para garantir que o público a compreenda? Suspeito que parte do problema com *The Electrification* é a ópera ter preferido, aos temas potencialmente grandiosos, heróicos ou trágicos, tratar da introspecção de Spectórski, e de sua insatisfação nunca claramente expressa com a revolução, o que torna a história menos provocadora e cativante.

Professor de Música na Universidade de Edimburgo desde 1990, Nigel Osborne tem também desempenhado importante papel na educação musical da antiga Iugoslávia, onde trabalhou, e em cujos problemas políticos envolveu-se consideravelmente. A experiência da guerra na Croácia e na Bósnia, com a qual conviveu, marca as duas óperas da década de 1990, ambas montadas pelo Opera Factory. Howard Barker escreveu o libreto de *Terrible Mouth* (A Boca Terrível, 1992), um retrato do pintor Francisco Goya visto através do prisma deformante da Guerra Civil espanhola. Goya é simultaneamente representado por um cantor e um ator; e a ação é comentada por um conjunto de oito violoncelos.

Se em *A Boca Terrível*, a vivência dos horrores do conflito balcânico é indireta, em *Sarajevo*, de 1994, ela é expressa de forma direta e explícita. O libreto de Craig Raine tem três partes:

- *The Women*, peça falada com música incidental e alguns trechos cantados, transpondo para a Bósnia a ação das *Troianas*, de Eurípedes[12];

---

11. Ver *A Ópera Alemã*, desta coleção.

12. *Women* tem afinidades com *As Mulheres de Srebrenica*, de Ivan Caviović, estreada na Ópera da Bósnia-Herzegovina em 15 de outubro de 2004. O libreto, de Gojko Bijelica, descreve o sofrimento das mulheres que perderam pais, maridos e filhos, em julho de 1995, quando os sérbios-bósnios invadiram Srebrenica, declarada zona neutra pelas Nações Unidas. A ópera de Caviović foi dedicada às vítimas do atentado terrorista de muçulmanos chechenos contra uma escola na cidade

- *Sarajevo*, mistura de notícias de jornais e textos de poetas sérvios, peça de *music-theatre* que Osborne descreve como "algo entre a ópera e o ciclo de canções em estilo de cabaré";
- e *Sandstorm*, a mais cruel delas, a denúncia dos sofrimentos de um povo torturado, violentado, humilhado; "o libreto de Raine é um longo e lancinante grito de dor", diz Osborne.

Em 8 de outubro de 2004, o Linbury Studio da Royal Opera House estreou *The Piano Tuner* (O Afinador de Piano), cujo libreto foi escrito por Amanda Holden, a partir do primeiro romance do americano Daniel Mason, um *best-seller* na Inglaterra. É a estranha história de um afinador de pianos londrino, homem ingênuo e sem malícia que, na década de 1880, é contratado para um insólito trabalho na floresta da Birmânia – a ex-colônia britânica hoje chamada de Myanmar. Ali, um caso de amor o faz envolver-se nos meandros da política colonial britânica. A narrativa do que lhe acontece reconstitui a perturbadora jornada interior de um homem que vai se descobrindo, à medida que descobre novas paisagens e novas realidades humanas. Há, no livro de Mason, uma visível influência dos romances de Joseph Conrad, que o libreto preserva.

Encomendada pela Ópera do País de Gales, *O Afinador de Pianos*, após a apresentação em Cardiff, é levada a outras cidades da Grã-Bretanha, graças a uma subvenção da Britten-Pears Foundation. Na fase de preparação da partitura, Osborne fez uma viagem de pesquisa ao Sudeste Asiático. Problemas políticos impediram a sua entrada no Myanmar. Ele optou, então, pelo norte da Tailândia, cujo estilo de música funde-se, na partitura, ao do Ocidente. À revista *Opera Now* (set./out. de 2004), Osborne declarou:

> O que me fascinou foi a idéia de que esse homem viaja para a Ásia levando Bach na bagagem. Ao longo da narrativa, Bach aparece diversas vezes. Na minha partitura citei 48 fugas, mas elas estão sempre enterradas sob a superfície e o público há de senti-las mais do que reconhecê-las literalmente. Fora os momentos obviamente líricos, o conteúdo musical vem, a maior parte do tempo, em fluxos ininterruptos de contraponto que se superpõem. Eu a chamei de uma ópera *fugato*.

Quanto ao piano, verdadeira personagem no romance de Mason, na medida em que serve de elo para aproximar pessoas de culturas diferentes, Osborne preferiu dar-lhe um tratamento indireto. Ele está presente no palco, mas não na orquestra.

> Não há piano na partitura, mas usei o caráter físico interno do instrumento – uma placa em que há cordas presas – para obter efeitos percussivos. Como o som do piano é parte do mundo de imaginação da história, decidi não reproduzi-lo literalmente. Entreguei, portanto, essa função à orquestra, que se *transforma* no piano.

Pondo em prática os estudos de música espectral que fez no IRCAM, de Paris, no início da carreira, Osborne decompôs, em seus elementos estruturais, o som produzido por um Érard de cauda (o instrumento descrito no livro de Mason): "Orquestrei as ressonâncias dos harmônicos de que as pessoas estão semi-conscientes quando ouvem o som desse tipo de piano". Para isso o ajudaram as pesquisas tênicas feitas para a composição do *Trio para Piano e Cordas*, estreado em junho de 2004.

# Michael Berkeley

Tendo iniciado os estudos de composição com seu pai[13], Michael Fizhardinge Berkeley (nascido em 1948) fez piano e canto no Royal Music College. A princípio usava um idioma basicamente tonal; e sua primeira obra de sucesso – o oratório *Or Shall We Die?* (1983), libelo contra a corrida nuclear, escrito por Ian McEwan – demonstra sua afinidade natural com a escrita para vozes e coro, e facilidade para construir estruturas músico-dramáticas em larga escala.

O longo poema sinfônico *The Garden of Earthly Delights* (1993), inspirado na pintura de Jeronimus Bosch, assinala a ampliação de sua palheta instrumental, no sentido de um cromatismo sistemático. Essa é, na essência, a linguagem de sua primeira ópera, *Baa Baa*

---

russa de Beslan, no qual morreram 340 pessoas. O massacre ocorreu no início de setembro, cerca de um mês antes da estréia.

13. Ver, neste volume, o capítulo sobre Sir Lennox Berkeley.

*Black Sheep*. De maneira extremamente eficiente, o romancista australiano David Malouf comprimiu esse conto, em que Rudyard Kipling relembra seus sofrimentos, aos cinco anos de idade, como pensionista em um colégio interno, a eles somando as lembranças de criança sobre a vida dos animais na Índia, onde nasceu – lembranças que, mais tarde, ele transformaria em seu romance mais famoso, *The Jungle Book*, de 1894. *Baa Baa Black Sheep* estreou em 3 de julho de 1993, no Everyman Theatre, durante o Festival de Cheltenham. O selo Chandos relançou, em 2004, o registro da estréia que, originalmente, pertencia ao Collins (Hulsey, Kim, Dazeley, Mosley/Paul Daniel).

Os pais de Punch e Judy – que têm propositalmente os nomes das populares personagens de teatro de fantoches e, portanto, representam as crianças inglesas arquetípicas – voltam da Índia para a Inglaterra e os colocam morando na House of Desolation, com a assustadora Auntirosa e Harry, seu cruel filho adolescente. A tia e o primo os oprimem de todas as maneiras, visando a convertê-los em "the proper English children". Para escapar do mundo sufocante e hipócrita em que são forçados a viver, o casal de irmãos cria um universo de fantasia, baseado na realidade indiana, da qual têm saudades e que, para eles, representa a liberdade e a intuição, opostas à repressão e à disciplina artificialmente imposta.

Punch transforma-se em Mowgli, o menino-lobo, e revive, na imaginação, juntamente com a irmã, algumas de suas aventuras. Ambos acabam percebendo que se tornaram totais *outsiders*, pois não vivem num mundo de verdade e nem sequer conseguem sentir-se à vontade no mundo imaginário no qual se refugiaram. Uma reunião com os pais é feita, para tentar trazê-los de volta à realidade; mas talvez seja tarde demais para salvá-los da alienação.

Essa crítica cruel do conservadorismo britânico, e de seus efeitos sobre os indivíduos, é realizada mediante uma partitura em que o dualismo da situação vivida pelos meninos é sugerido com a criação de duas paisagens musicais distintas. A vida na Inglaterra é expressa com texturas cromáticas sombrias e uma declamação austera e contida. A floresta em que Mowgli vive em liberdade, no estado natural, juntamente com os animais seus amigos, é evocada com uma música rica em efeitos de percussão e coloridos instrumentais exóticos – muitos deles utilizando a escrita modal da música indiana – e cantábiles mais diatônicos, com momentos muito ricos de canto de conjunto. À medida que a ópera progride, as duas técnicas se misturam, numa forma de demonstrar que Punch e Judy serão obrigados, esquizofrenicamente, a viver no mundo real, sem nunca conseguirem desligar-se inteiramente da fantasia que criaram. Tippett, Britten, mas também Ravel e o *gamelan* da ilha de Bali são as influências que estão por trás da eclética linguagem de Berkeley.

Malouf também é o autor do libreto de *Jane Eyre*, ópera de câmara baseada no romance de Charlotte Brontë, encomendada pelo Festival de Cheltenham de 2000, e encenada em 30 de junho no Music Theatre Wales, sob a regência de Michael Rafferty. O selo Chandos lançou a gravação com o elenco da estréia (Marsh, Wyn, Mills, Bauer-Jones, Slater). Para reduzir um romance longo às proporções de uma ópera em dois atos, com a duração de cerca de uma hora e dez minutos, Malouf precisou fazer drástico trabalho de compressão. Foram eliminados todos os episódios do início do livro. A ação concentra-se nos aspectos psicológicos da relação de Jane com Edward Rochester e sua mulher. Em vez de ser perversa como no romance, somos levados a crer que Mrs. Rochester é, na ópera, uma figura trágica, com a qual o ouvinte consegue simpatizar – ou como a própria Jane diz, a certa altura: "Esta mulher infeliz é aquilo que eu mesma poderei ser amanhã?". A importância de Mrs. Rochester, na tensa paisagem emocional da ópera, gera uma situação dramática fascinante, pois o amor de Jane por Edward deve transcender inteiramente os "costumes estagnados" do mundo em que vivem. Na ópera, Berkeley e Malouf revelam e frisam o lado sombrio e possessivo da paixão de Rochester por Jane.

A ação se inicia um ano depois de Jane ter descoberto que Edward Rochester era casado, e de ter fugido de sua casa em Thornfield. No monólogo "Silence. Quietness", ela ouve as vozes do passado e rememora sua chegada à casa de Rochester, para ser a professora de Adèle, sua filha. É acolhida pela governanta, Mrs. Fairfax, e faz algumas perguntas a Adèle sobre seu empregador. Recebe como resposta que ele é um homem gentil, mas melancólico, incapaz de encontrar a paz em Thornfield. Jane fica muito intrigada com o som estranho de uma gargalhada, que ouve vindo por detrás de uma porta fechada.

Passeando em torno da casa, Jane viu um homem sofrer uma queda de cavalo. Voltando à casa, dá-se conta de que esse homem era o próprio Rochester. Na primeira conversa que tem com ele – o dueto "Mr. Rochester, are you hurt?" –, o patrão evoca uma estranha criatura que o desafia a tomar nas mãos a sua liberdade e voltar a ser feliz. Enquanto conversam, Mrs. Rochester aparece ao fundo, sem que Jane a veja, e os observa. Durante a noite, ruídos estranhos despertam Jane. Alguém ateou fogo ao quarto de Rochester e lhe machucou o rosto. Tentando acalmá-la, Rochester a leva para fora da casa e, na ária "Listen, listen now, I will tell you a story", fala-lhe de um jovem que foi seduzido e traído nas Antilhas. O faz de tal maneira, que Jane percebe estar ouvindo a história dele mesmo. Rochester lhe diz que, se ela quiser, pode tirá-lo da vida de solidão e exílio que leva. Jane confessa que o ama e ele lhe diz que ambos nada têm a temer.

Na noite anterior a seu casamento com Rochester, a governanta e Adèle trazem a grinalda a Jane, entoando para ela um cântico nupcial. Escondida na sombra, Mrs. Rochester as espia. Quando a governanta e Adèle se afastam, ela se aproxima de Jane e, semi-demente, despedaça a grinalda. Jane a enfrenta, Rochester aparece e percebe que a noiva descobriu seu segredo: a figura estranha e semi-enlouquecida, que ele mantém trancada num dos quartos da casa, é a sua mulher, com a qual foi muito infeliz. Implora a Jane que fique, dizendo-lhe que esse casamento lhe foi imposto; mas ela recusa-se a ceder. Repete que o ama, mas vai embora, suplicando-lhe que não lhe parta o coração pedindo-lhe que volte. Mrs. Rochester toca novamente fogo na casa. Tentando em vão salvá-la, o marido perde a visão.

Estamos de retorno ao ponto em que a ópera começou. Debatendo-se com seus torturados pensamentos, Jane compreende que as vozes que ouve não são as do passado, e sim as do presente, dos sentimentos que nunca se alteraram. Do meio das trevas em que está preso, Rochester a chama ("Jane! Jane! Where are you, my Angel?"). Impulsivamente, ela lhe responde e vai a seu encontro ("Jane, Jane, is it really you?"). O amor os reúne e, agora, nem mesmo o espectro de Mrs. Rochester pode erguer-se entre ele.

O libreto de Malouf, como ele mesmo diz, é "um objeto de ossos salientes, que precisa da música para respirar". De fato, confiando na familiaridade do público inglês com o texto de Brontë, ele montou um esboço, um esqueleto dramático que permite a Berkeley trabalhar com as intensas correntes psicológicas subjacentes à ação do livro. E o músico o faz, com uma partitura que ele mesmo descreve como "a sombria turbulência proveniente de um glissando que persiste quase que de uma ponta à outra da ópera". A música de Berkeley habita um universo introspectivo, retraído, e muito raramente se solta em comentários instrumentais mais expansivos – condição necessária pois, o tempo todo, estamos falando de erotismo reprimido, de emoções bloqueadas, de sentimentos mais sugeridos ou suspeitados do que claramente expressos.

As linhas vocais são sombrias, mantendo-se a maior parte nos limites do recitativo melódico – embora às vezes Jane solte-se em linhas ornamentadas por melismas bastante sinuosos. Só no final, quando assumem abertamente o que sentem um pelo outro, Rochester e Jane cantam um dueto de linhas cromaticamente líricas – mas assim mesmo pudicamente reservadas, perdendo-se docemente no silêncio, em vez de se encerrarem numa coda convencional e virtuosística. Muito expressiva é a citação do tema da Cena da Loucura, da *Lucia di Lammermoor*, de Donizetti, para sugerir o clima de insanidade que reina sobre a casa. Surgindo pela primeira vez na conversa de Jane com Mrs. Fairfax, em sua chegada a Thornfield, esse tema retorna, como um motivo recorrente, cada vez mais modificado, até estar totalmente distorcido na cena em que Mrs. Rochester aparece diante de Jane.

## Volans

Depois de fazer seus estudos iniciais na Universidade de Witwatersrand, o sul-africano Kevin Volans – nascido em Pietermaritzburg em 1949 – mudou-se para Colônia, onde trabalhou durante dois anos como assistente de Karlheinz Stockhausen e foi aluno de Mauricio Kagel. Depois disso, mudou-se para Dublin, onde reside desde 1986.

A princípio, Volans aderiu ao movimento alemão da "Nova Simplicidade". Mas ao ser enviado pela Rádio de Colônia a seu país, no final da década de 1970, com a missão de gravar música étnica sul-africana para uma série de emissões sobre esse tema, sua música tomou novo rumo. *Mbira*, de 1980, para dois cravos, dá início a técnicas inspiradas na música subsaariana, combinando pequenas células melódicas e rítmicas de modo a formar padrões muito variados, com texturas polirrítmicas. A gravação que o Quarteto Kronos fez, em 1993, de sua primeira obra para essa formação, *White Man Sleeps*, escrita no ano anterior, tornou-se um sucesso de vendagem, pois a obra tem traços em comum com a escrita minimalista e da chamada *New Age*, populares na época.

No início da década de 1990, influenciado pela escrita esparsa, econômica e delicadamente instrumentada do americano Morton Feldman, Volans produziu a sua única obra para o palco, a ópera de câmara inicialmente intitulada *The Man with Footsoles of Wind*, mas que ao estrear, em 23 de setembro de 1993, no Almeida Theatre de Londres, recebeu o nome de *The Man who Strides the Wind*. Bruce Chatwin deveria desenvolver o libreto a partir de idéias expostas em seu livro *Songlines*. Mas a sua morte inesperada fez com que o próprio Volans preparasse o libreto, baseado na vida do poeta simbolista Arthur Rimbaud. Para isso, trabalhou a quatro mãos com Roger Clarke, que inseriu no drama diversas citações de *Une Saison em Enfer*.

No ato I dessa ópera de câmara, o poeta é mostrado, em seu leito de morte, sucumbindo à gangrena que tomou conta de um ferimento na perna, e relembrando a época em que, jovem, vivia em Paris e conheceu Paul Verlaine, com o qual teve um turbulento caso amoroso. Os atos II e III são um *flashback*, evocando a fase em que Rimbaud abandonou a poesia e, em companhia de seu criado Djami, trabalhou na Etiópia como traficante de armas e de escravos. O crítico do *Guardian* descreveu a música como "profundamente comovente, de uma maneira primal". A originalidade da escrita vocal e instrumental dessa ópera, que toma como ponto de partida as obras camerísticas de Volans, foi amplamente discutida, em revistas especializadas, por M. Loppert (*Opera*, 1993, pp. 1102-1104) e D. Taylor (*Perspectives of New Music*, 1995, pp. 504-536).

## Casken

Terminado o curso superior na Universidade de Birmingham, John Arthur Casken – nascido em Barnsley, no Yorkshire, em 1949 – foi para a Polônia, onde se inscreveu na classe de composição de Andrzej Dobrowolski e teve aulas particulares com Witold Lutosławski. Ao voltar à Inglaterra, ocupou diversos cargos e, em outubro de 1992, foi nomeado professor de composição em Birmingham, onde se formara.

Na fase inicial de sua carreira, Casken escreveu quase exclusivamente peças instrumentais e de câmara. Mas fez também, sob a influência de Lutosławski e Luciano Berio, algumas experiências com canções acompanhadas por pequenos grupos de instrumentos, nas quais demonstrou bastante sensibilidade para trabalhar com as texturas e sonoridades dos textos poéticos, explorando o conteúdo dramático da linguagem. Pode-se considerar que essas canções foram estudos preparatórios para a primeira ópera, na qual todos os recursos anteriormente pesquisados integram-se, finalmente, de maneira bastante pessoal.

Pierre Audi, diretor do Almeida Festival, encomendou a Casken e colaborou com ele na redação do libreto de *Golem*, baseado na lenda judaica do rabino Löw (aqui chamado de Maharal), mestre nas ciências secretas da Cabala que, no século XVI, em Praga, constrói um ser humano feito de argila. Estreada no Almeida Theatre em 28 de junho de 1989, ela foi premiada no ano seguinte com o Britten Award de composição.

O Golem é feito no intuito de proteger a comunidade das perseguições anti-semíticas. Mas gradualmente desenvolve sentimentos e vontade própria. Apaixona-se por Míriam, a filha do rabino, e deseja que este lhe conceda o poder de procriar, para desposá-la. Na tentativa de impedi-lo, o rabino o enfrenta. Na luta entre ambos, o Golem mata um criado do rabino que se interpõe entre os dois. A Maharal não resta alternativa senão retirar da boca do Golem o segredo que lhe dá a vida: um pergaminho, colocado sob a sua língua, na qual está escrito o verdadeiro nome de Deus, aquele que os mortais não podem pronunciar. Arranca-lhe esse papel, matando a sua criatura[14].

A linha vocal explora ampla gama de efeitos vocais diferentes, da fala ao canto mais ornamentado, ora de forma muito lírica, ora com contornos ásperos e violentos, de ritmos deslocados. Casken manipula virtuosisticamente os doze instrumentos da orquestra, demonstrando possuir poderoso senso de colorido. É dramaticamente eficiente o uso que faz de fita pré-gravada. A reação do público, na estréia, porém, foi circunspecta pois – como o leitor poderá verificar, mediante a gravação de Richard Bernas (1991), no selo Virgin Classics (Clarke, Hall, Rozario, Robson) – a partitura é extremamente austera, sem as concessões de superfície que costumam tornar os espetáculos atraentes para freqüentadores de teatros de ópera. Para a Northern Sinfonia, para a qual já escreveu várias obras, Casken preparou, em 1989, uma fantasia sinfônica baseada no *Golem*, a que deu o título de *Maharal Dreaming*, estreada sob a regência de Ronald Zollman.

A segunda ópera de Casken foi encomendada pelo Théâtre de la Monnaie, de Bruxelas, e deveria ter sido apresentada ali com a Northern Sinfonia. Mas dificuldades de produção fizeram a estréia ser transferida para o Almeida Theatre de Londres, em 6 de julho de 2001, com regência de Ronald Zollman e direção de Keith Warner. Emma Warner colaborou com o compositor na redação de *God's Liar* (O Mentiroso de Deus), baseada no conto *Otiéts Serguêi* (O Padre Sérgio), de Liev Tosltói.

A noiva do oficial de cavalaria Stepán Kazátski lhe revela que foi amante do tsar. Desiludido, ele entra para um convento, mas não deixa de ser assediado pelas mulheres e de encher-se de desejo por elas. Numa tentativa desesperada de punir a carne, corta um dedo, mas passa a ser visto como um santo e, aí, sim, as mulheres o assediam cada vez mais. Não encontrando no mosteiro a paz de espírito que procurava, Serguêi abandona o hábito e termina a vida vagando sem destino pela Sibéria.

A história de Serguêi é contada do lado esquerdo do palco. Do lado direito, narra-se a do acadêmico britânico Stephen, que descobriu o diário de Kazátski e o está transformando num romance. Uma atriz sua conhecida o convence a ceder os direitos do roteiro para um cineasta de Hollywood. Essa escolha de enfoque foi influenciada pelo fato de *O Padre Sérgio* (1917), de Iákov Protazánov, com o famoso ator Ivan Mosjúkin, ter sido um dos primeiros filmes importantes da escola russa[15]. Ao entrar em contato com o mundo hollywoodiano, o ingênuo acadêmico descobre como os imperativos comerciais podem interferir na seriedade do trabalho de historiador.

A cena 3, em que Stepán corta o dedo, é a cena mais forte da peça; e é muito irônica a forma como, na cena 4, ela é reinterpretada em sofisticado estilo hollywoodiano. A noiva e a atriz americana representam o mesmo princípio feminino e, na estréia, foram cantadas pela mesma intérprete, o soprano norueguês Anne Bolstadt.

## Oliver

Embora tenha vivido apenas 42 anos, o excepcionalmente versátil Stephen Michael Harding Oliver (1950-1992) deixou 44 óperas, além de várias partituras para acompanhar

---

14. A história do Golem, tema de um famoso filme alemão da fase expressionista, inspirou também o músico romeno Nicolae Bretan, numa ópera de 1924, baseada na peça do húngaro Illés Kaczer.

15. Existem também as versões de Ígor Talânkin (1979), com Serguêi Bondártchuk; e a francesa de Lucien Garnier-Raymond (1945), com Armand Bernard. Casken poderia estar levando em consideração a freqüência com que as obras de Tolstói foram filmadas, ao escolher um cineasta como personagem de sua ópera.

filmes e peças de teatro. Seu pai, Osbourne Oliver, era músico amador e, desde cedo, estimulou a propensão do filho para os estudos musicais. Da mãe, professora de religião, Stephen herdou arraigado misticismo que, mesmo depois de ele ter optado pelo agnosticismo, continuou marcando suas composições sacras – a mais importante delas é a *Trinity Mass*, de 1880. Stephen tinha apenas doze anos e era coralista na catedral de São Paulo quando, em 1962, após assistir ao *Mikado*, de Gilbert e Sullivan, decidiu escrever sua primeira ópera, *Elymas*. Nos anos em que estudou em Oxford, com Kenneth Leighton e Robert Sherlaw-Johnson, seu talento fez com que os professores promovessem a encenação amadora, por estudantes de música da casa, de *The Warden of the Tower* (O Guardião da Torre, 1964), *Thespis* (1966) e *Dr. Faustus* (1967).

Vale a pena registrar a lista completa das óperas escritas por Stephen Oliver, para que o leitor tenha uma idéia de como era prolífico esse autor hoje pouco conhecido, cuja facilidade de escrita era comparável à dos compositores do período barroco:

- na década de 1960: *Comus* (1968), *All the Tea in China* e *Slippery Soules*, ambas de 1969; *A Phoenix too Frequent* e *The Enchanted Shirt*, de 1970;
- na década de 1970, a mais fértil de sua carreira: *The Duchess of Malfi* (1971), que chamou a atenção para seu nome e foi representada várias vezes; *The Dissolute Punished* e *The Three Wise Monkeys*, de 1972; *The Donkey, Three Instant Operas, A Furcoat for Summer* e *Sufficient Beauty*, todas elas de 1973; *Perseverance* e *Past Tense*, de 1974; *Bad Times* (1975); a comédia *Tom Jones* (1976), baseada no romance de Henry Fielding, um de seus maiores sucessos; *The Great McPorridge Disaster* e *The Waiter's Revenge*, também de 1976; *Il Giardino* (1977), escrita para o Festival de Batignano; *The Stable Home*, também de 1977; *The Girl and the Unicorn* (1978); o musical *Jacko's Play* e *The Dreaming of the Bones*, ambas de 1979; *Nicholas Nickleby*, baseada em Dickens, e *A Man of Feeling*, as duas de 1980;
- na década de 1980: *Euridice* (1981); *Sasha* e o musical *Blondel*, de 1983; *La Bella e la Bestia* (1984), *Britannia Preserv'd* e *The Ring*, de 1984; *Exposition of a Picture* e *Commuting*, de 1986; *Waiting* (1987); *The Ring II* (1989); *Tables Meet* (1990);
- e, finalmente, na década de 1990: *Timon of Athens, L'Oca del Cairo*, e a ópera para televisão *Cinderella*, as três compostas em 1991, pouco antes de sua morte, em conseqüência do vírus da AIDS, em 29 de abril do ano seguinte.

Algumas de suas histórias (*Il Giardino* ou *Exposition of a Picture*, por exemplo) são originais. Outras refletem sua ampla cultura literária: John Webster (*The Duchess of Malfi*), Charles Dickens (*Perseverance, Nicholas Nickleby*), Samuel Beckett (*Past Tense*), Henry Fielding (*Tom Jones*), W. B. Yeats (*The Dreaming of the Bones*), Arthur Schnitzler (*A Man of Feeling*), Aleksandr Ostróvski (*Sasha*), a Princesa de Beaumont (*La Bella e la Bestia*), Thomas Mann (*Mario ed il Mago*), Shakespeare (*Timon of Athens*), e Perrault na sua irreverente *Cinderella*, em que a personagem é preguiçosa e, apesar dos esforços da Fada Madrinha, fica desanimada com a trabalheira de ter de se vestir para ir ao baile. São libretos sempre ricos em efeitos teatrais, e de bom rendimento cênico. Além disso, o bom ouvido de Oliver para as combinações instrumentais faz com que a sua orquestração, a maior parte do tempo para conjuntos de câmara, seja muito colorida. Mas ele pode também rejeitar a orquestra e escrever para vozes *a cappella*. A emissão do texto, em suas óperas, é sempre naturalista, moldada nos ritmos da fala; e mesmo em óperas sérias como *A Duquesa de Malfi*, em que há uma complexa escrita orquestral, de caráter expressionista, as vozes nunca são encobertas pelos instrumentos. Nas comédias, o tom é exuberante e otimista; nas peças sérias, há um clima sombrio, nervoso e melancólico, que corresponde ao pressentimento, no compositor, de que não lhe restava mais muito tempo a viver.

O Oxford Opera Club encomendou a Oliver, em 1971, *A Duquesa de Malfi*, baseada na mais famosa tragédia do dramaturgo elizabetano John Webster (1614). Estreada no auditório do Worcester College, em versão para orquestra reduzida – cordas, piano, pícolo, dois clarinetes e percussão –, a ópera foi reescrita para a apresentação na Ópera de Santa Fé, em agosto de 1978, usando orquestra completa.

A destruição de uma família pela noção estreita dos conceitos de honra e dever é o tema dessa peça sombria. Os irmãos da jovem duquesa de Malfi, que acaba de ficar viúva, a proíbem de voltar a se casar, pois consideram que esse não seria um comportamento apropriado para alguém pertencente à sua nobre família. Encarregam o espião Daniele di Bosola de vigiá-la; e este constata que ela está ocultando uma gravidez. Espera um filho de Antonio Bologna, seu jovem mordomo, com quem se casou secretamente. Descoberto, o casal é obrigado a fugir e, para sua segurança mútua, concorda em se separar temporariamente.

Mas são perseguidos e capturados. O cardeal Ferdinando, o irmão mais novo, manda Bosola matar Antonio e os dois filhos que ela tivera do primeiro casamento. Depois a submete a diversas formas de tortura, tentando, com isso, deixá-la desequilibrada. Como esse expediente não funciona, ordena a Bosola que a estrangule, e à sua governanta. Horrorizado com seus próprios atos, Ferdinando começa a delirar, alucinado. Bosola exige que seus serviços sejam recompensados, mas o duque da Calábria, o irmão mais velho, enojado com a tragédia familiar, recusa-se a pagá-lo. O sicário, furioso, fere mortalmente os dois irmãos. Antes de morrer, Ferdinando ainda tem forças para degolá-lo.

Essa sangrenta tragédia, típica do gosto barroco elizabetano, é vestida com música extremamente expressiva, ainda mais convincente na versão revista americana. A linha vocal segue uma linha declamatória austera mas, nas cenas entre a duquesa e seu amado, espraia-se em desenhos líricos de generoso cantabile, traindo a simpatia de Oliver pela música italiana – em especial a do Verismo, influência sempre mais ou menos constante em sua obra. De grande efeito é a seqüência, que mistura macabro e patético, realismo e fantasia, na qual a duquesa é submetida a toda sorte de tortura psicológica, reminiscente da violência de óperas neo-românticas como *La Cena delle Beffe*,

de Giordano, ou o *Sly*, de Wolf-Ferrari[16]. A cena culmina na entrada de uma procissão, ao som de sinos funerários, trazendo o caixão no qual a protagonista será sepultada depois de assassinada. A coragem com que ela resiste a esses horrores confere-lhe uma dignidade heróica.

O sucesso da *Duquesa de Malfi* e das peças que se seguiram permitiu a Oliver, após dois anos de trabalho como professor de composição em Huddersfield, mudar-se para Londres e tornar-se compositor profissional. Segundo seu biógrafo, Christopher Lloyd, considerava-se um artesão, semelhante aos músicos do século XVIII, em condições de atender a qualquer tipo de encomenda. Escrevia muito rapidamente e tinha facilidade para inventar a mais ampla gama de sonoridades, dos pastiches de música do passado à escrita com marca mais contemporânea. Das escalas modais, à maneira de Messiaen, podia passar, num piscar de olhos, às miniatures para alaúde ou viola da gamba de estilo Tudor.

Lloyd conta que Oliver, uma vez, declarou: "Compositores de ópera não deveriam escrever apenas romances, mas também contos". Achava, além disso, que "o público, muitas vezes, mantém-se afastado da ópera moderna, por achar que tudo não passa de uma barulheira horrível". Por isso, escreveu diversas óperas em um ato, com elenco e cenários mínimos, num estilo músico-dramático de apelo muito direto. No extenso catálogo de sua obra, há várias dessas mini-óperas, ora cômicas a ponto de beirar o surrealista, ora sérias, sombrias, meditativas. Um "dramatic sketch" como *Cadenus Oserv'd* é um monógo para barítono desacompanhado, sobre um texto em prosa de Jonathan Swift. No extremo oposto, *The Ring* é uma operazinha de quinze minutos, usando orquestra normal, na qual aparecem personagens de *Coronation Street*, novela de televisão popularíssima na época. *Bad Times* (1975), com a duração de vinte minutos, é escrita para barítono e quarteto de cordas. A instrumentação de *The Girl and the Unicorn* (1978), destinada a grupos amadores, é flexível: depende dos recursos disponíveis

---

16. A respeito de ambos, ver *A Ópera Italiana Após 1870*, desta coleção.

de quem a encenar. E *Tables Meet*, escrita em 1990 para o grupo experimental Music for Life, faz com que apenas o tilintar modulado de taças de vinho, numa bandeja, acompanhe a rica polifonia dos dezoito garçons de um restaurante chiquíssimo que, enquanto se preparam para abrir o estabelecimento, trocam fofocas sobre seus clientes.

Incansável pesquisador, Oliver praticou inclusive a "ópera sem palavras". *The Waiter's Revenge* (A Vingança do Garçom), "fábula absurda para seis vozes e diretor", foi estreada em 4 de maio de 1976, no Festival de Nottingham, pelo Purcell Consort of Voices, ao qual fora dedicado. O humor é delicioso, muito direto, e comunicado sem a necessidade de palavras, tentando demonstrar aquilo que os grandes compositores sempre souberam: ópera pode transmitir a sua mensagem por meios exclusivamente musicais – tanto assim que óperas cantadas em língua estrangeira, ou por intérpretes de dicção incompreensível, nunca nos impediram de captar o essencial da história e da caracterização das personagens.

Em *The Waiter's Revenge*, passada num restaurante, onde as pessoas comem desatinadamente, como se estivéssemos assistindo a uma cena de um filme do Monty Python, não temos dúvidas quanto ao que está acontecendo, devido ao cuidado com que Oliver escolhe os efeitos vocais, as combinações de consoantes e vogais nos vocalises de cada solo ou número de conjunto. A vingança do garçom que, deliberadamente, serve a todos errado, se explica: ele está estourando de dor de cabeça, com uma ressaca. E isso fica claro, desde o seu lamento inicial, que parece o cruzamento de um madrigal de Monteverdi com uma ária de concerto de Mozart. Dentre os fregueses que estão no restaurante, o mais interessante é o casal de namorados, perdido numa série interminável de "ah", "mah", "nah", às vezes naquele tom meio ridículo de linguagem infantil, a que os enamorados do mundo inteiro recorrem para falar um com o outro. "Paradoxalmente", observou o crítico Brendan Beales ao comentar a estréia, "a própria ausência de palavras – já que, neste caso, não precisamos conhecer o libreto antes, prestar atenção a cada verso, ou ler as legendas – facilita a compreensão do que está acontecendo no palco". A experiência da *Vingança do Garçon* foi repetida, em 1986, em *Commuting* (1986) "um sketch para quatro vozes masculinas desacompanhadas".

Da mesma forma que o *Rake's Progress*, de Stravínski, a comédia *Tom Jones* – encomendada pela Fundação Gulbenkián e estreada em Lisboa em 1975 – é uma reconstituição, em estilo moderno, da comédia setecentista: entremeia números cantados e recitativo seco acompanhado pelo piano, e usa a típica orquestra barroca, inclusive com baixo contínuo (cravo, violoncelo e piano). Ao libreto adaptado do romance de Henry Fielding, Oliver acrescentou um Prólogo alegórico, que se passa na Corte do Céu.

Júpiter e Juno discutem com os deuses a falta de respeito que estes demonstram pelas virtudes dos seres humanos. E os deuses retrucam que os homens são fracos, corruptos, incorrigíveis. Para pôr à prova essa questão, o casal divino cria Sophie, donzela sem mácula, e mandá-la à Terra para testar a virtude de Tom Jones, total canalha, mas um rapaz irresistivelmente simpático. Os próprios deuses participam dessa história de sensualidade, inveja, hipocrisia e esperteza, que assume a forma de um julgamento das qualidades e dos defeitos da humanidade. Episódios muito engraçados ocorrem durante a perseguição de Tom à sua amada Sophie, na casa de campo do Somerset, onde a princípio eles vivem; e, depois, nas ruas e tabernas da caótica Londres do século XVIII. No final, graças à providencial intervenção divina, Tom Jones escapa de ir parar na forca e é reunido à mulher que ama.

Extremamente viva, mostrando Oliver num de seus melhores momentos de inspiração melódica e extroversão teatral, *Tom Jones* passa em revista todos os tipos clássicos de ária e cena de conjunto. Sucesso imediato na estréia, *Tom Jones* foi levada em Londres, no ano seguinte, com muito boa acolhida do público. Até hoje é uma das óperas mais populares do compositor.

Primeira contribuição de Oliver para o Festival de Batignano, na Itália, *Il Giardino* é o típico conto policial com traços de humor negro. Uma mulher entra num jardim e senta-se em um banco para ler. Um estranho, cuja presença visivelmente perturba a mulher, senta-se a seu lado, começa a conversar, e oferece-lhe os pêsames pela morte recente de seu marido, da qual ouviu falar – dando a entender que sabe mais do que aparenta conhecer. Eles falam das flores que crescem num montículo suspeito de terra, perto do lugar onde estão. O desconhecido acaba se identificando: é o jardineiro e sabe que ela matou o marido, queimou suas roupas manchadas de sangue, e o enterrou naquele ponto do jardim. Impotente diante da possibilidade de ser denunciada por ele, a mulher tem de aceitar que o jardineiro vá morar em sua casa, torne-se seu amante, e a domine inteiramente – ou pelo menos até o momento em que ela lhe der o mesmo fim que o marido precedente.

Dividida em duas partes, a serem representadas em noites consecutivas, *Nicholas Nickleby*, baseada no romance de Charles Dickens – e encenada pela Royal Shakespeare Company em 1980 – é, na verdade, uma peça falada com música incidental contínua, na qual foi feita a inserção de diversos números cantados, além de interlúdios fazendo a ligação entre as cenas. Na estréia, além de reger, Oliver também tocava o piano. Trechos de música de órgão pré-gravada foram usados no espetáculo.

O pai de Nicholas Nickleby morre, deixando a família em situação penosa, pois está na dependência do tio Ralph, agiota avarento. Ralph coloca Nicholas como professor numa horrível escola do Yorkshire, de onde ele foge em companhia de Smike, um dos alunos, sempre submetido a perseguições e castigos corporais cruéis. Os dois ligam-se por estreita amizade, e vão trabalhar numa companhia de teatro ambulante. Ao longo da história, Nicholas tem de proteger Smike contra os outros atores. Tenta também impedir que o tio Ralph abuse de Kate, sua irmã mais nova; e, mais tarde, de Madeline Bray, sua namorada, cujo pai não pôde pagar o dinheiro que tomou emprestado de Ralph e, por isso, foi posto na prisão por dívidas.

Um *coup de théâtre* dá início a *A Man of Feeling* (Um Homem de Sentimento), baseada em *Empfindsame* (Sentimentalismo), conto escrito em 1895 pelo decadentista austríaco Arthur Schnitzler, um dos mais brilhantes contistas e dramaturgos da virada de século XIX-XX. *Um Homem de Sentimento* estreou no King's Head Theatre Club, em 17 de novembro de 1980.

Uma cantora está ensaiando uma canção, no palco, com seu pianista. É subitamente interrompida por Fritz, um jovem que, desesperado, dá um tiro na cabeça. O ensaio continua, como se nada tivesse acontecido. O morto, então, levanta-se do chão e, dirigindo-se à platéia, diz que vai explicar por que cometeu esse tresloucado gesto. O soprano consultou diversos médicos e charlatões – todos eles representados pelo mesmo barítono –, tentando descobrir por que estava perdendo a voz. Só o 24º descobriu a razão: os constantes compromissos profissionais não lhe dão tempo de ter vida sexual e é essa abstinência que está fazendo a voz desaparecer. A solução é arranjar um amante que a faça perder a virgindade. Fritz, o rapaz a quem o soprano se liga, está perdidamente apaixonado por ela. Mas, um dia, a prima-dona vai embora, deixando-lhe uma carta na qual explica friamente que precisava dele apenas para "curar-se". Desesperado por perceber que foi usado, Fritz a procura no teatro, e se suicida diante dela. Preocupada com o ensaio, a cantora mal se dá conta de que ele se matou.

A historinha de Schnitzler, cheia de atração por elementos mórbidos, típicos da época em que ele viveu, é habilmente transposta para o palco lírico. O barítono que faz Fritz interpreta também o amigo desse rapaz, e sete dos médicos que a cantora consulta. O pianista, sempre no palco, ora é o acompanhante do soprano, ora toca o comentário instrumental. O tema da canção que está sendo ensaiada, uma nostálgica valsa, que percorre a partitura como uma melodia recorrente, dá a nota tristonha numa partitura que, de modo geral, é irônica, no estilo a que o inglês chama de *tongue in cheek*. É inevitável a comparação entre a cantora, indiferente a seu amante, e a Salomé de Wilde-Strauss, que nem percebe a paixão de Narraboth por ela, e seu suicídio por amor e desespero. A adaptação que Oliver faz do conto de Arthur Schnitzler desenvolve-se em diversos níveis, passando do *flashback* à narrativa no presente, do ensaio à apresentação, de uma maneira que constrói, de maneira rápida e inexorável, o clímax da ópera.

Em 1981, Oliver teve a idéia de apresentar, na série *Musica nel Chiostro*, do Festival de Batignano, uma partitura nova para *Euridice*, o libreto de Ottavio Rinnuccini, escrito em 1600 para Jacopo Peri, e cantado em Florença para comemorar o casamento de Henrique IV, da França, com Maria de Médicis. Da mesma forma que Alexander Goehr o fizera, ao remusicar a *Arianna* perdida de Monteverdi, Oliver realiza fascinante fusão de antigo e moderno. Preserva rigorosamente as linhas vocais muito austeras do *recitar cantando* de Peri; mas envolve-as com um acompanhamento novo, orquestrado de forma a explorar todas as possibilidades de um conjunto de câmara atual. A estréia inglesa foi no Riverside Studio, de Londres, em 4 de março de 1981, regida por Nicholas Kraemer. Esta é uma das partituras mais interessantes de Oliver e é pena que não lhe tinha sido dada a documentação discográfica que merece.

A ópera italiana, não só a do período barroco, mas também a romântica e a do Verismo, sempre foi uma paixão de Stephen Oliver. O drama sentimental *Sasha*, ópera de câmara livremente adaptada de uma peça de Aleksandr Ostróvski, que o Banff Music Centre estreou em 6 de junho de 1982, homenageia os dramas veristas de ambientação russa: a *Fedora* e a *Siberia* de Giordano, a *Ressurreição*, de Franco Alfano. Por ambientar-se no meio teatral, o de uma companhia de operetas, e tratar do envolvimento de uma cantora com um homem aparentemente comprometido com outra mulher, traz também à memória traços da *Zazà*, de Leoncavallo. Por outro lado, a figura do cantor que ama sem esperanças a personagem-título parece decalcada no Michonnet da *Adriana Lecouvreur* de Cilea. A orquestra de *Sasha* usa cordas, piano (e sintetizador), violão e banjo – para simular o som da balalaica – e percussão. A escrita é muito eclética, com citações ou paródia de música russa, e números fechados cantabile entremeados ao arioso contínuo – sobretudo na seqüência de opereta-dentro-da-ópera, quando vemos a personagem principal apresentando-se no palco. O elenco – dezoito cantores – é grande e diversificado do ponto de vista dos timbres.

O inglês James está há um ano separado de sua noiva Sarah, com a qual troca cartas apaixonadas. Está fazendo uma viagem pela Rússia e, em Moscou, conhece Nina, cantora de uma companhia de opereta. Nina o apresenta a Sasha, sua companheira, pela qual James sente-se atraído. Sabendo que Sasha rejeitou o importuno assédio de um Príncipe, e esse pretende sabotar o próximo espetáculo da cantora, o inglês impede o pomposo aristocrata de prejudicá-la, comprando todos os ingressos do espetáculo, distribuindo-os na rua, e conseguindo que Sasha tenha casa cheia. O cantor Melúsov, que também está apaixonado pela moça, lhe conta o que James fez.

Sasha chama James a seu camarim, depois do espetáculo, para agradecer-lhe. Os dois estão à beira de se declarar um ao outro, quando Nina, que descobriu uma das cartas de Sarah, brinca com James, perguntando a respeito de sua noiva inglesa. Sasha vai embora, ofendida. James fica desarvorado, entregue às saudades que sente de Sarah. Começa a beber e, no auge da embriaguez, revela a verdade a Nina: sua noiva morreu um ano atrás. Ele continua a ler suas cartas, na tentativa desesperada de mantê-la viva. Quando lhe conta que Sasha é a primeira mulher pela qual conseguiu se interessar, desde que perdeu Sarah, Nina corre a dizê-lo à amiga... mas é tarde demais. Sasha já foi embora, aceitando a proposta que lhe foi feita por um empresário de São Petersburgo.

Prova da versatilidade de Oliver é o musical *Blondel*, de 1983, em que à linguagem erudita – inclusive com a reconstituição do estilo de canto medieval – misturam-se formas populares, jazz, rock e a utilização de sintetizadores na orquestra. Além dos seis papéis solistas, a narração é conduzida por um quarteto de vozes masculinas, e um trio de vozes femininas. O libreto, um dos poucos que ele próprio não escreveu, é de Tim Rice. Embora não tenha sido um de seus maiores sucessos – compositor e libretista concordaram que a colaboração entre eles não funcionou a contento – a peça ficou um ano em cartaz, em Londres, e uma de suas canções, "Running Back for More", chegou à lista das canções mais ouvidas de 1983.

Cruzando as formas tradicionais da ópera de resgate com as do musical tipo Broadway, Oliver evoca fatos ocorridos na Grã-Bretanha durante a década de 1180. O trovador Blondel deixa a Inglaterra, cujo trono foi usurpado por João Sem Terra, em busca do rei Ricardo Coração de Leão que, tendo partido para as Cruzadas, desapareceu. Descobre que Ricardo foi preso pelo duque da Áustria, que o declarou morto. Cantando diante das muralhas do castelo, localiza a torre onde o rei está encerrando. Juntamente com sua namorada Fiona, Blondel monta um esquema para libertar o soberano, e eles voltam a Londres, em tempo de impedir a coroação de João. Aclamado pela população, que não suportava mais os desmandos do usurpador, Ricardo é restaurado no trono, e recompensa Blondel promovendo seu casamento com Fiona, e proclamando-o o compositor mais importante da Inglaterra.

*Blondel* tem todas as características de um bom musical, inclusive as canções *standard*, de melodia facilmente memorizável. É uma das partituras mais luminosas e extrovertidas de Stephen Oliver.

Para comemorar o décimo aniversário da série *Musica nel Chiostro*, os organizadores do Festival de Batignano, com o qual Oliver tinha estreitas ligações desde o final da década de 1970, encomendaram-lhe uma ópera nova. O compositor usou a tradução italiana, feita por Carlo Collodi, o autor de *Pinóquio*, do conto *La Belle et la Bête*, escrita em 1756 por Mme. Jeanne-Marie Le Prince de Beaumont. A estréia de *La Bella e la Bestia* foi em 26 de julho de 1984. Em 21 de junho do ano seguinte, ela foi cantada ao ar livre, em Londres, na St. John's Smith Square.

Um mercador empobrecido recebe uma carta anunciando a chegada, no porto, de um navio trazendo um rico carregamento. Quando ele parte, suas filhas mais velhas lhe pedem que traga jóias de presente, da cidade. Bella, a mais jovem, pede apenas uma rosa. O mercador perde tudo, num processo mal-sucedido e, ao voltar para casa, perde-se na floresta, durante uma tempestade, e tem de se refugiar num castelo misterioso, aparentemente deserto. Na manhã seguinte, quando colhe, no jardim, a rosa que vai levar para Bela, surge diante dele o dono do castelo, a Fera, que ameaça matá-lo, a menos que uma de suas filhas venha morrer em seu lugar. Bella se oferece para salvar-lhe a vida, e o pai a deixa no castelo, "meio morta de medo".

Três meses depois, Bella está morando tranqüilamente no castelo, luxuosamente tratada pela Fera que, todas as noites, lhe pede que se case com ele. Bella recusa, mas se compadece com o sofrimento daquela criatura misteriosa e solitária. Quando sabe que o pai está seriamente doente, pede à Fera que lhe permita ir visitá-lo. A Fera concorda, desde que ela prometa voltar dentro de sete dias. Bella se esquece do que prometeu mas, um dia, sonha com a Fera: ela está morrendo, sucumbindo de saudades por dela. A moça volta, encontra-o agonizando no jardim, pede-lhe que não morra, e confessa que o ama e está pronta a casar-se com ele. Essas palavras libertam a Fera do encantamento que a transformou num monstro, e ela volta a ser um belo Príncipe.

Oliver deu à *Bela e a Fera* o subtítulo de *promenade work*, porque a ópera foi concebida para ser encenada nos jardins e arcadas do Claustro de Batignano. O público passeava de um cenário para o outro, levado pelo maestro e pelos músicos do pequeno conjunto de câmara; e as personalidades iam narrando, uma a uma, a história e o que aconteceu com elas. Há poucos momentos de diálogo formal, mas a variedade dos monólogos é muito funcional; e a forma como a música os comenta não só os cerca com um halo mágico, como envolve com sentimentos nostálgicos, tipicamente adultos, a história aparentemente escrita para crianças. A caracterização da Fera, principalmente, como um ser solitário e desavorado, dá profundidade a essa parábola sobre o poder regenerador do amor generoso, capaz de, sob a superfície hedionda da feiúra física, perceber a beleza interior — e, por isso, ser recompensada com a quebra do feitiço que condenava o belo Príncipe a viver como Fera. É evidente a identificação que Oliver — sempre em conflito com a rejeição da sociedade à sua condição de homossexual, abertamente assumida — tem com essa personagem, marginalizada da mesma forma que ele. *La Bella e la Bestia*, por suas características de montagem, exigindo muita mobilidade, e pela beleza de sua música, é o tipo de espetáculo que mereceria ter sido documentado visualmente, em VCR ou em DVD.

*Exposition of a Picture*, encomendada pela Royal Society of Arts e estreada em 1986, não passa do que os franceses chamam de uma *pochade*, uma brincadeira de 35 minutos, que tem tudo para agradar o *opera-freak* afeito às brincadeiras com o objeto de sua paixão. Escrita para tenor, barítono e quarteto de cordas, *Exposição de um Quadro* passa-se numa galeria de arte. Um senhor idoso, vestido de forma muito cuidadosa e antiquada, encontra-se com um homem mais jovem e impetuoso. Em conversa, descobrem pontos em comum: ambos são pintores, suas companheiras são cantoras, e eles tiveram de sair de seus respectivos países por motivos políticos. Estão parados diante de uma *Maddalena*, e comentam o quadro, ambos tomando-o como ponto de referência para falar da mulher que amam.

Aos poucos, descobrimos que o velho é Mario Cavaradossi: o pelotão de fuzilamento não o matou. Ele estava apenas inconsciente e, depois do suicídio de Floria Tosca – que nunca esqueceu – aproveitou a confusão provocada pelo assassinato do barão Scarpia, conseguiu esgueirar-se para fora do Castel Sant'Angelo, e fugiu de Roma, exilando-se na Inglaterra. A *Maddalena*, é claro, é a tela que Cavaradossi está pintando, no ato I da *Tosca*, tomando como modelo a beleza loura da marquesa Attavanti, a irmã do fugitivo Angelotti. O homem mais jovem é o Marcello da *Bohème*, que voltou a viver com Musetta após a morte de Mimì. Mas teve de exilar-se também, por ter se envolvido na Revolução de 1848 e, hoje, vive em Londres como pintor de retratos. Antes de mais nada, *Exposição de um Quadro* é uma nostálgica e carinhosa homenagem a Puccini, feita por um pucciniano de coração. Além de hábeis pastiches de seu estilo, há na ópera, é claro, a citação de temas da *Tosca* e da *Bohème*.

*Waiting* (Esperando), de 1987, para voz e piano, é um retorno ao bem-amado território dos *dramme per musica* do início da História da Ópera e, em especial, ao universo monteverdiano. Três mulheres, interpretadas pela mesma cantora, falam de seu relacionamento com militares, que não lhes dão segurança emocional, pois podem ausentar-se por muito tempo, em campanha, sem que as esposas ou namoradas tenham notícias deles. Uma citação do *Ritorno d'Ulisse in Patria*, quando a terceira começa a falar, faz-nos compreender que se trata de Penélope, com a vida em suspenso enquanto espera que seu marido volte da guerra de Tróia.

Em julho de 2002, Matthew Richardson encenou, no Almeida Theatre, um programa triplo de óperas em um ato inspiradas por obras de Monteverdi. O crítico Tim Ashley, do *Guardian*, elogiou muito Kathryn Harries no papel triplo de *Esperando*, acompanhada ao piano por John-Paul Gandy. A peça de Oliver teve como companheiras *L'Altra Euridice*, monólogo para barítono de John Dove, que conta, de um ângulo diferente, a história de Orfeu, personagem da *favola* monteverdiana; e por *Ariadne*, na qual Elena Langer, compositora residente da Almeida Opera Company, retoma o tema da ópera perdida de Monteverdi.

Batignano acolheu, em 5 de agosto de 1988, a estréia de *Mario ed il Mago*, adaptada do conto escrito em 1930 por Thomas Mann, como uma alegoria da ascensão do Fascismo. A primeira audição inglesa foi póstuma, no Almeida Theatre, em 2 de julho de 1992.

O mágico Cipolla vai apresentar-se em um balneário italiano. Consegue hipnotizar todos os moradores e turistas da cidadezinha, dominando-os e obtendo que façam tudo o que deseja. O jovem Mario (papel falado), garçom o luxuoso hotel em que Cipolla faz seu espetáculo, é uma das pessoas hipnotizadas: sob o controle do mágico, faz uma porção de coisas ridículas e constrangedoras. Ao acordar e descobrir que agiu de forma humilhante diante dos hóspedes, puxa uma arma e dá um tiro em Cipolla.

Oliver acrescenta ao texto de Mann, na primeira parte da ópera, situações novas que traçam o retrato pitoresco da vida no hotel: a discussão entre uma turista alemã e o Prefeito da cidadezinha, que a multa porque, no dia anterior, a sua filha adolescente foi vista tomando banho de mar inteiramente nua; e a conversa entre essa senhora e uma moradora da cidade, a Sra. Angiolieri, que a consola, contando-lhe histórias sobre a época em que ficou conhecendo a atriz Eleonora Duse. Nesta ópera, como no *Homem de Sentimento*, Oliver é muito hábil em sugerir as forças negativas subjacentes a uma situação aparentemente inócua e divertida. O conjunto instrumental de nove músicos soa como uma banda de circo, e usa temas que parecem de música popular, mas distorcida, com estranhas dissonâncias, que a fazem soar corrompida, como se algo de intensamente mau a tivesse contaminado.

Embora não tenha sido a sua última ópera, *Timon of Athens*, baseada na peça de Shakespeare (1608), está carregada do sentimento de quem sabe que a vida está por um fio e soa, portanto, como um testamento, uma síntese de toda a obra. Nesse último trabalho, estreado pela English National Opera, no Coliseum, em 17 de maio de 1991, sob a regência de Graham Jenkins, Oliver reutilizou material de dois poemas sinfônicos: *Prometheus* (1988) e *The Vessel* (A Nau, 1990), de estilo robusto, harmonicamente opulento. Esse tom retórico, fundido à música atormentada, de lirismo nervoso, característica do final da vida de Oliver, dá especial intensidade às longas linhas melódicas de *Timão de Atenas*, correspondendo à majestade dos versos brancos shakespeareanos.

O generoso Timão distribuiu entre os amigos toda a sua fortuna. Encontrando-se em dificuldades, pede-lhes ajuda, e recebe como resposta que eles não se sentem obrigados a lhe dar nada, pois todas as suas doações foram feitas por vontade própria. Indignado com sua insensibilidade, ele os convida para um último banquete, no qual lhes serve água morna e pedras. Depois, desiludido com a humanidade, impõe-se o exílio no deserto. Ali, escavando o chão, encontra uma arca cheia de ouro. Enojado com todas as riquezas, entrega o ouro ao general Alcebíades, que caiu em desgraça, para que arme um exército e ataque Atenas. A princípio, resiste às sugestões sinistras da estranha música – uma fanfarra tocada por trompetes e percussões metálicas – que ouve em seus delírios; e confronta a Bondade, figura alegórica que lhe aparece com a fisionomia de seu fiel mordomo. Finalmente, acompanhado por Alcebíades, vai ao Senado de Atenas para explicar aos senadores por que não vale a pena viver neste mundo, e mata-se diante dos senadores.

Embora a palheta vocal, muito escura, se restrinja ao uso de vozes masculinas, a partitura de *Timão de Atenas* tem grande brilho orquestral. Com o comentário instrumental, Oliver sugere toda a indignação e revolta presentes nessa que é uma das peças mais amargas e pessimistas de Shakespeare. É particularmente poderosa a cena final, em que os atenienses cantam verdadeiro hino de exorcismo, purgando a própria culpa por terem sido tão insensíveis. Orquestrada de modo esparso, com uso muito expressivo de tambores, essa sequência é teatralmente pontuada pelo brilho e pelo som de relâmpagos, da tempestade que se aproxima. No obituário do compositor, seu colega e amigo Jonathan Dove escreveu:

> *Timon* foi escrito à sombra da certeza de que a morte estava próxima. Nesse sentido, é uma meditação dramática sobre Deus e o que se situa além dos limites dos contatos entre um homem e outro. A história do homem que oferece toda a sua riqueza aos amigos era um tema muito apropriado para Stephen, que dava dinheiro, tempo e atenção a todos os que o conheciam. Ele se orgulhava de ter adquirido a sua riqueza compondo ("uma atividade inteiramente inocente") e de que esse sucesso lhe desse a possibilidade de ajudar os outros. Orgulhava-se de poder auxiliar uma porção de pequenos grupos que produziam ópera.

A última contribuição de Oliver para o Festival de Batignano foi uma edição de *L'Oca del Cairo*, a ópera cômica que Mozart iniciou, em 1783, sobre libreto do abade Varesco[17]. O trabalho de Oliver, cantado em 27 de julho de 1991, difere das edições preparadas por Erik Smith, Hans Erismann ou Hans Redlich. Ele reescreveu inteiramente o libreto, o ponto fraco da ópera, provavelmente responsável por Mozart ter desistido de terminá-la. Reutilizou, nesse texto novo, a música deixada por Mozart, compôs trechos adicionais imitando livremente o estilo mozartiano, e orquestrou os fragmentos que o compositor deixou – em especial o magnífico *finale* do ato I, que a musicologia encara como o protótipo do grande *finale* de

---

17. Ver *A Ópera Alemã*, desta coleção.

organização sinfônica do ato II das *Bodas de Fígaro*.

Além de suas óperas, Oliver preparou a música incidental para quinze montagens da Royal Shakespeare Company, entre elas *Nicholas Nickleby* e *Peter Pan*; produziu trilhas para cinema (*Lady Jane Grey* e outras); é o autor de um balé (*La Bella Rosina*); da música de fundo para a versão radiofônica de *The Lord of the Rings*, de Tolkien, transmitida pela BBC; e foi ativo colaborador da televisão inglesa. Compôs música para a BBC Shakespeare Series, dirigida por Jonathan Miller; os treze episódios da *Camera Series*, apresentada pela Granada TV; e outras emissões de teatro televisionado. Em 1982, redigiu e apresentou, na London Weekend Television, o programa *Understanding Opera*, que alcançou altos níveis de audiência. É também o autor de peças para orquestra e grupos de câmara, em especial a série dos *Ricercari 1-5* (1973-1986).

Como se isso não bastasse, Oliver traduzia para o inglês libretos de ópera – a *Eurídice*, de Peri, *Orlando*, de Haendel, *O Galo de Ouro*, de Rímski-Kórsakov, *O Rei Segue para a França*, de Aulis Sallinen – e participava do comitê diretor da ENO (no qual conseguiu que fosse atualizado o preço do cachê pago aos compositores por obras encomendadas) e da Performing Rights Society (onde liderou a campanha para que libretistas e músicos tivessem paridade de pagamento). Morrendo sem descendentes, Oliver deixou sua herança para a constituição de um fundo de subvenção à composição de óperas novas.

## Param Vir

Formado em filosofia pela Universidade de Nova Deli – cidade onde nasceu em 1952 – o indiano Param Vir iniciou a carreira musical com uma série de peças de *music-theatre* para crianças: *Kidstuff* (1979), *The Demons of Bara Tooti* (1980), *Besura Desh* (1982). Essas partituras atraíram a atenção de Peter Maxwell Davies que, em 1983, convidou-o a fazer, sob a sua orientação, o curso de verão que ministrava na Dartington School. No ano seguinte, bem impressionado com seu musical *Fall Out*, Oliver Knussen o chamou para aperfeiçoar-se com ele na Guildhall School of Music. Ali, Param Vir ganhou, em 1985, o primeiro prêmio de composição. Seguiram-se o PRS Composition Prize e, em 1987, o Benjamin Britten Composition Prize, pela peça *Before Krishna*, inspirada em seu conhecimento da literatura clássica de seu país.

Britten é uma influência predominante na obra de Param Vir. Mas também Olivier Messiaen, com quem ele aprendeu lições preciosas sobre o modo de fundir os recursos estilísticos e estéticos da música do Ocidente e do Oriente. Essa fusão deu belos frutos em *Brahma, Vishnu, Shiva* (1988), para seis vozes solistas, sobre poemas de Rabindranath Tagore; no poema sinfônico *Horse Tooth White Rock* (1994); e no díptico operístico *Snatched by the Gods/Broken Strings*, escrito entre 1990-1992 e premiado, em Munique, com o Ernst von Siemens Stiftung.

William Radice baseou-se no poema *Devatar Gras* (1876), de Rabindranath Tagore, para escrever o libreto de *Arrebatado pelos Deuses/Cordas Quebradas*. Dirigida por Pierre Audi, o díptico estreou no Estúdio Cinematográfico de Amsterdã, em 11 de maio de 1992, com o Asko Ensemble regido por David Porcelijn. Logo em seguida, foi encenado na Bienal de Munique (22 de maio), para a qual fora encomendado por Hans Werner Henze. A primeira audição inglesa das duas peças foi no Almeida Theatre de Londres, em 11 de julho de 1996. A produção original foi muito bem recebida quando o grupo belga *Transparant Opera Theater* a reprisou em Antuérpia e levou-a, depois, a Roterdã, Rouen, Edimburgo, Viena, no Festival de 1999, e Berlim, na Staatsoper unter den Linden.

É alvorada quando *Arrebatado pelos Deuses* se inicia. Na praia, a jovem Moksada pede ao barqueiro Maitra que a deixe viajar na balsa em que ele transporta um grupo de peregrinos, que vai assistir um festival religioso. Maitra preocupa-se com a segurança de Rakhal, o filho pequeno da moça; mas, quando esta lhe diz que o menino ficará com Annada, a sua irmã mais velha, concorda em levá-la. Ao entrar no barco, porém, Moksada descobre, assustada, que Rakhal escondeu-se lá dentro, para poder ir com ela. O barqueiro diz estar com excesso de passageiros; mas Rakhal o convence a deixá-lo ficar. Furiosa, Moksada amaldiçoa o filho. Ao dar-se conta do que fez, pede perdão aos deuses e abraça-se ao menino. Quando o barco começa a se afastar da margem, vemos Annada entrar correndo, assustada por ter perdido Rakhal.

Um interlúdio orquestral descreve a viagem e o festival a que os peregrinos foram assistir. Terminada a festa, os peregrinos esperam que a maré suba, para que o barco possa levá-los de volta. Rakhal está cansado e com saudades de casa, e Moksada se preocupa ainda com a maldição que proferiu. O barco parte, Rakhal se assusta com o vento forte e se encolhe nos braços da mãe. A ventania transforma-se numa tempestade e Maitra, perdendo o controle da embarcação, diz que os deuses estão zangados por não terem recebido os tributos que lhes eram devidos. Os peregrinos jogam na água todos os seus pertences, mas isso não aplaca as divindades. Maitra diz então que é Moksada a culpada. Cheios de pânico, os passageiros exigem que Rakhal seja sacrificado, para salvar o resto. Embora a mãe tente defendê-lo, o menino é atirado ao mar. Vê-lo se afogando faz Maitra dar-se conta do que deixou acontecer. Está anoitecendo e a tempestade amainou. Cheio de remorso, o barqueiro atira-se ao mar.

Em *Cordas Quebradas*, músicos de todo o país foram ouvidos, para ocupar o cargo de instrumentista do rei, mas nenhum deles lhe agradou. O jovem Musil, brilhante, versátil, está certo de ser o escolhido, pois nenhum dos candidatos o iguala em talento. Mas, para a sua surpresa, os juízes o rejeitam. Surge Guttil, ancião quase cego, com ares de mendigo, segurando desajeitadamente um instrumento que ele parece ter perdido a prática de tocar. Mas o velho possui estranha autoridade e, sem esperar que lhe dêem a ordem, começa a tocar. Assim que inicia, uma corda de seu instrumento quebra. Ele hesita, mas não pára, e o som de sua música vai ficando mais belo, embora se quebrem a segunda, depois a terceira corda. A música, porém, fica cada vez mais extraordinária, fazendo aparecer criaturas mágicas que se deliciam com ela. Até os juízes começam a ter visões. Só Musil, impressionado, mas não comovido, resiste a deixar-se afetar. Para ele, aquilo não passa de um efeito técnico, que pode ser aprendido e imitado. Para obter a mesma mágica, quebra as cordas de seu instrumento... e dele não sai mais som algum.

*Broken Strings* é, do ponto de vista músico-dramático, ainda mais envolvente do que *Snatched by the Gods*, devido ao uso de mímica e dança na cena das aparições, e da oposição entre texturas atonais, cromáticas ou euforicamente diatônicas, na seqüência em que o instrumento de Guttil produz música miraculosamente bela. Michael White escreveu, a respeito dessas duas óperas, no *Independent*:

> É o cruzamento extremamente bem-sucedido de uma obra musicalmente européia com a linguagem de um compositor ideologicamente indiano. Vir trabalha com a consciência tipicamente oriental da expansão temporal e, por isso, o ritmo de suas peças é lento e espaçoso mas, como Britten, ele sabe de que modo contar uma história com música, tirando sons encantadores de uma pequena orquestra. É perturbadora a passividade com que a música reflete os rompantes de violência da primeira história.

E Rodney Milnes acrescentou, no *Times*:

> O cruzamento de culturas permite a Vir criar uma linguagem musical que não é nem conservadora e nem desafiadoramente modernista. A sua música não há de assustar ninguém que goste de ouvir Britten ou Maxwell Davies, e há de encantar àqueles que se deliciam com a pura beleza do som. Vir sabe exatamente que instrumentos usar para acompanhar a voz humana.

*Íon*, com libreto de David Lan, a partir da tragédia de Eurípedes, foi uma encomenda do Festival de Aldeburg, onde houve uma pré-estréia semi-encenada, da ópera ainda inacabada, em junho de 2000. Após a estréia, no verão de 2001, *Íon* foi encenada na Ópera do País de Gales que, durante o outono de 2003, excursionou com ela pela França, Alemanha e algumas cidades da Grã-Bretanha.

Íon, o jovem guardião do templo de Apolo em Delfos, recebe Creusa, a rainha de Atenas. Como não tem filhos, a soberana vem, com seu marido, Xuthus, perguntar ao oráculo se conseguirá conceber. Mas há outro motivo: anos antes, aterrorizada por ter engravidado do deus Apolo, ela abandonou o filho recémnascido e, agora, acredita que a esterilidade é um castigo pela sua dureza de coração. Cheia de remorso e de raiva por Apolo, o que quer realmente saber é se há a possibilidade de seu filho ainda estar vivo. Íon nega que o deus a tenha castigado de forma tão cruel mas, em seu coração, sabe que isso é bem possível. Ao entrar no santuário, Xuthus recebe a informação de que a primeira pessoa que encontrar é o filho de sua mulher. Ao ver Íon, pede-lhe que volte com eles para Atenas e, após muita argumentação, convence-o de que deve ser verdade o que lhe disse o oráculo. Xuthus ordena que festejos sejam organizados, para celebrar a sua alegria.

Ao saber que Xuthus encontrou um filho, enquanto ela continua sem nada, Creusa fica cheia de ressentimento. A sua Velha Criada a encoraja a vingar-se da insensibilidade dos homens. Juntas, elas planejam assassinar Íon. Durante a festa, por sorte, o rapaz percebe que envenenaram a sua taça de vinho. Xuthus manda torturar a Velha Criada, e esta revela que Creusa lhe ordenou matar Íon. Furioso, o rapaz quer apunhalar a rainha. Mas a Pítia de Delfos aparece, trazendo consigo a cestinha na qual o bebê tinha sido levado para o templo de Apolo. Creusa a reconhece e percebe que Íon é o seu filho perdido. Atena desce do Olimpo, para dizer à rainha de sua cidade que Apolo não estava tentando dissimular seus erros do passado. Entregou Íon a Xuthus para que este fizesse dele o herdeiro da casa real. Creusa abençoa a sua boa sorte, feliz por poder, finalmente, unir-se a seu filho.

*Íon*, a história do sofrimento de uma mãe que busca seu filho, retoma o tema intemporal da busca pela verdade, honestidade e identidade. Ao libreto de Lan, considerado muito comovente pela crítica, conjugam-se as ricas texturas da partitura de Vir para, como disse o crítico do *Guardian*, após a apresentação no País de Gales, "explorar a tempestuosa jornada emocional do indivíduo, num drama de sentimentos muito amplos, que vão da explosão de raiva ao lamento mais dolorido, da simplicidade da comédia aos momentos de lirismo mais encantador".

Em 2004, Vir estava trabalhando em *Awakening*, com libreto de David Rudkin, prevista para estréia na Ópera da Holanda.

# Barry

Exuberância rítmica e a capacidade de surpreender seus ouvintes com a forma incomum como trata formas familiares são as qualidades que tornam muito peculiar a obra do irlandês Gerald Barry, nascido em Clarecastle em 1952. Terminados os estudos na Universidade de Cork, Barry obteve bolsas para estudar na Holanda, com Peter Schat; em Colônia, com Stockhausen e Mauricio Kagel; e em Viena, com Friedrich Cerha. De todas essas influências contrastantes, a mais forte e durável é a da irreverência do argentino Kagel, muito visível em *Things that Gain by Being Painted* (1977). Essa peça de *music-theatre* baseia-se nos contos eróticos do *Livro do Travesseiro*, escrito no século X por Shei Shonagon, dama de companhia da imperatriz japonesa. Nela, um soprano canta e faz mímica, comentando as histórias, contadas por um Narrador invisível.

Misturando citações das sinfonias de Tchaikóvski, música folclórica irlandesa e pastiche de formas barrocas, as obras conceituais que Barry escreve, no início da década de 1980, devem mais a fontes de inspiração pictóricas do que origens musicais. Haendel, dentre os barrocos, é o compositor que mais lhe serve de referência e alvo de homenagem, como em *Handel's Favourite Song*, para clarinete e conjunto de câmara, de 1981. Os concertos grossos haendelianos são também o ponto de partida para a peça orquestral *Chevaux-de-frises* que, em 1988, fez furor nos London Proms – e, aqui, deve-se mencionar que Barry se mira particularmente no exemplo schoenberguiano da adaptação livre do *Concerto Grosso op. 6 n. 7*, de Haendel, reescrito como o *Concerto para Quarteto de Cordas e Orquestra*, de 1933.

A primeira ópera de Barry, com libreto de Vincent Deane e ambientada em Dublin na época da Regência, intitula-se *The Intelligence Park*. Discute a questão das fronteiras do impulso criativo, mediante uma história que põe em cheque os limites das convenções sociais: as de um compositor que se apaixona por seu intérprete, um *castrato*. O esqueleto formal é o das óperas barrocas e clássicas; as melodias e harmonias são uma versão moderna do legado de Bach e Haendel. Embora *Intelligence Park*, escrita no final da década de 1980, só fosse encenada em 1990, suas propostas estéticas dominaram a obra de Barry, resultando numa série de obras-satélite para a sala de concerto, e norteando a composição da ópera seguinte.

O libreto de *Il Trionfo del Tempo e della Verità*, que Benedetto Pamphili escreveu para Haendel, em 1757, foi remanejado por Meredith Oakes e convertido em *The Triumph of Beauty and Deceit*. Encomendada pelo canal 4 da televisão inglesa, a ópera, terminada em 1992, foi gravada nos estúdios de Wembley, em maio do ano seguinte, com o grupo Composer's Ensemble; e foi levada ao ar em 5 de março de 1995. O selo Largo tem a gravação (Clapton, Lakey, Edgar-Wilson, Clarke/Masson). Há também cópias privadas em vídeo.

O Prazer, o Tempo e a Verdade tentam assumir o controle da Beleza. Embora todos eles sejam superados, em seus estratagemas, pelo Engano, é com o Prazer que a Beleza decide ficar no final, mesmo que seja curto o prazo que tem para fruir dele. A estilização desse texto alegórico é levada a extremos, numa partitura de alta intensidade – para cinco vozes masculinas e conjunto de câmara –, em que a melodia é o elemento predominante e o ritmo da ação é muito rápido. Na escrita vocal, Barry faz uso de muitos procedimentos canônicos.

Em 2000, Barry começou a trabalhar em *The Bitter Tears of Petra von Kant* (As Lágrimas Amargas de PvK), encomenda da RTÉ, a Orquestra Nacional da Irlanda. Baseada na peça homônima de Rainer Fassbinder, *Die bitteren Tränen der Petra von Kant*, que ele mesmo filmou em 1972, a ópera estreiou em maio de 2005. A apresentação em forma de concerto do ato II foi feita pela RTÉ em 27 de maio de 2004, sob a regência de Gerhard Markson, titular da orquestra, com Mary Plazas, Doreen Curran, Deirdre Cooling-Nolan e Sylvia O'Brien. Barry a descreveu, no programa, como "uma história de amor, comovente, cativante, engraçada, obsessiva, de partir o coração, cheia de ternura, ciúme, ódio e compaixão, uma das melhores peças e filmes de Fassbinder". E o crítico do *Guardian* comentou:

Particularmente bem-sucedida, nesse ato II, é a evocação, cheia de adrenalina, de uma corrida de bicicleta que vai ficando frenética, bem como uma seqüência de suicídio acompanhada por uma nervosa frase ascensional das cordas, que parece uma macabra fusão da morte de Wozzeck com o tema de *Psicose*[18]. Se receber a produção bem cuidada que merece, *As Lágrimas Amargas* será um espetáculo brilhante, quando ficar pronta.

# Knussen

Reger, aos quinze anos, à frente da Sinfônica de Londres, a estréia de sua *Sinfonia n. 1*, peça de estilo eclético e ainda indefinido, mas de extrema competência de escrita, pode ser uma faca de dois gumes na carreira de um músico. Foi o que aconteceu ao menino prodígio Stuart Oliver Knussen, filho de importante contrabaixista escocês, nascido em Glasgow em 1952. Antes mesmo de iniciar os estudos teóricos com John Lambert, Oliver já fizera sucesso, muito menino, tocando piano em público. E esse concerto em Londres, em 7 de abril de 1968, criou à sua volta expectativas que ele teve de se esforçar muito para fazer cumprir.

Expectativas que Knussen se empenhou o mais que pôde em atender pois, indo estudar em Tanglewood, com Gunther Schüller, estreou ali, em 18 de agosto de 1971, a *Sinfonia n. 2*. Essa obra em grande escala, para soprano e orquestra, foi logo seguida, em 1973, pela *Sinfonia n. 3*. Mas Knussen reescreveu completamente essa última partitura, antes de permitir que a estreassem, em Londres, em 6 de setembro de 1979. Peças como essas sinfonias, o *Concerto para Orquestra*, o *Concerto para Trompa*, e diversos ciclos para voz e conjunto de câmara – *Rosary Songs*, *Océan de Terre*, *Chiara* – demonstram como foi longa e laboriosa a busca por uma linguagem realmente pessoal. Mas revelam também, em Oliver Knussen, um compositor extremamente cuidadoso e exigente, que demora muito a terminar suas partituras. É dono de um ouvido muito sensível ao movimento e às sonoridades, além de ter o senso espontâneo do uso expres-

---

18. Do americano Bernard Hermann para o filme de Alfred Hitchcock; ver *A Ópera nos Estados Unidos*, desta coleção.

sivo das vozes. Isso o fez ser muito bem-sucedido em suas duas óperas, destinadas ao público jovem. Diretor artístico da London Sinfonietta desde 1999, Knussen tem-se empenhado em ampliar o repertório dessa orquestra, abrindo-a a um amplo leque de música contemporânea.

O autor de histórias infantis Maurice Sendak adaptou, de seu próprio livro, o libreto de *Where the Wild Things Are?* (Onde as Coisa Feias Estão?), que o compositor descreve como "uma tentativa de reviver a *fantasy-opera*". Ainda inacabada, a partitura foi apresentada no Théâtre de la Monnaie, em Bruxelas, em 28 de novembro de 1980; e tocada em forma de concerto, no Queen Elizabeth Hall, de Londres, em 22 de março de 1982. Depois de terminada, foi formalmente estreada no Lyttleton Theatre, em 9 de janeiro de 1984. No selo DG, há uma gravação do autor com a London Sinfonietta (Saffer, King, Gillett, Hayes, Wilson-Johnson).

Max, um menino levado, lembra muito a personagem central de *L'Enfant et les sortilèges* – e Ravel, citado na partitura, é confessadamente uma influência sobre a música de Knussen. Max aprontou tantas e tamanhas, que a Mãe o mandou para a cama sem jantar. Vestido com a sua roupinha de lobo, ele fica deitado, no escuro, pensando num jeito de se vingar e, aos poucos, seu quarto vai se transformando numa floresta. Aparece um barco, que o leva para a ilha habitada pelas Wild Things – que eu traduziria como as Coisas Feias –, monstros oníricos, sinistramente amáveis. Eles o coroam seu rei e, em seguida, encerram a cerimônia com uma dança frenética, a *Wild Rumpus*. A dança torna-se tão caótica que Max os interrompe, aos gritos, ralha com eles, e manda-os todos para a cama, de castigo, sem jantar. A brincadeira já perdeu a graça: o menino, agora, está com fome e com saudades de casa. Toma o barco para voltar, os monstros acordam e o perseguem, mas a embarcação, o mar, a floresta, tudo se dissolve lentamente, e ei-lo de volta a seu quarto, onde tinha caído de sono. Ao acordar, vê que a Mãe ficou com pena e deixou, ao lado da cama, uma bandeja com o jantar. A comida ainda está quentinha.

*Onde as Coisas Feias Estão* possui uma personagem apenas: Max, cantado por um soprano ligeiro. Os monstros são, geralmente, bonecos amplificados. Para o espetáculo do Festival de Glyndebourne, de que existe o vídeo, Sendak os desenhou baseando-se nas ilustrações originais de seu livro. É o tipo de espetáculo que permite as mais delirantes e poéticas fantasias visuais. Escrita para orquestra de câmara, a partitura costura citações não só de Ravel, mas também de Debussy (*La Boîte à Joujoux*) e Mússorgski: as *Canções Infantis* e, principalmente, a Cena da Coroação do *Boris Godunóv*, gostosamente parodiada, com sinos e tudo, na seqüência em que as Coisas Feias oferecem ao menino levado a coroa de seu reino. Knussen diverte-se fazendo, também, a sátira muito debochada da gororoba serialista em que, freqüentemente, caíram certos compositores de vanguarda.

Como *Wild Things* dura apenas 40 minutos, era necessário escrever para ela uma companheira, que preenchesse uma noite inteira de espetáculo. Knussen escolheu *Higglety Pigglety Pop!*, outro livro de Sendak, e este preparou umam vez mais o libreto (não há como traduzir em português um título que é de efeito meramente onomatopaico). Ouvida ainda inacabada, em Glyndebourne, em 13 de outubro de 1984, essa segunda *fantasy-opera* foi estreada, em programa duplo com *Where the Wild Things Are*, nesse mesmo teatro do Sussex, em 5 de agosto do ano seguinte. Além do vídeo desse espetáculo, a que já me referi, o álbum de 1999, do selo DG, traz também esta ópera (Buchan, Saffer, Hardy, Gilett, Wilson-Johnson).

Mais discursiva e sofisticada, *Higglety* é a história da cadela Jennie – uma espécie de Bystrouška canina[19] – que, entediada com a vida que leva na casa de seus donos, decide sair pelo mundo à cata de aventura; não sem antes comer a planta de um vaso, apesar de todos os esforços que esta faz para convencê-la do contrário. Jennie encontra-se com o Porco, que trabalha como porco-sanduíche, carregando no peito e nas costas cartazes anun-

---

19. Bystrouška é a personagem de *A Raposinha Esperta*, de Leoš Janáček.

ciando que o World Mother Goose Theatre (o Teatro Internacional dos Contos da Carochinha) tem vaga para candidata a primeira atriz, desde que ela possua experiência de palco. Jennie decide adquiri-la.

Fica conhecendo o Gato Leiteiro e este lhe fala de um Bebê que anda precisando de uma nova babá. Mas é um trabalho perigoso pois, quando as babás não conseguem fazê-lo comer, são servidas como refeição ao Downstair Lion (o leão que mora no andar de baixo, exemplo daquelas imagens aterrorizantes que a má pedagogia usa para fazer medo em criança: "o bicho-papão vai sair de debaixo da cama para te pegar, se você não comer" etc.). Jennie decide arriscar. Não consegue fazer o Bebê comer, mas tenta salvar a situação levando a criança para seus pais, no Castle Yonder (o Castelo das Maravilhas). No caminho, topa com o Leão, e este já está prestes a devorar a criança, quando Jennie revela o seu nome – uma brincadeira com o final da *Turandot* – e faz a fera perder os seus poderes.

O Leão e o Bebê se retiram, Jennie deita-se debaixo de uma árvore para descansar e, de repente, dá-se conta de que, agora, já possui a experiência necessária para candidatar-se ao posto de atriz. Vai para o World Mother Goose Theatre e, em companhia do Porco, do Gato, do Bebê, do Leão e de Rhoda, a empregada da casa em que morava, encena, com grande sucesso de público, a história da Carochinha que deu à ópera o seu nome.

Embora não possua foco narrativo tão denso quanto o da ópera anterior, *Higglety* confirma o gosto e a facilidade de Knussen para a sátira musical. Muito visível, aqui, é a influência de neo-tonalistas americanos, como David del Tredici, Dominick Argento ou Tobias Picker.

## Saxton

Embora começasse a compor aos seis anos de idade, o londrino Robert Louis Alfred Saxton, nascido em 1953, chegou relativamente tarde à ópera. Antes disso, esse músico precoce que, aos nove anos, correspondia-se com Britten – grande influência sobre a sua formação intelectual –, firmou seu nome com obras orquestrais brilhantes: *The Ring of Eternity* (1983) ou *The Circles of Light* (1986). Saxton teve aulas particulares com Elizabeth Lutyens, foi aluno de Robin Holloway em Cambridge, e aperfeiçoou-se na Itália com Luciano Berio. Sua produção orquestral passeia por todas as tendências vanguardistas das décadas de 1960 e início de 1970, sem aderir rigorosamente a nenhuma delas. Uma obsessão, na primeira fase, com texturas muito complexas foi sendo, com o tempo, substituída por um estilo sinfônico mais propulsivo e direto, harmonicamente atonal, mas de construção menos intrincada. A poesia sempre o inspirou, mas essa fonte de estímulo o levava a peças orquestrais. Na década de 1980, porém, Saxton começou a escrever peças corais, ponto de partida para o interesse por música vocal e, posteriormente, ópera.

Quando lhe foi feita uma encomenda pelo grupo Opera North, o dramaturgo Arnold Wesker adaptou para ele um libreto extraído de sua peça *Caritas*, escrita em 1980. A estréia foi em 21 de novembro de 1991, no Festival de Huddersfield. Existe, no selo Collin Classics, o registro ao vivo desse espetáculo (Davies, Best, Ventris, Hibberd, Bryson/Masson). Para uma reapresentação da ópera em 2002, Saxton escreveu, nas notas de programa:

> Arnold Wesker sentiu-se impelido a escrever a peça, preocupado com a natureza dos dogmas inquestionáveis – no campo religioso, mas também no político e no do comportamento – e seu efeito sobre a vida do crente e daqueles que o cercam. Progredindo da luz para a treva mediante uma narrativa externa direta, que se transforma num depoimento psicológico interno, a opera há de agir, espero, como a advertência de que, trezentos anos após o século que viu a "luz" pelos olhos de Shakespeare, Donne, Cervantes, Galileu, Kepler, Leibnitz, Newton, Spinoza, Locke, Hobbes, Milton, Purcell, Monteverdi e Christopher Wren, ainda ignoramos, para prejuízo nosso, esses avanços no pensamento e na razão.

Passada em Norfolk, entre 1377 e 1381, na época da Revolta dos Camponeses, *Caritas* baseia-se na história real de Christine Carpenter, jovem que decidiu tornar-se anacoreta. O prior do mosteiro ordenou, depois de certo tempo, que ela fosse trancada, pois Christine não conseguia levar vida estritamente contemplativa, e saía a todo momento de sua cela. A moça reza, com intensidade cada vez maior, para que Deus se revele a ela, numa aparição. Como isso não acontece, desespera-se, perde a fé e tenta, em vão, conseguir que os monges a libertem de um eremitério que se transformou em cativeiro.

Como na peça de Wesker, a ópera tem dois atos apresentados sem interrupção, o primeiro formado por doze cenas curtas, o segundo apenas por um longo monólogo de escrita contínua. Cada cena do ato I centra-se numa tonalidade; a *scena* do ato II tem a forma de uma passacalha cujo tema é um *cantus firmus* ouvido no início da ópera. Cada repetição da passacalha começa com uma das notas desse tema, o que confere à ópera unidade estrutural bastante grande. *Caritas* começa com o "Alleluia te martyrum" que o coro dos monges usualmente cantava na cerimônia de fechamento do anacoreta dentro de sua cela. O *cantus firmus* entoado no momento do encarceramento de Christine tem linha ascendente; portanto, com sua intensidade crescente, simboliza a angústia que se apodera da jovem à medida que ela perde a fé. No clímax da ópera, quando, junto com a fé, Christine perdeu a razão, o cântico se transforma em ruídos vocais pré-gravados, para sugerir que – não mais cantando "ao vivo" – a personagem perdeu todo o contato com o mundo real e está totalmente emparedada dentro de sua cela e de sua insanidade.

Ao longo da ópera, determinados intervalos são usados para efeito de caracterização. Quando o bispo Henry of Norwich, encarregado de conduzir a cerimônia de encerramento da anacoreta, entra em cena, ouvimos o *trillo del Diavolo* que, na teoria musical da Idade Média, simbolizava Satã – não porque o bispo seja mau, mas porque ele simboliza a visão religiosa intolerante que não aceita a idéia de uma pessoa, tendo feito determinado voto, ter o direito de mudar de idéia. A Christine corresponde a terça maior, cujo traçado ascendente coincide com a melodia do *cantus firmus* a ela associado. As crianças que zombam de Christine cantam um refrão de intervalos irregulares, instáveis, que o tornam ameaçador. No ato II, durante a passacalha, tanto as vozes das crianças, ao longe, quanto a de Robert Lonle, o noivo de Christine – que já morreu na Revolta dos Camponeses e, portanto, ressoa em sua memória – são gravadas, e isso acentua o seu inelutável distanciamento do mundo lá fora.

No fim da primeira cena, quando entra na cela, Christine entoa uma canção de melodia simples, em que se devota à fé, à caridade e à humildade. No final da ópera, quando o desespero já não lhe permite mais cantar, é o solo de oboé que ecoa essa melodia sobre o pedal de mi maior com que a partitura se iniciou. O círculo se fecha, a música silencia lentamente sobre frases harmonicamente não-resolvidas, e Christine repete "This is a wall... this is a wall..." (isto é uma muralha), até a orquestra ter-se calado inteiramente.

Retratada com linhas vocais fortes e de considerável profundidade emocional, Christine Carpenter é um grande papel moderno para soprano dramático. São um tanto derivativas as cenas curtas que se intercalam à narrativa principal, mostrando as reações de sua família – o pai Henry Carpenter, e Agnes, a mãe –, de Robert, seu noivo, do padre Matthew, pároco da cidadezinha dos Carpenter, além de *flashes* da Revolta dos Camponeses, pois elas dispersam a atenção da concentrada intriga psicológica. Mas *Caritas* vale, sobretudo, pelo excepcional artesanato da escrita para orquestra de câmara.

Da BBC veio, em 2002, a encomenda de *The Legend of theWandering Jew*, transmitida pela televisão em maio de 2004. Para redigir o libreto, Saxton fez extensa pesquisa nas fontes antigas que registraram *A Lenda do Judeu Errante*. Na mais antiga delas, a de Roger of Wendover, monge de St. Albans (?-1237), ele é o porteiro da casa de Pilatos – romano, portanto – e, ao ver Jesus carregando a cruz, bate nele, dizendo: "Mais depressa, Nazareno, não fique parado!" e, a isso, Cristo responde: "Vou, mas andarás também até que eu retorne". É na versão de Matthieu de Paris (?-1529) que ele se transforma num sapateiro judeu, homem, portanto, de extração muito humilde. Eram vários os nomes pelos quais era conhecido na Europa – Cartaphilus na Inglaterra, Bottadio na Itália, Juan Espera-en-Diós na Espanha – até firmar-se o nome alemão de Ahasverus para o homem condenado a perambular eternamente, sem descanso, até Cristo voltar à terra. Goethe, Schiller, Wordsworth, Byron, Shelley,

Hawthorne foram alguns dos poetas fascinados pela lenda.

Ao escrever seu libreto, Saxton tinha em mente a importância, para a História da Ópera, de uma lenda que inspirou não só Scribe e Halévy em *Le Juif Errant* (1852), mas também contaminou, com sua idéia de castigo eterno, várias outras histórias presentes no drama lírico: a do Holandês Voador, a do Caçador Selvagem, que desafiaram Deus e foram punidos, ou a do Ahasverus de saias, a Kundry, do *Parcifal*, amaldiçoada por ter rido à passagem do homem com a cruz nas costas. Em sua bem cuidada partitura, escrita para orquestra de câmara como a de *Caritas*, todas essas referências a um tema que percorre vários momentos da história compareçam sob a forma de alusões diretas ou discretos pastiches.

# Weir

Aluna de John Tavener e Robin Holloway em Cambrige, onde nasceu em 1954, Judith Weir teve aulas também com Gunther Schüller, em Tanglewood, nos Estados Unidos. Seu nome foi colocado no mapa operístico em 1987, pela estréia de *A Night at the Chinese Opera* (Uma Noite na Ópera Chinesa). Essa peça demonstrou que ela possui talento dramático inato e uma linguagem musical individualizada e acessível. São qualidades que já se podia perceber nas diversas obras de *concert-theatre* que produzira antes, verdadeiras óperas em embrião, destinadas à plataforma de concerto, mas envolvendo narrativa e técnicas teatrais.

*King Harald's Saga*, de 1979, embora chamada de *grand opera*, é de concepção minimalista: dura apenas dez minutos e é escrita para soprano desacompanhado, que faz oito papéis diferentes – um deles, o do exército norueguês. Weir, que sempre escreve seus próprios libretos, adapta uma saga islandesa. Sua escolha de temas está sempre ligada à possibilidade de tratar, de forma econômica e com muita agilidade de ritmo teatral, narrativas épicas ou lendárias.

*A Night at the Chinese Opera* baseia-se em *O Órfão da Família Chao*, peça do dramaturgo Chi Chun-Hsiang, que viveu no século XIII, durante a dinastia Yüan. Traduzido por Duhalde, que a publicou em sua *Histoire de Chine* (1730), como um exemplo típico do teatro que se fazia no Oriente, o drama de Chi inspirou *L'Orphelin de Chine*, de Voltaire, e foi convertido por Metastasio em *L'Eroe Cinese*, escrito em 1752 para Giuseppe Bonno.

*Uma Noite na Ópera Chinesa* foi precedida por *The Consolations of Scholarship*, de 1985, um *music-drama* para meio-soprano e nove instrumentistas, que utilizava a mesma história. Essa peça de concerto pode ser – e já foi – encenada. A sua mistura de narrativa e reflexão de caráter filosófico é a prova de como o conceito de ópera se modificou, ao longo do século XX, e de como não pode mais ser pensado nos termos tradicionais a que o século XIX nos tinha habituado. No selo Novello, há gravações, feitas em 1989, de *Harald's Saga* e das *Consolations*. Quanto à ópera propriamente dita, ela foi estreada em 8 de julho de 1987 no Everyman Theatre, de Cheltenham. O selo NMC tem o registro ao vivo de uma apresentação de 1999, em Edimburgo (Grummet, Lynch, McCafferty, Chance, Thompson, Robinson/Parrott).

A ação se passa na China mongólica do final do século XIII, a época de Cublai Cã e Marco Polo. O cartógrafo Chao Sun recusa-se a colaborar com os invasores mongóis e, por isso, é exilado de Loyan, a cidade onde morava. É forçado a deixar para trás o filho, Chao Lin. Adotado pelos ocupantes estrangeiros, Lin estuda engenharia e, depois de formado, recebe a incumbência de construir um canal. Entre os operários que trabalham com ele, há vários atores, e estes lhe sugerem que vá vê-los no teatro. Uma noite, Lin vai assistir à peça *O Órfão da Família Chao*. Nela, o cruel general Tuan-Ku provoca o suicídio de seu servidor Chao e de sua mulher. A contragosto, o general adota e cria o filho deles, que ficou órfão. Vinte anos depois, Tuan e o jovem Chao conspiram para derrubar o imperador. Assistindo à peça, o engenheiro percebe a semelhança com a história de sua vida. Depois que o espetáculo termina, enquanto supervisiona o trabalho de excavação do canal, Chao vê aproximar-se dele uma mulher muito idosa, que lhe conta a história de sua família. Após uma série de peripécias, ao longo das quais Lin é preso e ameaçado de ser executado, a qualidade de seu trabalho como engenheiro faz com que seja recebido em audiência pelo imperador Cublai Cã, a quem pode contar a sua história, pedir e obter justiça.

Os atos I e III contam a história da vida de Chao Lin. O ato II é interrompido pela representação da peça, acompanhada por uma orquestra reduzida – flautas, violas, contrabaixos e percussão – que imita a música tradicional chinesa. Esse ato reproduz o estilo de teatro da época Yüan, misturando diálogo falado com um tipo característico de declamação salmodiada, de padrões rítmicos fixos (mais ou menos como o recitativo seco do período barroco). É um tipo de ação dramática que se desenvolve muito rapidamente, às vezes atingindo um ritmo furioso de declamação. As duas narrativas – a da vida de Chao e a da peça, uma espelhando a outra – convergem para o último ato, que oferece dois finais: um trágico e o outro mais otimista. Assim Julian Grant descreve a partitura, no *New Penguin Opera Guide*:

> A música [de *A Night at the Chinese Opera*] é econômica, pictórica e brilhantemente colorida. Um traço estilístico imediatamente identificável – a fala rítmica naturalista duplicada logo em seguida pela orquestra – serve de apoio e, ao mesmo tempo, dilui o texto, metáfora musical muito adequada para uma obra na qual tanta coisa tem duplo sentido.

A linguagem musical de Judith Weir é aforística e muito discreta, preferindo sugerir mais do que dizer claramente, e desenvolvendo um estilo quase minimalista, dentro de um quadro melódico tonal que pode assimilar todas as influências étnicas, escocesas, chinesas, espanholas, sem com isso estar recorrendo ao pastiche. Segundo a própria Weir admite, em sua colaboração para o volume dos *Covent Garden Opera Guides* (n. 43) sobre *Oedipus Rex,* essa ópera de Stravínski é, para ela, um grande modelo. Da mesma forma que, na produção neoclássica de Stravínski, o estilo narrativo muito peculiar de Weir é marcado por sensível distanciamento emocional de seu tema, o que confere a seu teatro um caráter épico, no sentido brechtiano do termo.

Isso fez com que alguns críticos qualificassem a sua obra de satírica, o que não deixa de ser verdade. Mas é uma sátira impregnada de elementos sombrios, sinistros mesmo, que conferem clima de *cinéma noir* a uma ópera estranha como *The Black Spider* (1984), estranha sobretudo se pensarmos que foi destinada ao público adolescente. Essa peça baseia-se em *Die Schwarze Spinne* (A Aranha Negra), o mais famoso conto de terror do suíço Jeremias Gotthelf (pseudônimo de Albert Bitzius). Essa história da intervenção diabólica na Berna medieval, mediante uma praga que infesta a cidade de aranhas, foi também o tema de uma ópera escrita em 1936 por Hermann Suttermeister[20]. Ou mesmo clima insólito permeia *HEAVEN ABLAZE in his Breast*, de 1989, mistura experimental de ópera, balé, teatro falado e recital de técnicas vocais variadas. Essa versão moderna do conto *O Homem de Areia*, de Ernst Theodor Hoffmann, é escrita para seis cantores, oito dançarinos e piano.

Weir juntou três contos populares escoceses e galeses em seqüência, para dar a *The Vanishing Bridegroom* a feição de uma saga familiar. Extraiu essas histórias de duas coletâneas do século XIX: *Popular Tales of the West Highlands*, publicados em 1860 por J. F. Campbell of Islay; e as *Carminæ Gaelicæ* (1900), editadas por Alexander Carmichael. A estréia foi no Theatre Royal de Glasgow, em 17 de outubro de 1990.

*The Inheritance* – Um homem morre e é necessário descobrir qual de seus três filhos roubou a sua herança. O médico conta então a história – que é encenada – da noiva cujo marido, muito rico, a envia a seu ex-amante, ao descobrir que ela não é mais virgem. Este, por sua vez, não a quer mais, e a devolve. No caminho de volta, a moça é roubada por um salteador. O médico, então, pergunta aos rapazes qual dos homens ele admira mais: o marido, o amante ou o salteador. Como o mais jovem prefere esse último, se entrega – é ele o ladrão da herança.

*The Disappearance* – A noiva acabou sendo devolvida ao marido rico, e deu-lhe uma filha. Ele sai para buscar o padre que vai batizar a criança mas, no caminho, é raptado pelas

---

20. Ver *A Ópera Alemã*, desta coleção.

fadas e levado para a colina encantada chamada a Terra da Juventude. Quando reaparece, com a mesma aparência que tinha antes, descobre que vinte anos se passaram e a sua filha, agora, é uma mulher adulta.

*The Stranger* – A filha do desaparecido é cortejada por um homem rico e muito bonito mas, por alguma razão que não sabe explicar, não confia nele. Chama o padre que a batizou, ele benze o pedaço de chão em que a moça pisa e, imediatamente, descobre-se que o belo jovem é o Diabo em pessoa. O demônio desaparece numa nuvem de enxofre e, no terreno em que a moça estava, florescem lírios. Ela fica livre para seguir a sua vida em paz.

O uso de uma história dentro da outra é típica da técnica de narrativa de Weir. *The Vanishing Bridegroom* tem estilo simples e direto, bem diferente da ópera precedente. A música é mais sombria e contrapontística, com veia lírica forte, como é o caso do lamento da noiva na *Herança* e de toda a partitura em *O Desaparecimento*. A segunda parte se inicia com um prelúdio de tom meditativo, todo construído sobre um acorde que voltará, ao longo do ato, como tema recorrente. O ponto culminante da ópera, em termos musicais, são os mágicos cinco minutos instrumentais que representam a passagem de vinte anos. O coro tem papel preponderante nas três partes, especialmente como as carpideiras da *Herança* e como as fadas do *Desaparecimento*. Esta é a obra de Weir que mais chega perto do conceito convencional de ópera, até mesmo porque se trata de um espetáculo cantado de uma ponta à outra.

O conto popular alemão *Der blonde Eckbert*, recolhido por Ludwig Tieck em 1796, é o tema do libreto de *Blond Eckbert* (O Louro Eckbert), estreada pela English National Opera, no Coliseum de Londres, em 20 de abril de 1994. Existe, no selo Collins, o registro ao vivo dessa primeira audição (Jones, Owens, Ventris, Folwell/Sian Edwards).

Eckbert mora com Bertha, a sua mulher, nas montanhas do Harz. Ela conta a história de sua vida a Walther, o único amigo que eles têm. Fugiu dos pais, muito cruéis com ela, e foi adotada por uma mulher estranha, que a tratava mal, e da qual ela fugiu também. Só se lembra que essa mulher possuía um pássaro mágico e um cão, cujo nome esqueceu. Quando Walther lhe diz que sabe o nome do cachorro, o medo paranóico de Bertha e Eckbert de que ele esteja ligado a pessoas que lhes querem mal envenena a vida do casal. Obcecado com a idéia de que podem estar correndo perigo, Eckbert mata Walther. Deprimida com o que lhes está acontecendo, Bertha cai doente e morre. Eckbert vai para a cidade em busca de consolo, fica conhecendo o cavaleiro Hugo, mas a desconfiança que o consome torna impossível a amizade entre eles. Perambulando sem destino pela floresta, Eckbert encontra-se com a mulher misteriosa, que lhe revela a verdade: Walther, Hugo e ele eram as mesmas pessoas; e Bertha era sua irmã.

*Blond Eckbert* é uma ópera extremamente concisa, mas também problemática, devido ao libreto demasiado sumário, que não permite desenvolvimento aprofundado das personagens, as quais quase nunca interagem umas com as outras. A direção, na estréia, se empenhou para contornar os problemas da partitura mas, na opinião de um conhecedor da obra de Weir, como Julian Grant, *O Louro Eckbert* funciona melhor como peça de concerto, pois é a música que se incumbe de expandir e comentar os estados de espírito das personagens, "desajeitados para serem realizados no tempo cênico, mas talvez ideais para serem recriados no teatro da mente".

A obsessão de Weir pela técnica de contar uma história dentro da outra já começa com a moldura formada pelo Pássaro que, no início e no fim da ópera, narra a história do cão misterioso. A história da vida de Bertha é um monólogo para o soprano, de vinte minutos, acompanhado por um conjunto de câmara, que contrasta com a orquestra maior, encarregada de fazer o comentário ao corpo da ópera. A marca folclórica é menor do que em *The Vanishing Bridegroom*. Em compensação, devido à origem germânica da história, há traços reminiscentes do Romantismo alemão, sobretudo referências à música de Weber no *Freischütz*. A construção de certas árias lembra os *lieder* de Schubert ou Schumann. Para Julian Grant, *Blond Eckert*,

obra sinfônica extremamente organizada, com um sistema temático rigoroso, tem passagens líricas encantadoras, em especial no ato II, que toca em profundezas de emoção antes pouco aparentes na obra de Weir.

Trabalhando com o contador de histórias indiano Vayu Naidu, Judith Weir desenvolveu o projeto *Future Perfect*, mistura de narrativa e ilustração musical, com o qual fez turnês pela Inglaterra e pela Índia. O fruto mais interessante dessa experiência é *Natural History*, encomendada pela Sinfônica de Boston e estreada em 14 de janeiro de 1999, no Symphony Hall dessa cidade, com Dawn Upshaw, sob a regência de Sir Simon Rattle. O texto dessa semi-ópera foi extraído da antologia de pensamentos taoístas coligida, no século II a.C, por Chang-Tzu, traduzidos em inglês por A. C. Graham. As passagens escolhidas por Weir pertencem aos *Capítulos Internos*, a parte mais famosa do livro, escrita pelo próprio Chuang-tzu.

O interesse de Weir por filosofia chinesa, explica ela, surgiu na adolescência, ao ler os ensaios de John Cage, cujos modelos musicais são freqüentemente inspirados por idéias dos antigos chineses. Ela escreve, no programa da estréia da peça:

> Os textos de *Natural History* (que comprimi consideravelmente da tradução de Graham) tem as qualidades que mais aprecio na literatura: concisão, clareza, leveza e sabedoria (oculta). Os quatro textos são parábolas sobre a vida natural das diferentes espécies, como se fosse um *Carnaval dos Animais* taoísta. Tenho a consciência de que a minha interpretação desses textos antigos pode ser idiossincrática e surgir de uma sensibilidade confessadamente ocidental. Mas tenho, há muito tempo, afinidade com o taoísmo e o considero, dentre as filosofias estabelecidas, a mais útil para guiar a vida moderna. Ao escolher os textos para *Natural History*, procurei palavras que permitissem contar as histórias claramente e, ao mesmo tempo, cantar de forma opulenta.

Na verdade, várias das canções têm a forma clássica de recitativo e ária. A orquestra relativamente grande – madeiras triplas, metais mas sem trombones, harpa, percussão e cordas – oferece a variedade de colorido necessária para sugerir o cenário natural dessas historinhas:

- *Cavalo* – A oposição entre o comportamento selvagem do animal e as conseqüências infelizes de domesticá-lo – está implícita, aqui, a analogia com o comportamento humano. Após uma elegia introdutória para três violoncelos, efeitos rítmicos contrastantes fazem contrastar a vivacidade da vida no estado natural com a perda da liberdade pelo animal treinado.
- *Cantor* – Ele é pobre como a maioria dos músicos, mas possui uma voz excepcional e, portanto, em termos taoístas, é mais rico e importante do que qualquer outro indivíduo. À introdução, tocada por um conjunto de câmara muito esparso, seguem-se as suntuosas fanfarras que acompanham a ária do Cantor.
- *Nadador* – O início da canção descreve um homem nadando e, aparentemente, se afogando nas ondas de um maciço abismo orquestral. Mas, na metade da peça, ele consegue sair da água e canta, para seu interlocutor – que descobrimos ser o próprio Confúcio – uma saltitante melodia em 7/8, na qual explica como conseguiu dominar a fúria das águas.
- *Peixe-Pássaro* – Uma criatura gigantesca, de dimensões inacreditáveis, metade peixe metade pássaro, é descrita num texto que visa a sugerir nossa incapacidade de compreender o infinito. Segundo Weir, sua intenção, com o acompanhamento orquestral, em que predominam os instrumentos agudos, é "fazê-lo parecer a esteira de fumaça que um avião deixa no céu".

Entre as obras não-operísticas de Judith Weir, é necessário destacar:

- o ciclo de canções *woman.life.song*, encomendado por Jessye Norman e estreado por ela no Carnegie Hall de Nova York, em 2000;
- a peça coral-sinfônica *We Are Shadows*; nela, são cantados poemas de Emily Dickinson; inscrições em lápides funerárias da Antigüidade; e novos trechos extraídos de Chuang-Tzu. Escrita por encomenda de Sir Simon Rattle para Orquestra da Cidade de Birmingham, da qual Weir foi Compositora Associada entre 1995-2000, *Somos Sombras* ganhou o South Bank Show Music Award de 2000. Weir assim a descreveu:

> *We Are Shadows* contém reflexões sobre a velocidade com que a vida passa. Embora o texto refira-se muitas vezes à morte, evitei a forma e o estado de espírito do Réquiem cristão – apesar do toque de *Dies Irae* que há no primeiro poema, com sua metáfora do túmulo como

uma hospedaria deserta. Os movimentos 2 e 5 baseiam-se em inscrições tumulares escocesas, mas elas são sardônicas e nem um pouco chorosas. Chuang Tzu tem uma visão cética da divisão entre vida e morte e se entusiasma com a possibilidade de existir vida em outras dimensões além da terrena. Tive em mente, ao compor, a música funerária budista, que muitas vezes é alegre e cheia de vida. E no movimento final, em que todos os executantes cantam juntos, o modelo que eu tinha diante de mim era o das cantatas de Bach.

- a peça orquestral *The Welcome Arrival of Rain* – título tirado de um verso do poema indiano *Bhagavata Purana* – escrita para comemorar o centenário da Orquestra de Minnesota e estreada em 22 de janeiro de 2001 por Osmo Vänskä. Segundo Weir:

> Ao compô-la, pensei na chegada das monções na Índia, quando a chuva, que traz a vida, rompe a aridez e os homens, os animais, a vegetação festejam a sua chegada e a da fertilidade. As monções são esperadas anualmente, mas quando chegam, são sempre uma alegre surpresa.

- a peça de câmara *Tiger Under the Table*, de 2002, para a London Sinfonietta;
- além de composições para o Schubert Ensemble, com o qual tem mantido constante colaboração.

## Woolrich

Seu incansável trabalho como regente e organizador de concertos contribui para que a obra de John Woolrich – nascido em Cirencester, no Gloucestershire, em 1954 – seja relativamente limitada. Formado em língua e literatura inglesa na Universidade de Manchester, em 1975, teve uma série de postos como professor enquanto estudava composição, em Lancaster, com Edward Cowie. Ao lado da influência de Stravínski e Birtwistle na organização rigorosa de peças de câmara como *Spalanzani's Daughter*, de 1983, ou *It is Midnight, Dr. Schweitzer*, de 1992, há também, na produção de Woolrich, uma vertente mais expansiva e eclética, que não hesita em expressar o fascínio por músicos tão diferentes quanto Mozart ou Luigi Nono. O interesse muito amplo pelas fontes literárias mais diversas também inspirou as suas obras instrumentais e vocais: *The Barber's Timepiece* (1986) ou *The Death of King Renaud* (1995).

A primeira ópera de Woolrich, *In the House of Crossed Desires* (1996), com libreto de Marina Warner, adapta as técnicas e personagens arquetípicas da *Commedia dell'Arte* a um dos episódios do *Asno de Ouro*, o romance do escritor romano Lúcio Apuleio. Escrita para três vozes femininas e conjunto de câmara, é muito irreverente, a começar pelo fato de as cantoras fazerem todos os papéis, inclusive os de masculinos travestidos. A música, a maior parte do tempo, fica em segundo plano em relação ao texto, prolixo e de tom poético muito elaborado.

Veio de Toby Wilsher, diretor da Trestle Theatre Company, grupo que se caracteriza pela experimentação cênica muito radical, o convite a Woolrich para lhe preparar uma ópera. A música de *Bitter Fruit* (O Fruto Amargo), que a Tresle encenou em 2000, já estava pronta quando Wilsher adaptou a ela um roteiro, em parte falado e cantado, em parte interpretado por mímicos, baseado na lenda de Hefaisto – o Urano dos romanos – e sua paixão por Afrodite. Mais uma peça de teatro com números musicais intercalados do que uma ópera verdadeira, *Fruto Amargo* abre largo espaço à dança, à pantomima e à expressão corporal. E é interessante pela variedade de recursos de que Woolrich lança mão, não tendo preconceito em ir buscá-lo nas fases aparentemente mais incompatíveis da História da Música.

## Mason

Ao terminar o curso de música na Universidade de Cambridge, o londrino Benedict Mason, nascido em 1955, fez o curso de cinema no Royal College of Art. Seu nome passou a atrair a atenção do público em 1988, quando ganhou o primeiro prêmio do Concurso Benjamin Britten para Compositores com a peça instrumental *The Lighthouses of England and Wales*. Nessa e em obras subseqüentes, caracterizadas pela busca sistemática de sonoridades renovadoras, a abordagem de Mason tem sido deliberadamente referencial, justapondo elementos de vários estilos musicais diferentes com o intuito, como ele mesmo diz, de "investigar fenômenos musicais e extramusicais".

Na década de 1990, Mason passou a dedicar-se cada vez mais à exploração dos efeitos espaciais, propondo-se, na série de peças instrumentais *Music for the Concert Halls*, o desafio de compor, para ocasiões especiais, partituras adaptadas às condições físicas específicas do local onde serão executadas (o que requer, naturalmente, cuidadosas adaptações e revisões, cada vez que uma dessas obras é executada numa sala diferente). Apesar disso, a única ópera de Mason – a comédia *Playing Away*, que a Opera North levou à Bienal de Munique, em 1994 – é relativamente convencional.

O libretista Howard Brenton adaptou a lenda do Fausto na história de Terry Bond, estrela do futebol, cuja carreira termina quando seu time é derrotado numa partida contra o Bayern de Munique. O clímax da ópera é a partida, mostrada do princípio ao fim num telão. A partitura é uma colcha de retalhos, com citações que vão de Bach a Charles Ives. O final, que corresponde à morte simbólica de Bond, é construído a partir do *Liebestod* do *Tristão e Isolda*. Ao lado do *Mighty Casey* (1953), do americano William Schuman[21], *Playing Away* é uma das raras óperas que têm o esporte como tema.

## Barker

Coralista infantil do Jesus College de Cambridge – onde nasceu em 1956 – Paul Alan Barker estudou composição na Guildhall School, de Londres, e na Universidade de Durham. Iniciou a carreira escrevendo balés e peças de *music-theatre* para diversos grupos experimentais de teatro. O mais importante deles foi o Modern Music Theatre Troupe, que esteve oito anos sob sua direção e estreou várias de suas óperas. Combinando elementos tonais com a abordagem criativa das combinações de timbres instrumentais e com uma escrita vocal gratificante para os cantores, Barker atraiu a atenção da platéia com suas óperas em pequena escala, numa fase crucial da década de 1980 em que esse gênero era o terreno quase exclusivo dos modernistas mais radicais.

A primeira ópera de Barker, escrita em 1985, baseia-se em *The Marriage between Zones 2, 3 and 5*, a história de ficção científica de Doris Lessing, também utilizada pelo minimalista americano Philip Glass[22]. Ela se passa num planeta dividido em três zonas distintas: a 2, de vida muito pacífica e harmoniosa, uma região montanhosa em que predominam os tons de azul; a 3, uma planície de fortes amarelos, habitada por moradores extremamente hostis; e a 5, de vermelhos vivos, que vive em estado selvagem, instintivamente primitivo. Um grupo de atores, liderados por Malek, a contadora de histórias, encena, para os habitantes da zona 3, a história de como, no passado, os pacifistas daquele local tentaram pacificar seus agressivos vizinhos da zona 4. O caminho para a conciliação é aberto pelo casamento de Ben Ata, senhor da zona 3, com Vahshi, rainha da zona 5, representada por uma bailarina. Elemento importante é a forma como se vestem os habitantes de cada zona: simples e elegantes os da 2, de um rebuscamento pesado os da 3, e de forma rústica e bárbara os da 5. A estréia foi em Londres, em 10 de abril de 1985, pelo grupo Opera Viva, sob a regência de Chris Willis, com direção de Chris Newell. Oscilando entre o tonal e o atonal, com linhas vocais muito difíceis mas atraentes, utilizando um estilo modernizado de *belcanto*, essa peça para quatro solistas, coro infantil e conjunto de nove instrumentistas utiliza números fechados, intercalados por recitativo ou diálogo falado.

Configurações vocais e instrumentais insólitas caracterizam as peças que Barker concebeu para o palco:

- *Phantastes* (1986), "a faerie romance for men and women", baseada no livro do escritor romântico escocês George MacDonald, publicado em 1858. Estréia em 16 de março de 1986, no Festival de Camden, com a Modern Music Theatre Troupe regida por

---

21. Ver *A Ópera nos Estados Unidos*, desta coleção.

22. Ver *A Ópera nos Estados Unidos*, desta coleção.

Chris Willis. A declamação dos cinco solistas, muito lírica e oscilando entre o tonal e o atonal, é acompanhada por piano, harmônio, cravo, celesta e percussão. Na cena capital, em que o herói é atacado pelas sombras do mal, intervêm, com grande efeito dramático, gaitas de fole que, na estréia, eram tocadas por membros da Irish Union Bagpipes.
- *The Pillow Song* (1988), extraído do diário da dama Sei Shonagan, concubina do imperador japonês, precioso retrato da vida na corte nipônica no século X. Faz exigências temíveis ao soprano protagonista, acompanhado por quatro outros sopranos e um percussionista – o próprio Barker executou a percussão, na estréia, em 1º de junho de 1988, no Festival Internacional de Ópera de Londres, regida por Akemi Horie. É uma das óperas de mais agrado de Barker, reprisada em 1991 no Festival de Mansfield; em 1996 no Trinity College of Music; em fevereiro de 2003 no Festival Música y Escena, da Cidade do México, em programa triplo com *Harald's Saga* e *Confessions of a Scholarship*, de Judith Weir; e em 2003, na Universidade de Baton Rouge, na Louisiana. A televisão mexicana transmitiu o programa triplo e, portanto, existe a documentação em vídeo. A reprise do espetáculo na Cidade do México, em 2004, foi gravada.
- *La Malinche* (1989), cantado em inglês, espanhol, nauatl e latim, contando a conquista do México por Hernán Cortés. Estréia em 7 de julho de 1989, no London International Opera Festival, regida pelo próprio compositor. Malinche é o nome de uma personagem mítica mexicana, mulher a quem Barker atribui a tentativa da conciliação impossível de Cortés com o imperador Moctezuma – ou seja, entre duas culturas incompatíveis, uma das quais não tem respeito algum pela outra e pensa apenas em destruí-la. A peça é escrita para três solistas – soprano (La Malinche), barítono (Cortés) e contratenor (Moctezuma) – coro de seis sopranos e quatro barítonos, percussão, dois trompetes e conchas marinhas. Existe a gravação, feita pela BBC-Rádio 3, do espetáculo dirigido por Caroline Sharman em 1990. A excursão desse grupo, subvencionada em 1998 pelo British Council, levou *La Malinche* ao México, fazendo surgir a encomenda do:
- *Prólogo para "La Malinche"*, apresentado em 1992 pela TV Nacional Mexicana (existe, portanto, o vídeo). Passada em Tula, no antigo México, conta como surgiu o mito da Malinche, mulher acusada de traição e de se prostituir com os deuses. Peça de 20 minutos, para mezzo, o mesmo coro de dez vozes, e percussões.
- *Albergo Empedocle* (1992), com libreto do diretor de teatro Nicholas Till, baseado no conto de E. M. Foerster. Estréia em 12 de junho de 1990, no London International Opera Festival, dirigido por N. Till e regido pelo compositor. Durante uma viagem que faz à Itália com a família de sua noiva, uma moça muito rica, o jovem protagonista passa por uma experiência mística que dá novo rumo à sua vida. Com declamação muito fluente, essa sátira à alta burguesia inglesa é escrita para cinco solistas, acompanhados por um quarteto de cordas (o Duke String Quartet, na estréia).
- *Dirty Tricks*, com libreto de Stephen Chance, sátira ao *big business* moderno com o subtítulo de *Men in Suits Behaving Badly in the Hectic Hunt for the Biggest Bucks* (Homens de Terno Comportando-se Mal na Corrida Frenética pela Grana Grossa). Estréia no Spitalfields Market Opera, em 22 de outubro de 1997, com o Modern Music Theatre Troupe. Escrita para seis barítonos, um ator, um soprano e guitarra elétrica.

Duas óperas de Barker – *The Stone Angels* e *The Sorcerer's Tale* – merecem descrição mais detalhada.

*Os Anjos de Pedra*, com libreto de Chris Baldwin, que também dirigiu o primeiro espetáculo, estreou em 20 de janeiro de 1999, no Bloomsbury Theatre de Londres, regida por Odalea de la Martínez. Com apenas 45 minutos de duração, a história dos *Anjos de Pedra* lembra a ação do romance *O Senhor das Moscas*, de William Golding. Durante uma guerra, um avião, levando um grupo de alunas de uma escola de moças, cai perto de uma ilha deserta. As garotas sobrevivem e dividem-se em dois grupos. O das agressivas *stoners* (apedrejadoras) mata a pedradas uma garota do grupo oposto, as *glooks* (bobocas). A única testemunha é Sleepy (sonolenta), uma *glook* que não entende direito o que se passa. Enquanto as *glooks* tentam atrair a atenção dos aviões que passam, na esperança de serem resgatadas, as *stoners* periodicamente as atacam e chacinam. No final, sobra apenas Sleepy, que adere às *stoners*. Mas o grupo se divide novamente, e algumas delas seguem Sleepy, chefe de um novo grupo de *glooks*.

A metáfora da guerra, como uma forma de dividir a humanidade em blocos rivais, amplia-se com a alusão a todos os tipos de grupos fechados que se expressam por meio da violência: as *stoners* cantam hinos que parodiam os dos *hooligans* – os perigosos grupos ingleses de torcedores de futebol, responsáveis por freqüentes distúrbios em estádios, no Reino Unido ou em outros países –, e sua música, angulosa e áspera, contrasta com as melodias líricas e diatônicas das *glooks*. O libreto faz alusões constantes ao mito de Odisseu, como se as *glooks* fossem o herói grego tentando voltar para casa, e as *stoners* representassem todos os obstáculos que se interpõem a isso.

Mas as *glooks* demonstram possuir também seu fascínio e seu potencial de risco. Há um momento em que, para tentar atrair quem, passando ao largo da ilha, possa eventualmente resgatá-las, as *glooks* cantam, em grego, a canção com que, na *Odisséia*, as sereias tentam atrair o herói. Ou seja: não sabemos se as garotas desejam realmente ajuda, ou apenas atrair quem possa vir engrossar seu joguinho perverso de vítima e algoz. Em outra passagem, as *stoners* cantam o trecho do *Ulysses*, de James Joyce, em que Mr. Bloom se masturba, olhando Gerti e as suas amigas andando na praia, descalças e com as pernas desnudas. O libreto aponta para um ritual sadomasoquista: dos dois lados, parece haver formas diferentes de violência, de sadomasoquismo e de atração pelo perigo.

A música é escrita para um conjunto de violino, violoncelo, flauta, clarinete e marimba. A declamação rítmica é interrompida por alguns duetos e passagens corais de cantilena mais organizada. Escrita apenas para vozes femininas, *Os Anjos de Pedra* destina-se à produção escolar ou por grupos jovens de amadores.

Pretendendo fazer um programa duplo com *Dido e Enéias*, de Henry Purcell, a Orquestra do Festival de Londres encomendou a Barker, em 1965, uma ópera curta. Foi longo o processo de gestação da *História da Feiticeira* pois, iniciada em 1996, com libreto do próprio compositor, só ficou pronta seis anos depois. Mas o resultado dessa ópera, estreada no Festival de 2002, é muito original, pois conta a história do herói troiano e da rainha cartaginesa do ponto de vista da vilã: a Feiticeira que, na ópera de Purcell, sabota o amor dos protagonistas. As personagens são as mesmas do clássico barroco inglês: dois mezzos (A Feiticeira e Dido), soprano (Belinda), tenor (Enéias) e dois atores (os Criados). A eles foi acrescentado um barítono, que representa o Diretor do Teatro, no qual está sendo ensaiada uma apresentação do *Dido and Æneas* de Purcell. O acompanhamento é feito por um conjunto de cordas. As rubricas do libreto explicam:

> De tanto as representar, os cantores já se confundem com as personagens da ópera. O coro usa os figurinos antigos, dos tempos mitológicos da ópera. As roupas das personagens são do tempo de Purcell, mas sempre incompletas, deixando claro para o público que os cantores não tiveram tempo de acabar de se vestir. O Diretor veste-se do jeito como deve se vestir qualquer diretor de teatro pelo mundo afora. O único cenário exigido é um divã de psiquiatra, uma poltrona confortável ao lado dele, livros impressionantes nas estantes e uma escrivaninha. Esses móveis serão dispostos à frente dos elementos incompletos do que seria o cenário que estava sendo montado para a apresentação da ópera.

Em diversos momentos, quando estão se confessando, as personagens sentam-se ou deitam-se no divã, como se estivessem falando com um psiquiatra invisível. Ao erguer-se o pano, o Diretor vem desculpar-se com a platéia pela demora em começar o espetáculo. "É que está havendo... um pequeno problema, que logo será contornado, tenham a certeza". É interrompido, porém, por Belinda que, representando o elenco, traz um documento e o lê para o público. Nele, a Feiticeira protesta que, em momento algum da peça, lhe é dada a oportunidade de explicar suas motivações ou justificar suas ações. Considerando-se ofendida em sua integridade de artista, diz que não cantará esta noite, a menos que lhe seja permitido contar a sua versão da história.

O coro se divide, uns aplaudem, outros vaiam a decisão da Feiticeira, e resumem rapidamente sua história de vida: infância pobre e infeliz, mãe que a maltratava, irmã mais bonita do que ela, todo o arsenal de recalques a que a psiquiatria nos habituou. A Feiticeira entra furiosa, acompanhada pelo Diretor, e cantam um dueto. As invectivas usam uma linguagem teatral tipicamente barroca:

> Vampires! Demons! Witches! Trolls!
> Werewolves! Gremlins! All Lost Souls!
> Born to suffer through all time.
> Yet no pain compares to mine!
>
> (Vampiros! Demônios! Bruxas! Duendes! Lobisomens! Gremlins! Todas as almas perdidas! Nascidas para sofrer até a eternidade e, no entanto, seu sofrimento não se compara com o meu!)

Em prosa bem quotidiana, o Diretor tenta acalmá-la: "Senhora, por favor, volte para seu camarim! Tenho de insistir! Imediatamente! Não resista, por favor! Abaixe os punhos, senhora! Tenho de lhe pedir que volte comigo imediatamente!" Mas não consegue levá-la de volta para os bastidores, e a Feiticeira conta ao público que sempre ajudou a todos com suas artes mágicas – inclusive à rainha Dido – mas, uma vez obtido o que desejavam, todos se esqueciam dela. Foi o que aconteceu com um homem que lhe escreveu, um dia, pedindo-lhe conselho – e pelo qual, o público percebe, ela se sentiu atraída. A Feiticeira procura nos bolsos, acha a carta, e lê. O autor dela, comandante da Marinha, confessava, "with great embarassment", que sofria de "enjôo crônico e persistente no mar". A situação é, de imediato, engraçada, pois traz-nos a mente a personagem do *HMS Pinnafore*, de Gilbert e Sullivan, que "nunca sente enjôo no mar" (só que, quando o coro interrompe a sua ária para perguntar: "Never?", ele admite, constrangido: "Well... hardly ever!").

O desconhecido sempre escondeu essa condição de todo mundo, e a Feiticeira é a primeira a quem a revela. Ela começou a corresponder-se com esse homem, no intuito de ajudá-lo e, nesse meio tempo, Dido veio consultá-la a respeito de sua solidão, após a morte do marido. A Feiticeira a aconselhou a apaixonar-se pelo primeiro homem atraente que encontrasse. Ora, Enéias veio a Cartago para conhecer sua conselheira mas, ao chegar, a primeira mulher que viu foi a rainha, e eles se apaixonaram um pelo outro. Isso explica por que, desprezada, a Feiticeira tudo faz para separá-los.

A ópera se encerra com um elaborado trio tradicional, com coro. Enquanto Dido e Enéias cantam as palavras do "When I am laid in earth", o belíssimo lamento com que termina a ópera de Purcell, a Feiticeira repete "Remember me!", em tom cada vez mais angustiado, pois sabe que está condenada a ser esquecida, a ser uma eterna coadjuvante, a ficar à sombra do casal famoso de enamorados. No fundo, o coro reafirma sua fidelidade à soberana, celebra a verdade e beleza de seu amor pelo troiano e, dirigindo-se à pobre bruxa, diz: "A culpa é toda sua!". Antes de ir embora, vencida, a Feiticeira diz à platéia: "No fundo, sou boa de coração. Não me entendam mal".

Como Compositor Associado dos London Mozart Players, entre 1993-1995, Barker escreveu o *Concerto for 8*; o *Concerto para Violino e Orquestra*, estreado por Tasmin Little; as *Three Songs for Sylvia*, encomendadas pela London Festival Orchestra em 1995. É também o autor dos *4 Quartetos em 3 Movimentos*, encomendados e gravados pelo Tambuco, o principal grupo de percussão mexicano; de *Excalibur*, para os London Brass; e vários ciclos de canções para diversos grupos, entre eles o Lontano.

Em 2000, George Barker mudou-se para o México e, em companhia do diretor Chris Newell, pôs em prática o estudo, que vinha fazendo há tempos, sobre a viabilidade de se compor uma ópera interativa, pela Internet. *The Mechanical Operation of the Spirit* baseia-se em um panfleto, no qual Jonathan Swift, com seu habitual humor irreverente, pergunta: "Se Maomé podia escolher qualquer meio de transporte sofisticado para ascender ao Paraíso, por que decidiu fazê-lo em lombo de burro?". O que é *A Operação Mecânica do Espírito*? Barker a descreve como "uma ópera para quarteto de cordas, um tratado filosófico, uma composição sinfônica para vozes, um jogo, um entretenimento multimídia, uma representação dramática, uma irônica pesquisa histórica, um depoimento satírico, uma extravagança digital, uma proeza visual, uma orgia auditiva, um acontecimento surpreendente... mas, por enquanto, não passa de um protótipo."

A obra se apresenta como uma série de jornadas que o Viajante/o Ouvinte faz pelos diversos caminhos que Barker lhe oferece para chegar ao Paraíso – ou à visão pessoal que ele tem do que o Paraíso deve ser. Nessa viagem, o seu Virgílio é um dos instrumentistas do quarteto de cordas, que ele escolhe para guiá-lo de uma etapa para outra. A música do quarteto, somada a elementos visuais, dá a cada jornada um aspecto singular. A ópera crescerá com o tempo. No momento em que o leitor a acessar, no link <http://www.mmtt.co.uk>, ela estará certamente muito modificada em relação ao que vi, ao consultá-la em maio de 2004. O próprio Barker dizia: "Este *web site* contém apenas uma parte pequena da forma parcial de um projeto futuro. Esta versão *online* deve ser considerada um esboço, feita com o mais fino dos lápis, se comparado à música, animação, gráficos e interatividade, em sua versão final". Que pode, na realidade, não terminar nunca. Na época, Barker informava que uma versão parcial mais completa estava disponível em um CD-ROM, que poderia ser obtido por meio do e-mail paul@mmtt.co.uk. O projeto está sendo financiado pelo Arts Council e o Arts and Humanities Research Board.

# Lunn

Depois de terminar os estudos de música na Universidade de Glasgow, cidade onde nasceu em 1956, o escocês John Lawrence Lunn foi aperfeiçoar-se nos Estados Unidos, no Massachusetts Institute of Technology (MIT). No início da carreira, ao mesmo tempo que escrevia balés para grupos de dança, tocava guitarra no grupo de rock "Man Jumping". Em 1989, uma encomenda da BBC levou-o à composição de *The Mathematics for a Kiss*, comédia de quinze minutos para a televisão, para três cantores e um grupo de câmara misturando instrumentos acústicos e elétricos. Em *The Maids* (1998), baseada em *As Criadas*, de Jean Genêt, a libretista Olívia Fuchs seguiu a instrução do *écrivain maudit* francês: são escritos para homens os três papéis femininos dessa história, inspirada num fato real: o crime das duas criadas que assassinam cruelmente a sua patroa.

Desde o início da década de 1990, Lunn tem participado de vários projetos educacionais e comunitários. Trabalhando em Glyndebourne, com o diretor Stephen Langridge e o libretista Stephen Plaice, produziu duas óperas destinadas ao público jovem, visando a formação de novas platéias: *Misper*, para a faixa etária de doze a dezesseis anos; e *Zoë*, para adolescentes de quinze a dezoito. Os intérpretes de ambas devem também ter essa faixa de idade.

Em *Misper*, um filósofo chinês viaja no tempo, do século XII para a época atual, e faz amizade com Frank, menino de doze anos maltratado pelos colegas na escola. Frank é acusado da autoria de um crime cometido, na realidade, por Barry, líder do bando que o atormenta. Frank é inocentado graças aos conselhos de seu experimentado amigo oriental, e o apoio de Julie, colega de classe e *outsider* como ele: a menina é amiga de Vicky Phoenix, personagem de desenho animado da televisão, com quem se comunica. Barry, no final, é desmascarado e punido. A mistura de vida real e fantasia leva para o palco lírico tendências muito comuns no cinema atual, voltado para o público jovem – a intriga lembra a da série *Karate Kid*, por exemplo.

*Zoë* acompanha um grupo de personagens desde a sexta série, até elas chegarem ao fim da adolescência. A ex-atriz de cinema Sophie Lavalle contrata o detetive particular Casey Flood para encontrar a filha que, dezoito anos antes, tinha dado para adoção. A única pista que tem são as fotos que recebe, anualmente, sem endereço do remetente, de uma menina idêntica a ela, cada uma delas marcada "no dia do aniversário". Disfarçando-se como o caçador de talentos de uma gravadora, Casey descobre, no sexto ano do colégio, em Adambridge, a adolescente Zoë Herkomer, a imagem de sua mãe. Luke e Felix, seus colegas, estão apaixonados por ela, assim como o professor de cinema, Mr. Traherne. Zoë está fazendo sucesso como vocalista do The Mains, a banda de Felix. O Dr. Herkomer, pai de Zoë, é um cientista especializado em engenharia genética, que afirma ter ficado viúvo quando a menina nasceu. Flood e Sophie vão procurá-lo e descobrem a verdade: Herkomer é um antigo fã, obcecado pela beleza de Sophie. Um dia, ela lhe deu um cacho de seus cabelos. Com esse material genético, ele fez a clonagem de Zoë, o que explica a total semelhança entre mãe e filha.

Dois anos depois, Zoë, que ficou grávida de Traherne, está morando com ele. No noticiário de televisão, vê Luke, transformado num militante que protesta contra a manipulação genética empreendida pelo laboratório de Herkomer. Junta-se a ele numa manifestação contra seu pai e, nos distúrbios de rua, além de ela perder o bebê, o Dr. Herkomer é morto acidentalmente. Presa, Zoë é julgada – o Juiz é feito pelo mesmo cantor que interpreta Traherne – e sentenciada à prisão perpétua. Luke, condenado a cinco anos de prisão, vai visitá-la na penitenciária de Holloway, ao ser solto. Os efeitos da clonagem fizeram Zoë envelhecer de forma alarmante. Luke ainda a ama, os dois tomam veneno e morrem juntos. Depois do enterro de Zoë, Casey Flood é procurado, em seu escritório, por uma menina chamada Emilia Smith. Ela é a replica exata de Zoë, e quer que o detetive procure a sua mãe.

Primeiro amor, primeiro beijo, ciúmes, gravidez adolescente, rebelião ecológica, cidadania, prisão, biotecnologia, clonagem, *Zoë* toca numa série de temas relevantes para o mundo atual, tendo como fio condutor uma história de amor que resiste a todos os obstáculos e, fiel à tradição romântica, consuma-se na eternidade, por meio da união na morte. A atmosfera de *Zoë* tem muito a ver com a do *film noir*, de suspense. Na estréia, em Glyndebourne, em maio de 2000, a produção de Langridge fazia extenso uso de filmes e vídeotapes projetados em telões. Segundo o crítico do *Independent*:

> Que prazer em assistir a algo tão agradável, tão cheio de energia, calor, raivosa energia, invenção, que torna inadequado o rótulo restritivo de "ópera para adolescentes". *Zoë* tem tudo: sexo, morte e uma intriga insólita, misteriosa, com uma menina bonita e "pai", um cientista louco. O problema da clonagem humana permite nova abordagem de uma velha história, muito bem estruturada pelo libretista Stephen Plaice. As idéias musicais de John Lunn desenvolvem-se de forma inteligente e flexível ao longo de ampla gama de idiomas contemporâneos, das ruidosas guitarras de rock à opulenta orquestração das trilhas sonoras de "film noir". A partitura de Lunn funciona porque as melodias e ritmos da pop culture fazem parte de sua linguagem musical. *Zoë* representa uma poderosa direção nova para o teatro musical.

"Os intérpretes e o público de minhas óperas gostam mesmo é de pop music", diz Lunn, para justificar a mistura de formas populares com os recursos operísticos tradicionais. "Quando os tivermos conseguido conquistá-los com o tipo de música a que estão acostumados, poderemos levá-los para outras direções". Para isso, Lunn faz uma colcha de retalhos na qual, ao erudito (moderno e tradicional) e ao pop, juntam-se formas de jazz ou a influência de autores de trilha sonora para cinema – em especial Bernard Herrmann, o colaborador de Hitchcock. Isso torna muito tênues, em sua obra, as fronteiras entre a ópera, o musical de estilo americano ou a chamada *rock-opera*.

## Holt

Depois de um início estudando Belas Artes, Simon Holton – nascido em Bolton, no Lancashire, em 1958 – optou pela música e tornou-se aluno de composição de Anthony Gilbert, no Manchester Royal Northern College. Sua primeira obra a chamar a atenção foi *Kites* (Pipas), escrita em 1983 para a London Sinfonietta. Perfil dramático muito acentuado e combinações orquestrais arrojadas caracterizam suas peças instrumentais. As de mais sucesso foram *...era madrugada* (1984), *Canciones* (1986) e *Ballad of the Black Sorrow* (1988), todas elas inspiradas pela poesia e o destino trágico do poeta espanhol Federico García Lorca que, segundo o músico, sempre o fascinaram.

Quando, em 1966, o Lawrence Batley Theatre de Huddersfield lhe encomendou uma ópera, era natural que Holt escolhesse seu assunto entre os dramas poéticos do mestre andaluz. Usando a tradução inglesa de David Johnston, preparou o libreto de *The Nightingale is to Blame*, condensando o texto de *Amor de Don Perlimplín con Belisa en su Jardín*, escrita em 1931. A primeira audição foi em 19 de novembro de 1998.

A governanta Marcolfa e a mãe da candidata a noiva convencem Don Perlimplín, rico, de meia idade e sexualmente inocente, a se casar com a jovem e sensual Belisa. Dois maliciosos duendes assistem à ação e a comentam. Perlimplín está tão tomado de paixão por sua linda noiva que, na noite de núpcias, é incapaz de consumar o casamento. Envergonhado com sua impotência e apavorado com a possibilidade de perder a linda mulher, fecha os olhos às suas declaradas infidelidades. Belisa cai de amores por um misterioso estranho de capa vermelha, e o próprio Perlimplín facilita o encontro da mulher com o sedutor, no jardim. Ela recebe o estranho, é por ele furiosamente amada mas, quando o amante se afasta, Perlimplín aparece, ameaçando matar o homem com quem ela o traiu. Vai à sua procura e, daí a pouco, o estranho volta, cambaleando, pois foi esfaqueado. Belisa o toma nos braços mas, ao afastar a capa vermelha, reconhece no amante o próprio marido, que literalmente morreu de amor por ela.

Essa perturbadora fábula foi escrita para seis cantores e uma orquestra de dezessete instrumentos (sem violinos). As texturas orquestrais visam a obter clareza e a permitir que as palavras sejam compreendidas sem dificuldade. Holt cita o *stile concitato* de Monteverdi e a melodia da fala de Janáček como os seus grandes modelos. Cada personagem habita um mundo sonoro diferente: Belisa, o de cordas escuras e muito sensuais; o amante, o de pontudos e provocantes sons nos sopros. Perlimplín está associado a uma melodia em tom de canção de ninar, que ele próprio está tocando ao piano quando a ópera começa.

## MacMillan

*Para Tales Bieszczad,
na comunhão do interesse pela
música de MacMillan.*

O escocês James Loy MacMillan, nascido em Killwinning, no condado de Ayrshire, em 1959, formou-se na Universidade de Edimburgo, e aperfeiçoou-se em composição com John Casken, em Durham. Foi revelado pelo sucesso extraordinário de *The Confession of Isobel Gowdie*, executada em 1990 na série de concertos *BBC Proms* e, desde então, tem sido um dos mais proeminentes e controvertidos compositores britânicos de sua geração. Embora não pertença ao domínio operístico, essa peça instrumental – gravada por Jerzy Maksimiuk para o selo Koch Schwann – merece detida referência, pois nela já encontramos o embrião de suas tendências inatas para o drama.

*A Confissão de Isobel Gowdie* refere-se a uma personagem real, a escocesa que, na fase de caça às bruxas que se seguiu à Reforma Anglicana, foi acusada de feitiçaria, submetida a cruel interrogatório e queimada na fogueira. Para evocar esses anos sombrios em que as confissões arrancadas à força e as execuções públicas estavam na ordem do dia, MacMillan parte de uma introdução em que se misturam citações da balada escocesa *The Cruel Mother*, do cantochão gregoriano *Lux aeterna* e do salmo *Fons pietatis*, característico da tradição gaélica. Essa introdução culmina num acorde violento da orquestra em uníssono, repetido treze vezes.

A seção central, evocando "o espantoso pesadelo do chamado Julgamento de Deus", é uma fantasia de tom muito próximo ao do primitivismo da Sagração da Primavera, perpassada por fragmentos do Luxa eterna, "como um refrão de protesto". No fundo de uma seqüência de clímaxes descontrolados, o cantochão surge, sereno e distante, e vai crescendo, se impondo, como um gesto triunfante de alegria – "o réquiem que nunca foi cantado para Isobel Gowdie" (e continua a não ser cantado, hoje, para todas as vítimas de perseguições políticas e religiosas, todos os bodes expiatórios que os conflitos modernos continuam encontrando para pôr no pelourinho.

Muitas das obras de MacMillan, até mesmo as que exploram formas abstratas – sinfonia, sonata, o concerto para piano *The Berserking* –, ou *Búsqueda*, uma peça de *music theatre* que se inspira na Teologia da Libertação, são condicionadas por suas fortes crenças religiosas e políticas, de caráter humanitário e socialista, e pela sua convicção de que a música tem de criar um vínculo imediato com o ouvinte. Nada mais natural, portanto, que a predileção de MacMillan pelos extremos expressivos. Os grandes gestos retóricos e as formas mais exaltadas de drama culminaram, em meados da década de 1990, numa ópera em grande escala, baseada num tema tipicamente romântico: a história dos amores infelizes do príncipe Pedro e de Inês de Castro. Essa ópera é o ponto de chegada de um processo de aprendizado da forma teatral, feito por meio de peças de *music theatre*:

- a já mencionada *Búsqueda* (1988), que mistura fala, canto e efeitos vocais, e foi concebida como uma peça de concerto; mas pode ser encenada;
- *Visitatio Sepulchri* (1990), utilizando o texto de um drama pascal do século XIV, conta a história dos três anjos que aparecem às três mulheres que vão visitar a tumba de Cristo, para lhes dizer que Ele já não se encontra mais ali. É forte o contato entre o cromatismo acentuado do canto das mulheres – recurso que, no vocabulário musical do compositor, está sempre associado ao sofrimento humano – e a sintética simplicidade do cantochão com que os anjos se expressam;
- *Parthenogenesis* (2000), "cena para atriz, solistas e orquestra de câmara", discute os aspectos éticos e religiosos de um problema dos mais atuais: a eventual clonagem de seres humanos. Nessa peça, com texto do próprio compositor, um anjo vem anunciar a uma mulher solteira que ela está grávida.

John Clifford adaptou, para MacMillan, a sua própria peça, *Inés de Castro*, escrita em 1989, e inspirada na *Castro* do dramaturgo quinhentista português Antonio Ferreira. Essa história real, ambientada no século XIV, corresponde a algumas das preocupações básicas do compositor: questões humanitárias, preconceito, o amor como forma maior de redenção, a relação entre religião e poder. O diretor do espetáculo, Jonathan Moore, colaborou diretamente com Clifford e MacMillan, para dar a forma final ao espetáculo. Diz o próprio compositor:

> No prefácio de John Clifford à peça, ele fala da necessidade de elementos ritualísticos ocorrendo subliminarmente, ou nos bastidores, durante o drama. Usa também fragmentos de textos litúrgicos, que expandi, na partitura. O coro é extensamente usado na ópera, às vezes cantando fora de cena, às vezes participando do ritual eclesiástico que se desenvolve no palco em momentos cruciais da narrativa. Uso bastante o texto do *Stabat Mater*, pois vejo correlações claras entre a história de Inês e a da Paixão de Cristo, o drama da crucificação e a agonia de Maria ao pé da cruz.

Referindo-se à orquestra grande usada na ópera, e às vozes poderosas, necessárias para expressar todo o âmbito de nuances emotivas, do intimismo às paixões que exigem sonoridades mais espessas, MacMillan diz:

> Sempre me senti mais à vontade com as vozes dramáticas, porque Tristão, Salomé, Elektra e Wozzeck foram, para mim, as experiências operísticas mais significativas. Adoro Mozart e Monteverdi mas, quando se tratou de escrever *Inés de Castro*, o que eu realmente precisava era da profundidade e da projeção que encontramos na tradição dos grandes papéis dramáticos.

São óbvios os paralelos com obras anteriores de MacMillan: a vítima oferecida em sacrifício, da *Confissão de Isobel Gowdie*; o ritualismo estilizado de *Visitatio Sepulchri*, o terror político de *Búsqueda*. Mas o compositor vê *Inés* como uma obra apolítica e secular, de certa forma uma ruptura com as "mensagens" extramusicais das obras que a precedem:

> Tentei evitar as questões contemporâneas e buscar algo de mais arquetípico. Pode haver quem encontre na ópera outras ressonâncias, mas não sou eu quem as está guiando nessa direção, elas as estarão descobrindo como uma reação pessoal à peça. O que é mais importante para mim é o drama humano e o nosso envolvimento com o drama como seres humanos.

Numa época de tensão entre Espanha e Portugal, a amante espanhola de Pedro, o príncipe herdeiro, é vista como uma ameaça à segurança do Estado. O povo reza, pedindo a intercessão da Virgem Maria, para salvá-los do desastre da guerra e, do meio de suas vozes, emerge a de Inês, pedindo a Deus, como se devaneasse no meio de um sonho, a possibilidade de viver feliz, uma vida sem preocupações. A ama de Inês conversa com ela, e ambas relembram, de perspectivas diferentes, a vida que deixaram para trás, ao sair da Espanha. Inês fala de seu amor por Pedro, enquanto a ama a aconselha a ter cuidado.

Pacheco, o conselheiro do rei Afonso, vem dizer ao soberano como a imagem de Inês deteriorou-se aos olhos do povo, e tenta persuadi-lo a agir impiedosamente, para proteger a coroa. O rei hesita quando Inês vem lhe pedir, altivamente, que poupe a sua vida e a dos seus filhos. Pacheco ordena a Inês que se prepare para abandonar a corte e voltar à Espanha; e Blanca, a esposa desprezada de Pedro, a insulta e se alegra com a sua queda em desgraça. Quando Pedro chega, e discute com a mulher e o pai, o rei cede, e permite que os amantes tenham um último encontro, antes de Inês ser banida de Portugal. Furioso, Pacheco insiste para que o soberano não seja compassivo. Num candente dueto de amor, Pedro e Inês revelam a intensidade de seus sentimentos; mas são interrompidos por Pacheco, que acusa Pedro de ter permitido, com suas hesitações, que o inimigo ficasse em posição de vantagem. Pacheco tem um plano para mandar o príncipe de volta à linha de frente. Inês pede ao amante que não a abandone, mas ele está determinado a reverter a situação no campo de batalha. O rei, impotente diante dos planos de Pacheco, abençoa o filho e permite que ele parta para, ao que tudo indica, uma derrota inevitável.

Num bairro fora do centro de Lisboa, as mulheres estão trabalhando juntas e falando de seus homens, que foram para a guerra. Inês veio esconder-se ali, disfarçada, mas é reconhecida e atacada sob a acusação de ser uma prostituta inimiga. Blanca impede as mulheres de agredi-la, depois expressa, com amargura, a sua inveja por Inês ter tido, com Pedro, os filhos que ela não lhe pôde dar. Pacheco traz um saco contendo as cabeças dos filhos de Inês e, diante de sua reação desesperada, fala do ódio e do desprezo que sente por todos os espanhóis. Deixada sozinha, Inês é consolada pela Morte: esta lhe aparece sob a forma de uma mulher idosa e, tomando-a nos braços, leva-a embora consigo.

O cântico do povo, falando da execução de Inês e de seus filhos, é interrompido pelo retorno do exército, inesperadamente vitorioso. Pedro fica sabendo do massacre de sua família, e responsabiliza o rei por isso. Afonso é visitado pela mesma mulher idosa que, tomando-o pela mão, leva-o embora com ela. O povo canta, no funeral do rei, antecipando, ao mesmo tempo, a bela festa com que será celebrada a coroação do príncipe herdeiro. O triunfo de Pacheco foi efêmero: ele será preso e executado sob as piores torturas. A procissão da coroação é interrompida por Pedro que, enlouquecido de dor e ódio, amaldiçoa seus súditos por terem rejeitado Inês – cujo esqueleto foi exumado e trazido para sentar-se ao lado dele, no trono. Invisível para ele e para a corte, o espectro de Inês aparece para a única pessoa que pode vê-la: uma menina inocente, que acredita no poder redentor do amor, não importando qual seja a barbárie à qual ele foi submetido.

É explosivamente explícita a forma como MacMillan retrata a violência, nessa desesperada história de amor. A cena em que Pacheco exibe a Inês a cabeça de seus filhos é de uma violência digna da *Elektra*, tão apreciada pelo compositor. Isso faz de *Inês de Castro* o ponto culminante de uma dramaturgia que sempre se caracterizou pela busca dos extremos de realismo. Para criar a atmosfera pesada, ameaçadora, que cerca Inês, e para sugerir a fúria contida de Pedro, que explode da forma mais alucinada no momento em que a coroa lhe confere o poder absoluto, MacMillan escreve linhas vocais constantemente tensas, e faz da orquestra um uso extremamente retórico, contrastando com o lirismo da primeira ária de Inês, ou de seu belo dueto com o amante.

Religiosidade, inspiração céltica e preocupações humanitárias cruzam-se na vasta produção não-operística de MacMillan, na qual o dado dramático é sempre muito forte:

- no *Concerto para Violoncelo e orquestra*, nos concertos *Veni, veni Emmanuel*, para percussão e orquestra, *The World's Ransoming* (corne inglês), *Epiclesis* (trompete) e *Ninian* (clarinete);
- nas peças para orquestra de câmara: *Tryst* (Encontro amoroso), sobre o poema de William Soutar; *Adam's Rib* e *They Saw the Stone had been Rolled Away*;
- nas peças corais com órgão (*Magnificat, Nunc dimittis, Exsultet*) ou a cappella (*Màiri, The Gallant Weaver*);
- e principalmente em *The Birds of Rhiannon*, de 2001, um "concerto dramático para orquestra com uma coda mística para coro", inspirado num dos contos do *Mabinogion*, a antologia de narrativas medievais, sobre o

rei guerreiro Bran, que se sacrifica para obter a paz entre dois povos rivais. Apesar de se tratar de um texto da fase pré-cristã, é evidente o paralelo que o poema de Michael Symmons Roberts, cantado no final, traça entre a morte de Bran e o holocausto redentor do Cristo. As *Aves de Rhiannon* do título surgem, como anjos consoladores enviados pelo céu, como um símbolo da paz trazida pela morte do rei celta.

Ampla, variada e já consolidada junto ao público[23], a obra de James MacMillan é uma das mais estimulantes dentre a dos compositores ingleses nascidos no final da década de 1950.

## Dove

Aluno de Robin Holloway em Cambridge, o londrino Jonathan Dove – nascido em 1959 – iniciou a carreira preparando, para a City of Birmingham Touring Opera Company, versões compactas de óperas conhecidas, que eram levadas de uma cidade para a outra, em excursões. Os dois trabalhos desse tipo que mais agradaram à platéia foram um *Falstaff*, encenado em 1987, e *The Ring Saga*, uma redução da tetralogia wagneriana, feita em 1990, para ser levada em duas noites, tocada por apenas 18 instrumentos.

Em Glyndebourne, onde trabalhou como pianista repetidor e maestro do coro, Dove fez trabalho educativo, encenando as "óperas comunitárias" *Hastings Spring* (1990), *Pig* (1991) e *Greed* (1993), espetáculos em que alguns artistas profissionais orientavam e participavam ao lado de cantores e instrumentistas amadores locais. Esse foi o ponto de partida para o desenvolvimento de um estilo que aglutina, à música erudita padrão, vários tipos de influência popular e étnica. Assim é *Dreamdragons*, de 1993, transmitida na inauguração do Channel Tunnel da televisão britânica. Muito interessante é *In Search of Angels*, "Meyerbeerian extravaganza" encenada na rua, em 1995, com a participação de 600 artistas convidados e moradores da cidade de Peterborough.

Não falta quem acuse Dove de ser sensacionalista e de buscar o efeito fácil. Mas é inegavelmente arrojado o trabalho desse músico, preocupado em popularizar a ópera. Ao lado de uma paixão pela voz humana, que o faz escrever num estilo que tende para o *belcanto* italiano ou o neo-romantismo straussiano, Dove aceita e assimila as influências mais diversas: John Adams, Leonard Bernstein, Stephen Sondheim, Ravi Shankar. Muito versátil, escreve também trilhas para cinema, filmes de televisão, e música incidental para espetáculos de teatro, trabalho que faz com a mesma habilidade no drama sacro *Tobias and the Angel* (1999), ou na ópera comunitária *The Palace in the Sky* (2000). Sua ópera para a televisão, *When She Died...*, foi assistida por um milhão de pessoas, na Grã-Bretanha, ao ser transmitida em rede nacional em 2002.

Filho de arquitetos, Dove sempre se sentiu fascinado pela construção e produziu partituras para a cerimônia de inauguração do Millennium Dome, da Millennium Bridge e da Igreja de Cristo em Cornerstone, além de fornecer à televisão a trilha para um documentário sobre o arquiteto Carlo Scarpa. Em 2004, estava trabalhando em uma peça para a inauguração de The Sage, o centro musical projetado por Norman Foster em Gateshead; e preparando a música incidental para *Dark Materials*, adaptação que o National Theatre fez da trilogia de romances de Philip Pullman. Diretor artístico do Festival de Spitalfields, ele apresentará lá, em 2005, uma *Community Cantata*. A sua produção é ampla e diversificada: *Figures in the Garden* e *The Middleham Jewel* foram escritas para a Orchestra of the Age of Enlightenment; a homenagem a Bach, *Köthener Messe*, foi uma encomenda da Akademie für Alte Musik, de Berlim; entre seus muitos ciclos de canções, um dos mais recentes é *The Far Theatricals of Day*, com poemas de Emily Dickinson, para soprano, contralto, tenor e baixo, coro, quinteto de metais e órgão. Entre as obras instrumentais, *The Magic Flute Dances*, para flauta e orquestra, inspiram-se em Mozart.

---

23. A resposta espontânea do público à sua música se confirmou, em setembro de 2004, quando a Orquestra Estadual de São Paulo apresentou *Veni, veni Emmanuel* com a percussionista Evelyn Gleanie, para quem a obra foi composta.

Nick Dear escreveu o libreto de *Siren Song* (A Canção da Sereia), baseando-se no *best-seller* homônimo de Gordon Honeycombe, publicado em 1992. É a história verdadeira de Davey, marinheiro muito ingênuo que, a partir de um anúncio encontrado no jornal, começou a corresponder-se com uma moça chamada Diana. Quando quis um encontro pessoal, ou falar com ela ao telefone, veio a seu encontro um homem chamado Jonathan, que se apresentou como o irmão de Diana. Disse que a moça tinha câncer na garganta e não podia falar mas, para ajudá-los, ele serviria de porta-voz da irmã. Por mais desajeitado que esse sistema fosse, Davey o aceitou. Mas o pessoal do navio, que monitorava as comunicações barco-costa, espantou-se, ao ouvir dois homens sussurrando "eu te amo", e tirou as conclusões erradas. Investigações foram feitas e descobriu-se que Diana não existia. Jonathan era um ex-presidiário que inventara a moça para explorar a boa fé de gente solitária, da qual extorquia presentes e empréstimos em dinheiro.

*A Canção da Sereia*, estreada no Almeida Theatre de Londres em 14 de julho de 1994, está dividida em dezessete cenas curtas, que se encadeiam com muita desenvoltura. Dear e Dove têm uma maneira sensível de tratar, nessa ópera agridoce, que não chega a durar uma hora e meia, temas delicados como solidão, a exploração dos bons sentimentos alheios e o preconceito. É hábil a forma como determinados motivos musicais servem de baliza, ligando uma cena à outra ou estabelecendo oposições. A frase "Sweet nothings", por exemplo, que no início é indicadora das "ninharias" que fizeram Davey sentir-se atraído por Diana, volta no final, quando o marinheiro se dá conta de que seus sonhos se esfarelaram e o que lhe sobrou pode até ser uma lembrança doce, mas não é absolutamente nada.

Aceitar *Flight* para estréia no Festival de Glyndebourne de 1998 – a ópera subiu à cena em 24 de setembro, regida por David Parry – foi a forma de reconhecimento do teatro, pelo trabalho que Jonathan Dove ali fizera durante anos. April de Angelis baseou seu libreto em uma história real, lida nos jornais: a de um refugiado político obrigado a morar no aeroporto de Paris, pois nenhum país se decidia a lhe dar asilo. Uma série de personagens disparatadas nos é apresentada: Tina e Bill viajam em lua de mel e levam um livro de auto-ajuda para resolver seus problemas conjugais; um diplomata acha que ir para Minsk dará rumo novo à sua carreira, mas a mulher dele detesta a idéia de ter de morar na Ucrânia; um casal de comissários de vôo supersexuado se escondem, para uma rapidinha, em qualquer lugar que podem; e uma senhora idosa está à espera do noivo, de 22 anos, que está vindo de Maiorca. São personagens muito pouco simpáticas, mas talvez seja porque estão cansadas de ficar esperando no aeroporto.

O Refugiado (contratenor) e a Controladora de Vôo (soprano coloratura) agem como o coro grego, comentando as histórias dos seres humanos que trafegam à sua volta. Uma tempestade, que faz todos os vôos serem cancelados, força os passageiros em trânsito a interagir. Disso resultam várias crises, que se resolvem sob a forma de um rito de passagem, levando a uma forma ou outra de esclarecimento e iluminação. A Controladora despreza a confusão que os passageiros aprontam mas, usando engraçadas inversões poéticas dos costumeiros anúncios de aeroporto, garante que tudo corra da melhor maneira possível. Ela só gosta do Refugiado, a quem protege: é a Controladora quem impede o Funcionário da Imigração de prendê-lo e repatriá-lo, pois certamente ele será executado ao chegar em casa. Essa divindade homérica de uniforme é capaz de ter, seletivamente, sentimentos humanos, ao contrário do Funcionário da Imigração, símbolo da justiça fria, que nem os deuses podem mudar.

O Refugiado é a figura central. Sua situação é a mais lancinante, porque ele fugiu, no compartimento de carga do avião, em companhia do irmão mais novo, que não resistiu ao frio e morreu. Em determinado ponto, a mulher idosa se oferece para casar-se com ele, o que lhe permitirá entrar no país – sugestão que o Funcionário da Imigração, por incrível que pareça, aceita. Mas a Controladora recusa, porque ele "é dela", e a ópera termina com um mavioso dueto para as duas vozes agudas, em que o Refugiado, falando do saguão do aeroporto, reconhece: "This is my home". A mais humana das personagens, o Refugiado, é quem apresenta os passageiros uns aos outros e cria entre eles padrões de simpatia e apoio mútuo. Mas os ilude, também, com falsas esperanças, dando-lhes pedrinhas que diz serem mágicas e únicas. Quando as mulheres descobrem que a todas ele deu a mesma pedra, elas o espancam e escondem, desmaiado, dentro de um baú – de onde o Refugiado sairá, a tempo de assistir ao nascimento do bebê da mulher do diplomata, que estava grávida. Essa mistura de realismo e simbolismo é feita de uma maneira que lembra muito peças como *The Cocktail Party*, de T. S. Eliot.

A música segue a dinâmica do drama, intercalando a uma narrativa de estilo minimalista, na linha de John Adams e Philip Glass, números fechados, árias e números de conjunto, em que é nítida a influência de Leonard Bernstein e Stephen Sondheim. O ato III é o mais satisfatório e melhor ritmado, mostrando a capacidade de Dove de mudar rapidamente o registro, da farsa para o sério. Há momentos líricos felizes, como a ária do homem de Minsk sobre a gravidez da mulher, ou a cena de conjunto depois que a criança nasce. No final, o Refugiado consegue embarcar num dos aviões, e vai embora, não ficando claro se arranjará um país que o abrigue, ou se terá apenas de mudar de aeroporto. Há várias oportunidades para o canto virtuosístico, e a fusão da música com os sons do aeroporto obtém efeitos interessantes.

A crítica inglesa recebeu *Vôo* muito bem. Na revista *Harper's and Queen*, de setembro de 1998, num artigo intitulado "A New Departure", Rupert Christiansen considerou-a uma esperança de renovação para o drama lírico britânico. E Christopher Cook, na *BBC Music Magazine* de junho de 2004, chamou-a de "altamente inteligente". Já a americana não foi tão entusiástica. Na época da apresentação na Ópera de St. Louis, em 19 de junho de 2003, o humor anárquico de Dove foi comparado, por Anne Midgette, do *New York Times*, ao do grupo britânico Monthy Python e ao de filmes como *Apertem os Cintos, o Piloto Sumiu*. Midgette considerou a escrita de Dove "fluente, mas preocupada com o efeito. Conjuntos vivos com figuras rítmicas saltitantes à la Bernstein, passagens solistas que lembram Britten e, às vezes, até mesmo Wagner, conferem à partitura superfície colorida, porém efêmera". Em compensação, foi um triunfo a apresentação na Vlaamse Opera de Antuérpia. No selo Chandos, há a gravação da estréia (Robson, McFadden, Coxon, Plazas, Magee, Page/David Parry)[24].

*Tobias and the Angel*, com libreto de David Lan, é uma *church opera* que David Parry regeu, em 1999, no Almeida Opera. Partindo do texto apócrifo do Livro de Tobias, a ópera conta a jornada da personagem-título da ignorância ao conhecimento, misturando seres humanos, animais e seres sobrenaturais, numa narrativa alegórica que foi concebida para ser interpretada por profissionais e amadores. No *Times*, Rodney Milnes escreveu:

> A estréia de *Tobias e o Anjo* foi uma dessas ocasiões que te deixam feliz por estar vivo. É uma ópera "comunitária", no melhor sentido da palavra: o sentido da luta comum e do apoio mútuo que vem do esforço comunitário. Em sua humanidade básica, a nova ópera de Jonathan Dove se inscreve, honradamente, na linhagem da *Flauta Mágica*.

Robert Tear, Keel Watson, Toby Stafford-Allen e Sally June Gain foram alguns dos cantores profissionais que se envolveram, ao lado de moradores de Hackney, um dos bairros mais pobres e aflitos pela violência de Londres, na estréia de *Palace in the Sky*. O espetáculo foi realizado em 5 de novembro de 2000, no Hackney Empire, precioso teatro da Era Victoriana que estava praticamente em ruínas, e a comunidade recuperou para essa ocasião. O libretista Nick Dear criou o texto a partir de conversas com gente do local, explorando problemas candentes de seu dia-a-dia: pobreza, desemprego, drogas, crime organizado, a reação revoltada das gangues juvenis. *O Palácio no Céu* é a história de um gângster aposentado e de suas relações com um magnata inescrupuloso, amante de uma candidata, sem muito talento, a ser cantora de ópera. Além do Collegium Musicum e do conjunto de percussões de Simon Foxley, trazido por Dove, participaram do espetáculo o coro do Hackney Saturday

---

24. Existe também o vídeo da estréia, exibido no Brasil, em abril de 2005, pelo canal a cabo Film and Arts, da Direct TV.

Music Centre, a Orquestra Jovem de Hackney, a banda do Exército da Salvação e os conjuntos de música popular Alevi Saz Ensemble, Hackney Youth Steel Orchestra e The Hoxton Singers & Old Spice.

Como a ópera trabalha com uma versão contemporânea da construção da Torre de Babel, transpondo para o mundo das negociatas e do dinheiro sujo a arrogância que, na Bíblia, faz o projeto fracassar, foi preciso pedir a colaboração de operários da construção civil. Equipes de pedreiros, encanadores, carpinteiros, cada um deles com seus uniformes e capacetes identificadores, participaram da montagem. "Se isso não é uma criação comunitária", escreveu Peter Grahame Woolf, no *Guardian*, "não tenho idéia do que possa ser". A mistura de bandas de metais, alaúdes turcos e guitarras de rock, na instrumentação, pintou o quadro da sociedade multinacional em que Hackney se transformou. A coreógrafa Kay Shepherd e o diretor Joe Davies conseguiram, segundo Grahame Woolf, um rendimento cênico surpreendente dos amadores, que iam de crianças de cinco anos a aposentados de terceira idade. "As aspirações de *The Palace in the Sky* foram tão altas quanto a torre que planejavam construir", concluiu o crítico do Guardian. "Não se deve permitir que essa ópera desapareça".

O mesmo bairro e a mesma população de baixa renda participaram da criação de *The Hackney Chronicles*, cantada em 12 de dezembro de 2001 pela Lauriston School Opera Company, de Hackney, sob a regência de seu diretor musical, Jonathan Gill. O espetáculo materializou as intenções do projeto educacional *I Can Sing*, proposto pelo Hackney Music Development Trust, visando a enfatizar o papel da música na formação da comunidade. Baseando-se em idéias de Tom Sutcliffe, cujo ensaio *Believing in Opera*, publicado pela Faber & Faber, contém sugestões muito inovadoras para a produção operística de nossos dias, o libretista Alasdair Middleton construiu um texto muito sofisticado, usando quatro episódios tirados do programa de História estudado na escola pelas crianças que participaram do espetáculo.

No primeiro, depois de um ataque viking à sua aldeia, os anglo-saxões lamentam a destruição de suas casas. Chamam de louco o menino Aelfric, que os encoraja a resistir, e vão fazer a colheita, para poder resistir ao inverno que se aproxima. Ficam aterrorizados ao ouvir o cântico guerreiro dos homens do Norte, cujas embarcações se aproximam. Decidem, então, desviar o curso do rio Lea, para que os vikings não passem pela sua aldeia. Trabalham a noite inteira e, na manhã seguinte, confusos, os vikings navegam para longe e os anglo-saxões, em regozijo, podem dedicar-se à colheita e à reconstrução.

No ato II, passado na época de Cromwell, uma peça está sendo apresentada no Theatre of Shoreditch, em Hackney. Um grupo de puritanos denuncia o teatro como responsável pelos baixos padrões morais do bairro. Especulando ganaciosamente sobre a quantidade de dinheiro que os atores possam estar ganhando, os proprietários da sala decidem não renovar o contrato da companhia, para explorar, eles mesmos, a sala. Durante a noite, os atores, às escondidas, desmontam o teatro, pois pretendem levá-lo para novo local, em Southwark. No dia seguinte, os proprietários ficam perplexos com o desaparecimento da sala, os puritanos se alegram, e os moradores de Hackney se perguntam onde diabos o teatro foi parar.

Na Era Vitoriana, Hackney sofre com muitos roubos e assassinatos misteriosos. Há um grupo de *body-snatchers* (ladrões de corpos), que mata gente inocente, para vender os cadáveres a médicos que desejam fazer experiências científicas. Madge, a doida, vê um desses grupos matar um mercador na Birdcage Inn, e esconder o corpo num poço. Revela o local à polícia, os assassinos são presos e, quando estão sendo levados para a cadeia, aparecem os médicos que vieram reclamar o cadáver. Eles também são presos.

No último episódio, passado em um abrigo subterrâneo durante a II Guerra Mundial, moradores de Hackney ouvem o ruído dos aviões que passam e das bombas que explodem, imaginando o que está acontecendo lá fora. Quatro meninas pensam no pai, soldado, que partiu para a luta. Não o vêem há tanto tempo, que começam a se esquecer como era o rosto dele. Um grupo de mães se pergunta se não teria sido melhor tirar as crianças do bairro, antes do começo do bombardeio. Um menino sonha com as bananas trazidas pelos americanos, e tudo o que pretende fazer, depois que a guerra terminar. O bombardeio acaba, as pessoas saem do abrigo e começam a limpar os destroços, à espera do novo ataque.

Esses quatro episódios dão às *Hackney Chronicles* uma estrutura sinfônica: à abertura épica, celebrando a astúcia e a obstinação contra um inimigo que não se pode derrotar *manu militari*, segue-se um segmento lírico, em que os atores resistem às formas de criar obstáculo à sua criação artística. O episódio dos ladrões de corpos é um *scherzo* irônico e de humor negro. O comovente *finale* relembra os sofrimentos da população londrina durante a *Blitzkrieg*. Na opinião do crítico Rodney Milnes, do *Times*, esse último ato é tão bem construído, que poderia ser representado como um espetáculo independente.

Os alunos da Lauriston School, em várias faixas de idade, fizeram tudo: além de representar os diversos papéis, incumbiram-se da pesquisa cenográfica, da fabricação de cenários e figurinos, e da contra-regra. Dove, segundo Graham Woolf, não os poupou: escreveu para eles música que explorava toda a gama de possibilidades que tinham como amadores ou semiprofissionais.

Tem sido muito freqüente a colaboração de Jonathan Dove com o Festival de Batignano – *Musica nel Chiostro*, realizado no Convento de Santa Croce – no qual Stephen Oliver também estreou algumas óperas (ver o tópico sobre esse compositor, neste mesmo capítulo). Em 1994, ele já tinha apresentado ali a "ópera mágica" *L'Augellino Belverde* e, para o Festival de 2001, preparara a "ópera semi-cômica" *Il Pullitore e la Dama*, a partir de um conto das *Mil e Uma Noites*. Como o tema do XXX Festival de Batignano, em 2004, foi "os ecos do Oriente na música ocidental", *O Limpador e a Dama* foi reprisada, na noite da abertura, ao lado do *Combattimento di Tancredi e Clorinda*, de Monteverdi, e do *Lamento di Zaida*, de Luigi Rossi. Na noite de 24 de julho de 2004, finalmente, subiu à cena a *opera d'obbligo* do Festival, que Dove compôs sobre um libreto de Italo Calvino. *Le Porte di Bagdad* foi dirigida por Rupert Gold e regida por Stephen Higgins.

# Grant

Começou bastante cedo a carreira operística de Julian Martin Grant – gênero para o qual é instintivamente dotado, por seu senso de humor e de teatro, e pela compreensão natural de como deve ser usada a voz humana. Nascido em 1960, Grant estava fazendo os estudos superiores na Universidade de Bristol, quando começou a escrever óperas em um ato destinadas aos semi-amadores do Banff Music Studio: *Dom Perlimplin* (1982), *Dreamer* e *King's Children*, ambas de 1985 e, principalmente *Skin Drum*, executada em 1987, na inauguração do estúdio da English National Opera.

Em 1991, Grant compôs, para o projeto *Garden Venture*, de óperas curtas, instituído pelo Covent Garden, a comédia *Out of Season*. No mesmo ano, deu início, com *The Queen of Sheba's Legs*, a uma trilogia de "óperas comunitárias", escritas para elencos enormes de amadores, guiados por um pequeno grupo de músicos profissionais. Seguiram-se *The Uninvited* (1997) e *Heroes Don't Dance* (1998). A adaptação muito debochada que o humorista Nick Dear – libretista também de Jonathan Dove – fizera, no teatro falado, da comédia *Negócios de Família*, do realista russo Aleksandr Ostróvski, serviu de base, em 1993, para o libreto da ópera de câmara *A Family Affair*. A partitura, de estilo muito eclético, às vezes, um tanto áspero, tem de propósito sabor eslavo acentuado, e os ingredientes de paródia desempenham papel determinante.

Um conto folclórico corso, recolhido por Italo Calvino em suas *Fiabe Italiane* de 1956, forneceu a Meredith Oakes o tema de *Jump into my Sack* (Pule Dentro do Meu Saco), a ópera mais conhecida de Julian Grant, estreada em 30 de maio de 1996, no MacRobert Centre de Stirling, na Escócia. Trata-se de uma "fábula musical" muito estranha, introduzida por um prelúdio igualmente estranho, entoado a *bocca chiusa* pelos quatro cantores e os membros do conjunto de câmara, integrado por cordas, clarinete e violão.

Francis é curado de seu defeito físico por uma Fada, que lhe concede dois desejos. Ele pede um saco e um bastão mágicos. Usa-os para bater no Diabo, organizar uma grande festa e curar um lenhador ferido. Quando volta para casa, descobre que o pai e os irmãos morreram. Tenta trazê-los de volta usando o saco mágico, mas aparecem apenas seus esqueletos. A Morte vem buscá-lo, ele pede para rever a Fada, mas esta lhe diz que já satisfez seus dois desejos, e nada mais tem a lhe oferecer. A partitura explora, de modo muito colorido, todas as possibilidades abertas por uma história que é ora engraçada, ora macabra. A escrita vocal também é muito variada, passando do recitativo ao arioso, usando um estilo de narrativa coral muito brusco, e incluindo uma cantilena virtuosística para a Fada.

Depois de *Pule Dentro de Meu Saco*, a linguagem musical de Julian Grant desenvolveu-se num sentido mais lírico, harmonicamente caloroso, e com linhas vocais eloqüentes. Viagens ao Oriente fizeram também com que Grant assimilasse à sua palheta elementos da música árabe, indiana e sino-nipônica. Além de peças instrumentais muito sofisticadas, ele compôs, nessa linha, a satírica *Platform 10 or The Power of Literature* e, em 2001, *The Mind-Body Problem*.

## Schultz

Depois de graduado na Universidade de Queensland, o australiano Andrew Schultz – nascido em Adelaide em 1960 – prosseguiu os estudos com George Crumb, na Universidade da Pennsylvania, e com David Lumsdaine, no King's College, em Londres. A variedade de peças corais e vocais que compôs, assim como os ensaios e análises críticas que publicou lhe valeram vários prêmios e o convite para ensinar composição na Guildhall School of Music, de Londres.

A primeira contribuição de Schultz para o palco foi *Black River*, ópera em um ato, de 1989, com libreto de sua irmã, Juliana Schultz. *Rio Negro* aborda um problema social australiano muito preocupante: a quantidade desproporcional, em relação à população de origem européia, dos aborígenes que morrem em condições mal explicadas – em geral vítimas de tortura – sob custódia policial. O tema extremamente forte e a maneira como Schultz o trata, numa partitura em que recorre a muito material étnico australiano, fez a ópera ser bem recebida. Na Austrália, naturalmente, ela fez um sucesso muito polêmico, a ponto de ter sido convertida, em 1993, num filme de distribuição internacional, que recebeu em Paris o Grand Prix de l'Opéra-Film.

Encomendada pela Guildhall School of Music and Drama, onde estreou em 7 de junho de 2001, *Going into Shadows*, também com libreto de Juliana Schultz, tem proporções mais ambiciosas e a mesma preocupação com a temática político-social. Trança a história de um ataque terrorista frustrado com um tortuoso caso de amor. Baseia-se na história real de uma mulher grávida que, ao ser presa num aeroporto internacional, descobriu, dentro de sua mala, uma bomba ali colocada pelo noivo. Esse rapaz era, na verdade, um extremista que a seduzira e engravidara, prometendo-lhe casamento, apenas para usá-la como meio de fazer o explosivo entrar na Inglaterra. O tema acessório de *Mergulhando nas Sombras* é a forma como os jornais divulgam o noticiário sobre terrorismo; e a relação de manipulação que a imprensa estabelece com a sociedade. A National Film and Television School colaborou com a montagem, regida por David Porcelijn e dirigida por Stephen Medclaf. Peter Grahame Woolf, do *Guardian*, assim comentou a peça:

> Pode ser uma temeridade dizer isso, mas senti-me progressivamente desconectado do espetáculo, à medida que ele avançava. A ópera, que Schultz levou dez anos para escrever, foi muito bem servida pelo alto padrão de concepção e realização da montagem. Mas a ação é inconvincente e, às vezes, banal. A música, demasiado derivativa, oscila de Britten a Stravínski, com uns toques de Mahler no final trágico. Mas o objetivo de Schultz era ser populista, como deixa claro o texto *The Making of an Opera*, no luxuoso programa. Provavelmente o problema é meu, pois a platéia parecia contente e manifestou ruidosamente a sua aprovação. Mas não acho que Schultz tenha a individualidade de Jonathan Dove, por exemplo, cujo *Flight* foi muito bem-sucedido em Glyndebourne.

Em setembro de 2001, *Going into Shadows* obteve sucesso ao ser apresentada na Universidade de Brisbane.

# Turnage

Por mais impreciso que isso seja, Mark-Anthony Turnage – nascido em 1960, em Corringham, no Essex – foi chamado de "o *angry young man* da música inglesa". Essa comparação com os dramaturgos rebeldes da década de 1960 veio após a estréia de *Greek*, que Hans-Werner Henze encomendara para a Bienal de Munique de 1988. Turnage conheceu Henze em Tanglewood, em 1983, ao fazer o curso de verão ministrado por Gunther Schüller, graças à bolsa do cobiçado Prêmio Mendelssohn. Percebendo a afinidade com as formas dramáticas que o jovem músico demonstrava em suas peças instrumentais, Henze sugeriu que ele escrevesse uma ópera para a Bienal. Turnage, até então, considerava a ópera um gênero musical falido, "uma forma ossificada". Segundo ele mesmo admite, "eu concordava com a frase de Pierre Boulez de que todos os teatros de ópera deviam ser queimados". O convite de Henze o deixou apavorado, pois não se considerava capaz de colocá-lo em prática. Depois, respirou fundo e escreveu uma das óperas mais significativas da década de 1980.

Desde menino, Mark-Anthony teve estímulo para estudar música, pois o pai, funcionário da Mobil Oil, tocava piano e cantava, e a mãe era pistonista numa banda de mulheres de Corrinham. Ele tinha seis anos quando começou a estudar piano e, muito cedo, fez as primeiras experiências de improvisação e composição, a partir dos músicos do século XIX e final do XVIII que conhecia (a mãe, muito religiosa, não o deixava ouvir música popular, que considerava corrompida). A musicalidade de Turnage desenvolveu-se, diz ele, ouvindo a Radio-3 da BBC, na qual descobriu Carl Nielsen, Britten e Shostakóvitch, Luciano Berio e György Ligeti. Aos quatorze anos, entrou para o Junior Department do Royal College of Music, na classe de Oliver Knussen, até hoje seu mentor e amigo. Teve aulas também com John Lambert. Na RCM, numa época "em que se torcia o nariz à melodia", fez a descoberta do jazz – em especial Duke Ellington e Miles Davis, que são seus ídolos – e passou, como ele próprio diz, "a ter uma vida esquizofrênica pois, na maior parte do dia, escrevia música atonal e, à noite, ficava em casa ouvindo jazz". A orientação de Knussen o fez, porém, buscar sua própria linguagem, superando as limitações do serialismo estrito pregado no RCM. Isso já se nota na síntese muito pessoal da influência de Stravínski e Britten com elementos de jazz e rock que Turnage faz em *Night Dances*, ganhadora do prêmio Guinness de 1981.

Os anos que se seguiram à produção de *Greek* foram dominados por música orquestral. A repercussão obtida, em outubro de 1989, com a estréia do poema sinfônico *Three Screaming Popes*, inspirado no tríptico em que Francis Bacon deforma o retrato de Inocêncio X pintado por Velásquez, valeu-lhe o convite para ser o compositor residente da Sinfônica da Cidade de Birmingham. Regida por Sir Simon Rattle que, na época, era seu titular, essa orquestra gravou, pelo selo EMI Classics, as obras que Turnage escreveu para ela: *Três Papas Gritando*; o réquiem para violoncelo e orquestra intitulado *Kai*; o estudo para orquestra *Momentum*, cheio de inflexões jazzísticas; e a imponente *Drowned Out* (1993), para grande orquestra, que lhe foi sugerida pelo romance *Martin Pincher*, em que William Golding relata, em tom de pesadelo, as visões de um homem que está se afogando. Do ponto de vista da complexidade e amplitude da escrita orquestral, uma partitura como *Drowned Out* só encontra paralelo, na Inglaterra atual, no *Odissey* de Nicholas Maw. Todas essas composições consolidaram o prestígio de Turnage como um dos músicos ingleses mais significativos da geração nascida na segunda metade do século XX.

No mesmo ano de *Drowned Out*, Turnage escreveu o concerto para saxofone *Your Rockaby*, seguido de *Blood on the Floor* (1996), para três solistas de jazz e conjunto de câmara. Também inspirada num quadro de Francis Bacon, essa peça tem por tema "a exploração de aspectos da alienação urbana e da dependência de drogas". É marcada pelo trauma de Mark-Anthony ter perdido o irmão mais novo, Andy, vítima de *overdose*. O terno segundo movimento, *Junior Addict*, para sax alto e guitarra, foi escrito no dia em que Mark-Anthony recebeu a notícia da morte do irmão. E *Elegy for Andy*, utilizada no sexto movimento, é a peça que ele tocou no dia do enterro. *Sangue no Assoalho* é uma das peças mais perturbadoras de Turnage.

O retorno ao palco veio em 1996, com *Twice through the Heart*, cena para meio-soprano e conjunto de câmara, baseada em poemas de Jackie Kay. Turnage pretendia fazer dela um programa duplo com uma peça de *music-theatre* intitulada *The Country of the Blind* (1997), mas retirou-a antes da estréia, por estar insatifeito com a partitura. O trabalho como Compositor Associado da English National Opera levou-o à composição de *The Silver Tassie* (A Copa de Prata), na qual usa os recursos da orquestra completa. Como estava trabalhando com o elenco estável da ENO, concebeu os papéis pensando nas possibilidades específicas dos cantores que os interpretariam. E, nos estágios finais da redação, foram realizados *workshops* com os cantores e músicos que, no dizer de Turnage, foram muito importantes para testar a viabilidade cênica da ópera.

As injustiças sociais gritantes do longo e controvertido período em que Margaret Thatcher esteve na chefia do governo são o alvo das denúncias de *Greek*, cujo libreto o compositor e o diretor teatral Jonathan Moore extraiu da peça homônima de Steven Berkoff (1980), em que o mito de Édipo é transposto para o East End londrino. Estreada na Carl-Orff Saal de Munique, em 17 de junho de 1988, *Grego* ganhou dois prêmios da Bienal: o de melhor produção e o de melhor libreto. Em 25 de agosto do mesmo ano, foi montada no Leith Theatre, de Edimburgo. Além da gravação de Richard Bernas, feita em 1992 para o selo Argo (Hayes, Suart, Kimm, Charnock), existe um filme para televisão, de setembro de 1990. Essa versão já foi exibida no Brasil pela TV a cabo. O CD da Argo é o único disco de música clássica que, em sua versão inicial, saiu com um adesivo – depois suprimido – de "parental guidance", devido à crueza do libreto e ao uso de linguagem que os bem-pensantes britânicos poderiam considerar "shocking".

Eddy se entedia com a vida que leva no East End. Quando Papai lhe conta a previsão de uma cigana, de que o filho há de matá-lo e casar-se com a mãe, Eddy conclui que já está na hora de sair de casa e tentar a vida fora.

Perambula pela cidade, envolve-se numa briga e é espancado pela polícia. Refugia-se num café, reclama do atendimento, briga com o Gerente e chuta-o até matá-lo. Apaixona-se pela mulher do Gerente, que retribui a seus sentimentos porque ele se parece com um filho que perdeu, anos atrás, lá para os lados de Southend Píer.

Dez anos depois, Eddy e sua mulher prosperaram. Mamãe e Papai vêm procurá-lo, dizendo que a Esfinge, do lado de fora da cidade, parece ser a culpada pela praga que assola seus habitantes. Eddy decide enfrentar a Esfinge, representada por duas mulheres diferentes. Estas lhe dizem que a praga é o próprio homem, responsável por bombas, jatos, napalm, poluição. Eddy é bem sucedido ao responder à clássica pergunta: é o Homem, o ser que usa quatro pés para andar, de manhã, dois à tarde, e três à noite. Mata as duas mulheres mas, antes de lhes cortar a cabeça, diz: "Me desculpem, eu estava começando a gostar de vocês".

Ao voltar triunfante para casa, descobre que é filho adotivo. Papai e Mamãe o acharam flutuando numa cestinha, lá para os lados de Southens Píer. Embora todos lhe digam que isso não tem a menor importância, Eddy fica horrorizado ao perceber que a profecia da cigana se cumpriu, e pensa em vazar os próprios olhos. Chega a iniciar uma paródia de procissão funerária mas, depois, muda de idéia. Jogando o final trágico às urtigas, ele diz:

> Bollocks to all that! Yeah, I wanna climb back inside my Mum. What's wrong with that? It's better than shoving a stick of dynamite up someone's arse and getting a medal for it! I'd rather run all the way back and pull back the sheets and witness my golden-bodied wife, and climb into her sanctuary, climb all the way in, right up to my head, and hide away there and be safe and be comforted.
>
> (Começa a correr sem sair do lugar e outros atores fazem o mesmo.)
>
> So I run back. I run and run and pulse hard and feet pound... It's love I feel, it's love... What matter what form it takes, it's love! I feel for your breast, for you nipple twice sucked, for your belly twice known, for your hands twice caressed, for your breath twice smelt, for your thighs twice touched, loving source of your being... Exit from Paradise! Entrance to Heaven!
>
> (À merda tudo isso. Sim, quero subir de volta para dentro de minha mãe. O que há de errado nisso? É melhor do que enfiar uma banana de dinamite no cu de al-

guém e ganhar uma medalha por isso! Prefiro correr de volta, levantar os lençóis, contemplar o corpo dourado da minha mulher, subir pelo seu santuário acima, subir até a minha cabeça sumir, escondidinha lá dentro, onde ficará segura e confortável... portanto, corro de volta, corro, corro, o coração pulsando, os pés batendo no chão... É amor que sinto, é amor... Que importa a forma que ele assume? é amor! Apalpo teus seios, teus mamilos duas vezes sugados, teu ventre duas vezes conhecido, tuas mãos duas vezes acariciadas, teu hálito duas vezes aspirado, tuas coxas duas vezes tocadas, amorosa fonte de teu ser... Saída do Paraíso! Entrada para o Céu!)

Na peça de Berkoff, a imagística elevada, de tom quase shakespeariano, anda de mãos dadas com um tom direto de baixo calão. O libreto de *Greek* também justapõe momentos de lirismo, que não é convencional, mas tem sua carga poética inegável, a outros de humor negro deliberadamente escabroso e de grande violência. A partitura é escrita para dezoito instrumentistas, sem violinos, mas com um sax alto entre os sopros. As percussões têm papel de destaque. As cenas são curtas e muito claramente estruturadas. A linha vocal oscila da fala a um tipo de *Sprechgesang*, expandindo-se, eventualmente, em arioso ou canto mais elaborado. Uma das passagens mais interessantes é o dueto com a mulher do Gerente, no qual Eddy vence aos poucos o medo da mulher, por ele ter matado o marido dela, e a seduz. Inserida nesse dueto, está a ária mais estruturada da ópera, "I had a kid, just two he were, sweet and blue-eyed just like you". Assim Tony Haywood comentou a óperas em *Grammophone*:

> Turnage conferiu à escabrosa versão Berkoff do mito de Édipo uma camada a mais de sutileza. É a sua orquestra, como em todas as grandes operas psicológicas, do *Tristão e Isolda* para a frente, que vai além dos expletivos do texto, para revelar a verdade oculta das emoções e da motivação das personagens. Com surpreendente virtuosismo de instrumentação, o conjunto de câmara evoca um mundo de fúria incansável, raiva reprimida e tensão cortante, quase cinematográfico em sua capacidade de fazer as sonoridades combinarem com os estados de espírito. São os efeitos instrumentais, também, que frisam, de maneira quase brechtiana, o fato de que a praga é a metáfora para algo mais contemporâneo, o racismo, as guerras de gangues, a economia desumana que gera o desemprego em massa.

Em *Greek*, é muito hábil o uso das cenas de conjunto: o "Breakfast Quartet" do ato I; a violenta cena de briga com a polícia, em que as percussões intervêm de forma muito viva; o quarteto em que Papai e Mamãe falam a Eddy da praga que assola a cidade. A cena com a dupla Esfinge é o eixo em torno do qual gira a estrutura dramática de *Greek*. Embora, a maior parte do tempo, o texto seja mais declamado do que cantado, com texturas muito ásperas, os oásis líricos da peça – o dueto de amor e o monólogo final de Eddy – são inequivocamente operísticos e antecipam o tipo de construção de número que o compositor utilizará, dez anos depois, na sua segunda ópera.

Na verdade, Turnage diz que *Greek* é um rito de passagem e, se a compararmos com o que acontece, em seguida, na obra instrumental e na segunda ópera, podemos entender que, com seus elementos líricos e melancólicos, que parecem ganhar terreno em relação ao que é áspero e agressivo, a partitura realmente corresponde à tentativa do compositor de conciliar diversos aspectos de sua personalidade. Para Dennis Marks, diretor da English National Opera, *Greek* é "uma obra associada com o ato de se despedir e ir embora". De fato, na estrutura e na textura, a ópera parece estar em busca da superação de um radicalismo inicial que, nas obras subseqüentes, encontrará equilíbrio cada vez maior.

A musicóloga Amanda Holden, editora do *New Penguin Opera Guide*, subsídio bibliográfico indispensável para quem, hoje, dedica-se ao estudo da ópera, recebeu, em 2001, o Prêmio Olivier de "realização significativa no campo da ópera", pelo libreto de *The Silver Tassie*. O texto da segunda ópera de Turnage baseia-se na peça antibelicista do dramaturgo irlandês Sean O'Casey, escrita em 1926. A estréia, no Coliseum Theatre, em 16 de fevereiro de 2000, foi cuidadosamente preparada. Os assinantes receberam, antes do espetáculo, um CD com trechos selecionados, como um trailer do que iam ver. A boa resposta do público fez *A Copa de Prata* ser reprisada em junho de 2002. A ópera divide-se em quatro atos que recebem títulos.

*Home* – Os Heegan, em companhia de Susie, menina muito religiosa e ajuizada, que mora no apartamento ao lado, estão à espera que seu filho Harry volte de um jogo de futebol. A licença dele no exército termina hoje, e ele terá de retornar para a frente de batalha.

Os vizinhos brigam, e Mrs. Foran esconde-se em casa dos Heegan, para proteger-se da violência de Teddy, seu marido. Harry chega em casa, com Jessie, a namorada, e alguns jogadores de seu time. Está contente porque ganharam a copa, uma taça de prata que lhes será oficialmente entregue durante um baile, na próxima vez que vier em casa de licença. Harry e seu amigo Barney relembram como ganharam o jogo. Harry faz um brinde, cantando um poema de Robert Burns: "O bring to me a pot of wine, and fill it in a silver tassie". Depois, acompanhado de Barnie e Teddy, parte para as trincheiras.

*War* – Ouve-se um Patrulheiro cantando profecias bíblicas do fim dos tempos. Soldados assistem os carregadores de maca embarcando os feridos para um posto da Cruz Vermelha, e lamentam sua sorte. Chegam os pacotes que as famílias mandaram de casa para os soldados. Um deles contém uma bola de futebol e, subitamente alegres, eles iniciam um jogo improvisado, bruscamente interrompido por um ataque inimigo. Os oficiais exclamam: "To the guns!... He that can run, walk or even crawl!" (Para os canhões!... todos aqueles que conseguirem correr, andar ou até mesmo rastejar).

*Hospital* – Harry foi ferido e está internado, paralisado da cintura para baixo. No dia seguinte, será submetido a uma cirurgia, a última tentativa de devolver-lhe o uso das pernas. O médico que cuida dele, Dr. Maxwell, flerta com Susie que, agora, é enfermeira voluntária naquele hospital. Os pais de Harry vêm visitá-lo. Teddy, que perdeu a visão devido a um ferimento de combate, os acompanha com a sua mulher. Jessie veio também mas, apesar dos pedidos de Harry, que quer vê-la, recusa-se a entrar na enfermaria. Barney, que foi condecorado com a *Victoria Cross* por ter salvo a vida do amigo, traz-lhe de presente um *ukelele* (o instrumento havaiano). Entrega-lhe também o buquê de flores de Jessie, que ficou esperando no corredor. Harry fica desesperado com as suas sombrias perspectivas de futuro.

*Dance* – A operação não foi bem-sucedida. Empurrado por Barnie numa cadeira de rodas, Harry vai com Jessie ao baile do clube de futebol. Pede a copa de prata e bebe nela, rejeitando todas as manifestações de solidariedade de seus amigos. Durante o baile, Harry e Teddy comparam seus infortúnios: um não pode mais ver, o outro não pode mais andar. De repente, Harry vê Jessie aos beijos e abraços com Barney, tenta interrompê-los, e seu amigo lhe dá um safanão que o atira fora da cadeira. Quando o ajudam a sentar-se novamente, Barney lhe diz que deveria ser grato por ele lhe ter salvado a vida. Harry responde, angustiado: "My life? What life?! Christ Almighty, thank you for 'saving' this life!" (Minha vida? Que vida? Cristo todo poderoso, obrigado por 'salvar' essa vida!). Atira longe a taça de prata, e vai embora com Teddy. Susie observa, tristemente: "Whatever the tragedies of war, life must go on." (Sejam quais forem as tragédias, a vida tem de ir em frente). O baile continua.

A estrutura em quatro atos corresponde à forma sinfônica: *allegro* inicial sobre dois temas; movimento lento no ato II, que é dominado pelo coro masculino; *scherzo macabre* no III, que se passa na enfermaria do hospital, e tem um tom dolorosamente irônico; *allegro* final na animada cena do baile. "Desde que li pela primeira vez a peça, pensei na forma sinfônica", disse Turnage, numa entrevista pouco antes da estréia, admitindo ter seguido o exemplo de Alban Berg que, no *Wozzeck*, usa formas fixas para melhor integrar atos feitos de cenas curtas e fragmentárias. Interlúdios orquestrais ligam os atos I-II e III-IV; e existe a preocupação em atribuir sonoridades e coloridos vocais distintos – claros e ágeis nos atos I e IV, sombrios no II –, para diferenciar o clima de cada cena.

Há poucas árias: a mais marcante é a do Patrulheiro, cujas soturnas profecias sintetizam o lento e implacável deslizamento, quase strindberguiano, da esperança para o desespero, tema central da peça de O'Casey e da ópera. As cenas de conjunto são mais freqüentes do que em *Greek*. Entre elas, uma das mais felizes é o dueto de Harry e Teddy no ato IV. O coro, no ato II, em parte comentarista à maneira grega, em parte articulador das atitudes, tem importância fundamental. Evitando clichês, Turnage faz do colorido orquestral, basicamente entregue às cordas nesta cena, o principal meio de sugerir o terror e o desatino da situação em que a guerra coloca esses homens, que não sabem muito bem o que estão fazendo ali.

No ato I, comparecem alguns temas tradicionais. O mais importante é o utilizado no poema de Burns: ele forma o clímax do ato e retorna, invertido, no IV. O reaparecimento desses temas, de forma recorrente, em vários pontos da ópera, serve para amarrar musicalmente os diversos segmentos. No ato II, Turnage cita, com efeito lancinante, "We know we are here", canção militar autêntica da época da I Guerra Mundial. Mas o distorcido tango, de ritmos stravinskianos, que é tocado na cena do baile, é uma composição original sua.

A caracterização de personagens, não só as centrais, mas também as secundárias, é feita com bastante cuidado. No ato I, por exemplo, Sylvester Heegan, pai de Harry, bem-intencionado mas impotente, é muito bem traçado. Pode parecer estranho que Susie, a irritante beata que, a propósito de tudo, repete a frase "God is watching you" (Deus está te vigiando), vire a casaca, no hospital, e se envolva com o médico. Mas esse é o resultado, nela, da frustração emocional devido à atração – nunca claramente expressa, mas perceptível desde o começo da ópera – pelo atraente jogador de futebol que, a ela, prefere Jessie, mais sexy e bonita. Susie é, também, um testemunho expressivo sobre a transformação da moral convencional devido aos efeitos da guerra.

As linhas vocais da *Copa de Prata* devem mais ao modelo brittenniano do que à declamação das óperas dodecafônicas. Na verdade, desenvolvem tendências já perceptíveis, em Turnage, numa peça como *Twice through the Heart*. Momentos muito comoventes são obtidos com a música elegíaca do ato II, reminiscente às vezes do Shostakóvitch das sinfonias de guerra – em especial na forma como as percussões irrompem, descrevendo o ataque (em seu texto, O'Casey sugere uma série de canções de época, que deveriam ser intercaladas aos diálogos pois, a seu ver, "o canto poderia sugerir melhor o clima dessa parte da peça, do que a fala"). É bem-sucedido o contraste entre a voz muito profunda do Patrulheiro e as vozes de tenor agudo dos padioleiros. Disse a crítica Helen Elsom, a respeito da ópera:

Há pontos em comum entre *Greek* e *Silver Tassie*: o prazer em jogar com as modalidades vernáculas [o cockney londrino de um lado, o jeito irlandês de falar do outro], os ritmos angulosos, a inserção da música popular, a irresistível combinação de originalidade e tom dramático direto. Mas há, aqui, um uso sério e comovente da música e um humor menos cáustico na forma de trabalhar com o texto. Não há excesso tragicômico na história da destruição moral e física de Harry Heegan pela guerra.

A seriedade, de resto, o tom sombrio, angustiado tendem a ser constantes na música de Turnage. "Não é intencional", disse ele numa entrevista, "mas a música sempre parece fugir ao meu controle, para assumir esse tom melancólico. Na minha vida pessoal, sou otimista; na minha arte, não. Luto sempre para sair das trevas para a luz, mas não é sempre que o consigo."

Um álbum de dois CDs, contendo a gravação ao vivo da estréia de *The Silver Tassie* (Finley, Graham-Hall, Howells, Connolly, Tierney, Howell/Paul Daniels), deu início à série *ENO Alive*, destinada a documentar as montagens do Coliseum. O disco pode ser encomendado pelo site www.eno.org. e, em fevereiro de 2004, custava £12.99. Existe também uma versão filmada dessa estréia, que foi transmitida pela televisão inglesa e, portanto, pode estar disponível em vídeo.

A reação da crítica foi desencontrada. Enquanto Norman Lebrecht afirmava, em sua série semanal de artigos pela Internet, que *Silver Tassie* tinha sido "a noite de estréia mais importante da ópera inglesa, desde *Peter Grimes*" (de Britten), a crítica do *Guardian*, Helen Wright, foi da opinião de que "todo o elenco canta muito bem; só é pena eles não terem coisa melhor para cantar". E Marc Bridle, no *London Times*, queixou-se do desequilíbrio entre a orquestra e as vozes, lamentando que, às vezes, essas últimas fossem encobertas pelas texturas sinfônicas demasiado opacas. Talvez quem tenha razão seja Richard Whitehouse, da *Opera Review*, para quem "a emoção um tanto desordenada de *Greek* transmuta-se, agora, em compaixão madura, e a intensidade da expressão musical faz desejar as óperas futuras que Turnage possa vir a escrever".

O mesmo sentimento a respeito do absurdo da guerra, expresso em *The Silver Tassie*, manifesta-se em *Silent Cities* (1998), austero afresco sinfônico, tão complexo, do ponto de vista da concepção, quanto *Drowned Out*, mas com uma empostação expressiva mais direta e acessível. Está presente também em *The Game is Over* (O Jogo Acabou, 1998), peça para coro e orquestra sobre um poema de Ingeborg Bachmann. Embora não haja referências diretas à guerra, o texto, sobre dois homens que voam juntos para longe do Vale da Morte, com suas imagens surrealistas e seu desolado refrão "Dearest brother, my brother", lembra muito *Strange Meeting*, o famoso poema antibelicista de Wilfried Owen, que Turnage citava no programa da estréia de *Silver Tassie*. Numa entrevista, ele disse que talvez *O Jogo Acabou* tenha sido inconscientemente escrito como uma elegia para seu irmão Andy.

*About Time* (1999), encomendada pela Sinfônica da BBC para celebrar a passagem do milênio, é poliestilística e questiona a fronteira entre os procedimentos de escrita da música contemporânea e as práticas da chamada interpretação histórica autêntica. Essa obra foi a responsável pela nomeação de Turnage, em 2000, como o primeiro Compositor Associado da orquestra da BBC. Essa parceria com a BBCSO iniciou-se com *Another Set To*, para trombone e orquestra, destinado ao solista Christian Lindberg[25]. Na opinião da crítica, ela "anuncia a entrada desse compositor muito produtivo numa fase inteiramente nova". Outras peças recentes de Turnage são *A Quick Blast*, executada pela BBCSO no Festival de Cheltenham de 2001; *Bass Inventions*, que o contrabaixista Dave Holland estreou em Amsterdã, em maio de 2001; e *Dark Crossing* (novembro de 2001), escrita para a London Sinfonietta a pedido de seu ex-professor, Oliver Knussen.

## Sawer

Ao terminar os estudos na Universidade de York, David Sawer, nascido em Stockport em 1961, foi para Colônia fazer um estágio com Mauricio Kagel – e a idéia desse compositor de que o drama está inerente a toda execução musical perpassa toda a sua produção não-operística. Em peças como *Cat's-Eye* (1986) ou *Take Off* (1987), Sawer usa imagens visuais como catalisadoras dos processos musicais e, com freqüência, apresenta e desenvolve seus temas como se fossem personagens evoluindo num palco. *Tiroirs*, de 1997, é um exemplo particularmente virtuosístico dessa técnica.

A dimensão teatral da música de Sawer foi explorada em obras mais obviamente dramáticas – *Food of Love* (1988), para atriz e piano, ou a ópera de câmara *The Panic* (1991), para quatro solistas e conjunto de câmara –, antes de ele ter tentado a primeira experiência de ópera mais longa em *From Morning to Midnight* (Da manhã até Meia-Noite), encomendada em 1998 pela English National Opera. Com libreto que o próprio Sawer adaptou da peça *Von Morgen bis Mitternacht* (1912), do expressionista Georg Kaiser, ela estreou no Coliseum em 27 de abril de 2001, regida por Martyn Brabins e dirigida por Richard Jones, com John Daszak, Robert Poulton, Kathryn Harries e Gail Pearson nos papéis principais.

Sawer segue muito de perto a seqüência dos acontecimentos na peça de Kaiser. Um Caixa de Banco – que, como as demais personagens, nunca é chamado pelo nome – rouba 60 mil marcos do estabelecimento em que trabalha, numa cidade do interior, a pretexto de ajudar uma bela cliente. Ao ver-se, porém, de posse de tanto dinheiro, decide abandonar a família e ir para Berlim, atraído pelo fascínio da cidade grande. Na cena 3 do ato I, logo após ter roubado o dinheiro, o Caixa faz com a Morte um pacto fáustico: ela poderá vir buscá-lo à meia-noite se, pelo menos uma vez na vida, ele puder ter todos os prazeres que o dinheiro possibilita.

Quando o Caixa chega à capital, uma corrida de bicicletas está para ser realizada e ele institui prêmios enormes para os vencedores, o que faz a multidão ficar histérica e aclamá-lo entusiasticamente. Sentindo-se cheio de poder, ele vai para um cabaré e, com seu dinheiro, seduz, uma após outra, todas as garotas que ali trabalham mas, depois de possuí-las, sente-se enojado, cheio de sentimento de culpa e do medo de ser capturado. No fim da noite, uma garota do Exército de Salvação leva-o a uma reunião, onde ele vê seus próprios vícios refle-

---

25. Que esteve em São Paulo em julho-agosto de 2004, tocando a sua composição *Helikon Wasp*, e gravou um disco com a Osesp.

tidos nos pecados que as pessoas comuns estão confessando. Após fazer a sua própria confissão, tendo percebido o quanto o dinheiro o corrompeu, o Caixa atira o que sobrou à congregação. Está chegando a meia-noite. Enojado, ao ver como todos se jogam avidamente sobre as notas, brigando para agarrá-las, e sentindo-se também traído pela moça, que o denunciou à polícia, o Caixa se suicida.

Escrita vocal bem definida e orquestração transparente, com influência visível de Debussy e Messiaen, apóiam habilmente as cenas muito contrastadas de *Da Manhã Até a Meia-Noite*. Funcionam bem os traços minimalistas da primeira cena, usados para sugerir a rotina do trabalho no banco; e o dueto do Caixa com a Cliente é um bom exemplo de diálogo de surdos. É irônico o uso do tema do Tannhäuser na cena passada em casa do Caixa, quando a sua família se dá conta de que ele a trocou pela ilusão dos prazeres mundanos, aqui equacionados com o Venusberg. O caos da cena de multidão, durante a corrida de bicicletas no Velódromo de Berlim, culmina no *coup de théâtre* da chegada do Kaiser, de uma forma que lembra a entrada da tsarina no baile da *Dama de Espadas*, de Tchaikóvski. Na seqüência de tom surrealista, passada no cabaré, há as inevitáveis referências à vanguarda berlinense da década de 1920. Musicalmente, ela tem a forma interessante de um scherzo com três trios. O sarcasmo de Kaiser-Sawer atinge o ponto mais forte na cena em que os freqüentadores do Exército da Salvação confessam seus pecados e, logo em seguida, por puro oportunismo, jogam às urtigas a sua contrição. Diante de toda essa corrupção e ausência de valores, o suicídio do Caixa chega a assumir uma dimensão heróica nitzscheana.

## Toovey

Predominantemente agitada na superfície, mas possuindo em seu cerne radiosa serenidade, o dualismo da música de Andrew Toovey – nascido em 1962 – a faz olhar tanto para a escola de John Cage, com seus elementos aleatórios e iconoclastas, quanto para a da *New Complexity*, de Brian Ferneyhough e Michael Finnissy, cheia de urgência expressionista, mas também preocupada em exercer rigoroso controle de todos os detalhes da composição. Aluno de Jonathan Harvey e do americano Morton Feldman, o fascínio de Toovey pela correlação da música com as outras artes faz com que busque suas fontes de inspiração ora no teatro de Antonin Artaud, ora na poesia de e. e. cummings ou na pintura de Mark Rothko ou Francis Bacon.

Trabalhando com o Ixion, grupo dedicado à execução de música contemporânea, compôs para ele um número considerável de peças de câmara, entre as quais *Adam* (1989) e sua seqüência, *Adam Adamah* (1991). A algumas dessas composições, Toovey deu o nome de *combines*, porque elas podem "encaixar-se" uma na outra, gerando uma terceira; ou são previstas de forma a admitir a execução simultânea. A agressividade assumida de suas óperas *The Spurt of Blood* (1990) e *Ubu Roi* (1992), da peça pré-surrealista de Alfred Jarry[26] – na mesma linha violenta do *Punch and Judy* de Birtwistle – causou escândalo e polêmica na época da estréia. É a mesma atitude provocadora que encontramos no quarteto para piano de 1993, intitulado *Fetish Figure (Timid Brute)* – um tom que lembra o de *Three Screaming Popes*, peça orquestral do início da carreira de Mark-Anthony Turnage, a partir do quadro de Francis Bacon, o mesmo pintor no qual Toovey busca inspiração. Essas duas obras para o palco, e também a infantil *The Juniper Tree* (1995)[27], foram estreadas no Banff Arts Centre, do Canadá, onde Toovey foi compositor residente durante quatro anos.

O próprio Toovey escreveu o libreto de *The Spurt of Blood* – que assume a forma de um ciclo de canções encenado, como as *Eight Songs for a Mad King*, de Maxwell Davies –, a partir de textos de Antonin Artaud. A estréia foi em The Club, pertencente ao Banff Arts Centre, no Canadá, em 22 de agosto de 1998, com regência de Michael McMahon e direção cênica de Graham Cozzubbo. A peça é escrita para soprano, contralto, contra-tenor e

---

26. Também musicada, no ano anterior, por Krzysztof Penderecki: Ubu Rex (1991).

27. Baseada no mesmo conto dos irmãos Grimm que inspirou Philip Glass e Robert Moran – ver *A Ópera nos Estados Unidos*, desta coleção.

um conjunto de violoncelo, clarineta, tuba e percussão. Uma palheta áspera, angulosa, cheia de contradições musicais, coloca-se a serviço dos textos de Artaud, despreocupados de lógica formal. A música ora explode em ruídos muito crus, ora se entrega à melancólica cascata de ornamentações do contratenor, numa cantilena feita de palavras sem sentido, influenciada pelos rituais alucinógenos dos índios mexicanos Tarahumara, cuja reserva Artaud visitou.

A noção de contradição musical, que está na base da partitura, relaciona-se, segundo Toovey, com a contradição fundamental de Artaud como homem e artista. De um lado, o rosto bonito, ascético, de olhos brilhantes, cheio de espiritualidade, tal como o artista apareceu, por exemplo, fazendo um dos juízes da *Joana d'Arc,* o famoso filme de Carl Dreyer. Do outro, a imagem do fim da vida, do homem desdentado e decrépito, que passou anos confinado num hospício. Os textos de Artaud ora mostram o devoto do cristianismo, ora o ateu que blasfema, defende a ação política mais anárquica e violenta, e busca aniquilar-se no excesso sexual, visto como a fonte última de todos os males da humanidade. Partindo do conceito de Artaud de que "o teatro não precisa ter acessórios", Toovey escreve uma peça de *music-theatre* em que, como ele diz, "a música não precisa ser retórica em seus gestos, e sim espelhar o drama das palavras".

Em 2004, a English Touring Opera lhe encomendou a mini-ópera *I'll Be There for You*, baseada em uma novela de James Purdy, prevista para estrear em 2006. Também em 2004, o Festival William Primrose, que se realiza na Escócia, apresentou seu *Concerto para Viola* e a suíte orquestral extraída de *Ubu Roi*. A forte ligação de Toovey com os artistas plásticos confirma-se em *Transparencies*, para solo de violino, e *Nôh*, para solo de violoncelo: ambas concebidas para execução na abertura das exposições do pintor Julian Grater e do escultor John Davies. Outras encomendas recebidas por esse ativo artista:

- *Music for the Painter Jack Smith*, a ser executada no Festival de Brighton de 2005;
- *Dutch Dykes*, a ser estreada pelo conjunto holandês De Ereprijs;
- *Self portrait as a Tiger!*, para o Ensemble Reconsil Wein;
- e uma peça para o Quarteto Szymanowski, da BBC.

## Horne

Desde os dezessete anos, ao vencer, como pianista, o concurso BBC Young Musician of the Year, o escocês David Horne – nascido em Stirling em 1970 – começou a chamar atenção para seu nome. Dois anos depois, estreou nos BBC Proms como pianista, e conquistou, no Festival de Música Contemporânea de Huddersfield, o prêmio de Compositor Extremamente Promissor. Seus estudos, iniciados na Escócia, prosseguiram nos Estados Unidos, com bolsas para o Curtis Institute, onde foi aluno de Ned Rorem, e para a Universidade de Harvard. Antes de sua ópera mais conhecida, Horne tinha escrito, ao retornar à Grã-Bretanha, o *Concerto para Piano* (1993), a peça de *music-theatre* intitulada *Beyond the Blue Horizon* (1997), e duas óperas de câmara sobre temas contemporâneos:

- *Jason Field* (1993), a respeito do assassinato de um garoto e do tipo de cobertura sensacionalista que os meios de comunicação lhe dão;
- e *Travellers* (1994), sobre o conflito entre um proprietário de terras e os membros de uma seita fundamentalista que nela se instalam.

A personalidade do reformador escocês Thomas Muir, que viveu no século XVIII, inspirou a Robert Maclennan o libreto de *Friend of the People* (O Amigo do Povo), que estreou no Theatre Royal, de Glasgow, em 6 de novembro de 1999. Como esse era o ano da reabertura do Parlamento escocês, o público esperava que a ópera tivesse postura radical a respeito das controvertidas exigências de maior autonomia política para a Escócia, dentro da Comunidade Britânica. Mas, contrariando as expectativas gerais, Horne declarou estar mais interessado na personalidade de Muir e, em especial, nas suas falhas como indivíduo que, se por um lado comprometeram de certa forma a sua pregação, por outro, contribuíram para tornar historicamente fascinante essa figura ambígua. Ao reconstituir o trajeto de Muir, de ativista a refugiado político, a ópera questiona tanto os seus ideais quanto as suas realizações.

A partitura é muito criativa, em especial nas numerosas variações que faz, ao longo da história, com a série recorrente de acordes apresentada logo no início do prólogo. Com essas variações, Horne sinaliza as diversas etapas da evolução psicológica da personagem. Mas, nessa sua primeira experiência de ópera em três atos, para grande orquestra, não obtém resultados teatralmente tão eficientes quanto nas duas óperas de câmara precedentes. Na opinião de Stephen Johnson, principal crítico de música do jornal *The Scotsman*, isso se deve não só ao estilo verista de um libreto um tanto sentencioso, mas também ao fato de que, "com freqüência, a música parece mais preocupada com seus próprios processos de elaboração do que com o envolvimento que precisa ter com os pensamentos, sentimentos e ações das personagens".

# Paredes

Nascida em 1959 na Cidade do México, onde estudou piano e flauta, Hilda Paredes instalou-se em 1979 em Londres onde, para se manter, fazia arranjos de música clássica e popular para vários conjuntos, com os quais, às vezes, tocava. Enquanto isso, estudava na Guildhall School of Music e seguia as *masterclasses* de Peter Maxwell Davies e Richard Rodney Bennett, na Dartington Summer School. Fez mestrado na City University, de Londres, doutorado na Universidade de Manchester e, em 1988, recebeu o Music for Dance Award, do Arts Council of Great Britain, pelo balé *El Prestidigitador*. Outros convites vieram, depois disso, para trabalhar com companhias profissionais de dança.

Em 1989, Paredes participou do Garden Venture Opera Project, organizado em Dartington com patrocínio do Covent Garden e, no ano seguinte, graças a uma bolsa do Arts Council, o selo Mode Records pôde gravar e distribuir sua ópera de câmara *The Seventh Seed* (A Sétima Semente). Nesse mesmo ano, ela voltou a seu país, onde tornou-se professora da Univerisdade do México, fez um importante programa de rádio destinado à divulgação de música contemporânea e colaborou com a Orquesta de Baja Califórnia, arranjando e regendo música tradicional mexicana e espanhola. Mas a carreira de Paredes – que voltou para Londres no final da década de 1990 – permaneceu muito ligada à vida musical britânica, razão pela qual é justo inseri-la neste contexto.

A escritora mexicana Adriana Díaz Enciso a ajudou na redação do libreto, em espanhol e inglês, de *The Phantom Palace*, baseada no romance *La Casa de los Espíritus*, de Isabel Allende. Encomendada pelo grupo alemão Stuttgarter Neue Vocalsolisten e pelo English National Opera Studio, de Londres, essa ópera de câmara estreou em 12 de junho de 2003, no Festival de Huddersfield, em New Haven, EUA, dirigida por Carlos Wagner, com cenários e figurinos de Mauricio Elorriaga. Fruto típico da atual globalização cultural, essa ópera inglesa, produzida por artistas mexicanos e estreada na Alemanha – mas logo em seguida cantada na Inglaterra pela English National Opera – é a imagem do que promete ser a ópera do futuro, incorporando vozes e perspectivas multiculturais (subsídios nesse sentido, o leitor encontrará também nos capítulos sobre as realizações operísticas mais recentes em *A Ópera nos Estados Unidos*, desta coleção).

A livre adaptação que Díaz Enciso fez do poderoso romance de Isabel Allende, que já foi levado ao cinema pelo dinamarquês Bille August[28], transforma a personagem da família chilena Trueba em Marcia Lieberman. Mulher de um diplomata que foi mandado para um país latino-americano não identificado, ela cai nas graças do ditador local, ironicamente chamado de El Benefactor. Ele a seqüestra, tranca-a em uma casa isolada e a submete a diversas formas de sevícias sexuais. O romance de Isabel Allende, que é uma metáfora da trágica história social e política dos países sul-americanos, no século XX, freqüentemente oprimidos por

---

28. *A Casa dos Espíritos* (*The House of the Spirits*), filmado em 1993, tem um belo elenco: Meryl Streep, Glenn Close, Jeremy Irons, Winona Ryder, Antonio Banderas, Vanessa Redgrave.

regimes totalitários, recebe cores ainda mais sombrias e violentas na versão de Paredes-Enciso pois, quando o marido de Marcia descobre seu paradeiro, o Benfeitor recusa-se a devolvê-la e ordena-lhe que deixe o país – o que ele faz.

Há, nessa tragédia de cunho político, um pessimismo que a torna reminiscente do *Cônsul*, de Gian-Carlo Menotti. A partitura é escrita para uma pequena orquestra de dezessete instrumentos, três solistas, um coro de seis cantores e cinco atores. A direção de Carlos Wagner, estribada na imagística dos romances da chamada escola de realismo mágico latino-americano, à qual Allende pertence, forneceu uma moldura muito adequada para a música de Paredes, que combina os procedimentos da música européia com os toques exóticos de sua origem centro-americana. A princípio contendo alguns momentos líricos, o drama vai crescendo em amargor e violência. Talvez a ópera parecesse maniqueísta em sua visão, se a música de Hilda Paredes não tivesse uma urgência dramática que, à crítica, pareceu superar e equilibrar alguns desníveis do texto. Não está ausente da obra o tom provocador, irreverente mas, ao mesmo tempo, profundamente irônico de Maxwell Davies, de quem Paredes foi aluna.

## Adès

Na década de 1990, o londrino Thomas Adès – nascido em 1971 – surgiu como um dos nomes mais promissores da nova geração. Aluno de piano de Paul Berkowitz na Guildhall School, continuou os estudos de composição, no King's College da Universidade de Cambridge, com Hugh Wood, Alexander Goehr e Robin Holloway. Ainda não tinha se graduado ao chamar a atenção para seu nome com a *Sinfonia de Câmara* (1990), estreada pela Filarmônica da BBC. Nos anos seguintes, diversas outras obras confirmaram a promessa: *Still Sorrowing*, para piano; o ciclo de canções *Five Eliot Landscapes*, sobre poemas de T. S. Eliot; a canção orquestral *Life Story*; o poema sinfônico *Living Toys*, para conjunto de câmara; o quarteto *Arcadiana*; e a peça orquestral *Asyla* que, em 1999, ganhou o Prêmio Grawemeyer. Paralelamente, Adès vem fazendo carreira como pianista e regente: foi muito bem recebido o *Concerto Conciso*, de 1997, que estreou como solista e regente. A partir de 1999, tornou-se diretor artístico do Festival de Aldeburgh. Em 2000, além do Prêmio Siemens, Thomas Adès recebeu, da Filarmônica de Nova York, a encomenda de uma peça para comemorar a passagem do milênio.

Embora não se trate de uma ópera, *America: a Prophecy* merece que se fale dela em detalhe pois, em vista dos acontecimentos do 11 de setembro, assume caráter quase profético. O texto desse ciclo de canções estreado no Avery Fisher Hall em novembro de 1999, vem de um poema maia recolhido, no século XVI, pelo espanhol Matteo Flexa. Adès entrou em contato com ele durante uma viagem turística a Belize. Repetidas hoje, as palavras do autor desconhecido maia são impressionantes:

> Oh my people, prepare, people walking as if in their dreams, exhausted from fornication and carousing. They will come from the East, our cities will fall, our trees will be scaffolds ... On earth we shall burn, we shall turn to ash...they will burn everything twixt earth and sky...

E o que dizem os atacantes vindos do Leste?

> Good soldiers should not expect anything from this world. If they triumph, they shall have their rewards in the eternal honour of Heaven. By this war, our Faith shall conquer the world.

> (Ó, meu povo, prepare-se, povo que anda como se fosse em sonhos, exausto de tanto fornicar e farrear. Eles virão do Leste, as nossas cidades hão de cair, nossas árvores se transformarão em cadafalsos... Arderemos na terra, seremos transformados em cinzas... eles hão de queimar tudo entre a terra e o céu.//Bons soldados nada devem esperar deste mundo. Se triunfarem, terão sua recompensa na honra eterna do Céu. Com esta guerra, a nossa Fé há de conquistar o mundo.)

Não, o texto dessa "message for the millennium" não foi extraído de um manual de instruções do al-Qaeda.

O caráter sexualmente explícito da primeira ópera de Adès a cercou de um renome sensacionalista que, de certa forma, deixou à sombra o aspecto inovador e artesanalmente bem cuidado da partitura. A princípio, o compositor e seu libretista, Philip Hensher – autor do apreciado romance *Other Lulus* – tinham pensado na *Lolita*, de Vladímir Nabókov, como tema para um drama lírico. Depois, optaram por evocar a vida de Margaret Sweeny, a duquesa de Argyll, e o escândalo que marcou seu divórcio, em 1963 – sempre o "nineteen sixty-three" de Philip Larkin!

Margaret Whighman, nascida em 1912, de origem humilde, era bonita, charmosa, inteligente. Casou-se com um certo Sweeny, mas separou-se dele ao conhecer o duque de Argyll, que a tomou como esposa. Suas infidelidades levaram a um rumoroso processo de divórcio, no qual a peça chave da acusação era uma polaróide mostrando-a numa cena de sexo oral (foi necessário o depoimento de especialistas, para demonstrar que o membro retratado na foto não pertencia a conhecido integrante da Câmara dos Comuns). "Go to bed early and often" (Vá para cama cedo e com freqüência), era o lema da duquesa de Argyll, diziam. A sentença do juiz, Lord Wheatley, a descrevia como "uma mulher que, tendo deixado de se satisfazer com as relações sexuais normais, passara a buscar, em atividades repulsivas, o meio de gratificar um apetite sexual pervertido". Margaret Sweeny perdeu o título, mas não a pose. Continuou aparecendo nas manchetes, devido à vida extravagante que levava. Em 1972, ofereceu uma grande festa para comemorar os 80 anos de seu amigo, o milionário Jean-Paul Getty; e o príncipe Michel de Kent era conviva assíduo de seus jantares. Por maior que fosse a pensão do ex-marido, um dia o dinheiro acabou. Em 1990, Margaret foi despejada da cobertura do Hotel Dorchester, onde morava, pois devia £33.000 de aluguel. Morreu na miséria, em 1993, no Asilo St. George, do bairro de Pimlico. Na autobiografia *Forget Not*, publicada em 1975, a ex-duquesa de Argyll deixou o relato sóbr.o e bastante comovente de uma vida brilhante mas, no fundo, muito solitária.

Em *Powder Her Face*, Henscher e Adès fazem o retrato de uma figura trágica que "por fora, era toda enfeites - pó-de-arroz, perfumes, cosméticos, peles – mas nada tinha por dentro". Retratando-a, fazem uma espécie de *cabaret opera* com quatro cantores, oito cenas e números fechados, escrita para quinze instrumentistas. A Duquesa, um soprano dramático, é o único papel individual; os três outros cantores se revezam em diversas personagens. A *Helden-Soubrette*, como Adès a chama (soprano ligeiro heróico, o que é, no mínimo, uma designação insólita), representa todas as mulheres que, por um motivo ou por outro, invejavam a duquesa e queriam ver a sua caveira. O tenor lírico e o baixo interpretam os diversos homens que passaram pela vida de Margaret. *Empoem o Rosto Dela* subiu à cena no Everyman Theatre, de Cheltenham, em 1º de julho de 1995. No ano seguinte, Adès fez, para o selo EMI, a gravação com o elenco da estréia (Gómez, Anderson, Morris, Bryson).

*No quarto do hotel, em 1990* – O Eletricista, que veio consertar a chaleira elétrica da duquesa, diverte a Criada imitando a patroa, e canta a paródia obscena da canção *Love me*, de Cole Porter, em outros tempos composta para ela:

> Why don't you suck me off until you can't take more?
> I'll really ram it in your jaw,
> because you practice every night fellatio:
> it's the most delightful art you know.
>
> (Por que você não me chupa até não agüentar mais? Vou enfiá-lo pela sua garganta abaixo, porque você pratica a felação todas as noites: é a arte mais deliciosa que você conhece.)

A duquesa chega, ouve-o cantando e, melancolicamente, relembra seus velhos tempos, preparando-se para o retorno do duque. No interlúdio, uma misteriosa silhueta masculina é vista ao fundo, por trás da porta entreaberta, contra um brilhante fundo luminoso.

*Em 1934 na casa de campo do duque* – A duquesa troca confidências com uma amiga sobre seu divórcio, o casamento com o duque e o tédio de sua vida: "I could never grow bored of dukedoms. But now I am so bored". O recepcionista do hotel assiste à conversa e canta a sua canção favorita (parodiada na primeira cena).

*Em 1936* – A festa de casamento, durante a qual uma garçonete canta uma longa ária em que diz: "Imagine ser rica, bonita, ter dinheiro para jogar e não dar a mínima para isso". No fundo, numa série de quadros de tom surrealista, a duquesa, o duque e um padre são vistos em posturas muito suspeitas.

*Em 1953* – A Duquesa, hospedada em um hotel londrino para assistir à coroação da Rainha, pede o serviço de quarto e seduz o garçom. A sua linha de canto é gargarejada porque, depois do sexo oral, ela está com a boca cheia. Uma lâmpada estoura, no momento do orgasmo do garçom. Ele aceita a gorjeta que a Duquesa lhe oferece, depois sai contando a todo mundo que ela age assim freqüentemente.

*No mesmo ano* – O Duque vai visitar sua amante e esta lhe conta que toda Londres comenta as infidelidades de sua mulher. Numa pantomima, encoraja-o a procurar, na bolsa dela, provas de sua traição. O Duque encontra a polaróide com a cena de sexo oral. "Ela está nas suas garras", exulta a amante. Aqui pode ser feito um intervalo, caso se queira apresentar a ópera em dois atos.

*Em 1956* – O processo de divórcio está chegando ao fim. Dois cidadãos respeitáveis comentam os detalhes escabrosos trazidos à corte. Na longa ária "Order. Silence. Justice", o juiz condena a imoralidade da Duquesa e louva a paciência do Duque. Os modelos para essa passacalha, que exige do cantor ir do dó sustenido grave ao fá agudo, duas oitavas acima, são o Dr. Schön e o Schigolch da *Lulu*, de Alban Berg. Quando ele termina, a Duquesa reage dignamente na ária "So that is all, I am judged. I do not care." Adès cita o tema de Baba the Turk, no *Rake's Progress*, de Stravínski, e um verso da *Duquesa de Malfi,* de John Webster: "I am a Duchess still." Música da *Carreira do Libertino* soa novamente quando Margaret pede: "Summon my car" e, como ele não vem, vai embora a pé.

*Em 1970* – Margaret é entrevistada, no quarto de hotel em que mora, por uma Colunista Social. Faz observações fúteis ("Água quente resseca a pele"), mas também comentários preconceituosos à vida social ("Pretos andam comprando casas em bairros chiques e os judeus estão em toda parte."). São interrompidos pelo tenor que vem fazer entregas e, depois, como funcionário do hotel traz à ex-Duquesa a sua conta.

*Em 1990* – O Gerente do Hotel vem dizer a Margaret que deve desocupar o quarto dentro de uma hora, já que não tem mais como pagar a conta. Depois que ele sai, Margaret relembra seus poucos momentos de felicidade, aterrorizada com o que lhe acontecerá agora. Quando o Gerente volta, tenta seduzi-lo ("It won't take long, and it will make you happy"), mas ele rejeita essa mulher envelhecida e, agora, sem os atrativos sexuais de antes. A duquesa vai embora carregando o toca-discos e tentando ouvir, uma vez mais, a canção que, um dia, lhe dedicaram. Mas ouvimos apenas o rangido da agulha sobre a borracha do prato.

*Epílogo Fantasma* – O Eletricista e a Criada de Quarto saem de detrás da cama, arrancam seus lençóis, brincam sensualmente em cima dela, o rapaz tentando possuí-la, a moça se esquivando e fugindo. As últimas palavras que dizem são uma citação dos Provérbios do Inferno, no *Marriage of Heaven and Hell*, de William Blake: A Criada – "Enough!" / O Eletricista – "Or too much!"

*Powder Her Face* é escrita para quinze instrumentistas: três clarinetas (dobrando com saxofone, clarineta baixa e clarineta-contrabaixo), trompa, trompete, trombone, percussão, quinteto de cordas, piano, harpa e bandoneon. À harpa cabe sugerir o exterior decorativo – perfumes, jóias, vestidos caros – da vida da Duquesa. Como nas peças instrumentais de Adès, exigências muito rigorosas são feitas aos executantes. A trompa tem de tocar nos registros muito grave ou muito agudo. Do trompete, exige-se que faça difíceis ornamentações em surdina. O percussionista tem de trabalhar com diversos objetos que fazem ruídos estranhos. O uso do bandoneon, além de relacionar-se com a admiração de Adès pela música de Astor Piazzolla, refere-se também ao fato de a primeira apresentação londrina do acordeonista americano Larry Adler ter sido, em 1934, numa festa que a Duquesa ofereceu ao príncipe de Gales. Adler ficou amigo de Margaret e, quando ela morreu, tocou em seu enterro.

Adès não tenta esconder as influências sobre a sua escrita: tango, canções de cabaré, as óperas politizadas de Weill-Brecht, Alban Berg, o Stravínski da *Carreira do Libertino*, o Britten da *Volta do Parafuso*. Foi ele quem sugeriu ao libretista a cena em que Margaret sai do palco carregando o toca-discos, inspirada em uma seqüência de *Don't Tell Alfred*, popular romance de Nancy Mitford. Mas é muito pessoal a maneira como funde e unifica todos esses aportes externos. É individual e flexível, por exemplo, o uso que faz, como tema recorrente, de um intervalo em expansão ouvido desde o *tango mortale* com que a ópera começa, e a progressão de acordes dela resultante.

No Guardian de 11 de fevereiro de 2004, Rupert Christiansen escreveu:

> Sempre vi *Powder Her Face* com um certo ceticismo. Composta de forma prodigiosa quando Thomas Adès tinha pouco mais de vinte anos, ela apresentava sofisticados jogos formais mas, a despeito de toda a sua fluência técnica, havia algo de sem coração naquele brilhante exercício de estilo, que nos fazia pensar para que lado Adès iria e o que estaria sentindo, a compor a sua segunda ópera. Oito anos depois, eis a resposta.

Em 2001, a direção da Royal Opera House Covent Garden pediu a Adès que compusesse o título com que o teatro reabriria, após a longa reforma a que tinha sido submetido. A encomenda foi feita em regime de co-produção com a Ópera Real da Dinamarca e o Opéra du Rhin, de Estrasburgo, salas que encenaram *The Tempest* logo após a estréia londrina. O libreto foi pedido à poeta e autora de teatro Meredith Oakes que, em vez de condensar o texto de Shakespeare – como Britten fizera no *Sonho de uma Noite de Verão* –, parafraseou-o numa versão em que, preservando o espírito do original, reescreveu-o numa linguagem moderna, rimada, mas de tom mais acessível para o público contemporâneo. O tempo necessário para o libreto ficar pronto e o perfeccionismo de Adès fizeram com que ele continuasse trabalhando na partitura mesmo depois de os ensaios terem começado. Os últimos retoques orquestrais foram dados à véspera do ensaio geral.

A bem-sucedida estréia, em 10 de fevereiro de 2004, regida pelo autor, foi dirigida por Tom Cairns, com cenários e figurinos de Moritz Junge. O elenco unia nomes já consagrados – Simon Keenleyside (Próspero), Ian Boastridge (Caliban), Philip Langridge (o rei de Nápoles), Gwynne Howell (Gonzalo) – e talentosos iniciantes: Christine Rice e Toby Spence (Miranda e Ferdinando) e, especialmente, Cyndia Sieden, aplaudidíssima em sua interpretação do difícil papel de Ariel. Recebi de André Heller[29], que participou do espetáculo como assistente de direção de Cairns, uma gravação privada da estréia, e lhe agradeço por esse precioso subsídio a meu trabalho.

No *Guardian* de 12 de fevereiro, Charlotte Higgins chamou a estréia da *Tempestade* de "a special event in British musical history". Se, para *Powder Her Face*, Adès usara uma linguagem angulosa, dissonante, modernista, para a fábula shakespeareana utilizou um idioma melodioso, comparativamente mais tradicional do que o de suas peças orquestrais, mas conservando os elementos distintivos de seu estilo individual. Cada personagem habita um mundo musical claramente identificável. Se Próspero tem, na cena de abertura, um rompante de fúria pontuado pelas estocadas dos metais, o seu discurso – a maior parte dele de estilo declamatório – assume, em seguida, o caráter mutante que corresponde ao mágico, sempre capaz de encontrar, para situações diferentes, soluções diferentes. Enquanto as linhas vocais de Ariel levam o soprano coloratura aos limites do registro – sua primeira ária apresenta uma seqüência temível de dezesseis notas agudíssimas muito próximas –, o casal de namorados expressa-se em doces cantabiles em graus conjuntos, cuja estrutura sugere a afinidade de sentimentos que os une. Essa escrita vocal muito variada é emoldurada por um acompanhamento orquestral muito rico. Andrew Clements assim o descreveu, em sua resenha da estréia, no *Guardian*:

> Há mutáveis névoas das cordas em surdina, riachos de sons das madeiras, sublinhando quase tudo, da mesma forma que, nos três atos, há momentos que, sob todos os pontos de vista, são de uma pura beleza, de fazer parar o coração; passagens nas quais a música parece estar impregnada de uma incomensurável profundidade de sentimento.

O ritmo dramático, no início, é um tanto lento, e a fase de situação da intriga pode arrastar-se um pouco, se a regência não manti-

---

29. O carioca André Heller especializou-se na direção de ópera, tendo produzido, no Brasil, entre outras, *A Ópera dos Três Vinténs*, de Kurt Weill (Rio de Janeiro), *Cavalleria Rusticana*, de Mascagni (Manaus), *Domitila* e *O Anjo Negro*, de João Guilherme Ripper (São Paulo), além de *L'Oca del Cairo*, a ópera inacabada de Mozart, encenada privadamente na residência de Bea e Pepe Esteves, na Chácara Flora (SP).

ver o pulso e os cantores não forem intérpretes de primeira água – como aconteceu na estréia. Mas todo o final – a mágica de Próspero se rompe ("Now my work is at an end, I can mar and I can mend"); Ariel é libertado e reduzido ao silêncio; e Caliban coroa-se rei da ilha – é magnificamente conduzido, como um longo e lento *fade out* de efeito dramático muito convincente. Individualmente, há grandes chances oferecidas aos cantores:

- as árias estratosféricas de Ariel – "Full fathom five", em especial – que exploraram ao máximo os recursos virtuosísticos de Cynthia Sieden;
- a bela ária de Caliban, em que Ian Bostridge, renomado intérprete de *lieder*, mostrou a sua capacidade de dar a cada palavra o sentido e o peso exatos; Andrew Clark, no *Financial Times*, comparou sua caracterização à de "uma estrela de rock que canta como um madrigalista do período Tudor";
- a emoção contida da cena em que o rei de Nápoles se reencontra com Ferdinando.

Do ponto de vista vocal, *A Tempestade* é extremamente cantável, e o que melhor demonstra isso são os dois intensos duetos de amor, de um estilo declaradamente romântico, que quer se inserir na mais consagrada tradição operística dos números desse gênero. Mais do que em *Powder Her Face*, são visíveis os modelos do passado em que Adès se inspira: a fluidez de texturas de Debussy e Ravel; o lado mais áspero e incisivo da declamação britteniana; a clareza de organização e a elegância do pastiche neobarroco na *Ariadne auf Naxos* straussiana; a turbulência wagneriana de algumas cenas de grande efeito, contrabalançada pela simplicidade elizabetana, quando é necessário sugerir o caráter intemporal da fábula (e aqui, às vezes, vêm-nos à memória inevitáveis lembranças tanto de Purcell quanto do *Midsummer Night's Dream*, de Britten). Mas esse conjunto de referências, que situa a *Tempestade* dentro de uma continuidade histórica, é ao mesmo tempo individualizada pela voz de Adès, que se move imperceptivelmente, e com inegável magia, por meio do multifacetado espectro instrumental, desde os gélidos acordes da harpa, da flauta ou das percussões afinadas (xilofones, celesta),

até as cordas opulentas ou as intervenções retóricas dos metais. Para terminar, ouçamos Andrew Clark, no *Financial Times*:

> A ópera é, de fato, uma criação surpreendentemente segura, acrescentando nova amplitude e grau de seriedade à personalidade criativa de Adès. Apesar de suas palavras e música refletirem muito o gosto inglês, esta é uma obra que possui pernas para viajar. Sem ser demasiado longa ou complexa, ela retém senso de mistério e inclui momentos de grande beleza. É, em suma, uma ópera muito boa de ouvir.

## Últimas Notícias

Foi unanimemente negativa a reação da crítica à estréia, em 3 de maio de 2005, no Covent Graden, de *1984*, baseada na conhecida novela de George Orwell. Com o libreto de J. D. McClatchy – autor da bem-sucedida *Emmeline*, do americano Tobias Picker – e de Thomas Meehan, *1984* foi composta pelo maestro Lorin Maazel, que regeu o espetáculo tendo, nos papéis principais, o barítono Simon Keenlyside (Winston), o soprano Nancy Gustafson (Julia) e o tenor Richard Margison (O' Brien).

No *Guardian* de 4.5, Andrew Clements concluiu que era "chocante a Royal Opera encenar uma nova ópera tão lamentavelmente carente de interesse musical". O libreto, na opinião de Clements, "substitui a prosa límpida e elegante de Orwell por uma mistura de Kitsch e clichês [...], com personagens sem qualquer profundidade, que parecem recortados em papelão". Quanto à partitura:

> Maazel limitou-se a fornecer à história uma trilha sonora, com música que é uma verdadeira antologia dos mais óbvios empréstimos. A aparição de um coro infantil provoca escrita que melhor estaria em *Oliver*, o musical de Lionel Bart; as cenas de amor oscilam entre o verismo pseudo-pucciniano e as peças de Rodgers & Hammerstein; a tensão crescente é expressa em ostinatos que lembram os antigos filmes de terror dos estúdios Hammer; e os momentos de sátira, sempre de mão pesada, evocam o espírito década de 20 de Kurt Weill. Quando O' Brien diz a Winston que ele tem de aprender a amar o Grande Irmão, a melodia que Maazel usa é mais apropriada para vender sorvete na esquina, do que como o clímax de uma ópera supostamente séria.

Esteve presente ao espetáculo o crítico do New York Times, Anthony Tommasini, que também foi bastante severo:

Infelizmente, a ópera é comprometida pela partitura indistinta de Maazel. A música nunca deixa de ser extremamente profissional mas, como compositor, Maazel carece de voz pessoal. É difícil definir teoricamente o que constitui a voz individual de um compositor. Mas, quando a gente ouve, fica logo sabendo. [...] Músico experiente, Maazel demonstra conhecer os estilos e técnicas da música do século XX, que domina com desenvoltura. Mas essa familiaridade talvez seja exatamente o problema: ao longo da ópera, ouvem-se sugestões fugitivas das texturas de Ligeti, da linguagem atonal de Berg, dos coloridos opulentos de Messiaen, do arrojado lirismo harmônico de Berio, até mesmo do jazz da década de 40, temperado por elementos dodecafônicos. [...] Com sua misturada de veemência e sentimentalismo, é muito a impressão que se tem de que a música serve apenas de apoio ao drama, como se passasse da trilha sonora de um filme modernoso.

Os dois críticos, entretanto, não pouparam elogios aos intérpretes, em especial a Keenleyside, que Tommasini chamou de "o Ralph Fiennes dos barítonos", pelas suas qualidades como ator.

Na data de fechamento deste livro, não foi possível incluir informações mais detalhadas sobre obras que estavam programadas para temporadas posteriores a 2005. Mas registro aqui a notícia, para dar ao leitor a medida de quanto permanece viva a ópera como gênero:

- O compositor irlandês Ian Wilson que, em 2001 tinha surgido como uma revelação, graças à peça *Man-o'-War*, para grande orquestra, encomendada pela série de concertos dos *BBC Proms*, aceitou uma encomenda da English National Opera. *Hamelin* baseia-se na história tradicional do flautista que livra uma cidadezinha alemã de uma infestação de ratos, e castiga seus habitantes de forma inesperada, quando a Prefeitura se recusa a pagar o preço combinado pelo trabalho. Houve um *workshop* na ENO; a estréia ocorreu no Festival de Schleswig Holstein de 2003, e a primeira apresentação britânica está prevista para o Festival de Cheltenham de 2006;
- Na temporada de 2005-2006, será apresentada *The House of the Gods*, encomendada a Lynne Plowman e Martin Riley pela Ópera do País de Gales. O pedido desse segundo título é o resultado do grande sucesso que a dupla obteve, naquele teatro, com *Gwyneth and the Green Knight*. Riley, o colaborador de Plowman, é muito apreciado, na Inglaterra, como autor de livros para crianças. Depois da estréia em Gales, *Gwyneth e o Cavaleiro Verde* excursionou por diversas cidades britânicas, com resposta muito positiva do público. Tinha sido noticiado que o mesmo aconteceria, posteriormente, com *A Casa dos Deuses*;
- Em 15 de julho de 2004, a English National Opera anunciou ter encomendado à Asian Dub Foundation, um grupo britânico de *dance-hiphop*, a criação coletiva de uma ópera baseada na vida do líder líbio Muammar Khadafi. A estréia está prevista, em princípio, para a temporada de 2006-2007 e, provavelmente, o papel do protagonista será interpretado por JC001, conhecido cantor de rap. Steve Sandra Sayale, guitarrista do Asian Dub, que vai liderar a equipe de composição, declarou que a ópera "vai reconstituir a carreira de Khadafi de pária a estadista";
- *Hamlet* tinha sido encomendada, em 2004, pela Opera North, ao compositor ingles Giles Swayne mas, até o fechamento deste volume, não foi possível apurar em que ponto estava a composição, ou a temporada em que ela seria estreada.

# BIBLIOGRAFIA

ANDERSON, Nicholas (1988). *John Blow: Venus & Adonis*. No folheto da gravação Charles Medlam, selo Harmonia Mundi 1901276.

BAXTER, Kate (1996). *Opera in English and the British Opera Composer*. Texto recolhido em 17.1.2004 no website de Havergal Brian.

BERGER, Christian (1990). *Politisch-allegorisch Anspielung*. No folheto da gravação Gardiner de *Dido e Enéias*, selo Philips 432 114-2.

BOASE, T. S. R. (org.) (1952). *The Oxford History of English Art*. Oxford, Clarendon Press (11 volumes).

BLUMER, Rodney (1971). *"The Rape of Lucretia": an Introduction*. No folheto da gravação de Benjamin Britten, selo London OSA1288.

BOWEN, Meirion (1987). *Sir Michael Tippett: The Mask of Time*. No folheto da gravação Andrew Davis, selo EMI 7.47705-8.

BRADLEY, Ian (1985). *The Annotated Gilbert and Sullivan* (dois volumes). Londres, Penguin Books.

BRETT, Philip (2002). *Benjamin Britten: The Turn of the Screw*. No folheto da gravação Daniel Harding, selo Collins 7243-5.

BRIDLE, Mark (2002). *Nicholas Maw and "Sophie's Choice"*, no jornal *The Guardian* de 20.12.2002.

BRYARS, Gavin (1995). *On Medea*. Texto no programa da apresentação dessa ópera em Glasgow, em forma de concerto.

_____. (2002). *G*. Texto no programa da estréia dessa ópera em Mainz.

BYERS, David (1995). *A Land without Music?: British Music in the Nineteenth Century & in the Victorian Age*. Londres, BBC Books.

CARMALT, Ian (1996). *William Alwyn, a Romantic Composer of Our Time*. Artigo publicado na British Music Society Newsletter de maio.

CLARK, Kenneth (s/d). *The Midsummer Marriage*. No folheto da gravação John Pritchard, selo Gala GL100.524.

CLÉMENT, Félix e Larousse, Pierre (1905). *Dictionnaire des Opéras*. Paris, edição fac-similada feita em 1999 para a Bibliothèque des Introuvables.

CLEMENTS, Andrew (1994). *Harrison Birtwistle: "Gawain"*. No folheto da gravação Elgar Howarth, selo Collins Classics 70412.

CONWAY, Paul (2001). *Iain Hamilton (1922-200)*. Texto recolhido em 15.1.2004 no website de Iain Hamilton.

CROSS, Jonathan (1997). *The Mask of Orpheus*. No folheto da gravação Davis/Brabbins, selo NMC D050.

CULSHAW, John (1968). *The Deadly Space Between: Comments on "Billy Budd"*. No folheto da gravação de Benjamin Britten, selo London OSA1390.

DEARDEN, Ian (1997). *The Electronic Music of "The Mask of Orpheus"*. No folheto da gravação Davis/Brabbins, selo NMC D050.

DOVE, Jonathan; GLOVER, Jane & POLLOCK, Adam (2000). *About Stephen Oliver*. Obituários desse compositor recolhidos, em 24.2.2004, no website a ele consagrado.

DUNNET, Roderick (1996). *Stirring Strange Memories: an Essay on Maxwell Davies's Libretti and Scenarios*. Texto recolhido em 21.1.2004 na website de Peter Maxwell Davies.

ELSOM, H. E. (2002). *Maw's Sophie Choice*. Texto recolhido em 25.1.2004 no site BBC News Online.

EDEN, David & YATES, Martin (1989). *Sullivan: "Ivanhoe"*. No folheto da gravação David Lyle dessa ópera, selo Pearl 9615.

FENBY, Eric (1962). *Delius's "A Village Romeo and Juliet"*. Notas de programa para a apresentação da opera no Festival de Bradford de 1962, reproduzidas na gravação Meredith Davies de 1973, selo Angel SBLX-3784.

FESTA, Fabrizio (1995). *Musica per le Fate*. No folheto da gravação Colin Davis de *A Midsummer Night's Dream* de Britten, selo Philips 454 122-2.

FOREMAN, Lewis (1975). "Bantock Revival: The Seal-Woman", na revista *Music & Musicians* de maio.

———. (1995). *Heirs and Rebels: British Music in 1914-1945*. Londres, BBC Books.

FOWLER, Alastair (1989). *A History of English Literature*. Londres, Basil Blackwell.

FRANK, Jonathan (1964). "Cyril Scott in the Opera House", na revista *Musical Opinion* de julho.

FROGLEY, Alain (1995). *Toward the Unknown Region: the Music of Ralph Vaughan Williams*. Londres, BBC Books.

GARRETT, David (1994). *Peggy Glanville-Hicks: The Transposed Heads*. No folheto da gravação David Measham, selo ABC 8.770021.

GALLAGHER, David (1995). *Earthly Things Above: the Music of Gustav Holst*. Londres, BBC Books.

GRIFFITHS, Paul (2000). *Ghosts at Seaby*. Ensaio sobre a ópera *The Lighthouse*, de Sir Peter Maxwell Davies, recolhido em 28.1.2004 no website desse compositor.

HALL, Michael (1994). *Sir Harrison Birtwistle's "Gawain" in Context*. Texto recolhido em 9.3.2004 no website do compositor.

HÉBERLÉ, Jean-Philippe (2000). *The Figure of the Victim/Victimiser in Peter Maxwell Davies's Operas and Musical Theatre*. Comunicação apresentada durante o simpósio "A Celebration of the Music of Peter Maxwell Davies", 31 de março a 2 de abril, no St. Martin's College of Performing Arts, em Lancaster.

HOLMAN, Peter (1992). *Charles Dibdin and The Ephesian Matron*. No folheto de sua gravação dessa ópera para o selo Hypérion.

———. (1995). *Court and Country: British Music in the Early Seventeenth Century*. Londres, BBC Books.

———. (1998). *Pride or Prejudice: British Music in the Eighteenth Century*. Londres, BBC Books.

HURD, Michael (1979). *The Immortal Hour and the Music of Rutland Boughton*. No folheto que acompanha a gravação pirata de Vilem Tausky no álbum do selo MRM.

———. (1984). *Rutland Boughton: "The Immortal Hour"*. No folheto que acompanha a gravação Melville, selo Hypérion CDD22040.

JACOBS, Arthur (1984). *Arthur Sullivan a Victorian Musician*. Oxford University Press.

JAFFÉ, Daniel (2004). *Alexander Goehr: from Socialist Agitator to Opera Composer*. Versão ampliada, no site do compositor, de um artigo originalmente publicado na revista *Classic CD* de março de 1999.

JOHNSON, Stephen (1995). *Back to the Future: British Music after Second World War 1945-1963*. Londres, BBC Books.

KENNEDY, Michael (1972). *The Pilgrim's Progress: a Morality Founded on John Bunyans's Allegory of the Same Name*. No folheto da gravação Sir Adrian Boult dessa ópera de Vaughan Williams, selo EMI SLS 959.

———. (1975). *Vaughan William's "Sir John in Love"*. No folheto da gravação Meredith Davies, selo Angel SCLX-3822.

———. (1979). *Hugh the Drover*. No folheto da gravação Groves dessa ópera de Vaughan Williams, selo Angel SZBX-3879.

———. (1981). *Britten*. Londres, na coleção *Master Musicians* da J. M. Dent & Sons Ltd.

———. (1995). *Prometheus Unbound: the British Musical Renaissance 1880-1914*. Londres, BBC Books.

———. (1995). *The Tide will Turn!: the Operas of Britten, Tippett and Walton*. Londres, BBC Books.

———. (1995). *"What a Dream was Here!"*. No folheto da gravação Colin Davis de *A Midsummer Night's Dream* de Britten, selo Philips 454 122-2.

KHOURY, Marielle (2001). *Purcell: Dido & Aeneas*. No folheto da gravação René Jacobs, selo Harmonia Mundi HMX2901683.

LEHN, Matthias (1995). *Un Opéra de l'Instable*. No folheto da gravação Colin Davis de *A Midsummer Night's Dream* de Britten, selo Philips 454 122-2.

LLOYD, Christopher (2003). *Stephen Oliver*. Texto recolhido, em 26.2.2004, no site dedicado a esse compositor.

LONCHAMPT, Jacques (1970). *L'Opéra Aujourd'hui*. Paris, Seuil.

MACHADO COELHO, Lauro (1995). *Henry Purcell: Dido & Aeneas*. Texto para o programa de uma apresentação da ópera no Teatro Paulo Eiró, em São Paulo, sob a regência de João Maurício Galindo.

MAMY, Sylvie (1990). *Synthèse Expressive et Fantaisie Inventive*. No folheto da gravação Gardiner de *Dido e Enéias*, selo Philips 432 114-2.

MARWICK, Arthur (1991). *Culture in Britain since 1945*. Londres, Basil Blackwell.

MATTHEWS, Collin (19970. *Harrison Birtwistle's "The Mask of Orpheus"*. No folheto da gravação de Andrew Davies e Martin Babbins, selo NMC D050.

MAYCOCK, Robert (1995). *Between the End of the Chatterley Ban and the Beatle's First Lp: British Music in 1963 and Beyond*. Londres, BBC Books.

MCDOWALL, David (1994). *An Illustrated History of England*. Londres, Longman, 7ª edição.

MCVEAGH, Diana (1995) *Hope and Glory: the Music of Edward Elgar*. Londres, BBC Books.

MILNES, Rodney (1983). *Alwyn and "Miss Julie"*. No folheto da gravação Vilem Tausky dessa ópera, selo Lyrita SRCD 2217.

MITCHELL, Donald (1966). "Public and Private in *Gloriana*". Artigo publicado na revista *Opera* de outubro de 1966, pp. 767-774.

_____. (1970). *"Owen Wingrave" and the Sense of the Past: Some Reflections on Britten's Opera*. No folheto da gravação de Benjamin Britten, selo London OSA1294.

_____. (1973). *Death in Venice: the Dark Side of Perfection*. Texto de apresentação do programa de transmissão da opera pela BBC em 22.6.1973.

MORRIS, Valerie (1996). *Ethel Smyth*. Londres, Skyblue Books.

MORRISON, Blake (1998). *Jules Verne, Gavin Bryars and me*. No programa da estréia de *Dr. Ox's Experiment*, de G. Bryars, na English National Opera.

NICE, David (1996). *The Doctor of Myddfai: Opera as a Myth that Can Be Understood by the Audience*. Texto no programa de estréia da ópera de Peter Maxwell Davies na Welsh National Opera.

PALMER, Christopher, org. (1984). *The Britten Companion*. Londres, Faber & Faber.

PARROTT, Cecil (1983). *Alwyn and Strindberg*. No folheto da gravação Vilem Tausky dessa ópera, selo Lyrita SRCD 2217.

PRESLIN, Stephen (1996). *Peter Maxwell Davie's "Ressurrection"*, texto publicado no *New York Times*.

PRICE, Price (1990). *Royal Tragedy of Love and Betrayal*. No folheto da gravação Gardiner de *Dido e Enéias*, selo Philips 432 114-2.

REED, Philip (2004). *"The Rape of Lucretia" und Benjamin Brittens Konzept der Chamber Opera*. No programa da montagem de Deborah Warner, na Bayerische Staatsoper, em julho de 2004.

REED, T. J. (1971). *Introduction to "Death in Venice"*. Prefácio à sua tradução da novela de Thomas Mann. *Clarendon German Series*, Oxford University Press.

SERVICE, Tom (2000). *Michael Berkeley: "Jane Eyre"*. No folheto da gravação Michael Rafferty dessa ópera, selo Chandos 9983.

_____. (2000). *Henry Purcell: the Rugged Individualist of English Music*. No número de outubro da *BBC Music Magazine*.

_____. (2001). *Thomas Adès Breaking the Silence*. No número de julho da *BBC Music Magazine*.

SIREN, Vésa (2001). *A Modern-day Nostradamus brings His Prophecy to Town*, matéria no jornal finlandês *Helsingin Sanomat* a respeito de Thomas Adès, publicada em 10 de novembro.

THOMAS, Rebecca (2002). *Maw and "Sophie's Choice"*. BBC News Online, texto recolhido em 27.1.2004.

THRELFALL, Robert (1977). *Delius' The Magic Fountain*. No folheto da gravação Norman del Mar, feita pela BBC e distribuída pelo selo Caedmon.

TIPPETT, Sir Michael (1970). *The Birth of an Opera*. Ensaio sobre a composição de *Midsummer's Marriage*, extraído de *Moving into Aquarius* (Londres, Routledge and Kegan Paul), citado no folheto da gravação Colin Davis, selo Philips 6703027.

TUMELTY, Michael (2000). *Towards Resurrection: an Essay on Peter Maxwell Davies's Dramatic Music*. Texto recolhido em 21.1.2004 no website de Peter Maxwell Davies.

WARRACK, John (1966). *A Midsummer's Night Dream*. No folheto da gravação de Benjamin Britten, selo London OSA1385.

_____. (1968). *A Literary and Musical Analysis of "Billy Budd"*. No folheto da gravação de Benjamin Britten, selo London OSA1390.

_____. (1973). *An Introduction to "The Knot Garden"*. No folheto da gravação Colin Davis, selo Philips 6700 063.

_____. (1981). *King Priam*. No folheto da gravação David Atherton, selo Decca D246D3.

WELSFORD, Enid (1970). *The Court Masque: a Study in the Relationship Between Poetry and the Revels*. Londres, Methuen & Co., reprodução fac-similada da edição de 1925.

WHITE, Eric Walter (1970). *Benjamin Britten, His Life and Operas*. Londres, Faber and Faber.

_____. (1978). *Britten's Peter Grimes*. No folheto da gravação Colin Davis, selo Philips 6769014.

_____. (1979). *Tippett and his Operas*. Londres, Barry and Jenkins Editors.

WIDDICOMBE, Gillian (1977). *Troilus and Cressida*. No folheto da gravação Lawrence Foster da ópera de William Walton. Selo EMI SLS997.

WOOD, Bruce (1995). *The Genius of England: Purcell and his Age*. Londres, BBC Books.

WRIGHT, David C. F. (1996). *Ethel Smyth*. Ensaio recolhido em 13.2.2004 no website da Skyblue Productions.

ZINOVIEFF, Peter (1997). *The Children's Story: the Libretto to Birtwistle's "The Mask of Orpheus"*. No folheto da gravação Davis/Brabbins, selo NMC D050.

LAURO MACHADO COELHO, nascido em Belo Horizonte, é jornalista, professor de história da música e crítico de música do Caderno 2 de *O Estado de S. Paulo*. Foi também, neste jornal, redator de Política Internacional de 1976 a 1993, e fez críticas de cinema e música para o *Jornal da Tarde*. Entre 1994 e 1995 dirigiu o Teatro Municipal de São Paulo. É autor de *Ana Akhamátova: Poesia 1912-1964* (seleção, tradução e apresentação) e da História da Ópera, que a editora Perspectiva está publicando e da qual já foram lançados até agora *A Ópera na França, A Ópera Barroca Italiana, A Ópera Alemã, A Ópera na Rússia, A Ópera Romântica Italiana, A Ópera Italiana Após 1870, A Ópera Clássica Italiana, A Ópera Tcheca, A Ópera nos Estados Unidos* e *A Ópera Inglesa*. O próximo lançamento será *As Óperas de Richard Strauss*.

| | |
|---|---|
| *Título:* | A Ópera Inglesa |
| *Autor:* | Lauro Machado Coelho |
| *Ilustração da Capa:* | Desenho de figurino para Peter Grimes, personagem-título da ópera de Benjamin Britten |
| *Formato:* | 18,0 x 25,5 cm |
| *Tipologia:* | Times 10/12 |
| *Papel:* | Cartão Supremo 250 g/m2 (capa) |
| | Champion 90 g/m2 (miolo) |
| *Número de Páginas:* | 440 |
| *Editoração Eletrônica e Laser Filme:* | Lauda Composição e Artes Gráficas |
| *Fotolito de Capa e Ilustrações:* | Liner Fototlito e Gráfica |
| *Impressão:* | Gráfica Vida & Consciência |